Hans-Günter Semsek
England – Der Süden

"Was für ein Land!
Überall saftige Wiesen mit großen Viehherden, überall die schönsten Dörfer, wo junge,
reinlich gekleidete Mädchen mit fliegenden Haaren und offener Brust stehen und in
niedlichen Körben Blumen verkaufen; überall die reizendsten, mit Parks und Teichen
umgebenen Landsitze und, so weit das Auge reicht, Wagen, Kaleschen und Reiter,
die aus London kommen oder dorthin wollen ..."

NIKOLAI KARAMZIN, "Briefe eines reisenden Russen", 1790

Impressum

Hans-Günter Semsek
England – Der Süden

erschienen im
REISE KNOW-HOW Verlag Peter Rump GmbH
Osnabrücker Str. 79
33649 Bielefeld (ab Juli 1999)

© **Peter Rump** 1994, 1995, 1997
4. komplett aktualisierte und neugestaltete Auflage **1999**

Alle Rechte vorbehalten.

Gestaltung
  Umschlag-Konzept: M. Schömann, P. Rump
  Umschlag-Layout: Günter Pawlak, FaktorZwo!, Bielefeld
  Inhalt-Konzept: Günter Pawlak, FaktorZwo!, Bielefeld
  Inhalt-Layout: Kordula Röckenhaus
  Fotos: der Autor
  Karten: Cathérine Raisin, Bernhard Spachmüller und der Verlag

Druck und Bindung
  Fuldaer Verlagsanstalt GmbH, Fulda

ISBN 3-89416-676-2
Printed in Germany

Dieses Buch ist erhältlich in jeder Buchhandlung
der BRD, Österreichs, der Niederlande und der Schweiz.
Bitte informieren Sie Ihren Buchhändler
über folgende Bezugsadressen:
BRD
  Prolit GmbH,
  Postfach 9, 35461 Fernwald (Annerod)
  sowie alle Barsortimente
Schweiz
  AVA-buch 2000
  Postfach 27, CH-8910 Affoltern
Österreich
  Mohr Morawa Buchvertrieb GmbH
  Sulzengasse 2, A-1230 Wien
Niederlande
  Nilsson & Lamm BV,
  Postbus 195, NL-1380 AD Weesp

Wer im Buchhandel trotzdem kein Glück hat,
bekommt unsere Bücher auch direkt bei:
Rump Direktversand
Heidekampstraße 18, 49809 Lingen (Ems) oder über
den **Büchershop auf der Internet-Homepage**
von REISE KNOW-HOW.

*Wir freuen uns über Kritik, Kommentare
und Verbesserungsvorschläge.*

*Alle Informationen in diesem Buch sind vom
Autor mit größter Sorgfalt gesammelt
und vom Lektorat des Verlages gewissenhaft
bearbeitet und überprüft worden.*

*Da inhaltliche und sachliche Fehler nicht aus-
geschlossen werden können, erklärt der Verlag,
daß alle Angaben im Sinne der Produkthaftung
ohne Garantie erfolgen und daß Verlag
wie Autor keinerlei Verantwortung und
Haftung für inhaltliche und sachliche Fehler
übernehmen.*

Hans-Günter Semsek

England –
Der Süden

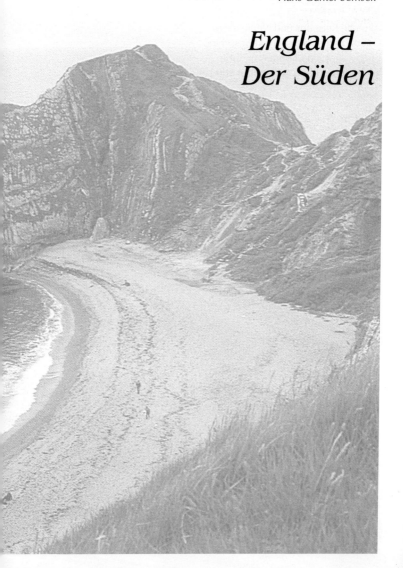

Reise Know-How im Internet

Aktuelle Reisetips und Neuigkeiten
Ergänzungen nach Redaktionsschluß
Büchershop und Sonderangebote
Weiterführende Links zu über 100 Ländern

http://www.reise-know-how.de/

Der
Reise Know-How Verlag
Peter Rump GmbH
ist Mitglied der Verlagsgruppe
Reise Know-How

Inhalt

Exkurse
zwischendurch

Hinweise zur Benutzung

Dieses Buch gliedert sich in vier Teile: Am Anfang stehen die **praktischen Reiseinformationen,** die mit dem Stichwort "Ausrüstung" beginnen und bis zur Rubrik "Verkehrsmittel" alle Informationen enthalten, die man vor und während der Fahrt benötigt.

Danach folgen die **landeskundlichen Beschreibungen,** die den Leser mit der Landschaft, der Historie und mit Wirtschaft und Gesellschaft vertraut machen.

Der dritte Teil dieses Bandes besteht aus den **Orts- und Routenbeschreibungen** und führt zu den Sehenswürdigkeiten und den Naturschönheiten Süd-Englands; am Ende jedes Kapitels finden sich Adressen und Hinweise zu Unterkünften, zu Pubs und Restaurants, zu Verkehrsmitteln und zu Fahrradverleihstellen.

Auch zehn **Wanderungen** – fünf für das Dartmoor und fünf entlang der Küste in Cornwall – sind im Reiseteil detailliert beschrieben.

Durch den ganzen Band ziehen sich eine Reihe von **Exkursen** zu Sonderthemen. So lernt der Leser beispielsweise die Biographien einiger großer Briten etwas genauer kennen oder erfährt von besonderen Ereignissen der Region.

Im Kontrast zu den "seriösen" Kapiteln stehen die **lustigen, vorurteilsbeladenen Zitate** über England und die Engländer von frühen Reisenden, die im 18. und 19. Jh. das Inselreich entdeckten.

Der **Anhang** enthält Literaturhinweise für das weitergehende Beschäftigen mit England sowie ein Register.

Abkürzungen

NT	National Trust for Places of Historic Interest or Natural Beauty (kurz: National Trust, s.S. 117)
EH	English Heritage (s.S. 117)
d	Pence
£	Pfund

Du Land der "Times"
und Land der großen Charte,
Du Land von Löwenherz in jedem Strauß,
Besiegerin du des Kaisers Bonaparte,
Erbweisheitsland,
der Freiheit Hort und Haus;
Ach, frag ich mich,
was schließlich ganz aparte Du hast
vor uns und andrem Volk voraus,
So ist das: Es fehlen hier die Semmeln,
Doch bist du groß
in Rindfleisch und in Hämmeln.

Ein ironischer Theodor Fontane

200es Foto: hs

Praktische Hinweise A – Z

201es Foto: hs

202es Foto: hs

Beim Steam Festival
im Floating Harbour von Bristol

Der Reetdach-Pub Royal Oak von Dunster

Newquay

Ausrüstung

Regenfeste Kleidung und vor Feuchtigkeit schützendes, **rutschfestes Schuhwerk** gehören auf alle Fälle ins Reisegepäck. Ein Schirm leistet weniger gute Dienste, da die Windböen dafür sorgen, daß man dann eben unterhalb des Kopfes naß wird. Ideal ist eine dreiviertellange Jacke aus Goretex oder Sympatex mit Kapuze. Für kurze Spaziergänge zu landschaftlichen Höhepunkten abseits befestigter Wege eignen sich gut leichte Wanderschuhe mit dicker, rutschfester Sohle. Ein dicker Pullover wärmt an kalten Sommertagen. Aber auch Eleganteres sollten Sie ins Urlaubsgepäck packen; die guten Restaurants sehen bei Herren einen Sakko mit Krawatte und bei Damen ein Kleid als Muß an.

Selbst wenn Sie kein Hobby-Ornithologe sind, nehmen Sie trotzdem ein **Fernglas** mit, an den Küsten kann man schon zum Vogelliebhaber werden; viel Freude kommt auf bei Jung und Alt, wenn zum Beispiel der lustig aussehende Papageientaucher (*Puffin*) ins Blickfeld des Feldstechers gerät.

Ein Schweizer **Offiziersmesser,** ein Leatherman (ein höchst intelligentes Mini-Werkzeugset für breiteste Anwendungsbereiche) und eine Taschenlampe gehören natürlich in jedes Reisegepäck. Nützlich erweist sich ein kleiner **Rucksack,** neuerdings *Day Pack* genannt, um alle Tagesutensilien beisammen zu haben.

Wenn Sie wandern wollen – und das ist in Süd-England sehr empfehlenswert – benötigen Sie selbstverständlich ein paar gute Wanderschuhe, einen **Kompaß,** einen kleinen **Erste-Hilfe-Set** und eine **Feldflasche.**

Autofahren

Sieht man einmal vom Linksverkehr ab, so sind im wesentlichen die gleichen Verkehrszeichen und -regeln wie bei uns auch gültig. Es gelten die folgenden **Höchstgeschwindigkeiten:**

Ortschaften	30 mph	(48 km/h)
Landstraßen	60 mph	(96 km/)
Autobahnen	70 mph	(112 km/h)

Kreisverkehre (*Roundabout*) ersetzen in Großbritannien große wie kleine Kreuzungen und lassen den Verkehr wesentlich schneller fließen als die hiesigen Stop-and-go-Kreuzungen mit Ampelanlagen. Die Autos im Roundabout haben Vorfahrt und fahren im Uhrzeigersinn.

In Süd-England gibt es so gut wie keine Autobahn, der gesamte Verkehr führt über **Landstraßen,** die kurvenreich und nicht sonderlich breit sind. Zudem säumen hohe Hecken die Straßen, deren Ausläufer in 5 m Höhe dann über die Fahrbahn aufeinander zuwachsen, so daß man das Gefühl hat, sich in einem Tunnel fortzubewegen. *Wolfgang Hildesheimer* nannte es in seinem Band „Zeiten in Cornwall" „fahren, wie in einem Labyrinth".

Auf den unübersichtlichen, schmalen und recht kurvenreichen Sträßchen empfiehlt sich dringend eine **defensive Fahrweise.** Ein einsamer

Verkehrs- und Straßenhinweise

bend	Kurve
car park	Parkplatz
cattle/sheep	Kühe/Schafe
concealed exit	unübersichtliche Ausfahrt
fallen rocks	Steinschlag
ferry terminal	Fähranleger
heavy lorries	schwere Lastwagen
keep left	links halten
keep right	rechts halten
level crossing	Eisenbahnübergang
loose chippings	Rollsplit
no entry	keine Einfahrt
no through road	keine Durchfahrt
reduce speed now	jetzt Fahrt verlangsamen
road blocked	Straße gesperrt
road works	Straßenbauarbeiten
slippery	Schleudergefahr
slow	langsam
speed limit	Geschwindigkeitsbegrenzung
traffic lights	Ampelanlage
uneven surface	unebene Fahrbahnoberfläche

Wichtige Vokabeln rund ums Auto

Abblendlicht	dipped lights
abschleppen	to tow
Abschleppseil	tow rope
Abschleppwagen	recovery vehicle
Anhänger	trailor
Anlasser	starter
Antenne	aerial
Auspuff	exhaust (pipe)
Batterie	battery
Benzin	patrol
Benzinpumpe	fuel pump
Beule	dent
bleifrei	unleaded
Bremsen	brakes
Bremslicht	brake light
Dichtung	gasket
Ersatzrad	spare wheel
Ersatzzeile	spare parts
Fernlicht	main beam
Gas geben	to accelerate
Gaspedal	accelerator
Getriebe	gear box
Handbremse	hand brake
Hupe	horn
Kanister	can
Karosserie	body work
Keilriemen	fan belt
Krankenwagen	ambulance
Kühler	radiator
Kupplung	clutch
Lenkung	steering
Lichtmaschine	generator
Motor	engine
Öl	oil
Ölstand	oil level
Ölwechsel	oil change
Panne	breakdown
Radarfalle	speed control
Rad	wheel
Reifen	tyre
Reifendruck	tyre pressure
Reifenpanne	puncture
Reifenventil	tyre valve
Reparatur	repair
Rückleuchte	rear light
Schaltung	gears
Scheinwerfer	headlight
Schraube	screw
Schraubenzieher	screwdriver
Sicherheitsgurt	safety belt
Standlicht	parking light
Steinschlag	fallen rocks
Tank	tank
Tankstelle	petrol station
Türgriff	door handle
Unfall	accident
Vergaser	carburetor
Wagenheber	jack
Wasser, dest.	destilled water
Werkstatt	garage
Zündkerze	sparking plug
Zündverteiler	distributor
Zylinder	cylinder
Zylinderkopf	cylinder head

Radfahrer nahe an der Hecke oder auch ein Fußgänger sind durch rasende Automobilisten hochgradig gefährdet. Süd-England ist kein Land für Rennfahrer!

Viele unklassifizierte Straßen sind sogar nur einspurig und bieten dafür alle Paar Meter Ausbuchtungen, sogenannte **Passing Places**, an, in denen man den Gegenverkehr vorbeilassen kann.

Ein gewohntes Bild: Briten im Klappstuhl vor ihren Autos schauen mit unstillbarer Meeressehnsucht auf die See

Selbstverständlich ist die **Tankstellendichte** in Englands Süden hervorragend und alle *Petrol Stations* führen bleifreies Benzin (*Unleaded*).

In den Ortschaften finden sich in der Regel große **Parkplätze** nahe dem Zentrum. Hier gilt die Regel *Pay and Display*; aus einem Ticketautomaten zieht man je nach gewünschter Parkdauer mit Kleingeld einen Zettel, der die Rückkehrzeit anzeigt und klebt diesen dann von innen an die Windschutz- oder Seitenscheibe. Ohne eine solche Maßnahme sollten Sie Ihren Wagen keineswegs auf gebührenpflichtigen Parkplätzen oder an Straßenrändern abstellen. Da ausländische **Parksünder** ihre Strafmandate nicht bezahlen, werden ihre Autos zumeist mit einer *Clamp*, einer Radkralle, ver- ziert, die am Wegfahren hindert, oder abgeschleppt. Ziert eine solche *Clamp* Ihren Wagen, so haben Sie zuerst die Strafe zu bezahlen (Adresse auf dem Bußbescheid), gehen dann zu ihrem Wagen zurück und warten, bis das *Clamp Removal Unit* kommt und die Kralle abmontiert. Unter Umständen müssen Sie bis zu fünf Stunden aushar- ren, bis die Einheit erscheint und den Wagen freigibt.

Vor und hinter **Fußgängerüberwe- gen** zeigen weiße Zickzacklinien die absoluten Parkverbotsbereiche an, und an den Bordsteinrändern weisen eine gelbe Linie auf das Parkverbot und zwei gelbe Linien auf das absolute Halteverbot hin.

Bei einem **Unfall** rufen Sie immer und unbedingt die Polizei; zentrale **Notfallrufnummer** für Polizei, Kran- kenwagen und Feuerwehr ist 999.

Bei einer **Autopanne** wenden Sie sich an einen der beiden nationalen Automobilclubs. Telefonnummer des *Breakdown Service*: vom *Royal Auto- mobile Club* (RAC) 0800-828282; von der *Automobile Association* (AA) 0800-887766.

Bilderbuchidylle: Hauptstraße in Hythe

Diplomatische Vertretungen

●**Britische Botschaft** in Deutschland, Friedrich-Ebert-Allee 77, 53113 Bonn, Tel.: 0228-91670, Fax: 0228-9167331, Internet: www.britbot.de

●**Britische Botschaft** in Österreich, Jauresgasse 10, 1030 Wien, Tel.: 01-7131575, Fax: 01-716136900

●**Britische Botschaft** in der Schweiz, Thunstr. 50, 3005 Bern, Tel. 031-3597700, Fax: 031-3597701

●**Deutsche Botschaft**, 21-23 Belgrave Square, London SW 1, Tel.: 0171-8241300, Fax: 0171-8241435, E-mail: mail@german-embassy.org.uk, Internet: www.german-embassy.org.uk

●**Deutsches Konsulat**, Bowling Green House, 1 Orchard Place, Southampton, Tel.: 01703-223671

●**Österreichische Botschaft**, 18 Belgrave Mews, London SW1, Tel.: 0171-2353731, Fax: 0171-8241435, E-mail:embassy@austria.org.uk, Internet: www.austria.org.uk

●**Schweizer Botschaft**, 16-18 Montagu Place, London W 1, Tel.: 0171-6166000, Fax: 0171-7247001, Internet: www.suisse-embassy.org.uk

net; die normalen Öffnungszeiten liegen zwischen 9 und 18 Uhr. Überall findet sich ein Inder oder Pakistani, dessen kleiner Tante-Emma-Laden oft bis in die späten Nachtstunden geöffnet ist.

In kleinen Orten schließt der Kaufmann seinen Laden gerne über die **Mittagszeit,** und hier gibt es auch einmal in der Woche den sogenannten **Early Closing Day** – ab Mittag ist für den Rest des Tages dann Feierabend.

Alkoholische Getränke kann man nicht in jedem Geschäft kaufen, sondern nur in den sogenannten *Off-Licence*-Läden. Auch diese Geschäfte sind bis in den späten Abend hinein geöffnet.

Große Supermärkte haben selbstverständlich eine Off-Licence-Abteilung, ansonsten halte man Ausschau nach den im ganzen Land verteilten Läden der Ketten *Odd Bins* oder *Victoria Wine.*

Einkäufe

Der Süden Englands ist nicht unbedingt ein Einkaufsparadies, es gibt nichts, was es hierzulande nicht auch gäbe; zudem sind fast alle Artikel in England teurer als hierzulande, und auch die **Mehrwertsteuer** ist höher. Bezüglich des Shoppings in London schauen Sie in das Beiheftchen.

Rigide **Ladenschlußzeiten** kennen die flexiblen Briten nicht, während der Saison sind in den Badeorten die Geschäfte manchmal bis 21 Uhr geöff-

Einreise- bestimmungen

Besucher aus EG-Ländern benötigen für die **Einreise** nach Großbritannien nur einen gültigen Personalausweis, Österreicher und Schweizer müssen zu ihrem Ausweis noch eine **Visitor's Card** ausfüllen.

Streng verboten ist die Einfuhr von Fleisch- und Wurstwaren, von Geflügel- und Molkereiprodukten sowohl in frischer als auch in konservierter Form. Selbstverständlich ist auch die Einfuhr von Waffen verboten, Ausnahmen gelten, wenn es sich nachweislich um Jagdwaffen handelt.

Auch wenn Sie im Besitz eines sonst europaweit gültigen Impfausweises sind, dürfen Sie ihren **Hund** oder die **Katze** auf gar keinen Fall nach Großbritannien in den Urlaub mitnehmen. Um die Übertragung von Tierseuchen, wie etwa der Tollwut, auf ein Minimum zu reduzieren, gelten für die Ein-

Einkaufen in nostalgischem Ambiente

fuhr von Tieren äußerst strenge Bestimmungen. Hunde und Katzen müssen für sechs Monate in eine Quarantänestation. Versuchen Sie auf gar keinen Fall, das geliebte Haustier durch den Zoll zu schmuggeln; werden Sie ertappt, ist eine sehr hohe Geldstrafe fällig, und möglicherweise wird das Tier eingeschläfert.

Geldbeträge in allen Währungen dürfen unbegrenzt ein- und ausgeführt werden.

Elektrizität

Auch in England gibt es 220 Volt Wechselstrom wie hierzulande – doch damit ist das Ende der Gemeinsamkeiten schon erreicht. Wollen Sie Ihren Haarfön nutzen, so hilft nur ein dreipoliger **Zwischenstecker,** den es in jedem englischen Haushaltswarengeschäft zu kaufen gibt; dort erstehen Sie einen *Plug*, in den der *Continental Plug* hineinpaßt. Vorsichtshalber sollten Sie den Zwischenstecker schon zu Hause besorgt haben.

Für Herren, die sich trocken rasieren, gilt dies alles nicht. Im Bad befindet sich der uns bekannte Stecker mit der Aufschrift *Shavers only* – Nur für Rasierer. Den Fön treibt dieser Stecker trotzdem nicht, eine Sicherung (*Fuse*) läßt nur die wenigen Ampere durch, die der Rasierapparat benötigt.

Ist der Stecker in der Dose, aber nichts tut sich, so untersuchen Sie die **Steckdose** (*Socket*); sie werden einen kleinen Kipphebel finden, den man umlegen muß. Funktionieren also Fernseher oder Teekessel nicht, so beschweren Sie sich nicht gleich bei Ihrer Landlady, sondern werfen Sie erst einen Blick auf die Steckdose. Bleibt es im Hotelzimmer dunkel, so ist sicher die Glühbirne hinüber; ordern Sie an der Rezeption eine neue *Bulb*.

Essen und Trinken

Die Mahlzeiten

Den miserablen Ruf, den das englische Essen hat, werden die Briten sicher nie mehr los. Der Urlauber sei deshalb vorab informiert, daß er auf einer Süd-England-Rundfahrt durchaus gastronomische Highlights erleben kann.

Doch beginnen wir erst einmal mit dem außerordentlich sättigenden, aber auch den Cholesterinspiegel in ungeahnte Höhen treibenden **Frühstück**. Es geht los mit *Cereals* (Cornflakes oder Müsli), hartgesottene können auch *Porridge* (Haferschleim) ordern; hat man sich reichlich bedient, wird man nach den Wünschen des *Cooked Breakfast* gefragt und ordert etwa folgendermaßen: *Bacon and Scrambled Eggs with Sausages and Baked Beans*; gebratener Schinken und Rühreier, Würstchen und (süße) Bohnen in Tomatensauce. (Ein Tip: Verzichten Sie unbedingt auf die Würstchen!) Außerdem wird Toast mit Butter und Marmelade gereicht. Häufig gibt es eine schrumplige, gegrillte Tomate zum *Cooked Breakfast* oder gebratene Champignons (*Mushrooms*). Statt Rührei kann man auch Spiegeleier (*Fried Eggs*) bestellen. Trinken Sie Tee zum Frühstück, der Kaffee erinnert eher an Spülwasser!

Über die Mittagszeit, zum **Lunch**, trifft man sich gerne in den Pubs und Inns und greift dort zum *Pub Grub*. Ausnahmslos alle Tavernen haben auf dem Land eine weite Palette an Snacks im Angebot. Sandwiches sind obligatorisch, aber langweilig. Bestellen Sie einen *Ploughman's* oder **Fisherman's Lunch**; ersterer besteht aus einer dicken Scheibe Käse, Brot mit Butter und etwas Salat, letzterer hat statt Käse eine Räuchermakrele auf dem Teller. Salate mit Schinken oder Fleischbeilage sind ebenfalls beliebt und weit verbreitet, gleiches gilt für **Currys** – also indische Hühner-, Rind- und Schweinefleischgerichte mit Reis. Auch eine *Soup of the Day* – Tomaten-, Hühner-, Gemüse- oder Spargelcremesuppe – ist immer im Angebot und wird mit gerösteten Brotstücken obenauf sowie mit Brot und Butter serviert.

Zwei Arten von *Pies* sind heißbegehrt: *Steak and Kidney Pie*, Rindfleisch- und Nierengulasch in Teighülle, sowie *Shephard's Pie*, Hackfleisch mit überbackenem Kartoffelpüree. Fragen Sie den Wirt, was er sonst noch im Angebot hat; häufig hängt aber drinnen oder draußen eine große schwarze Wandtafel, auf der alle Gerichte verzeichnet sind.

Am späteren Nachmittag schlägt dann die Stunde der *Tea Rooms*. Hier,

Praktische Hinweise A-Z

Kleine Vokabelliste rund ums Essen

Vorspeisen

smoked salmon	Räucherlachs
seafood cocktail	Meeresfrüchte-Cocktail

Hauptgerichte

leg of lamb	Lammkeule
with mint sauce	in Minzsoße
roast rib of beef	geröstete Rippe vom Rind
gammon steak	Schinkensteak
grilled sirloin steak	Rumpsteak
fried fillet of	Schollenfilet
plaice with	Remouladensauce
tartare sauce	mit Kapern
grilled salmon	gegrillter Lachs
lamb cutlets	Lammkoteletts
saddle of lamb	Lammrücken
pork	Schweinefleisch
cockles	Herzmuscheln
lobster	Hummer
mussels	Muscheln
oysters	Austern
prawns	Garnelen
scalops	Jakobsmuscheln

trout	Forelle
turbot	Steinbutt

Beilagen

brussels sprouts	Rosenkohl
mushrooms	Champignons
celery au gratin	überbackener Sellerie
creamed potatoes	Kartoffelpüree
baked potatoes	Folienkartoffel
vegetables	Gemüse
peas	grüne Erbsen
cabbage	Grünkohl
cauliflower	Blumenkohl
leeks	Lauch

Desserts

lemon meringue pie	Zitronenbaisertorte
hot apple pie	warmer Apfelkuchen
with custard	mit Vanillesauce
fruit salad	Obstsalat
with fresh cream	mit Schlagsahne

Zubereitungsarten

smoked	geräuchert
poached	gekocht
deep fried	mit Semmelbrösel in heißem Fett gebraten

in einer gemütlichen Wohnzimmeratmosphäre, nimmt der Brite gern seinen **Cream Tea**, und hat der Kontinentaleuropäer erst einmal damit Bekanntschaft gemacht, so wird auch er die Sitte bald nicht mehr missen wollen. Ein Cream-Tea-Gedeck beinhaltet eine Kanne Tee, frische, warme und leicht süßliche *Scones* (etwa ein Fruchtrosinenbrötchen), *Clotted Cream*, dicke Buttersahne, und *Jam*, Marmelade.

Ein abendliches **Dinner** ist dann der gastronomische Hochgenuß und rundet den Tag des Gourmets erfolgreich ab. Leider jedoch sind Restaurantbesuche weitaus teurer als in unseren Gefilden, dennoch dürfen Sie sich das eine oder andere gute Restaurant nicht entgehen lassen.

Entlang der Küste finden sich immer wieder ausgezeichnete **Seafood Restaurants**, doch sollten Sie auch die ganz spezifisch britische Küche nicht aus den Augen verlieren; so etwa Lamm in Minzsoße oder Roastbeef und Yorkshire Pudding. Sie werden erstaunt sein, wie gut und schmackhaft die englische Küche ist.

Vornehmere Restaurants erwarten eine angemessene **Kleidung** vom Gast; dazu gehört bei Herren ein Sakko mit Krawatte und bei Damen ein Kleid.

Pubs

Den unerfahrenen Pub-Besucher werden sicher die **Schilder an den Türen** irritieren, die aus einer Zeit stammen, als das Standesbewußtsein in England noch hoch war. Heute haben sie keine Bedeutung mehr, doch sollte man wissen, was es damit einst auf sich hatte:

● **Public Bar**, für die untersten gesellschaftlichen Schichten, rustikale Einrichtung, harte Stühle, Sägespäne auf dem Boden;
● **Saloon Bar,** für den Bürger, gemütlicher eingerichtet und etwas teurer;
● **Lounge Bar**, für den gutbetuchten Bürger oder den kleinen Landadligen, elegante Ausstattung, manchmal gar mit Bedienung;
● **Private Bar**, für distinguierte Aristokraten oder alleinreisende Damen.

Das **Verhalten in englischen Pubs** unterscheidet sich grundlegend von dem in deutschen Kneipen. In den Tavernen und Inns wird man nicht am Tisch bedient, sondern holt sich die Getränke an der Bar ab. Auch ordert man nicht einfach „Ein Bier", was als grobe Unhöflichkeit gilt, sondern gibt die Menge und die Sorte an: *Half a Pint of Bitter* (ca. 0,25 l) oder *A Pint of Lager*

Britische Pub-Besonderheiten

Viele **Namen von Pubs** gehen auf die biblische Geschichte oder auf christliche Zeichen zurück; so etwa The Cross, The Mitre (Die Mitra), Adam and Eve oder The Angel Inn. Bezeichnungen wie Four Bells oder Bell Inn erinnern an die Kirchenglocken oder geben gleich die Anzahl der Glocken der heimischen Kirche an. Ist ein Gotteshaus St. Peter geweiht, so heißt der Pub nahebei mit Sicherheit Cross Key, das nämlich sind die beiden Schlüssel, mit denen Petrus entweder die Hölle oder den Himmel aufschließt.

The Lamb and the Flag ist weit verbreitet, dies war das heraldische Zeichen der Templer-Ritter; The Star bezeichnet den Stern, der die drei Weisen nach Bethlehem führte, und The Anchor ist nicht nur ein nautisches Symbol, sondern auch ein Zeichen der Hoffnung; viele Pubs heißen denn auch zur Verstärkung Hope and Anchor. The Cock Inn hat seinen Namen nicht vom Hühnerhof, sondern erinnert an Simon Petrus: Noch ehe der Hahn dreimal gekräht hat, wirst Du mich verraten haben! Unvergessen auch die Taverne, die Ye Olde Trip to Jerusalem hieß.

Viele Pub-Namen gehen auf uralte heraldische Zeichen zurück. Am bekanntesten ist Red Lion, von jeher das Wappentier der schottischen Könige, das mit dem schottischen Jakob VI., der in England 1603 König Jakob I. wurde, in den Süden der Insel kam. Auch Unicorn, das Einhorn, geht auf die schottischen Herrscher zurück. Der Greyhound war das heraldische Zeichen der Tudors und die Hannoveraner führten The White Horse in ihrem Wappen.

Manchmal findet der durstige Zecher in England auch recht **seltsame Pub-Namen** vor und kann sich gar nicht vorstellen, was damit wohl gemeint sein soll. Welchen Sinn macht beispielsweise The Goat and Compasses? Hier war ein Atheist am Werke, der den betulichen Puritanerspruch God encompasses you recht pfiffig verballhornt hat. Heißt eine Taverne Bag o'Nails, ist man durchaus richtig vor Ort, der Name geht auf eine Verfremdung vom Bacchanal des römischen Weingottes zurück. Beim Pig and Whistle bläst keineswegs ein Schwein die Pfeife, sondern hier wird a pail of health, ein Eimer voll Gesundheit, verballhornt. Bei Elephant and Castle geht es gleich zweimal um die Ecke. Der gleichnamige Londoner Stadtteil geht auf Königin Eleonore von Kastilien, die Infanta of Castile, zurück, was die verballhornungsfreudigen Londoner zu Elephant and Castle mutieren ließen. Ein Elefant mit einem Burgturm auf dem Rücken ist aber auch ein altes heraldisches Zeichen. Heißt ein Pub so, dann gehört er jedoch mit großer Wahrscheinlichkeit zur Cutlers Brauerei, die nämlich führt diese Insignien in ihrem Wappen.

Biere werden in Pubs in **Half Pints** und **Pints** ausgeschenkt, was ungefähr unserem Viertelliter bzw. einem halben Liter entspricht. Ganz selten findet man noch einen **Yard of Ale**, eine ca. einen Meter lange Glasröhre, die ungefähr drei Pints enthält. Wie man hört, ist das lange Ding bei Trinkwettbewerben noch sehr beliebt.

Der Wirt bestellt sein Bier bei der Brauerei in **Casks**, in Fässern. Noch heute gelten die **Cask-Maße**, die auf dem Neunersystem beruhen:

1 Pin = 4,5 Gallonen (20,5 l);
1 Firkin = 9 Gallonen (41 l);
1 Kilderkin = 18 Gallonen (81,8 l);
1 Barrel = 36 Gallonen (163,7 l);
1 Hogshead = 54 Gall. (245,5 l). Das Butt, das 108 Gallonen (491 l) faßte, ist nicht mehr im Gebrauch.

(ca. 0,5 l), dann schließt man mit einem markigen *Please*. Man zahlt sofort und gibt kein Trinkgeld. Hat man eine Lieblingssorte, die im Pub auch ausgeschenkt wird, so bestellt man gezielt: *A Pint of Bass*, oder *Half a Pint of Yorkshire Bitter*, oder *A Pint of Ruddless Conty*.

Gutes britisches Bier reift erst im Keller des Pubs, denn die Brauereien liefern exzellente Gebräue noch im Gärzustand aus, welche je nach Faßart, Kellertemperatur und Lagerdauer dann ihren vollen Geschmack entfalten. Dieses Bier wird in seinem Aroma von den gasbetriebenen Steigleitungen geschmacklich zerstört, so daß die Anzahl der **Handpumpen** in einem Pub sehr viel über die Bierqualität des Ortes aussagt. Man sollte immer das Bier aus diesen Handpumpen vorziehen.

Da die meisten Pubs im Besitz weniger Großbrauereien sind, versuchten diese in den 60er und 70er Jahren schnell und billig gebrautes Instant Bier an die Bars zu bringen. Die Wirte, keineswegs selbständige Unternehmer, sondern Pächter, konnten sich nicht dagegen wehren, und schnell wurden die Pubs mit den sogenannten **Keg-Bieren,** fertig pasteurisierten und künstlich mit Kohlensäure versehenen Bieren versorgt.

Nur die **Free Houses**, Pubs also, die keiner Brauerei gehörten, wehrten sich dagegen, und deren Wirte riefen zusammen mit der *Consumer's Association* 1975 die CAMRA ins Leben, die **Campaign for Real Ale**. Der Erfolg war überwältigend; wie ein Mann standen die britischen Pub-Besucher hinter den Verbraucherschützern, und die Brauereien gaben ihren Widerstand auf und produzierten wieder *Real Ale*.

Nach wie vor jedoch haben die *Free Houses* mehr und interessantere Biersorten im Angebot als die brauereieigenen Häuser, die natürlich nur das in ihren Steigleitungen haben, was der Konzern herstellt. Ein *Free House* ist in diesem Führer immer besonders gekennzeichnet.

Alle Pubs servieren zur Mittagszeit zwischen 12 und 14 Uhr einen Lunch (auch vegetarisch); viele haben auch abends kleine Gerichte im Angebot, in der Regel schließt aber die Küche um 21 Uhr.

Kinder unter 14 Jahren dürfen laut Gesetz nicht in Pubs, und so gibt es separate **Familienräume**; im Biergarten darf man sommertags mit den Kleinen natürlich auch sitzen. Viele Pubs auf dem Land haben einen kleinen Spielplatz oder führen an sommerlich schönen Wochenenden gar *Punch and Judy Shows* (Kasperle-Theater) für die Kleinen auf.

Öffnungszeiten der Pubs: Mo-Sa 11-23 Uhr; viele Pubs haben jedoch zwischen 14.30/15 Uhr und 17/17.30 geschlossen; So 12-15 und 19-22.30 Uhr geöffnet.

Feste und Feiertage

Offizielle Feiertage

- Neujahr (*New Years Day*)
- Karfreitag (*Good Friday*)
- Ostermontag (*Easter*)
- 1. Mai (*Labour Day*)
- Pfingstmontag (*Wit*)
- 1. und 2. Weihnachtsfeiertag (*Christmas Day and Boxing Day*).

Zusätzlich dazu gibt es zwei sogenannte **Bank Holidays**, freie Tage, die die Gewerkschaften in früheren Jahren einmal erkämpft haben. *Spring Bank Holiday* ist der letzte Montag im Mai und *Summer Bank Holiday* der erste Montag im August. Traditionell sind die Briten dann auf Achse; Hotels und Pensionen sind ausgebucht, die Restaurants voll.

Feste

Vor allem im Sommer gibt es in den vielen Örtchen und Städtchen Süd-Englands eine ganze Reihe von Festivals oder Shows, örtliche Kulturveranstaltungen oder *Flower Shows* bis hin zu Straßenfesten und jahrmarktsähnlichen Veranstaltungen.

Geldbeschaffung: Wohltätigkeitsbasar im Örtchen Wilmington

Auch **Wohltätigkeitsbasare** sind während der Saison an der Tagesordnung. Solche Charity-Veranstaltungen werden beispielsweise für die RNLI (die *Royal National Lifeboat Institution*) abgehalten, die die gesamte Küste mit ihren Seenotrettungskreuzern überwacht, für die Vogelschutzfreunde der RSPB (*Royal Society for the Protection of Birds*), für die Tierschutzgesellschaft RSPCA (die *Royal Society for the Prevention of Cruelty to Animals*) oder auch für die Kinderschutzorganisation NSPCC (*National Society for the Prevention of Cruelty to Children* (nicht nur Zyniker weisen übrigens darauf hin, daß die Vogelschutz- und Tierschutzgesellschaft sich mit dem werbewirksamen Vorsatz *Royal* schmücken dürfen, nicht jedoch der Kinderschutzbund); aber auch lokale Themen stehen auf einem solchen Wohltätigkeitsprogramm, so etwa die Rettung des Kirchturms von Salisbury, für die Spenden von rund 500.000 £ benötigt werden.

Geld

Das **Englische Pfund** (abgekürzt £) hat 100 Pence, und es gibt eine ganze Anzahl von Münzen in gleichem Wert, aber unterschiedlicher Größe oder Form. Pence wird nicht ausgesprochen, sondern kurz als „p" (pi) bezeichnet. Alle Münzen und Scheine tragen das Bild der Königin.

Euro- und Reiseschecks werden ohne Probleme in allen Banken eingetauscht, gleiches gilt für das Wechseln von Bargeld. Auch im kleinsten Örtchen findet man eine Filiale von *Barclay's* oder *Lloyd's*. Selbst unsere heimischen Euroscheckkarten werden von den Geldautomaten der Kundenbanken in der Regel problemlos akzeptiert.

Wem die Euroscheckkarte oder Schecks gestohlen wurden, kann bei der Zentralstelle in Frankfurt unter Tel. 0049-69-740987 die Sperrung von Karte und Schecks erreichen. Von Frankfurt aus erfolgt auch eine Benachrichtigung an die Hausbank.

Die **Öffnungszeiten der Banken** liegen werktags zwischen 9.30 und 15.30 Uhr.

Wesentlich gängiger als hierzulande erfolgt der Einsatz von **Kreditkarten.** In Supermärkten, an Tankstellen, in Geschäften aller Art, in Buchläden und selbstverständlich in Hotels und Bed-and-Breakfast-Pensionen wird fast ausnahmslos nur noch mit *Plastic Money* bezahlt. Genügend Bargeld sollten Sie dennoch immer dabei haben. Sehr gute Restaurants beispielsweise verweigern sich dem Kartengeld und bestehen auf ganz normaler Barzahlung.

Gesundheit

Die kostenlosen Leistungen des **National Health Service** stehen auch jedem Urlauber offen, doch sind sie nicht gerade zu den besten zu rechnen. Erkundigen Sie sich bei ihrer Krankenkasse, ob Sie die Leistungen der privaten Anbieter nutzen dürfen und das verauslagte Geld erstattet bekommen.

Eine **Arztpraxis** erkennt man an dem Schild *Surgery*, einen **Zahnarzt** an der Aufschrift *Dentist*.

Apotheken heißen *Dispensing Chemist* oder *Pharmacy* und sind häufig in Drogerien integriert. *Boots,* landesweit die größte Drogerie- und Apothekenkette, hat noch in jedem kleinsten Örtchen einen Laden. Rezepte von Ärzten nennt man in Großbritannien *Prescription*.

Der landesweit gültige **Notruf** für Krankenwagen, Feuerwehr und Polizei ist 999.

Hin- und Rückreise

Mit der Fähre

Die weitaus meisten Südengland-Besucher werden sicher mit dem eigenen Auto auf unsere Nachbarinsel reisen; die beliebtesten und **kürzesten Fährverbindungen** gehen vom belgischen Ostende nach Dover und Ramsgate, vom französischen Calais nach Dover sowie von Boulogne nach Folkestone.

Weitere Verbindungen verlaufen von Dieppe nach Newhaven bei Eastbourne; von Le Havre, Caen und Cherbourg nach Portsmouth sowie von Cherbourg nach Poole.

Eine **längere Fährverbindung** gibt es von Hamburg in den westlich von London gelegenen Fährhafen Harwich

und von Hoek van Holland ebenfalls nach Harwich sowie von St. Malo nach Portsmouth und Plymouth.

Der **Tarifdschungel** auf den unterschiedlichen Linien ist dicht, und das Studium der Broschüren unterschiedlicher Fährfirmen artet zu einer Geduldsprobe aus. Mal gelten die Preise nur für den Pkw, mal für den Pkw und vier Erwachsene, mal für den Pkw mit zwei Personen, dann wieder gibt es Familienspartickets, wenn die eigenen Kinder mitfahren; mehr als drei dürfen es aber auch nicht sein, sonst kommen Aufschläge zur Geltung.

Auf einer Linie können bis zu sieben unterschiedliche **Tarifgruppen** gelten, je nachdem, ob die Fähre tagsüber oder nachts oder zu ganz bestimmten Uhrzeiten ablegt. Selbstverständlich haben alle Anbieter auch Senioren- und Studentenermäßigungen in ihren Angeboten, und schließlich machen sich die Fähren noch mit allen möglichen Spezial- und Supertarifen die Kunden streitig. Alle möglichen Arten von geschickt versteckten Aufpreisen – Einbettkabine, Zweibettkabine, mit Dusche und WC, ohne Dusche und WC, mit Waschbecken, ohne Waschbecken, Spezialaußenkabine, Liegesitze, Schlafsessel etc. – sorgen für weiteren Unmut beim Studium der Fahrpläne.

Durch den Kanaltunnel

Da ist es bestimmt einfacher (und schneller allemal), man benutzt den seit 1994 einsatzbereiten Kanaltunnel, *Chunnel* genannt, eine Wortschöpfung aus *Tunnel* und *Channel*.

Nach 65 Mio. Jahren insularer Abgeschiedenheit ist Großbritannien nun wieder auf dem Landweg zu erreichen, und die *Splendid Isolation* der Briten hat ein Ende. Zeitungsschlagzeilen wie die berühmte, aus den 20er Jahren stammende „Nebel über dem Kanal – Kontinent abgeschnitten" wird es dann nicht mehr geben können.

An 365 Tagen im Jahr fahren Pendelzüge, **Eurotunnel** genannt (ehemals *Le Shuttle*), zwischen Calais und Folkestone rund um die Uhr. Jeder Zug transportiert 180 Pkw bzw. 120 Pkw und zwölf Busse. In Spitzenzeiten verkehrt *Eurotunnel* im 15-Minuten-Takt, und selbst in Nächten mit schwachem Verkehrsaufkommen sind stündliche Abfahrten garantiert. Reservierungen sind dank des kundenfreundlichen Fahrplans nicht nötig – man fährt einfach hin und nimmt den nächsten Zug. Die Tickets löst man an Autoschaltern, in einem Terminal oder schon vorab in jedem Reisebüro.

Die Reise unter dem Kanal dauert nur 35 Min. von Bahnhof zu Bahnhof und knapp eine Stunde von Autobahnausfahrt zu Autobahnauffahrt.

Zum Einsatz kommen eigens für den Pendelverkehr konstruierte **Doppeldeckerzüge** mit spezieller Schallisolierung und Klimaanlagen. Die Passagiere bleiben während der kurzen Fahrt bei ihren Fahrzeugen oder können sich die Beine vertreten. Für Unterhaltung sorgt das Radioprogramm von *Eurotunnel*, und elektronische Anzeigetafeln halten die Reisenden über den Fahrtverlauf auf dem aktuellen Stand.

Motorrad- und Fahrradfahrer stellen ihre Zweiräder in einem speziellen Zugabschnitt ab und reisen in Abteilen mit Sitzgelegenheiten. Die Waggons für Busse und andere Fahrzeuge über 1,85 m sind einstöckig.

Der Kanaltunnel ist auf beiden Seiten an das jeweilige **Autobahnnetz** angeschlossen. Über die A 16 kommend, nimmt man bei Calais die Ausfahrt 13 bzw. auf der Rückreise über die M 20 die Ausfahrt 11 a bei Folkestone.

Gut ausgebaute Zufahrtsstraßen führen zu den Terminals. Die französischen und britischen **Grenzkontrollen** finden schon vor der Abfahrt statt: Man hat also nach der Ankunft auf der anderen Kanalseite sofort freie Fahrt. Vor dem Verladen des Fahrzeugs steht den Passagieren in der Einkaufs- und Aufenthaltszone ein reichhaltiges Service-Angebot zur Verfügung. Es gibt Restaurants, Cafés, Informationsstände, Wechselstuben und Duty Free-Shops für den steuerfreien Einkauf.

Informativ ist ein Besuch des **Eurotunnel-Ausstellungszentrums** in Calais und Folkestone. Der Bau des Tunnels und der Betrieb von *Eurotunnel* werden hier mit audiovisueller Technik dargestellt.

Mit dem Chunnel besteht nun zwischen dem europäischen Festland und Großbritannien eine Landverbindung. Hierbei handelt es sich um drei Tunnelröhren, die durch den wasserundurchlässigen Kreidefelsen gebohrt wurden: zwei Schienentunnel und ein kleinerer Wartungstunnel in der Mitte. Die beiden Schienentunnel werden jeweils einspurig und in einer Richtung befahren.

Praktische Hinweise A-Z

Neben den Pendelzügen von *Eurotunnel* nutzen inzwischen auch die nationalen Eisenbahngesellschaften SNCF (Frankreich), SNCB (Belgien) und British Rail den Tunnel. Diese *Eurostar* genannten Züge befördern nur Passagiere und verkehren zwischen Paris über Brüssel nach London.

1996 kam es zu einem Brand im Tunnel und die Preise für die Passage fielen ins Bodenlose. Seither wurden sie in moderaten Schritten wieder angehoben. Ende 1998 kostete ein fünf Tage gültiges Ticket für die Hin- und Rückfahrt für einen Pkw mit fünf Insassen bei Tag DM 330,- und bei Nacht DM 250,-. Ein unbegrenzt gültiger Fahrschein für die Hin- und Rückreise eines Pkw samt Insassen schlug bei Tag mit DM 520,- und bei Nacht mit DM 400,- zu Buche.

Mit dem Flugzeug

Wer mit dem Flugzeug anreist, wird sicherlich in Plymouth, Newquay oder London ankommen. Von allen großen deutschen Flughäfen gehen Direktflüge in die englische Metropole; die nationalen Linienmaschinen sowie British Airways landen im westlich vom Zentrum gelegenen **Heathrow,** Charterflieger gehen südlich von London in **Gatwick** nieder, und die kleine Air UK hat nördlich der Metropole ihren Heimatflughafen **Stansted**.

Von Heathrow verkehrt die Piccadilly Line der Londoner U-Bahn während der Hautverkehrszeiten im Minutentakt und benötigt ca. 45 Min. bis ins Zentrum. Die sogenannten Air-

Busse A 1 und A 2 fahren je nach Verkehrsaufkommen innerhalb von 80 Min. ins Herz der Metropole. Die schnellste Verbindung bis ins Zentrum bietet der 1998 in Dienst gestellte Heathrow Express, der alle 15 Min. fährt und bis Paddington Station auch nur 15 Min. Fahrzeit benötigt. Von Paddington Station aus erreicht der Besucher mit der U-Bahn sein weiteres Ziel.

Von Gatwick aus verläßt der Gatwick Express tagsüber alle 15 Min. den Flughafen und hält in Victoria Station, und **von Stansted** aus gibt es eine ähnlich schnelle Verbindung zur Liverpool Street Station.

Wo bekommt man ein günstiges Flugticket?

Billig-Tickets sind über spezielle **Reisebüros** wie beispielsweise Travel Overland in München zu beziehen. Die Preise für Tickets ein und derselben Airline können in verschiedenen Büros stark variieren. Ein Vergleich (über das **Internet** oder als Anfrage per Telefon) lohnt sich also.

● **Travel Overland**
Barer Str. 73, 80799 München
Tel. 089/272760; Fax 089/3073039
Internet: http://www.travel-overland.de

Auch die **Fluggesellschaften** bieten inzwischen nicht nur die full-fare IATA-Tickets (siehe unten) sondern auch Spezialtarife an. Falls man dennoch ein Full-fare-Ticket kauft, kann dieses später auch auf eine andere Airline umgeschrieben werden, die dieselbe Strecke fliegt.

Wieviel kostet ein Ticket?

Der **offizielle,** von der IATA (International Air Transport Association) festgesetzte **Preis** für die Route Frankfurt – London liegt bei 1332 DM, für Frankfurt - Plymouth bei 1826 DM. Doch soviel bezahlt kaum jemand.

Die **Preise für Billig-Tickets** nach London liegen zwischen 359,- und 559,- DM, nach Plymouth in einem Bereich von 738,- DM und nach Newquay ab 808,- DM, wobei es natürlich zu saisonalen Schwankungen kommt. Eine direkte Hauptsaison gibt es nicht.

Die Preise für **Flüge ab Amsterdam, Brüssel** oder **Zürich** liegen gelegentlich unter denen ab deutschen Flughäfen, was für Anwohner der Grenzgebiete von Nutzen sein kann.

Wer bei Abflugzeiten und -orten ungebunden ist, kann durchaus auf ein **Last-Minute-Ticket** spekulieren (Preise für ein Ticket nach London bereits ab 199, DM, nach Plymouth ab 488,- DM).

Wer dagegen weniger flexibel reagieren kann, was Abflugort, Flugroute, Datum und Uhrzeit anbelangt, der sollte sein Ticket **eher früher als später kaufen,** da die billigsten Kontingente als erstes verkauft werden.

Ein weiterer preisbestimmender Faktor ist oft die **Gültigkeitsdauer** des Tickets. Andere Tickets wiederum sind billig, weil die einmal gebuchten Reisetermine nicht mehr geändert werden können.

Wahl der Fluggesellschaft

Die Wahl der Fluggesellschaft fällt bei der Vielzahl der Angebote oft recht schwer. Die wichtigsten Fluggesellschaften auf den Strecken von Mitteleuropa nach London, Plymouth und Newquay sind:

- British Airways (FRA - LON 8x tägl., Ply 4x tägl.)
- Lufthansa (FRA - LON 7.00 - 21.00 Uhr fast stündlich)
- KLM, Sabena,UK, 2G ,SR

Gültigkeit des Tickets

Es gibt **Gültigkeitsdauern** von 30 oder 45 Tagen, 3, 6 und 12 Monaten. Nach Ablauf der Frist (siehe Gültigkeitsdauer in der Mitte des Tickets über der Flugstreckenangabe) ist keine Verlängerung möglich, das Ticket verfällt dann.

Flugtermin, Warteliste

Innerhalb der Geltungsdauer des Tickets kann der **Flugtermin** verschoben werden, wofür aber fast immer Gebühren erhoben werden. Wenn man allerdings zu einem Flugtermin nicht erscheint – sei es, weil man den Flug verpaßt hat, oder aus anderen Gründen – besteht die Gefahr, daß das Ticket verfällt. Gerade preiswerte Airlines sind außerdem oft auf Wochen ausgebucht, also Vorsicht! Die Änderungsmöglichkeit gilt nicht für Billig-Tickets, die einen fixen Termin beinhalten.

Ist ein Flugtermin ausgebucht, kann man sich auf die **Warteliste** (*waiting list*) setzen lassen, d.h., man kann noch einen Platz bekommen, falls ein anderer Passagier seine Buchung zurückzieht oder nicht erscheint. Allerdings muß der auf der Warteliste Stehende am Flugplatz warten, ob denn tatsächlich ein Platz frei wird.

Man kann auch einen festen Platz buchen und sich zusätzlich auf die Warteliste für einen früheren Termin setzen lassen.

Bei Spezialtarifen gibt es **oft keine Wartelisten-Buchung.** Das Kontingent wird zu diesem Tarif nicht mehr freigegeben. Selbst wenn ein Passagier storniert, wird der Platz nur zu einem höheren Preis wieder verkauft.

Rückbestätigung

Kauft man ein Ticket mit schon festgesetzten Terminen, muß der Rückflug dennoch am Zielort bis mindestens **72 Stunden vor dem Abflug** rückbestätigt werden. Man muß sich also mit der betreffenden Airline in Verbindung setzen – Telefonanruf genügt – um noch einmal zu bestätigen, daß man wirklich zu dem gebuchten Termin fliegt. Vergißt man diese Rückbestätigung *(reconfirmation)*, kann man im Computer der Airline gestrichen werden und der Flugtermin ist dahin. Das Ticket verfällt dadurch aber nicht, es sei denn, der Gültigkeitstermin wird überschritten. Bei der Rückbestätigung erfährt man gleichzeitig, ob das Flugzeug wirklich zur geplanten Zeit abfliegt.

Verlust des Tickets

Geht ein Ticket verloren, das schon rückbestätigt wurde, hat man gute Chancen, einen **Ersatz** dafür zu erhalten. Einige Airlines kassieren aber noch einmal 10 % des Flugpreises, andere 50 %, und bei manchen läuft gar nichts mehr. Wer auf Nummer Sicher gehen will, kann die Rückflugtickets im Büro der Fluggesellschaft **deponieren** (gegen Quittung) und sie dann kurz vor dem Abflug abholen.

In jedem Fall sollte man **Fotokopien** des Tickets machen, auf denen Ticket-Nummer, Buchungs-Code, Name, Flugroute und -datum deutlich zu erkennen sind, und diese getrennt vom Original aufbewahren. Eine Neuausstellung des Tickets ist mit dieser Kopie in der Regel kein Problem mehr. Mit der Rückbestätigung hat diese Neuausstellung nichts zu tun.

Zum Flughafen

● **Rail-and-Fly-Tickets:** Viele Fluggesellschaften geben mehrere Städte in Deutschland als Abflugorte an. Meist handelt es sich dabei jedoch um Orte, von denen aus der eigentliche Abflugort, z.B. Frankfurt, per Bahn erreicht wird. Das dafür benötigte Ticket ist im Flugpreis enthalten. Viele Gesellschaften bieten zusätzliche Ermäßigungen auf die Rail-and-Fly-Tickets an.

● **Fly & Drive:** Bei diesem Angebot ist eine Fahrt vom und zum Flughafen mit einem Mietwagen im Ticketpreis inbegriffen.

● **Zubringerflüge:** Flüge einiger Airlines kosten das gleiche, egal, wo man in Europa einsteigt. Man erspart sich also die Anreise per Zug.

Der Rückflug

Bei den meisten internationalen Flügen ist zwei Stunden vor dem Abflug am Schalter der Airline einzuchecken *(check in)*.

In vielen Ländern ist beim Rückflug eine **Flughafengebühr** *(airport tax)* zu zahlen. Eine Ausnahme besteht u.U. bei Charter-Gesellschaften, die die Zahlung selbst übernehmen. Manchmal ist sie auch im Ticket-Preis

Informations- stellen

Zentrale Anlaufstelle für Informationen aller Art über Großbritannien ist die **Britische Zentrale für Fremdenverkehr.**

● **Deutschland:** Westendstr. 16-22, 60325 Frankfurt, Tel.: 069-971123, Fax: 069-97112444, Internet: www.visitbritain.com. Der Service ist hervorragend, auch wenn man manchmal Mühe hat, telefonisch durchzukommen. Auch für **Österreich** zuständig.
● **Schweiz:** Limmatquai 78, Ch-8001 Zürich, Tel.: 01-2614277, Fax: 01-2514456.

Im Süden Englands verfügt jedes noch so kleine Örtchen über eine **Tourist-Information,** in der Sie Broschüren, Prospekte, Bücher, Landkarten etc. erhalten und von dem freundlich bemühten Personal hilfreiche Auskünfte bekommen. Hier bucht man auch Bed-&-Breakfast-Pensionen oder Hotelzimmer für Sie.

In London ist das Tourist Office in Victoria Station untergebracht.

Informationen aus dem Internet

● Wer sich über sein Reiseziel im Internet informieren möchte, findet auf der **Homepage** dieses Verlages Informationen und weiterführende Links:
http://www.reise-know-how.de/
● Noch mehr Informationen vermittelt die bei Reise Know-How erschienene **CD-Rom** "Die ganze Welt im Internet" mit 15.000 bewerteten und geordneten Hyperlinks zu allen Ländern der Erde (Windows ab 3.11 oder PowerMac, 19.80 DM).

Mit Kindern unterwegs

Die Briten sind ein **kinderfreundliches Volk,** und die Familien sind wesentlich größer als bei uns. Drei oder vier Kinder in Orgelpfeifengröße sind keine Seltenheit, und während die Kleinste noch im *Pram* sitzt, schiebt der Größte schon den Wagen.

Englands Südküste ist ein ideales Ferienparadies für Familien. Was gibt es für die Kleinen Schöneres, als mit Förmchen und Schäufelchen am **Strand** zu spielen. Leider besteht ein großer Teil der südöstlichen Küste aus Kieselstränden; auf der Isle of Wight und westlich von Bornemouth gibt es Sandstrände.

In den Seebädern wird viel für die Kleinen getan; da fahren Mini-Eisenbahnen an der Promenade entlang, Vergnügungsparks säumen die Küste, deren Besuche für die gestreßten Eltern zur reinen Erholung werden; in den Landhäusern findet man Abenteuerspielplätze, und selbst die Pubs haben nicht selten eigene Spielplätze. Auf den Promenaden und Piers der großen Seebäder finden regelmäßig **Punch and Judy Shows** statt, die englische Version des deutschen Kasperletheaters.

Beliebt ist das **Brass Rubbing**; in jeder südenglischen Kathedrale hält man den Nachwuchs dadurch still, daß man ihn, angetan mit Papier und Stiften, alte Grabdenkmäler abpausen läßt.

Audiovisuelle **Multimediashows** mit Krach- und Donnereffekten, Blitzen, sprechenden Hexen, rauschenden Meereswellen usw. sind überall zu finden, etwa auf der Burgruine in Hastings, in Plymouth, Land's End und gar in den Tropfsteinhöhlen von Cheddar.

Sind die Eltern wanderbegeistert, so nehmen sie auch den Nachwuchs mit auf die Tour. Von den zehn in diesem Band beschriebenen **Wanderungen** sind vier für Eltern mit Kindern gedacht. Diese längeren Spaziergänge halten auch Kinder problemlos durch. Besonders interessant für Kinder dürften die Spaziergänge in der Lydford Gorge im Dartmoor sowie entlang Land's End in Cornwall sein. Oder machen Sie mit Ihren Kleinen eine Fahrt in der **Minischmalspurbahn** von Romney über Hythe bis an die Spitze der Dungerness-Halbinsel und zurück, oder zockeln Sie von Torquay bis nach Kingswear.

In Bournemouth gibt es jährlich im August das **Kids Free Fun Festival** mit Straßengauklern und Clowns und dem sympathischen Drachen Bournoceros.

Leider sind **Eintrittspreise** zu Sehenswürdigkeiten stets hoch. Oft gibt es aber eine Familienermäßigung.

Maße und Gewichte

Wenngleich in Großbritannien inzwischen das metrische und dezimale System offiziell gültig ist, sind die Maßeinheiten aus den Zeiten des Empire nach wie vor gebräuchlich.

Längenmaße

1 Inch	=	2,54 cm
1 Foot	=	30,48 cm
1 Yard	=	91,44 cm
1 Mile	=	1,609 km

Hohlmaße

1 Fluid Ounce	=	0,0284 l
1 Pint	=	0,5683 l
1 Quart	=	1,136 l
1 Gallon	=	4,5459 l
1 Barrel	=	163,656 l

Gewichte

1 Grain	=	0,0648 g
1 Ounce	=	28,35 g
1 Pound	=	453,59 g
1 Stone	=	6,35 kg
1 Quarter	=	12,7 kg
1 Hundredweight	=	50,8 kg

Temperatur

Die Temperatur wird oft noch in Fahrenheit (F) angegeben; folgende Formel dient der Umrechnung:

$$\frac{(°F - 32) \times 5}{9} = °C$$

Danach sind 32 °F = 0 °C, und 86 °F entsprechen der sommerlichen Temperatur von 30 °C.

$$\frac{(86 - 32) \times 5}{9} = 30 °C$$

Konfektionsgrößen (BRD – GB)

Damen		Herren	
36	10	46	36
38	12	48	38
40	14	50	40
42	16	52	42
44	18	56	46
48	22	58	48
50	24	60	50

Schuhe			
36	3-3,5	41	7-7,5
37	4-4,5	42	7,5-8
38	5-5,5	43	8,5-9
39	5,5-6	44	-9,5
40	6,5-7		

Denken Sie daran, daß Kinder unter 14 nicht in **Pubs** dürfen; fragen Sie den Wirt nach dem *Family Room*.

Lernen in England

Die großen Seebäder Eastbourne, Brighton und Bournemouth haben eine Reihe von hervorragenden **Sprachschulen**; wenn Sie also Ihr Englisch verbessern wollen oder Spezialkurse für Wirtschaftsenglisch oder technisches Englisch benötigen, werden Sie an Englands Südküste fündig. Es bleibt während des Unterrichts genügend Zeit für Ausflüge und Badefreuden.

●**Bournemouth International School**, 711-713 a Christchurch Road, Boscombe, Bournemouth BH7 6AF, Tel. 01202-558824, Fax 01202-309638;
●**Eurocentre Language School**, 26 Dean Park Road, Bornemouth BH1 1HZ, Tel. 01202-554426, Fax 01202-293249;
●**King's School of English**, 58 Braidley Road, Bornemouth BH2 6LD, Tel. 01202-293535, Fax 01203-293922;
●**ISI English Language College**, 15 Grand Parade, Brighton BN2 2QB, Tel. 01273-721771, Fax 01803-557060;
●**Language Studies International**, 13 Ventnor Villas, Brighton BN3 3DD, Tel. 01273-722060, Fax 01273-746341;
●**St. Giles College**, Regency House, 3 Marlborough Place, Brighton BN1 1Ub, Tel. 01273-682747, Fax 01273-689808.

In Deutschland geben die **British Councils**, die englischen Gegenstücke zu den Goethe-Instituten, Auskünfte über Sprachschulen an der Südküste.

●**British Council**, Hahnenstr. 6, 50667 Köln, Tel. 0221-206440, Fax 0221-2064455

Nachtleben

Das südenglische Nachtleben beschränkt sich auf die größeren Badeorte, und selbst dort ist in der Regel mit dem Schließen der Pubs Feierabend. Die eine oder andere Disco hält Nachtschwärmer dann noch bis zwei Uhr in der Früh auf den Beinen – das war's dann aber auch.

Öffnungszeiten

England hat kein Ladenschlußgesetz, und so sind **Läden und Geschäfte** in der Regel von 9 bis 18 Uhr geöffnet. Längere Öffnungszeiten bis in die Abendstunden hinein sind keine Seltenheit.

Einmal in der Woche kommt es in ländlichen Gebieten zum **Early Closing Day**, dann ist schon ab der Mittagszeit Feierabend.

Banken öffnen ihre Schalter zwischen 9/9.30 und 15.30/16 Uhr, und die **Postämter** stellen ihren Service dem Kunden zwischen 9 und 17.30 Uhr zur Verfügung.

Orientierung

Unbedingt sollte man sich vor Ort einen **Straßenatlas** kaufen. Sehr bewährt hat sich der Michelin Motoring Atlas Great Britain and Ireland im Maßstab 1:300.000; 1 cm auf der Karte entspricht hierbei 3 km in der Realität. Hierin findet sich auch eine ganze Anzahl von Innenstadtplänen. Für die Gesamtübersicht empfiehlt sich eine **Straßenkarte** von Großbritannien, so z.B. die Karte von Kümmerley und Frey „Britische Inseln" im Maßstab 1:1.000.000.

Vor Ort sind die **Ordnance-Survey-Karten** zu erhalten, die im Maßstab 1:25.000 Großbritannien kartographisch erfassen und besonders für Wanderungen unabdingbar sind.

Post und Telefon

Postdienste

In ganz winzigen Dörfchen kann es schon mal sein, daß die Post im örtlichen Lebensmittelgeschäft untergebracht ist, ansonsten sind die Ämter der **Royal Mail** nicht zu verfehlen. Öffnungszeiten siehe oben.

Für den **Standardbrief** oder die Postkarte an die lieben Daheimgebliebenen muß man 30 p berappen.

Telefonieren

Das Telefonnetz untersteht nicht der Post, sondern der **British Telecom**, die dabei ist, die berühmten roten Telefonzellen durch häßliche graue Plastikhäuschen zu ersetzen.

Öffentliche Fernsprecher nehmen 10-, 20-, 50-p-Stücke und 1-£-Münzen. Auch in England setzen sich immer mehr die **Cardphones** (Kartentelefone) durch. Es gibt *Phonecards* für 20, 40, 100 und 200 Einheiten. Aus allen

Vorwahl von England
- **Deutschland:** 0049
- **Österreich:** 0043
- **Schweiz:** 0041

Vorwahl nach England
- von Deutschland, Österreich oder der Schweiz aus: 0044
- Vorwahl nach **London:** 0171 für den Innenstadtbereich und 0181 für die Außenbezirke.)

Wichtige Telefonnummern
- **Nationale Auskunft:** 192
- **Vermittlung** von Hand beim freundlichen *Operator:* national 100, international 153.
- **Notruf** für Polizei, Krankenwagen und Feuerwehr: 999.

Telefonzellen kann man ins Ausland telefonieren und sich in der Zelle auch anrufen lassen, die Nummer ist gut sichtbar am Telefon angebracht – steht also jemand untätig in einer Fernsprechzelle herum, so hat dies seinen Grund.

Radfahren

Süd-England ist nicht gerade eine ideale Region für den Fahrrad-Enthusiasten, denn die Straßen sind schmal, vielbefahren und gesäumt von hohen Hecken. Die Mitnahme des eigenen Drahtesels lohnt daher nicht. Doch ist in diesem Band in den praktischen Reiseinformationen am Ende einer jeden Stadt eine Fahrradvermietungsstelle unter der Rubrik Rent-a-Bike angegeben. Denn an einigen Orten lohnt sich die Erkundung mit dem Rad schon. So z.B. im New Forest, im Dartmoor, im Exmoor, in der Region zwischen Penzance, St. Ives und Land's End, auf der Isle of Wight etc. Fragen Sie in den Tourist Offices nach ausgearbeiteten Routen (Adressen unter der Rubrik „Sport und Erholung").

Wichtige Vokabeln rund ums Fahrrad

Achse	spindle
Felge	rim
Felgenbremse	caliper brake
Gangschaltung	gear shift
Kettenblatt	chain ring
Kettenwerfer	changer
Kurbelkeil	crank wedge
Lenker	handlebar
Nabe	hub
Reifen	tyre
Sattel	saddle
Schlauch	inner tube
Schutzblech	mudguard
Tretlager	bottom bracket bearing
Tretkurbel	crank

Reisezeit

Die beste Reisezeit reicht von Anfang Mai bis Anfang Juli; zwar können dann nur die abgehärtetsten ins Meer springen, aber zum Baden ist man ja schließlich nicht nach Süd-England gekommen. In dieser Zeit steht alles in schönster Blüte; Hotels, Pensionen und Restaurants sind nicht überfüllt, und auch die Niederschlagsmengen halten sich in Grenzen. Anfang Juli dann beginnen die Sommerferien, und die Südküste gehört zu den beliebtesten Urlaubsgebieten der Briten. Im Juli und August strömen auch die Kontinentaleuropäer in die Region, und die Folge ist ein rechtes Chaos. Hotels und B & B sind ausgebucht, die Restaurants voll, und ausnahmslos alle Orte sind überlaufen. Selbst romantische Dörfer verlieren nicht selten ihren Charakter. Im September ist es dann wieder schön ruhig, und auch die Temperaturen sind noch durchschnittlich so hoch wie im Juni. England im Herbst ist sehr schön! Ausführliche Wetterdaten siehe „Klima".

Routenplanung

Die in diesem Band beschriebene Strecke folgt von Dover dem Verlauf der Südküste bis Cornwall und weiter dann nach Land's End, zum westlichsten Zipfel Großbritanniens. Von dort geht es entlang der Ufer des Bristol-Kanals nach Nordosten und auf der Höhe von Bristol zurück gen Osten. Um diese große Rundreise in halbwegs ruhigem Tempo hinter sich zu bringen, dabei für einige Tage noch die Isle of Wight und für zwei Tage die Scilly Isles zu besuchen und vielleicht sogar noch die ein oder andere Wanderung im Dartmoor oder entlang der Felsenküste Cornwalls zu machen, benötigen Sie mindestens fünf Wochen Zeit. Doch dann haben Sie einen phantastischen Urlaub gemacht!

Wer nicht so lange reisen kann, findet hier einige Hinweise für einen kürzeren Aufenthalt in Süd-England.

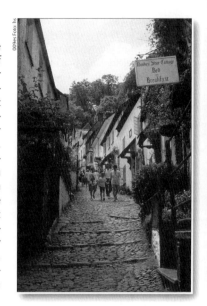

Eine Woche Aufenthalt

Der Südosten Englands: Dover, Castle, Rye, Winchelsea, Eastbourne mit Beechy Head, Charleston Farmhouse, Brighton, Standen, Chartwell, Hever Castle, Knole und Sissinghurst.

Zwei Wochen Aufenthalt

Zusätzlich zu den oben genannten Städtchen und Landhäusern weiterhin Petworth House, Portsmouth, Broadlands, Bournemouth, Clouds Hill, Weymouth, Salisbury, Wells, Bath, Longleat, Stourhead, Wilton House, Avebury und Stonehenge.

Drei Wochen Aufenthalt

Zu den oben genannten Sehenswürdigkeiten kommt nun der gesamte Westen hinzu, so daß Sie ganz Süd-England erkunden können: Abbotsbury und Chesil Beach, Exeter und A la Ronde, Dartmouth und Dartmoor National Park, Polperro, St. Michael's Mount, Land's End, Minnack Theatre, St. Ives, Padstow, Clovelly, Exmoor National Park und Bristol.

Clovelly, bei einer Routenplanung für einen Aufenthalt von drei Wochen empfohlen

Praktische Hinweise A-Z

Sicherheit

Großbritannien ist ein relativ sicheres Reiseland, und gerade in ländlichen Gebieten geht es so ruhig zu wie hierzulande auch.

Wer sein Auto in London oder anderen großen Touristenzentren mit voller Ausrüstung parkt, darf sich allerdings nicht wundern, wenn der Wagen aufgebrochen wird. Kofferraumabdeckung und Handschuhfachklappe sollte man auflassen, damit potentielle Diebe kein Interesse bekommen. Auch das Radio gehört – wenn von der technischen Seite her möglich – ausgebaut.

Sport und Erholung

Fahrradfahren

Das Fahrrad ist genau wie hierzulande auf dem Vormarsch. Immer mehr Engländer schwingen sich auf einen Drahtesel, mit dem man ohne große Kondition 40 km am Tag zurücklegen kann. Einige Regionen Süd-Englands sollte man jedoch nicht unterschätzen, dort ist es ganz schön hügelig. Genaueres zum Radfahren s.o.

Wandern

Die ideale Fortbewegung in der arkadischen Landschaft von Englands Süden ist das Wandern. In diesem Band sind zehn **Wandertouren** beschrieben, davon fünf im Dartmoor und fünf entlang der Küste in Cornwall.

Vier Wanderungen sind auch für Familien mit Kindern geeignet. Grundsätzlich sollten Sie nur mit guten Wanderstiefeln starten (dies vor allem bei den rauhen Klippenwanderungen in Cornwall) sowie Kompaß und Erste-Hilfe-Set dabeihaben. Wollen Sie über die in diesem Band gemachten Wandervorschläge hinaus die Gegend erkunden, so benötigen Sie die detailreichen *Ordnance Survey*-Karten im Maßstab 1:25.000. Gut sind auch die **Wanderführer** von *Ordnance Survey*, die sogenannten *Pathfinder*; für den Süden Englands sind im Programm „Dartmoor Walks", „Cornwall Walks", „Exmoor and Quantock Walks".

In Süd-England gibt es eine Reihe von **Fernwanderstrecken,** die sich der passionierte Wanderfreund nicht entgehen lassen sollte; so der ca. 140 km lange *South Downs Way,* der in Eastbourne beginnt (oder endet) und schon nach wenigen Kilometern mit dem Felsabsturz Beachy Head und der Kreideklippenformation Seven Sisters atemberaubende Landschaftsszenerien bietet.

Zwischen Bournemouth und Weymouth darf man den *Dorset Coast Path* nicht versäumen, der mit der phantastischen Kimmeridge Bay, der sanft geschwungenen Lulworth Cove und dem Durdle Door, dem riesigen steinernen Torbogen im Meer, ebenfalls an landschaftlichen Höhepunkten nicht arm ist.

Durch das Exmoor führt der 130 km lange Rundwanderweg *Tarka Trail,* der seinen Namen von dem in England vielgelesenen und sehr berühmten Kinderbuch „Tarka the Otter" hat; dieser 1927 erstmals erschienene Band von *Henry Williamson* (This classic tale of an otter's life and death in Devon is as true as a man's account of a wild animal can possibly be) hat unzählige Auflagen erlebt und beschreibt auf unnachahmlich schöne Weise das Exmoor und die Landschaft von Nord-Devon.

In Lynmouth, dort, wo das Exmoor am Meer endet, beginnt der *Somerset and North Devon Coast Path.*

Die Tourist Information Centres entlang der Strecke und in der Umgebung halten exaktes Kartenmaterial und Unterkunftsvorschläge bereit.

Hier zwei Adressen, wo man **ökologisch verträgliche Wander- und Fahrradferien** buchen kann und von einem naturerfahrenen Guide durch die schönsten Stellen Süd-England geführt wird. Unter beiden Adressen kann Info-Material bestellt und auch gebucht werden.

● **Connect with Nature** von Martin Hunt, North Trefula Farm, Redruth, Cornwall TR16 5ET, Tel. 01209-820847
● **Combe Lodge Hotel** von Bryan und Janet Cath, wo Wanderer und Fahrradfahrer willkommen sind und von dort auf die schönsten Touren geschickt werden: Combe Lodge Hotel, Chambercombe Park, Ilfracombe, Devon EX34 9QW, Tel. 01271-864518, Fax 01271-867628.

Golf

Vor allem Golfer kommen in Süd-England auf ihre Kosten, denn ein dichtes Netz von 9- und 18-Loch Plätzen überzieht den Süden von Kent bis Cornwall. In Großbritannien ist Golf keineswegs ein so elitäres Vergnügen wie hierzulande, und die *Green Fees* betragen um die 10 £ pro Tag.

Tennis

Wer sein Tennis-Racket auch im Urlaub nicht aus der Hand legen will, findet in den großen Seebädern wie Eastbourne, Brighton, Bournemouth, Torquay, Newquay und Weymouth eine ganze Reihe von Anlagen.

Reiten

Wer nur Glück auf dem Rücken der Pferde erfährt, sollte im New Forest, einer wunderschönen Wald- und Heideregion, reiten. Die New Park Manor Stables an der Lyndhurst Road in Brockenhurst/New Forest sind die ideale Anlaufstation für den Pferdefreund.

Tauchen

Tauchen lernt man im Sub Aqua Club am Albert Pier von Penzance in Cornwall.

Praktische Hinweise A-Z

Uhrzeit

Alles ist in Großbritannien anders, auch die Uhrzeit. Es gilt nicht die hierzulande bekannte Mitteleuropäische Zeit (MEZ), sondern die *GMT,* die **Greenwich Mean Time,** die eine Stunde hinter der unsrigen herhinkt.

Denken Sie auch daran, daß es in England keine 24-Stunden-Einteilung gibt; zwischen Mitternacht und 12 Uhr hängt man ein a.m. (*ante meridiem*) und zwischen 12 Uhr mittags und 0.00 Uhr ein p.m. (*post meridiem*) an die Zahl. 6 a.m. meint also sechs Uhr morgens, 6 p.m. ist 18 Uhr am frühen Abend.

Unterkunft

Selbstverständlich verfügt die Urlaubs- und Ferienregion in Englands Süden über eine reichhaltige Palette an Unterkunftsmöglichkeiten, die jedoch in der **Hauptsaison** Juli und August hoffnungslos überbelegt sind. Buchen Sie in dieser Zeit immer schon einige Tage telefonisch im voraus, sei es über das örtliche Tourist Office (*Book-a-bed-ahead*) oder indem Sie sich direkt an eine Bed-&-Breakfast-Pension oder ein Hotel wenden.

Zu allen genannten Unterkunftsmöglichkeiten finden Sie in den Tourist Information Offices dicke **Adres-**

Gruppenbild mit roter Zelle:
Dorfhotel in Rye

010es Foto: hs

senlisten; diese können Sie auch schon vorab beim Britischen Fremdenverkehrsamt bestellen, dann sind sie aber fast doppelt so teuer wie vor Ort, und Sie müssen die Folianten auch schon auf der Anreise mitschleppen.

Bed & Breakfast

Die klassische englische Unterkunftsart ist das Bed & Breakfast in einem Privathaushalt. Während der Saison werden ein, zwei oder auch drei Zimmer freigemacht und für Logiergäste hergerichtet. Wer ein neues Haus baut, plant gleich einige Gästezimmer etwas abseits von den Familienräumen mit ein.

In den niedlichen, handtuchgroßen Vorgärten weist ein großes **Schild** den Besucher auf eine solche Familienunterkunft hin: B & B (*Bed and Breakfast*), weiterhin *Vacancies*, wenn noch Zimmer frei sind, bzw. *No Vacancies*, wenn dies nicht der Fall ist. Angepriesen wird auch die Ausstattung. Also etwa: *Tea-Making Facilities* heißt, daß ein Kochkessel sowie Teebeutel und Tassen bereitstehen, C/TV verspricht einen Farbfernseher im Zimmer, *Rooms En Suite* oder *Private Facilities* weisen auf ein eigenes Bad hin.

Detektivischen Spürsinn gilt es ohnehin immer im Bad zu entfalten, vorausgesetzt, Sie möchten **heiß duschen**. Mischbatterien sind dem Briten fremd, statt dessen hängt in der Dusche eine abenteuerliche Elektroinstallation, die jedem Sicherheitsingenieur des deutschen TÜV den Angstschweiß auf die Stirn treiben würde.

Bevor dieser Elektrodurchlauferhitzer Heißwasser produziert, müssen Sie irgendwo im Bad entweder einen Schalter umlegen, häufiger jedoch an einer Schnur ziehen, die von der Decke hängt. Damit ist der Strom für den Durchlauferhitzer freigegeben, dessen Wasser Ihnen nun die Haut verbrüht oder Sie frösteln läßt. Die Feinabstimmung eines solchen Geräts ist nur selten funktionstüchtig.

Die **Preise** pro Person liegen in der Vorsaison zwischen 13 und 20 £ und in der Hauptsaison zwischen 15 und 25 £ je nach Ausstattung. Stellen Sie sich auf eine höchst unterschiedliche Palette an **Qualitätsstandards** ein. Sie können für 13 £ ein prachtvolles und gemütliches Einzelzimmer mit eigenem Bad und Farbfernseher bekommen und am nächsten Tag in einem Hotel für 35 £ ein Zimmer in gammeliger Bausubstanz, mit Schimmel in den Ecken und nicht funktionierendem Schwarzweißfernseher sowie einem eingeschränkt funktionstüchtigen Bad erhalten.

Guest-Houses und Private Hotels

Guest Houses oder Private Hotels bezeichnen eigentlich größere Bed-&-Breakfast-Unterkünfte, vergleichbar unseren Pensionen, bieten den gleichen Standard wie die B & B, sind aber einige Pfund teurer als diese.

Die Engländer, denen man ja nachsagt, daß ihr Home ihr Castle ist, lieben **prachtvolle Namen** für ihr Heim, und das zeigt sich auch in den Bezeichnungen für B & B und Guest-Houses. Da werden Unterkünfte im Orchard House, im Bay View Private Hotel, im Blue Lagoon Lodge House, im Dolphin & Anchor Guest House oder im White Cliff Lodge angeboten.

Doppelzimmer verfügen häufiger über zwei getrennte Betten als über ein großes Doppelbett; dies sind *Twin Beds* oder *Twin Rooms* genannte Unterkünfte, während der *Double Room* ein Doppelbett hat.

In jedem Tourist Information Office können Sie für einige Pfund ein Buch mit allen vom Tourist Board empfohlenen B & B kaufen.

Hotels

Hotels folgen dem Internationalen Sterne-Standard und beginnen preislich bei 20 £ für das Einzelzimmer.

Hervorragend sind die **Country House Hotels**, kleinere Häuser mit vielleicht 15-20 Zimmern und mit einem sehr individuellen Service sowie herzallerliebst eingerichteten Zimmern im Landhausstil. Eine kleine Bar und ein kleines Restaurant runden die Angebotspalette ab. Leider gibt es dabei wohl nichts unter 45 £ pro Person. Country Houses sind ideal für frisch Verliebte, die die Einsamkeit suchen, in rauher windiger Landschaft ausgedehnte Spaziergänge machen und sich beim exzellenten abendlichen Dinner lange in die Augen sehen möchte.

Ferienhäuser

Ferienhäuser (*Holiday Homes*) bieten sich für Familien mit kleinen Kindern an, ähnliches gilt für Ferien auf der Farm. Besonders interessant sind in diesem Zusammenhang die Häuser des Landmark Trust und des National Trust; beide Organisationen restaurieren alte Cottages, Mühlen, Farmhäuser und vermieten sie als Ferienwohnung. Urlaub im historischen Ambiente! Auskünfte und Kataloge sind zu beziehen bei: Landmark Trust, Shottisbrooke, Maidenham, Berkshire; National Trust, PO Box 39, Bromley, Kent.

Jugendherbergen

Mit einem Jugendherbergsausweis ist man gerne willkommen in den englischen Youth Hostels, die man jedoch auch schon in der Vorsaison vorab telefonisch buchen sollte.

Camping

Camping ist auch in Großbritannien sehr beliebt, davon zeugen die unglaublich landschaftsverschandelnden **Caravan Sites**, deren zumeist festinstallierte, nicht mobile, in viele tiefgestaffelte Reihen stehende Wohnwagen als billiges Landhaus oder Ferienwohnung dienen; solche Plätze sollten Sie möglichst meiden. Selbstverständlich gibt es durchaus eine ganze Reihe anheimelnder **Camping Sites**.

Verkehrsmittel

Eisenbahn

Wer den Süden Großbritanniens mit der Bahn erkunden möchte, sollte sich schon vorab in Deutschland den **Britrail Pass** gekauft haben. Den bekommt man bei British Rail, Düsseldorferstr 15-17, 60329 Frankfurt, Tel. 069-232381, Fax 236000. Diese Dauerfahrkarte gibt es in unterschiedlicher Gültigkeitsdauer, von vier Tagen bis zu einem Monat.

Nutzt man die Bahn nur ab und zu, so gibt es wie hierzulande ja auch eine ganze Reihe von Sonderangeboten, etwa spezielle Wochenendtarife, besondere Regionaltarife etc. Wer zwischen 16 und 25 Jahre jung ist, bekommt Ermäßigung auf den **Britrail Youth Pass,** und Eltern mit Kindern wird es freuen zu hören, daß die Kleinen bis fünf Jahre gar nichts zahlen, zwischen fünf und 15 Jahren dann den halben Preis des Erwachsenenpasses.

Rund um die Gegend von London

Ein öffentliches Verkehrsmittel
in der Romney Marsh:
die kleinste Schmalspurbahn der Welt

ist das **Bahnnetz** von British Rail besonders dicht, da jeden Morgen Abertausende von Pendlern (*Commuters*) aus dem *Commuter Belt* rund um Britanniens Kapitale ihren Arbeitsplatz per Zug erreichen müssen. Dies ist das dichtgewobene *Network Southeast*. Je weiter man nach Westen kommt, um so grobmaschiger wird das Bahnnetz, dennoch sind alle wichtigen touristischen Orte mit der Eisenbahn erreichbar.

Bahnreisen sind teurer als Busreisen, und ebenfalls sehr unerquicklich ist es, daß im Gegensatz zu unseren Bahnhöfen die britischen oft weit, manchmal sogar etliche Kilometer, außerhalb der Ortszentren liegen.

Busse

Die Alternative zur Bahn sind die Busse des **National Express**. Von London aus wird das gesamte Land, somit auch der Süden, von den komfortablen weißen *Coaches* befahren. Während der Saison werden die größeren Seebäder gar mehrfach am Tag bedient. Wie bei der Bahn ist auch hier der **Tarifdschungel** der Sonder-, Wochenend-, Regional-, Kinder-, Jugend- und Seniorenpreise undurchdringlich dicht. Allemal verläßlich sind die **Britexpress Card** für 15 £, mit der man auf alle Tickets ein Drittel Ermäßigung bekommt, und der **Tourist Trail Pass,** der zwischen 5 und 30 Tage gül-

British Rail – Ein Witz?

Vor allem bei den Abertausenden Pendlern im Großraum London, die bei ihrer morgendlichen Anreise pünktlich im Büro und vor allem beim abendlichen Nachhauseweg gerne rechtzeitig bei Frau und Kindern sein möchten, ist British Rail, wie die Meinungsforscher herausfanden, das meistgehaßte Unternehmen im Land.

Die British Rail fährt seit Jahren massive Verluste ein. Was der verschnarchten Managerriege von British Rail als Sanierungskonzept einfällt, ist, gelinde gesagt, eine Ungeheuerlichkeit. So nahm die schwache „Unternehmensführung" im Großraum London aus Kostengründen gleich eine ganze Anzahl Verbindungen aus dem Fahrplan. Die noch fahrenden Züge waren nun natürlich vollständig überfüllt, was British Rail als verstärkte Nachfrage interpretierte und mit diesem Argument die Preise erhöhte.

Wenn die britische Bahn ihre Kunden schon nicht mit Verlaß ans Ziel bringt, so bereichert sie doch die Comedy Shows und ist bemüht zu beweisen, daß die Realität die Satire weit hinter sich gelassen hat.

Aufgrund der vielen Verspätungen und Totalausfälle ist die Bahnführung stets in Schwierigkeiten, dem Publikum die Gründe dafür zu erklären. Immer wieder gibt es Probleme mit kaputten Signalanlagen oder defekten Weichen, was durchaus kein Wunder ist, da ein Großteil dieser Anlagen noch aus der viktorianischen Ära datiert – und die ist seit über 90 Jahren vorbei! Doch eines Tages – in weiten Bereichen Süd-Englands hatten aus welchen Gründen auch immer eine ganze Anzahl von Zügen erhebliche Verspätungen – wollte man dem Publikum keine derart profanen Gründe wie defekte Weichen und ähnliches mehr zumuten, und es kam zu einer Jahrhundertdurchsage: *All Services are running late because of* ... („Alle Züge haben Verpätung ...") – und nun kommt der Kracher, die Stimme sprach: ... *because of leaves on the line* („... weil Laub auf den Schienen liegt"). Homerisches Gelächter erscholl aus Tausenden von Pendlerkehlen, allgemeine Heiterkeitsausbrüche ließen Bahnhöfe in ihren Grundfesten erzittern. Wenn der Zug nicht kommt, so wird eben Unterhaltung geboten, ja British Rail ist auf dem Weg der Gesundung, echtes Pionierdenken aus den Zeiten des Empire, bravo!

Doch weit gefehlt! Verspätungen wurden nicht durch weitere intelligente Entschuldigungen wettgemacht, stereotyp hieß es fortan, daß eben Laub auf der Strecke die Züge behindere.

Nachdem *Leaves on the line* nicht mehr belächelt wurde, stellte sich British Rail flugs das nächste Fettnäpfchen auf.

Sieht man einmal von den rauhen Highlands Schottlands ab, so hat das golfstromerwärmte England wenig unter der Last hoher Schweewehen zu leiden. Stolz verkündete das Staatsunternehmen vor kurzem, daß Millionen in eine neue Schneebeseitigungstechnik investiert worden seien und Verspätungen aufgrund von Schneefällen damit ein für allemal der Vergangenheit angehörten. Als jedoch die ersten weißen Flocken fielen und sich ein millimeterdünnes, hastig dahinschmelzendes Schneedeckchen über das Land breitete, da standen die Pendler stundenlang auf den zugigen Bahnsteigen, und alle Züge hatten Verspätung. Auf die Schlappe angesprochen, ließ British Rail verlauten: *It was the wrong kind of snow* („Es war die falsche Art von Schnee"). Das Geheimnis, auf welche Art von Schnee sich die Experten von British Rail vorbereitet hatten, wurde von der Staatslinie allerdings bis heute nicht gelüftet.

Leaves on the line und *the wrong kind of snow* gehören heute zum anerkannten Sprüchekanon der englischen Sprache.

tig ist, das gesamte Busnetz umfaßt und und beim Preis von 70 £ für fünf Tage beginnt.

Im Gegensatz zu den Bahnhöfen sind die **Busstationen** immer in den Zentren der Städte zu finden. Wiederum unerquicklich ist die Tatsache, daß es weder auf Bahnhöfen noch an Busstationen Möglichkeiten gibt, das Gepäck unterzustellen. Schließfächer und **Gepäckaufbewahrungsschalter** gibt es aus Angst vor Bombenangriffen der IRA nicht. Dies ist auch der Grund, warum Sie Ihr Gepäck nirgendwo auch nur kurz unbeaufsichtigt lassen sollten; vermutet wird dann ein Sprengsatz, und die Polizei sperrt das Areal weiträumig ab. (Der kleine Tagesrucksack des Autors, längere Zeit unbeaufsichtigt wegen eines Gangs zur überfüllten Toilette, sorgte einmal in einem Pub im Londoner Regierungsbezirk Westminster für die sekundenschnelle Totalräumung durch Bobbys, die bereits eine Bombenentschärfungseinheit gerufen hatten. Mehrere Stunden auf der Wache waren die Folge.)

Taxen

In England hält man Taxen per Handzeichen auf der Straße an; einen freien Mietwagen erkennt man an einem beleuchteten Schild mit der Aufschrift *For Hire*. Kurze Strecken sind relativ **preiswert**; geht die Fahrt über einen Sechs-Meilen-Radius (ca. 10 km) hinaus, so darf der Fahrer die Beförderung ablehnen, in der Regel jedoch versucht er, einen höheren Fahrpreis auszuhandeln. Obwohl per Gesetz dazu verpflichtet, weigern sich viele Fahrer, einen Gast in Gegenden zu bringen, in denen sie keinen Kunden für die Rückfahrt finden.

Mittlerweile sind die meisten Mietwagen mit einem elektronischen **Taxameter** ausgerüstet, der den endgültigen Preis anzeigt; wenn noch eine alte Uhr in Gebrauch ist, so weist eine Tabelle an der Trennscheibe den richtigen Tarif aus. Es gibt **Zuschläge** für jeden weiteren Passagier sowie für große Gepäckstücke und für Fahrten zwischen 20 und 6 Uhr. **Trinkgeld** ist obligatorisch und sollte ca. 10 % des Fahrpreises betragen.

Land und Natur

204es Foto: hs

205es Foto: hs

Die Küste zwischen Lizard Point und Kynance

Am Strand von Eastbourne

Stonehenge

Englands Süden – eine arkadische Landschaft

„Keine Grafschaft Englands ist mit Kent vergleichbar, so wenig als irgendein Land mit England zu vergleichen ist", soll *Winston Churchill* eines Tages einmal gesagt haben. Und hier, in der Grafschaft **Kent**, die auch auf den lieblichen Namen „Garten Englands" hört, beginnt unsere Rundreise durch den Süden der Insel. Fruchtbar ist die Grafschaft, große Obstplantagen und endlose **Hopfenfelder** sind sacht eingepaßt in die sanft geschwungene, grüne Landschaft. Vor allem der Hopfen, der ja zum Bierbrauen benötigt wird, hat dieser südöstlichsten Region des Inselstaates seinen Stempel aufgedrückt, und so ist Kent nicht nur der Garten Englands, sondern auch das *Hop Country*, das Hopfenland des Reiches.

Turkeys, heresey, hops and beer/ Came into England all in a year; hier ist dieser alte Vers noch lebendig, wonach Truthahn, Glaubenskämpfe, Hopfen und Bier gleichzeitig ins Land gekommen sind. Meterhoch ragen die Pfosten und Stangen auf, zwischen denen straff verspannte Drähte den Planzen Halt geben; solche Spaliere ziehen sich endlos dahin und verschwinden in der Ferne am Horizont.

Typisch für Kent sind auch die **Oast Houses** mit ihren hohen kegelförmigen Dachtürmen und dem weißen Aufsatz, der sich keck in den Wind reckt. In diesen Darrehäusern wurde früher der Hopfen getrocknet, heute sind sie fast alle zu Wochenendhäusern umgebaut, und betuchte Manager eilen an Sonn- und Feiertagen mit der Familie aus der nahen Steinwüste London in die ländlich erholsame Region.

Aber Kent ist nicht nur der Garten, sondern auch das **Tor zu England**, *The gateway to England*, wie die Briten noch heute sagen, wenn sie den Kanal überqueren oder auf der Rückreise die weißen Kreidefelsen von Dover aus-

Grafschaften

Land und Natur

machen. Hier landeten über Jahrhunderte die fremden Eindringlinge, die Römer, die Sachsen, die Dänen und zum Schluß, *Ten Sixty Six*, wie es in England heißt, die Normannen – 1066 setzte *Wilhelm der Eroberer* seinen Fuß auf den Strand des heutigen Hastings (das allerdings schon in Sussex liegt). Welche Gefahren vom nur 33 km entfernten Kontinent drohten, bezeugen die vielen **Küstenbefestigungen**, welche die Gestade säumen und bis in jüngste Zeit genutzt wurden – wie etwa Dover Castle.

Zwei Millionen Einwohner hat das kleine Kent, von denen viele Morgen für Morgen die Bahn besteigen und nach London zur Arbeit fahren. Denn die Grafschaft ist auch im Griff der alles beherrschenden Metropole, und immer weiter wächst das steinerne Stadtungetüm in die liebliche Landschaft hinein.

Nahe dem stimmungsreichen Puppenstubenörtchen Rye überschreitet der Besucher die Grenze zu **Sussex**. Hier dominieren die beiden eleganten und gepflegten Seebäder Eastbourne und Brighton an der Küste, und auch eine ganze Menge kleiner **Seaside Resorts** harrt zu Beginn des Sommers auf die sonnen- und meerhungrigen Besucher. Im Hinterland rollt die sanft geschwungene, leicht hügelige und von kleinen Laubwäldchen durchzogene Landschaft des **Weald**. Von Westen nach Osten durchziehen die anmutigen Rundungen der **South Downs** die Region. Die vielen kleinen Städtchen haben ihren einstigen ländlichen Marktcharakter noch wahren

können, wenngleich sie heute weitgehend von in London arbeitenden Pendlern, den *Commuters*, bewohnt werden.

„Seltsam, wie das heidnische England an einzelnen Stellen hält", beschwörte *D. H. Lawrence* einmal die Atmosphäre von Sussex, „wie hier auf diesem mit zottigem Ginster bewachsenen Angern und in den sumpfigen, von Schlangen bewohnten Ebenen am Fuße der Downs. Die urweltliche Landschaft hatte sich hier gehalten wie sie war, als die Sachsen kamen, vor so langer Zeit."

Landschaftlicher Höhepunkt von Sussex ist ganz zweifellos die 170 m hoch steil aus dem tiefblauen Meer in den Himmel schießende, schneeweiße Klippe **Beachy Head** und die sich daran anschließende, etliche Kilometer lange, senkrecht aufragende Kreideformation **The Seven Sisters**.

Die Grafschaft **Surrey**, die sich unmittelbar an die Stadtgrenze von London schmiegt, ist ganz im Griff des Molochs und Teil des **Pendlergürtels**, der die Hauptstadt umschließt. Schienentrassen und Straßen durchschneiden die Landschaft. Da die Anfahrtswege nicht so lang sind wie von Sussex aus, wohnt hier die Crème der leitenden Angestellten, und so gelten diese Pendler als sogenannte *Gin and Tonic Commuters* und ihre Grafschaft Surrey als *Stockbroker Belt*.

In Surrey übrigens war es, wo die Adligen König *Johann Ohneland* im Jahre 1215 die *Magna Charta* abtrotzten und damit Rechtssicherheit für jeden Bürger schufen.

Southampton und **Portsmouth**, zwei der großen britischen Hafenstädte, sind die industriellen Zentren der Grafschaft **Hampshire**. Hier wurde englische Seefahrtsgeschichte geschrieben, von hier lief die Mayflower mit den Pilgervätern in die neue Welt, von hier starte *Lord Nelson* mit seinem Flaggschiff Victory, um Großbritannien in der Schlacht von Trafalgar für mehr als ein Jahrhundert die absolute Vormachtstellung zur See zu sichern.

In Hampshire finden wir aber auch die Stadt **Winchester**, ehemals die Kapitale des ersten angelsächsischen Königreiches Wessex, Standort einer prachtvollen Kathedrale und durch einen riesigen Round Table ins mythische Netz von König *Artus* eingewoben.

Im Hinterland der Grafschaft wird Landwirtschaft betrieben, und Schafe grasen an den seichten Hängen der North Downs. Der Südwesten Hampshires wird bestimmt von der Heide- und Waldlandschaft des **New Forest**, in dem wilde Ponies grasen, violett die Erika und gelb der Ginster in der Sonne eines schönen Tages leuchten.

Südlich von Southampton und Portsmouth liegt die, vom Festland durch die schmale, *Solent* genannte Meerenge getrennte, **Isle of Wight** – im kleinen ein genaues Abbild des großen Englands. Steile Kreidefelsen, anmutig geschwungene Sandbuchten, eine leicht gewellte Landschaft, verschlafene Dörfer mit reetgedeckten, heimeligen Cottages und Badeorte mit zurückhaltendem Charme machen sie bei Jung und Alt zu einem gern besuchten Orte. Golfstromumspült ist die Insel eine der wärmsten Regionen Großbritanniens und zählte daher schon immer viele berühmte Besucher. *Karl Marx* war vor Ort, Hofdichter *Alfred Lord Tennyson* hatte ein Haus auf dem gastlichen Eiland, *Charles Darwin, D. H. Lawrence* und *Charles Dickens* schrieben ihre Bücher auf dem sonnenverwöhnten Fleck, und Queen *Victoria* liebte ihr von *Albert* erbautes Osborne House über alles. Nach hierhin zog sie sich in ihrem unermeßlichen Schmerz über den Tod ihres geliebten Mannes zurück und versuchte ihr Leid zu mildern.

In der Grafschaft **Dorset** beherrschen das große, mondäne Bournemouth und das kleinere, intimere Weymouth die Gestade; zwischen beiden Seebädern erstreckt sich eine spektakuläre Küstenszenerie, die in der verträumten, halbmondförmig geschwungenen **Lulworth Cove** und dem großen im Meer stehenden Torbogen **Durdle Door** ihre Höhepunkte findet. Von Weymouth dann weiter gen Westen schützt die mächtige Kieselbarriere **Chesil Beach** die Küste vor dem Ansturm des Meeres. In der schmalen Lagune hinter dem natürlichen Wellenbrecher haben viele Seevögel einen geschützten Lebensraum gefunden, und am Ende von Chesil Beach liegt die weltweit wohl einmalige **Swannery von Abbotsbury**; in dieser Schwanerei verbringen Tausende von Schwänen den Winter und brüten ihre Jungen aus.

Strebt der Besucher fort von der Küste, so findet er seinen Weg in das behäbige **Dorchester**, in die Stadt von

Land und Natur

012es Foto: hs

Thomas Hardy, der wie kein anderer sein dichterisches Lebenswerk dieser Region gewidmet hat. Auf den Spuren seiner Charaktere kann der literaturbegeisterte Leser Südengland durchwandern: Bournemouth wird in *Hardys* Romanen zu Sandbourne, Weymouth zu Budmouth, Winchester zu Wintonceaster, die Isle of Portland gilt ihm als das Gibraltar von Wessex und heißt Isle of Slinger, Dorchester gerät ihm zu Casterbridge und aus Shaftesbury wird

Shafton. – Und noch ein Großer verbrachte seine letzten Lebensjahre in Dorset; kein Geringerer als **T. E. Lawrence**, der *Lawrence von Arabien*, hatte sein Refugium in dem winzigen, einsamen Häuschen Cloud's Hill; hier schrieb er sein Lebenswerk, den kongenialen Band „Die sieben Säulen der Weisheit", nicht weit entfernt ist er zur letzten Ruhe gebettet – sein Grab ist leicht zu finden.

Wiltshire, das sich nördlich an Dorset anschließt, ist außer Surrey die einzige südenglische Grafschaft, die nicht ans Meer grenzt. Verwaltungskapitale ist das ungemein schöne, vor Atmosphäre und Charme sprühende **Salisbury** mit seiner prachtvollen frühgotischen Kathedrale, die von einem ele-

Die Kamine drehen sich immer aus dem Wind: Oast Houses – Darrehäuser in Kent ganten, nadelspitzen Turmhelm gekrönt wird – Salisbury ist eine der schönsten Städte Großbritanniens. Weitere Attraktionen des lieblichen Wiltshire sind die prähistorischen Steinkreise von **Stonehenge** und **Avebury** – letzterer der größte in Europa.

Hier finden wir **Stourhead**, einen der schönsten und verspieltesten Landschaftsparks, nachgerade Synonym für den englischen Garten, sowie **Longleat** und **Wilton House**, zwei der herausragenden Herrenhäuser im Süden der Insel. Den Norden von Wiltshire bestimmen die lieblichen, rollen-

Caspar David Friedrich hätte seine Freude gehabt: Trauerweiden am lieblichen River Avon

den Kreidehügel der **Marlborough Downs**, in die eine ganze Reihe von großen, weithin sichtbaren weißen Pferdefiguren geritzt sind (siehe auch den Exkurs zu den weißen Pferden).

Avon, benannt nach dem friedlichen Fluß mit seinen lieblichen Auen, der durch Bath sprudelt und bei Bristol ins Meer strömt, ist eine der kleinsten Grafschaften Großbritanniens, doch sind die beiden genannten Städte touristische Anziehungspunkte ohnegleichen. **Bath**, neben Salisbury die schönste Stadt im Inselstaat, kann das gelungenste Ensemble georgianischer Architektur aufweisen, eine einmalig prachtvolle Stadtplanung des 17. Jh., die weltweit ihresgleichen sucht. Zusammen mit dem grandiosen Römischen Bad, durch das heute wie zur

Zeit *Cäsars* Tag für Tag 1 Mio. Liter Wasser aus den heißen Quellen fließen, und dem unvergleichlichen Charme des Ortes, ist Bath von einer Lebendigkeit, die jeden Besucher in ihren Bann zieht und ihn mit heiterem Gemüt durch die schönen Straßen wandeln läßt.

Bristol ist trotz der verheerenden Zerstörungen im Zweiten Weltkrieg auf angenehme Weise neu erbaut worden und glänzt nicht durch sterile Betonarchitektur wie beispielsweise Portsmouth und Southampton. Am Floating Harbour, der sich von West nach Ost durch die Stadt zieht, ist ein hervorragendes Naherholungsgebiet entstanden.

In der Grafschaft **Somerset** blühen die Mythen und Legenden, allen voran die des edlen Königs *Artus*, seiner geliebten Herrscherin *Guinevere* und seiner Tafelrunde von unerschrockenen Rittern, wie *Lancelot* einer war. In **Glastonbury** soll der sagenhafte Keltenherrscher begraben sein. Der kleine und anheimelnde Ort **Wells** hat die prächtigste Kathedrale von England innerhalb seiner Mauern; dem herrlichen Anblick ihrer Westfassade entzieht sich keiner der Besucher.

Im Westen von Somerset erstreckt sich der **Exmoor-Nationalpark**, in dem wilde Ponies im Galopp am einsamen Wanderer vorbeidonnern und

Dicht bewaldet: Weiter Blick über die Nordküste von Devon

ihm Rotwild aus sicherer Entfernung lange nachschaut. Durchzogen wird das Moor-, Heide- und Waldgebiet von tief eingeschnittenen Schluchten und Tälern, den *Combes*, die früher den Schmugglern und Räubern als ideale Verstecke dienten.

Devon, die größte Grafschaft in Englands Süden, grenzt im Norden an die Gestade des Bristol-Kanals, und landschaftlich wie historisch ging es hier rauh zu. Eine Unmenge von Schiffen, die auf den sicheren Hafen von Bristol zuliefen, strandeten am **Hartland Point**; der letzte Frachter, den hier sein Schicksal erst vor wenigen Jahren ereilte, liegt zerschmettert auf den Mammutkieseln vor der Steilküste. In früheren Tagen lockten zudem *Shipwrecker*, üble Strandpiraten, mit falsch gesetzten Lichtern die Schiffsbesatzungen ins Verderben.

Eher spärlich bewaldet:
An Cornwalls Küste

Im Süden endet Devon an der warmen, golfstromumspülten Kanalküste, wo Palmen die Straßen des großen Seebades **Torquay** säumen. In **Plymouth** war die Heimat der vier *Devon Sea Captains*, zu denen *Sir Francis Drake* gehörte; von hier lief auch die Flotte aus, welche die Spanische Armada vom Invasionsversuch abhalten sollte.

Nördlich von Plymouth lockt die rauhe Landschaft des **Dartmoor-Nationalparks**, eine neblige, schauerliche Gegend, in der *Sherlock Holmes*, der Hund von Baskerville und viele ausgebrochene Mörder des Dartmoor Prison durch den gefährlichen Sumpf platschten. Das Dartmoor mit seinen wilden Ponies, den urwüchsigen, zotteligen Rindviechern und den weißen Schafen an den grünen Hügelschultern ist bei aller Rauhheit eine wunderschöne Heide-, Moor- und Waldlandschaft, eine ideale Gegend für beschaulich lange Wanderungen, von denen fünf in diesem Band ausführlich beschrieben werden.

Dartmouth, sehr schön am Mündungstrichter des Dart gelegen, eingerahmt von hohen grünen Bäumen, mit efeuumrankten alten Fachwerkhäusern und blumengeschmückten Straßen, ist ein kleines Juwel an Devons Südküste.

Hier werden die Worte von *Henry James* verständlich, der über Devon schrieb: „Der Inbegriff Englands, ein Meisterwurf allmählich gewachsener Schönheit."

Hoch über dem River Tamar führt direkt hinter Plymouth eine Brücke hinein ins West Country, nach **Cornwall**, für viele gleichbedeutend mit Süd-England schlechthin. An **Land's End**, dem westlichsten Punkt Großbritanniens, branden unermüdlich die Wellen des Atlantiks an die spektakuläre Klippenszenerie, hier senden Leuchttürme ihre Lichtfinger weit hinaus auf die See, um den Schiffen den sicheren Weg in den englischen Kanal zu weisen. Rauh und rissig, steil und steinig ist die Küste rund um Cornwall, doch gleichzeitig von unvergleichlicher Schönheit, weil ungezähmt und naturbelassen. Hoch über dem tosenden Meer schreitet der einsame Wanderer auf schweren Kieseln den Klippenpfad daher und genießt von Sekunde zu Sekunde neue und dramatische Bilder. Donnernd krachen tief unten die Wellen gegen die Felsen, schäumend spritzt die Gischt auf, vom Wind mit Leichtigkeit hundert Meter hoch auf die Spitze der Klippe getragen, wo der Wanderer den salzigen Atem des Meeres spürt.

Dort auch, im äußersten Westen, ist ein kleines Theater nur wenige Meter oberhalb des Wassers halbrund in die Felsen geschlagen. Wenn an schönen, ruhigen Sommerabenden in der Ferne die Sonne langsam glutrot im Meer versinkt, die Schiffe auf der spiegelglatten See in den englischen Kanal einlaufen, eine Möwe krächzend ihren heimischen Namen Kittiwake ruft und unten auf der Bühne *Shakespeares* lieblicher Sommernachtstraum den Besucher in eine Welt voller Phantasie und Zauber entführt, entschwindet die Schwermut der Tage für lange Zeit.

Land und Natur

Klima

„Der Engländer redet so viel vom Wetter, daß man sich ebensogut mit einem Barometer unterhalten kann."

A. J. B. Defauconpret, „London und seine Einwohner", 1817

Das Wetter in Süd-England ist geprägt vom **atlantischen Klima**; das heißt nur mäßig warme Sommer und milde Winter mit über das Jahr hin verteilten gleichmäßigen Niederschlägen. Vor allem während der Sommermonate

Sonne und Regen

Temperaturen

Land und Natur

sind die auftretenden Schauer häufig nur von kurzer Dauer.

Der **Golfstrom** sorgt hauptsächlich im Westen dafür, daß die Temperaturen nicht in unerquickliche Tiefen fallen. Diesem Wetter angemessen ist die liebliche sattgrüne Landschaft in Englands Süden.

Auf der **Isle of Wight** und den **Scilly Isles** – wo subtropisches Klima herrscht – liegen die Temperaturen um rund 4 °C höher, die Sonnenscheindauer ist länger als auf dem Festland, und es regnet bedeutend weniger.

Flora und Fauna

Englands Süden ist eine dicht besiedelte, landwirtschaftlich genutzte Landschaft, in der nur wenig an natürlicher Flora und Fauna erhalten ist. Doch ist die Region reich an **Landschaftsgärten**, in denen die heimischen Bäume, Sträucher und Pflanzen gepflegt werden.

Aufgrund des Golfstroms wachsen in Cornwall, auf den Scilly Isles wie auch einigen anderen geschützten Flecken des Südens **subtropische Pflanzen**, so etwa Zitronen, Bananen, neuseeländische Harthölzer, burmesisches Geißblatt, indische Fächerfarne, südamerikanische Lilien, mexikanische und afrikanische Palmen.

In den ausgedehnten **Moorgebieten** findet man die typischen Wollgräser sowie fleischfressende Pflanzen. Viele Felder werden immer noch von Bäumen, Sträuchern und Hecken vor dem Wind geschützt, und diese parkähnli-

che Kulturlandschaft ist von großer ökologischer Bedeutung, da sie vielen **Kleintieren** einen natürlichen Lebensraum gewährt.

Hase, Igel und Fuchs sind in Englands Süden weit verbreitet. Vom gestiegenen Umweltbewußtsein haben vor allem die **Füchse** profitiert, deren Population stark zugenommen hat und die bei den Farmern mittlerweile wieder als Landplage gelten. Da je-

Subtropischer Garten in Abbotsbury

doch in Großbritannien die traditionelle Fuchshatz hoch zu Pferde und mit der Hundemeute sich beim Landadel hoher Beliebtheit erfreut, steht nicht zu erwarten, daß die Fuchsbestände weiter wachsen werden.

Im New Forest, im Dartmoor und im Exmoor streifen **wilde Ponies** über die Heidekraut- und Moorebenen. Im Exmoor gibt es zudem den größte **Rotwildbestand** der Region; nach Schätzungen durchziehen an die 2000 Rehe und Hirsche die Gegend. Mit ein wenig Glück bekommt man in den beiden Sumpfregionen – die übrigens ausgewiesene Nationalparks sind – noch einen possierlichen **Otter** zu Gesicht. Wenn nicht, sollte man zum Kinderbuch „Tarka, the Otter" von *Henry Williamson* greifen, hierin wird das Exmoor umfassend beschrieben.

Reich ist die **Vogelwelt** entlang der Küste und *Bird Watching* gehört bei vielen Briten zur liebsten Feierabends- und Ferienbeschäftigung, ist doch die RSPB, die **Royal Society for the Protection of Birds** eine der mitgliederstärksten Institutionen im Inselreich. Mehr im Hinterland findet der Hobby-Ornithologe den Teichrohrsänger (*Sedge Warbler*), das Goldhähnchen

Wie im Süden: Im subtropischen Garten der Scilly-Insel Tresco

Seevögel an Englands Küsten

Land und Natur

Der **Tordalk** *(Alca torda)* ist leicht an seinem schwarz-weißen Gefieder erkennbar. Kopf, Hals und Oberseite sind bräunlich-schwarz mit einer weißen Flügelbinde. Die Unterseite ist weiß. Charakteristisch gezeichnet ist auch der Schnabel. Im vorderen Drittel ist er schwarz-weiß quergestreift.

Außerhalb der Brutzeit halten sich die Tordalken auf dem Meer auf, wo sie nach kleinen Fischen, Krebsen, Meereswürmern und -schnecken tauchen. Sie brüten an felsigen Steilwänden mit Gesimsen und Nischen in kleineren Gruppen. Die Eier werden ohne Unterlage auf dem Fels abgelegt und von beiden Partnern bebrütet. Die kreiselförmige Gestalt der Eier bewahrt sie einigermaßen vor dem Absturz. Brutzeit ist von Anfang Mai bis Juni. Die Jungen verlassen rund 25 Tage nach dem Schlüpfen den Brutfelsen und schwimmen im Meer.

Die **Dreizehenmöwe** *(Rissa tridactyla)*, so genannt nach den drei Zehen an jedem Bein, ist überwiegend weiß. Rücken und Schwingen sind grau gefärbt. Davon setzen sich die schwarzen Spitzen der Schwingen deutlich ab. Der Ruf klingt "gägägä" oder "kitti-weck". Besonders in der Brutzeit ist dieser Vogel sehr ruffreudig. Daher rührt auch die englische Bezeichnung *Kittiwake* für die Dreizehenmöwe.

Dieser Hochseevogel hält sich fast nur am oder auf dem Meer auf, da er sich nahezu ausschließlich von Seetieren wie Fischen, Krebsen, Meeresschnecken und Plankton ernährt. Die Brut erfolgt immer in großen, teilweise riesigen Kolonien an felsigen Küsten und auch an Gebäuden. Spezielle Verhaltensnormen erlauben das Brüten selbst an kleinsten Vorsprüngen. Die Brutzeit dauert von Ende Mai bis Juni. Die Dreizehenmöwe überwintert auf dem Atlantik, am Mittelmeer und recht vereinzelt im Inland.

Die **Krähenscharben** *(Phalacrocorax aristotelis)* gehören zu den Kormoranen. Sie haben ein schwarzes Kleid mit starkem grünlichen Metallglanz. Die Vögel sind meist stumm, am Brutplatz sind sie mit "arrck, arrck" oder "kroack, kraick, kroack" zu hören.

Diese Vögel halten sich das ganze Jahr an felsigen Meeresküsten mit steilen Klippen und Wänden auf und brüten dort von Anfang April bis in den Juni in Nischen und Bändern. Die Brutpaare finden sich jeweils für eine Saison. Nestbau und Brüten obliegt vorwiegend den Weibchen. Die Jungen verlassen nach ca. 50 Tagen das Nest und werden noch rund 30 Tage geführt. Krähenscharben fischen zwar wie die Kormorane, d.h. schwimmend oder tauchend, jedoch ausschließlich im Meer.

Die **Papageitaucher** *(Fratercula arctica)* erkennt man vor allem am sehr hohen, rotgelb-schwarz gestreiften Schnabel sowie an den rot leuchtenden Beinen (in der Brutzeit gelb). Die Oberseite ist schwarz, die Unterseite ist weiß. Die Vögel geben rauhe und knarrende Laute wie "arr" oder "orr" von sich.

Während der Fortpflanzungszeit trifft man den Papageitaucher an steilen, höhlenreichen Felsklippen und grasbewachsenen Hängen, wo er sich mit Schnabel und Krallen meterlange Röhren gräbt. Am erweiterten Röhrenende wird Anfang bis Mitte Mai das einzige Ei abgelegt. Nachdem die Jungen flügge sind, ziehen sich die Vögel auf die offene See zurück. Papageitaucher erlangen Fische und andere kleine Meerestiere tauchend. Selbst mit einer Anzahl Fische im Schnabel können sie noch weiterjagen.

207-es Foto: hs

(*Goldcrest*), den Reiher (*Heron*), das Bläßhuhn (*Coot*), Regenpfeifer (*Plover*), Brandente (*Sheldrake*), den schillernden Eisvogel (*Kingfisher*) und die Eiderente (*Eiderduck*).

An der Küste geraten in das Blickfeld des Feldstechers die majestätischen Kormorane (*Cormorant*), die lustig aussehenden Papageientaucher (*Puffin*), Austernfischer (*Oystercatcher*), die gemeine Seeschwalbe (*Common Tern*), Seetaucher (*Grebe*), Tordalk (*Razorbill*), Trottellumme (*Guillemot*), die rasant durch die Lüfte fetzende Sturmschwalbe (*Storm Petrel*), die unermüdlich ihren englischen Namen *Kittiwake, Kittiwake* krächzende Dreizehenmöwe und die an Land recht unbeholfenen und daher treffend benannten Baßtölpel (*Northern Gannet*), die aus großer Höhe in Sturzflügen ins Meer schießen.

Der mächtigste Vogel ist die Große Seemöwe (*Great black-backed gull*), die eine Spannweite von mehr als 1,50 m erreichen kann. Wohlgelitten ist sie bei den *Birdwatchern* nicht, denn sie bringt die allseits beliebten, putzigen Papageientaucher ums Leben, greift sich allerdings auch Ratten, Mäuse und Kaninchen.

Swannery in Abbotsbury

Umwelt- und Naturschutz

Erfreulich ist, daß **Prince Charles** seinen Ländereien großes Interesse entgegenbringt, seine pflegende Hand recht segensreich über die Besitzungen hält und große Teile von Devon, Dorset sowie ganz Cornwall nach allen Regeln des Umweltschutzes umhegt. Bestes Beispiel sind seine Initiativen auf den Isles of Scilly, wo umweltzerstörender Tourismus eingedämmt und das nicht bewohnte Land dem Schutz eines *Environmental Trust* überantwortet wurde.

Nachgerade epochal arbeitet Seine Königliche Hoheit in Dorchester mit einer großen Supermarktkette zusammen, die zahlreiche Produkte aus biologischem Anbau mit dem Wappen des Prinzen schmücken darf. *Charles*, dessen *Duchy of Cornwall* (Herzogtum Cornwall) allein 66.500 Hektar Agrarland umfaßt, will anderen Bauern beweisen, daß sich umweltverträgliche Landwirtschaft auch finanziell lohnt. Im Rahmen eines Pilotprojektes bringt der Thronfolger derzeit Kekse auf den Markt, deren Rohstoffe organisch gedüngt wurden. Angeboten werden die Biscuits in einer umweltfreundlichen Verpackung; sollten die Kekse ein Erfolg werden, dann plant Charly die Gründung einer neuen Lebensmittelmarke: *Duchy Original* (etwa: Herzogliches Originalprodukt).

Wie ernst es hingegen britische Politiker mit dem Umweltschutz nehmen, verdeutlicht die unter Naturschutz stehende **Romney Marsh**, ein ökologisch fragiles Biotop, in dem die Stromproduzenten ein gigantisches Atomkraftwerk und die Militärs einen Truppenübungsplatz einrichten konnten.

Überhaupt entsteht mittlerweile der Eindruck, daß der anheimelnden und landschaftlich ungemein schönen englischen Countryside nun in einem monströsen Rundumschlag der Garaus gemacht werden soll. Noch von der konservativen Regierung wurde ein **gigantisches Straßenbauprojekt** für die folgenden Jahre geplant, das ohne Rücksicht auf Biotope, Naturschutzgebiete und Regionen besonderer Schönheit die liebliche englische Landschaft unter Beton und Asphalt verschwinden lassen will. Diese Planungen sind von der Labour-Regierung nicht fundamental geändert worden.

Im Sommer 1993 machte sich gleichermaßen Wut und Resignation bei den Umweltschützern breit, denn die „Schlacht" um die **Twyford Downs** war verloren. Die Twyford Downs bei Winchester sind, jetzt muß man sagen: waren, eine ausgewiesene *Region of outstanding Beauty*, eine Region von außergewöhnlicher Schönheit, und besaßen gleich zwei *Sites of Specific Scientific Interest* (*SSSIs*), also zwei Örtlichkeiten von besonderem wissenschaftlichen Interesse: Rundgräber aus der Bronzezeit und keltische Feldsysteme. Ein Sprecher der staatlichen Einrichtung *English Heritage* beschrieb die Twyford Downs „als bedeutendste archäologische Landschaft Süd-Englands." 20 Jahre lang kämpften Bewohner, Bürgerinitiativen, Wissen-

Land und Natur

schaftler und Ökologen um die Region, selbst die EG-Bürokraten mischten sich ein und drohten eine Klage beim Europäischen Gerichtshof an – doch es hat alles nichts genützt. Schwere Planierraupen haben die Region niedergefurcht und rettungslos zerstört.

Die Engländer begreifen so langsam, was ihnen droht. Die Countryside ist ihr liebstes Freizeitgut, wer es sich auch nur irgendwie leisten kann, hat ein kleines Häuschen auf dem Land, wo die Wochenenden und die meisten Ferien verbracht werden. Auf dem Land, eben in der Countryside, ist für die Briten die Welt noch in Ordnung. Hier in der heimeligen Umgebung von schmalen, heckengesäumten Sträßlein, kleinen verschlafenen Örtchen mit reetgedeckten Cottages,

efeuumrankten alten Fachwerkgemäuern, blumengeschmückten Straßenrändern und Hausfassaden, da fühlt er sich wohl, dort möchte er leben, dort sollen die Kinder ungestört aufwachsen und im Frühjahr den Ruf des Kuckucks und das Klopfen des Buntspechtes hören. Genau eine solche Landschaft von arkadischer Schönheit haben die englischen Dichter und Literaten in den letzten zwei Jahrhunderten beschrieben, und die Maler haben sie gemalt. *William Wordsworth* hat sie in seinen Gedichten festgehalten, die Romane von *Thomas Hardy, D. H. Lawrence* und *Jane Austen* wäre nicht entstanden, *Emily Brontë* hätte ihre „Wuthering Heights" nicht geschrieben, wäre keine beschreibenswerte Landschaft vorhanden gewesen, und die Maler *Constable, Turner* und *Gainsborough* hätten keine Szenerie gehabt, um ihre Bilder zu malen. Der in Eng-

Die Twyford Downs vor ihrer Zerstörung

Land und Natur

land so beliebte Landhausstil, der auf *William Morris* zurückgeht und der von *Laura Ashley* in einen Massengeschmack umgesetzt wurde, erfreut sich bei den Briten nach wie vor eines regen Kaufinteresses. Den Traum vom Landleben träumt in der Welt niemand tiefer als die Briten – das gilt es zu wissen, will man sich vorstellen, was das unnütze Straßenbauprogramm der Konservativen in den Seelen der Inselbewohner angerichtet hat.

Schlimme Zahlen legte das *Council for the Protection of Rural England* vor und forderte die Regierung auf, der Landschaftszerstörung endlich Einhalt zu gebieten. Seit 1945 hat Großbritannien knapp 30 % seiner Moor- und Heidegebiete verloren, 445.000 Hektar fruchtbares Ackerland wurden zubetoniert.

Das monströse Straßenbauprogramm bedroht Hunderte von Naherholungsgebieten, über 150 *SSSIs* und fast 1000 Denkmäler.

Der Widerstand eint derzeit ganz unterschiedliche gesellschaftliche Gruppen vom Punker bis zum Lord im Oberhaus, und militante Umweltschützer zerstören Baumaschinen an den Großbaustellen.

Doch ist dieses Riesenprojekt nur eine Seite der Medaille, denn auch jeder einzelne Engländer ist dabei, der geliebten Countryside das schnelle Ende zu bereiten. Immer mehr Menschen leisten sich das Häuschen auf dem Lande – erfreulich für die marode Bauindustrie, die Lockerungen der Bauverordnungen fordert, diese auch bekommt und die Regierung drängt,

immer mehr Flächen als Bauland auszuweisen. Wer sich kein Häuschen leisten kann, begnügt sich eben mit einem **fest stationierten Caravan**, um der geliebten Natur nahe zu sein; nichts verschandelt einen Landstrich mehr, als Aberhunderte von diesen Caravans in endlosen, tiefgestaffelten Reihen bis an den Horizont.

Dort, wo es die Leute an Wochenenden und in den Ferien hinzieht, versucht die Freizeitindustrie ihnen das Geld aus der Tasche zu ziehen, und an den allerschönsten landschaftlichen Orten gibt es Genehmigungen, lärmende **Kirmesparks** anzulegen; so z.B. an der Südwestspitze der Isle of Wight bei den Needles und an Großbritanniens westlichstem Punkt, Land's End.

Schlecht sieht es mit der **Wasserqualität** an der Kanalküste Süd-Englands aus. Zwischen Dover und Hastings sowie rund um Brighton ist das Meer mit Schadstoffen aller Art extrem belastet. Die Stadtverwaltung von Brighton hat sich schon den Zorn der EG-Umweltschützer zugezogen, da der Nobelbadeort täglich 45 Mio. Liter Abwässer ungeklärt ins Meer pumpt. Immerhin wollen die Wasserwerke der Region in den nächsten Jahren 100 Mio. £ in Klärwerke investieren. Als ebenfalls hoch belastet gilt die Region von Portsmouth und Southampton, wo zudem industrielle und landwirtschaftliche Abwässer in die See geleitet werden. Besser, wenngleich immer noch besorgniserregend, muß man die Küstenstreifen bei Lyme Regis, rund um Plymouth sowie von Falmouth bis Land's End ansehen.

209es Foto: hs

Staat und Gesellschaft

210es Foto: hs

211es Foto: hs

Longleat

Buckler's Hard

Cottage in Selworthy

Geschichte Süd-Englands und Londons

Römische Zeit (55 v. Chr. – 410 n. Chr.)

54/55 v. Chr.	Strafexpeditionen unter *Julius Caesar* dringen auf die Insel vor.
43 n. Chr.	Kaiser *Claudius* befiehlt die **Invasion Britanniens**, und mit vier Legionen unterwerfen die Römer die Insel und gliedern sie ins Römische Reich ein. Am Nordufer der Themse gründen die Invasoren die Stadt Londinium.
286	*Carausius*, Befehlshaber der Flotte, rebelliert gegen Kaiser Diokletian und läßt sich zum Herrscher Britanniens ausrufen.
410	Die römische Garnison wird aus England abgezogen, um Rom von den Westgoten unter *Alarich* zurückzuerobern.

Angelsächsische Zeit (449–1066)

449	Die **Angeln und Sachsen** unter ihren halblegendären Führern *Hengist* und *Horsa* drängen ins Land; die Briten leisten vergebens Widerstand unter ihrem ebenfalls sagenumwobenen König *Artus*. Aufgrund der ungenügenden Quellenlage heißt die folgende Ära auch das **Dark Age** in der englischen Geschichte.
um 596	Der heilige *Augustinus* missioniert in Südostengland, gründet die **erste Kirche** in Canterbury und wird erster Bischof des Landes.
ab 789	Überfälle und Plünderungen durch **Dänen und Wikinger**; zwischen 839 und 1035 wird London mehrfach belagert und zerstört.
827	*Egbert* eint die angelsächsischen Stämme und begründet in Süd-England das **Königreich Wessex** mit der Hauptstadt Winchester; *Egbert* gilt als erster Herrscher eines Reiches in Großbritannien.
871-899	*Alfred der Große von Wessex* schlägt mehrfach die Dänen und Wikinger, die sich in den Norden der Insel zurückziehen.
1016-1035	Die Dänen schlagen die untereinander zerstrittenen Angelsachsen, und der Nordmann *Knut* regiert über England, doch schon sein Sohn muß bald die Vorherrschaft des südenglischen Wessex wieder anerkennen.
1042-1066	*Eduard der Bekenner*, ein Normanne, ist König von England; unter seiner Herrschaft wird die Verteidigungsliga der **Cinque Ports** (siehe Exkurs) gegründet; zu den fünf Häfen zählen Sandwich, Dover, Hastings, Romney und Rye, später kommen Hythe und Winchelsea hinzu.

Normannische Zeit (1066–1154)

1066	Der Normanne *William the Conqueror* (Wilhelm der Eroberer) wird nach der Schlacht bei Hastings in der Westminster Abbey zum König gekrönt.
1086	Das **Domesday Book**, Englands erstes Katasterwerk, verzeichnet den Besitz von Städten, Dörfern und Kirchsprengeln.

1100-1135	Während der Regierungszeit von *Heinrich I.* erlangt **London** endgültig den Rang einer **Hauptstadt**; 1130 gewährt ein königliches Dekret (*Charter*) der Metropole Stadtfreiheiten und Ämter der Selbstverwaltung (*Lord Mayor* = Bürgermeister, Stadtrat).
10./11. Jh.	Die **großen gotischen Kathedralen** Süd-Englands – Chichester, Winchester, Salisbury, Exeter und Wells – entstehen.

Haus-Anjou-Plantagenet (1154–1399)

1170	Ermordung des Erzbischofs *Thomas Becket* in der Kathedrale von Canterbury durch vier nahe Gefolgsleute von *Heinrich II.*; Heinrich, der den Mord nicht befohlen, doch durch zornige Äußerungen zumindest angeregt hatte, tut öffentlich Buße und wird am Schrein von *Becket* gegeißelt.
1176-1209	Bau der **Old London Bridge**, der ersten Steinbrücke über die Themse und noch für viele Jahrhunderte die einzige Themseüberspannung Londons (bestand bis 1832).
1215	König *Johann Ohneland*, böse und grausam, bis heute der unpopulärste aller britischen Herrscher, wird vom Adel gezwungen, die **Magna Charta** zu unterschreiben; in England besteht nun Rechtssicherheit für jeden Bürger.
1215-1272	Regierungszeit von *Heinrich III.* Gegen den Willen von Heinrich, aber mit Unterstützung des Adels und der Cinque Ports beruft *Simon de Montfort* ein **erstes Parlament** ein.
1337-1453	**Hundertjähriger Krieg** gegen Frankreich. Trotz anfänglicher Siege der Engländer verlieren sie bis auf Calais alle französischen Besitzungen.
1348/49	Eine verheerende **Pest** rafft fast die Hälfte der Bevölkerung dahin; Versuche, den wirtschaftlichen Niedergang mit höheren Steuern auszugleichen, führen zu Bauernaufständen und Bürgerkriegswirren.

Haus Lancaster (1399–1461)

1415	*Heinrich V.* siegt unerwarteterweise in der **Schlacht bei Agincourt** gegen die Franzosen.
1455-1485	Zeit der **Rosenkriege**. Das Haus York (Weiße Rose) kämpft gegen das Haus Lancaster (Rote Rose) um die englische Krone.

Haus York (1461–1485)

1473	**Hansekaufleute** aus Köln lassen sich in London nieder (bis 1598).
1476	*William Caxton* eröffnet die **erste Buchdruckerei** in London.
1483	**Richard III.** läßt im Tower von London seinen Neffen *Eduard*, den rechtmäßigen Thronnachfolger, und dessen Bruder *Richard* ermorden und reißt die Krone an sich.

Haus Tudor (1485–1603)

1485	*Heinrich VII.* begründet die Tudor-Dynastie.
1509-1547	Unter der Herrschaft von *Heinrich VIII.* kommt es zur Trennung von Rom und zur Gründung der **Anglikanischen Staatskirche**.

Staat und Gesellschaft

1532	Der Augsburger **Hans Holbein** d. J. wird Hofmaler von *Heinrich VIII.*
1535	Der Humanist **Thomas Morus**, von 1529 bis 1535 Lordkanzler von *Heinrich VIII.*, wird nach Auseinandersetzungen mit dem König hingerichtet.
1558–1603	Herrschaft von *Königin Elisabeth I.*, die als Mäzenin Wissenschaft und Künste fördert; das Inselreich erlebt eine kulturelle und wirtschaftliche Blüte.
1563	Einführung der ersten gesetztlich geregelten **Sozialhilfe** für die Armen Londons.
1577-1580	**Francis Drake** umsegelt auf seiner *Golden Hind* die Welt.
1588	Der spanische König *Felipe II.* schickt aufgrund der englischen Unterstützung der Freibeuterei (Kaperfahrten von *Sir Francis Drake* gegen spanische Gold-und Silbertransporte) und der Handelsbeziehungen Englands mit spanischen Kolonien die Armada gen Norden, um England militärisch in die Knie zu zwingen; die als unbesiegbar geltende Flotte wird vernichtend geschlagen (siehe Exkurs).
1592	Erste Erwähnung von **William Shakespeare** (1564-1616), der als Stückeschreiber in London lebt.
1597	*Shakespeare* und seine Truppe spielen in London im **Globe Theatre**.

Haus Stuart (1603–1714)

1603	Mit *Jakob I.*, Sohn von *Maria Stuart*, beginnt die Herrschaft der Stuarts.
1605	Katholiken unter Führung von *Guy Fawkes* versuchen das Parlament in die Luft zu sprengen (**Gunpowder Plot**); die Verschwörer werden verraten und hingerichtet.
1620	An Bord der *Mayflower* laufen die Pilgerväter aus dem Hafen von Southampton in die Neue Welt aus. Die intensive **Besiedelung Nordamerikas** mit europäischen Auswanderern beginnt.
1642-49	Machtkampf zwischen Parlament und König. London unterstützt im Bürgerkrieg die Anhänger des Parlaments (Rundköpfe) gegen die Sympathisanten des Königs. *Oliver Cromwell* läßt Karl I. hinrichten und übernimmt als **Lord Protector** die Regierungsgeschäfte (1653-1658).
1652	Das **erste Kaffeehaus** öffnet in London seine Pforten.
1660	Restauration des Herrscherhauses der Stuarts; der lebenslustige und vergnügungssüchtige **Merry Monarch** *Karl II.* ist neuer König. London hat mehr als eine halbe Million Einwohner, damit wohnen 10 % aller Engländer in der Hauptstadt.
1665	In London wütet die **Pest** und fordert 70.000 Menschenleben.
1666	Beim **großen Brand von London** fallen vier Fünftel der Stadt in Schutt und Asche. Der kongeniale Architekt *Sir Christopher Wren* (1632-1723) wird zum Leiter des Wiederaufbauprogramms ernannt, kann sich mit seinen städtebaulichen Plänen jedoch nicht durchsetzen; neben weiteren 50 City-Kirchen entsteht nach seinen Plänen und unter seiner Bauaufsicht die neue St. Paul's Cathedral.
1685-1688	*James II.* versucht, den Katholizismus wieder einzuführen, wird von seinem protestantischen Schwiegersohn *Wilhelm von Oranien* gestürzt und muß ins Exil fliehen. Wichtige verfassungsrechtliche Schritte, so die Verabschiedung der **Bill of Rights**, stärken die Macht des Parlaments und die Rechtssicherheit der Bürger.
1710	Der deutsche Komponist **Georg Friedrich Händel** siedelt nach London über, wo ihm vorerst ein größerer Erfolg jedoch versagt bleibt.

Haus Hannover und Windsor (1714 bis heute)

1714	*Georg I.* begründet die Herrschaft des Hauses Hannover. Händel wird Leiter der neuen Oper von London.
1721	*Sir Robert Walpole* wird **erster Premierminister** Großbritanniens.
1727-1760	Siegreiche Kriege *Georg II.* gegen Spanien und Frankreich und die **Einverleibung von Indien und Kanada** ins Empire sichern dem Inselstaat weltweit eine Sonder-und Vorreiterrolle zu.
1759	Eröffnung des **Britischen Museums** in London, das aus einer 1753 erfolgten Stiftung hervorgeht.
1760	Die Londoner Stadtmauer und alle -tore werden niedergerissen, um die Ausdehnung der Metropole zu ermöglichen.
1775	**William Turner**, Maler und Wegbereiter des englischen Impressionismus, wird in London geboren (gest. 1851).
1801	**Erste Volkszählung**: England und Wales haben 10 Mio. Einwohner, London 860.000.
1802-1828	Der **Londoner Hafen** wird ausgebaut, bekommt eine Reihe neuer Docks und avanciert zum größten Hafen des Landes.
1805	*Lord Nelson* läuft mit seinem Flaggschiff *Victory* und einer Kriegsflotte aus dem Hafen von Portsmouth aus und verabreicht der französischen Marine bei **Trafalgar** eine vernichtende Schlappe; *Nelson* kommt in der Schlacht ums Leben.
1824	Gründung der **National Gallery** in London.
1837-1901	Regierungszeit von **Königin Victoria**. Großbritannien ist das reichste und industrialisierteste Land der Welt. Die sozialen Mißstände des **Manchesterkapitalismus** haben für die Masse der Bevölkerung verheerende Auswirkungen. Armut und Elend breiten sich aus.
1847/48	*Karl Marx* und *Friedrich Engels* gründen den Bund der Kommunisten und publizieren das **Kommunistische Manifest** („Ein Gespenst geht um in Europa ...“).
1851	**Erste Weltausstellung** in London; *Joseph Paxton* baut den architektonisch bedeutsamen Ausstellungspavillon Crystal Palace.
1886-1894	Nach den Plänen und unter der Bauleitung von *Horace Jones* und *John Wolf-Barry* entsteht in London die **Tower Bridge**.
1908-1911	Der Schatzkanzler und spätere Premierminister *Lloyd George* führt die Altersrente ein und ruft ein **Sozialversicherungsprogramm** ins Leben.
1910	*Georg V.* besteigt den Thron.
1911	Eine **Volkszählung** für London ergibt 7 Mio. Einwohner.
1914-1918	**Erster Weltkrieg**; durch deutsche Luftangriffe mit Zeppelinen kommen ca. 2000 Hauptstadtbewohner ums Leben.
1918	Nach beharrlichem Kampf der Suffragetten erhalten **Frauen das Wahlrecht**.
1936	*Edward VIII.* dankt ab, um die geschiedene Amerikanerin *Wallis Simpson* heiraten zu können. **Krise der Monarchie**, deren Ansehen bei der Bevölkerung auf den Nullpunkt sinkt.
1939-1945	**Zweiter Weltkrieg**; ab 1940 zahllose Luftangriffe auf London, bei denen rund 30.000 Menschen getötet werden. In der Stadt lassen sich viele vor dem faschistischen Regime geflüchtete Exilregierungen nieder.
1952	In Westminster Abbey wird **Elisabeth** zur Königin gekrönt.
1968	**Großer Streik von London**; das wirtschaftliche Leben in Großbritanniens Metropole kommt völlig zum Erliegen.

Staat und Gesellschaft

1977	Große Feiern im ganzen Land zum 25jährigen Thronjubiläum von *Elisabeth II.*
1979	**Margret Thatcher** wird Premierministerin.
1982	Protestdemonstrationen im Inselreich gegen den zwischen Großbritannien und Argentinien entbrannten **Falkland-Krieg**. Rassenunruhen und Konflikte aufgrund steigender Arbeitslosigkeit erschüttern das öffentliche Leben in der Hauptstadt.
1988	Große **Ausstellung im National Maritime Museum** in Greenwich zum 400. Jahrestag der Vernichtung der spanischen Armada.
1990 S	teuererhöhungen führen zu großen Demonstrationen und weitreichenden Protesten in der Bevölkerung. Nach parteiinternen Machtkämpfen muß *Margret Thatcher* zurücktreten, neuer Regierungschef wird **John Major**.
1992	Obwohl der Labour Party Gewinnchancen eingeräumt werden, gewinnen die Konservativen erneut die **Parlamentswahlen**. Das britische Königshaus steckt aufgrund der **amourösen Eskapaden** von *Charles* und *Diana*, *Edward* und *Fergie* in einer schweren Krise; Königin *Elisabeth* spricht von einem „Horrorjahr". Ein Brand zerstört weite Teile von Windsor Castle.
1994	Nach langjähriger Bauzeit wird im Mai der **Tunnel** eröffnet, durch den man innerhalb von 35 Minuten den Ärmelkanal unterqueren kann.
1995	Die **konservative Regierung** steckt in einer tiefen **Krise.** Premierminister *John Major* ist laut Umfragen der unbeliebteste Regierungschef überhaupt. Zudem feinden ihn Mitglieder der eigenen Partei an oder intrigieren gegen ihn.
1996	Während der **Fußball-Europameisterschaft** in England zündet die IRA, die katholische Untergrundbewegung Nord-Irlands, die größte Bombe, die je im Mutterland gelegt wurde. Das Stadtzentrum von Manchester wird in Schutt und Asche gelegt. Die regierenden Konservativen sind über den Europa-Kurs tief gespalten; Tony Blair, Führer der oppositionellen Labour Party, hat in einem Rechtsruck seine Partei an die Spitze der Umfragen geführt. Unter dem Stichwort NEW LABOUR hat sich die Partei von den Gewerkschaften abgewandt und den Begriff des Sozialismus aus ihrem Programm gestrichen.
1997	Im Mai gewinnt nach fast zwei Jahrzehnten in der Opposition die **Labour Party** wieder die Macht und stellt die Regierung. Premierminister wird **Tony Blair.** Zügig werden **Reformen** umgesetzt; die Bank von England wird nach deutschem Vorbild unabhängig, Schottland und Wales bekommen ein eigenes Parlament.
1998	Trotz vieler Rückschläge durch protestantische wie katholische Hardliner wird ein **Friedensvertrag** in Nordirland beschlossen und ein Parlament für die nordirische Provinz gewählt, das im Herbst des Jahres zu seiner ersten Sitzung zusammentritt.

Monarchie und Regierung

Beim Parlament, bestehend aus dem **Oberhaus** (*House of Lords*) und dem **Unterhaus** (*House of Commons*), liegt in Abstimmung mit dem König die souveräne Gewalt des Vereinigten Königreiches – ausgedrückt durch die verfassungsrechtlichen Begriffe *The King in Parliament*, womit der Ort der höchsten Gewalt veranschaulicht wird, und *His Majesty's Government* als Bezeichnung für die Regierung.

Bereits in angelsächsischer Zeit gab es die Gewaltenteilung zwischen dem Herrscher und einer freien, alle Teile des Landes vertretenden Versammlung, dem sogenannten **Witenagenot**. Dieser Rat hatte große Machtbefugnisse, konnte den König wählen bzw. absetzen, und nur in enger Zusammenabeit mit dem Rat durfte der Monarch Gesetze erlassen, geistliche wie weltliche Würdenträger ernennen, Lehen vergeben und Gerichte einberufen.

Nach der Invasion der Normannen im Jahre 1066 hatten sich deren Könige während ihrer Herrschaft mit den **Great Councils** auseinanderzusetzen – Versammlungen, die aus den Lehnsträgern bestanden und den Herrscher in allen wichtigen Fragen von nationalem Interesse berieten. Im Laufe der Zeit entwickelte sich daraus eine recht machtvolle Institution, die den König heftig unter Druck setzen konnte, wie das Jahr 1215 zeigte. In jenen Tagen zwangen die Adligen König Johann Ohneland (*John Lackland*) – bis heute bei den Briten der unpopulärste aller Könige – die **Magna Charta** anzuerkennen. Darin wurde der Monarch unter anderem verpflichtet, Steuererhöhungen mit dem Council abzusprechen. Dieser Rat bestand aus geistlichen Würdenträgern und Mitgliedern adliger Familien sowie den königlichen Lehnsträgern. 1254 entsandte jede Grafschaft vier gewählte Ritter in diese Versammlung, und ein gutes Jahrzehnt später konnten auch die Städte Repräsentanten (*Commons*) in den Council schicken.

1295 kam es in der Regierungszeit von *Eduard I.* mit dem **Model Parliament** zu einer weiteren Entwicklung der demokratischen Tradition in England. Dieser Rat setzte sich aus Bischöfen und hohen Adligen zusammen; die geistlichen Würdenträger brachten Mitglieder des niederen Klerus mit, die Aristokraten Ritter aus jeder Grafschaft und Bürger aus jeder Stadt. Dieses Parlament bestimmte die Steuern und äußerte sich zu Gesetzesvorlagen; es war darüber hinaus das höchste Gericht des Landes (*The High Court of Parliament*).

In der Mitte des 14. Jh. trennte sich diese Versammlung dann in **zwei Häuser**; die Ritter tagten zusammen mit den Bürgern und die weltlichen zusammen mit den geistlichen Würdenträgern. Damit war die Urform des heutigen Unter- bzw. des Oberhauses gefunden.

Bei den Auseinandersetzungen während der Zeit von *Karl I.* (1625-1649), die schließlich zur Hinrichtung des

Staat und Gesellschaft

Herrschers führten, ging es um die Frage, wem die Souveränität gebührte: dem König allein oder dem König im Parlament (**King in Parliament**). Letztere Auffassung setzte sich durch, und ab nun hatte der Herrscher bei allen wichtigen Entscheidungen das Parlament zu konsultieren.

In den **Bill of Rights** wurden 1689 die Rechte und Pflichten des *King in Parliament* formuliert und festgeschrieben: Der König benötigte nun die Zustimmung der Versammlung, wenn er Gesetze erlassen, suspendieren oder ein stehendes Heer in Friedenszeiten aufstellen wollte. Damit war auch in England die konstitutionelle Monarchie eingeführt.

1701 wurde durch den *Act of Settlement* die **Erbmonarchie** eingeführt und die Thronfolge geregelt. Stirbt der Herrscher, so geht die Krone auf seinen ältesten Sohn (bzw. auf die älteste Tochter) über. Der König muß der Anglikanischen Staatskirche angehören und darf nicht katholisch verheiratet sein. Seit Mitte des 19. Jh. hat der Monarch nur noch Repräsentationspflichten, seine politischen Statements müssen die Regierungspolitik widerspiegeln. Die Regierung hat gegenüber dem König nur noch Informationspflichten, er wird bei Entscheidungen vorher nicht mehr konsultiert; seine Haltung muß parteipolitisch neutral sein.

Das Oberhaus, das **House of Lords**, ist aus dem *Great Council* (s.o.) hervorgegangen; im 14. Jh. trennten sich die Adligen und der hohe Klerus (*Lords*) von den bürgerlichen Repräsentanten (*Commons*). Mit Auflösung der Klöster durch *Heinrich VIII.* nahm der Einfluß der Geistlichkeit zugunsten der Mitglieder des Adels (*Peers*) ab. Die *Reform Bill* aus dem Jahre 1832 beschnitt dem Oberhaus das Recht, die Mitglieder des Unterhauses zu bestimmen, und mit dem *Parliament Act* von 1911 wurde dem House of Lords die Beteiligung an der Gesetzgebung weitestgehend genommen. Das Kabinettsystem der Regierung hat die Einflußnahme des Oberhauses zusätzlich reduziert. Und 1998 gab die Labour-Regierung bekannt, daß sie seine Rechte noch weiter beschneiden will.

Alle Mitglieder des *House of Lords* sind dort aufgrund ihrer adligen Herkunft (*Peers*) mit Sitz und Stimme vertreten. Seit dem *Life Peerage Act* von 1958 kann die **Peers-Würde** auf Lebenszeit vergeben werden, auch an Frauen (*Peeresses*). Der *Peerage Act* aus dem Jahre 1963 gibt Politikern, die wichtige Ministerposten innehaben, aufgrund ihrer adligen Herkunft aber nicht im Unterhaus sitzen dürfen, die Möglichkeit, ihre Peers-Würde abzulegen.

Das House of Lords ist das **oberste englische Gericht**, es bearbeitet die Gesetzesvorlagen des Unterhauses, unterbreitet Änderungsvorschläge und diskutiert wichtige außen- und innenpolitische Fragen.

Etwa seit dem Jahr 1375 wird im *House of Commons*, im Unterhaus, aus der Mitte der Abgeordneten der Sprecher (**Speaker**) gewählt, der allein berechtigt ist, die politischen Ansichten des Hauses gegenüber dem Mo-

Britische Nationalsymbole

Höchstes Nationalsymbol ist bei der jahrhundertealten monarchistischen Tradition natürlich die **Krone** (*Crown*), die den Herrscher und damit gleichzeitig den Staat symbolisiert, weiterhin die Regierung verkörpert, die wiederum im Namen der Krone ihre Legitimität findet.

Der **Löwe** (*Lion*) ist ein ebenfalls jahrhundertealtes Symbol der Kraft und steht als König der Tiere symbolisch für die Macht des Herrschers. Oft findet sich beim Löwen das **Einhorn** (*Unicorn*), das als Sinnbild der Reinheit gilt und sowohl im englischen als auch im schottischen Wappen erscheint. Viele Pub-Namen wie etwa *Red Lion* oder *Lion and Unicorn* haben hier ihren Ursprung.

Die Figur des **John Bull** wurde erstmals Anfang des 18. Jh. in einer Satire als ehrlicher Leinenhändler dargestellt und dann vor allem ein Jahrhundert später vielfach mal als dummer August, mal als kluger Brite variiert. Er trägt häufig eine Weste im Union-Jack-Look und hat eine Bulldogge zu seinen Füßen.

Die **Bulldogge** (*Buldog*) steht für die militärische Stärke Großbritanniens und soll potentielle Aggressoren abschrecken.

Die **Britannia**, eine sitzende Frau, die mit Dreizack und Helm über die Meere herrscht, ist die Personifizierung des Landes; der Besucher kann sie auf der 50-p-Münze bewundern.

Der **Union Jack** ist die Landesfahne und zeigt das rote Kreuz des hl. Georg, des Schutzpatrons Englands, weiterhin die zwei diagonalen weißen Streifen auf blauem Grund, das Kreuz des hl. Andrew, Schutzpatron Schottlands, und das rote Kreuz von St. Patrick, des Schutzheiligen Irlands.

An Pflanzensymbolen stehen **LEEK** und **Daffodil** (Lauch und Narzisse) für Wales, die **Thistle,** die Distel, für Schottland und die **Rose** für England.

Staat und Gesellschaft

narchen darzulegen. Urkundlich erwähnt ist die Funktion des *Speakers* ab 1547, da man erst in diesem Jahr damit begann, Sitzungsprotokolle zu führen.

Während des 15. Jh. erlangte das Unterhaus die Rechte über die **Finanzgesetzgebung**, 200 Jahre später begann es, die steuerlichen Maßnahmen festzusetzen. Seit den vier Wahlrechtsreformen im 19. Jh. repräsentiert das *House of Commons* die britische Bevölkerung. 1918 wurde das **allgemeine Wahlrecht** eingeführt.

Der Regierung gehören über 100 Mitglieder an. Es obliegt dem Premierminister – ein Amt, das erst 1721 mit *Robert Walpole* eingeführt wurde –, die Ressortchefs der einzelnen Ministerien ins **Kabinett** zu berufen, der Außen- und der Innenminister, der Finanz- und Verteidigungsminister sowie der Lordkanzler (*Lord High Chancellor*) sitzen jedoch auf alle Fälle am Kabinettstisch.

Der Führer der Mehrheitsfraktion im Unterhaus wird vom König zum **Premierminister** berufen, auf Vorschlag des Regierungschefs ernennt der Herrscher die Mitglieder der Regierung. Der Premierminister bestimmt die Richtlinien der Politik, er kann das Unterhaus auflösen und Neuwahlen ausrufen.

Die jährliche **Parlamentseröffnung** nimmt der König in einem großen Staatsakt vor, ausgerichtet werden die

Feierlichkeiten vom Großzeremonienmeister des Hofes. Bekleidet mit einem historischen Kostüm fährt der Monarch in der Staatskarosse zum Parlamentsgebäude, wo die Festrobe angelegt und die Krone aufs königliche Haupt gesetzt wird. Begleitet vom Hofstaat betritt der Herrscher nun das Oberhaus; ihm vorangetragen werden das Reichsschwert und die *Cap of Maintenace*, eine Samthaube, deren genaue Bedeutung nicht mehr bekannt ist. Nachdem der Monarch, der ja nicht ins Unterhaus darf, im House of Lords Platz genommen hat, schreitet der sogenannte *Black Rod*, der oberste Beamte des Parlaments, zum Unterhaus, um die dort versammelten Parlamentarier ins House of Lords zu bitten. Dreimal klopft er mit seinem Stab an die Tür des Sitzungssaales (damit wird dokumentiert, daß die Mitglieder des Unterhauses nicht auf Abruf bereitstehen), dann wird ihm Einlaß gewährt, und er führt die Abgeordneten ins Oberhaus, wo der König die vom Premierminister verfaßte Rede verliest.

Medien

Die Briten und ihre Zeitungen

Überall wo der Brite steht, sitzt oder wartet, holt er sofort seine Zeitung aus der Tasche und beginnt sich in seine Lektüre zu vertiefen – in der drangvollen Enge der U-Bahn ebenso wie auf dem Klappstuhl hoch oben auf der Klippe.

„Nichts kennzeichnet die britische Psyche besser als ihre Leidenschaft für das Pressewesen", schrieb der Dichter *William Cowper* schon vor über 200 Jahren, und daran hat sich bis heute nichts geändert. Kaum ein anderes westeuropäisches Land hat eine solche Fülle an täglich erscheinenden überregionalen Zeitungen wie Großbritannien. Für den Besucher, der mit der **englischen Presselandschaft** nicht vertraut ist, stellt sich die Frage nach dem richtigen Blatt. Die folgende, recht subjektive Übersicht will ein wenig Hilfestellung geben.

Ganz unten auf der Qualitätsskala rangiert die sogenannte **Gutter Press**, vergleichbar mit der hiesigen Bildzeitung. Das Schmierenblatt *The Sun* hat die höchste Auflage von sämtlichen Gossenblättern, 4 Mio. Exemplare dieses Blut-und-Busen-Blattes werden täglich ausgeliefert, und Schätzungen zufolge lesen 10 Mio. Menschen Tag für Tag in der *Sun*, die nach der Redaktionsdevise *Boobs, more boobs and bums* (Busen, mehr Busen und Hintern) gestaltet wird. Weiterhin gehören der *Daily Mirror* und der *Daily Star* zur *Gutter Press*.

Kaum besser, wenngleich vom Selbstverständnis der Zeitungsmacher im höheren Qualitätsbereich liegend, sind die Blätter der sogenannten **Middle Market Newspaper**. Dazu gehören *Daily Mail*, *Daily Express* und *Today*. Während bei den oben genannten Boulevardblättern Primitivinformationen und Horrorgeschichten den Inhalt bestimmen, liefern diese drei Zeitungen wenigstens in Ansätzen auch Auslandsberichte.

Lesbar sind jedoch allein der *Guardian*, die *Times*, der *Daily Telegraph*, die *Financial Times* und der *Independent*. Der britische Journalist *Ryan Chandler* hat die folgende, höchst treffende Charakterisierung dieser fünf Blätter abgegeben: Der *Guardian* wird von denjenigen gelesen, die das Land verändern möchten, in die *Times* schauen die, die das Land wirklich regieren, aus dem *Daily Telegraph* informieren sich Leute, die glauben, daß sie das Land regieren, die *Financial Times* blättern diejenigen durch, denen das Land gehört, und den *Independent* liest der, der das Land regieren möchte.

Der *Guardian* steht links von der Mitte, die *Times* ist bürgerlich konservativ, ebenso der *Daily Telegraph*, der im Volksmund auch *Torygraph* (Die Konservativen werden auch als *Tories* bezeichnet, und ein *Tory* ist ein Mitglied der konservativen Partei) genannt wird; die *Financial Times* ist das Fachblatt der Banker und Börsianer, und der *Independent* ist liberal, sucht seine Leserschaft in der politischen Mitte und gestaltete seine Artikel und Kommentare derartig ausgewogen, daß Sarkasten das Blatt auch schon als *Indiscribably Boring*, als unbeschreiblich langweilig bezeichnen.

Auch **am Sonntag** ist Bewegung in der Presselandschaft, eine ganze Anzahl von Zeitungen konkurriert auf dem heißumkämpften Markt. Spitzenreiter ist das Revolverblatt *News of the World*, das seinen Namen völlig zu Unrecht trägt und von den Briten daher zu *Screws of the World* verballhornt wird. (*To screw* bedeutet viel in der englischen Sprache, so z.B. „drehen", d. h. man dreht an den Nachrichten, weiterhin bedeutet *to screw* auch „auspressen", d. h. man schlachtet eine Nachricht bis ins letzte unappetitliche Detail aus, to screw hat aber auch eine sexuelle Bedeutung und so könnte der oben genannte Titel in deutscher Übersetzung auch etwa lauten „Alle Nummern dieser Welt".) 5 Mio. Ausgaben kursieren Sonntag für Sonntag und werden laut Schätzungen von 10 bis 12 Mio. Menschen gelesen.

In die gleiche Qualitätskategorie fallen *Sunday People*, wegen der vielen Klatsch- und Schlüssellochgeschichten auch *Sunday Peephole* genannt, und *Sunday Mirror*. Alle drei Blätter haben Hochglanzbeilagen und werden laut *Ryan Chandler* von Leuten gelesen, „die gaffend bei Verkehrsunfällen herumstehen."

Auch *Daily Mail* und *Daily Express* haben Sonntagsausgaben mit Hochglanzmagazinen.

Inhaltlich umfangreich, damit dick und schwer, kommt die *Sunday Times* daher; das Mitte-Rechts-Blatt, so witzelt *Ryan Chandler*, „ist die einzige Zeitung, die ein Hund nicht im Maul halten kann und dessen Leser ein Body Builder mit einem IQ von 180 sein muß."

Linksorientiert sind der *Observer* sowie der *Sunday Correspondent*, und wie jeden Tag der Woche sind auch beim *Sunday Telegraph* und beim *Independent on Sunday* die redaktionellen Strickmuster die gleichen; auch diese Zeitungen haben farbige Hochglanzbeilagen.

Auf Spiegel-Niveau kommt das ausgezeichnete Nachrichtenmagazin *Economist* daher, das 1993 seinen 150. Geburtstag feierte und dabei keine alterungsbedingten Verkalkungserscheinungen zeigte, sondern wie ein junger Springinsfeld mit geschärfter Feder seine rechtskonservativen Kritiker zum Duell forderte und alsbald in die Flucht schlug. Dem Gemisch aus „Zeitung und Geheimdienst" wurde von den Rechten angekreidet, „daß es einem klassen- und wurzellosen, multiethnischen, internationalen Liberalismus" frönt – ein Grund, das Magazin sofort zu abonnieren! Und das tun 400.000 Leser weltweit, denn von der 500.000er Auflage verbleiben nur noch rund 20 % im Heimatland, der Rest geht in alle Staaten dieser Erde „an überdurchschnittlich wohlhabende und intelligente Leser." Denen bereitet das Blatt die wichtigsten ökonomischen, politischen und kulturellen Ereignisse in hervorragenden Analysen und stilistisch brillanten Artikeln auf. Der Kampf gegen Rassismus und für Menschenrechte, gegen die Todesstrafe und totalitäre Systeme war dem Magazin dabei von Anfang an selbstverständlich, bekämpfte es in seiner Gründungszeit doch vehement die Sklaverei. Also: Abonnieren!

Radio und Fernsehen

Im Jahre 1922 nahm die öffentlich-rechtliche **BBC (British Broadcasting Corporation)** ihre Rundfunksendungen auf, und nur 14 Jahre später strahlte sie weltweit das erste regelmäßige Fernsehprogramm in den Äther. Der Mammutsender finanziert sich über Teilnehmergebühren und ist daher nicht auf Werbeeinnahmen angewiesen; konsequenter als bei den Öffentlich-Rechtlichen in der Bundesrepublik sendet die BBC demzufolge auch keine Werbung. Lediglich die Auslandssendungen des Hörfunks bekommen Gelder, deren Höhe das Parlament festlegt.

Das **Rundfunkprogramm BBC 1** besteht aus kurzweiliger Pop-Musik und aus nichts anderem; die stündlich gesendeten Nachrichten sind nicht länger als 30 Sekunden. **BBC 2** liefert dann Unterhaltungssendungen, leichte Musik, Sportinformationen; **BBC 3** hat klassische Musik und Kultursendungen im Programm, und **BBC 4** sendet Nachrichten, Reportagen, Hörspiele etc.

Unerreicht ist das Auslandsprogramm des BBC, der **World Service**, der 24 Stunden täglich in Englisch und 36 weiteren Sprachen Nachrichten und Informationen auf Kurzwelle um die Welt schicht. (Sendungen in deutscher Sprache z.B. auf 648, 1296, 3975 und 6010 kHz Kurzwelle, in Englisch tgl. 3-23 Uhr auf 9410 kHz.) Der *World Service* wird in seiner Qualität von keinem anderen Sender übertroffen, und der weltweit gute Ruf der BBC beruht vor allem auf der Arbeit der Redakteure im Londoner Bush House, wo die Auslandsabteilung untergebracht ist.

Die beiden **Fernsehkanäle** heißen analog zu den Rundfunksendern **BBC 1** und **BBC 2**; **BBC 1** sendet Nachrichten (Hauptnachrichtensendung um 9 Uhr), Unterhaltungssendungen, Sport, während **BBC 2** mehr Kultur im Programm hat.

1955 wurde der Alleinvertretungsanspruch der BBC durch die Gründung der **IBA (Independent Broadcasting Authority)** aufgehoben. Die IBA vergibt Lizenzen und ist die Aufsichtsbehörde der privaten Radio- und Fernsehsender.

Derzeit gibt es etwa 70 nichtstaatliche Rundfunkstationen, so etwa **Capital Radio** in London, und ca. 15 regionale Fernsehsender der **ITV** *(Independent Television)*, die einen gemeinsamen Nachrichtendienst, den **ITN** *(Independent Television News)*, haben; Hauptnachrichtensendung ist täglich das berühmte und zu Recht vielgelobte *News at Ten*. Seit 1982 gibt es als vierten Fernsehsender **Channel Four**.

Wirtschaft

Größtes Wirtschaftszentrum nicht nur des Südens, sondern von ganz England ist natürlich London, dessen Sog die Bewohner des gesamten dichtbevölkerten Südostens in die Kapitale zieht.

Industrie, geschweige denn eine Schwerindustrie (sieht man von Portsmouth, Southampton und Bristol einmal ab), gibt es so gut wie keine in Englands Süden. Die Region lebt nach wie vor von der Landwirtschaft, von ein wenig Fischerei, von Dienstleistungen aller Art und dem Tourismus – ist die Südküste doch das beliebteste Ferienziel der Briten.

Um aus dem teuren London fortzukommen, siedelten sich in den letzten Jahren vor allem **High-Tech-Branchen** an der sonnigen Südküste und in Bristol an.

Staat und Gesellschaft

Bristol ist überhaupt neben London das zweite ökonomische Zentrum des Südens. Traditionell ist die Hafenmetropole die Stadt der Flugzeugbauer; *Rolls Royce* produziert seine Triebwerke hier und ist zusammen mit dem Luftfahrtunternehmen *British Aerospace* der größte Arbeitgeber für die Stadt und das Umland. Außerdem hat sich Bristol neben London zu einem Finanzzentrum gemausert.

Damit die Badeorte auch außerhalb der Saison Besucher und damit fließende Gelder in die Stadtsäckel bekommen, werben sie mit ihren Konferenz- und Tagungsinfrastrukturen, zie-

hen erfolgreich betuchte Rentner aus anderen Teilen des Landes in den warmen Süden und bieten Jahr für Jahr Abertausenden von Sprachschülern Kurse an.

Über die **Hafenorte** Southampton und Portsmouth läuft ein großer Teil der englischen Importe und Exporte, die zusammen mit der **Werftindustrie** und den Ölraffinerien die Arbeitsplätze sichern.

In der **Landwirtschaft** können aufgrund des warmen Golfstroms Wein- und Obst kultiviert werden; in Kent sind der Hopfenanbau für die Bierproduktion und der Apfellese für den *Cider* von Bedeutung; die Bewohner der Scilly's exportieren ab Dezember Schnittblumen in alle Landesteile. Schafe und Rinder grasen auf den saf-

Ein einsamer Fischtrawler im Kanal

Staat und Gesellschaft

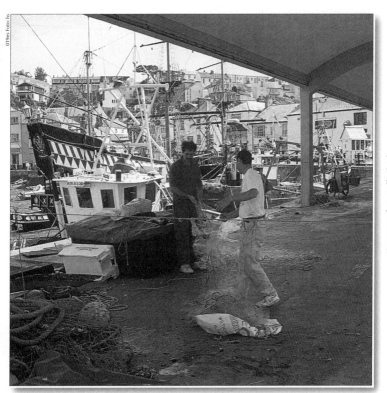

Gordischer Knoten: Fischer entwirren ihre Netze

tigen Weiden. Im Südosten jedoch, innerhalb des riesigen Einzugsgebietes Londons, geben immer mehr Bauern auf und verkaufen ihr Land für viel Geld an Immobilienfirmen – London machts möglich!

Der Süden, vor allem aber der Südosten, bringt seinen Bewohnern den höchsten **Lebensstandard** im gesamten Vereinigten Königreich: 1993 lag das wöchentliche Durchschnittseinkommen in London bei ca. 460 £, im Südosten bei ca. 440 £ und im Südwesten bei rund 400 £. Dies sind die höchsten Gehälter von ganz Großbritannien. Zum Vergleich dazu verdienten die Arbeitnehmer im ärmsten Gebiet der Insel, der *Northern Region* (Cumbria, Northumbria, Manchester und Lancashire), nur ca. 300 £.

212es Foto: hs

Die Menschen und ihre Kultur

213es Foto: hs

020es Foto: hs

Am Strand von Eastbourne

Swanage

Im Ateliergarten der Bildhauerin Hepworth in St. Ives

Bevölkerung

Wie kaum in einem anderen Land der Erde haben es die Briten verstanden, bis in unsere Tage hinein ein **Klassensystem** aufrechtzuerhalten, das ganz offensichtlich in der Lage ist, auch dem gleichmachenden Spätkapitalismus zu trotzen. So unterscheidet man die *Working Class*, die *Middle Class* und die *Upper Class*. In jeder dieser Klassen gelten andere kulturelle Strickmuster, Verhaltensnormen, ja sogar Sprachformen, und jede Gesellschaftsschicht ist strikt von der anderen abgeschottet, hat ihren eigenen Bildungshintergrund, ihre eigenen Wohnformen und ganz spezifische Freizeitvergnügen.

Der Begriff der Klasse wird in Deutschland an das Einkommen und damit an Geldbesitz geknüpft, in Großbritannien dagegen meint *Class* weniger Geld als vielmehr den *Background* einer Person. Die Einteilung in eine bestimmte Klasse erfolgt u. a. durch den Beruf, durch die Art und Weise, wie man sein Geld verdient und wofür man es ausgibt.

Die **Working Class** wird geprägt vom *Blue-Collar Worker*, vom Arbeiter im Blaumann, der mit seiner Familie in einem kleinen, schon älteren *Terraced House* lebt, eines von endlos vielen, in langer Reihe stehenden Häuschen mit zwei Schlafzimmern und einem kleinen Garten nach hinten raus. Das „Socio-Economic Profile of the Uk Population", das z.B. von den *Building Societies* oder von den Banken für Kreditgewährungen herangezogen wird, unterscheidet nochmal zwischen der *Skilled Working Class*, der ein Facharbeiter (*Electrician, Plumber*) angehört, und der *Unskilled Working Class*, für ungelernte Arbeiter (Labourer, Roadsweeper).

Die Angehörigen der **Middle Class** mit ihren *White-Collar Jobs*, halten Handel, Verwaltung, Staat und Regierung sowie das weite Feld der Dienstleistungen am Laufen. Hier unterscheidet das „Socio-Economic Profile" gleich dreimal, in die untere, die mittlere und die obere Mittelklasse. Wohnen die ersten beiden in *Semi-Detached Houses* (kurz *Semis* genannt), in vertikal getrennten Doppelhaushälften mit einem Vor- und einem Rückgarten sowie drei bis vier Schlafzimmern, so lieben die Angehörigen der *Upper Middle Class* die sogenanten *Detached Houses*, freistehende Häuser. Sie sind es auch, die ein kleines Cottage weit draußen auf dem Land haben, im grünen *Stockbroker Belt* rund um die Metropole London wohnen und als wohlbetuchte, sogenannte *Gin and Tonic Commuters* allmorgendlich in die Hauptstadt fahren.

Zur **Upper Class** schließlich gehört der Adel; die Earls und Dukes leben in ihren kleinen oder großen Herrenhäusern, die sie schon lange nicht mehr unterhalten können und daher der neugierigen Middle und Working Class zugänglich machen müssen; andere haben ihren Besitz an den National Trust abgegeben und im Gegenzug das Recht auf Wohnsitz bekommen.

Wie groß die Klassenunterschiede sind, zeigt sich sehr deutlich an der

Menschen und Kultur

Traditionsbewußte Briten:
Umzug im Seebad Newquay

Sprache; der britische Linguist *A.S.C. Ross* führte 1954 ein soziolinguistisches Begriffspaar zur Charakterisierung der Sprache ein: die *Upper Class Usage* (= *U*) und die *Non Upper Class Usage* (= *Non-U*). Bei dieser *U and Non-U Language* ist erstere eine perfekte, vornehme Ausdrucksweise, in der vorwiegend angelsächsische Wörter benutzt werden und letztere die Sprache der Masse, in der romanisch gehaltene Begriffe verwendet werden.

Sorgen machen sich britische Soziologen seit einiger Zeit über einen neuen Rechtsruck und den damit verbundenen **Rassismus** im Inselreich. Maßgeblich verantwortlich dafür ist die frühere Regierungschefin *Margret Thatcher*, die propagierte, daß nicht mehr die Gesellschaft, sondern nur noch das Individuum etwas gelte. Dieser **Thatcherismus**, dessen ökonomische Rezepte an den Monetarismus heranreichten, hat in den letzten Jahren wenige reicher, aber sehr viele wesentlich ärmer gemacht. Die seit Jahren grassierende Rezession, deren Ende bei einem leichten ökonomischen Aufwärtstrend und minimaler Inflation nun abzusehen ist, hat dazu geführt, daß die Existenzängste der *Working and Lower Middle Class* sich in Form von Rechtsradikalität und Gewalttätigkeit gegen ethnische Minderheiten artikulieren.

„Der Rassismus" ist auf dem Vormarsch", mußte das Londoner Magazin *New Statesman and Society* entsetzt konstatieren. Dabei waren die Briten – durch den Kolonialismus geschult – immer stolz darauf, als Schmelztiegel der Nationen zu gelten. Damit ist es lange vorbei. Farbige Briten verlassen derzeit zuhauf das Land und kehren in ihre Heimat zurück, die schiere Angst hat sich breitgemacht. Pro Jahr kommt es im Inselreich zu rund 30.000 rassistischen Übergriffen, bei denen auch immer wieder Personen verletzt oder sogar getötet werden.

Untersuchungen haben ergeben, daß 10 % aller Briten keinen Juden als Nachbarn haben möchten, 25 % gar wollen nicht neben einer farbigen Familie wohnen.

Schon im Jahr 1968 krähte der konservative Unterhausabgeordnete *Enoch Powell* danach, daß „Ströme von Blut" die Farbigen von einer Einwanderung abhalten sollten. Es war dann natürlich *Margret Thatcher*, die die Migrationsgesetze erheblich verschärfte. 1994 lief der stockkonservative Staatsminister im Schatzkanzleramt aus dem Ruder. Öffentlich erklärte ein Mitglied der Regierung: „Abroad is bloody and foreigners are bad." Im Klartext: „Im Ausland geht es schlimm zu und alle Ausländer sind schlecht."

So verwundert es nicht zu hören, daß die Tories nicht einen einzigen farbigen Parlamentsabgeordneten haben. Labour ist aber auch nicht viel besser dran; *Bernie Grant*, der bekann-

teste farbige Labour-Politiker, klagte darüber, daß ausgerechnet seine Partei den Ausschuß für rassistische Übergriffe schlicht abgeschafft hat. *Grant* kann seinen farbigen Leidensgenossen nicht abraten, wenn diese darüber nachdenken, das Land zu verlassen, denn: „Britanniens Politiker sind immer weniger bereit, unsere Menschenrechte zu schützen."

Während 10 Mio. Briten, das sind sage und schreibe 20 % der Gesamtbevölkerung, ein Leben noch unterhalb der offiziellen Armutsgrenze führen – ebenfalls ein Umstand, den *Margret Thatcher* mit ihrer Politik zu verantworten hat –, steigen die totgesagten **Yuppies** wieder in die Höhen der Finanzhimmel empor. Devisenhändler, Börsenmakler und Investmentbanker, seit Ende der 80er Jahre im Abseits, machen erneut gigantische Gewinne und werfen das verdiente Geld wie eh und je mit vollen Händen zum Fenster hinaus. Die Zeitung *The Independent* warnte ihre Leser vor unkontrolliert durch die Lüfte sausenden Flugobjekten: „Vorsicht vor herumschwirrenden Champagner-Korken."

Vergessen ist die Zeit, als nach dem internationalen Börsensturz Banken und Versicherungen ihre Broker vor die Tür setzten und sich das ganze Land am Untergang der jungen Großverdiener mit großer Schadenfreude weidete. „Jetzt geht es den Yuppies an den Kragen", schrieb ein Kolumnist, „laßt uns genießen, wie sie ihre Porsches verpfänden müssen, wie sie in ihrem Champagner ersaufen, wie sie in ihren Luxuswohnungen verrotten." Mit solchen Stammtischparolen ist es vorerst wieder einmal vorbei, Neid macht sich erneut breit, wenn Yuppies in ihren *Mercs and Porkers* (Mercedes und Porsche im Inselslang) vorm Austerntreff vorfahren. Verständlich bei 10 Mio. Armen im Land.

Architektur

In den Jahren 43 bis 410 siedelten die Römer auf der Insel; als die Westgoten unter der Führung *Alarichs* Rom eroberten, strebten die in Britannien stationierten Legionen in Gewaltmärschen gen Rom, um die Stadt zurückzuerobern. Damit endete der Einfluß der Römer, und die Angelsachsen konnten die Insel, ohne auf nennenswerte Widerstände zu stoßen, erobern.

Ein Hervorragendes Zeugnis **römischer Baukunst** ist das Bad in Bath, weitere römische Hausfundamente findet der Besucher in Dover und auf der Isle of Wight; nicht versäumen darf man einen Besuch im Römischen Palast von Fishbourne nahe Chichester, nach Bath der größte Fund aus der Römerzeit, und ebenfalls bei Chichester lohnt eine Besichtigung der Bigor Villa.

Baudenkmäler aus der **angelsächsischen Zeit** sind rar und selten; Kirchen aus jener Zeit zeigen dicke Mauern, niedrige Fenster mit einem Bogenabschluß und das sogenannte *Long-and-Short Work*, ein steinernes Fachwerk.

Mit der Invasion des Normannen *Wilhelm der Eroberer* setzte sich auch der **normannische Baustil** auf der Insel durch. Auf dem Kontinent wurde er **Romanik** genannt. Alle großen Kathedralen sind in diesem gedrungenen normannischen Baustil begonnen und dann ein Jahrhundert später gotisch modifiziert, umgebaut und erweitert worden.

Es waren die Zisterzienser, die ab etwa 1130 die **Gotik** vom Kontinent auf die Insel brachten; es sollte jedoch noch an die 50 Jahre dauern, bis sich eine erste eigenständige englische Gotik, die **Early English**, mit dem Bau der Kathedrale von Wells entwickelte. Bei dieser frühen englischen Gotik findet die Horizontale eine stärkere Betonung, der Chor ist gerade abgeschlossen und besitzt keine Kranzkapellen, und die Gewölbe sind dekorativer gestaltet als die französischen Vorbilder.

Im späten 13. Jh. wandelt sich die Gotik der *Early English* zum phantasievolleren und verspielten **Decorated Style**, dessen konvex und konkav geschwungene Formen vor allem bei Bögen und in den Maßwerksfenstern zu beobachten sind; freie Flächen werden – wie der Name schon andeutet – durch vielerlei Dekorationen, aber nicht naturalistischer, sondern stilisierter Art, reich verziert. Die Baumeister des *Decorated Style* maßen zudem der Raumbildung eine große Bedeutung zu und schufen lange und unerwartet weite Durchblicke.

Ab 1330 kommt es in England zur Ausprägung der Hochgotik, die im **Perpendicular Style** ihren Höhepunkt findet. Im Gegensatz zum *Decorated* wird die verspielte, überbordende Ver-

Menschen und Kultur

zierungssprache im *Perpendicular Style* wieder zurückgenommen; charakterisiert ist die englische Hochgotik durch die Betonung von vertikalen und horizontalen Linien, durch schlanke Stützen und durch recht phantasieloses Maßwerk in den Fenstern, wo rechteckige Felder mit Spitzbogen aneinandergereiht werden. Schön hingegen sind im *Perpendicular* die wirklich prachtvollen Fächergewölbe.

Als die Normannen 1066 auf die Insel kamen, revolutionierten sie, ausgehend von der palisadenumzäunten Motte mit Hügelaufschüttung und Holzbefestigung, recht schnell den Burgenbau. Wie auf dem Kontinent hatten auch die frühen englischen Befestigungen einen Bergfried (*Keep*) in Form des französischen *Donjons*. Aufgrund der Erfahrungen aus den Kreuzzügen lag das Hauptgewicht jedoch

Die Kathedrale von Exeter: Mischform verschiedener Gotikstile bald nicht mehr in der Verteidigung eines einzigen Turms, sondern man schlug die Angreifer von türmchenbewehrten Burgmauern zurück, die manchmal in mehreren konzentrischen Ringen um die Gebäude liefen. Der Tower in London und die Burg von Dover sind gute Beispiele dieser frühen Festungsbauweise. Mit dem Aufkommen der ersten Artillerie wandelte sich auch der Burgenbau. Die gewaltigen Mauern standen nun nicht mehr entlang einer Linie, sondern bildeten Halbkreise, an denen die Kugeln „abrutschten" und wenig Schaden anrichteten. Gute Beispiele sind die Festungen aus der Regierungszeit von *Heinrich VIII.*, z.B. Deal und Walmer Castle oder Mawes Castle.

In der Zeit von *Heinrich VII.* kam die **Renaissance** auf die Insel, blieb jedoch für viele Jahre erst einmal auf die Innendekoration beschränkt.

In der Elisabethanischen Ära dann entstanden die ersten großen Renaissance-Bauten für den Adel, allen voran Longleat House. Diese heute **Stately Homes** genannten Paläste haben einen E- oder H-förmigen Grundriß, einen Innenhof, und große Fenster dominieren und gliedern die Fassaden; gerade oder geschwungene Giebel, reiches Terrakottazierwerk sowie vielerlei Holz- und Stuckdekorationen schmücken die Häuser. Innen dominiert die sogenannte *Long Gallery*, ein im ersten Stock über die gesamte Länge des Hauses reichender schmaler Saal, in dem sich die männlichen Adligen mit ihren Gästen bei schlechtem Wetter die Zeit vertrieben, in den

großen Fenstererkern Karten spielten oder von dort auf die Gärten schauten und sich unterhielten.

Zu Beginn des 17. Jh. dann vollzog **Inigo Jones** mit seinen beiden **palladianischen Bauten**, Queen's House in Greenwich (1616) und Banqueting House in Whitehall (1619), eine Revolution in der Architektur. Beeinflußt von den Gedanken des italienischen Baumeisters *Andrea Palladio* (1508-1580) arbeitete *Jones* nach den Prinzipien einer harmonischen Proportion, setzte Vorbauten in Form von säulenreichen Tempelfronten an und verwendete reichhaltig das sogenannte Palladiomotiv; bei diesem auch Venezianisches Fenster genannten Stilmittel ist ein breites Fenster von einem Bogen gekrönt und wird von zwei schmalen Öffnungen flankiert, die nach oben dort abschließen, wo der Bogen beginnt.

Der zweite geniale Architekt des 17. Jh. war **Christopher Wren**, der nach dem Großen Brand von London (1666) St. Paul's Cathedral sowie weitere 50 City-Kirchen erbaute und dabei eine erstaunliche Formenvielfalt zeigte; entweder legte er klassisch einfache Prinzipien zugrunde wie in der Kuppel von St. Paul's, oder er vermischte Stilmittel des Barocks mit gotischen Formen, worin ihm seine Schüler folgen sollten. Erst nach *Wren* und ein gutes Jahrhundert, nachdem *Inigo Jones* seine beiden palladianischen Schmuckstücke in die Stadtlandschaft von London gesetzt hatte, wurde der Palladianismus richtungsweisend bis in das frühe 19. Jh. hinein, dabei vielfach modifiziert sowie abwechslungsreich und kreativ in neue Stilrichtungen eingepaßt. So z.B. in der **Georgian Architecture**, benannt nach den Königen der Hannoveraner. Hier war es der gleichermaßen geniale wie ungeheuer geldverschwendende *John Nash,* der die architektonischen Akzente setzte und die Repräsentationsbauten in klassizistischer Linienführung und vollendeter Grandezza in Szene setzte. Bei den Privathäusern des Adels hingegen zeigen die georgianischen Bauten außen mehr Zurückhaltung, sind dagegen im Innern üppig geschmückt.

In der Ära Königin *Victorias* (1837-1901) macht sich Regellosigkeit breit; einerseits verspielt-wahnsinniges wie der Royal Pavilion von Brighton, andererseits **Historismus**, der sich in neogotischen Bauten wie etwa den Houses of Parliament niederschlägt.

Zu Beginn unseres Jahrhunderts sind die britischen Architekten mit der **Domestic Revival** weltweit führend in der Planung von Gartenvorstädtchen und in der Wohnhausarchitektur. Der Jugendstil des Kontinents schlägt sich in Großbritannien in der **Arts-&-Craft-Bewegung** nieder, dessen Meister der Schotte *Charles Rennie Macintosh* war.

Nach Kriegsende ist die Diskussion in der britischen Architektur von Annahme des bzw. Opposition gegen den **Internationalismus** bestimmt, dessen Stilmittel gekennzeichnet sind durch asymmetrische Kompositionen, einfache kubische Hauptformen, in horizontalen Reihen gegliederte Fensterfronten und das Fehlen von Ornamentik und Profilierung.

Englische Literatur – ein Überblick

Bei den Orts- und Routenbeschreibungen werden auch eine ganze Reihe von Schriftstellern, Lyrikern und Literaten vorgestellt, die in der jeweiligen Stadt oder Region gewohnt haben, zu Besuch vor Ort weilten oder über die Landschaft geschrieben und ihre Protagonisten dort angesiedelt haben. Eine kurze Literaturgeschichte soll hier deshalb einen Überblick über die Stilepochen und die bekanntesten Autoren vermitteln.

Sieht man von den altenglischen Heldenliedern wie dem *„Beowulf"* ab, so beginnt die moderne englische Literatur mit den „Canterbury Tales" von **Geoffrey Chaucer** gleich mit einem Paukenschlag. *Chaucer* (um 1340-1400) ist der erste Autor des Mittelalters, der aus der Anonymität heraustritt, als Mensch wie als Schriftsteller biographisch faßbar wird und ein vielseitiges dichterisches Gesamtwerk hinterlassen hat. Anglisten loben sehr zu Recht „die Eleganz und Geschmeidigkeit seiner Sprache und die souveräne Heiterkeit, die den Ernst seines Anliegens hinter der Grazie der Aussage zu verbergen weiß, solche Vorzüge sollten sobald nicht wieder in dem Werk eines Autors vereint sein."

Chaucers Hauptwerk sind die **„Canterbury Tales"**, die Geschichten, die sich Pilger auf dem Weg von London nach Canterbury zum Schrein des hl. Thomas Becket unterwegs erzählen, um die Reise kurzweiliger zu gestalten. Hören wir einmal hinein in die von Martin Lehnert unnachahmlich übersetzten Verse:

„Wenn milder Regen, den April uns schenkt,
Des Märzens Dürre bis zur Wurzel tränkt
Und badet jede Ader in dem Saft,
So daß die Blume sprießt durch solche Kraft;
Wenn Zephyr selbst mit seinem milden Hauch
In Wald und Feld die zarten Triebe auch
Erwecket hat und die Sonne jung durchrann
Des Widders zweite Sternenhälfte dann,
Wenn kleine Vögel Melodien singen,
Mit offnen Augen ihre Nacht verbringen
- So stachelt die Natur sie in die Brust -:
Dann treibt die Menschen
stark die Walllahrtslust,
Und Pilger ziehn zu
manchem fremden Strand,
Zu Heiligen berühmt in
manchem fernen Land;
Besonders sieht aus Englands Teilen allen
Man freudig sie nach Canterbury wallen,
Dem segenreichen Märtyrer zum Dank,
Der ihnen half, als sie einst siech und krank."

Chaucer vermittelt ein saftvoll-kraftvolles Bild des spätmittelalterlichen Menschen und hat uns dadurch ein ausdrucksvolles Zeitgemälde jener Tage hinterlassen.

Mit *Heinrich VII.* (1485-1509) beginnt die Dynastie der Tudors, und die Renaissance hält im Inselreich ihren Einzug. Neben *Erasmus von Rotterdam* ist **Thomas More** (lat. *Morus*, 1478-1535) der bedeutendste Humanist Europas und sein Hauptwerk „Utopia", in dem er einen idealen Staat entwirft und mit Kritik an den herrschenden Ungerechtigkeiten in England nicht spart, das vielgelesene Buch der großen Geister jener Tage. *Erasmus*

lobt, „daß die Natur nichts Zarteres, Edleres und Glücklicheres geschaffen habe als den Geist des Thomas Morus." *Morus'* Gemüt zeichnet sich durch fromme Gläubigkeit, aber auch durch Fröhlichkeit und Humor, durch einen verschmitzten *Common Sense*, wie ihn die Briten ja so sehr lieben, durch Mut, große Bildung, diplomatisches Geschick und tiefe Liebe vor allem zu seinen Kindern aus. In der Regierungszeit von *Heinrich VIII.* steigt er bis in das höchste Amt des Staates auf, wird Lordkanzler; doch dann verweigert er seinem König nach dessen Bruch mit Rom die Anerkennung als kirchliches Oberhaupt der Anglikanischen Kirche, worauf der Schlächter Heinrich den aufsässigen Humanisten natürlich hinrichten läßt.

Als einer der bedeutendsten Dichter der Hochrenaissance, der zu Unrecht ganz vom Glanze seines Zeitgenossen *Shakespeare* überstrahlt wird, verdient **Edward Spenser** (um 1552-1599) Erwähnung, dessen Name kaum über England hinaus bekannt geworden ist. Erst im reiferen Alter von 27 Jahren veröffentlicht *Spenser* die große und anspruchsvolle Dichtung „The Shepheardes Calender", die Literaturkritiker als Meilenstein in der Entwicklung der englischen Dichtkunst feiern. Hier geht es um moralische Tugenden, um Stolz, Ehrgeiz, Demut, es geht um die Jugend und das Altern, um die Ungerechtigkeiten von König und Kirche. Um den großen Erfolg seines Schäferkalenders nicht zu gefährden, tritt *Spenser* erst elf Jahre später wieder, in den Folgejahren dann regelmäßig, mit

Menschen und Kultur

weiteren umfangreichen Verssammlungen an die Öffentlichkeit.

Ein weiterer Vorläufer *Shakespeares* ist **Christopher Marlowe** (1564-1593), *The Muses' Darling* genannt, der als erster Autor eines poetischen Dramas gilt und seine Figuren und Charaktere mit Leben füllen kann. *Marlowe* war es, der als erster den Faust für die Bühne bearbeitete und die Blankverse – die er mit großer poetischer Kraft schmiedete – in die englische Literatur einführte. Von *Shakespeare* und seinen Zeitgenossen ob seiner literarischen Qualitäten bewundert, war *Marlowe* selbst kein angenehmer Geselle. In den letzten Jahren seines kurzen Lebens mehrfach wegen Totschlags, Landfriedensbruch, Gotteslästerung, Atheismus und Homosexualität angeklagt, wurde er bei seinem ausschweifenden Leben folgerichtig im Alter von 29 Jahren bei einer Wirtshausschlägerei erstochen.

Das elisabethanische Zeitalter steht ganz im Zeichen des alle überragenden **William Shakespeares** (1564-1616), Versdichter, Autor von Komödien, Tragödien und historischen Stücken, ein Universalgenie, ein genialer Autor, leider aber auch eine schwer zu fassende Persönlichkeit, über die wir eigentlich recht wenig wissen.

Neben *Shakespeare* ist in dieser Zeit der hierzulande völlig unbekannte **Ben Jonson** (1573-1637) – „ein Riese der Energie", wie ihn ein Dichterkollege nannte – der bedeutendste Dramatiker. Er scharrt einen Kreis von ihn verehrenden Schriftstellern um sich, der spöttisch *Tribe of Ben* genannt wird,

und ist recht beliebt und erfolgreich am Hof von *Jakob I.*

Als Dichter des elisabethanischen Zeitalters muß auch **John Donne** (1572-1631) genannt werden, der erfolgreich die bis dahin gängigen Sonett-Traditionen ignoriert und in der Poesie neue Akzente setzt und „lyrische Kostbarkeiten" hervorbringt. Die Literaturkritik lobt seine Fähigkeit, „die ganze Skala der Liebesgefühle von der zartesten und innigsten geistigen Beziehung bis zum groben Zynismus durch kühne Vergleichsaspekte prägnant zu erläutern."

Nicht nur in literarischer Hinsicht muß **Francis Bacon**, später *Baron Verulam* und *Viscount St. Albans* (1561-1626), als einer der ganz großen Geister Britanniens genannt werden. Das Universalgenie ist erfolgreich in der Politik und steigt bis zum Lordkanzler auf, gilt als hervorragender Jurist, Philosoph, Naturwissenschaftler und als Meister der englischen Prosa. Er ist es, der den Essay als neue Kunstform einführt.

Große politische Bedeutung erlangt der Verfechter eines extremen Materialismus, der von seinen Gegnern als der *Bugbear of the Nation* geschmähte **Thomas Hobbes** (1588-1679), dessen theoretisches Werk „Leviathan" zu den einflußreichsten politischen Schriften des Jahrhunderts zählt. *Hobbes* erklärt zum Schrecken der Kirche den absoluten Staat nicht mehr als gottgewollt, sondern entstanden aus reinen Nützlichkeitserwägungen – die Aufklärung wirft ihre Schatten voraus!

Der letzte große Dichter der englischen Renaissance – ähnlich sprachgewaltig wie *Shakespeare* – ist **John Milton** (1608-1674), der in seinen Werken die Kultur des Altertums mit Glaubensbezügen des Christentums in eine barocke Sprache faßt.

Als Literaturkritiker tritt **John Dryden** (1631-1700) mit seinem Band „Essay of Dramatic Poesie" an die Öffentlichkeit; sein scharfes Urteil, die Fähigkeit zur Textanalyse und sein brillanter Stil bleiben ebenso unerreicht wie seine Gedichte und Dramen.

Wenngleich nicht gerade ein Literat, so darf doch **Samuel Pepys** (1633-1703) nicht vergessen werden, der ein sehr privates und für den heutigen Leser äußerst vergnügliches Tagebuch hinterlassen hat, in dem das Leben in der Mitte des 17. Jh. in einer selten zu findenden Lebendigkeit erstrahlt.

Mit Beginn des 18. Jh. entwickeln **Daniel Defoe** (um 1660-1731) und **Jonathan Swift** (1667-1745) neben ihren klassischen Prosabänden auch den literarischen Journalismus; mit ihren im Verlauf der Jahrhunderte von Lektoren immer weiter verstümmelten Werken „Robinson Crusoe" und „Gullivers Reisen" gehören heute beide zu den Klassikern der Jugendliteratur.

Alexander Pope (1688-1744) ist der Meister der klassizistischen Dichtung im 18. Jh. und wird mit seinem subtilen wie geistreichen Stil der führende Dichter jener Zeit.

Samuel Richardson (1689-1761), **Henry Fielding** (1707-1754) und **Lawrence Sterne** (1713-1768) sind die großen Romanschriftsteller jener Tage; *Richardson* schreibt psychologische Briefromane, die *Goethe* sehr bewundert, *Fielding* verfaßt bissige Satiren auf die moralgeschwängerten Inhalte von *Richardson* und ist uns vor allem mit seinem Band zum Findlingskind *Tom Jones* im Gedächtnis geblieben. *Sterne* schließlich ist bis heute für seinen „Tristam Shandy" bekannt.

In jener Epoche nicht vergessen werden sollten auch die bis heute gelesenen Romanautoren **Oliver Goldsmith** (1730-1774), **Tobias Smollet** (1721-1771) und **Horace Walpole** (1717-1797), letzterer begründete mit seinem Band „Die Burg von Otranto" die Literaturgattung der *Gothic Novel*, des Schauerromans.

Nachhaltigsten Einfluß auf die britische Literatur hat **Dr. Samuel Johnson** (1707-1784), dessen Bedeutung und Wirken in Großbritannien etwa mit demjenigen *Goethes* in Deutschland vergleichbar ist. Sowohl als Dichter als auch als Prosaschreiber leistet er Hervorragendes. Sein größtes Vermächtnis jedoch ist das 1755 erschienene Dictionary of the English Language, das erste brauchbare Wörterbuch der englischen Sprache. *Johnson* definiert darin 40.000 Wörter und gibt diesen über 100.000 Zitate bei. Viele Definitionen sind bis in unsere Tage hinein gültig, und auf *Johnsons* Werk basiert letztendlich das heutige „Oxford English Dictionary". Das Leben des Literaten ist dank seines Freundes *James Boswell* beachtlich gut dokumentiert, und dessen Band „Life of Johnson" ist eine der ersten großen Biographien im englischsprachigen Raum.

In der zweiten Hälfte des 18. Jh. ist es das schottische Naturtalent **Robert**

Menschen und Kultur

Dr. Samuel Johnson

1822 im Golf von Livorno, und **John Keats** wird als 26jähriger im Jahre 1821 in Rom von der Tuberkulose hinweggerafft. Doch die Sprachgewalt ihrer frühen Jahre hat sie schon unsterblich gemacht.

Jane Austen (1775-1817), eine Romanschriftstellerin von Rang, siedelt ihre Protagonisten in der englischen Countryside zwischen niederem Landadel und gehobenem Bürgertum an. Der Schotte **Sir Walter Scott** (1771-1832) schreibt aufgrund seines starken Geschichtsbewußtseins neben Versromanzen vor allem historisch solide Romane, die dem Publikumsgeschmack sehr entgegenkommen, in viele Sprachen übersetzt werden und Schottland international bekannt machen.

Während des Viktorianischen Zeitalters redet der schottische Historiker **Thomas Carlyle** (1795-1881) der rein nach materialistischen Gesetzen funktionierenden Gesellschaft mit Sprachgewalt und großer moralischer Geste ins Gewissen und beklagt die Unterdrückung durch die Industrialisierung.

Ganz im Gegensatz zu ihm steht der zweite große Historiker jener Tage, **Thomas M. Macaulay** (1800-1859), der die Gegenwart über alle Maßen lobt. Seine Essays gehören zu den meistgelesenen Texten, und seine vierbändige „History of England" macht ihn zu einem berühmten Mann. Sein Gegenspieler *Carlyle* nannte ihn einmal eine „machtvolle Persönlichkeit", die leider über keine „göttliche Idee" verfüge.

Unermüdlich prangert **Charles Dickens** (1812-1870) in seinen sozialkritischen Romanen – so etwa „David

Burns (1759-1796, der poetische Werke von großer Kraft schreibt und in jenen Tagen keinen ernsthaften Konkurrenten hat.

Unter den Dichtern der Romantik ragen die beiden Poetengrößen **William Wordsworth** (1770-1850) und sein Freund **Samuel Taylor Coleridge** (1772-1834), der auch als Philosoph und Literaturkritiker hervortritt, heraus. Tragisch verläuft das Leben der drei anderen großen Dichter der englischen Romantik; **Lord Byron** stirbt 1824 36jährig als Freiheitskämpfer für die Griechen an einem Fieber, nur 30jährig ertrinkt **Percy Bysshe Shelley**

Copperfield" oder „Little Dorrit" – das Elend des Frühkapitalismus an und betätigt sich als „Sonderkorrespondent Londons für die Nachwelt".

Benjamin Disraeli (1804-1881) ist nicht nur ein begnadeter Politiker und intelligenter Premierminister des 19. Jh., sondern auch ein exzellenter Romanschriftsteller, der ebenfalls die sozialen Gegensätze Englands analysiert und sprachgewaltig beschreibt.

Mit dem Roman „Vanity Fair", dem „Jahrmarkt der Eitelkeiten", ist **William Makepeace Thackeray** (1811-1863) berühmt geworden; auch er übt beißende Kritik an der in Müßiggang und Langeweile versinkenden Oberschicht.

Die drei **Brontë-Schwestern** *Charlotte* (1816-1855), *Emily Jane* (1818-1848) und *Anne* (1820-1849) wachsen mutterlos in einer kleinen, armen Landpfarrei in Yorkshire auf, werden zusammen mit ihrem Bruder vom Vater weitgehend allein gelassen und erhalten kaum eine Schulbildung. In einer Landschaft von kahlen Hügeln und einem weiten Moor schaffen sich die Kinder ihre eigenen Traumwelten, die sie sich gegenseitig in Heftchen aufzeichnen. Aus dieser Lehrzeit des Schreibens resultieren ihre Romane, von denen Emilys wortmächtiges „Wuthering Heights" die größte Bekanntheit erreicht hat.

George Eliot ist das Pseudonym von *Mary Ann Evans*, die in der puritanischen viktorianischen Zeit mit einem verheirateten Mann zusammenlebt und dadurch schwer gegen die Konventionen im England des 19. Jh. verstößt. Sie ist es, die den Roman aus der „Sphäre der Unterhaltung" löst und ihn mit „kritischem Verstand als Kunstwerk gestaltet".

Der Dichter der Viktorianer ist **Alfred Lord Tennyson** (1809-1892), der zu den ganz Großen der englischen Lyriker gerechnet werden muß. Große Bekanntheit und Beliebtheit als Dichter erreichen im 19. Jh. **Robert Browning** (1812-1889) und seine Frau **Elizabeth Barret Browning** (1806-1861), der präraffaelitische Maler **Dante Gabriel Rossetti** (1828-1882) und **Algernon Charles Swinburne** (1837-1909).

Vielfache Interessen zeichnen **John Ruskin** (1819-1900) aus, der als Begründer einer modernen Literaturkritik gilt, ein reiches Prosawerk hinterlassen und auch mehrere kunsttheoretische Bände verfaßt hat.

Viel Dramatik hat der Schotte **Robert Louis Stevenson** (1850-1894) mit seinem Abenteuerroman „Die Schatzinsel" in unsere Kinderzimmer gebracht. Er konnte nicht nur spannend erzählen, sondern widmete sich mit psychologischem Feingefühl und suggestiven Bildern vor allem der Gattung der Kurzgeschichte. Die Gruselstory von Dr. Jekyll und Mr. Hyde gehört dazu. Nur 44jährig verstarb *Stevenson* in der Südsee an einem Schlaganfall.

Wie kein anderer hat **Thomas Hardy** (1840-1928) seine südenglische Landschaft und die Menschen mit ihren Sorgen und Nöten, eingebettet in die allumgebende Natur, beschrieben. „Tess of the d'Urberville" ist sein bekanntester Roman, der das unglück-

Menschen und Kultur

George Bernhard Shaw

William Shakespeare – Leben und Werk

„We are such stuff
As dreams are made on; and our little life
Is rounded with a sleep"
William Shakespeare, „The Tempest"

William Shakespeare wird am 26. April 1564 in der Pfarrkirche zu Stratford getauft; das genaue **Geburtsdatum** kennen wir nicht, angenommen wird jedoch stets der 23. April, denn 52 Jahre später, am 23. April 1616, stirbt das Genie, so daß nun Geburts- und Todestag auf das gleiche Datum fallen.

Stratford verfügte bereits über eine gute **Grammar School** und qualifizierte Lehrer; zwar ist nicht dokumentiert, daß Klein William hier Schüler war, doch aufgrund seiner Bildung sowie der Zitate in seinen Stücken, die teilweise aus Schulbüchern der damaligen Zeit stammen, ist es doch sehr wahrscheinlich, daß er hier den Unterricht besuchte.

Die *Grammar School* der Tudor-Ära war in erster Linie eine Lateinschule, den Schülern wurden Grammatik und Rhetorik z.B. anhand der Texte von *Cicero* beigebracht, später lasen sie dann die Werke von *Virgil, Caesar, Ovid, Juvenal* und *Horaz*. *Shakespeare* dürfte hier auf alle Fälle eine fundierte Ausbildung erfahren haben (die sein akademisch gebildeter Freund *Ben Jonson* mit den Worten *„he had small Latin and less Greek"* abtat).

Die nächste aktenkundige Eintragung nach der Geburt bezog sich 18 Jahre später auf *Shakespeares* **Hochzeit**. Entweder am 30. November oder am 1. Dezember 1582 heiratet Jung William die acht Jahre ältere *Ann Hathaway*. Die Formalitäten für die Eheschließung waren mit großer Eile vorangetrieben worden, denn Ann war schwanger. Am 26. Mai 1583 wird Susanna

liche Leben der schönen Tess zum Inhalt hat, die verführt und mehrfach verlassen wird, schließlich ihren Peiniger ersticht und nach kurzer Zeit des Glücks gefaßt und hingerichtet wird.

Umstritten ist der Autor des Dschungelbuches, **Rudyard Kipling** (1865-1936), der sich in seinen Werken als Reaktionär und Rassist entlarvt und chauvinistische Vorurteilen frönt. Dennoch erhielt er als erster Brite den Nobelpreis für Literatur.

Vom gut beobachtenden und hervorragend beschreibendem **Henry James** (1843-1916) wird der Leser viele kurze oder auch längere, aber immer geboren, zwei Jahre später, am 5. Februar 1585, die Zwillinge Hamnet und Judith; der Knabe stirbt mit elf Jahren, die beiden Mädchen überleben die Kindheit.

Von 1585 bis 1592 gibt es in *Shakespeares* Biographie erneut eine Lücke, keinerlei Aufzeichnungen verraten etwas über das private oder berufliche Leben. Diese undokumentierten sieben Jahre haben zu einer ganzen Reihe von teilweise wilden Spekulationen und Legendenbildungen Anlaß gegeben. Das Problem, daß diese sogenannten **Lost Years** für die Biographen aufwirft, ergibt sich aus der Tatsache, daß *Shakespeare* 1592 an einem anderen Ort, nämlich in London, und dort bereits als namhafter Autor und Schauspieler wieder in das Licht der Geschichte tritt. Irgendwie hat *Shakespeare* – so nimmt man an – seinen Weg in eine **fahrende Schauspielertruppe** gefunden. Stratford bot dafür gute Voraussetzungen, denn Tournee-Theater gastierten regelmäßig in der Stadthalle; für die Jahreswende 1586/87 sind fünf Truppen urkundlich erwähnt. Sehr wahrscheinlich hat sich *Shakespeare* dem Ensemble der *Queen's Men* angeschlossen, die während ihrer Aufführungen in Stratford einen Schauspieler durch ein Duell verloren; *Shakespeare* dürfte diese Lücke ausgefüllt und sehr bald Stücke für die Truppe geschrieben haben.

Wenngleich das Theaterwesen keine eigene Zunft hatte und außerhalb jeglicher Gildenbestimmung stand, so war ein Ensemble doch nach den Prinzipien eines Handwerksbetriebs organisiert. Ganz oben stand der *Master*, der Chef der Truppe, der Pächter oder auch Besitzer des Theatergebäudes, ihm nachgeordnet, etwa im Rang von Gesellen, 15-20 festangestellte Schauspieler, die jedoch kein reguläres Gehalt bekamen, sondern am Einspielergebnis beteiligt waren. Aushilfskräfte (*Hired Hands*) verstärkten die Gruppe, hinzu kamen noch Jungschauspieler im Rang von Lehrlingen, die vor allem Frauenrollen spielten, denn auch das Theatergeschäft war eine reine Männerangelegenheit (Frauen ließ man erst ein gutes Jahrhundert später, nach der Restauration des Königshauses unter dem lebenslustigen und vergnügungssüchtigen *Merry Monarch Karl II.* auf die Bühne).

Für *Shakespeare*, der langsam vom Schauspieler zum Autor wechselte, bedeutete ein fester Platz in einem Ensemble große Sicherheiten, und er war damit wesentlich besser gestellt als die freien Schreiber, welche die Truppen gegen ein Pauschalhonorar mit Texten für ein Stück versorgten, nie wissen konnten, wie oft ihr Drama denn gespielt wurde, und häufig in bitterer Armut lebten.

Auf alle Fälle taucht *William Shakespeare* am 3. September 1592 als bereits bekannter Mann und **geachteter Autor in London** auf. Wir wissen deshalb so genau darüber Bescheid, weil der Stückeschreiber *Robert Greene* mit einer wilden Attacke über *Shakespeare* herfällt. In seinem Pamphlet „Ein Groschen Witz gekauft für eine Million Reue" schimpft *Greene* über die Schauspieler, über „diese Marionetten, die nur mit unserem Mund sprechen", diese „Tanzclowns, die sich mit unseren Farben schmücken", über „diese angemalten Monstren". Und ganz besonders hat er *Shakespeare* im Visier, der als Schauspieler und Nichtakademiker glaubt, auch Stücke schreiben zu können. Da heißt es: „Yes trust them not: for their is an upstart crow, beautified with our feathers, that with his tiger's heart wrapped in a player's hide, supposes he is as well able to bombast out a blank verse as the best of you: and being an absolute Johannes factotum, in his own conceat the only Shake-scene in the country." („Jawohl traut ihnen nicht: Denn da gibt es eine hochgekommene Krähe, mit unseren Federn geziert; und der glaubt mit seinem Tigerherz, von einem Schauspielerfell umhüllt, daß er es genausogut verstehe, einen Blankvers auszustaffieren wie der Beste von euch: und da er ein totaler Hans-Dampf-in-allen-Gassen ist, ist er in seiner eigenen Einbildung der einzige Bühnenerschütterer im Lande.")

Direkt genannt wird *Shakespeare* nicht, doch daß er gemeint ist, ergibt sich aus zwei Passagen: zum einen aus dem Wortspiel *Shake-scene*, das natürlich auf den Namen *Shakespeares* anspielt, zum anderen aus der Tigerherzstelle, die eine Parodie auf ein Zitat von *Shakespeare* aus dem Stück „Heinrich VI." ist (O tiger's heart wrapt in a woman's hide).

Dieser einzige Angriff eines Zeitgenossen gegen *Shakespeare* wird vom Nachlaßverwalter *Greenes* wenige Wochen später entschuldigend zurückgenommen: „Es tut mir so leid, als sei der ursprüngliche Fehler (der Angriff von Greene) der meine gewesen, denn ich habe selbst festgestellt, daß sein Verhalten (das von Shakespeare) nicht weniger höflich ist, als er in dem Metier, das er betreibt, hervorragt. Außerdem haben mehrere Personen von Rang mir von seiner Rechtschaffenheit bei Geschäften berichtet, was für seine Ehrenhaftigkeit spricht, und von seiner heiteren Anmut als Autor, was ihn als Künstler ausweist."

Nach den Angriffen von *Greene*, die von Neid gegen den erfolgreichen Aufsteiger zeugen, versucht *Shakespeare* sich auch als **Poet**, um zu demonstrieren, daß er das gesamte Gebiet der Dichtkunst beherrscht. Theaterstücke galten nicht als hohe Literatur, sondern als unterhaltende Gebrauchslyrik, ein Epos hingegen ist die Spitze der Dichtkunst. 1593/94 erscheinen die beiden Versepen „Venus and Adonis" und „The Rape of Lucrece". Binnen kurzem erlangt *Shakespeare* eine ungeheure Aufmerksamkeit, und eine Auflage nach der anderen überschwemmt den Markt. Trotz des Erfolgs schreibt *Shakespeare* weiter Theaterstücke, denn hiermit ist gutes Geld zu machen. Unaufhörlich vollzieht sich nun sein gesellschaftlicher und beruflicher Aufstieg.

In der elisabethanischen Ära konnten Theatergruppen nur überleben, wenn sie einen **adligen Patron als Schirmherr** besaßen. Die Angst der Autoritäten vor Leuten, die keiner Zunft angehörten, damit nicht kontrollierbar waren, veranlaßte *Elisabeth I.*, 1572 das sogenannte Vagrantengesetz zu verabschieden. „Fechter, Bärenführer und gewöhnliche Schaupieler" werden darin als „Kriminelle und Vagabunden" dem Gesetz zugeführt und bestraft, soweit sie nicht „einem *Peer* des Reiches angehören". 1594 ist *Shakespeare* mit seiner Truppe Mitglied der **Lord Chamberlains's Men**. Das Ensemble hat großen Erfolg und ist gar bei Hofe hochbeliebt. Insgesamt 32 Mal spielen sie vor *Elisabeth I.*; nach ihrem Tod im Jahre 1603 übernimmt *Jakob I.* den Schutz der Schauspieler, die ab nun **The King's Men** sind. 175 Aufführungen erleben die Stücke von *Shakespeare* vor dem Monarchen.

1599 bietet die Familie *Burbage* dem Dramatiker eine Teilhaberschaft am **Globe Theatre** an, und *Shakespeare* wird *Sharer* mit 10 % Anteil; 1608 beteiligt er sich mit einem Siebtel am Blackfriars Theatre.

Am 20. Oktober 1596 verleiht das Königliche Wappenamt *John Shakespeare*, dem Vater des Dichters, sowie seinen Kindern und Enkeln das Recht, ein Wappen zu führen; die Familie, so heißt es, ist *of good*

reputation and credit. Natürlich hat William die Angelegenheit in die Wege geleitet und bezahlt. Nun gehört er zur *Gentry* und darf sich **Gentleman** nennen – mit vollem Titel: *William Shakespeare of Stratford upon Avon, in the country of Warwick, Gentleman!*

Diese Bezeichnung führt er gern und ständig, sie zeigt, daß er mehr seiner Geburtsstadt als der Metropole London verhaftet ist, und folgerichtig legt er sein Geld in Stratford an. Am 4. Mai 1597 erwirbt er New Place, eines der größten Häuser des Ortes, am 1. Mai 1602 kauft er 43 ha Ackerland und am 28. September ein weiteres Haus gegenüber von New Place.

Obgleich nun mit viel Anerkennung bedacht, unternimmt *Shakespeare* keinerlei Anstrengungen, sein Werk einer breiten Öffentlichkeit zugänglich zu machen. Er läßt keines seiner Stücke drucken, versucht nicht, eine Gesamtausgabe zu initiieren, schreibt keine Vorworte oder Einleitungen zu seinen Dramen (wie etwa *Ben Jonson*) und tut nichts, um sich bleibenden Ruhm zu sichern. Zwar kursierten schon zu seinen Lebzeiten einzelne **gedruckte Bände** seines Werkes, doch sie kamen nicht auf seine Anregung hin zustande. Eine erste größere Gesamtausgabe wurde erst 1623, sieben Jahre nach seinem Tod, von *John Henninge* und *Henry Condell* besorgt. Unsere Kenntnis von 17 Dramen beruht allein auf dieser Folioausgabe.

Um das Jahr 1611 soll sich Shakespeare **vom Theaterleben** in London **zurückgezogen** haben und nach Stratford übergesiedelt sein. Doch hielt er weiter Kontakt zu seiner Schauspieltruppe und den Theatern in der Metropole.

Am 23. April 1616 **stirbt** er – wie die Legende behauptet, nach einem Saufgelage mit *Ben Jonson*.

Das ist so ziemlich alles, was wir über das Leben von *William Shakespeare* wissen, und so ist es nicht verwunderlich, daß im vergangenen Jahrhundert, ja sogar heute noch, wie ein im „Merkur" veröffentlichter Artikel zeigt, die Meinung kursierte, daß

Shakespeare nur ein **Strohmann** war, der den eigentlichen Autor verbarg. Die Gründe für die Vermutung liegen auf der Hand, denn wie soll dieser in einer *bookless neighbourhood* aufgewachsene Sohn eines Analphabeten, von seinen Zeitgenossen weitgehend unbeachtete, ungebildete, mit höfischer Etikette unvertraute Mann, dieser Trunkenbold, dessen Tod offensichtlich mit seiner Sauferei zusammenhing, derart elaborierte, sprachgewaltige Werke geschrieben haben, die eine tiefe Detailkenntnis historischer Fakten verlangten. Und so soll *Shakespeare* für einen hohen Adligen den Autor gemimt haben, damit dieser nicht mit der verruchten Zunft der Schauspieler in einem Atemzug genannt wurde und so an Reputation verlor. Zwei Argumente sprechen immerhin dagegen: Zum einen ist es sehr unwahrscheinlich, daß über Jahrzehnte vor den Schauspielern, Druckern und Herausgebern die wahre Identität verschleiert werden konnte, zum anderen brauchte ein verkappter Aristokrat bei den Versepen nicht um seinen Ruf zu bangen; solch qualitätvolle Poesie hätte ihn zu einem geachteten Mann gemacht, warum also verzichtet der anonyme Autor auf diesen Ruhm. Und so blühen bis heute die Spekulationen, daß *Shakespeare* in Wahrheit eigentlich *Francis Bacon* war; große Aussicht, enttarnt zu werden, hat auch *Edward de Vere*, 17. Earl of Oxford, von dem schon *Sigmund Freud* glaubte, daß er der Meister gewesen sei.

Höchst spekulativ ist auch die These, daß *Christopher Marlowes* Tod in einer Wirtshausschlägerei nur vorgetäuscht war, um ihn vor der Anlage der Blasphemie zu schützen, und daß der Tunichtgut dann nach Italien floh, dort die Feder wetzte und Stücke sowie Sonette an einen Vertrauten namens *William Shakespeare* schickte.

Menschen und Kultur

treffende Zitate in diesem Band finden. *James*, eigentlich Amerikaner, aber fast sein ganzes Leben in England wohnend, arbeitete sowohl als Romancier als auch als Reiseautor. Seine Fahrtbeschreibungen durch Großbritannien lassen sich amüsant und lustig lesen und sind gesammelt in dem Band „In England um glücklich zu sein".

Joseph Conrad (1857-1924), der aus einer gebildeten polnischen Familie stammt und eigentlich *Theodor Josepf Konrad Korzeniowski* heißt, fährt als Kapitän der englischen Handelsmarine mehr als 20 Jahre zur See, bis er sich dann in England als Schriftsteller niederläßt. Seine Protagonisten stehen – wie nach einem Seefahrerleben nicht ungewöhnlich – in ständiger Auseinandersetzung mit den Kräften der Natur sowie ihren eigenen psychischen Urgewalten. Angelehnt an *Conrads* bekanntesten Roman „Herz der Finsternis" hat *Francis Ford Coppola* sein Vietnam-Trauma „Apocalypse Now" verfilmt.

John Galsworthy (1867-1933), mehr der Realität im edwardianischen England als der Romantheorie verhaftet, verfaßte eine ganze Reihe von sozialkritischen Romanen; durch eine Fernsehserie auch hierzulande bekannt geworden ist die Familienchronik „Forsythe Saga".

Aus kleinen Verhältnissen stammt **Herbert George Wells** (1866-1946). Er bekommt nur wenig schulische Bildung und muß früh in die Lehre. Doch dann ermöglicht ein Stipendium dem Autodidakten das Studium an der renommierten School of Science im Londoner Viertel South Kensington. Hier erlernt er die theoretischen Grundlagen für seinen in alle Sprachen der Welt übersetzten phantastischen Roman „Die Zeitmaschine".

Gilbert Keith Chesterton (1874-1936) ist hierzulande vor allem durch seine Pater-Brown-Krimis bekannt geworden, und **William Somerset Maugham** (1874-1965) hat uns eine ganze Reihe exzellenter Gesellschaftsromane hinterlassen.

Der Ire **George Bernard Shaw** (1856-1950) bringt das Drama zu neuem Ansehen, auf sein Stück „Pygmalion" geht das bekannte Musical „My Fair Lady" zurück.

Der bedeutendste Dichter nach dem Ersten Weltkrieg ist **T. S. Eliot** (1888-1965), dessen Geniestreich „The Waste Land" in der Hogarth Press von *Virginia* und *Leonard Woolf* publiziert wird; *Eliot* schreibt auch Dramen, so das religiöse Stück „Mord im Dom", daß die Ermordung des Erzbischofes *Thomas Becket* zum Inhalt hat und 1936 in der Kathedrale von Canterbury aufgeführt wird.

Leidenschaftlich und unkonventionell sind die Romane von **D. H. Lawrence** (1885-1930), der zu den größten englischen Schriftstellern dieses Jahrhunderts zu rechnen ist. In seinen Werken entwickelt er Visionen des Lebens und profiliert sich als scharfer Gesellschaftskritiker.

Virginia Woolf (1882-1941, siehe Exkurs) präsentiert in ihren Romanen einen exklusiven Ausschnitt der Wirklichkeit, ihr bekanntestes Werk „Orlando", in dem sich die Hauptfigur vom

Mann zur Frau wandelt und vom elisabethanischen Zeitalter bis heute durch die Jahrhunderte reist, wurde erst kürzlich verfilmt.

In seinem Roman „Brave New World" (der Titel stammt aus dem Shakespeare-Stück „Der Sturm") entwickelt **Aldous Huxleys** (1894-1963) das Horrorszenario, dem die heutigen Gentechnologen immer näher kommen, und **George Orwell** (1903-1950) zeichnet unter dem Einfluß des Faschismus in seinem weltberühmten „1984" den totalitären Überwachungsstaat. Mit seiner Fabel „Animal Farm", in der einige gleicher als andere sind, rechnet er mit dem Kommunismus stalinistischer Prägung ab.

Der Konflikt zwischen Gut und Böse beherrscht die Romane von **E. M. Forster** (1879-1970), der diesen Aspekt häufig durch Gegenüberstellungen zweier Welten verdeutlicht.

Graham Greene (1904-1991) schildert auf unnachahmlich spannende Art und Weise, aber auch mit dem Blick des exzellenten Beobachters in seinen Romanen soziale Milieus und nimmt diese gesellschaftskritisch unter die Lupe.

Mit **John Osborne** (geb. 1929) und seinem Stück „Blick zurück im Zorn" entstand die Protestbewegung der *Angry Young Men*, die sich gegen den behäbigen Mief in der Nachkriegsära Großbritanniens organisierten.

Für **Lawrence Durrell** (1912-1990), der fast sein ganzes Leben außerhalb Englands verbrachte, stand die Suche des Menschen nach seiner Identität im Mittelpunkt des schriftstellerischen Schaffens, und **William Golding** (1911-1993) zeigt in seinen Werken Personen, die in schnell wechselnden Situationen handeln müssen, beispielsweise schon in seinem Erstlingswerk „Herr der Fliegen".

Die Gedichte des jung verstorbenen **Dylan Thomas** (1914-1953) haben eine explosive Kraft, er „häuft Wörter, Begriffe, Bilder in schier unerschöpflicher Fülle und Intensität aufeinander."

Harold Pinter (geb. 1930) der seit 1959 Stücke für die Bühne, das Fernsehen und den Film schreibt, ist der bedeutendste Dramatiker der Gegenwart und Vertreter des englischen absurden Theaters.

Anthony Burgess (1917-1993) findet erst im Alter von 39 Jahren zur Literatur; bekannt gemacht hat ihn sein Gewaltepos „Clockwork Orange", das von *Stanley Kubrick* verfilmt wurde.

Iris Murdoch (geb. 1919), Dozentin für Philosophie in Oxford, beschreibt in ihren Werken das Verhältnis des Menschen zu der ihn umgebenden Wirklichkeit.

Im Zentrum von **Doris Lessings** (geb. 1919) Romanen stehen die gesellschaftlichen, aber auch sexuellen Erfahrungen der Frau, während bei **Muriel Spark** (geb. 1918) häufig der moralische Grundcharakter deutlich hinter einer satirischen Oberfläche hervortritt.

Erst in den 80er Jahren ist **John Fowles** (geb. 1926) so richtig zu Ruhm gekommen; in seinen Romanen verschafft er „dem Leser die Freiheit lebendiger Teilnahme und Entscheidung, d.h. er berührt ihn existenziell".

Menschen und Kultur

213es Foto: hs

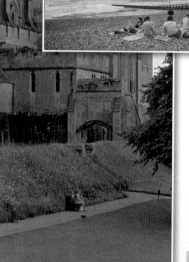

Städte und Landschaften Süd-Englands

214es Foto: hs

215es Foto: hs

Arundel Castle

Der Pier von Eastbourne

In Clovelly

Dover – Eastbourne

Dover – Im White Cliff Country

This little world,
This precious stone set in the silver sea,
Which serves it in the office of a wall,
Or as a moat defensive to a house,
Against the envy of less happier lands;
This blessed spot, this earth, this realm,
this England.

Diese kleine Welt,
Dies Kleinod in die Silbersee gefaßt,
Die ihr den Dienst von einer Mauer leistet,
Von einem Graben, der das Haus verteidigt
Vor weniger beglückter Länder Neid;
Der segensvolle Fleck, dies Reich,
dies England.

William Shakespeare, *„Richard II."*

This precious stone set in the silver sea, „Dies Kleinod in die Silbersee gefaßt" – jedem Engländer sind diese Zeilen aus *Shakespeares* Werk „Richard II." geläufig. Und besonders gern zitiert der Brite sie in Dover. Der westliche Kreidefelsen heißt nämlich **Shakespeare's Cliff**, Englands großer Dramatiker siedelte dort eine Szene im King Lear an: „Vom furchtbar'n Gipfel dieser kreid'gen Klippe. Sieh nur hinauf, man kann die schrill'nde Lerche so hoch nicht sehn noch hören: sieh hinauf!"

Dover Castle

Auf der östlichen Kreideklippe ragt unübersehbar Dover Castle auf, eine der größten **Burganlagen** in Europa (EH, April bis Sept. tgl. 10-18 Uhr, Okt. bis März tgl. 10-16 Uhr). Um 1170 ließ *Heinrich II.* den mächtigen Bergfried errichten, im 13. und 14. Jh. kamen die unüberwindlichen Ringmauern hinzu. Seit jenen frühen Tagen ist der Gouverneur der Festung auch immer der *Lord Warden of the Cinque Ports* gewesen (siehe Exkurs), dessen offizielle Residenz allerdings Walmer Castle war.

Wer den Burghügel zu Fuß hinaufschreitet, passiert eine 6 m lange **Bronzekanone**, die als *Queen Elizabeth's Pocket Pistol* bekannt ist und angeblich ein Geschenk von Spaniens König *Philipp II.* an *Elisabeth I.* war. Die über und über mit Blumenelementen

02 kes Foto: hs

Dover – Eastbourne

verzierte Kanone trägt einen gegen die Franzosen gerichteten Sinnspruch: „Use me well and keep me clean, I'll send a ball to Calais Green." Dieses Versprechen war jedoch ziemlich übertrieben, denn so weit konnte man mit dem Geschütz gar nicht feuern; gerade mal 2000 m flog eine daraus abgeschossene Kanonenkugel.

Interessanter noch als die Festung sind die unterirdischen **Tunnelsysteme** von Dover Castle, die bis 1985 der militärischen Geheimhaltung unterlagen und erst seit kurzem besichtigt werden können. Schon im 13. Jh. gruben die Verteidiger erste Stollen in den

weichen Kreidefelsen, während der napoleonischen Kriege dann wurde das Grabenlabyrinth vergrößert, und im Zweiten Weltkrieg arbeitete hier ein großer Kommandostab. Von Dover Castle aus organisierten die Briten und ihre Verbündeten unter dem Befehl von Vize-Admiral *Ramsay* die Evakuierung der 1940 in Dunkirchen eingeschlossenen alliierten Truppen und später dann die Landung in der Normandie.

Dover

Im Ortszentrum von Dover lohnt ein Besuch im preisgekrönten **Roman Painted House** (New Street, April bis Okt. Di-So 10-17 Uhr). Bei Ausschach-

Blick von Dover Castle auf den Hafen

tungsarbeiten in den 70er Jahren stießen Bauarbeiter auf die Reste einer Gästevilla, die für römische Legionäre um 200 n. Chr. errichtet worden war.

Nahebei am Market Square kann der Besucher in einem neuen Museumsgebäude die Geschichte Dovers in der **White Cliffs Experience** an sich vorbeiziehen lassen (tgl. 10-18 Uhr).

Fußgängerzone und Einkaufsstraße ist die **Biggin Street**.

Praktische Hinweise

Tourist-Information

- Townwall Street, Tel. 01304-205108

Unterkunft

- **The Churchill**, ****, Dover Waterfront, Tel. 01304-203633, Fax 216320
- **Wallets Court Hotel**, ***, West-Cliffe, St. Margarets-at-Cliffe, Tel. 01304-852424, Fax 853430
- **Castle Guest House**, ***, 10 Castle Hill, Tel. 01304-201656, Fax 210197
- **Bed and Breakfast:** Ester House, 55 Barton Road, Tel. und Fax 01304-241332; Owler Lodge, Alkham Valley Road, Tel. 01304-826375; Coldred Court, Church Road, Coldred, Tel. und Fax 01304-830816; Elmo House, 120 Folkestone Road, Tel. 01304-206236
- **Jugendherberge:** 306 London Road, Tel. 01304-201314
- **Camping:** Hawthorn Farm Caravan & Camping Site, Martin Mill, Tel. 01404-852658, die A 258 in Richtung Deal, links in Martin Mill.

Pubs, Cafés und Restaurants

- **Elephant and Hind**, Pub, Market Square, bei schönem Wetter sitzt man auf dem Marktplatz.
- **Café Royale**, High Street/Ecke Priory Street, gute Snacks zur Lunchzeit.

> „Als wir uns der englischen Küste näherten, war es bereits stockdunkel. Das Postschiff konnte deshalb nicht in den Hafen von Dover einfahren und bei dem Seegang war es durchaus kein Vergnügen, in das Beiboot überzusteigen. Es gab kein Fallreep und keine Strickleiter. Man mußte abwarten, bis die Nußschale von einer Welle so hoch gehoben wurde, daß man sich in die Arme des darin wartenden Matrosen werfen konnte. Ich machte das sehr geschickt."

Dorothea Fürstin Lieven, „Briefe an Fürst Metternich", 1823

- **Prince Albert**, Pub, Biggin Street/Ecke High Street, 1842 trank der Gemahl von Königin Viktoria hier ein Bitter.
- **Shaplin's**, Snack Bar und Restaurant, Church Street, um 6 £
- **Disco Images**, Castle Street
- **Ristorante Dino**, italienisch, Castle Street, um 9 £
- **Blake's**, Free House mit Wine Bar, Castle Street.

Verbindung

- mit **Bus** (National Express) und **Bahn** (Network Southeast) in alle Landesteile.

Hythe
– Klein und gemütlich

Von Dover geht es auf der A 20 und vorbei an Folkestone – hier lohnt vielleicht ein Blick in das **Eurotunnel Exhibition Centre** etwas außerhalb vom Stadtzentrum in der Cheriton High Street – in das sympathische kleine Städtchen Hythe. Sehenswürdigkeiten im klassischen Sinne gibt es keine, dennoch sollte man nicht versäumen, einen Bummel durch das überschaubare, weitgehend verkehrsberuhigte Zentrum zu machen, das mit seinen engen Gassen und den kleinen Häuschen angenehm anzusehen ist. Im frühen Mittelalter gehörte Hythe als Gründungsstadt zu den Cinque Ports (siehe Exkurs).

H. G. Wells, bei uns vor allem bekannt durch seinen Roman „Die Zeitmaschine", lebte von 1898 bis 1901 mit seiner Familie im Beach Cottage.

Im Örtchen beginnt der während der napoleonischen Kriege gegrabene, rund 40 km lange **Royal Military Canal**, der in einem großen Bogen bis nach Rye verläuft und dort in den River Rother mündet. Der Kanal ist ein typisches Produkt militärischer Betonköpfe und in seiner Sinnlosigkeit unübertroffen. Für den Fall einer fran-

Mittags in der High Street von Hythe

Dover – Eastbourne

zösischen Invasion sollte die 10 m breite, 1804 fertiggestellte Wasserstraße die gegnerischen Einheiten an einem weiteren Vormarsch hindern. Das Rinnsal sorgte sehr zu Recht für Spott und Häme in der englischen Öffentlichkeit. Wenn es den Franzosen gelingen sollte, den englischen Kanal zu überwinden, so würde sie ein 10 m breiter Graben wohl kaum aufhalten.

Am Ortsausgang in Richtung New Romney befindet sich der Bahnhof der **Romney, Hythe & Dymchurch Light Railway**. Diese Schmalspurbahn – die kleinste der Welt – fährt im Linienverkehr von Hythe bis an die Spitze der Lydd-Halbinsel nach Dungeness. Das Bähnlein ist ein öffentliches Verkehrsmittel und nicht speziell für Touristen gebaut. Lustig ist der Speisewagen mit seiner kleinen Bar.

Praktische Informationen

Tourist Information
●High Street, Tel. 01303-267799.

Unterkunft
●**The Hythe Imperial Hotel**, *****, Princess Parade, Tel. 01303-267441
●**Stade Court Hotel**, ****, West Parade, Tel. 01303-268263, Fax 261803

Pubs und Restaurants
●**The Studio Restaurant**, Marine Walk Str., kleines familienbetriebenes Restaurant
●**White Hart Hotel**, neben der Town Hall, Pub mit Biergarten und Restaurant, um 11 £
●**Betty's Restaurant**, High Street, Wohnzimmeratmosphäre, um 5 £
●**Vinodon Tandoori Restaurant,** High Street, preiswertes indisches Lokal
●**Italian Restaurant Michelangelo**, High Street, um 11 £

●**The Butt**, High Street, Pub mit Biergarten
●**Pancho's Cantina**, High Street, spanisch-mexikanisch, bis 17 £
●**Royal Bengal**, High Street, indisch, 7 £
●**The Good Taste**, High Street, chin., ca 7 £
●**The King's Head**, Pub, High Street.

Verbindung
●**Busse** von Folkestone und New Romney
●**Schmalspurbahn** über New Romney entlang der Küste zu den kleinen Seebädern.

Die Romney Marsh

Zwischen Hythe und Rye erstreckt sich die teilweise unter Meeresniveau liegende Romney-Marsh, eine flache, von Entwässerungsgräben durchzogene, eintönige Landschaft, die recht depressiv stimmt. Die Region ist bekannt für ihre normannischen Kirchen, von denen einige nur zu Fuß erreichbar sind.

Das Biotop der Marsh ist ein **Nature Reserve** und steht ganz offiziell unter Naturschutz. Das hat jedoch die Militärs nicht daran gehindert, einen **Truppenübungsplatz** einzuzäunen, und die Manager der Stromindustrie nicht davon abgehalten, ein **Kernkraftwerk** in die Landschaft zu klotzen. Die Anlage verschandelt den Küstenstreifen an der Landspitze von Dungeness.

In dieser Gegend lebte der aidskranke **Regisseur Derek Jarman** in einem kleinen Cottage und wartete auf den Tod, der ihn schließlich am 19.2.1994 ereilte. In den steinigen Grund seines Gartens pflanzte er Blumen, und aus Strandgut arrangierte er

Der Englische Kanal

Schon von jeher hatte der Englische Kanal eine große psychologische Bedeutung für die Briten, war er doch dafür verantwortlich, daß die Insulaner in einer **Splendid Isolation** vom Kontinent abgekoppelt in relativer Sicherheit lebten. Die berühmte, aus den 20er Jahren datierende Zeitungsschlagzeile „Nebel über dem Kanal, Kontinent abgeschnitten", zeigt deutlich das Selbstbewußtsein der Briten, ihren Humor und die Bedeutung, die sie dem Mare Britannicum zumessen. Schauen wir uns also diese symbolisch wie strategisch so bedeutungsvolle Wasserstraße einmal genauer an.

Als die Gletscher nach der letzten Eiszeit vor etwa 10.000 Jahren abschmolzen, wurde die Landsenke zwischen England und Frankreich überflutet. An der **breitesten Stelle** – zwischen den Isles of Scilly und der französischen Küste – ist der Ärmelkanal 180 km breit, zwischen Calais und Dover, dem Nadelöhr **Strait of Dover**, sind es nur 33 km, seine Länge beträgt 565 km, die Tiefe schwankt zwischen 45 m und 120 m.

Der Tidenhub der **Gezeiten** ist mit 12 m recht mächtig und bringt der Seefahrt Probleme, den Bewohnern der Bretagne dagegen Energie, gewonnen aus einem Gezeitenkraftwerk. Die **Strömung** läuft in Richtung auf die Nordsee, deren Wasser durch den starken Zustrom in jeweils ungefähr 500 Tagen vollständig ausgetauscht wird.

Die traditionell betriebene **Fischerei** füllt nur noch wenige Netze, die Anfang dieses Jahrhunderts mächtigen Schwärme von Heringen, Sardinen, Makrelen und Kabeljaus sind aufgrund industrieller Überfischung und eklatanter Umweltverschmutzung so gut wie ausgerottet.

Ökonomische Bedeutung kommt dem Kanal vor allem als eine der **meistbefahrensten Schiffahrtsrouten** der Welt zu. Täglich kreuzen mehrerere hundert Schiffe zwischen der englischen und französischen Kanalküste hin- und her, hinzu kommen weitere Tausende, die vom Atlantik in die Nordsee und umgekehrt kreuzen. In Verbindung mit dem häufig schlechten Wetter, den eingeschränkten Sichtverhältnissen und einem geringen Manövrierspielraum ist das Gefahrenpotential an den Küsten hoch – wie ja auch mehrere Tankerunfälle zeigten.

Kurz nach der Zeitenwende überwanden die Römer den Kanal und marschierten in Britannien ein, ihnen folgten im Laufe der Jahrhunderte die Angelsachsen und Dänen nach; der letzte, der erfolgreich eine **Invasion** durchführte, war 1066 der Normanne *Wilhelm der Eroberer*. An seine Tradition hätte *Hitler* gerne angeschlossen, Gott sei Dank wurde daraus nichts. Die von Großbritannien ausgehende Invasion der Alliierten in der Normandie leitete das Ende des Zweiten Weltkriegs ein.

1802 publizierten einige Ingenieure erste realisierbare Ideen für einen **Kanaltunnel**, *Napoleon* zeigte reges Interesse an dem Projekt, doch dann beendete wieder einmal der Krieg solche Planungen. 1880 unternahmen private Firmen einen weiteren Anlauf, und man begann tatsächlich mit Grabungen auf englischer und französicher Seite. Bei Folkestone waren bereits fast 2 km gebohrt, als die englische Presse in kollektive Hysterie ausbrach und den Untergang der Nation prophezeite. Der Aufruhr war so groß, daß sich die britische Regierung genötigt sah, den weiteren Ausbau zu stoppen. Mitte 1960 unternahmen die Engländer und Franzosen einen erneuten Anlauf, und ein Jahrzehnt später waren auf beiden Seiten des Kanals jeweils wieder 2 km Tunnel in den Kalkstein getrieben worden; dann jedoch ging der englischen Regierung die Puste, respektive das Geld aus – auch dieses Projekt kam also zu den Akten. 1987 einigte sich ein privates Finanzkonsortium mit der englischen wie französischen Regierung, und seit 1988 wurde nun unentwegt gebaut und gebohrt. Endlich, am 5. Mai 1994, konnte der **Chunnel** – eine Wortschöpfung aus Channel und Tunnel – eingeweiht werden; nur 35 Minuten liegen die Küsten nun auseinander.

Übrigens: 1875 durchschwamm der Brite *Matthew Webb* als erster den Kanal, und 1909 lenkte ein gewisser *Bleriot* erstmals ein klappriges Flugzeug über das Wasser.

Dover – Eastbourne

urwüchsige Kunstwerke. Zum Edinburgh Festival 1993 kam sein Film über das eigene Sterben ins Kino: „Blue". 76 Minuten lang flimmerte die Farbe Blau über die Leinwand, der Film hatte keine Handlung, kein einziges Bild, nur ein angsteinflößendes Kobaltblau.

Rye
– Blumen, Efeu, Fachwerk

Süß, gemütlich, schön, lieblich, romantisch, pittoresk – das Puppenstubenstädtchen Rye wird mit vielen wohlklingenden Adjektiven bedacht, und dies weitgehend zu Recht. Schlendert man durch die katzenkopfgepflasterten Straßen, vorbei an den blumengeschmückten, efeubewachsenen Fachwerkhäusern und fühlt die rauhen Steine unter den Sohlen, so gerät man in seinen Tagträumen schnell in die vergangenen Jahrhunderte. Rye gehörte seit 1191 zum Hafenverband der Cinque Ports (siehe Exkurs), war damit ein wichtiger Militärstützpunkt und den Franzosen von jeher ein Dorn im Auge. Viermal – 1339, 1365, 1377, 1448 – überfielen die Franzosen die Hafenstadt, erschlugen die Bewohner, plünderten die Häuser und brandschatzten den Ort. Zur Zeit von *Heinrich VIII.*, im 16. Jh., versandete der Hafen, und Rye fiel in einen Dornröschenschlaf, aus dem erst der Tourismus des 20. Jh. es wieder erwecken sollte.

Sehenswertes

Während eines gemütlichen Spaziergangs lernt man die Schönheiten des Städtchens kennen. Ausgangspunkt ist das im Nordwesten des Ortes aufragende **Landsgate**, das einzige noch erhaltene Stadttor, mit dessen Bau im Jahre 1329 begonnen wurde. Dann geht es die Straße East Cliff hoch, links unten fließt der River Rother; das Areal dort unten ist als **Town Salt** bekannt, denn bis zur Mitte des vorigen Jahrhunderts diente es der Salzgewin-

Die Katzenkopfgepflasterte Mermaid Street

O2Ses Foto: hs

nung. Nun links ab in die East Street und vorbei am **Chequer House** (18. Jh.) erreicht man Market Street. Hier reihen sich das **Durrant House** aus dem Jahre 1800, das Fachwerk-Restaurant **Flushing Inn** aus dem 15. Jh. und die **Townhall** mit fünf Arkaden und geschmückt von einer kleinen Kuppel aus dem Jahr 1743 aneinander.

Dort, wo die Market Street auf die Lion Street trifft, blickt man auf die Teestube Simon the Pieman, daneben ragt **Fletcher's House** auf. 1579 erblickte hier *John Fletcher*, Dramatiker und Ko-Autor von *William Shakespeare*, das Licht der Welt (gest. 1625). Das Ende von Lion Street markiert die **Pfarrkirche St. Mary's**, in deren Turm eine der ältesten Uhren Großbritanniens seit dem Jahr 1561 die Stunden anzeigt. Im nördlichen Seitenschiff läßt ein von *William Morris* (zusammen mit dem präraffaelitischen Maler *Edward Burne-Jones*) entworfenes Buntglasfenster Licht ins Dunkel des Gotteshauses (siehe Exkurs). Zwischen 9.00 und 18.30 Uhr kann man den Kirchturm für einen Rundumblick besteigen.

Quer über den Kirchgarten erreicht man den aus dem 13. Jh. datierenden, von *Heinrich III.* in Auftrag gegebenen **Ypres Tower** mit seinen vier runden Türmen. Lange Zeit diente die düstere Burg als Gefängnis, heute ist das Stadtmuseum darin untergebracht (10.30-17 Uhr). Entlang der Watchbell Street passiert man die italienisch inspirierte Franziskaner-Kirche **St. Anthony of Padua** und erreicht den **Look-out**, einen Aussichtspunkt, von dem aus

früher bei Gefahr eine Glocke geläutet wurde (deshalb auch der Straßenname: Watchbell Street).

Von hier führt die Trader's Passage abwärts und trifft auf die **Mermaid Street**, die schönste Straße von Rye. Katzenkopfgepflastert zieht sich die Gasse hügelaufwärts, rechts und links bestanden von wunderschönen alten, blumengeschmückten Fachwerkhäusern. Der wildrosenbewachsene **Pub The Mermaid Inn** datiert aus dem Jahr 1420 und ruht sogar auf noch älteren Fundamenten. Ebenfalls aus dem

The Old Hospital in der Mermaid Street

02hes Foto: hs

Dover – Eastbourne

Henry James – ein Amerikaner in England

Henry James wurde 1843 in New York geboren; sein Vater war ein bekannter Sachbuchautor, der sich hauptsächlich theologischen Fragestellungen widmete, sein älterer Bruder William erlangte Reputation als philosophischer Schriftsteller. Henry **studierte** in New York, London, Paris sowie Genf und schrieb sich dann 1862 an der juristischen Fakultät der Harvard University ein. Ab 1865 publizierte er regelmäßig Buchbesprechungen und Kurzgeschichten in verschiedenen Magazinen, 1871 erschien sein **erster Roman** „Watch and Ward". Bald darauf **übersiedelte Henry nach London**, wo er bis zum Jahr 1898 im noblen Stadtteil Chelsea wohnte. Im Alter dann zog es ihn in ruhigere Gefilde, und so nahm er Quartier in Rye.

Henry James verfaßte über 14 Romane, mehr als 100 Kurzgeschichten sowie viele Reisebeschreibungen. Inhaltlich **analysierte** er **die alten europäischen Gesellschaften** im Spiegel des American Way of Life, später dann beschrieb er mal recht subtil, manchmal aber auch grob-reaktionär den englischen Charakter. Von Geburt an begütert, fehlte ihm vor allem das Verständnis für die Deklassierten. So heißt es bei ihm anläßlich der Beisetzung eines Arbeiterführers: „Die Zeremonie war von den Klassen, die nicht im Parlament vertreten sind, in die Hand genommen worden und hatte den Charakter einer großen Volkskundgebung. (Der Zug) bestand aus einer dichtgedrängten Masse dessen, was die Zeitungen den Bodensatz der Bevölkerung nennen. Es war der Londoner Pöbel, der großstädtische Mob, Männer und Frauen, Jungen und Mädchen, die ehrbaren Armen und die unehrbaren, die sich in die Reihe, welche sie im Vorbeigehen auflasen, gedrängelt hatten und sich so etwas wie einen feierlichen „Ulk" machten. Sehr feierlich ging alles zu – vollkommen schicklich und äußerst zurückhaltend. Sie schlurften in endlosem Zuge dahin, und während ich ihnen zusah, schien ich so etwas wie einen Panoramablick auf die Unterseite der Londoner Welt zu haben. Der Leichenzug war voller Gestalten, die sich, wie die Engländer sagen, noch nie „gezeigt" zu haben schienen; seltsamer, blasser, modriger Arme, die im Sonnenlicht von Piccadilly blinzelten und strauchelten."

1915 erhielt *James* die **britische Staatsbürgerschaft** und bekam für seine literarischen Verdienste den vierthöchsten englischen Orden *Order of the Merit* verliehen. Ein Jahr später starb er und wurde im Kirchhof der Old Chelsea Church im Londoner Stadtteil Chelsea beigesetzt.

15. Jh. stammt das Fachwerkhaus **Old Hospital**, dessen drei mächtige Dachgiebel auf die Straße hervorragen.

In der West Street steht **Lamb's House** (NT, April bis Okt. Mi, Sa 14-17.30 Uhr), in dem der 1843 in New York geborene Autor **Henry James** von 1898 bis zu seinem Tod 1916 lebte. Hier entstanden seine späten Meisterwerke. Für die Britannien-Besucher ist vor allem seine Aufsatzsammlung „In England um glücklich zu sein" („English Hours", 1905) von Bedeutung.

Auch der Autor von „Pater Brown", **G. K. Chesterton** (1874-1936), lebte kurzzeitig in Rye, „jener wundervollen Inlandsinsel, die gekrönt ist von einer Stadt gleich einer Zitadelle auf einem mittelalterlichen Bild."

Weitere alte Gemäuer in der ebenfalls katzenkopfgepflasterten West Street sind **Tower House** aus dem Jahre 1700 und **Thomas House**, ein wunderschönes Fachwerkgebäude. In der High Street dann ziehen die **Old Grammar School** von 1635 und das **George Hotel** aus dem Jahr 1719 die Aufmerksamkeit auf sich.

Doch das ist noch nicht alles, was Rye zu bieten hat. Über die reine Architektur vergangener Zeiten hinaus schwebt in den winkligen und rauhen Straßen das **Flair der Gemütlichkeit**. Blumen schmücken jede Häuserfront, Efeu rankt die Fachwerkmauern hoch, buntgebrannte Kacheln zeigen die Hausnummer an oder sie geben das Errichtungsjahr wieder.

Praktische Hinweise

Tourist Information

●**The Heritage Centre**, Strand Quay, Tel. 01797-226696.

Unterkunft

●**Flackley Ash Hotel**, ****, London Road, Tel. 01797-230651, Fax 230510
●**Rye Lodge Hotel**, ***, Hilders Cliff, Tel. 01797-223838, Fax 223585
●**Ship Inn**, ***, The Strand, Tel. 01797-222233, Fax 881545
●**Bed and Breakfast:** Fiddlers Oast, Watermill Lane, Beckley, Tel. und Fax 01797-252394; Jeake's House, Mermaid Street, Tel. 01797-222828, Fax 222623; Top o'The Hill, Rye Hill, Tel. 01797-223284, Fax 227030; The Old Vicarage, Rye Harbour, Tel. 01797-222088

Pubs, Cafés und Restaurants

●**Landgate Bistro**, 5 Landgate, bestes Haus am Platze, hervorragende Fleisch- und Fischgerichte, große Auswahl an Weinen, 17-26 £,

Vorbestellung in der Saison ratsam, 01797-222829
●**The Pipemaker's Arms**, Wish Street, uralte Kneipe aus dem Jahr 1787
●**Mermaid Inn**, Mermaid Street, prachtvoller alter Pub aus dem Jahre 1420 (s. o.)
●**Mermaid Coffeehouse,** Mermaid Street/Ecke West Street, ein gemütliches kleines Café
●**The Mariner**, High Street, kleines Billigrestaurant
●**Gasparutti's,** Market Road, italienische Küche, Pizza und Pasta bis 7 £
●**Monastery Restaurant,** High Street, gemütliches kleines Lokal mit Fisch- und Fleischgerichten zwischen 9 und 14 £
●**Union Inn**, East Street, das Free House datiert aus dem 15. Jh.
●**Flushing Inn**, Market Street, gute Fischgerichte, Hummer 22 £
●**Simon the Pieman**, Lion Street, seit dem Jahr 1920 weit über die Grenzen von Rye hinaus bekanntes Kaffee- und Teehaus mit hervorragendem Kuchen
●**The Peacock**, Lion Street, ein Weinhaus
●**The Bell Inn**, The Mint, Free House
●**The Copper Kettle**, The Mint, Restaurant, 2-14 £
●**Standard Inn**, The Mint, das Gebäude datiert aus dem Jahr 1420, Free House mit Biergarten
●**The Gatehouse Restaurant,** Tower Street, 10 £.

Rent-a-Bike

●Market Road.

Verbindung

●**Busse** und **Züge** (Network Southeast) von Folkestone, Hastings, Eastbourne

> „Es ist erstaunlich, wie sehr die Engländer von ihrer eigenen Vortrefflichkeit überzeugt sind."
>
> *Luigi Angiolini,* „Briefe über England", 1788

Winchelsea
– Eine Stadt im Dornröschenschlaf

Nur einen Steinwurf entfernt von Rye liegt in musealer Stille das Dörflein Winchelsea. Wie auch Rye wurde es 1191 in die Vereinigung der **Cinque Ports** (siehe Exkurs) aufgenommen, genoß beträchtliche Privilegien und erwarb große Reichtümer mit dem Import von Bordeaux-Weinen. Das gesamte 13. Jh. über beutelten schwere Orkane den Hafenort, 1287 dann kam es zu einer **Jahrtausendflut**, und Win-

chelsea wurde vom Meer verschlungen. Schon kurze Zeit später ordnete *Eduard I.* einen umfangreichen **Neubeginn** an. Im Stadtzentrum sollte eine gewaltige Kirche aufragen, umgeben von den Häusern entlang der schachbrettartig angelegten Straßen. Doch es kam alles ganz anders. Der Hafen versandete, und die Arbeiten an der Kirche wie auch an der Stadt wurden eingestellt. Ein **langer Niedergang** begann.

1719 besuchte der Autor und Begründer der Methodisten-Kirche *John Wesley* den Ort und nannte ihn „das arme Skelett des alten Winchelsea"; 1813 wurde das Städtchen in dem Band „Die Schönheiten von England und Wales" als der „Schatten eines Schatten" beschrieben.

Rosenbüsche im verschlafenen Örtchen Winchelsea

Ungeheuer **luftig und weitläufig** wirkt Winchelsea heute – es gibt keine Reihenhaussiedlungen, die Häuser stehen einzeln und weit auseinander, so daß der Wind zwischen ihnen hindurchfahren kann. Auch hier wieder überall Blumen, sprießende wilde Rosen, Efeu, grüne Bäume und Büsche rechts und links der Straßen. Mit rund 500 Einwohnern ist Winchelsea **Englands kleinste Stadt**.

Verbindung

● **Busse** von Rye und Hastings

Hastings
– Wo Wilhelm der Eroberer an Land ging

Um es gleich vorweg zu sagen: Von allen Seebädern an der südenglischen Küste ist Hastings sicherlich **das häßlichste**. Schon Ende des vergangenen Jahrhunderts trug es den Beinamen „fades Brighton". *Henry James* versuchte, allerdings ohne rechten Elan, den Ort aufzuwerten: „Ich glaube nicht, daß das Leben in Hastings das aufregendste oder zufriedenstellendste der Welt ist, aber es muß gewiß seine Vorzüge haben. (...) Dort würde ich inmitten der kleinen Läden und der kleinen Bibliotheken, der Rollstühle und der Straßenmusikanten, der Promenade und des langen Piers, bei mildem Klima, mäßigem Preisniveau und im Bewußtsein einer hochentwickelten Zivilisation eine Abgeschiedenheit genießen, die nichts Primitives oder

Karges hätte" – eleganter läßt sich Langeweile wohl kaum beschreiben.

Im 12. Jh. gehörte Hastings als führende Hafenstadt zu den **Cinque Ports**. Das störte vor allem die Franzosen, die 1339 und 1377 einfielen und große Zerstörungen anrichteten. Um diese Zeit begann auch der Hafen zu versanden, und Hastings verfiel in völlige **Bedeutungslosigkeit**. Erst der Anschluß an das Eisenbahnnetz und der damit beginnende **Badetourismus** des vergangenen Jahrhunderts sorgten wieder für Aufregung.

Im Jahre 1854 zog der Autor und präraffaelitische Maler *Dante Gabriel Rosetti* (1828-1882) nach Hastings; ihm folgte rasch *Elizabeth „Lizzie" Siddal* nach, Modell für viele präraffaelitische Künstler. Sechs Jahre später, 1860, heirateten beide in Hastings St. Clement Church. Weitere **frühe Besucher** waren *Lord Byron* und Lewis Carroll.

George Bernard Shaw machte 1922 Ferien in Hastings; von hier schrieb er seiner launenhaften und zickigen Freundin *Beatrice Stella Campbell* (die in seinem Musical My Fair Lady die

> „Weil man mich zu Fuß ankommen sah, wurde mir im Gasthof ein wenig standesgemäßer Empfang zuteil: Ich erhielt ein schlechtes Bett, und nur mit knapper Not gelang es mir, dafür ein weißes Laken zu bekommen. Meine heftigen Klagen bewirkten aber, daß man mich am nächsten Morgen wie einen Gentleman traktierte und deshalb auch mit einer ansehnlichen Rechnung bedachte."
>
> *Henry Benjamin de Constant-Rebecque,* „Das rote Heft", 1787

Dover – Eastbourne

Rolle der Eliza Doolittle spielte): „Es ist heute ein wenig kälter als am Nordpol oder als Dein Herz."

Sehenswertes

Eine steil hinunter zum Strand verlaufende Straße teilt Hastings in zwei Teile – im Osten die **Altstadt**, im Westen die **New Town**. Am alten Ortskern zieht sich der **lange Kieselstrand** entlang, auf dem die Fischerboote aufgereiht sind. Hier stehen auch die Netzspeicher, die schwarzen, aus geteerten Brettern erbauten *Net Lofts*, in denen

An der Strandpromenade von Hastings: Minigolf und Bingohallen

die Fischer früher ihre Arbeitsutensilien aufbewahrten. Rundherum sorgen Karussels, eine Minigolfanlage, Fischbratereien, Drehorgelspieler und *Amusement Pavilions* mit Bingo-Hallen und einarmigen Banditen für Rummelplatz-Atmosphäre unterster Qualität.

Einige Museen halten die Erinnerung an die Seefahrt wach, so das **Fischermen's Museum**, das **Shipwreck Heritage Centre** und das **Sea Life Centre** (alle Rock-a-Nore Street, Mo-Fr 10.30-17 Uhr, Sa/So 14.30-17 Uhr).

Im Rücken dieser Ausstellungsgebäude führt eine Kabinenbahn steil den West Hill zu der alten normannischen **Burg** hinauf, die sich *Wilhelm der Eroberer* direkt nach der erfolgreichen Invasion erbauen ließ.

In der Neustadt stakst ein langer **Pier** ins Meer hinaus, und genau hier soll Wilhelm seinen Fuß erstmals auf englischen Boden gesetzt haben. 1856 beschloß *Theodor Fontane* (1819-1898) seine zweite Englandreise in Hastings und dichtete recht lapidar über *Wilhelm den Eroberer*: „Die Klippe von Hastings, wohl war sie steil, / Und das Meer, wohl hat es gebrandet –/ Vergebens die Brandung, vergebens der Stein, / Herzog Wilhelm ist gelandet."

Als Pendant zum Teppich von Bayeux findet sich im Rathaus von Hastings (Queen Street) das zum 900. Jahrestag der Invasion von der Royal School of Needlework 1966 fertiggestellte **Hastings Embroidery**, das auf fast 70 m Länge in über 80 Szenen die Geschichte der Insel seit 1066 zeigt.

Praktische Hinweise

Tourist Information
● 4 Robertson Terrace, Tel. 01424-718888

Unterkunft
● **Royal Victoria Hotel, ****,** Marina, St. Leonards-on-Sea, Tel. 01424-445544, Fax 721995
● **Eagle House Hotel,***,** 12 Pevensey Road, St. Leonards-on-Sea, Tel. 01424-430535, Fax 437771
● **Tower House, ***,** 26 Tower Road, St. Leonards-on-Sea, Tel. und Fax 01424-427217
● **Bed and Breakfast:** Lionsdown House, 116 High Street, Tel. und Fax 01424-420802; Mayfair House, 9 Eversfield Place, St. Leonards-on-Sea, Tel. 01424-434061
● **Jugendherberge:** Guestling Hall, Rye Road, Tel. 01424-812373
● **Camping:** Shear Barn Holiday Park, Barley Lane, Tel. 01424-423583, A 259 Richtung Rye; Stalkhurst Camping & Caravan Site, Stalkhurst Cottage, Ivyhouse Lane, Tel. 01424-439015, A 259 für 3 km Richtung Rye, dann links in die B 2093 Richtung Battle, nach 800 m rechts in die Ivyhouse Lane

Pubs und Restaurants
● **The Stag Inn,** 14 All Saints Street, alter Schmuggler-Pub in der Altstadt, sicherlich die beste Kneipe in Hastings
● **French's,** Robertson Street/Ecke Robertson Passage, New Town, kleines Billigrestaurant mit angeschlossener Weinbar
● **The Crown Inn,** All Saints Street, Free House, kleiner, gemütlicher Pub
● **Fishermen's Club,** All Saints Street, ein Free House, hier war einmal die Fischereivereinigung untergebracht
● **Anchor Inn,** George Street, kleiner, alter gemütlicher Pub
● **The Italian Way,** an der Seefront zwischen Old und New Town, Pizzas & Pasta, 4-6 £
● In der **George Street** (läuft parallel zur Seefront) am Anfang der Old Town einige kleine Restaurants und Pubs neben den Läden und Geschäften
● **The Old Pumphouse,** George Street, alter, windschiefer Pub
● **The Coach House,** All Saints Street, Old Town, Restaurant in einem alten Fachwerkhaus, 13 £
● **Cinque Ports Arms,** All Saints Street, Free House in einem alten Fachwerkhaus

Rent-a-Bike
● direkt am Pier von Hastings.

Verbindung
● **Busse** *(National Express)* und **Züge** *(Network Southeast)* in alle Landesteile

> „Im Kreise seiner Angehörigen sucht der Engländer jenes Seelenbehagen, das ihm schon durch seine angeborene gesellschaftliche Unbeholfenheit außer dem Haus versagt ist."
>
> *Heinrich Heine,*
> „Englische Fragmente", 1828

Dover – Eastbourne

Battle
– Die Schlacht der Normannen

In Hastings ging *William the Conqueror* an Land, marschierte mit seinen Truppen einige Meilen nach Norden und traf am Samstag, den 14. Oktober 1066, auf die Recken von König *Harold*. Der hatte in einem Gewaltmarsch seine 7000 Mannen von York her nach Süden geführt und auf einem Hügelrücken in Stellung gebracht. Die Schlachtlinie war rund 550 m lang und bestand aus hintereinander gestaffelten Reihen von zehn bis zwölf Mann.

Im Zentrum befand sich Harold, umgeben von seinen besten Kämpfern, die mit den beidhändig geführten Streitäxten und Schlachtschwertern den Herrscher schützten.

Den ganzen Tag über berannten die Invasoren den Hügel, konnten jedoch immer wieder von *Harolds* Bogenschützen, seinen Schwert- und Lanzenträgern zurückgeschlagen werden. Da griff *Wilhelm* zur List. Seine Truppen schützten eine wilde, ungeordnete Flucht vor, und die Angelsachsen stürmten aus ihrer sicheren Hügelstellung hinunter in die Ebene, um die Eindringlinge nun vollends niederzumachen. Rasch jedoch hatte *Wilhelm* seine Männer neu organisiert, griff nun die ihres strategischen Vorteils verlustig gegangenen Sachsen an und trieb

Von der Pilger-Herberge zum Pub: The Pilgrim's Rest

> „Eines Abends gab meine Zimmerwirtin ihren Freundinnen ein kleines Fest, zu dem auch ich geladen wurde. Als ich in das Zimmer trat, war die erste Frage, ob ich lieber Punsch oder Rum trinken wolle. Ich wählte den Punsch und wunderte mich nicht wenig darüber, wie vertraut diese Frauenzimmer mit dem Rum waren. Sie tranken ihn in großen Schlucken und prosteten einander immer wieder zu."

Friedrich Wilhelm von Schütz, „Briefe über London", 1792

einen Keil ins Zentrum der gegnerischen Schlachtenreihe. In dieser kritischen Phase wurde *Harold* getötet, das Heer war ohne Führung und demoralisiert. *William* stand ein großer Sieg bevor.

Dort, wo zwischen Normannen und Angelsachsen die Schlacht (*battle*) tobte, erstreckt sich heute das kleine, sympathische Marktstädtchen Battle.

In der High Street informiert das **Battle & District Museum of Local History** (Mo-Sa 10-13, 14-17 Uhr, So 14-17 Uhr) über die vergangenen Zeiten. Nicht weit entfernt erstreckt sich das einstige Schlachtfeld, wo sich auch die Reste von **Battle Abbey** befinden (EH, April bis Sept. tgl. 10-18 Uhr; Okt.-März tgl. 10-16 Uhr).

Sollte er siegreich sein, so hatte *Wilhelm* geschworen, werde er auf dem einstigen Schlachtfeld eine große **Klosteranlage** errichten lassen. Und so geschah es. In der 1094 geweihten Abteikirche markiert der Altar die Stelle, an der König *Harold* einst erschlagen zu Boden sank. Rund 450 Jahre später überließ *Heinrich VIII.* im Zuge

der Reformation die Anlage seinem Günstling *Sir Anthony Browne*. Der ließ großflächig abreißen und umbauen, so daß wir heute nur noch das mächtige Gatehouse aus dem Jahr 1339 bestaunen können (nur von außen) sowie einige Abteiruinen.

Praktische Hinweise

Tourist Information

● 88 High Street, Tel. 01424-773721

Pubs

● **The Pilgrim's Rest**, High Street, am Gatehouse, eine alte Pilgerherberge aus dem 14. Jh., bei schönem Wetter sitzt man im Vorgarten.
● **Ten Sixty Six**, High Street; beide Pubs mit einem reichhaltigen Angebot an Snacks zur Lunchzeit.

Verbindung

● **Busse** von Hastings

In das Hinterland von Hastings

Bodiam Castle

Nördlich von Hastings, nahe dem Örtchen Northiam, ragt Bodiam Castle auf, einst sicherlich eine der schönsten Burgen Südenglands und selbst als Ruine noch sehr eindrucksvoll. Im Jahre 1385 beauftragte *Richard II.* den Baumeister *Sir Edward Dalyngryde*, das Hinterland von Hastings, Winchelsea und Rye durch eine Festung zu sichern. Immer wieder nämlich landeten die

Dover – Eastbourne

Franzosen an der südenglischen Küste und brandschatzten in den Städten.

So entstand eine mächtige quadratische Anlage, die an allen vier Ecken von runden Türmen gesichert war. Ein breiter Graben – heute recht romantisch mit Wasserrosen bewachsen – bot zusätzlichen Schutz. In den Bürgerkriegswirren des 17. Jh. ließ *Cromwell* die Burg zerstören. 300 Jahre später sorgte *Lord Curzon* – Anfang des Jahrhunderts Vizekönig von Indien, danach englischer Außenminister –

dafür, daß die Anlage erhalten blieb und vermachte sie 1917 dem National Trust. Einige der Türme kann man besteigen und hat von dort oben gute Ausblicke (NT, April bis Okt. tgl. 10-18 Uhr, Nov. bis März Di-So 10 Uhr bis Sonnenuntergang).

Bateman's – Das Haus von Rudyard Kipling

Nordwestlich von Hastings, nur einen Steinwurf vom Örtchen Burwash entfernt, befindet sich in den *South Downs*, einer sanft gewellten Landschaft, Bateman's House, das Heim des erzreaktionären *Rudyard Kipling* (1865-1936). 1902, im Alter von 36 Jahren, kaufte der um diese Zeit schon welt-

Die Bilderbuchburg Bodiam Castle

National Trust und English Heritage

Der *National Trust for Places of Historic Interest or Natural Beauty* (abgekürzt NT) ist eine gemeinnützige Organisation und Englands größter Immobilien- und Landbesitzer.

Man schrieb das Jahr 1895, England war eine der reichsten Nationen der Welt, und die Industrialisierung fraß sich immer weiter in die englische Countryside, zerstörte Bauwerke und Landschaften von historischem Interesse oder lieblicher Schönheit. *Octavia Hill*, eine Sozialarbeiterin, die sich maßgeblich um bessere Wohnbedingungen der Massen eingesetzt hatte, *Sir Robert Hunter*, ein Rechtsanwalt, und der Pfarrer *Canon Hardwicke Rawnsley* gründeten den Trust, um gefährdete Bauwerke und Regionen zu übernehmen und fortan zu schützen. Das **erste Objekt**, das für 10 £ in die Hände der Initiative überging, war das alte Pfarrhaus aus dem 13. Jh. in Alfriston bei Eastbourne.

1907, nur 12 Jahre später, war die Organisation schon so bedeutend geworden, daß ein **Parlamentsbeschluß** den Trust offiziell mit der „permanent preservation for the benefit of the nation of lands and tenements (including building) of beauty or historic interest" beauftragte.

1937 passierte ein Gesetzentwurf das House of Commons, daß demjenigen die Erbschaftssteuern erlassen werden, der sein Anwesen dem Trust übergibt; so konnten viele der **Stately Homes**, große Herrensitze, gerettet werden. Da der Trust Wert darauf legt, aus solchen Häusern keine Museen zu machen, sind die meisten von ihnen noch von der Adelsfamilie bewohnt, der es einmal gehörte. 88 große Landhäuser und 229 weitere Gebäude befinden sich mittlerweile in dem Besitz. dieser Organisation.

Seit 1965 läuft die **Kampagne Enterprise Neptun**; damit will der Trust möglichst viele gefährdete Küstenstriche kaufen. Über 17 Mio. Pfund sind bisher an Spenden zusammengekommen, und dem Trust gehören nun über 800 km Küstenlinie. Weiter sind 232.086 Hektar Land in seinem Besitz und werden gehegt und gepflegt. Mehr als zwei Mio. Briten sind Mitglieder im National Trust.

Die **Eintrittsgelder für Sehenswürdigkeiten** im Besitz des Trust sind exorbitant hoch. Werden Sie also Mitglied im National Trust, für 24 Pfund Jahresgebühr kommen Sie dann in alle Häuser und Gärten der Organisation kostenlos hinein; wenn Sie nur vier besuchen, sind sie schon im Plus.

English Heritage (EH), aus dem *Department of Environment* hervorgegangen, ist eine staatliche Institution und hat über 12.500 schützenswerte Denkmäler und ca. 300.000 unter Denkmalschutz stehende Gebäude in ihren Listen.

Als Mitglied von *English Heritage* hat man ebenfalls zu dessen Sehenswürdigkeiten freien Zutritt. Der Jahresbeitrag beträgt 17,50 £.

bekannte Autor – der chauvinistische „Barde des Imperialismus" – das aus dem Jahre 1634 datierende Haus, richtete sich mit seiner Familie ein, schrieb und legte den Garten an. Bibliothek, Arbeitszimmer sowie auch alle anderen Räumlichkeiten sind originalgetreu erhalten (NT, April bis Okt. tgl. außer Do/Fr 11-17.30 Uhr).

1907 erhielt der Schriftsteller für seine Erzählungen aus Indien als erster Brite den Nobelpreis für Literatur. Die Umgebung von Bateman's, vor allem aber der tägliche Blick auf den Pook's Hill, inspirierten Kipling zu den Kindergeschichten „Puck vom Buchsberg" („Puck of Pook's Hill", 1906), in denen Dan und Una Shakespeares Sommer-

Dover – Eastbourne

Haus im Park: Bateman's

nachtstraum spielen und ihnen dabei Puck, der Kobold, erscheint. Täglich aufs Neue war *Kipling* von der Schönheit der Landschaft hingerissen: „... meine Seele gäbe ich hin für die grasüberwachsenen South Downs, wo die Glocken der Schafe, die über sie dahinziehen, erklingen ..."

Das Lexikon der englischen Literatur urteilt über Leben und Werk von *Kipling*: „Kein anderer Autor des 19. Jh. hat der Parteien Haß und Gunst vergleichbar heftig erfahren wie Rudyard Kipling. Ursache hierfür ist eine kon-

servative Ideologie, die in nicht wenigen Gedichten und Kurzgeschichten mit rassistischen („Fuzzy-Wuzzy", „Gunga Din"), sexistischen („The Female of the Species") und vor allem imperialistischen („The White Man's Burden") Tendenzen Ausdruck findet. Diese antidemokratische und antiliberale Gesinnung verdeckt Spannungen in Kiplings Leben und Werk."

George Orwell nannte *Rudyard Kipling* einen „ordinären Flaggenschwenker" und „Dichter der Hurra-Schreier".

Pub

Verspürt man nach der Besichtigung Hunger, vor allem aber Durst, so sollte man im kleinen Zentrum von Burwash an der Kirche im **Pub Bell Inn** einkehren. Die atmosphärereichen Räumlichkeiten datieren aus dem Jahr 1609.

Herstmonceux Castle

Der ungewöhnliche Name der 12 km südlich von Burwash gelegenen Burg geht auf die beiden normannischen Familien *Herst* und *Monceux* zurück. Die **Festung aus rotem Backstein**, die dem Bodiam Castle recht ähnlich sieht, entstand allerdings erst im 15. Jh.

Seit 1948 hat das **Observatorium** von Greenwich seine Teleskope zur Beobachtung der Sterne auf dem Gelände von Herstmonceux; der Nachthimmel des Londoner Vorortes war den Astronomen einerseits zu hell und andererseits zu verschmutzt geworden, so daß man in eine saubere Gegend umziehen mußte. Ein neuer Umzug ist jedoch schon wieder geplant; diesmal soll es nach Cambridge gehen.

Restaurant

●Im Örtchen Herstmonceux selbst sollten Gourmets in der Gardner Street einen Besuch im (Nichtraucher-) **Restaurant Sundial** nicht versäumen. Seit 25 Jahren wird hier zu Preisen zwischen 25 und 56 £ meisterhaft gekocht. Auch vegetarische Gerichte und Kinderportionen sind im behindertengerechten Restaurant auf der Speisekarte zu finden. Reservierungen ratsam unter Tel. 01323-832217.

Zum Sugar Loaf – Auf der Suche nach einem Folly

Wer sich für *Follies* interessiert, architektonische Verrücktheiten, die exzen-

trische Briten in die Landschaft gesetzt haben, der mache sich von Herstmonceux ein paar Kilometer gen Norden auf. Zwischen den beiden Örtchen Dallington und Brightling steht an der B 2096 auf freiem Feld nahe dem Weiler Wood's Corner (kurz bevor es rechts nach Brightling abgeht) ein gut 6 m hoher steinerner **Zuckerhut**. Die Absonderlichkeit geht auf *John Fuller* (1756-1834), einen der bekanntesten englischen Exzentriker, zurück, der im Volksmund auch den Beinamen *Mad Jack* trug. Als Parlamentsabgeordneter

Architektonischer Nichtsnutz: Sugar Loaf

032es Foto: hs

Dover – Eastbourne

tat *Fuller* viel für die Menschen in seiner Region, auch finanzierte er private Arbeitsbeschaffungsmaßnahmen, um die Erwerbslosigkeit zu lindern. Noch bevor *Lord Curzon* Bodiam Castle (s.o.) restaurierte, sorgte *Fuller* dafür, daß die Ruine nicht vollends zusammenstürzte.

Der *Sugar Loaf* ging angeblich auf eine **Wette** zurück. Eines Abends behauptete *Mad Jack*, daß er von seinem Wohnsitz Brightling Park aus den Kirchturm von Dallington sehen könne. Doch ein ortskundiger Gast hegte berechtigte Zweifel. Früh am nächsten Morgen stellte *Fuller* fest, daß er tatsächlich unrecht hatte und ließ geschwinde auf einem Feld die Kirchturmspitze des Gotteshauses von Dallington nachbauen – so wenigstens will es die Überlieferung. In Wahrheit beschäftigte *Fuller* auch hier für einige Zeit arbeitslose Familienväter.

„Die Insulaner verstehen sich zwar nicht aufs Kaffeekochen, sind dafür aber sehr eigensinnige Teetrinker. Man hat berechnet, daß in Großbritannien weit mehr Tee als im ganzen übrigen Europa zusammen getrunken wird. Viele tausend arme Menschen leben hier die ganze Woche von nichts anderem als Tee und Butterbrot. Allein, auch sie geben sich nur mit gutem Tee zufrieden. So schwach und von so schlechter Art, wie man ihn gewöhnlich bei uns trinkt, würden sie ihn nicht anrühren."

Johann Wilhelm von Archenholtz, „England und Italie", 1787

Eastbourne
– Englands elegantestes Seebad

Von allen Seebädern entlang der englischen Südküste gehört Eastbourne mit zu den schönsten. An einem fast 5 km langen sauberen, beim Ansturm der Wellen leise murmelnden Kieselstrand zieht sich eine **Flanierpromenade** entlang, gesäumt von gepflegten weißen Häusern. Ein gut instandgehaltener Pier stakst weit ins Meer hinaus, von seiner Spitze aus hat man einen schönen Blick auf die „Skyline" von Eastbourne.

Das südliche Ende der Seefront markiert der **Wish Tower**, der größte Martello-Turm, der je in England gebaut wurde und der französische Invasoren abschrecken sollte.

Nördlich vom Stadtzentrum sorgte die kreisrunde, 1810 in Dienst gestellte **Festungsanlage Redoubt Fortress** für Schutz. Heute sind hier drei kleine Militärmuseen (tgl. 9.30-17.30 Uhr) untergebracht, und während der Saison finden im Innenhof Konzerte statt.

Alles in Eastbourne macht einen gepflegten, Eindruck, die Fassaden der Häuser und Hotels erstrahlen im makellosen Weiß, und viele Blumenbeete erfreuen Besucher mit blühender Pracht.

Tennis- und Golfspieler finden für ihre sportliche Betätigung genügend Plätze, und wenn es einfach nur ein geruhsamer Spaziergang sein soll, so gibt es neben der Strandpromenade eine ganze Reihe von grünen Parkanlagen.

Eastbourne ist auch als **Tagungs- und Konferenzort** beliebt, darüber hinaus bieten Sprachschulen ihre Dienste an, so daß während der Sommermonate das Heer der Touristen um viele Englisch-Schüler bereichert wird.

Ist das Wetter schlecht, so daß man auf ein Bad im Meer verzichten muß, kann man am östlichen Ende der Seeuferstraße im **Vergnügungsbad The Souvereign** im angenehm temperierten Wasser planschen.

George **Bernard Shaw** (1856-1950) stieg häufig im Grand Hotel – „eine Mischung aus halbkolonialem Gouverneurspalast und Empfangsgebäude eines viktorianischen Bahnhofs" – zusammen mit seiner hartherzigen „brieflichen Geliebten" *Beatrice Stella Campbell* ab. 1860 suchte **Charles Dickens** (1812-1870) hier Erholung von einer schweren Krankheit, und zwischen 1877 und 1887 kam regelmäßig der Mathematiker *Charles Lutwidge Dodgson* (1832-1898), bekannter unter dem Namen **Lewis Carroll**, ins mondäne Seebad. Der pädophile Autor von „Alice im Wunderland" hielt am Strand nach kleinen Mädchen Ausschau, freundete sich mit ihnen an, nahm sie dann mit in seine Wohnung und versuchte, sie nackt zu fotografieren. Seinem Tagebuch vertraute er an: „Vor fünf Jahren wagte ich es, ein kleines Mädchen von zehn einzuladen, das mir ohne den geringsten Einwand anvertraut wurde. Im folgenden Jahr wohnte eine Zwölfjährige eine Woche lang bei mir. Im Jahr darauf lud ich eine Vierzehnjährige ein, ziemlich sicher, daß dies abgelehnt würde. Zu meiner Überraschung und Freude schrieb ihre Mutter nur: „Irene darf für eine Woche oder vierzehn Tage zu Ihnen kommen."

Den Literaturwissenschaftlern ist es übrigens jahrzehntelang entgangen, daß Carroll auch ein begabter Fotograf war. Der Sammler Helmut Gernsheim wühlte 1947 in einem Altpapierstapel des Londoner Antiquitätenhändlers Francis Edwards in der Marylebone High Street. Dort lag seit 1932 ein Fotoalbum mit 115 Aufnahmen von kleinen Mädchen. Gernsheim bemerkte, daß das Album weder mit Dodgson noch Carroll signiert war, aber einen in purpurfarbener Tinte geschriebenen Index aller abgebildeten Kinder enthielt. Der Sammler fand das ungewöhnlich, ließ sich das Album reservieren und eilte ins Manuscript Department des Britischen Museums. Dort schaute er sich Briefe von Carroll an und tatsächlich: dieselbe Handschrift, dieselbe Tinte!

Gernsheim kaufte das Album für 25 Pfund, machte sich dann auf die Suche nach Carrolls Erben und fand dessen Nichten, fünf unverheiratete Schwestern. Die kopierten ihm alle Stellen aus Dodgsons Tagebüchern, die sich auf seine Fotografie bezogen.

1949 erschien Gernsheims Buch über den Fotografen Lewis Caroll; dieser Band war eine literarische Sensation! Carrolls „Lolita-Fotografien" gehören heute – wenn sie denn überhaupt einmal in einer Auktion auftauchen – zu den teuersten Aufnahmen der Welt.

Dover – Eastbourne

Auch **Friedrich Engels** (1820-1895) mochte das Seebad und verbrachte in zehn aufeinanderfolgenden Sommern seine Ferien in Eastbourne. *Eric Blair*, bekannter unter dem Namen **George Orwell** (1903-1950), ging in Eastbourne zur Schule – für ihn die Jahre „der Gewalt, des Betrugs und der Heimlichkeiten." Regelmäßig wurde er von den Lehrern mit dem Rohrstock geschlagen und gedemütigt, am schlimmsten jedoch waren die widerlichen „Zinnschalen, aus denen wir unser Porridge aßen. Sie hatten vorstehende Ränder, und unter den Rändern war eine Ansammlung von Resten von eingetrocknetem, saurem, alten Porridge, das man in langen Streifen abziehen konnte." Nicht besser erging es dem Schriftsteller **E. M. Forster** (1879-1970) im Internat von Eastbourne; seine Mitschüler verprügelten den zarten Knaben, und von seinen Lehrern wurde er sogar verächtlich *Mousie* genannt.

Da es in der **Umgebung** von Eastbourne eine ganze Menge zu entdecken gibt, sollte man das Seebad zum Standquartier für Ausflüge in die Umgebung machen.

Praktische Hinweise

Tourist Information
- Cornfield Road, Tel. 01323-411400

Unterkunft
- **Chatsworth Hotel, ****,** Grand Parade, Tel. 01323-411016, Fax 643270

Auf hohen Stelzen weit ins Meer:
der Pier von Eastbourne

Dover – Eastbourne

●**Cherry Tree Hotel, ***,** 15 Silverdale Road, Tel. 01323-722406, Fax 648838

●**Congress Hotel, ***,** 31 Carlisle Road, Tel. 01323-732118, Fax 720016

●**Carlton Court Hotel, ***,** 10 Wilmington Square, Tel. 01323-430668, Fax 732787

●**Bed and Breakfast:** Adrain House, 24 Selwyn Road, Tel. 01323-720372; Brayscroft Private Hotel, 13 South Cliff Avenue, Tel. 01323-647005; Edelweiß Private Hotel, 10 Elms Avenue, Tel. und Fax 01323-732071; York House, 14 Royal Parade, Tel. 01323-412981, Fax 646238; Jenric Guest House, 36 Ceylon Place, Tel. 01323-728857

●**Jugendherberge:** East Dean Road, Tel. 01323-21081.

Pubs, Cafés und Restaurants

●**Taurus Steak House**, Terminus Road, Filet Steaks 10 £

●**Luigis's,** Seaside Road, freundliches, kleines italienisches Lokal, keine Pizzen im Angebot, Pastas um 6 £, Fleischgerichte um 10 £, Fischspeisen zwischen 12 und 14 £;

●**Bongusto Bistro,** Terminus Road, gemütliches Lokal mit italienischen Gerichten zwischen 5 und 9 £

●**Mr. Hau,** Terminus Street, chinesisch, 7 £

●**The Rat and Parrot,** Seaside Road, großer, aber dennoch gemütlicher Pub

●**Everglades**, Cornfield Terrace, Café u. Bar

●**Princess Restaurant**, Seaside Road, internationale Küche, 8 £

●**Fiesta Bistro**, Grove Road, Wine Bar & Restaurant, Pastas um 6 £, Fleisch- und Fischgerichte um 10 £

●**Ashoka**, Cornfield Street, preisgünstige indische Spezialitäten

●**Athens**, Terminus Road, griechisch, um 9 £

Rent-a-Bike

●Nevada Bikes, Green Street.

Verbindung

●mit **Bussen** (*National Express*) und **Bahn** (*Network Southeast*) in alle Landesteile

In der Umgebung von Eastbourne

Beachy Head und Seven Sisters

Ein wenig südlich von Eastbourne liegt einer der landschaftlichen Höhepunkte von Englands Süden – das Kap Beachy Head. Fast 170 m hoch steigen die makellos weißen **Kreidefelsen** aus dem blauen Meer in den Himmel. Recht gut verdeutlicht ein knapp 50 m hoher, unten in der See stehender **Leuchtturm** die Proportionen.

Im Jahre 1895 wohnte **George Bernard Shaw** (1856-1950) im nahegelegenen Beechy Head Hotel und versuchte hier, fahrradfahren zu lernen. Doch seine „Anstrengungen brachten die Küstenwacht so zum Lachen, wie keins meiner Bücher je ein Publikum. Ich machte mich mit solchem Erfolg lächerlich, daß ich mich ganz in der Stimmung fühlte, auch mal über jemanden zu lachen."

Am 27. August 1895 streuten die Freunde von **Friedrich Engels** die Asche des großen Utopisten nicht weit von Beechy Head entfernt ins Meer – so hatte *Engels* es in seinem Testament bestimmt.

Vom Beachy Head gen Westen zieht sich die weiße Klippenformation **The Seven Sisters** bis zum kleinen Seebad Seaford. Von dort hat man auch die besten Blicke auf die Kreidefelsen.

Alfriston – Romantik unter Reetdächern

Ganz zauberhaft ist das Puppenstubenörtchen Alfriston, das einige Kilometer westlich von Eastbourne liegt.

> „Der Sonntag ist ein wahrer Totentag, an dem Tanz, Musik und Gesang verpönt sind, so daß ganz Fromme selbst die Käfige der Kanarienvögel verhängen, damit ihnen nur ja kein Singlaut entfahre. Niemals liegen mehr Betrunkene auf den Straßen als am Sonntag, und niemals ist der Andrang in gewissen Häusern so groß".
>
> *Hermann Fürst zu Pückler-Muskau, „Briefe eines Verstorbenen", 1828*

170 m abwärts: Blick auf den Leuchtturm

03-4es Foto: hs

Alte, hübsch aussehende **Fachwerkhäuser** mit mächtigen Schindeldächern säumen die Dorfstraße, die so schmal ist, daß zwei Autos kaum aneinander vorbeikommen. Im kleinen Zentrum ragt ein verwittertes, mittelalterliches **Marktkreuz** auf und dokumentiert damit die frühere Bedeutung von Alfriston als Handelsstadt. Jedes Haus ist mit einen **Zunftzeichen** geschmückt und zeigt an, welcher Handwerker hier früher seine Künste ausgeübt hat: Kerzenmacher, Krämer, Flickschuster, Zimmermann, Schmied, Sattler, Fleischer ...

Nahe dem zentralen Parkplatz informiert in der Old Forge das **Heritage**

Zunftzeichen an einem Haus in Alfriston

03/es Foto: hs

Centre (Ostern bis Okt. tgl. 11-17 Uhr) den interessierten Besucher über die Geschichte des Weilers. Neben der 700 Jahre alten **Dorfkirche** – die für einen Ort wie Alfriston recht groß geraten ist und deshalb auch *The Cathedral of the South Downs* genannt wird – steht das ebenfalls aus dem 13. Jh. datierende, strohgedeckte Pfarrgebäude **Clergy House**, eines der ältesten noch erhaltenen Wohnhäuser Englands. Es war das erste Objekt, das der National Trust 1896 zu einem Preis von 10 £ in seinen Besitz brachte (April-Okt. 11-18 Uhr).

Pubs

● Viele Pubs konkurrieren um die Gunst der Besucher; der **George Inn** ist die älteste Taverne im Örtchen und kann eine Schanklizenz aus dem Jahre 1397 vorweisen; aus dem gleichen Jahrhundert datiert **Tudor House**. Wie es heißt, soll es in früheren Tagen eine unterirdische Verbindung zwischen den beiden Kneipen gegeben haben, die von Schmugglern gegraben und genutzt wurde.
● Auch der zweistöckige Gasthof **Star Inn** erfreut schon seit 600 Jahren die durstigen Reisenden. In den alten Zimmern kann man heute stilvoll übernachten, es gibt weiterhin ein gutes Restaurant und sommertags trinkt man sein Bitter im Biergarten.
● Recht jung noch ist dagegen der **Market Inn**, der erst seit 1797 Bier ausschenkt und sich auch den altertümelnden Beinamen **Ye Olde Smuggler Inn** gegeben hat.

Der lange Mann von Wilmington

Nach wenigen Minuten Autofahrt von Alfriston gen Norden gelangt man zum Weiler Wilmington. Einzige Attraktion ist der von einem Hügelhang

Dover – Eastbourne

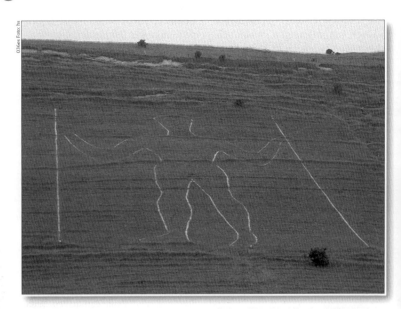

70 Meter: der lange Mann

grüßende, 70 m hohe **Long Man of Wilmington**. Wenngleich die Wissenschaftler mit ihrer Datierung unsicher sind, so nimmt man doch an, daß die Umrisse der Figur wahrscheinlich schon in der Eisenzeit in den Kreideboden geritzt worden sind.

Charleston Farmhouse – Liebe und Kunst auf dem Lande

Auf dem Weg von Wilmington in Richtung auf das Städtchen Lewes liegt ab-seits der A 27 ein von außen recht unscheinbar wirkendes Bauernhaus (ausgeschildert, April bis Okt. Mi, Do, Sa, So 14-18 Uhr). Hier lebte **Vanessa Bell** (1879-1961), die Schwester von *Virginia Woolf*, teilweise zusammen mit ihrem Mann *Clive Bell* (1881-1964), ihrem Lebensgefährten, dem Maler *Duncan Grant* (1885-1978), und dessen Freund David Garnett (1892-1982).

Charleston darf keinesfalls isoliert betrachtet, sondern muß zusammen mit Monk's Cottage in Rodmell (s. S. 133) und Sissinghurst Castle bei Sevenoaks (s. S. 449) als Einheit erlebt werden. Monk's Cottage war das kleine Landhaus von *Virginia* (1882-1941) und *Leonard Woolf* (1880-1969), in Sissinghurst schrieben und gärtnerten

Vita Sackville-West (1892-1962) und ihr Mann Harold Nicolson (1886-1968). Es waren die dichten emotionalen Verstrickungen und die **ungewöhnlichen Liebschaften** all dieser Personen untereinander in Verbindung mit ihrer ausufernden Kreativität, die dem Besucher Staunen abverlangen.

Vanessa war mit Clive Bell verheiratet und hatte zwei Söhne mit ihm, die meiste Zeit ihres Lebes aber verbrachte sie mit Duncan Grant, dem Vater ihrer Tochter Angelica und das, obwohl Duncan nach der Geburt Angelicas nie wieder mit ihr schlief. Duncan wiederum hatte unter anderem eine homosexuelle Beziehung zu David Garnett, den Duncans Tochter Angelica Jahre später heiraten sollte.

Clive liebte wenigstens in den ersten Ehejahren Vanessa, flirtete aber auch gleichzeitig heftig mit ihrer Schwester Virginia Woolf, dann war eine gewisse Mary Hutchingson für viele Jahre die wichtigste Frau in seinem Leben. Virginia liebte ihren Mann Leonard, sie hatte aber auch ein Verhältnis mit Vita Sackville-West und modellierte nach dieser Frau ihre Romanfigur Orlando; beide, Virgina und Leonard, waren jedoch eher asexuelle Menschen (wie Angelica Garnett einmal feststellte).

Vita liebte ihren Mann Harold Nicolson, den Vater ihrer Söhne Ben und Nigel, sicherlich sehr platonisch, körperlich aber liebte sie Virginia, wenngleich ihr Zusammensein nur von kurzer Dauer war (und sexuell für Vita ziemlich unbefriedigend blieb, wie Virginias Biograph schreibt); darüber hinaus hatte Vita eine Reihe weiterer gleichgeschlechtlicher Verhältnisse. Harold wiederum liebte Vita, auch er hatte aber homosexuelle Beziehungen.

Ebenfalls nicht alltäglich ist es, daß dieses dichte Beziehungsgeflecht außergewöhnlich gut dokumentiert ist, und zwar nicht von Außenstehenden, sondern von den Familienangehörigen. So schrieb Quentin Bell, Sohn von Vanessa und Clive, die Biographie seiner Tante Virginia Woolf, die als eine der ganz großen Lebensbeschreibungen in die englische Literaturgeschichte eingegangen ist, Leonard Woolf editierte die Briefe seiner Frau, Angelica Garnett schrieb über ihre Mutter Vanessa, ihren Vater Duncan Grant, dessen Freund und ihren Mann David; Nigel Nicolson, der Sohn von Vita und Harold, gab die Briefe seiner Eltern heraus und publizierte den Band „Portrait of a Marriage", in dem er die ungwöhnliche Ehe von Vater und Mutter verarbeitet.

Über das Biographische hinaus gibt es ja dann noch die Werke der Protagonisten. Vanessa und Duncan malten und entwarfen Stoffmuster, die noch heute im Handel sind; Clive war Autor und Literaturkritiker, Virginia schrieb Romane, Leonard verlegte Bücher in seinem Verlag Hogarth Press, war als Literaturkritiker und Schriftsteller tätig; Vita publizierte Romane, aber auch Gartenbücher, und Harold ist als Autor einer Reihe von Sachtiteln bekannt.

Das kreative Schaffen setzten die Kinder und Enkel fort. Angelica Garnett (* 1918) war Schauspielerin und ist sowohl als Malerin als auch als Au-

Dover – Eastbourne

torin hervorgetreten, ihr Mann David schrieb Romane und arbeitete als Literaturkritiker bei der bedeutenden Zeitung New Statesman (und gab u. a. die Briefe von Lawrence von Arabien heraus), beider Tochter Henrietta (* 1945) ist ebenfalls als Autorin hervorgetreten; Julian Bell (1908-1937), der ältere Sohn von Vanessa und Clive, schrieb Gedichte und Essays und war Professor für Anglistik an der Universität von Wuhan/China, bis er 1937 im Spanischen Bürgerkrieg ums Leben kam. Quentin (* 1910), der Bruder von Julian, arbeitete als Professor für Kunstgeschichte und Kunsttheorie an der Universität von Sussex und publizierte, wie schon erwähnt, die Biographie über Virginia Woolf, seine Frau Ann (* 1916) ist Herausgeberin der Tagebücher von Virginia; Nigel Nicolson (* 1917), Sohn von Vita Sackville-West und Harold Nicolson, schrieb nicht nur über seine Eltern, sondern publizierte weitere neun Sachbücher.

In der Hoffnung, daß die Neugier des Lesers geweckt wurde, soll nun das Haus selbst näher betrachtet werden. Im Herbst des Jahres 1916 zog *Vanessa Bell* mit ihren beiden Söhnen Julian und Quentin, ihrem Gefährten *Duncan Grant* und dessen Freund *David Garnett* in das **spartanische Charleston Farmhouse** ein. Beide Männer waren als Kriegsdienstverweigerer zur Erntearbeit verpflichtet. Im Haus gab es kein fließendes Wasser, keine Heizung, kein elektrisches Licht, und auch die sanitären Anlagen waren äußerst primitiv. „Das Leben in Charleston war recht dürftig", stellte Virginia fest,

„nichts als Wind und Regen und keine Kohlen im Keller".

Vanessa, Duncan und David begannen sich einzurichten, renovierten und modernisierten in bescheidenem Maße. **Besucher** gaben sich die Klinke in die Hand: *Clive Bell* kam mit seiner langjährigen Freundin *Mary Hutchinson; John Maynard Keynes,* der berühmte Wirtschaftswissenschaftler, war nicht nur ein regelmäßiger Gast, sondern wohnte sogar zeitweise in Charleston. Hier schrieb er 1919 den Band „The Economic Consequences of the Peace".

Virginia und Leonard kamen vom nahegelegenen Monk's House hinüber und brachten ihre Gäste sowie die Autoren ihres Verlags Hogarth Press mit, so etwa *T. S. Eliot.* Auch *Edward Morgen Forster* ging aus und ein und wurde sowohl von Vanessa als auch von Duncan gemalt. Liest man, wer während der 62 Jahre, in denen das Haus bewohnt war, alles in Charleston zum Tee kam, so hat man ein Who's Who der intellektuellen Elite Englands vor sich: Maler, Bildhauer, Dichter, Schriftsteller, Sachbuchautoren, Literaturkritiker, Kunsthistoriker, Schauspieler, Sozialwissenschaftler usw.!

Vanessa und Duncan bemalten fast jede freie Fläche in Charleston: die Türen, die Türzargen, die Fensterlaibungen, Tischflächen, Bücherschränke, kein Holzpaneel, das nicht farbig verziert wäre, Kaminseiten, das Kopfende eines Bettes, alles trägt Muster und Figuren. Selbst der kleine Kohlenkasten, der neben dem Kamin im Garden Room steht, ist bemalt – da zupft ein sitzender Engel an den Saiten einer Mandoline –, 1919 hat Duncan hier den Pinsel angesetzt. Stoffmuster wurden für Stuhlbezüge und Vorhänge entworfen, einige davon sollte *Laura Ashley* rund 50 Jahre später in Massenfertigung produzieren. Duncan, der 1978 im Alter von 93 Jahren in Charleston starb, erlebte es noch, wie seine Entwürfe und Werke wieder en vogue wurden.

Natürlich hängt das ganze Haus auch voller Bilder, Gemälde von Vanessa und Duncan, aber auch andere Künstler sind in reichem Maße vertreten.

Nach hinten hinaus gibt es selbstverständlich einen **Garten,** den Vanessa und Duncan jahrzehntelang pflegten und der von Frühjahr bis Herbst mit seiner Farbenpracht Bewohner wie Besucher gleichermaßen erfreute.

Charleston ist ein lebendiges Gesamtkunstwerk, in dem die Aura seiner kreativen und liebenden Bewohner spürbar ist.

White Cottage in Ripe – Malcolm Lowrys letzte Tage

Nördlich von Charleston Farmhouse über die A 27 hinweg liegt der kleine Weiler Ripe. Hier verlebte **Malcolm Lowry** – „in diesem Ort bin ich der einzige Dorftrottel" – im White Cottage seine letzten eineinhalb Lebensjahre. Im Januar 1956 brachte Ehefrau Margerie den manisch-depressiven und schwer alkoholabhängigen Malcolm in die ländliche Ruhe von East Sussex. Hier begann er wieder zu ar-

beiten und schrieb eine Reihe von Kurzgeschichten, die aber erst nach seinem Tod erscheinen sollten. Am 27. Juni 1957 starb er im Alter von 48 Jahren und wurde auf dem Kirchhof von Ripe begraben.

Malcolm Lowry hatte 1909 als Sohn eines reichen Baumwollhändlers in Cheshire das Licht der Welt erblickt. Klein Malcolm verschlang die Werke von *Herman Melville, Joseph Conrad* und *Jack London,* verließ die Schule und fuhr wie die Protagonisten seiner Vorbilder zur See. Er reiste lange durch den Fernen Osten, kehrte dann nach England zurück und schloß in Cambridge ein Studium ab. 1933 erschien sein Buch „Ultramarin", das stark an den metaphorischen Reisebericht „Blue Voyage" seines Freundes *John Aiken* angelehnt ist. Von 1936 bis 1938 lebte er mit seiner ersten Frau Jan in Mexiko, wo erste Texte zu seinem berühmten Roman „Unter dem Vulkan" (1947) entstanden. Es ist die Geschichte eines alkoholabhängigen Diplomaten in Mexiko. Erst vor wenigen Jahren hat *John Huston* den Stoff verfilmt.

Lowry reichte weitere Manuskripte bei Verlagen ein, doch zu seinen Lebzeiten wurde kein Werk mehr von ihm gedruckt. Erst 1962, 1968 und 1970 kamen seine Texte auf den Markt.

Glyndbourne – Die Oper neben dem Kuhstall

Einige wenige Kilometer westlich von Lewes, der Hauptstadt von East Sussex, erstreckt sich an einer schmalen,

Dover – Eastbourne

Lebenshilfe auf gut englisch

Im Sommer 1993 verschlug es den Briten den Atem: Herausragende Vertreter des politischen Establishments hatten sich in aller Öffentlichkeit als Zyniker erwiesen und sich moralisch deklassiert.

Als bei einem IRA-Bombenanschlag 30 Menschen in Belfast schwer verletzt wurden, eilte Nordirlandminister *Sir Patrick Mayhew* an die Betten der Opfer. Von Journalisten um eine Stellungnahme gebeten, legte er jenen Zynismus an den Tag, der in der englischen Oberschicht privat sehr geschätzt wird. „Alles nicht so schlimm, es ist ja niemand tot", sprach der Minister. Kurz danach erlag ein Opfer den Verletzungen.

Der nächste, der voll ins Fettnäpfchen trat, war der Staatsminister für Handel, *Richard Needham*. Bei einer Firmenbesichtigung klagte ein farbiger Mitarbeiter über die große Hitze und über eine fehlende Klima-Anlage. Darauf *Needham*: „Gerade deshalb sind Sie doch hier, Sie sind doch besser an heiße Temperaturen gewöhnt."

Bei solchen Tönen wollte *Prinz Philip,* Gatte von Königin *Elisabeth,* nicht nachstehen. Windsor Castle war gerade abgebrannt, da besuchte er das schottische Örtchen Lockerbie, in dem elf Menschen bei dem Absturz der von Libyern in die Luft gesprengten amerikanischen Boeing ums Leben gekommen waren. Er sprach mit einer Frau, die nahe Angehörige verloren hatte. „Ob denn die Feuerwehr damals rechtzeitig erschienen sei?" „Ja, aber es war zu wenig Löschwasser da", sagte die alte Dame. Darauf Prinz Philip: „Nach einem Feuer ist ja der Wasserschaden das Schlimmste. Wir sind immer noch dabei, Windsor Castle trockenzulegen."

Karl-Heinz Bohrer hatte recht, als er schrieb: „.... der Herzog von Edinburgh ist ein taktlos-unwürdiger Glückspilz, der sich selbst als Joke-Cracker in harmloser Herrenrunde gewaltig überschätzt und seine Allround-Inkompetenz mit der Arroganz seiner Herkunft bemäntelt."

---

unklassifizierten Straße Glyndbourne, eigentlich nur ein größerer Herrensitz. In dieser einsamen, ländlichen Gegend findet alljährlich ein **grandioses Musikspektakel** statt. Zwischen Mai und August werden eine Reihe von Operninszenierungen aufgeführt, die zum Besten gehören, was Großbritannien in dieser Hinsicht zu bieten hat.

Oper auf dem Lande – das konnte nur dem Hirn eines exzentrischen Engländers entspringen. **John Christie** hatte in den 30er Jahren die Sopranistin *Audrey Mildmay* geheiratet. London war weit weg, und Mylady sah sich außerstande, ihren erlernten Beruf auszuüben. Gatte John, der bemerkte, auf welch harte Probe Ehe

und Liebe gestellt wurden, fackelte nicht lange und baute dem Herrensitz ein Opernhaus an. Im Mai 1934 wurde – Mylady liebte Mozart – „Die Hochzeit des Figaro" gegeben, und zur Überraschung der angereisten Gäste konnte Ehefrau Audrey tatsächlich singen – die Premiere war ein voller Erfolg! *Virginia* und *Leonard Woolf* waren übrigens unter den Besuchern.

Mittlerweile ist es weniger die Oper als das Drumherum, das zum Zauber von Glyndebourne beiträgt. Die Singspiele beginnen schon am Nachmittag, gegen Abend gibt es dann eine lange Pause. In großer Garderobe – lange Abendkleider, Frack und Fliege – hocken die Besucher nun auf den weiten Rasenflächen, bestaunt von Kühen, Schafen und Pferden, breiten Decken aus, kämpfen mit der Technik der Klappstühle und geben sich dem Picknick hin. Hinein in die pastorale Stille ploppen die Champagnerkorken, der schottische Räucherlachs entfaltet sein Aroma in der bukolischen Aura, und allen mundet die Lammkeule in Minzsoße – Oper in Glyndbourne!

Wer es den Briten gleichtun möchte, sollte bereits im Dezember das Programm bestellen und nach Erhalt unverzüglich die Karten ordern: Glyndbourne Opera Festival, Glyndbourne/Lewes, East Sussex.

Monk's House – Wo Virginia Woolf zu Hause war

Einen Katzensprung südlich von Lewes liegt der kleine Weiler Rodmell, und hier ist es das Landhaus von *Virginia* und *Leonard Woolf,* das den „Voyeur" in die ländliche Stille eines südenglischen Dorfes zieht (NT; April bis Okt. Mi und Sa 14-17.30 Uhr).

„Es war ein bescheidenes, aus Back- und Feldsteinen errichtetes, zur Straßenseite hin mit Schindeln verschaltes Haus mit steilem Dach; drin-

Monk's House

nen kleine, niedrige, ineinandergehende Zimmer, die Böden mit Ziegeln gepflastert, die Treppe eng, die Stufen ausgetreten", so beschreibt *Quentin Bell* in seiner Virginia-Biographie Monk's House. Im Juli 1919 ersteigerten die 37jährige Virginia und ihr zwei Jahre älterer Mann Leonard das Häuschen für 700 £.

Virginia beschrieb den Moment der Auktion in ihrem Tagebuch: „Nur selten in meinem Leben war eine Zeitspanne von fünf Minuten so voller Aufregung. Der Raum im White Hart war überfüllt. Ich forschte in jedem Gesicht, an jeder Jacke und an jedem Rock nach Zeichen von Reichtum und war erleichtert, keine zu entdecken. Aber dann sah ich Leonard an und dachte: Sieht er etwa aus, als ob er 800 Pfund in der Tasche hätte? Vielleicht trugen die kapitalkräftigen Bauern ihre Notenbündel im Strumpf verborgen. Das Bieten begann. Einer bot 300 Pfund. Nur zu rasch waren 600 erreicht."

Strom und fließend Wasser gab es nicht, so daß für die nächsten Jahre Renovierungsarbeiten an der Tagesordnung waren. 1931 dann schrieb Virginia einer Freundin, „daß das Haus nun so luxuriös ist, daß wir sogar elektrische Heizer in den Schlafzimmern haben".

Nach Kriegsbeginn siedelten die Woolfs von London nach Rodmell um. 1941 ertränkte sich Virginia – gequält von Depressionen – im nahe vorbeifließenden River Ouse, Leonard starb 28 Jahre später in Monk's House. Die Asche der beiden wurde in ihrem Garten verstreut.

Virginia Woolf – Ein Leben am Rande des Wahnsinns

Virginia erblickt am 25. Januar 1882 als drittes Kind von *Julia* und *Leslie Stephen* in London das Licht der Welt. 1879 bereits war Vanessa geboren, ein Jahr später, 1880, kam Thoby hinzu, 1883 schließlich Adrian. Die vier Kinder wachsen in einem viktorianisch-großbürgerlichen, **gebildeten Haushalt** auf. *Sir Leslie* hatte einen Namen als Literaturkritiker und arbeitete 18 Jahre lang an der 63bändigen Ausgabe der „Dictionary of National Biography". Virginia, die nie eine Schule, geschweige denn als Frau in jenen Tagen eine Universität besucht hatte, verdankt ihr Wissen fast ausschließlich dem väterlichen Unterricht.

Virginia ist 13 Jahre alt, als die Mutter stirbt; einige Monate später hat sie einen ersten **psychischen Zusammenbruch**. Anfang des Jahres 1904 verstirbt auch *Sir Leslie*. Die vier Stephen-Kinder erholen sich von dem langen Sterben des Vaters auf einer Reise nach Italien. Nach der Rückkehr erleidet Virginia einen zweiten schweren depressiven Anfall. Fast sechs Monate lang wird sie von drei Krankenschwestern umsorgt. Die Stephen-Kinder ziehen vom teuren Stadtteil Kensington in das billigere Bloomsbury um und wohnen nun am Gordon Square 46. Im November des Jahres 1904 ist Leonard Woolf, Studienkollege von Bruder Thoby, bei den Stephens zu Gast, bevor er als Kolonialbeamter nach Sri Lanka aufbricht. Einen Monat später erscheint der erste gedruckte Text von Virginia im Guardian.

Ab 1905 lädt Thoby jeden Donnerstagabend seine Freunde aus den gemeinsamen Studientagen in das Haus am Gordon Square ein, „lauter erstaunliche Burschen, die, nachlässig gekleidet und ohne Manieren im Hyde-Park-Gate-Sinne, sich zunächst schweigend um ihn, seine schönen Schwestern Vanessa und Virginia und deren Freunde gruppierten, aber bei einem stimulierenden Stichwort überaus aufmerksam und äußerst beredt wurden". Die Gruppe, heute als **Bloomsbury Group** bekannt und berühmt, diskutiert über Politik, Kunst, Literatur und – ganz wichtig für das nachviktorianische Zeitalter – ausführlich und ungehemmt über Sex. Virginia berichtet: „Es war an einem Frühlingsabend, Vanessa und ich saßen im Salon. Ich redete egozentrisch, aufgeregt, zweifellos nur über meine eigenen Probleme. Plötzlich öffnete sich die Tür, und die lange und unheimliche Gestalt von Mr. Lytton Strachey stand auf der Schwelle. Er zeigt mit dem Finger auf einen Fleck auf Vanessas weißem Kleid. Sperma, rief er aus. Darf man das wirklich sagen, dachte ich, und wir brachen in Gelächter aus. Durch dieses Wort fielen alle Barrieren der Zurückhaltung und Reserve. Eine Flut der geheiligten Ergüsse schien uns zu überwältigen. Sex beherrschte die Unterhaltung. Das Wort homosexuell lag uns ständig auf der Zunge. Wir diskutierten über den Beischlaf mit derselben Begeisterung und Offenheit, mit der wir über das Wesen des Guten diskutiert hatten."

Im Sommer des Jahres 1906 reisen die Stephen-Kinder nach Griechenland. Thoby kehrt vorzeitig nach England zurück, erkrankt an Typhus und stirbt am 20. November. Unter dem Eindruck der Trauer erhört Vanessa zwei Tage später den Heiratsantrag von Clive Bell, den sie bei den gemeinsamen Donnerstagnachmittagen kennengelernt hatte. Nach der Hochzeit der beiden übersiedeln Virginia und Adrian zum Fitzroy Square; auf Virginias Initiative werden die Donnerstagabende wieder aufgenommen, auch schreibt sie weiter regelmäßig Buchrezensionen, hat einen Roman in Arbeit und engagiert sich in der Frauenrechtsbewegung. Mitte 1910 erleidet sie einen erneuten psychischen Zusammenbruch, steht am Rande des Wahnsinns und ist einige Wochen in stationärer Behandlung. Auch dieser Anfall geht glücklich vorbei.

Mittlerweile ist **Leonard Woolf** aus Sri Lanka zurück. Virginia beschließt einen Wohnungswechsel innerhalb von Bloomsbury und zieht Ende des Jahres 1911 mit Adrian, dem Wirtschaftswissenschaftler *John Maynard Keynes, Duncan Grant* und *Leonard Woolf* in das Haus am Brunswick Square 38. Auch mietet sie Asham House, 10 km nordöstlich von Brighton im Örtchen Beddington gelegen, als stilles Refugium.

Im Januar 1912 macht Leonard Virginia einen Heiratsantrag, aber erst am 29. Mai willigt sie ein, ihn zu heiraten; am 10. August stehen beide im Standesamt von St. Pancras. Eine zweimonatige Hochzeitsreise führt in die Provence, weiter gen Spanien, dann mit dem Schiff nach Italien und von dort über Venedig zurück nach London.

Im März des folgenden Jahres gibt Virginia das Manuskript ihres **Romans „Voyage Out"** an den Verleger *Gerald Duckworth,* der den Text für eine Veröffentlichung annimmt. Aus Angst vor der Meinung der Kritiker häufen sich Virginias Depressionen und Wahnvorstellungen, sie verbringt einige Wochen in einer Privatklinik. Dann, am 9. September 1913, unternimmt sie einen **ersten Selbstmordversuch**. Erst ein Jahr später ist ihr psychischer Zustand wieder stabil.

Nach Leonards Meinung regt die geschäftige Großstadt London Virginia zu sehr auf; so mietet er in Richmond, vor den Toren der Metropole, eine neue Heimstatt an, Hogarth House.

Am 26. März 1915 erscheint Virginias erster Roman. Tage vorher schon hat sie einen schweren Rückfall erlitten. Vier Krankenschwestern kümmern sich Tag und Nacht um die von Delirien und Tobsuchtsanfällen gepeinigte Virginia. Erst im November kann die letzte Krankenschwester Hogarth House verlassen.

Im Frühjahr 1917 wird die von Virginia und Leonard bestellte Druckerpresse geliefert, und im Sommer bringt der **Verlag Hogarth Press** seine ersten beiden Bücher auf den Markt. Die Woolfs pendeln während der kommenden Jahre zwischen Asham House und ihrem Heim in Richmond hin und her. Virginia betätigt sich als Setzerin für die Hogarth Press, schreibt regelmäßig für das renommierte *Times Literary Supplement* und hat den Text zu **"Night and Day"** in Arbeit, den sie Ende 1918 abschließt. Zur gleichen Zeit lernen die Woolfs *T. S. Eliot* kennen, dessen umfangreiches Gedicht "The Waste Land" die Hogarth Press 1922 in das Verlagsprogramm aufnehmen sollte. Anfang 1919 wird Virginia Asham House gekündigt, die Woolfs ersteigern Monk's House im Weiler Rodmell. Zum Ende des Jahres erscheint, wieder bei Gerald Duckworth, "Night and Day".

Die **Ehe von Virginia und Leonard** ist von großer Liebe füreinander geprägt; ohne Leonard hätte Virginia ihre bisherigen psychischen Zusammenbrüche wohl kaum so gut überstanden. Nur selten sind die Woolfs voneinander getrennt und wenn, dann leiden beide. Virginia schreibt einmal: "Ich liege da und denke an mein teures Biest, das mich Tag für Tag meines Lebens glücklicher macht, als ich es für möglich gehalten hätte. Gar kein Zweifel, ich bin schrecklich in Dich verliebt. Ich denke dauernd daran, was Du wohl tust und muß rasch damit aufhören – es ruft in mir den Wunsch wach, Dich zu küssen."

T. S. Eliot, John Maynard Keynes und *E. M. Foster* – um nur die bekanntesten zu nennen – sind regelmäßige **Besucher** in Rodmell wie auch in Richmond. Über all die Jahre halten auch die engen Beziehungen zwischen Virginia und Vanessa an, die, nur einen Steinwurf entfernt von Monk's House, auf Charleston Farm lebt.

1923 übernimmt Leonard die Feuilleton-Redaktion der Zeitung Nation, und die Hogarth Press druckt Virginias **Buch "Jacob's Room"**, das von den Kritikern sehr gut besprochen wird – Virginia erlangt langsam Ruhm. *T. S. Eliot* schrieb ihr zu dem Roman: "Sie haben sich freigemacht von jedem Kompromiß zwischen dem herkömmlichen Roman und lihrer ureigenen Begabung. Sie haben die Kluft zwischen Ihren anderen Romanen und der experimentellen Prosa überbrückt und etwas bemerkenswert Gutes zustande gebracht."

Virginia, die nun seit etlichen Jahren frei von Anfällen ist, will fort von Richmond und wieder hinein ins Londoner Leben. 1924 ziehen die Woolfs erneut nach Bloomsbury an den Tavistock Square 52.

Zwischen 1925 und 1928 hat Virginia eine **Liebesaffäre mit Vita Sackville-West**; bei den ersten Begegnungen ist sie allerdings noch wenig von der aristokratischen Vita beeindruckt. "Nicht so recht mein Geschmack", schreibt sie, "auffallend, schnurrbärtig, bunt wie ein Papagei, mit der ganzen natürlichen Ungezwungenheit ihrer Klasse, aber ohne die geistigen Voraussetzungen des Künstlers." Doch Vita verstand es zweifellos zu bezaubern, und so heißt es schon bald darauf in einem Brief an Vanessa: "Gleich kommt Vita, um mit mir allein zwei Nächte hierzubleiben; Leonard fährt nach London zurück. (...) Trotzdem, die Juninächte sind lang und warm; die Rosen stehen in Blüte; und der Garten ist voll von Lust und von Bienen, die sich auf den Spargelbeeten vermischen."

1927 erscheint "**To the Lighthouse**", und im gleichen Jahr beginnt Virginia mit der Arbeit an Orlando; die durch die Jahrhunderte reisende Hauptfigur, sowohl Mann als auch Frau, ist nach Vita modelliert. Der Roman erscheint Ende 1928 und ist eine große Liebeserklärung an Vita. So heißt es über Orlando: "Das Rot der Wangen war von Pfirsichflaum überzogen; der Flaum auf den Lippen nur um ein weniges dichter als der Flaum auf den Wangen. Die Lippen selbst waren kurz und leicht geöffnet über Zähnen von erlesenem mandelhellem Weiß. Nichts störte die pfeilgerade Nase auf ihrem kurzen gespannten Flug; die Haare waren dunkel, die Ohren klein und eng am Kopf anliegend. (...) Er hatte Augen wie benetzte Veilchen, so groß, daß es schien, das Wasser habe sie bis zum Rand gefüllt und sie geweitet, und eine Stirn wie die Wölbung einer marmornen Kuppel, eingepreßt zwischen den beiden blanken Medaillons, die seine Schläfen waren."

In den folgenden Jahren schreibt Virginia an weiteren Werken, arbeitet sporadisch in der Hogarth Press und hat zusammen mit Leonard viele **gesellschaftliche Verpflichtungen**; die *Woolfs* pendeln regelmäßig zwischen Monk's House und Bloomsbury hin und her. Virginia kränkelnd zwar häufig und verfällt oft in Melancholie, doch ist sie, gemessen an ihren früheren Zusammenbrüchen, psychisch recht stabil. Sowohl in Rodmell als auch in Bloomsbury gehen Besucher aus und ein, Virginia und Leonard sind häufig bei Freunden eingeladen, gehen ins Theater, in Konzerte und schauen sich Kinofilme an. Die beiden besuchen Griechenland, Frankreich und Deutschland. Virginia ist zu einer bekannten und **geachteten Schriftstellerin** geworden; drei englische Universitäten bieten ihr daraufhin die Ehrendoktorwürde an, doch sie lehnt ab.

1939 übersiedeln die *Woolfs* an den Mecklenburgh Square; ein Jahr später wird das Haus bei einem Luftangriff schwer beschädigt. Die Druckmaschine der Hogarth Press sowie die Bücher und viele Möbelstücke werden nach Monk's House in Sicherheit gebracht.

Ende 1940, Anfang 1941 verschlechtert sich der psychische Zustand von Virginia rapide. Am Morgen des 28. März, an einem sehr kalten und klaren Tag, schreibt sie in Monk's House **Abschiedsbriefe** an Vanessa und Leonard, die beiden Menschen, die sie am meisten liebt. Dann geht sie über die Wiesen zum River Ouse, zwängt einen schweren Stein in ihren Mantel und ertränkt sich.

In ihrem Brief an Leonard heißt es: „Liebster, ich spüre genau, daß ich wieder wahnsinnig werde. Ich glaube, daß wir eine solch schreckliche Zeit nicht noch einmal durchmachen können. Und diesmal werde ich nicht wieder gesund werden. Ich höre Stimmen, und ich kann mich nicht konzentrieren. Darum tue ich, was mir in dieser Situation das Beste scheint. Du hast mir das größtmögliche Glück geschenkt. Du bist mir alles gewesen, was einem einer sein kann. Ich glaube nicht, daß zwei Menschen haben glücklicher sein können ...

Virginia ist 59 Jahre alt geworden; Leonard blieb nach ihrem Tod in Monk's House, wo er 1969, 89jährig, starb. In seiner Biographie schrieb er, daß er Virginia wie eine kostbare Ming-Vase behütet habe, von der man weiß, daß sie einen Sprung hat.

Dover – Eastbourne

Brighton – Portsmouth

Brighton
– Englands berühmtestes Seebad

Literaten in Brighton

Kein anderes britisches Seebad ist so berühmt wie Brighton, das nachgerade als Inbegriff südenglischer Badefreuden gilt. Schon um das Jahr 1750 reisten die ersten Lords, Earls und Dukes nach Brighton, um Erholung am und im Meer zu suchen.

In den 70er Jahren des 18. Jh. bereits verbrachte Dr. Samuel Johnson (1709-1784) einige Sommer in Brighton; hier entstanden weite Teile seines Buches „Live of the Poets".

Im August des Jahres 1775 kam der Physiker und Dichter Georg Christian Lichtenberg (1742-1799) auf seiner England-Reise nach Brighton und war begeistert: „Dieser Ort übertrifft in den Sommermonaten an Frequenz selbst unsere berühmtesten inländischen Badeorte." Nach Deutschland zurückgekehrt, publizierte er die Schrift „Warum hat Deutschland noch kein öffentliches Seebad?" (Einige Jahre später war es dann soweit, 1797 wurde auf der ostfriesischen Insel Norderney das erste deutsche Heilbad an der See eröffnet.)

1785 übersiedelte der Prince of Wales, der Thronfolger, mit einem entsprechenden Troß von Höflingen im Schlepptau nach Brighton, und zum Jahreswechsel vom 18. ins 19. Jahrhundert weilte bereits jeden Sommer eine feste und gutbetuchte Klientel vor Ort.

1808 kam der junge Lord Byron (1788-1824) an die Meeresfront, um einerseits Erholung von seinem ausschweifenden Lebenswandel zu suchen und um andererseits seine Nerven zu beruhigen. Die angesehene und gefürchtete literarische Vierteljahreszeitschrift Edinburgh Review hatte seinen Gedichtband „Hours of Idleness" vernichtend rezensiert, „von einem Meisterwerk an niederträchtiger Bosheit" gesprochen und weiter bemerkt: „Die Poesie dieses jungen Adligen ist von einer Art, die weder Götter noch Menschen dulden dürfen; seine Ergüsse sind so derartig platt, daß sie ebensowenig wie stehendes Wasser über oder unter dieses Niveau kommen können." Byron war vom Donner gerührt und wollte den Herausgeber zu einem Pistolenduell fordern, veröffentlichte dann aber die Satire „English Bards and Scotch Review", die in kürzester Zeit fünf Auflagen erlebte und ihm viel Geld einbrachte.

Der Poet schwamm in Brighton regelmäßig eine halbe Stunde im Meer – und das auch nachts. Ihm zur Seite stand eine seiner „Nymphen", die er als Knabe verkleidet für seinen Bruder ausgab.

Charles Dickens (1812-1870) besuchte Brighton ab 1837 regelmäßig und logierte unter anderem im Bedford Hotel nahe dem West Pier. Hier entstand sein Roman „Dombey and Son" (1848, dt. „Dombey und Sohn"), in dem das Hotel mehrfach Schauplatz der Handlung ist. Auch „Bleak House" („Düsteres Haus"), den ersten englischen Detektivroman, schrieb Dickens 1848/49 in Brighton.

William Thackeray (1811-1863) war gerne beim „freundlichen, heiteren und fröhlichen Dr. Brighton" zu Gast – so nannte er die gesunde Luft des Seebads. Hier schrieb er etliche Kapitel seines 1847/48 erschienenen Fortsetzungsromans „Vanity Fair" (dt. „Jahrmarkt der Eitelkeiten").

In den Jahren 1826-29 weilte Hermann Fürst von Pückler-Muskau (1785-1871) in England; der kongeniale Garten- und Parkgestalter (weiten Bevölkerungskreisen nur bekannt durch die gleichnamige Eistorte) suchte verzweifelt nach einer reichen Frau im heiratsfähigen Alter – Durchlaucht war nämlich bankrott! Durch Brighton spazierte der Edelmann „in Handschuhen, um meine weißen Hände zu konservieren, auf die ich wie Byron sehr viel halte", entlang „der Marine Parade", die sich „weit am Meer entlang erstreckt", durch die „große, reinliche und sehr heitere Stadt." (Eine Frau fand er übrigens nicht, Fürst Pückler blieb weiter hoch verschuldet.) Aufgrund seines schweren deutschen Akzents nannte Charles Dickens Pückler-Muskau den Grafen Smorltork und verewigte ihn in seinen „Pickwick Papers".

Der schüchterne Lewis Carroll (1832-1898) schaute sich 1887 im Theatre Royal die Bühnenadaption seiner „Alice im Wunderland" an. Außerdem besuchte er 25 Jahre lang jedes Weihnachten seine altjüngferliche Schwester in Brighton.

Brighton – Portsmouth

In der Buckingham Road 31 gibt es eine Gedenkplakette, die mitteilt, daß hier am 24. August 1872 Aubrey Beardsley geboren wurde. Der Jugendstilzeichner illustrierte u.a. Bände von Oscar Wilde und Alexander Pope. 26jährig verstarb der lungenkranke Beardsley in Menton/Frankreich.

An der Hand seiner Mutter Jenny kam 1883 der rothaarige, weißhäutige, lispelnde und schüchterne neunjährige Winston Churchill (siehe auch Exkurs) ins Internat von Kate und Charlotte Thomson in der Brunswick Road. Klein Winston fügte sich nicht in den starren Stundenplan und rebellierte. Eine Lehrerin jammerte: „Ein kleiner, rothaariger Schüler, der ungezogenste Junge in der ganzen Klasse. Mir kam es vor, als sei es der unartigste kleine Junge auf der ganzen Welt."

Im August 1880 machte auch Henry James (siehe Exkurs) Ferien im Seebad, wo „die Luft von jeher dazu angetan war, unscheinbare Mädchen hübsch und hübsche noch hübscher zu machen."

Der anglophile Theodor Fontane (1819-1898) war 1844 natürlich auch vor Ort, und auf seiner stetigen Suche nach passenden Vergleichen nannte er Brighton – das er schöner als London oder Berlin fand – das „Neapel des Nordens". Erfreut notierte er in seinen „Wanderungen in England und Schottland", daß er auf der Fahrt zu seinem Ziel im Zugabteil nicht mit der „waschweiberhaften Neugier" der Berliner konfrontiert wurde und sich die Briten bei der Konversation mit Fremden angenehm zurückhielten. Als unerquicklich hingegen empfand der Meister des Wortwitzes und der Ironie die Straßenmusikanten, von denen er sich nachgerade verfolgt fühlte.

Brighton Rocks heißen die Zuckerstangen, „auf denen du noch immer, auch wenn du ein Stück nach dem anderen abbeißt, bis ganz unten hin 'Brighton Rock' lesen kannst." So Graham Greene (1904-1991), der seinen 1938 erschienenen Roman nach den Süßigkeiten benannt hat. Unter dem Titel „Am Abgrund des Lebens" erfuhren die deutschen Leser auch etwas über den 1866 erbauten und heute baufälligen West Pier, der „langgestreckt, lichtgebadet und durchsichtig gleich einer Krabbe in der Sonne lag" und gegen dessen Stützen „die von Boulogne hereinflutende See brandete."

Sehenswertes

Brightons herausragende Sehenswürdigkeit ist der **Royal Pavilion**, Großbritanniens größte Geschmacksverirrung (tgl. 10-17 Uhr). Den Thronfolger hatte es ja schon früh ins Seebad gelockt, und ab dem Jahr 1802 ließ Prinny, *The Prince of Whales*, der Prinz der Wale, wie der spätere *Georg IV.* aufgrund seiner Leibesfülle und Genußsucht auch verächtlich genannt wurde, seine Villa zu einem prunkvollen Palast umbauen. Mit Hilfe des begnadeten und geldverschwendenden Architekten *John Nash* (1752-1839) entstand der größte und teuerste aller britischen Follies.

Von außen ist der Royal Pavilion mit seinen Zwiebelkuppeln, Bleistiftminaretten, den säulengetragenen Balkonen und der orientalischen Ornamentik im indisch-muslimischen Stil gehalten und hätte bestimmt jedem ehrbaren Maharadscha zur Ehre gereicht; im Innern dagegen dominiert mehr der fernöstliche Einfluß – französisierend Chinoiserie genannt.

Der Dichter *William Cobbet* (1763-1835), ein Zeitgenosse von Prinny, verspottete den Bau als „square box, a large Norfolk turnip and four onions" („Eine Hutschachtel, eine große Norfolk-Steckrübe und vier Zwiebeln"), und der bissige Illustrator *George Cruikshank* zeichnete eine giftige Karikatur von Prinny als Mandarin im pompösen Bankettsaal, umgeben von spinnerten Chinesen unter dem Titel „The Court at Brighton à la Chinese".

Der Bankettsaal sollte – so stellte es sich *Prinz Georg* vor – die geladenen Gäste während des Dinners vor Begeisterung in Atem halten. Riesige Wandmalereien zeigen chinesisch inspirierte Szenen, unter einer Milchglaskuppel schwebt ein silberner Drache, und ein 9 m hoher, eine Tonne schwerer Kristallüster hängt von der Decke herab.

Die Küche war eine der modernsten ihrer Zeit. Es gab Dunstabzugshauben, automatische Spieße und verschließ-

Das Folly des Prinzen: außen arabisch, innen chinesisch angehaucht

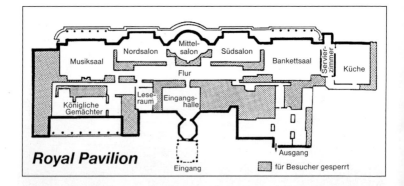

Royal Pavilion

Eingang

für Besucher gesperrt

bare Herde. Die gußeisernen tragenden Säulen sind als Palmen gestaltet.

Durch den Südsalon, den kreisrunden Mittelsalon und den Nordsalon – hier pflegte man Konversation, spielte Karten, Schach oder Backgammon – geht es dann in den Musiksaal. Eine goldene Kuppel überspannt den Raum, gewaltige rot-goldene Wandgemälde machen sprachlos, mächtige Lüster zeigen Drachen- und Flammenornamente.

Erträglich gestaltet sich die Einrichtung der privaten Räumlichkeiten, der Königsappartements.

Sage und schreibe 500.000 £ kostete Georgs Märchenschloß – in jenen Tagen eine ungeheure Summe. Als es fertig war und die Geschmacksverirrungen in der Öffentlichkeit hämisch diskutiert wurden, war Prinny beleidigt und kehrte nie wieder nach Brighton zurück. *Queen Victoria*, der Prunksucht wahrlich nicht zugetan, verkaufte den exotischen Palast der Stadt Brighton für 50.000 £.

Gegenüber vom Pavillon steht **The Dome**, Prinnys einstige Reitställe, die von einer großen Kuppel gekrönt sind. Der Gebäudekomplex wird heute als Konzertsaal genutzt.

Flankiert vom Royal Pavilion im Norden und der Kongreßhalle The Brighton Centre – ein monströser Betonklotz, der sich ziemlich grimmig neben der eleganten viktorianischen Fassade des Grand Hotels ausnimmt – erstreckt sich das verkehrsberuhigte **Viertel The Lanes**, Brightons Urzelle. Vor allem hier findet der Besucher, wonach er auf der Suche ist: das enge Gassengewirr beherbergt gute Restaurants, gemütliche Cafés, alte Pubs sowie Läden aller Art (z.B. in der Regency Arcade oder der Duke's Lane). In früheren Tagen flickten hier die Fischer ihre Netze und landeten den Fang an. *Johanna Schopenhauer* konnte auf ihrer Englandreise in den Jahren 1803-1805 gar nicht begreifen, warum ausgerechnet in den *Lanes*, „gerade in der Gegend, wo die Fischer ihre Netze zum Trocknen ausbreiten und die Luft verderben, die schöne Welt in buntem Gewühl auf und ab wogt."

Rund 7 km lang ist die **Strandpromenade**, in zwei Hälften geteilt durch den 1899 erbauten, 530 m langen **Palace Pier**. Einige hundert Meter weiter verschandelt eine Ruine den gepflegten Gesamteindruck der Brightoner Seefront. Rostend und mittlerweile ohne Verbindung zur Promenade, liegt das Skelett des West Pier im Wasser.

Folgt man der Uferstraße weiter gen Osten, so ist bald die **neue Marina** erreicht, in der einige tausend Yachten vor Anker gehen können. Die Betonklötze drumherum – Wohnhäuser und ein Shopping Centre – sind allerdings recht häßlich geraten und verschandeln den Gesamteindruck des Yachthafens erheblich.

Unbedingt sollte man sich die auf den Architekten *John Nash* zurückgehenden **Regency-Häuserzeilen** ansehen. Viele der halbmondförmigen Crescents oder rechteckigen Squares mit ihren gleichmäßigen Fassaden sind ein gelungenes Stück Stadtplanung. Die Häuser mit ihren über zwei Stockwerke laufenden Erkern und den drei eingesetzten Fenstern, dem schmiedeeisernen Balkon darunter, dem spitzen Gitterzaun und dem unter Straßenniveau befindlichen Souterrain, in früheren Tagen der Dienstbotenbereich, haben einen ganz eigenen Charme. Gute Beispiele für diesen Baustil sind der Royal Crescent, östlich vom Palace Pier, und der Regency Square vor dem West Pier, Oriental Place, Clarence Square und Silkwood Place.

In den letzten Jahren sind viele Obdachlose von London an die großen Seebäder der Südküste, so auch nach Brighton, gezogen. Sie campieren nicht selten an der Uferpromenade auf den überdachten Bänken. Die sozialen Auswirkungen des Thatcherismus zeigen sich an vielen Stellen im Land.

Praktische Hinweise

Tourist Information

● 10 Bartholemew Square, Tel. 01273-323755

Unterkunft

● **Brighton Oak Hotel, ****,** West Street, Tel. 01273-220033, Fax 778000
● **Old Ship Hotel, ****,** King's Road, Tel. 01273-329001, Fax 820718
● **Brighton Twenty One Hotel, ***,** 21 Charlotte Street, Marina Parade, Tel. 01273-686450, Fax 695560
● **Cosmopolitan Hotel, ***,** 31 New Steine, Marine Parade, Tel. 01273-682461, Fax 622311
● **Ambassador Hotel, ***,** 22 New Steine, Marine Parade, Tel. 01273-676869, Fax 689988
● **Bed and Breakfast:** Diana House, 25 St. George's Terrace, Tel. 01273-605797, Fax 600533; Brighton Marina House, 8 Charlotte Street, Marine Parade, Tel. und Fax 01273-605349; Fyfield House, 26 New Steine, Marine Parade, Tel. und Fax 01273-602770; Cavalaire House, 34 Upper Rock Gardens, Tel. 01273-696899, Fax 600504; Ainsley House, 28 New Steine, Tel. 01273-605310, Fax 688604; Ascot House, 21 New Steine, Marine Parade, Tel. 01273-688085, Fax 623733
● **Jugendherberge:** Patcham Place, London Road, Tel. 01273-556196

Pubs, Cafés und Restaurants

  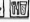

● **Black Capati,** 12 Circus Parade, New England Road, 01273-699011, eines der besten Lokale von Brighton mit sehr guten Gerichten zwischen 19 und 33 £.

Brighton – Portsmouth

●Die beiden Restaurants **One Paston Place,** 1 Paston Place, 01273-606933, und **Whytes,** 33 Western Street, 01273-776618, gehören mit 20 bis 35 £ ebenfalls zu den hervorragenden kulinarischen Örtlichkeiten der Stadt.

Die folgenden Örtlichkeiten befinden sich in den Lanes:

●**Food for Friends**, 18 Prince Albert Street, mit Abstand bestes Café in Brighton, auch kleine Gerichte zwischen 9 und 15 £

●**Sussex Tavern**, East Street, bei schönem Wetter sitzt man auf dem Vorplatz

●**Seafood Restaurant**, neben der Sussex Tavern, Fisch, Muscheln, Austern, Hummer, bis 18 £

●**The Pump House**, Market Street, „Established in the reign of George I."

●**Wheeler's**, Market Street, Seafood Restaurant, 18 £

●**D'Arcy's Restaurant**, Market Street, kleines, preisgünstiges Lokal, um 9 £

●**The Little Shop**, Market Street, Sandwiches aller Art zum Mitnehmen

●**Pub The Druid's Head**, Brighton Place, eine kleine, blumengeschmückte, aus Bruchsteinen errichtete Kneipe, das Gebäude datiert aus dem Jahr 1510

●**Donatello**, Brighton Place, preisgünstige Pizzen und Pastas

●**Pub The Bath Arms**, Union Street, schöne klassische Pub-Einrichtung

●**Casa Don Carlos**, Union Street, spanische Snacks um 5 £

●**Café Rouge,** Prince Albert Street, Restaurant mit gutem Preis-Leistungsverhältnis, Gerichte zwischen 4 und 11 £

●**Bella Pasta,** Bartholomews, für englische Verhältnisse gute Pizzen und Pastas zwischen 6 und 8 £

●**The Quick Cricketers**, Black Lion Street, Brightons ältester Pub, recht gemütliche Atmosphäre unter den niedrigen Decken

●**The Black Lion**, Black Lion Street, in einem alten Magazinhaus

Städtisch und großzügig: das Grand Hotel Brighton

Verbindung

●**IC-Verbindung** mit London
●Mit **Bus** (National Express) und **Zug** (Network Southeast) in alle Landesteile.

Rent-a-Bike

●Am verrottenden West Pier

Ländlich und anheimelnd:
das vermeintliche Anna-Kleve-Haus

Ditchling

Zehn Kilometer nördlich von Brighton liegt das kleine Örtchen Ditchling, und hier ragt gegenüber der Dorfkirche ein recht pittoreskes Gebäude auf. Der Volksmund behauptet, daß *Heinrich VIII.* dieses Häuschen *Anna von Kleve* als Scheidungsentschädigung gegeben hat. Keiner weiß, woher diese Geschichte stammt; auf alle Fälle hat *Anna von Kleve* nie in Ditchling gewohnt. In Lewes, wenige Kilometer gen Westen, gibt es ebenfalls ein **Anne of Cleve House**; aber auch dort war Anna nie in ihrem Leben.

Südlich des Örtchens hat man bei schönem Wetter gute Ausblicke über

Brighton – Portsmouth

die Region vom **Ditchling Beacon** (ausgeschildert), einem ca. 300 m hohen Hügel. Die Erhebung war im 16. Jh. Teil der Leuchtfeuerkette, mit der die Nachricht von der gesichteten spanischen Armada (siehe Exkurs) nach London geleitet wurde.

Unweit von Ditchling liegt an der Eisenbahnstrecke London – Brighton der Weiler **Clayton**. Nahebei gibt es wieder einmal einen Folly zu besichtigen: Da ist der **Tunneleingang** der einstigen *London, Brighton and South Coast Railway*-Linie, 1841 als Tudor-Festung gestaltet. Auf der „Burgmauer" zwischen den beiden (Schein-) Türmen gibt es eine Bauernhausfassade zu sehen, hinter der einst der Tunnelwärter wohnte.

Arundel Castle

Von Brighton aus geht es auf der gut ausgebauten A 27 vorbei an der Stadt Worthing in das kleine Dörfchen Arundel mit seiner mächtigen **Bilderbuchburg** (März bis Okt. So-Fr 13-17 Uhr), deren trutzige Rundtürme schon von weitem martialische Wehrhaftigkeit demonstrieren. Doch ach, die Enttäuschung ist groß; Arundel ist keineswegs eine kampferprobte mittelalterliche Festung – noch nicht einmal 100 Jahre ist es her, daß die Burg fertiggestellt wurde. Von 1890 bis 1903 dauerten die Bauarbeiten für die Residenz der Familie *Fitzalan-Howard,* deren Stammbaum auf das Jahr 1067 zurückgeht; ein Jahr nach der Invasion wurde

Das „altertümliche" Schloß Arundel

041es Foto: hs

Petworth House

> „Die Engländer verstehen es nicht, Konversation zu treiben, und sie geben sich dabei auch keine Mühe. Stellt man aber kühn die intimsten Fragen, so sind sie gleich in ihrem Element."
>
> *Dorothea Fürstin Lieven*, „Briefe an Fürst Metternich", 1820

der Normanne *Roger de Montgomery* zum ersten Graf Arundel ernannt.

Herausragende Räume sind die 40 m lange und 15 m hohe Baronenhalle mit einer gewaltigen eichenen Decke, die Gemäldegalerie, der prachtvolle Speisesaal, der mit seinen Lanzettfenstern eher an eine Kapelle erinnert, und die 37 m lange Bibliothek mit rund 10.000 Bänden.

Alljährlich findet Ende August, Anfang September ein zehntägiges **Kulturfest** in und auf dem Gelände der Burg statt, mit *„open air Shakespeare, concerts, fireworks, jazz, contemporary art."*

Auch dem **Örtchen Arundel** sollte man unbedingt einen Besuch abstatten. Die Hauptstraße steigt steil einen Hügel hoch und ist gesäumt von Geschäften, Cafés und Teestuben, Restaurants und Pubs.

Tourist Information

● 61 High Street, Tel. 01903-882268

> „Wenn die Engländer ein passables Volk werden wollen, müssen sie weniger Fleisch essen, mehr Wein trinken und die unerträgliche Langeweile ihres Sonntags abschaffen."
>
> *Amédée Tissot*, „Vergleiche zwischen Paris und London", 1830

15 km nördlich von Arundel wird das kleine Örtchen Petworth fast erdrückt von einem der bedeutendsten Herrenhäuser Englands. Mitten durch das gemütliche Dorf mit seinen Fachwerkhäusern und den engen, winkligen Straßen zieht sich die gewaltige Mauer von **Petworth House** (NT, April bis Oktober täglich 13-17.30 Uhr).

Zwischen 1688 und 1693 entstand auf Initiative des *„Proud Duke"*, des „stolzen Herzogs" von Somerset, *Charles Seymour*, weitgehend die heutige Gestalt des Hauses. 1751 beauftragten die durch Heirat in den Besitz gekommenen *Wyndhams*, die *Earls of Egremont*, das Landschaftsgenie *Lancelot „Capability" Brown* mit der Anlage des wunderschönen Parks. Vor allem dem 3. Earl of Egremont, **George Wyndham** (1761-1837), ist es zu verdanken, daß Petworth House derartig viele Schätze birgt. Von exzellenter Bildung auf allen Gebieten der Künste, gepaart mit Wissen über die modernen Formen der Landwirtschaft, kultiviert bis in die Zehenspitzen, war der Sammler ein großer Gastgeber und Mäzen. Die Maler *Turner* und *Reynolds* wohnten zeitweilig in Petworth und unterhielten dort Ateliers. Über 400 Gemälde und an die 100 Skulpturen schmücken Petworth House, zusammengetragen zumeist vom 3. Earl; darunter befinden sich allein 20 Gemälde von Turner, 19 von *Sir Anthony van Dyke*, 14 von *Sir Joshua Reynolds*, vier von *Sir Godfrey Kneller*, zwei von *Thomas Gainsborough*, zwei

In Bognor Regis

von *Tizian,* dazu eine Vielzahl holländischer Meister.

Der Historienmaler *Benjamin Haydon* schrieb über *George Wyndham*: „His greatest pleasure was sharing with highest and humblest the luxury of his vast income. The very animals at Petworth seemed happier than in any other spot on earth." („Sein größtes Vergnügen war es, sich den Luxus zu leisten, sein riesiges Vermögen mit dem Höchsten und dem Niedrigsten zu teilen. Selbst die Tiere in Petworth schienen glücklicher zu sein als an jedem anderen Fleck der Erde.")

Sieht man von der North Gallery mit dem **Turner Room** – dem Museumsflügel von Petworth House – einmal ab, so sind der Carved Room und The Grand Staircase die Schmuckstücke des Herrensitzes. Die grandiosen Holzschnitzarbeiten im **Carved Room** fertigte der geniale *Grinlin Gibbons* 1692 (und erhielt dafür die damals stattliche Summe von 150 £). Über dem *Kamin* zeigt ein gewaltiges Gemälde *Heinrich VIII.* (nach *Hans Holbein d. J.*), weitere Bilder großer Meister schmücken die Wände.

The Grand Staircase, das Treppenhaus, zieren prachtvolle barocke

Bignor
– Die Villa aus der Römerzeit

Nur wenig entfernt von Petworth findet der archäologisch interessierte Besucher beim Weiler Bignor einen der bedeutendsten **Funde aus der Römerzeit**. Im Jahre 1811 legte ein Bauer beim Pflügen die Reste einer römischen Mauer frei; die Archäologen gruben eine große, residenzähnliche Villa in den Maßen 50 x 80 m aus, die in einem ca. 2 ha großen, mauerumsäumten Park stand. In einem kleinen Museum (März bis Okt. tgl. außer Mo 10-18 Uhr) kann man eine ganze Reihe von Ausstellungsstücken bewundern.

Wandmalereien; der untere Teil zeigt Szenen aus dem Leben des Prometheus, der Flur die Ankunft der Musen, die südliche Wand auf halber Höhe die Herzogin von Somerset in einer Kutsche, umgeben von ihren Kindern, ihrem Lieblingsspaniel, posaunenden Engeln und Nymphen, die Decke schließlich die Versammlung der griechischen Götter.

Das Design der Treppenbalustrade übrigens stammt von *Sir Charles Barry*, dem Architekten der Londoner Houses of Parliament; die Schnüre, die man durch die Geländer gezogen hat, sind ein zeitgenössisches Arrangement und sorgen dafür, daß die kleinen Kinder der Wyndham-Familie – die noch immer auf Petworth wohnt – nicht durch die Lücken fallen.

Nach der Besichtigung sollte man einen geruhsamen Spaziergang oder ein leckeres Picknick im **Park** von Petworth nicht versäumen.

Bognor Regis
– Seaside Resort für die Working Class

Im Jahre 1929 kam Georg V. zur Kur ins Örtchen, sammelte neue Kräfte, kehrte gestärkt nach London zurück und ließ die Stadt als Bognor Regis, als „**Bognor des Königs**“ adeln.

Bognor Regis ist ein **typischer kleiner Badeort**, wie es Hunderte davon an der südenglischen Küste gibt. Ein kurzer, nach der Hälfte der Strecke ge-

Brighton – Portsmouth

sperrter, weil baufälliger Pier, eine schmale Promenade entlang des Strandes, bestanden mit Fish-&-Chips-Buden und Softeis-Kiosken, spärliche Unterhaltung in Form von kleinen *Bingo Halls* und *Amusement Pavilions* mit einarmigen Banditen und Kriegsspielmonitoren sowie wenig einladende Teestuben und Pubs im Plastikambiente ermöglichen einer Low-Budget-Klientel einen erschwinglichen Urlaub. In den Straßen der Stadt flanieren rotverbrannte Männer in kurzen Hosen und mit nackten, tätowierten Oberkörpern in Begleitung ihrer ebenfalls sonnenverbrannten Ehefrauen und Kleinkinder. Der Engländer ist im Gebrauch von Sonnenschutzmitteln weitgehend ungeübt.

Und doch – von den vielen kleinen, wenig anziehenden *Seaside Resorts* entlang der Kanalküste ist Bognor Regis noch das erträglichste, ist es doch mit einem irgendwie beschwingten **proletarischen Charme** gesegnet, der kräftig genug ist, heraufziehende Depressionen in sommerlichen Schlechtwetterperioden zu verjagen.

> „Musik wird hier gegenwärtig mit mehr Leidenschaft geliebt als in irgendeinem anderen Land Europas. Wer eine Tochter hat, läßt sie vor allen Dingen die Harfe, das Klavier oder ein anderes Instrument lernen, wobei es einerlei ist, ob sie musikalische Begabung besitzt oder nicht."
>
> *Joseph Christian von Hüttner,* „Sittengemälde von London", 1801

Chichester
– Gemütliches Kathedralstädtchen

Auf gar keinen Fall darf man auf einen Besuch im gemütlichen **Puppenstubenstädtchen** Chichester verzichten. Die rund 25.000 Einwohner zählende Stadt ist weithin bekannt für ihre prächtige Kathedrale, außerdem ist die kleine Metropole voller Charme und Atmosphäre.

Den Römern, die um 200 n. Chr. Noviomagnus mit einer elfeckigen Stadtmauer und Toren in allen vier Himmelsrichtungen sicherten, ist die ausnehmend **klare Stadtgliederung** zu verdanken. Das Zentrum des Ortes bildet das große, Anfang des 16. Jh. errichtete Marktkreuz, das ein beliebter Treffpunkt ist. Von hier gehen nach Norden die North, nach Osten die East, nach Süden die South und nach Westen die West Street ab. An allen vier, in Teilstücken verkehrsberuhigten Sträßchen finden sich Geschäfte, Cafés, Restaurants und Pubs jeder Couleur.

Sehenswertes

Folgt man der North Street vorbei am ehemaligen Stadttor, so hat man nach wenigen Minuten Fußweg das **Chichester Festival Theatre** im Oaklands Park erreicht. Das Schauspielhaus ist weit über die Grenzen der Stadt für seine hervorragenden und künstlerisch eigenwilligen Shakespeare-Aufführungen bekannt. Dieses zu hören verwundert nicht, wenn man weiß, daß *Sir Lawrence Olivier* erster Direktor des Hauses war. Das ganze Jahr über kommen Aufführungen auf die Bühne, doch zwischen Mai und September ist Festspiel-Saison, und dann zieht es viele Briten von nah und fern nach Chichester.

Am Ende der North Street gibt es in der Priory Lane eine große Einkaufsarkade. Nahebei kann man einen **Wall Walk** beginnen, also einen Spaziergang auf der alten Stadtmauer unternehmen.

Am Schnittpunkt der North, East, South und West Pallant Street befindet sich **Pallant House**, ein ehemaliges Weinhandelskontor, das als schönstes Beispiel georgianischer Stadtarchitektur gilt und die Wohnbedingungen des gehobenen Bürgertums im 18. Jh. deutlich macht. Heute befindet sich in den Räumlichkeiten ein bedeutendes Museum zur modernen Kunst (Di-Sa 10-17 Uhr).

Unübersehbar ist die **Kathedrale** der Stadt. Obwohl der mächtige Vierungsturm mit einer fast 100 m hohen Helmspitze dem Betrachter von weitem reinste Gotik signalisiert, ist das Gotteshaus doch weitgehend normannisch, also romanisch gehalten. 1091 begann man mit dem Bau, erste Teilabschnitte konnten 1108 geweiht werden. 1186 brannte das Holzdach ab, die Hitze hatte dem Mauerwerk jedoch keinen nennenswerten Schaden zugefügt, so daß man nur einige gotisierende Restaurierungen im Early-English-Stil vornahm. Im 13. Jh. mauerten die Handwerker den Vierungsturm

I	NW-Turm
II	SW-Turm
III	Langhaus
IV	Vierungsturm
V	Chor
VI	Nördliches Querschiff
VII	Südliches Querschiff
VIII	Retrochor
IX	Marienkapelle
X	Altar
XI	Kreuzgang
1	Statue von Huskisson
2	Bischofsporträts von Lambert Bernard
3	Denkmal für Bischof Story
4	Grab des hl. Richard von Wych
5	Fenster von Marc Chagall
6	Gemälde von Graham Sutherland
7	Reliefs aus dem 12. Jh.
8	Königsporträts von Lambert Bernard
9	Taufbecken von Skelton und Gemälde von Hans Freibusch

Brighton – Portsmouth

hoch, der dann 200 Jahre später seinen hohen und spitzen Helm erhielt. In der Mitte des letzten Jahrhunderts wurde das Gotteshaus umfassend renoviert.

Machen wir uns nun auf einen **Rundgang durch die Kathedrale**: Im nördlichen Seitenschiff steht – in der Kleidung eines antiken Römers – die Statue von *William Huskisson,* der 1830 bei der Eröffnung der *Liverpool and Manchester Railway* das erste Opfer der neuen Verkehrstechnik wurde. Im nördlichen Querschiff zeigen

Geschenk des Bischofs: das Marktkreuz

Gemälde von *Lambert Bernard* die Porträts der Bischöfe von Chichester. Wiederum im nördlichen Seitenschiff ehrt ein Denkmal den Bischof *Edward Story,* der Anfang des 16. Jh. Chichesters prächtiges Marktkreuz errichten ließ. Einige Meter weiter läßt an der nördlichen Seite des Retrochors (das ist der Umgang hinter dem Chorgestühl in der englischen Kathedral-Gotik) ein Glasfenster von *Marc Chagall* Licht ins Dunkel des Gotteshauses. Hinter dem Altarraum liegt der *Hl. Richard* – Mitte des 13. Jh. Bischof der Stadt – zur letzten Ruhe gebettet. In der Südostkapelle hängt das aus dem Jahr 1962 datierende Altargemälde „Noli me tangere" von *Graham Sutherland.* Einige Meter weiter, an der Südwand des Retrochors, sieht man zwei durch Glas geschützte Reliefs aus dem 12. Jh. Das eine zeigt die Erweckung des Lazarus, das andere den Einzug von Jesus in Bethlehem. Auf dem Boden – ebenfalls durch eine Glasplatte geschützt – erkennt man die Reste eines römischen Mosaiks, das 1968 freigelegt wurde. Im südlichen Querschiff hängen als Gegenstück zu den Bischofsporträts im nördlichen Querhaus die Darstellungen der englischen Könige, und zwar beginnend bei *Wilhelm dem Eroberer* bis zu *Heinrich VIII.;* auch diese Gemälde stammen von *Lambert Bernard.* Im Südwestturm schließlich befindet sich das Taufbecken, das *John Skelton* 1983 schuf, und ein Gemälde von *Hans Freibusch,* das die Taufe Christi zeigt (1952).

Einen Steinwurf nur gen Süden erstreckt sich entlang vieler kleiner Buchten und rund um etliche kurze Halbinseln das **Chichester Harbour** genannte Seegebiet, wo Freunde des Wassersportes auf ihre Kosten kommen.

Nahebei, ca. 3 km westlich, zwischen der Stadt und dem Meer gelegen, darf man einen Besuch im **Römischen Palast von Fishbourne** nicht auslassen (März bis Nov. 10-17 Uhr). Das größte je in England ausgegrabene römische Haus wurde um 80 n. Chr. erbaut und fiel rund 190 Jahre später einem verheerenden Brand zum Opfer. Über 100 Räume gruppierten sich einst um einen großen Innenhof. Interessant sind vor allem die Mosaike.

In Fishbourne spielt der Roman „The History of Mr. Polly" (1910), die Geschichte eines Stoffhändlers, in dem *H. G. Wells*, der Vater der „Zeitmaschine", Autobiographisches beschrieben hat, nämlich seine eigenen Erlebnisse als junger Lehrling in einem Textilgeschäft in Portsmouth („... die schrecklichste Zeit meines Lebens ...").

Praktische Hinweise

Tourist Information
● South Street, Tel. 01243-775888

Unterkunft
● **Suffolk House Hotel,******, East Row, Tel. 01243-778899
● **Riverside Lodge, **,** 7 Market Avenue, Tel. 01243-783164
● **Camping:** Wicks Farm Caravan & Camping Farm, Redlands Lane, West Wittering, Tel. 01243-513116, von Chichester die A 286 gen Süden, weiter auf der B 2179 auf das Dörfchen West Wittering zu, kurz vor dem Ort rechts ab in die Redlands Lane

Restaurants, Cafés und Pubs
● **Platter's Restaurant,** Southgate, bestes Haus am Platze, Drei-Gänge-Menü 14 £, à la Carte 10 – 15 £
● **White Horse,** South Street, gemütlicher alter Pub mit Bleiglasfenstern und schwarzer Fachwerkfassade, beeindruckende Palette an Snacks zur Lunch-Zeit
● **The Medieval Crypt,** South Street, kleine Brasserie mit guten Snacks
● **Pub The Hogshead,** South Street, mit Biergarten
● **Pizza Express,** South Street, Pizzas und Pastas um 7 £
● **Pub The Hole in the Wall,** St. Martin's Street (off East Street), kleine, ganztägig geöffnete Kneipe
● **The Old Cross,** North Street, sehr großer alter Fachwerk-Pub mit schönen Bleiglasscheiben, traditioneller Pub-Atmosphäre und vielen Snacks zur Lunch-Zeit
● **The George and Dragon,** North Street, kleine Kneipe
● **Punch House,** East Street, kleiner alter Pub mit Bleiglasfenstern
● **Confuzius,** chinesisch, Cooper Street, off South Street

Rent-a-Bike
● **Daughtry's,** The Hornet (Verlängerung der East Street).

Verbindung
● Mit **Zügen** im Verbund des Network Southeast und **Bussen** des National Express in alle Landesteile.

„Wenn die Engländer lachen, gähnen die Franzosen."

Antoine de Rivarol, „Rede über die Universalität der französischen Sprache", 1784

Brighton – Portsmouth

Portsmouth
– Flagship of Maritime England

Erst Ende des 15. Jh. ließen die örtlichen Autoritäten den sicheren Naturhafen von Portsmouth befestigen und eine große Werftanlage mit einem Trockendock errichten. Seit den Zeiten dann von *Heinrich VIII.* ist der große Hafen von Portsmouth Englands **wichtigster Marinestützpunkt**.

Zwei große **Katastrophen** ereigneten sich vor den Toren des Hafens: Am 19. Juli 1545 kenterte die Mary Rose, das stärkste Kriegsschiff von *Heinrich VIII.*, beim Auslaufen vor den Augen des entsetzten Königs; 700 Mann ertranken. Schlimmer noch war das Unglück am 29. August 1782; da sank das Flaggschiff Royal George mit 1.000 Mann an Bord.

Lord Horatio Nelson lief am 14. September 1805 mit seiner HMS *Victory* von Portsmouth Harbour aus, um die Seeherrschaft der Franzosen ein für allemal zu brechen; das gelang ihm in der Schlacht von Trafalgar. (HMS bedeutet *Her Majesty Ship*; alle Kriegsschiffe im Vereinigten Königreich gehören ihrer Majestät; darüber hinaus sind Schiffe, wie es sich für eine seefahrende Nation gehört, verehrungswürdige Objekte und daher weiblichen Geschlechts: The Victory – she was the flagship of King George's war fleet*)*

Am 1. Mai 1661 machte sich der Flottenbeamte und Tagebuchschreiber **Samuel Pepys** auf eine Dienstreise und notierte: „Nach Portsmouth, das mir ein stattlicher und angenehmer Ort zu sein scheint. Mit Mrs. Creed auf den Wällen rings um die Stadt gegangen. Dann zurück zu unserem Gasthof. Dort empfingen mich die Angestellten der Werften mit großem Respekt."

Zwar nicht mehr stattlich, dafür aber angenehm ist es heutzutage nur noch in der kleinen Altstadt an der Hafeneinfahrt und in **Southsea**, in dem Seebad, in das Portsmouth nahtlos übergeht. Von der Hafeneinfahrt kann man sehr schön oben auf den ehemaligen Befestigungswällen entlang der Meeresfront nach Southsea flanieren.

Portsmouth ist ansonsten eine **gesichtslose Großstadt**, die sich nach verheerenden Bombenangriffen im Zweiten Weltkrieg im Einheitsgrau der Betonarchitektur präsentiert und keinerlei Atmosphäre hat.

Dafür ist nirgendwo sonst die maritime Vergangenheit Großbritanniens besser präsent als in Portsmouth, das sich selbst mit dem Beinamen FLAGSHIP OF MARITIME **England** ziert, und der Besucher ist gut beraten, mit viel Zeit und Muße in die Tiefen britischer Seefahrerei einzusteigen.

Sehenswertes

Allererster Anlaufpunkt ist der **Historic Dockyard** (tgl. 10-17.30 Uhr) im Hafengebiet. Hier locken drei Schiffe aus ruhmreicheren Tagen zur Besichtigung.

Direkt am Eingang des Hafenareals dümpelt **HMS Warrior** am Kai, als erstes stahlbewehrtes Kriegsschiff 1860 vom Stapel gelaufen. Mit seiner Panzerung, den schnell von hinten zu

- ★ 1 Geburtshaus von Charles Dickens
- Ⓜ 2 Historic Dockyard und
       Royal Navy Museum
- ❶ 3 Tourist Information
- ● 4 Fähren zur Isle of Wight
- ❻ 5 Pub Spice Island Inn,
       Pub + Restaurant Still
       and West Country House
- ❻ 6 Pub The Wellington, Pub Sallyport,
       Pub + Restaurant Moncks Bar
- ❻ 7 Pub Dolphin,
       Pub Duke of Buckingham
- ❻ 8 Restaurant The Lemon Sole
- ❻ 9 Restaurant Shortie's
- ★ 10 Clarence Pier mit Dauerkirmes
- Ⓜ 11 D-Day Museum
- ★ 12 Southsea Castle
-    13 South Parade Pier
- Ⓜ 14 Royal Marine Museum

Brighton – Portsmouth

ladenden Kanonen und der kräftigen Dampfmaschine stellte es eine gefürchtete Waffe dar und war Britanniens Antwort auf die Flottenbaupläne der ambitionierten Franzosen. *Napoleon III.* war sich ganz offensichtlich der Kampfkraft bewußt, denn er soll HMS Warrior als „eine schwarze Schlange unter Kaninchen" bezeichnet haben.

Hauptanziehungspunkt im Hafengebiet ist jedoch Nelsons Flaggschiff **HMS Victory**, 1758, im Geburtsjahr des großen maritimen Strategen auf Kiel gelegt und sieben Jahre später vom Stapel gelaufen.

HMS Victory ist – so wie sie im Dock von Portsmouth liegt – uneingeschränkt seetüchtig und offizielles Flaggschiff des *Commander-in-Chief Naval Home Command*!

Neben der Victory sind in einer Klimahalle die Reste der **Mary Rose** aufgebaut. Der Stolz der Kriegsmarine von *Heinrich VIII.* führte eine Streitmacht gegen die vor Portsmouth kreuzenden Franzosen an, segelte in voller Kampfesstärke in den Solent ein, krängte hier im Wind stärker als erwartet und zog durch die Geschützluken innerhalb von Sekunden Tausende von Hektolitern Seewasser. Vor den Augen des Königs soff das Schiff wie ein Stein ab. 1982 wurde der guterhaltene Rumpf der Mary Rose gehoben. In der Klimahalle ist eine Längsseite des Schiffes zu besichtigen. Konstante 5 °C und ein feiner Seewassersprühregen halten die Schiffsplanken solange unter Meereskonditionen, bis die Restauratoren geeignete Konservierungstechniken entwickelt haben. Ohne diese Maßnahmen wären die Holzplanken schon lange zerfallen.

Nahebei kann man in einem kleinen Museum eine Vielzahl von Ausrüstungsgegenständen besichtigen, die zusammen mit dem Rumpf gehoben wurden.

Im **Royal Naval Museum**, das in einer Reihe von einstigen Speicherhäusern eingerichtet ist, zeigen eine Vielzahl weiterer Exponate vom Mittelalter bis heute Englands Geschichte als seefahrende Nation.

Ein weiteres martialisches Ausstellungsgebäude findet der interessierte Amateurkriegshistoriker im mit Portsmouth zusammengewachsenen Seebad Southsea. Das **D-Day Museum** (tgl. 10.30-17.30 Uhr) in der Clarence Esplanade, nahe von Southsea Castle, läßt die Invasion der Alliierten während des Zweiten Weltkriegs noch einmal lebendig werden. Am 6. Juni 1944 setzten die Alliierten vor der Küste der Normandie 160.000 Soldaten an Land. Damit hatte das größte Landungsunternehmen aller Zeiten begonnen. Anhand von Originaldokumenten, Filmbeiträgen und vielen anderen Exponaten wird das Interesse der Briten an der *Operation Overlord* wachgehalten, die mit dem Code-Wort D-Day begann. Oh, what a lovely war!

Prunkstück der Ausstellung ist der mehr als 80 m lange Wandteppich *Overlord Embroidery*, in den die militärischen Operationen eingestickt sind. Fünf Jahre haben Mitglieder der *Royal School of Needlework* an dem guten Stück gearbeitet. Der Riesengobelin ist als Pendant zum Teppich von das **Royal Marines Museum**; hier wird die Geschichte der britischen Elitetruppe von ihren Anfängen bis zum Falkland-Krieg erzählt.

Nach so viel Schlachtengetöse eilt der Feingeist nun in die Commercial Road 393, in das Haus, in dem **Charles Dickens** am 7. Februar 1812 geboren wurde. Ein kleines **Museum** würdigt Leben und Werk des sozialkritischen Dichters.

Dickens ist jedoch nicht der einzige Autor, den Portsmouth vorzuweisen hat. **H. G. Wells** (1866-1946), der „Erfinder" der Zeitmaschine, arbeitete als junger Mann in der St. Paul's Road in einem Textilgeschäft, zog sich in jeder freien Minute hinter einen Tuchballen zurück, las und bildete sich weiter.

Im September 1882 öffnete **Arthur Conan Doyle** (1859-1930) in Bush Villas Nr. 1 eine Arztpraxis; fünf Jahre später erschien sein erster Roman „A Study in Scarlet" (dt. „Späte Rache"), in dem Sherlock Holmes – benannt nach zwei bekannten Cricketspielern – zum ersten Mal auftritt. Den Dr. Watson, der dem Detektiv zur Seite steht, modellierte Doyle nach dem Arzt *Dr. James Watson,* dem Präsidenten der literarischen und naturwissenschaftlichen Gesellschaft von Portsmouth.

Bayeux gedacht; zeigt jener die normannische Invasion Englands im Jahre 1066, so hat seine moderne Entsprechung das gegenteilige Thema zum Inhalt.

Spaziert der Besucher über die Esplanade von Southsea weiter nach Osten, so kommt er an **Southsea Castle** vorbei – von hier beobachtete *Heinrich VIII.* den Untergang seiner *Mary Rose.*

Ein Stückchen weiter dann passiert man den South Parade Pier und das Vergnügungsbad Pyramid Centre und stößt dann in den Eastney Barracks auf

Hölzerner Riese: Galionsfigur

Praktische Hinweise

Tourist Information

● **The Hard** (neben dem Historic Dockyard), Tel. 01705-826722
● **Commercial Road**, Tel. 01705-838382
● **Ferry Port,** Tel. 01705-838635
● **Pyramids Centre**, Clarence Esplanade, Southsea, Tel. 01705-832464

Brighton – Portsmouth

Lord Nelson, die Victory und die Schlacht von Trafalgar

Die Victory, ein Dreimaster, ist 62 m lang, 15,5 m breit und erreichte bei gutem Wetter unter vollen Segeln eine Geschwindigkeit von 8 Knoten (knapp 15 km/h). Über 41 km an Seilen sicherten die drei Masten und die insgesamt 1,6 ha oder 16.000 m² an Segelfläche. Das doppelte Steuerrad der Victory wurde unter normalen Wetterkonditionen „nur" von vier, bei Sturm von acht Mann bedient.

Die Victory hatte im Unterdeck 30 **Kanonen** des Kalibers 32 Pfund, im Mitteldeck 28 Vierundzwanzigpfünder, auf dem Oberdeck 30 und dem Achterdeck zwölf Zwölfpfünder sowie auf dem Vorderdeck zwei Achtundsechzigpfünder und zwei Zwölfpfünder. Die 68er Mörser waren für kurze Entfernungen konzipiert und richteten verheerende Schäden an. Eine Kugel aus einem Zweiunddreißigpfünder durchschlug noch nach 1,5 km Flug 60 cm dicke Eichenbalken.

850 Mann **Besatzung** waren nötig, um das Schiff kampftüchtig zu halten. Allein eine Kanone des Kalibers 32 benötigte eine Crew von 12 Personen; hinzu kam noch der Pulverjunge, *Monkey* genannt, der das Schießpulver aus verständlichen Sicherheitsgründen für jeden einzelnen Schuß aus den tief im Innern des Schiffes gelegenen, besonders geschützten *Hanging Magazines* holte.

Die **Geschützmannschaften** waren derartig gut gedrillt, daß die Victory alle 90 Sekunden eine volle Breitseite feuern konnte. In der Schlacht von Trafalgar war der besiegte Admiral *Villeneuve* voll des Lobes über die Kampfdisziplin der Briten. Die Franzosen brauchten mehr als doppelt so lange, um ihre Kanonen wieder schußbereit zu machen; dies gab den Briten eine überlegene Feuerkraft.

Die **englischen Seeleute** galten zudem als die besten der Welt; bei dem Befehl *Clear for Action*, „Fertig zum Gefecht", war ein Kriegsschiff von der Größe der Victory in weniger als zehn Minuten kampftauglich. Und das mit Mannschaften, die entweder *shanghait*, also entführt und zum Dienst gezwungen worden waren, oder aber anstelle einer Gefängnishaft sich freiwillig zur See gemeldet hatten. Eine derartig unzufriedene, wenig motivierte Truppe konnte nur durch eine mörderische Disziplin und durch drakonische Strafen in Zucht und Ordnung gehalten werden, und in der Tat waren die britischen Marinegesetze und ihre praktischen Auswirkungen die brutalsten in ganz Europa.

Gegessen und geschlafen wurde auf allen drei Decks zwischen den Kanonen; allein im Unterdeck aßen und schliefen 550 Mann. Dabei bekam jeder Matrose eine „Schlafbreite" von 14 inch = 35,5 cm zugestanden. In Friedenszeiten hingen Tischplatten an Seilen von der Decke, und einfache Bänke dienten als Sitzgelegenheiten. Drei Mahlzeiten gab es pro Tag; morgens Porridge aus Weizenmehl mit einem Schlag Fett, mittags gepökeltes Schweine- oder Rindfleisch mit getrockneten Erbsen und Schiffszwieback und abends Zwieback mit Käse und Butter. Auf jedem Deck befanden sich große Fässer, in denen schon nach einigen Tagen auf See das faulende Wasser stank; nach einer zeitgenössischen Quelle hatte dieses wichtigste aller Lebensmittel eine „Farbe von der Borke eines Birnenbaums, mit Maden und Rüsselkäfern darin". Ähnliches wird vom Schiffszwieback berichtet, „der den Schlund ganz eisig werden ließ, wenn man ihn herunterschluckte, weil die Maden sehr kalt waren, und der wie Kalbspfote in Aspik oder wie ein glibbriger Wackelpudding schmeckte."

Die einzige Freude der hart arbeitenden Seeleute war die täglich ausgegebene **Rum-Ration**. Pro Mann gab es einen Viertelliter, der in einem großen Hieb weggeschluckt werden mußte; so hatten die Matrosen keine Möglichkeit, den Alkohol zu horten und für ein großes Besäufnis aufzusparen.

Bänke und Tische ließen sich vor einem Kampfeinsatz leicht forträumen und verstauen. Abends hängten die Männer dann ihre **Hängematten** an die Decke, des Morgens wurden sie zu einem Bündel zusammengerollt. Die Brücke, also das hintere erhöhte Deck, der Ort, von dem die Offiziere ihre Befehle gaben, war mit Netzen eingefaßt. Drohten Kampfhandlungen, so kamen die zu Würsten gerollten Hängematten dort hinein und dienten als Splitterschutz.

Die Victory erlangte besondere Berühmtheit als Flaggschiff der englischen Flotte, die in der **Schlacht vor Trafalgar** die französisch-spanische Armada besiegte und damit die englische Vorherrschaft auf den Weltmeeren errang.

Am frühen Morgen des 21. Oktober 1805 sichtete Nelsons Flotte die französischen Schiffe vor dem südspanischen Kap Trafalgar. Napoleons maritime Streitmacht war wesentlich stärker als die britische; die Franzosen konnten sieben Schiffe mehr in die Schlacht führen. Um 7 Uhr gab Nelson den Befehl Prepare for Battle, dann formierten sich die Flotten zu Kampfverbänden. Als die Schiffe noch 2,5 km voneinander entfernt waren, sagte Nelson zu seinem Adjutanten: „Ich werde die Flotte jetzt mit einem Signal erfreuen!" Und dann ließ er den Spruch übermitteln, der jedes englische Schulkind kennt. „England expects that every man will do his duty" (England erwartet, daß jeder Mann seine Pflicht tut). Um 12.40 Uhr eröffnete die Victory eine **erste Breitseite** auf das französische Flaggschiff Bucentaure. Die Kanonade aus 52 Geschützen richtete verheerende Schäden an, tötete an die 200 Franzosen und ließ das Schiff des Admirals Villeneuve manövrierunfähig zurück. Dann durchbrach die Victory den feindlichen Verband, gefolgt von weiteren britischen Schiffen, die ihre Breitseiten auf die Franzosen abfeuerten. Eine parallel zur Victory segelnde britische Streitmacht durchbrach an einer weiteren Stelle die Linie, so daß die Flotte der Franzosen in drei Teile gespalten war und nicht mehr synchron kämpfen konnte.

Um 13.25 Uhr, 45 Minuten nachdem die Victory das Feuer eröffnet hatte, wurde **Nelson** von der Musketenkugel eines Mastschützen **getroffen**. Rasch brachten einige Offiziere den Admiral – der sich sein Taschentuch vor das Gesicht hielt, damit seine Männer nichts vom Ausfall ihres obersten Schlachtenlenkers sahen – unter Deck. Doch der Schiffsarzt konnte nichts mehr für ihn tun. Als die Kämpfe vorbei waren, kam Thomas Hardy, der Kapitän der Victory, hinunter, gratulierte Nelson zu seiner erfolgreichen Taktik und meldete die Versenkung oder Zerstörung von 15 französischen Schiffen. „Das ist gut", soll Nelson geflüstert haben, „doch hatte ich eigentlich mit 20 gerechnet." Und so verschied der Held von Trafalgar.

Den weitaus meisten Engländern galt sein Tod übrigens als göttliche Strafe für sein langjähriges Verhältnis mit Lady Emma Hamilton, der Frau des britischen Gesandten in Neapel.

Die sterblichen Reste des Admirals wurden in der St. Paul's Cathedral beigesetzt.

04-Sies Foto: hs

Noch heute beeindruckend: HMS Victory

Brighton – Portsmouth

Unterkunft

- **Forte Posthouse Hotel, ******, Pembroke Road, Tel. 01705-827651, Fax 756715
- **Keppel's Head Hotel, *****, The Hard, Tel. 01705-833231, Fax 838688
- **Solent Hotel, *****, 14 South Parade, Southsea, Tel. 01705-875566, Fax 872023
- **Westfield Hall Hotel, *****, 65 Festing Road, Southsea, Tel. 01705-826971, Fax 870200
- **Bed and Breakfast:** The Elms Guest House, 48 Victoria Road, Southsea, Tel. und Fax 01705-823924; Hamilton House, 95 Victoria Road North, Southsea, Tel. und Fax 01705-823502; Oakdale Guest House, 71 St. Ronan's Road, Southsea, Tel. und Fax 01705-737358; Oakleigh Guest House, 48 Festing Grove, Southsea, Tel. 01505-812276; Newleaze Guest House, 11 St. Edward's Road, Southsea, Tel. 01705-832735; Fairlea Guest House, 19 Beach Road, Southsea, Tel. 01705-733090
- **Jugendherberge:** Old Wymering Lane, Tel. 01705-375661
- **Camping:** Southsea Caravan Park, Melville Road, Southsea, Tel. 01705-735070.

Restaurants, Café und Pubs

- **Bistro Montparnasse**, 103 Palmerstone Road, Southsea, bestes Haus am Platze, u. a. täglich frischer Fisch, 100 Weine im Angebot, 25-36 £
- **Sallyport**, Broad Street, in der Altstadt, am Fischer- und Yachthafen, an der Hafeneinfahrt, eine gemütliche Teestube mit guten Snacks, befindet sich in einem Haus aus dem 17. Jh. und wurde in der Lokalpresse mehrfach hochgelobt
- **The Old Slipway Café**, Broad Street, mit kleinem Restaurant, um 5 £
- **Spice Island Inn,** am Ende der Braod Street, Bath Place, mit schönem Blick auf die Hafeneinfahrt und die regelmäßig zur Isle of Wight verkehrenden Fähren; in früheren Tagen lag dieser Bereich von Portsmouth außerhalb der Stadtmauer, und die Ratsherren hatten hier nichts zu sagen; so drängelten sich im 17. Jh. an dieser Stelle rund 40 Kneipen, übriggeblieben davon sind nur noch *Spice Island* und das *Still and West*.

- **Still and West Country House**, Bath Square, Seaside Pub aus dem Jahre 1700, Restaurant im ersten Stock, um 7 £
- **The Lemon Sole,** 123 High Street, kleines, sehr gemütliches und gutes Seafood-Restaurant mit Preisen zwischen 10 und 15 £;
- **Le Café India,** High Street, preiswerte indische Gerichte
- **The Wellington**, High Street, Pub mit Biergarten
- **Sallyport Inn,** High Street, Free House, mit angeschlossenem Restaurant, bis 10 £
- **Monck's Bar**, High Street, Free House, mit angeschlossenem Restaurant, 10 £
- **The Dolphin**, High Street, in einem alten, efeugeschmückten Fachwerkhaus
- **Duke of Buckingham**, High Street, Free House
- **Shortie's**, Jubilee Terraces, Filetsteak 10 £

Verbindung

- **Mit Zügen** im Network Southeast und mit **Bussen** des National Express in alle Landesteile.
- **Auto- und Personenfähren** zu den Spitzenzeiten im Halbstundentakt zur Isle of Wight. Anlegestelle: The Hard (ausgeschildert; nahe dem Historic Dockyard)

Rent-a-Bike

- **Butler's,** Higland Road, Southsea.

Im Rahmen seiner Bemühungen um eine Rechtschreibreform hielt *George Bernard Shaw* den Sprachexperten eines Tages das Kunstwort „ghoti" entgegen und erklärte, daß es nur in der englischen Sprache wie „Fisch" ausgesprochen werden könne. Die überraschende Erklärung des Meisters : Das „gh" kann man als „f" wie in *tough* oder *rough*, das „o" als „i" wie in *women* und das „ti" als „sch" wie in *Nation* artikulieren. Ergebnis: Fisch!

Isle of Wight – England im Kleinen

Die Isle of Wight ist seit 1890 eine eigenständige Grafschaft und Großbritanniens kleinstes County. Von Nord nach Süd mißt die Sonneninsel 20 km, von West nach Ost 35 km; der Inselgarten Englands umfaßt eine Fläche von 380 km² und zählt 129.000 Einwohner.

Das sympathische Eiland bekommt von allen britischen Landstrichen jährlich den meisten Sonnenschein ab. Lange Sandstrände, kleine, überschaubare Seebäder ohne großen Ferienrummel, romantische Dörfer mit reetgedeckten Cottages, steil abfallende Kreideklippen und im Inselinnern eine grüne, leicht gewellte Landschaft sind weitere Markenzeichen. Es heißt, die Isle of Wight sei ein verkleinertes Abbild Englands; alles, was es dort im Großen gibt, ist hier in einer Miniaturausgabe ebenfalls vorhanden.

Wenn möglich, so sollte man durchaus zwei oder drei Tage auf der Insel verbringen, dort **wandern** (800 km an Wanderwegen) oder eine Umrundung mit dem Fahrrad unternehmen. Auch wer **mit Kindern** unterwegs ist, wird Wight schätzen, denn viele Dörfchen und Seebäder haben kinderfreundliche Attraktionen im Angebot.

Anreise

Leider ist eine Überfahrt zur Isle of Wight eine teure Angelegenheit. Ein fünf Tage gültiges Ticket für die Hin- und Rückfahrt kostet für einen normalen Pkw samt Fahrer und drei Insassen in der Hauptsaison 57 £.

Isle of Wight

- Die **Autofähre** von Portsmouth benötigt 25 Minuten für die Überfahrt und legt beim Weiler Fishbourne an.
- Die **Passagierfähre** ist zehn Minuten schneller und dockt am langen Pier von Ryde an.
- Von der Clarence Esplanade in Southsea starten die **Hovercrafts**, die noch einmal fünf Minuten schneller sind und ebenfalls in Ryde ins Terminal rauschen.
- Wer nicht mit dem eigenen Auto übersetzt und auch für eine Fahrraderkundung nicht genügend Zeit mitbringt, der kann mit den doppelstöckigen **Bussen** der Linie 7 und 7 A des Nahverkehrsunternehmens *Southern Vectis* (*Vectis* nannten die Römer die Isle of Wight) auf der Küstenstraße rund um die Insel gelangen. Die Busse verkehren im Stundentakt, so daß für Besichtigungen in den Dörfern und Städtchen genügend Zeit bleibt; eine vollständige Umrundung ohne Stopps dauert vier Stunden.

Ryde

Ryde, mit 30.000 Einwohnern die **Metropole der Sonneninsel**, hat sich den Beinamen *Gateway to the Garden Isle* gegeben.

Ein langer, 1815 erbauter, fast 1 km weit ins Meer reichender **Pier** dominiert an der Seefront. Doch dient er nicht wie anderswo den Vergnügungen der Sommergäste, sondern fungiert als Anlegestelle für die Fähren, die bei Ebbe sonst keine Passagiere anlanden könnten. Ein restaurierter Untergrundzug der Londoner **Tube** rattert immer dann bis an die Spitze, wenn die Personenfähre von Portsmouth

Fährmann hol über!

festmacht und die Pendler heimbringt. Die *Tube* verkehrt weiter die Westküste entlang bis zum Seebad Shanklin.

Kunsthistoriker wird es interessieren, daß die **All Saint Church** mit ihrem alles überragenden Turm unter der Bauaufsicht des bekannten Architekten *Sir Gilbert Scott* errichtet wurde. *Scott* zeichnete in London u.a. für das neogotische Albert Memorial und für die reich mit Jugendstilelementen geschmückte Battersea Power Station verantwortlich.

Überall in Ryde findet man noch georgianische Häuserzeilen und viktorianische Architektur; so etwa die **Victorian Arcade** an der Hauptgeschäftsstraße Union Street, eine schöne, Einkaufspassage aus dem Thronjahr *Königin Viktorias.*

Ein amerikanischer Autor, der Ryde um 1830 besuchte, vermerkte über das Seebad: „It is a place of baths, boarding houses und people of damaged constitution, with very select society, and quiet and rather primitive habits." („Der Ort besitzt Bäder, Pensionen und Leute mit schlechter Gesundheit aus den unteren Gesellschaftsschichten, die ruhige, aber nichtsdestotrotz primitive Verhaltensweisen zeigen.")

Pubs und Restaurants

- In Union Street/Ecke Yelf's Road lockt das **Free House Yelf's.**
- Daneben, im **Yelf's Hotel**, speist man ganz gut im Restaurant.
- Im **Royal Squadron** gibt es während der Saison an den Wochenenden eine Disco bis 1 Uhr.
- **Ryde Tandoori Restaurant Koh-i-noor**, Union Street, preisgünstige indische Küche

- Die Taverne **The Redan** liegt in der Union Street und überzeugt mit einer klassischen Pub Atmosphäre in einem schönen alten Fachwerkhaus.
- Sehr gut ist das Restaurant im Hotel **Ryde Castle** an der Esplanade.
- **Weitere Pubs** und Billigrestaurants in Union und Castle Street.

Seaview

Einen Steinwurf nur entfernt von Ryde schmiegt sich der Weiler Seaview an das Meeresgestade. Wie der Name verspricht, hat man gute **Ausblicke über die See** und auf die in den Solent einfahrenden, nach Portsmouth und Southamptom zustrebenden Frachter. Wer Ruhe und Muße sucht, ist in Seaview mit seinen schmalen und verwinkelten Gassen am richtigen Platze.

The Old Fort Inn, ein Free House mit angeschlossenem Restaurant an der Esplanade, sorgt für leibliche Genüsse. Nahe beim Örtchen befindet sich ein großer **Flamingo Park**, in dem Tausende der rosa Wasservögel gelangweilt auf einem Bein stehen und hochmütig in die Gegend schauen.

Bembridge

Nur wenige Minuten Fahrt, und Bembridge ist erreicht. Hier lockt das **Maritime and Shipwreck Museum** (März bis Okt. tgl. 10-17 Uhr) und zeigt Ausstellungsstücke von Schiffen, die vor der Isle of Wight gestrandet sind.

Das ehemalige Fischerdörfchen hat eine lange Seefahrtstradition und be-

Isle of Wight

saß früher einige Werften, die sehr schnelle Küstensegler fertigten. Diese erfreuten sich großer Beliebtheit bei den **Schmugglern** der Insel, und die Auftragsbücher der kleinen Schiffsbaufirmen waren voll. Es heißt, daß die Freihändler von Bembridge ganz besonders dreist zollpflichtige Waren bei Nacht und Nebel anlandeten und auch zahlenmäßig die größte Schmugglerbande der Insel stellten.

In der Bembridge School gibt es die **John Ruskin Gallery,** in der Gemälde, Zeichnungen, Briefe und Manuskripte ausgestellt sind. *Ruskin* (1819-1900), Dichter, Maler, Architekt, Kunstmäzen und ein scharfer Gesellschaftskritiker, ist nie auf Wight gewesen; *Howard Whitehouse*, Herausgeber der Ruskin-Tagebücher, hat die Ausstellungsstücke zusammengetragen (Besichtigung nur auf Wunsch, man wähle Tel. 872101 und frage nach der Ruskin Gallery).

Ein Stückchen außerhalb des Dorfzentrums dreht die letzte verbliebene **Windmühle** der Insel ihre Flügel; die Mühle wurde um das Jahr 1700 erbaut und ist heute im Besitz des National Trust (April bis Okt. tgl. außer Sa, Juli/Aug. auch Sa, 10-17 Uhr).

Pubs und Restaurants

● In der Sherborne Street, gegenüber vom Seefahrtsmuseum, gibt es das kleine Restaurant **The Square Rigger** (um 8 £).
● In einem schönen Puppenstubenhäuschen in der High Street ist der Pub **Ye Olde Village Inn** untergebracht – und das seit dem Jahr 1787.
● Daneben lädt das chinesische Restaurant **Jade Garden** mit Preisen um fünf Pfund zu Tisch.

Brading

Von Bembridge geht es weiter nach Brading, das mit vollem Titel *The Kynges Town of Bradynge* heißt – *Eduard I.* verlieh 1285 die Stadtrechte – und eine der ältesten Siedlungen auf der Insel ist. Schon in der Bronzezeit war die Region um das heutige Brading besiedelt, und auch die Römer waren vor Ort. 1880 entdeckten Archäologen in Brading die Reste einer großen **römischen Villa** aus den Jahren um 300 n. Chr. Unterschiedliche Bodenmosaike – eines zeigt den Kopf der Medusa – und Fußbodenheizungssysteme sind besonders interessant (April bis Sept. Mo-Sa 10-17.30, So 10.30-17.30 Uhr). Nahebei ist der Pub Angler's Rest für Besucher mit durstigen Kehlen und leeren Mägen ein willkommener Anblick.

Das Innere der **Kirche von Brading,** die aus dem 12. Jh. stammen soll, ist so uninteressant nicht. Dort zeigt eine lebensgroße Grabfigur den lokalen Adligen *Sir John Oglander,* der lang hingestreckt auf der Seite liegt, den Kopf auf die Hand gestützt, und mit äußerst zufriedenem Gesichtsausdruck in die Ferne schaut. In einer Nische oberhalb des Denkmals befindet sich die Vorlage, nach der der Holzschnitzer die große Figur gearbeitet hat. Herzerweichend ist das kleine Denkmal, das die im Alter von 15 Monaten gestorbene Elizabeth Rollo friedlich schlummernd auf einer Knopfmatratze zeigt.

Um die Kirche herum gibt es ein **Wachsfigurenkabinett** (with a realistic Chamber of Horrors as a free optional extra) in einem Haus, das im Jahr 1066 erbaut und einmal im Besitz von *Heinrich VIII.* gewesen sein soll (März bis Sept. tgl. 10-22 Uhr, Okt. bis April tgl. 10-17 Uhr).

Pub

● Für Speise und Trank kann man in der High Street im Pub **The Bugle Inn** einkehren, der eine Schanklizenz aus dem Jahr 1314 besitzt; wie es heißt, soll der Wirt *Karl I.* vor den Häschern *Cromwells* in einem geheimen Schrank versteckt haben.

Typisch für die Isle of Wight: reetgedeckte Häuser

Culver Cliffs

Von Brading aus führt eine Stichstraße hoch zu den Culver Cliffs (Ausschilderung Culver Downs), von denen man gen Norden einen phantastischen Blick auf den Solent und die südenglische Küste hat und im Süden auf die langen Strände von Sandown und Shanklin schaut.

Am höchsten Punkt ehrt ein 1849 errichteter **Obelisk** *Charles Pelham,* 1. Earl of Yarborough, den Initiator der *Royal Yacht Squadron* von Cowes (s.u.). Nahebei schreckte **Fort Culver** (Privatbesitz, nicht zu besichtigen), Mitte des letzten Jahrhunderts erbaut, Invasoren ab.

Isle of Wight

Sandown und Shanklin

Nur wenige Minuten Fahrt, und die zwei zusammengewachsenen Seebäder Sandown und Shanklin sind erreicht. **Sandown** ist eine alte Ansiedlung und bereits im „Domesday Book", dem direkt nach der Invasion von 1066 angelegten Katasterwerk, erwähnt. Der breite Strand ist im Norden und Süden von hohen Klippen

eingerahmt, in der Mitte jedoch führt flaches Land bis ins Inselinnere.

Eine solche landschaftliche Formation zieht feindliche Invasoren an und macht heimische Militärs nervös. Schon *Heinrich VIII.* ließ im Rahmen seines Küstensicherungsprogramms 1537 eine erste **Festung** erbauen, die jedoch bald vom Meer verschlungen wurde. 1632 folgte ein zweites Fort, doch auch dieses stand zu nahe am Strand; es wurde abgetragen und durch eine dritte Anlage ersetzt. Diese Befestigung ist heute in den **Zoo** von Sandown integriert, der Raubkatzen aller Art besitzt und auf Schlangen spezialisiert ist (Be photographed with a friendly snake and get a certificate to prove it – wozu braucht man ein Zertifikat, fragt sich der geneigte Zoobesu-

Blick von den Culver Downs über die Strände von Sandown

051es Foto: hs

cher, einen besseren Beweis als ein Foto kann es doch gar nicht geben?)

Bei schlechtem Wetter lohnt sich auch ein Besuch im **Geologischen Museum** in der High Street; dort wird man auf unterhaltsame Art und Weise mit der erdgeschichtlichen Situation der Insel vertraut gemacht. *Charles Darwin* (1809-1882) arbeitete hier kur-

Am Shanklin Beach

ze Zeit an seinem epochemachenden Werk „On The Origins of Species" (dt. 1899, „Über den Ursprung der Arten").

Während der Saison gibt es von Ostern bis Ende September jeden Montag einen großen **Markt** an der Culver Parade.

Der Strand von Sandown – von dem aus man gute Ausblicke auf die weißen Culver Cliffs hat – ist leichter zugänglich als das sandige Gestade von **Shanklin,** denn dort steigt eine steile Klippe auf. So gelangt man vom hochgelegenen Shanklin aus mit einem Fahrstuhl an der East Cliff Promenade sozusagen in einem Rutsch hinunter an die Meeresfront.

Überhaupt sollte man die **East Cliff Promenade** in Ruhe und Muße ent-

Isle of Wight

langspazieren, denn von dort oben hat man eine phantastische Aussicht auf das türkisblaue Meer, auf Ozeanriesen und kleine Yachten mit ihren schneeweißen Segeln, die auf den Solent zulaufen, auf die langen, sanft geschwungenen Sandstrände und die hochaufragenden Kreideklippen.

Obwohl in einem Herbststurm des Jahres 1987 Shanklin-Pier von den Wellen in Stücke gehauen wurde, hat der Schwesterort von Sandown immer noch genügend zu bieten. Allererste Attraktion ist die 1817 der Öffentlichkeit zugänglich gemachte **Shanklin Chine**, eine tiefe, in Jahrmillionen vom Wasser ausgewaschene Klamm. (Im übrigen Großbritannien ist die Bezeichnung für eine Klamm *Gorge*, nur auf der Isle of Wight heißen sie *Chine*.)

In den vergangenen Jahrhunderten diente die Schlucht Schmugglerbanden als versteckter Unterschlupf. Im Old Village von Shanklin, am südlichen Ende der High Street, quert ein wirklich winziges Rinnsal die Straße und stürzt plötzlich hinter dem Ticket Kiosk spektakulär 15 m senkrecht in die Tiefe. Seltene Pflanzen säumen die Hänge der Schlucht, hohe Bäume spenden an heißen Tagen angenehmen Schatten, leise murmelt das Bächlein, Vögel zwitschern.

Am Ende der Klamm liegt das Stück einer **Pipeline**, die im Zweiten Weltkrieg durch den englischen Kanal verlegt war und mittels derer Treibstoff in die Normandie gepumpt wurde. Die Versorgungsleitung bekam den Namen *Pluto (Pipeline under the Ocean)*. In seiner Biographie bekommt *Lord Louis Mountbatten* die Idee zu dieser Leitung zugeschrieben, in der Biographie von *Winston Churchill* dagegen heißt es, daß die Anregung zur Pipeline auf den großen Politiker zurückging. Wer mag die Idee nun gehabt haben? Beide haben Anfang der 40er Jahre eng zusammengearbeitet, als *Mountbatton* Chef des Stabes *Combined Action* war; da werden sie sich sicher gegenseitig mit Ideen befruchtet haben.

Die Klamm endet unten am Strand von Shanklin, an der Stelle, wo der **Pub Fisherman's Cottage** mit seinem Familiengarten auf Kundschaft wartet.

Im Old Village, dem ältesten Teil von Shanklin, sorgen eine ganze Reihe guterhaltener reetgedeckter Häuser für romantische Atmosphäre. Gemütlich und anheimelnd ist der blumengeschmückte, efeuumrankte **Pub The Crab Inn**. Der amerikanische Dichter *Henry W. Longfellow* (1807-1882) war von der Cottage-Taverne so beeindruckt, daß er an deren Brunnen das noch heute sichtbare Gedicht hinterließ:

1819 war der Lyriker *John Keats* für einige Wochen vor Ort und logierte im Eglatine Cottage in der High Street 76; **Keats Green** heißt heute das Klippenareal, an dem er täglich entlangspazierte. In Shanklin hat der Romantiker sein berühmtes Gedicht „Endymion" geschrieben, das mit der bekannten Zeile beginnt: A thing of beauty is a joy for ever. Woher er die Inspiration für seine Poesie bekam, ist den Bewohnern von Wight völlig klar – die landschaftliche Schönheit der Insel hat noch manch anderen Dichter beflügelt (s. u.).

Pubs und Restaurants

Im Old Village und entlang der hübsch aussehenden High Street von Shanklin mit ihren vielen Geschäften finden sich eine ganze Reihe von Pubs und kleinen Restaurants; so etwa:

●**The Village Inn,** ein Free House mit Biergarten

●**Pencil Cottage,** eine Teestube mit Garten

●**Black Cat,** ein kleines Restaurant mit gemütlicher Wohnzimmeratmosphäre und Preisen um 8 £

●**Vernon Cottage,** ein Free House, vor dessen efeuumrankter Fassade mit dem reetgedeckten Dach es sich bei schönem Wetter gemütlich auf dem großen Grün sitzen läßt.

Pub The Crab Inn im Old Village von Shanklin

Godshill

In Shanklin führt die Route von der Küste fort, und Sie fahren einige Kilometer inseleinwärts zum **Puppenstubendörflein Godshill**. Die kurze Hauptstraße säumen reetgedeckte Cottages, in denen Pubs – so etwa das Free House **The Cask and Taverner** aus dem Jahre 1600 mit Biergarten und einem sehr guten Restaurant (Drei-Gänge-Menü 16 £) –, Teestuben, Cafés, Restaurants und Kunstgewerbeläden untergebracht sind. Ein großer Parkplatz am Ortseingang bietet auch Platz für viele Reisebusse, und so drängeln sich an schönen Tagen Hunderte von **Tagesausflüglern** in diesem Ört-

Isle of Wight

chen. Am schönsten präsentiert sich die schmucke Dorfanlage oben rund um die **Kirche St. Lawrence**, hier geraten Hobbyfotografen schier ins Schwärmen über die gut konservierte Kulisse aus vergangenen Tagen. Im Jahre 1992 feierte das kleine normannische Gotteshaus sein 950jähriges Bestehen. Kinder werden sich am **Model Village** erfreuen, eine Miniaturstadt, die in einem Maßstab von 1 : 10 im Garten des alten Vikarhauses bestaunt werden kann.

Im Zentrum des romantischen Örtchens Godshill

Ventnor

Nur ein Katzensprung gen Süden, und das 6000-Seelen-Städtchen Ventnor, Großbritanniens wärmster und regenärmster Ort, ist erreicht. Im vergangenen Jahrhundert erlangte Ventnor als **Heilbad** für Tuberkulose-Kranke Reputation; das letzte Sanatorium schloß 1964 seine Pforten. Der krebskranke *Karl Marx* war 1878 zur Kur in dem Örtchen; aufgrund der finanziellen Unterstützung durch *Friedrich Engels* konnte *Marx* 1882, ein Jahr vor seinem Tod, noch einmal in das Seebad kommen.

Vom Zentrum mit der geschäftigen High Street verläuft eine kurvenreiche und extrem steil nach unten führende

05'les Foto: hs

Straße zum **Strand**. Am Ende der kurzen Promenade überblickt Ventnors schönster Pub, **The Spyglass Inn**, das sandige Gestade; zur Mittagszeit gibt es ein reichhaltiges Angebot an *Lunch Snacks*.

Außerhalb des Ortes lohnt ein Besuch im 9 ha großen **Botanischen Garten**, in dem – vom milden Klima verwöhnt – subtropische Pflanzen in großer Farbenpracht blühen.

Henry James konnte es mal wieder nicht lassen und notierte süffisant: „In Ventnor indes, Aug' in Auge mit der See und die blühende Schulter des Undercliff dicht hinter einem, verliert man die Überflüssigkeiten der Zivilisation bis zu einem gewissen Grade aus den Augen. Nicht daß Ventnor etwa nicht sorgsam zivilisiert worden wäre. Es ist ein durchgebildetes und vollendetes Seebad, es ist auf ein gebührend Maß von Vulgarisierung gebracht worden."

Isle of Wight

Vorsaison: Noch findet jeder einen Liegestuhl

O, traveller, stay the weary feet
Drink of this fountain, pure and sweet
It flows for rich and poor the same
Then go thy way, rembering still
The wayside well beneath the hill,
The cup of water in His name

Bonchurch

Voller literarischer Erinnerungen ist Ventnors Vorort Bonchurch, der sich recht atmosphärereich, ja mit den mächtigen grünen Bäumen, dem leise murmelnden Bach, den hohen Hecken und den vielen wilden Blumen rechts und links der Straße sogar etwas verwunschen gibt. Lassen wir noch einmal **Henry James** kurz zu Worte kommen: „Das kleine Dorf Bonchurch ist im kunstvollsten Grün begraben, in die weichsten Rasen und das dichteste Gesträuch gehüllt."

1849 logierte **Charles Dickens** (1812-1870) im Weiler – „am schönsten Ort, den ich je sah, zu Hause und unterwegs" – und schrieb weite Teile seines „David Copperfield". Der Lyriker **Algernon Charles Swinburne** (1837-1909) verbrachte eine behütete Jugend im Familiensitz East Dene, dessen Garten er poetisch umschwärmte: „Unter dem Kliff am Dünenrande, / Zwischen Hochland und dem Meer, zwischen windwärts und Lee, / Von Felsen umwallt, eine Insel im Land / Blickt der Geist eines Gartens hinaus auf die See." *Swinburne* ist auf dem Friedhof der neuen St.-Boniface-Kirche von Bonchurch begraben. *Thomas Hardy,* der das Grab ein Jahr nach dem Tod des Dichters besuchte, schrieb unter dem Eindruck der Trauer sein Gedicht „A Singer Asleep".

Besuchen sollte man auch die alte **St. Boniface Church** von Bonchurch, die, wahrscheinlich um 1070 erbaut, auf noch älteren sakralen Fundamenten steht. *Swinburne* wurde hier getauft. An diesen kleinen Ort verirrt sich selten jemand; der Kirchhof mit den alten verwitterten Grabsteinen rund um das gedrungene, trotz allem aber luftig wirkende normannische Gotteshaus, die hohen Hecken drumherum und die grünen schattenspendenden Bäume strahlen eine ganz eigenartig beruhigende Atmosphäre aus.

Beide Kirchen von Bonchurch erinnern daran, daß der **Hl. Bonifatius** (um 675-754) von hier aus nach Deutschland aufbrach, um unter den germanischen Barbaren zu missionieren. Begraben ist der Kirchenvater in Fulda.

St. Catherine's Point

Von Ventnor führt eine landschaftlich sehr schöne Straße zum St. Catherine's Point, dem mit einem Leuchtturm bestückten, südlichsten Punkt der Isle of Wight. Hier unterhält der National Trust die **Knowles Farm**, von der aus der italienische Physiker *Guglielmo Marconi* (1874-1937) erste Versuche mit drahtloser Telegrafie unternahm.

Niton und Chale

Im Weiler Niton nahebei lohnt ein Besuch im **White Lion**; die gemütliche Kneipe datiert aus dem Jahr 1850. Einen Steinwurf weiter ist im kleinen Örtchen Chale der **Wight Mouse Inn** erreicht, der die hungrigen und durstigen Besucher mit guten Pub Grubs und vielen unterschiedlichen Biersorten versorgt. Sommertags sitzt man draußen vor der ehemaligen, aus dem 17. Jh. stammenden Kutschstation. Sowohl für die Kinder als auch für die von den Kleinen heißgeliebten Haushunde ist gesorgt – für die Kinder Spielmöglichkeiten und während der

Saison regelmäßig Kasperletheater, *Punch and Judy Shows* genannt. Die kinderfreundliche Kneipe hat einen Preis gewonnen als *United Kingdom Family Pub of the Year.*

Blackgang Chine

Weiter gen Westen ist bald eine neue Attraktion, die Blackgang Chine, erreicht. Der unermüdlich nagende Zahn der See hat einen Teil der Klammschlucht zum Einsturz gebracht und abgetragen. Von der steilen, hohen Klippe sieht man auf eine weitere

Einsame Strände zwischen den Küstendörfern, hier am Blackgang Chine

054es Foto: hs

Isle of Wight

Chine, die gleichermaßen von den Gewalten des Meeres zerstört wurde. Während der vergangenen 70 Jahre hat die See hier fast 280 m Land abgespült, noch 1911 konnte man bis an den Strand hinunterlaufen. 1963 wurde Sealand House, ein nahegelegener viktorianischer Herrensitz, unterspült und fiel die Klippe hinab, 15 Jahre später wuschen die Wassermassen fünf Häuser weg. Durchschnittlich werden jedes Jahr zwischen 3,60 m und 4 m der Südküste von Wight abgetragen.

Entlang der Blackgang-Klippe – die ihren Namen von einer berüchtigten Schmugglerbande namens *Black Gang* erhalten hat – sorgt ein **Theme Park** bei den Kleinen für Freude und Aufregung. Da gibt es ein Piratenschiff, eine Westernstadt, eine Zauberburg, ein Indianerdorf, einen Dino-Park, ein Jungle and Adventure Land und vieles andere mehr.

Brighstone

Ein Stückchen ins Landesinnere hinein lockt der Weiler Brighstone, der ähnlich wie auch Godshill eine ganze Reihe von alten, reetgedeckten Cottages entlang seiner wenigen Straßen hat.

Die Bewohner des charmanten und romantischen Örtchens waren vom 13. Jh. an bis in die zweite Hälfte des letzten Jahrhunderts als *Shipwrecker* und *Smuggler* berüchtigt. Das änderte sich erst, als ein ehemaliger **Schmuggler**, nach Verbüßung seiner Strafjahre in der Marine geläutert, eine Rettungsbootstation in Brighstone eröffnete.

Pubs

● Der lokale Pub, **The Three Bishops,** hat seinen Namen drei Geistlichen aus Brighstone zu verdanken, die alle in den Bischofsstand erhoben wurden.
● Eine weitere Taverne ist **Cooper's Inn,** ein Free House, mit guten Pub Grubs und einem großen Biergarten.

Freshwater Bay

Schon von weitem erkennt man an der Westspitze der Insel die schneeweißen Felsen, hoch über der See führt die Straße nahe am Klippenrand entlang, ins Landesinnere hinein blickt man auf in der Sonne leuchtende kanariengelbe Rapsfelder, und je näher man kommt, um so mehr eröffnen sich spektakuläre Ausblicke auf die **Kreidefelsen** entlang der Freshwater Bay, um deren Gestade sich das gleichnamige Dörfchen schmiegt. Hier im Südwesten findet der Besucher die landschaftlichen Höhepunkte der kleinen Insel.

Farringford

Eineinhalb Kilometer entfernt vom Örtchen Freshwater gen Westen liegt das einstige Herrenhaus Farringford, heute ein Hotel. **Alfred Lord Tennyson** (1809-1892), königlicher Hofdichter und einer der sprachgewaltigsten Poeten Englands, „der in jenen elegischen Kadenzen, jenem Ton der Melancholie, das Vergessen und Vergehen sucht", hat fast 40 Jahre immer

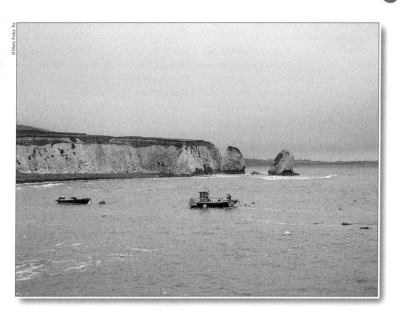

O5eos Foto: hs

wieder hier gewohnt und gearbeitet. Die Honorare für ein einziges Gedicht, das Einpersonenstück „Maud", ermöglichten ihm den Kauf des Hauses. Die Verehrer des Meisters gaben sich die Klinke in die Hand: *Prinz Albert*, der Gatte von *Queen Victoria*, kam gerne von Schloß Osborne zum Tee herüber, der schüchterne *Lewis Carroll, William Thackeray* und *Algernon Charles Swinburne* gehörten ebenso zu den Besuchern wie der italienische Freiheitskämpfer *Giuseppe Garibaldi,* der im Garten von Farringford House eine Wellingtonia pflanzte. Doch dann wurde es *Tennyson* zuviel; von den Verehrern und Autogrammjägern belagert, zog sich der Meister 1868 in das einsam gelegene Aldworth House in Sussex zurück und setzte nur noch während der milden Wintermonate auf die Isle of Wight über.

Die Gäste von *Tennyson* fotografierte **Julia Margaret Cameron** (1815-1879), die nahe bei Farringford House wohnte. Ihr verdanken wir Porträtfotos von *Tennyson, Charles Darwin* oder *Thomas Carlyle*. Die Aufnahmen – alle in der zweiten Hälfte der 60er Jahre

Die Freshwater Bay bei Regen

gemacht – gehören zu den frühesten Fotografien überhaupt.

1895 war die 13jährige **Virginia Woolf** (siehe Exkurs) mit ihrem Vater Leslie Stephen in Freshwater und hatte hier ihren ersten psychischen Zusammenbruch; 40 Jahre später, 1935, verspottete sie in dem Stück „Freshwater" den Hofdichter **Tennyson**, der seine Gäste unermüdlich mit den eigenen Gedichten traktierte.

George Bernard Shaw (1856-1950) kam im Herbst 1898 gesundheitlich angeschlagen an die Freshwater Bay, hoffte auf Linderung seiner Beschwerden und schrieb an seinem Stück „Caesar and Cleopatra"; die schon mehrfach erwähnte zickige *Beatrice Stella Campbell,* für die er das Stück schrieb, warf es voller Ignoranz in den Papierkorb.

D. H. Lawrence (1885-1930) suchte 1911 Ruhe und Entspannung auf der Isle of Wight und arbeitete hier an seinem tragisch endenden Liebesroman „The Trespasser" (1912, dt. „Auf verbotenen Wegen"), in dem er die Landschaft rund um Freshwater ausgiebig beschrieb.

The Needles

Von der Freshwater Bay verläuft ein *Public Footpath,* der *Tennyson Trail,* an die Westspitze der Isle of Wight, wo drei große weiße Kreidefelsen im Meer stehen – die Needles. Auf dem Weg, der immer wieder wunderschöne Ausblicke auf das Meer und die ge-

genüberliegende südenglische Küste zuläßt, passiert der Wandersmann auch die 150 m hohe Erhebung **Tennyson Down**, wo ein **Denkmal für den Poet Laureate** steht. Der Titel „Hofdichter" des Königshauses verpflichtete ihn zum Schmieden offizieller Verse über Mitglieder der königlichen Familie sowie zum Abfassen reimender Sentenzen bei nationalen Anlässen von Bedeutung. Der erste, der das Amt innehatte, war 1668-1688 *John Dryden.*

An den Needles angekommen, sollte man erst einmal in Ruhe und Muße den phantastischen Ausblick genießen und dann eine Besichtigung der **Old Battery** nicht versäumen. Die aus dem Jahr 1862 datierende Küstenbefestigung liegt 77 m über dem Meer und hat 60 m an Tunneln und Kasematten; auch von hier ist die Aussicht hervorragend (März bis Okt. tgl. außer Fr/Sa 10.30-17 Uhr, Mai bis Sept. auch Fr/Sa).

Alum Bay

An die Westspitze der Isle of Wight mit den Needles schließt sich die Alum Bay mit ihren bunten Sandsteinfelsen an. Wenig passend zur schönen Landschaft verschandelt ein großer Kirmesrummel die heitere Atmosphäre ganz erheblich; doch ist der **Pleasure Park** bei Kindern und Eltern sehr beliebt.

Yarmouth

In Yarmouth passiert der Besucher als erstes eine große Marina, in der Aberhunderte von **Yachten** vor Anker liegen. Anheimelnd und gemütlich ist es im winzigen Ortszentrum rund um den Fähranleger, die kleine Festung und den kurzen, ins Meer hinausragenden Pier. An schönen Sommertagen tummeln sich so viele Yachten im Solent vor Yarmouth, daß man vor lauter Segeln kaum die südenglische Küste erkennt.

Pubs, Cafés und Restaurants

●Am zentralen Square lockt das Kaffeehaus **The Gossip,** nahebei die Pubs **The George** und **The King's Head** mit Biergarten sowie in einem alten Fachwerkgemäuer **The Bugle Hotel** mit gemütlichem Pub und angeschlossenem Restaurant.

●Wenige hundert Meter außerhalb von Yarmouth in Richtung Shalfleet lockt ein Parkplatz mit dem Hinweis **View Point Picnic Area;** ein kurzer Weg führt hinunter zur Seefront, dort stehen eine Anzahl Tische und Bänke, und vor der guten Kulisse schmeckt das Picknick doppelt so gut.

Die Südküste bei Sonne

Isle of Wight

Calbourne

Auf keinen Fall darf man den im Insel-innern gelegenen Weiler Calbourne auf der Rundtour auslassen. Dort gibt es ein kurzes Stück Straße, die **Winkle Street**, die an romantischer Schönheit unübertroffen ist.

Newport

Nach wenigen Kilometern Fahrt ist Ne-wport, die 20.000 Seelen zählende Hauptstadt der Insel erreicht. Zentrum der kleinen Metropole ist der St. James' Square, auf dem eine **Statue Queen Victoria** ehrt; die Königin weilte gerne auf Wight in ihrem Schloß Osborne House, wo sie 1901 im Alter von 82 Jahren starb. Ein weiteres Denkmal er-innert an den Gouverneur der Insel, **Lord Louis Mountbatten**, Earl of Bur-ma, der 1979 von der IRA auf seinem Boot ermordet wurde.

Rund um die St.-Thomas-Kirche ist der gleichnamige Platz zwischen den beiden parallel verlaufenden Ge-schäfts- und Einkaufsstraßen High Street und Pyle Street eine angeneh-me **Fußgängeroase,** bestanden mit Ti-schen und Bänken sowie gesäumt von Geschäften, Cafés und Pubs, so etwa mit der atmosphärereichen Taverne Wheatsheaf oder dem Café und Sand-wich-Depot French Franks. Im Jahre 1926 wurden bei Ausgrabungsarbei-ten die Reste eines aus dem 3. Jh. stammenden **römischen Farmhauses** entdeckt, das allem Anschein nach durch einen Angriff zerstört wurde. In einem Raum fanden die Archäologen das Skelett einer Frau, die gewaltsam ums Leben kam. Welches Drama sich jedoch dort abgespielt haben mag, konnte nicht mehr ergründet werden.

Pubs und Restaurants

● Der Pub **The Castle Inn,** in einem alten Zie-gelbau, die Taverne **The Vine** und das Bil-liglokal **Toni's Restaurant** finden sich alle auf der High Street.
● Das freundliche Café **Moulin Rouge** am St. Thomas Square bietet Frühstück, Lunchge-richte, Kaffee, Tee und Kuchen.

West und East Cowes

Acht Kilometer nördlich von Newport erstreckt sich am westlichen Ufer des River Medina West Cowes und ge-genüber East Cowes, beide Stadtteile werden durch eine **Floating Bridge** genannte Kettenfähre miteinander ver-bunden. Nicht sicher ist, woher die Stadt ihren Namen hat. Entweder von den vorgelagerten Sandbänken im So-lent, die von den Seeleuten in früheren Tagen Cows genannt wurden, oder von den beiden Befestigungsanlagen, die Heinrich VIII. an den beiden Ufern des River Medina bauen ließ und die im Volksmund ebenfalls Cows hießen.

East Cowes hat dem Besucher we-nig zu bieten; in einem großen Indu-striegelände produziert die Hovercraft Corporation die bekannten Luftkissen-boote.

West Cowes dagegen ist eine sehr attraktive kleine Stadt mit einer langen, gewundenen, verkehrsberuhigten **High Street**, die rechts und links von hübschen Geschäften, gemütlichen Pubs, kleinen Cafés und guten Restaurants in allen Preisklassen gesäumt wird. Wer nicht gerade die Einsamkeit sucht oder Ruhe haben möchte, der sollte sein Inselquartier in West Cowes aufschlagen.

An der Promenade befinden sich die Räumlichkeiten von Großbritanniens exklusivstem Seglerverein, dem **Royal Yacht Squadron**. Hier kann man sich in den 22 blitzblank geputzten Messingkanonen spiegeln, die Salut feuern oder mit einem Böllerschuß den Start einer Regatta melden. Während der Sommermonate finden eine ganze Anzahl von Segelveranstaltungen in Cowes statt. Einer der Höhepunkte ist alljährlich an jedem letzten Samstag im Juni das *Round the Island Race*, bei dem die Isle of Wight einmal umrundet wird. Unbestrittene Highlights sind jedoch die Regatten während der Cowes Week Anfang August. Wirksame Eigenwerbung: During August the world comes to Cowes. Celebrities and Royalty walk with the visitors and yachtsmen through the small streets of Cowes.

Alle zwei Jahre wird hier auch um die berühmte Trophäe des Admirals Cup gesegelt.

Pubs und Restaurants

● An dem verkehrsberuhigten Shooters Hill in West Cowes lockt das kleine italienische Restaurant **Tonino's** mit Gerichten um 10 £.

● Shooters Hill geht in die High Street über, und hier findet man den Pub **Anchor Inn** mit vielerlei Angeboten zur Lunch-Zeit sowie einem Biergarten, die Kneipe **Pier View**, wie der Name schon sagt mit guten Ausblicken, weiterhin die Bar und das Restaurant im sehr schönen Fountain Hotel, in einem winzigen Häuslein das Lokal **The Red Duster** (um 8 £) und das Free House **The Three Crowns**.

● Vom Pub **The Globe** an der Parade schaut man weit über den Solent auf die südenglische Küste.

● In der Bath Road lockt noch das italienische **Capri Restaurant** mit teuersten Gerichten um 13 £.

● Daneben geht's im thailändischen Restaurant **Baan Thai** etwas billiger zu (5 – 8 £).

Osborne House

Auf dem Weg von East Cowes nach Fishbourne passiert man Osborne House, die Residenz von *Königin Victoria* (April bis Sept. tgl. 10-17 Uhr; Okt. bis März tgl. 10-16 Uhr). **Prinz Albert**, königlicher Gemahl, entwarf und baute zusammen mit dem Architekten *Thomas Cubbit* das Schlößchen in den Jahren 1845-1850 im Stil einer italienischen Villa mit einem kleinen Campanile. Victoria war begeistert: „It is impossible to imagine a prettier spot", schrieb sie in ihr Tagebuch. Es war das erste Haus, das *Prinz Albert* für seine Victoria errichten ließ. Einige Jahre später legte er für Balmoral Castle in den schottischen Highlands gleiches Engagement für seine geliebte Königin an den Tag. Balmoral und Osborne wurden die beiden bevorzugten Aufenthaltsorte der Herrscherin.

Als Albert 1861 im Alter von 42 Jahren an Typhus starb, war Victorias

Isle of Wight

Schmerz unermeßlich. 40 Jahre sollte sie noch ohne ihren geliebten Mann und vertrauten Berater regieren; mit ihrer **lebenslangen Trauer** prägte sie die Epoche des puritanischen Viktorianismus, der tiefe Auswirkungen auf das Lebensgefühl einer ganzen Generation haben sollte.

Für drei Jahre, von 1861-1864, zog sie sich in ihrem Kummer nach Osborne zurück und mied jeden öffentlichen Auftritt; nicht einmal kam sie nach London. Bis 1874 dann unternahm sie nur die allernötigsten Aufgaben und beschränkte ihre Repräsentationspflichten so weit wie eben mög-

Hauptstraße: die Calbourne Winkle Street

lich. Die Briten nahmen ihr diesen völligen Rückzug ins Private sehr übel, und die Times rügte die Monarchin in einem Leitartikel: „Die Lebenden und nicht nur die Toten haben ein Recht auf Dich!"

Premierminister **Disraeli** – den Victoria Dizzy nannte – konnte sie dann dazu überreden, wenigstens annähernd für die Untertanen da zu sein. Dennoch verbrachte sie die meiste Zeit ihrer letzten 40 Regierungsjahre in Osborne House oder im schottischen Balmoral.

Für *Disraeli*, den fähigsten englischen Politiker des 19. Jh., blieb in Osborne immer ein Zimmer reserviert, und bei offiziellen Anlässen war er der einzige, der sitzen durfte. Während der Sommermonate – so heißt es – bekam Dizzy allwöchentlich einen Strauß Blumen von Osborne House in seine Londoner Wohnung geschickt.

Praktische Hinweise

Tourist Information

- **Cowes,** Fountain Quay, Tel. 01983-291914
- **Ryde**, Western Esplanade, Tel. 01983-562905
- **Sandown**, Esplanade, Tel. 01983-403886
- **Shanklin**, 67 High Street, Tel. 01983-862942
- **Ventnor**, 34 High Street, Tel. 01983-853625
- **Yarmouth**, The Quay, Tel. 01983-760015

Unterkunft

- **Cowes:** Noss Mayo, 66 a Baring Road, Tel. 01983-200266
- **Ryde:** Sillwood Acre, Church Road, Tel. 01983-563553
- **Sandown:** Culwer Lodge Hotel, ***, Albert Road, Tel. und Fax 01983-403819; Regina Hotel, **, Esplanade, Tel. 01983-403219; Willow Dene Guest House, 110 Station Avenue, Tel. 01983-403100; Annandale Guest House, 30 St. John's Road, Tel. 01983-402955
- **Shanklin:** Alverstone Manor Hotel, ***, 32 Luccombe Road, 01983-862586, Fax 855127; Chine Court Hotel, ***, Popham Road, Tel. und Fax 01983-862732; Culham Lodge Hotel, ***, 31 Landguar Manor Road, Tel. und Fax 01983-862880; Rozelle Hotel,**, Atherley Road, Tel. 01983-862745; Ryedale Private Hotel, 3 Atherley Road, Tel. 01983-862375
- **Ventnor:** Burlington Hotel, ***, Bellevue Road, Tel. und Fax 01983-852113
- **Jugendherberge:** Sandown, Fitzroy Street, Tel. 01983-402651; Totland Bay, West Wight, Hurst Hill, Totland Bay, Tel. 01983-752165
- **Camping:** Whitecliff Bay Holiday Park, Bembridge, Tel. 01983-872671, die A 3055 bis Brading, von dort die B 3395 Richtung Bembridge, restliche Strecke ist ausgeschildert; Fairway Holiday Park, Sandown, Tel. 01983-403462, A 3055 nach Sandown, nahe dem Golfplatz; The Orchards Holiday Caravan Park, Calbourne, Tel. 01983-78331.

Rent-a-Bike

- **Cowes Cycle Centre**, 41 Denmark Road
- **Offshore**, Orchardleigh Rd, Shanklin
- **Church Streeet Motorcycles**, Church Street, Ventnor

Isle of Wight

Southampton – Bournemouth

Southampton
– Englands wichtigste Hafenstadt

Southampton hat dem Touristen nicht viel zu bieten, und man ist gut beraten, einen großen Bogen um die wenig attraktive, 220.000 Einwohner zählende Hafenstadt zu machen. Während des Zweiten Weltkriegs wurde die strategisch bedeutsame Seemetropole mit verheerenden **Bombenangriffen** überzogen, so daß kaum noch historische Bausubstanz zu finden ist; beim Wiederaufbau in den 50er Jahren mußte es dann schnell gehen, und so präsentiert sich Southampton heute weitgehend im Einheitsgrau der **Betonarchitektur**.

Schon Römer und Angelsachsen hatten die gute Lage erkannt und siedelten am Southampton Water, dem langen fjordartigen Einschnitt. Wie in anderen Orten der Südküste auch,

---

- ❶ 1 Touristeninformation
- ★ 2 Stadttor Bargate
- ❷ 3 Pub Castle Tavern
- ⅱ 4 St Micheal's Church
- ⅱ 5 Holyrood Church
- ❷ 6 Pub und Restaurant Red Lion
- Ⓜ 7 Merchant's House
- ❷ 8 Pub und Restaurant Duke of Wellington
- Ⓜ 9 Tudor House Museum
- ★ 10 Mayflower-Denkmal
- 11 Mayflower Park
- ● 12 Fähren zur Isle of Wight (East und West Cowes)
- Ⓜ 13 Maritime Museum
- Ⓜ 14 Museum of Archeology

Southampton

Bus-bahnhof

Romsey, Winchester

Brunswik Place

Cumberland Place

Commercial Road

Rechynden Terrace

Havelock Road

Civic Centre Road

Bahnhof

Bournemouth

Western Esplanade

West Quay Road

Portland Terrace

Above Bar Street

St Andrew's Pl.

Briton's Road

Kingsway

St Mary's Street

Palmerston Road

South Front

St Mary's Place

Pound Tree Road

❶1

Hanover Bldgs.

Houndwell Place

★2

East Street

3
Ⓣ

High Street

Castle Way

4 ⅰ

ⅰ5

9 Ⓜ

Bugle Street

8
Ⓜ7

❶6

Back of the Walls

Queen's Way

Marsh Lane

10
★

11

13
Ⓜ

Briton Street

Queen's Terrace

Oxford Street

Latimer Road

Brunswik Terrace

14
Ⓜ

Platform Road

River Test

12 ● ● 12

Town Quay

Portsmouth

0   3 km

IAWM

Southampton – Bournemouth

Neues zur Titanic

Im Frühjahr 1912 stach das zur *White Star Line* gehörende, **größte Passagierschiff** der Welt von Southampton aus in Richtung Amerika in See. In den frühen Morgenstunden des 15. April sank die Titanic und riß 1513 Passagiere und Besatzungsmitglieder in den Tod. Nur 711 Menschen konnten gerettet werden. Am Vorabend war der Ozeanriese mit einer Geschwindigkeit von 22 Knoten (40,7 km/h) **auf einen Eisberg gekracht** und leck geschlagen.

1985 fand der Unterwasserexperte *Robert Ballard* das **Wrack der Titanic** 680 km südöstlich vor Neufundland in einer Tiefe von 3795 m. Mit Hilfe eines ferngesteuerten Mini-U-Bootes konnte er Aufnahmen von der Titanic machen. Bis zum Sommer des Jahres 1993 arbeiteten die Teams von insgesamt fünf Expeditionen mit Unterwasserrobotern und bemannten Mini-U-Booten an dem Wrack. Neben Münzen, Porzellan und Taschenuhren wurden auch Teile des Rumpfes geborgen, für die sich eine Gruppe von Schiffsbau-und Materialexperten besonders interessierte.

Mitte September 1993 legten die Wissenschaftler auf einer Konferenz von Schiffs-und Maschinenbauern in New York ihren Bericht vor. Danach war der Rumpf des 269 m langen Schiffes aus **„Stahl minderer Qualität"** zusammengenietet worden. Dieser Werkstoff neigte bei niedrigen Temperaturen zu sogenannten Sprödbrüchen. Schon damals waren bessere, aber auch teurere Stähle bekannt. Während hochwertiger Stahl sich unter Belastung verformt, bevor er bricht, splitterte das Billigeisen der Titanic im eiskalten Wasser (minus 1 °C) wie Glas.

William Garzke, ein amerikanischer Schiffsbauingenieur, hält es sogar für denkbar, daß sich das Unglück schon am Abend vorher ankündigte. Bei der offiziellen Seeamtsuntersuchung hatten Überlebende von Grummel- und Knackgeräuschen tief im Innern des Ozeanriesen berichtet; die Experten jedoch taten dies als Maschinengeräusche ab. *William Garzke* nun glaubt, daß es sich bei den Geräuschen bereits um **Verformungen** handelte. Hätten die Schiffsbauer die Titanic aus hochwertigem Material hergestellt, so wäre laut *Garzke*

---

mußten die Bewohner ab dem 13. Jh. immer wieder die Franzosen fürchten, die bei ihren **Überfällen** Angst und Schrecken verbreiteten. Rund 150 Jahre später waren die Bewohner der Stadt es leid, in regelmäßigen Abständen ausgeraubt zu werden, und so entstanden schützende **Wallmauern**.

In den folgenden Jahrhunderten trieben die **Kaufleute** von Southampton Handel in allen bekannten Teilen der damaligen Welt, von hier aus auch verließen die Pilgerväter mit der Mayflower ihr Heimatland. **Werften** sorgten für den Nachschub an Schiffen, die u.a. die beiden großen Reedereien

White Star und *Cunard* orderten. Die vollen Auftragsbücher versorgten viele Männer mit Arbeit und Brot. Bekannte Ozeanriesen sind in Southampton auf Kiel gelegt worden; so die Passagierdampfer Queen Mary und Queen Elizabeth II. Die Titanic lief von Southampton zu ihrer Unglücksfahrt aus.

Sehenswertes

Die Bugle Street gen Süden gehend, trifft man rechter Hand am St. Michael's Square auf das **Tudor House Museum** (Di-Fr 10-17 Uhr, Sa 10-16 Uhr, So 14-

der Riß, den der Eisberg schlug, kleiner gewesen; mithin wären geringere Wassermassen in den Schiffsbauch geflossen, wodurch wiederum mehr Zeit für Rettungsmaßnahmen zur Verfügung gestanden hätte.

„Nicht die Stärke des Eisbergs, sondern die Schwäche des Stahlmantels sei der Titanic zum Verhängnis geworden", sagte der Experte *William Garzke* zum Abschluß seines Vortrags.

Seit immer mehr „Schatzsucher" mit ferngesteuerten Klein-U-Booten Fundstücke rund um die Titanic aus dem Meer fischen, fordern nun pietätvolle Gruppen, die Titanic zum Grab zu erheben und Tauchexkursionen zu verbieten.

17 Uhr). In dem Fachwerkhaus mit den auf die Straße vorkragenden beiden oberen Stockwerken zeigen Exponate das häusliche und soziale Leben während der viktorianischen und edwardianischen Zeit. Gegenüber von Tudor House blickt man auf die Rückfassade der **St. Michael's Church**, deren älteste Teile um 1066 erbaut wurden. Am Ende der Bugle Street erzählt das **Maritime Museum** die Geschichte des Hafens und zeigt viele Schiffsmodelle (Öffnungszeiten wie Tudor House).

Vom Museum blickt man auf die **Hafenanlagen**; vom Pier hier legen die Fähren zur Isle of Wight/East und West Cowes ab.

Blickt man nach Westen, so schaut man auf den zum Gedenken der Pilgerväter angelegten **Mayflower Park**; nahebei ragt das **Mayflower-Denkmal** in den Himmel. Nicht weit von dieser Stelle entfernt lösten am 5. August 1620 die Mayflower und ihr Schwesterschiff Speedwell die Leinen und segelten gen Westen – die Besiedlung Nordamerikas hatte damit begonnen.

In der parallel zur Bugle Street verlaufenden Castle Way, an der Ecke French Street, gibt das 1290 erbaute und im Stil jener Zeit eingerichtete

Southampton – Bournemouth

Heinrich V. und der neueste Stand der Langbogen-forschung

„Der Wind ist günstig, laßt uns nun an Bord. Fröhlich zur See. Die Fahnen fliegen schon; kein König Englands ohne Frankreichs Thron." So läßt *Shakespeare* im Ratssaal zu Southampton *Heinrich V.* zum Aufbruch rufen. Und in der Tat stach im Herbst des Jahres 1415 – zwischen England und Frankreich tobte der Hundertjährige Krieg – von Southampton aus unter Führung von *König Heinrich* eine kleine Truppe in See, überquerte den Kanal und ging nahe dem französischen Städtchen Harfleur an Land. Einen großen Waffengang hatten die Engländer nicht im Sinn, dazu war die Armee viel zu klein. Man wollte ein bißchen brandschatzen, marodierend durch die Gegend ziehen, plündern und dann wieder schnell zurück in die Sicherheit der heimischen Insel segeln. Doch daraus wurde nichts. Als sich in den Frühstunden des 25. Oktober 1415 der Morgennebel lichtete, sah sich der kleine Haufen einer gewaltigen Streitmacht gegenüber – die Franzosen hatten den Eindringlingen beim kleinen Örtchen Agincourt den Rückweg zur Küste abgeschnitten.

Die Landesverteidiger leisteten sich erst einmal ein opulentes Frühstück, der demoralisierte Feind dagegen zitterte vor Hunger, Kälte und Angst. „Sie haben volle 60.000 Streiter. Fünf gegen einen, auch sind alle frisch. Gott sei mit uns! Die Übermacht ist schrecklich." Das war sie in der Tat, wenngleich *Shakespeare* zur Übertreibung neigte. 24.000 französische Fußsoldaten, alle in Rüstungen, und 1000 gepanzerte Reiter standen einer Streitmacht von nur 7000 englischen Recken, davon 6000 Bogenschützen, gegenüber. Die Invasoren hatten sich in den vergangenen Tagen nur von Beeren und Nüssen ernähren können,

viele waren vom Durchfall geschwächt. Der Ausgang der Schlacht war klar; so sicher glaubten die Franzosen an den Sieg, daß die Adligen schon die zu erwartende Beute aufteilten. Stunden später lagen über 15.000 Franzosen tot am Boden, der Rest des Heeres stolperte in blinder Flucht von dannen. Von den Engländern hatte die Schlacht nur 300 Opfer gefordert. Der britische Militärhistoriker *John Keegan* bejubelte das Ereignis, als „den Sieg des Schwachen über den Starken, des gemeinen Mannes über den Ritter hoch zu Roß, des Entschlossenen über den Hochtrabenden." Die Schlacht von Agincourt war eines der „epischen Ereignisse der englischen Geschichte."

Doch davon weiß der 28jährige *Heinrich V.* noch nichts, und so macht er sich vor Angst fast in die Hose. Vier Stunden stehen sich auf einem waldumsäumten Feld die Gegner gegenüber, die Franzosen wollen nicht angreifen, sie weiden sich an der Furcht der Engländer und machen sich lustig über den trostlosen Haufen. *Heinrich* sammelt also seine Mannen, läßt eine Messe lesen und dürfte in seiner Verzweiflung wohl so den Herrn angefleht haben, wie *Shakespeare* es ihm in den Mund legt: „O Gott der Schlachten! Stähle meine Krieger, erfüll sie nicht mit Furcht, nimm ihnen nun den Sinn des Rechnens, wenn der Gegner Zahl sie um ihr Herz bringt. Heute nicht, o Herr. O heute nicht."

Heinrich teilt seine Kämpfer in drei Abteilungen, zwischen denen jeweils ein großer Trupp Bogenschützen stationiert wird, und sichert auch die Flanken der Schlachtenreihe mit den Männern des Langbogens. Dann läßt er auf die Franzosen losmarschieren, bis nur noch ein Abstand von 200 m die Gegner trennt. Die Bogenschützen rammen einen beidseitig spitzen Pfahl schräg in die Erde, eine Art „Panzersperre" für die berittenen Feinde, und jagen dann alle 10 Sekunden in synchroner Aktion 6000 Pfeile auf die Franzosen. Erst nach der vierten Bogenattacke setzt sich die schon dezimierte französische Reiterei in

Bewegung, die im Angriff eine fünfte „Breitseite" ereilt. Dann geht das gegenseitige Abschlachten richtig los.

Es war der Langbogen, der die Schlacht entschied, doch bis vor kurzem wußten die Historiker nichts über seine Schußkraft, über die Reichweite und die Durchschlagskraft der Pfeile. Der Physiker *Gareth Rees* vom *Scott Polar Institute* in Cambridge hat nun aufsehenerregende Untersuchungsergebnisse im Fachblatt New Scientist vorgelegt. „Es scheint klar zu sein", so schrieb er, „daß die französische Taktik, den englischen Langbogenschützen mit gepanzerten Reitern und Infanteristen zu begegenen, ein fataler Fehler war." Bisher hatten die Wissenschaftler angenommen, daß das Spanngewicht eines im Durchschnitt 1,70 m hohen Langbogens rund 40 kg betrug. Bei Langbogen, die man vor einigen Jahren aus der gehobenen Mary Rose (siehe Kap. „Portsmouth") geborgen hatte, kamen die untersuchenden Wissenschaftler zu dem Schluß, daß die Waffen ein doppelt so hohes Spanngewicht, also 80 kg, hatten. Ein mit solchem Schwung von der Sehne abgeschossener, 75 cm langer und 600 Gramm schwerer Pfeil erreichte eine Anfangsgeschwindigkeit von 200 km/h. Nach 200 m geschwindem Flug – dies war ja die Entfernung zwischen den beiden Heeren – trafen die Pfeile noch mit 130 km/h auf den Stahl der gepanzerten Franzosen – und durchschlugen ihn!

Als die Entfernung für Pfeilschüsse zu gering wurde, legten die *Longbowmen* ihre Waffen beiseite. Wer von den Franzosen aus der zentralen Todeszone verwundet entkommen konnte, in Richtung auf die Flanken der englischen Schlachtenreihe forttaumelte und dabei von der 30 kg schweren Rüstung behindert wurde, den erschlugen die englischen Bogenschützen, die sich in ihren Lederwesten leicht bewegen konnten.

Merchant's House gute Einblicke in mittelalterliche Wohnverhältnisse (Öffnungszeiten wie Tudor House).

Einen Steinwurf entfernt zeigt in der Winkle Street das **Museum of Archeology** Funde aus dem römischen Clausentum und dem angelsächsischen Hamwic (so die Namen von Portsmouth in jenen Zeiten).

In der High Street erinnert die **Ruine der Holyrood-Kirche** an die ertrunkenen Seeleute der britischen Handelsmarine. Ein Stückchen weiter die High Street hinauf passiert man **Bargate**, ein altes Stadttor; ab hier ist die Straße Fußgängerzone.

Praktische Hinweise

Tourist Information

● Above Bar Street, Tel. 01703-221106.

Unterkunft

● **De Vere Grand Harbour, *****,** West Quay Road, Tel. 01703-633033, Fax 633066
Botley Park Hotel, Golf and Country Club, ****, Winchester Road, Boorley Green, Botley, Tel. 01489-780888, Fax 789242
● **Hunters Lodge Hotel, ***,** 25 Landguard Road, Shirley, Tel. 01703-227919, Fax 230913
● **Bed and Breakfast:** Ashelee Lodge, 36 Atherley Road, Tel. und Fax 01703-222095; Addenro House, 40 Howar Road, Shirley, Tel. 01703-227144; Bannister House, Bannister Road, Tel. und Fax 01703-221279; The Lodge, 1 Winn Road, The Avenue, Tel. 01703-557537
● **Jugendherberge:** 461 Winchester Road, Tel. 01703-790895.

Pubs und Restaurants

● **Castle Tavern**, Bugle Street, sehr gemütliche Taverne in einem schönen alten Fachwerkhaus mit aufgesetzten Tudor-Kaminen

Southampton – Bournemouth

● **Duke of Wellington**, Bugle Street, der älteste Pub von Southampton; mit Restaurant, teuerste Gerichte um 8 £
● **Red Lion**, High Street, historische Kneipe aus dem 12. Jh., schöne Tudor-Fassade, mit angeschlossenem Restaurant (s.u.)
● **The Town House**, 59 Oxford Street, preisgekröntes vegetarisches Lokal
● **Pride of India**, 19 Bedford Place, billiger, aber guter Inder

Rent-a-Bike

● **Cyclemenia**, Romsey Street, ein Stück außerhalb des Stadtzentrums in Richtung Romsey, auf der rechten Seite gelegen.

Verbindung

● Mit Zügen des Network Southeast sowie den Anschlüssen des Intercity-Netzes und Bussen des National Express in alle Landesteile.

Romsey
– Das Dorf der Mountbattens

Vor den Toren der großen Hafenstadt Southampton liegt inmitten grüner Wiesen das kleine Landstädtchen Romsey. Bekannt im ganzen Land ist es für sein altes **Herrenhaus Broadlands**, dem Stammsitz der in Großbritannien hochangesehenen Familie derer *von Mountbatten* (April bis Sept. tgl. 10-17.30 Uhr).

Der kongeniale Landschaftsgärtner *Lancelot „Capability" Brown* erweiterte und modifizierte 1767 das Haus und begann mit der Anlage des Parks. *Lord Palmerstone* (1784-1865), der mehrfach das Amt des Außenministers bekleidete und als zweimaliger Premierminister die politische Führung

Großbritanniens innehatte, wegen seiner ruppigen Art auch *Firebrand Palmerstone* genannt, erblickte in Broadlands das Licht der Welt; auf seine Initiative geht diese Skulpturensammlung zurück.

Die unermeßlich reiche *Lady Edwina Ashley*, die *Lord Louis Mountbatten* 1922 heiratete, brachte Broadlands als Hochzeitsgeschenk in die Ehe ein. In den 20er und 30er Jahren war das Haus glanzvoller Mittelpunkt großer gesellschaftlicher Ereignisse des von Alltagssorgen verschonten, unbeschwerten Paars.

1947 verbrachten *Königin Elisabeth* und *Prinz Philip* ihre Flitterwochen auf Broadlands; *Mountbatten*, der Onkel des Duke of Edinburgh, hatte die Ehe eingefädelt. 34 Jahre später waren *Prinz Charles* und *Diana* nach ihrer Hochzeit für einige Wochen in Broadlands. Charles hatte eine gute Beziehung zu seinem Großonkel.

In den ehemaligen Stallungen von Broadlands macht ein interessanter Videofilm die Besucher mit dem Leben von *Lord Louis* bekannt, danach geht es an die Besichtigung des Hauses.

Im Örtchen Romsey darf man einen Besuch der **Abteikirche** nicht versäumen. Als *Heinrich VIII.* im Zuge der Reformation alle Klöster auflöste und deren Schätze und Ländereien an treue Gefolgsleute verteilte, wäre es beinahe um das Gotteshaus geschehen gewesen. Doch die Bewohner von Romsey kauften dem Herrscher ihre Kirche zum Preis von 100 £ ab. Freundlich verspielt und bunt wie ein Wetterhäuschen gibt sich das um 1650 errichtete, wunderschöne Grabdenkmal der

> „Zehn Jahre lang habe ich darüber nachgedacht, warum die Engländer dem Wind einen so großen Einfluß auf ihre Stimmung zuschreiben. Jetzt bin ich selbst seiner Wirkung anheimgefallen, so fühle ich mich bei Ostwind übellaunig und sowohl körperlich wie seelisch unausgeglichen."
>
> *Dorothea Fürstin Lieven*, Briefe an den Fürsten Metternich, 1823

Familie *St. Barbe*, einst die Besitzer von Broadlands. Davor ist unter einer im Boden eingelassenen schwarzen Granitplatte *Lord Louis Mountbatten* zur letzten Ruhe gebettet.

Mottisfont Abbey
– Vorspiegelung falscher Tatsachen

Wenn der Besucher an einem Dienstag, Mittwoch oder Sonntag in der Gegend ist, sollte er sich unbedingt zur 7 km nordwestlich von Romsey und 1,5 km westlich der A 3057 gelegenen Mottisfont Abbey aufmachen (Besichtigung von April bis Okt. an den drei genannten Tagen von 13-17 Uhr, Juli/August tgl. 13 – 17 Uhr).

Das aus dem 13. Jh. datierende, **ehemalige Augustinerkloster**, das heute in einem zauberhaften Landschaftsgarten liegt, ging im Zuge der Reformation an einen Würdenträger von *Heinrich VIII.* über; der ließ es zu einem Tudor-Landsitz umbauen.

Im Jahre 1938 beauftragten die damaligen Besitzer den Maler *Rex Whist* ler (1905-1944) mit der Ausgestaltung eines Raumes. Verblüfft und fasziniert steht der heutige Besucher in dem Zimmer, reibt sich vor Erstaunen die Augen und weiß nicht, was Täuschung, was Realität ist. Der sogenannte **Whistler Room** ist vollständig im *Trompe-l'oeil* bemalt. (*Trompe-l'oeil* bezeichnet eine Scheinarchitektur, eine in Wirklichkeit nicht vorhandene, durch Malerei nur vorgetäuschte Bauweise.) *Whistler*, der im Zweiten Weltkrieg ums Leben kam, ist hier etwas Großartiges gelungen. Die Decke ist reich geschmückt mit ausufernden Stuckarbeiten – gemalt; Säulen ragen auf – gemalt; die Wände schmücken Trophäen aller Art – gemalt; der Höhepunkt jedoch ist die Nische mit der rauchenden Urne: An einem Sockel lehnt an der einen Seite eine Mandoline, an der anderen sind zwischen Wand und Sockel einige Bücher achtlos eingeklemmt, davor liegt eine Taschenuhr, deren Kette über den Rand der Nische hängt, auf dem Sockel steht eine große Urne, von der ein Mantel auf die Mandoline herabhängt, aus der Urne steigt langsam Rauch nach oben – alles gemalt! Ein wirkliches Arrangement könnte nicht echter wirken!

Anfahrt: Zug von Southampton in Richtung Salisbury bis Dunbridge

> „Ein mir bekannter Engländer schnitt seiner verstorbenen Mutter aus wahrer Zärtlichkeit und mit ihrer vorher eingeholten Erlaubnis den Kopf ab, um den Schädel sein ganzes Leben lang küssen zu können."
>
> *Herrmann Fürst zu Pückler-Muskau*, „Briefe eines Verstorbenen", 1828

Southampton – Bournemouth

Winchester
– Englands alte Hauptstadt

Die 30.000 Einwohner zählende Hauptstadt der Grafschaft Hampshire blickt auf eine lange und bedeutende Geschichte zurück. Unter den Römern eine der größten Ansiedlungen in Britannien, hieß sie *Vente Belgarum*; die Angelsachsen machten Wintaceaster im 7. Jh. zur **Hauptstadt des Königreiches Wessex**. Unter der Herrschaft der *Könige Egbert* und *Alfred* avancierte Wintaceaster dann im 9 Jh. zur Kapitale ganz Englands. *Wilhelm der Eroberer* ließ sich 1066 sowohl in London als auch in Winchester krönen und bewahrte hier das Domesday Book und die königliche Schatztruhe auf.

Ab dem 12. Jh. jedoch verlor die Stadt ihre Vorrangstellung, und London war fortan das neue Herrscherzentrum. Winchester fiel in einen **Dornröschenschlaf,** aus dem es allem Anschein nach auch die vielen Touristen bisher nicht aufwecken konnten.

Die Kathedrale

Neben dem erfreulich angenehmen, atmosphärisch dichten Gesamteindruck der Kleinstadt, ist die Kathedrale unter kunsthistorischen wie auch allgemeingeschichtlichen Gesichtspunkten die herausragende Sehenswürdigkeit der Grafschaftskapitale. *Daniel Defoe*, bekannt als Autor des „Robinson Crusoe", vermerkte, daß die Kathedrale „ein in ganz Europa eher berühmtes Gotteshaus ist, von dem man so viel spricht".

Schon ab dem 9. Jh. waren Baumeister für die kommenden 200 Jahre mit Arbeiten an einer großen Kirche beschäftigt, an der immer wieder Veränderungen und Anbauten vorgenommen wurden. 14 Jahre nach der erfolgreichen Invasion von 1066 ging der von *Wilhelm* eingesetzte *Bischof Walkelyn* daran, die Baumaßnahmen zu koordinieren, und ließ ein gewaltiges Gotteshaus im normannischen Stil errichten. Krypta, Chor sowie nördliches und südliches Querschiff dieses **Old Minster**, des Alten Münsters, sind erhalten geblieben.

Mit Kupferdach: die Guildhall

06(Des Foto: hs

I	Westfassade
II	Langhaus
III	Chor
IV	Vierung
V	Nördliches Querschiff
VI	Altar
VII	Retrochor
VIII	Marienkapelle
IX	Südliches Querschiff

1	Statuen von Jakob I. und Karl I.
2	Grab von Jane Austen
3	Gedenkfenster für Jane Austen
4	Normannisches Taufbecken
5	Dreikönigskapelle
6	Särge Sächsischer Könige und Bischöfe
7	Altarrückwand
8	Grabkapelle von Bischof Gardiner
9	Grabkapelle von Bischof Fox
10	Gabkapelle von Bischof Langton, davor die Statue William Walkers
11	Grab von Izaak Walton
12	Dom-Bibliothek

Im Jahre 1107 stürzte der Vierungs-turm in sich zusammen. Ein göttliches Zeichen, wie die abergläubischen Zeitgenossen sofort erzählten. Sieben Jahre zuvor nämlich war **Wilhelm II. Rufus**, Sohn des Eroberers, von den kirchlichen Autoritäten, dem Adel und dem Volk gleichermaßen gehaßt, un-ter der Vierung beigesetzt worden. Ein verirrter Pfeil hatte ihn bei der Jagd im New Forest vom Leben zum Tode befördert. Weder wollte Gott den Frevler auf Erden wandeln noch unter dem Turm seiner Kirche aufge-bahrt sehen, raunten die erschrocke-nen Zeitgenossen.

Ende des 12. Jh. begann die **goti-sche Umgestaltung**, Retrochor und Marienkapelle entstanden im *Early-English*-Stil, im folgenden Jahrhundert ging man daran, das Langhaus im **Per-pendicular** umzubauen. Dessen klassische Attribute – senkrechtes Maßwerk in großen Fenstern und Fächergewölbe – sind reichlich in Winchester Cathedral vertreten. Besonders schön sieht man dies am Fenster über dem Eingangsportal und an allen Gewölben des Langhauses, hervorragend gelungen aber vor allem in der Vierung.

Während des Bürgerkriegs richteten die Truppen des Schlächters **Cromwell** verheerende Schäden an, ihrer völligen Zerstörung entging die Kathedrale nur aufgrund des beherzten Eingreifens der Bürger. Nach *Cromwells* Verschwinden wurde das Gotteshaus umfassend renoviert.

Die Kathedrale von Winchester

Eine letzte spektakuläre **Rettungsaktion** mußte Anfang dieses Jahrhunderts vorgenommen werden. Die Fundamente begannen im weichen Torfuntergrund einzusinken, und die Kathedrale drohte auseinanderzubrechen. Stützende Strebepfeiler, vor allem jedoch die Arbeit von *Will the Diver* retteten das Gotteshaus; 7 Jahre lang goß der „Taucher" William Walker den Untergrund mit Beton aus und schuf damit eine stabilisierende Bodenwanne.

Man betritt die mit Hunderten von Denkmälern geschmückte Kathedrale durch das Portal der **Westfassade** – in dem großen Fenster befinden sich noch Reste des ursprünglichen mittelalterlichen Glases. Im Innern flankieren die Statuen von *Karl I.* und *Jakob I.* das Eingangsportal. Im **nördlichen Seitenschiff** ruhen die sterblichen Reste der Dichterin *Jane Austen*, die 1817 42jährig in ihrem Haus an der College Street an Tuberkulose starb. Ein Stückchen weiter ehrt ein Fenster ihre dichterische Schaffenskraft. Ein normannisches **Taufbecken** aus schwarzem Marmor zeigt Reliefszenen aus dem Leben des hl. Nikolaus. Das **nördliche Querschiff** ist wie auch das südliche noch im wesentlichen im normannischen Stil gehalten; in der **Dreikönigskapelle** läßt ein Fenster von *William Morris* fahles Licht ins Dunkel des Gotteshauses.

Im **nördlichen** und südlichen **Chorumgang** ruhen in hölzernen Särgen eine ganze Reihe von angelsächsischen Königen. Die Altarrückwand, in die man im 19. Jh. neue Figuren einsetzte, ist von zwei Grabkapellen flankiert: Die nördliche, letzte Ruhestätte von Bischof *Stephen Gardiner*, enthält den Stuhl, auf dem *Maria I.* im Juli 1554 bei ihrer Eheschließung mit *Philip II.* von Spanien saß. In der **südlichen Grabkapelle** harrt Bischof *Richard Fox*, auf dessen Initiative das prachtvolle Fächergewölbe der Vierung zurückgeht, auf das ewige Leben. Vor dem Eingang zur **Kapelle für Bischof Thomas Langton** steht die von *Sir Charles Wheeler* geschaffene Bronzestatue von *Will the Diver,* William Walker.

Im **südlichen Querschiff** liegt *Izaak Walton* zur letzten Ruhe gebettet; der Autor hat der Welt im Jahre 1653 sein berühmtes Werk „The Compleat Angler" hinterlassen. Das mit Fischen aller Art verzierte Fenster der Grabkapelle stifteten Angler aus der gesamten englischsprachigen Welt. Schließlich trifft man auf das Grabmal von Bischof *William Edington*, auf den Mitte des 14. Jh. die gotische Umgestaltung des Langhauses zurückgeht.

Kostbarster Schatz in der **Dom-Bibliothek** ist die aus dem 12. Jh. stammende Winchester-Bibel, die mit Miniaturmalereien prachtvoll illuminiert ist.

Weiteres Sehenswertes

Auf dem Areal der Domfreiheit, südlich der Kathedrale, findet der Besucher die **Ruine der Dekanei**, Pilgrim's Hall und Pilgrim's School sowie das King's Gate, das in die College Street führt. Hier wird das **Winchester College** von einer hohen Mauer geschützt.

1382 von Bischof William of Wykeham ins Leben gerufen, ist dies die älteste Public School Großbritanniens. (*Public School* bezeichnet keineswegs eine öffentliche, sondern ganz im Gegenteil eine private Schule.) Wer sie erfolgreich absolviert hat, studiert dann am ebenfalls von *Wykeham* gegründeten New College in Oxford. In diesem Teil Winchesters ist die Stadt am schönsten, alte Fachwerkgemäuer und enge Straßen vermitteln das Flair vergangener Tage.

Kurz vor der High Street, der verkehrsberuhigten Hauptgeschäftsstraße, läßt das **West Gate** den Besucher in den Innenstadtbereich von Winchester.

Daneben ragt die 1234 errichtete **Great Hall** auf, in deren großem Saal die riesige runde Tischplatte aufbewahrt wird, an der *König Artus'* Tafelrunde einst diniert haben soll. Niemand weiß, aus welcher Zeit der *Round Table* datiert, sicher aber ist, nicht aus der Ära des legendären Königs. In der Great Hall feierte *Maria I.* ihre Hochzeit mit *Philip II.* von Spanien; einige Jahre später wurde *Sir Walter Raleigh* hier der Schauprozeß gemacht, der mit seiner Hinrichtung endete.

In der **High Street** findet der kauflustige Besucher Einzelhandelsgeschäfte des gehobenen Standards in schönen alten Häusern mit hohen Fachwerkfassaden und vorkragenden Giebeln; beim Flanieren passiert man auch das prachtvolle, aus dem 14. Jh. stammende Marktkreuz, **Butter Cross** genannt, mit seinen vielen Heiligenfiguren.

★ 1 Great Hall
•• 2 West Gate
❶ 3 Restaurants Mr. So, Muswell's
❶ 4 Rest. Elisabethan
★ 5 Butter Cross
★ 6 Ruine der Dekanei
❶ 7 Pub Wykeham Arms
• 8 Pilgrims' School und Pilgrims' Hall
• 9 Winchester College
❶10 Pubs Crown Anchor und India Arms
❶11 Tourist Information
★12 Statue von Alfred dem Großen
•13 Jugendherberge in Old City Mill
✚14 Hospital of St Cross

High Street geht in The Broadway über, an dessen Ende die 1901 enthüllte, gewaltige **Statue von König Alfred dem Großen** (9. Jh.) in martialischer Geste wacht.

Sehr empfehlenswert ist ein Spaziergang entlang der **Water Meadows**, der Flußauen des River Itchen, in südlicher Richtung zum **Hospital of St. Cross**. Englands ältestes Armenhaus wurde 1136 von *Bischof Blois* ins Leben gerufen und versorgte die Armen und Hungernden mit Speise, Trank, Kleidung und Obdach. Wer darauf besteht, wird noch heute mit dem *Wayfarer's Dole* gespeist und bekommt ein Glas Bier und eine kräftige Brotkruste.

Und von der Spitze des **West Hill** schauten Angel Clare und seine Verwandte Liza-lu über die angenehm anzusehende Stadt Wintoncester, so heißt es in „Tess of the d'Ubervilles", dem berühmtesten Roman des Dorset-Dichters *Thomas Hardy* (1840-1928).

Praktische Hinweise

Tourist Information
●**Guildhall**, The Broadway, Tel. 01962-840500

Unterkunft
●**Lainston House Hotel, ******, Sparsholt, Tel. 01962-863588, Fax 776672
●**Harestock Lodge Hotel, *****, Harestock Road, Tel. 01962-881870, Fax 996959
●**Bed and Breakfast:** Cathedral View, **, 9 a Magdalen Hill, 01962-863802; The Farrells, 5 Ranelagh Road, St. Cross, Tel. 01962-869555; St. Margaret's, 3 St, Michael Road, Tel. 01962-861450; Shawlands, 46 Kilham La-

ne, Tel. und Fax 01962-861166
●**Jugendherberge:** The City Mill, Water Lane, Tel. 01962-853723.

Pubs und Restaurants
●**Wykeham Arms**, 35 Kingsgate Street, bester und schönster Pub in Winchester in einem 250 Jahre alten Gemäuer, mit sehr guten, aber auch teuren Gerichten zur Mittagszeit, 22 offene Weine, kleiner Biergarten
●**The Elizabethan**, Jewry Street, Galleried Medieval Restaurant, atmosphärereiches Lokal in einem schönen, alten Fachwerkhaus aus der Tudor-Ära (1509), um 13 £
●**Mr. So**, Jewry Street, chinesisch, um 7 £
●**Muswell's**, Jewry Street, Café-Restaurant, um 6 £
●**India Arms** und **Crown Anchor**, The Broadway, zwei Pubs gegenüber der Tourist Information in der Guildhall, zur Mittagszeit

Feierabend in der High Street

Southampton – Bournemouth

weitgefächertes Programm an Pub Grubs
- **Da Vinci,** Ristorante Italiano, Jewry Street, Pizzen und Pastas zwischen 6 und 8 £;
- **Restaurant Gandhi,** The Broadway, preiswertes indisches Lokal gegenüber der Touristeninformation
- **Pub The Guildhall Tavern,** The Broadway, sehr gemütliche Kneipe im Gebäude der Guildhall, mit guten Bar Meals und einem Biergarten

Verbindung

- Mit **Zügen** im Network Southeast und **Bussen** des National Express in alle Landesteile.

Salisbury
– Eine der schönsten Städte Englands

Hatten die beiden Kathedralenstädte Chichester und Winchester in ihren engen Straßen und zwischen den alten Fassaden schon eine reiche Atmosphäre und viel Flair, so erlebt der Besucher in Salisbury eine weitere Steigerung. Salisbury ist neben Bath die **schönste Stadt im Süden** Englands, einerseits romantisch verträumt, andererseits aber ebenso vital und spritzig; ungebremst wogt das zeitgenössische Leben zwischen den alten Häuserzeilen, so daß es eine Freude ist, durch die Stadt zu flanieren. Selbst in der **prachtvollen Kathedrale** und um sie herum geht es nicht museal still, sondern springlebendig zu. Daran hat ganz ohne Zweifel die prachtvolle Kirchenarchitektur erhebliche Anteile; Salisbury Cathedral wirkt mit dem hohen Turmhelm leicht und luftig und damit fast heiter.

Die Ursprünge der Stadt liegen 3 km außerhalb in **Old Sarum**; in diesem eisenzeitlichen Hügelfort von 1,5 km Durchmesser – seit der Prähistorie besiedelt – nahmen auch die Römer Quartier und nannten den Ort *Sorviodunum,* dann kamen die Angelsachsen und schließlich die Normannen. Die legten den Bischofssitz nach Old Sarum, bauten innerhalb der inneren Umwallung eine Festung und innerhalb der äußeren eine Kathedrale. Doch geistliche und weltliche Herrscher kamen nicht miteinander aus, zudem herrschte Wassermangel in der Gegend, und so zogen die Kirchenleute gen Süden und fanden in einer anmutigen Schleife des River Avon auf einer großen Flußaue einen Platz für ihr neues Gotteshaus.

Die Kathedrale

1220 wurde der Grundstein gelegt, 1265, nach nur 45 Jahren Bauzeit, war die Kathedrale fertig; allerdings vorerst noch ohne Kreuzgang, Kapitelhaus und Turm. Trotz der für die damalige Zeit ungewöhnlich **kurzen Bauzeit** entstand ein gotisches Wunderwerk, das fast ausschließlich im reinsten *Early-English-Stil* errichtet worden ist.

1240 ließ der Bischof mit dem Bau des **Kreuzganges** beginnen, der 30 Jahre später fertiggestellt wurde. Von 1263 bis 1284 dauerten die Arbeiten am achteckigen **Kapitelhaus,** und 1315 dann auch der **Turm** mit der Spitze fertiggestellt.

Fährt man auf die Stadt zu, so grüßt schon früh dieser nadelspitze, 120 m

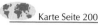

> „Der reiche Engländer reist umher, frönt seinen Liebhabereien, heiratet und begeht eines Tages aus purer Langeweile Selbstmord."
>
> *Nikolai Karamzin, „Briefe eines reisenden Russen", 1790*

hohe Turmhelm, der unvergleichlich schlank in die Höhe strebt. Ist man dann vor Ort, so zeichnet maßgeblich für den Gesamteindruck des Gotteshauses der große **Cathedral Close** verantwortlich, die größte Domfreiheit aller englischen Kathedralen. Da wächst das Gotteshaus auf einem weiten grünen Grasteppich in die Höhe, „steigert sich in Stakkato-Sprüngen bis hin zum Vierungsturm" und findet in dessen hohem Helm seinen konzentrierten Abschluß. Schon der amerikanische Autor *Henry James* (siehe Exkurs), der fast sein ganzes Leben in England verbrachte, wußte um den Reiz eines großen *Cathedral Close*: „Die Kathedrale ist von höchstem Rang, aber die Domfreiheit macht stets die Szene aus."

Die **Westfront** ist ähnlich wie die von Wells und Exeter mit reichem Skulpturenschmuck überzogen.

Im Innern findet man im nördlichen Seitenschiff Englands **ältestes Uhrwerk**, das vermutlich um das Jahr 1386 gefertigt wurde. Nahebei ehrt ein **Grabdenkmal William Longespée d. J.**, der während des Kreuzzugs 1250 bei den Kämpfen um die ägyptische Stadt Mansura ums Leben kam. 1226 wurde *William Longespée* d. Ä. als erster Verstorbener in der Kathe-

drale beigesetzt. William – anwesend bei der Grundsteinlegung der Kathedrale – war ein Sohn von *Heinrich II.*, ein Halbbruder des berüchtigten *Johann Ohneland* (*John Lackland*, der unpopulärste König der englischen Geschichte) und des Grafen von Salisbury.

In der Vierung erkennt man besonders gut an der südwestlichen Säule, wie sich diese unter dem Gewicht des Turmes verbogen hat. Nur vier **Hauptsäulen**, die anderen drei krümmen sich ebenfalls unter der Last, tragen das ungeheure Gewicht von 6400 t. Die ursprüngliche Planung sah überhaupt keinen Turm, geschweige denn eine Helmspitze vor. Ein durchbrochener Dachaufsatz auf der Vierung überragte nur wenige Meter das Hauptschiff. Die Stützpfeiler waren somit lediglich für eine Last von ungefähr 400 t ausgelegt – mehr als genug für den Dachstumpf. Doch dann fügte ein kühner Baumeister – man muß wahrlich betonen, daß er ein kühner Mann war – zwei weitere hohe Absätze hinzu, gab sich mit dem Erreichten keineswegs zufrieden und begann, die 120 m hohe steinerne Spitze rund um ein hölzernes Gerüst aufzumauern. Leider wissen wir heute nicht mehr, wer dieser Könner war.

Unter **statischen Gesichtspunkten** hätte es den Turm nicht geben dürfen, seine Konstruktion war und ist äußerst fragil. Zwar wurden zeitgleich mit dem Bau des Turmes die ohnehin schon dicken Lichtgadenmauern mit steinernen inneren Stützpfeilern versehen, hinzu kamen äußere Strebebogen, die

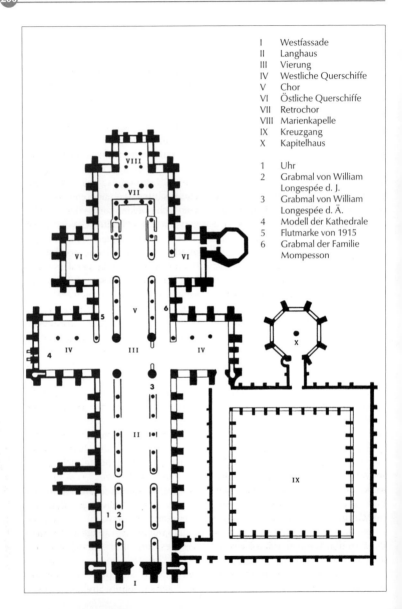

I   Westfassade
II   Langhaus
III   Vierung
IV   Westliche Querschiffe
V   Chor
VI   Östliche Querschiffe
VII   Retrochor
VIII   Marienkapelle
IX   Kreuzgang
X   Kapitelhaus

1   Uhr
2   Grabmal von William Longespée d. J.
3   Grabmal von William Longespée d. Ä.
4   Modell der Kathedrale
5   Flutmarke von 1915
6   Grabmal der Familie Mompesson

von den Hauptschiffwänden bis in den Turm hineinragten und für weitere Stabilität sorgten. Das reichte aber noch immer nicht, und so entlasteten ab Ende des 14. Jh. im Chor und im östlichen Querschiff Scherenbogen die Hauptsäulen (leider sind diese nicht ganz so elegant wie die in Wells). Trotzdem, die vier Hauptsäulen begannen sich zu biegen, und die Wände verschoben sich leicht. So ließ im 15. Jh. *Bischof Beauchamp* an den Eingängen zu den Hauptquerschiffen weitere Stützbogen anbringen, und 1479/80 wurde das hölzerne Deckengewölbe des Chores durch ein widerstandsfähigeres aus Stein ersetzt.

Der Turm hielt die Baumeister und Bischöfe Jahr für Jahr in Atem. Im 17. Jh. beauftragten sie den großen *Sir Christopher Wren* – u.a. Architekt der St. Paul's Cathedral in London – mit einer statischen Untersuchung. Der kongeniale Baumeister fand heraus, daß der Turm um „nur" 9 cm abgesackt war und die Spitze sich um 75 cm nach Südwesten neigte. *Wren* ließ den Turm mit Eisenbändern ummanteln und verstärkte somit das dem Druck standhaltende Gemäuer.

1737 tat es ihm *Sir Gilbert Scott* nach und sicherte den Turm mit weiteren Eisenstreben; außerdem richtete er eine Meßstation ein: Der Fußboden im Mittelpunkt der Vierung erhielt eine Messingplatte, auf die von der Turmspitze ein Lot herunterreichte; dort, wo es die Platte berührte, wurde eine Markierung angebracht. In dem einen Jahrhundert zwischen *Wrens* Berechnungen und *Scotts* Messungen hatte sich die Turmspitze nicht weiter geneigt. Auch 1951 und 1970, als erneute Untersuchungen vorgenommen wurden, konnte keine weitere Veränderung festgestellt werden. Dafür waren mittlerweile die Eisenbänder und -streben, die *Wren* und *Scott* hatten anbringen lassen, durchgerostet, und auch die oberen 9 m der Spitze mußten erneuert werden. Dennoch blieb eine grundsätzliche Renovierung weiterhin dringend nötig, und 1985 rief *Prince Charles* zu einer großangelegten Spendenkampagne auf. 7 Mio. Pfund wurden benötigt, um den höchsten Kirchturm Englands und den zweithöchsten Europas sicher ins nächste Jahrtausend zu bringen. Mittlerweile sind die Renovierungsarbeiten abgeschlossen.

Weiter geht es auf dem Rundgang. Im nördlichen Hauptquerschiff kann man an einem **großen Modell** die Kathedrale genau studieren. Um die Ecke herum, im nördlichen Chorschiff, weist eine Metalltafel mit der Markierung *Flood Level* und dem Datum des 5. Januar 1915 auf eine **Hochwasserkatastrophe** hin; in jenem Jahr war der Avon in einer Jahrhundertflut über die Ufer getreten. Es heißt, daß die hohe Geistlichkeit auf ihren Pferden in die Kathedrale geritten kam, um trockene Füße zu behalten.

Im südlichen Chorschiff schließlich darf man einen langen Blick auf das **Grabdenkmal der Familie Mompesson** nicht versäumen. Wer, wie empfohlen, die Abteikirche von Romsey besucht und dort das Grabdenkmal der Familie *St. Barbe* gesehen hat, wird den Stil wiedererkennen. Auch das der *Mompessons* ist so bunt wie ein Papagei und wirkt fröhlich und heiter.

Über das südliche Hauptquerschiff gelangt man in den Kreuzgang und von dort ins **Kapitelhaus**. Hier tagten die Geistlichen der Kathedrale; bei den Zusammenkünften war es Brauch, ein Kapitel aus der Bibel vorzulesen,

Poultry Cross: der Mittelpunkt des Marktes

und so erhielten das Domkapitel und das Kapitelhaus ihre Namen.

Das achteckige kleine Gebäude ziert ein vollständig umlaufendes, mittelalterliches Steinfries, das Szenen aus der Bibel zeigt. In der Mitte des Raumes ragt eine Säule auf, die in ein Fächergewölbe übergeht und die Dachlast trägt.

Im Kapitelhaus wird u.a. ein Original der **Magna Charta** (1215) ausgestellt; Adel und Kirche trotzten dem verhaß-

Farbkarte Seite VI

SALISBURY 203

ten König *John Ohneland* weitreichende Rechte ab und zwangen ihn, die Verfassungsurkunde zu unterschreiben.

Weiteres Sehenswertes

Die große Cathedral Close, die Domfreiheit, wird von schönen alten Häusern eingefaßt. Am West Walk ist im 700 Jahre alten King's House das sehr sehenswerte **Salisbury & Wiltshire Museum** (Mo-Sa 10-17 Uhr, Juli/Aug. So 14-17 Uhr), das Heimatmuseum der Region, untergebracht.

Ein Stückchen weiter pflegt der National Trust **Mompesson House**, das aus dem 18. Jh. datiert und mit seinen Möbeln einen Eindruck von den Wohnstandards des gehobenen Bürgertums der damaligen Zeit gibt (April bis Okt. tgl. außer Do/Fr 12-17.30 Uhr).

Nun sollte man sich auf einen ausgiebigen Stadtbummel begeben, beispielsweise dem Avon durch das Stadtzentrum folgen, rund um den **Marktplatz** flanieren, das prachtvolle Marktkreuz **Poultry Cross** bestaunen und sich in der Milford Street das aus dem 14. Jh. stammende **Red Lion Hotel** anschauen, in dessen verwunschenem, efeuumrankten Innenhof früher die Postkutschen einfuhren.

Praktische Hinweise

Tourist Information

●**Fish Row**, Tel. 01722-334956

Unterkunft

●**Red Lion Hotel, ****,** Milford Street, Tel. 01722-32334, Fax 325756

●**The Millford Hall Hotel, ***,** 206 Castle Street, Tel. 01722-417411, Fax 419444
●**Old Mill Hotel, ***,** Town Path, Jarnham, Tel. 01722-327517, Fax 333367
●**Bed and Breakfast:** Beulah, Britford Lane, Tel. 01722-333517; Byways House, 31 Fowlers Road, Tel. 01722-328364, Fax 322146; Castleavon, 15 Wyndham Road, Tel. 01722-339087; The Gallery, 36 Wyndham Road, Tel. und Fax 01722-324586; Leena's Guest House, 50 Castle Road, Tel. und Fax 01722-335419
●**Jugendherberge:** Milford Hill House, Milford Hill, Tel. 01722-327572.

Pubs und Restaurants

●**Haunch of Venison**, Minster Street, Salisburys atmosphärereichster Pub gegenüber vom Market Cross in einem wunderschönen alten Gemäuer aus dem Jahr 1320, zur damaligen Zeit Haus des Priesters der St. Thomas Church, klein und immer überfüllt, neben verschiedenen Biersorten sind 100 Malt Whiskys im Angebot
●**Harper's**, 7 Ox Row, Market Square, eines der besten Restaurants von Salisbury, great traditional eating and good value for money, lautet die Kritikermeinung, 16-35 £
●**Market Inn**, Market Square, Pub, während der Saison unregelmäßig Live Music
●**Pierre Victoire,** Winchester Street, französische Küche bis 11 £
●**King's Arms**, gegenüber vom St. Anne's Gate des Cathedral Close in St. John's Street, Pub und Restaurant in einem alten Fachwerkhaus mit einem schönen Innenhof
●**The Cloister**, Catherine Street, ein weiterer gemütlicher, uralter Pub
●**Coach and Horses**, Winchester Street, eine alte Postkutschenstation, ältestes Gasthaus im Orte, sommertags sitzt man schön im Innenhof, um 10 £
●**Anchor and Hope**, Winchester Street, alter Pub in einem schönen Fachwerkhaus, in dessen efeugeschmücktem Innenhof das Bitter sommertags besonders gut schmeckt
●**Charcoal Hill**, Fisherton Street, ein türkisches Minirestaurant mit leckeren Sachen
●**Bishop's Mill Tavern**, Zugang von der Fisherton Street, sehr angenehm sitzt man hier

Southampton – Bournemouth

bei schönem Wetter am Ufer des Avon und lauscht dem Murmeln und Rauschen eines kleinen Wasserfalls, der ehemals das Mühlrad trieb.

Rent-a-Bike

● **Hayball's Cycle Shop**, Winchester Street.

Verbindung

● Mit **Zügen** im Verbundnetz Network Southeast und **Bussen** des National Express in alle Landesteile.
● Von der Busstation in der Endless Street verkehrt Mo-Sa in der Zeit von 8.45 bis 17.20 Uhr **Bus** Nr. 3 von Bahnsteig B insgesamt zehnmal nach **Stonehenge;** So und an Feiertagen drei Busse in der Zeit von 10.20 bis 14.25 Uhr.

Biertische statt Mehlsäcke: Bishop's Mill

Old Sarum
– Die Urzelle von Salisbury

3 km nördlich von Salisbury liegt an der A 345 in Richtung Amesbury Old Sarum, der Gründungsort von Salisbury. Um 3.000 v. Chr. gab es hier bereits eine neolithische Ansiedlung, um 100 n. Chr. besetzten dann die Römer das eisenzeitliche Hügelfort, 525 bezogen es die Angelsachsen. 1010 erlangte Sarum Reputation durch eine königliche Münze, 75 Jahre später ließ *William the Conqueror* eine Festung errichten, und 1092 begann man auch mit dem Bau eines großen Gotteshauses. 1130 war es *Bischof Roger*, der einen Palast für *Heinrich I.* in Angriff

nahm, 1219 dann zog der Klerus gen Süden und legte ein Jahr später den Grundstein für die neue Kathedrale, um die herum Salisbury entstand. 1336-1414 diente Old Sarum Castle als Gefängnis, 1514 brach die baufällige Burg in sich zusammen, und 1734 war die Stätte vollends verlassen.

Premierminister *William Pitt* d. J. (1759-1806) machte das Parlament auf die historische Bedeutung von Old Sarum aufmerksam, doch erst 1892 wurde die Stätte in staatlichen Besitz genommen; 1909 begannen die archäologischen Untersuchungen (EH, April bis Sept. tgl. 10-18 Uhr, Okt. bis März Di-So 10-16 Uhr).

Im New Forest
– Wo nur der König jagen durfte

Zwischen Southampton und Bournemouth erstreckt sich der rund 350 km² große, unter Naturschutz stehende New Forest, einer der landschaftlichen Höhepunkte im Süden Englands, ein wunderschönes, ruhiges Wald- und Heidegebiet, das zu Wanderungen und Spaziergängen einlädt. *Wilhelm der Eroberer* ließ die damals dichtbewaldete Region 1079 exklusiv für sich und seine Jagdfreuden reservieren. Das englische Wort *Forest*, heute allgemein mit „Wald" übersetzt, bezeichnete in jenen Tagen den königlichen Forst, der ausschließlich dem Nutzen des Herrschers diente.

Das Gelände war bewacht, wer hier bei der Jagd erwischt wurde, hatte sein Leben verwirkt. Über die Jahrhunderte hinweg sorgten *Forest Warden* und **Verderers**, Forstwächter und königliche Jagdaufseher, für die Waldregion, und noch heute sind zehn *Verderer* zum Wohle des New Forest tätig; fünf werden von den Bürgern gewählt, fünf von öffentlichen Körperschaften in ihr Amt eingesetzt. Die Wald- und Heideschützer tagen in der *Verderers Hall* in Lyndhurst.

Im 17. und 18. Jh. wurden die großen Wälder durch die Flottenbauprogramme erheblich verkleinert, 100 Jahre später dann avancierte die Region per Parlamentsbeschluß zum Naturschutzgebiet, und es wurde kräftig aufgeforstet.

Im gesamten Gebiet findet der Besucher die frei grasenden, halbwilden **New Forest Ponies**, die auch schon einmal stoisch auf der Fahrbahn stehen; auch **Rinder** haben hier einen geschützten Lebensraum und liegen nicht selten wiederkäuend auf der Straße. Der Autofahrer wird um eine defensive Fahrweise gebeten, Tiere haben im Naturschutzgebiet „Vorfahrt".

In Kilometerabständen finden sich **Parkplätze**, so daß man fast überall

„Die Briten haben keinen Appetit auf Salat und Küchenkräuter. Sie essen viel Roastbeef und Beefsteak, bekommen davon dickes Blut, werden melancholisch und begehen deshalb häufig Selbstmord."

Nikolai Karamzin, „Briefe eines reisenden Russen, 1790"

06:Ses Foto: hs

dort, wo man es schön findet, mit einem Spaziergang beginnen kann.

Lynhurst

Im **Zentrum des New Forest** liegt das Landstädtchen Lynhurst, in dem ein Informationszentrum den interessierten Besucher tiefer mit der Fauna und Flora der Region bekannt macht. Lyndhurst hat auch die beste touristische Infrastruktur.

Auf dem Friedhof des kleinen Ortes liegt *Mrs. Reginald Hargreaves* begraben, die hochbetagt 1932 starb und mit ihrem Mädchennamen **Alice Liddel** in die englische Literaturgeschichte eingegangen ist; als kleines Mädchen hatte sie *Lewis Carroll* zu seiner „Alice in Wonderland" (1865) inspiriert.

Wenige Kilometer gen Süden bietet das Örtchen **Brockenhurst** ebenfalls eine gute Anlaufstelle für Aktivitäten im Forest.

Beaulieu

Für viele Besucher ist jedoch nicht ein angenehmes Naturerlebnis der Grund für ihren Besuch, sondern der große „Vergnügungspark" rund um den Stammsitz der Montagu-Familie beim Örtchen Beaulieu. Hauptattraktion ist

Sonntags in der alten Reihenhaussiedlung: Buckler's Hard

hier das **National Motor Museum**, das über 300 alte Karossen in seinem Bestand hat. Der Eintrittspreis ist hoch und schlägt pro Person mit sage und schreibe 7 £ zu Buche.

Beaulieu selbst ist ein winziges, aber liebreizendes Dörfchen, dort gelegen, wo sich der Beaulieu River zum Mündungstrichter verbreitert. Sehr empfehlenswert ist ein Spaziergang am westlichen Ufer des Flüßchens gen Süden zum ca. 4 km entfernten **Buckler's Hard**. Im 17., 18. und 19. Jh. wurden hier die Schiffe gebaut, mit denen *Nelson* Jagd auf die Franzosen machte; Buckler's Hard war einmal – bedingt durch den Holzreichtum des New Forest – eine der größten Werftanlagen im Lande. Ein interessantes **Maritime Museum** und zwei gegenüberliegende, durch ein breites Grün getrennte Reihenhaussiedlungen aus früheren Tagen sind die Attraktionen.

An schönen Tagen kann es hier recht voll werden. Dann hocken viele Besucher auf dem großen Rasenplatz, schauen aufs Wasser und picknicken oder schlecken ein Eis. Kommt man nicht wie empfohlen zu Fuß, sondern mit dem Auto an, so wird man an einer Straßensperre zur Kasse gebeten und dann auf einen Parkplatz abseits des Örtchens gelotst (die motorisierten Besuchermassen wären anders nicht in den Griff zu bekommen).

Minstead

Anhänger und Freunde des Meisterdetektivs Sherlock Holmes wird es sicher zum kleinen Weiler Minstead ziehen,

einen Steinwurf nordwestlich von Lyndhurst gelegen. Im Kirchhof des 700 Jahre alten Gotteshauses liegt **Sir Arthur Conan Doyle** (1859-1930) begraben. Auf dem Grabstein wird er als „Knight, Patriot and Physician" und als „Man of Letters" gelobt. 1890 hatte er die Gegend kennengelernt und in einem gemieteten Farmhaus ein Stückchen südlich von Minstead seinen historischen Roman „The White Company" geschrieben. 1925 kaufte *Conan Doyle* dann im Örtchen das Haus Bignell Wood. Hier entstanden seine „History of Spiritualism" (1926) und ein Jahr später „The Case-Book of Sherlock Holmes".

Nördlich von Minstead, nur einen Katzensprung entfernt, trifft man auf den **Rufus Stone**, der jene Stelle markiert, an der König *William II. Rufus*, Sohn von *William the Conqueror*, am 2. August 1100 von dem verirrten Pfeil *Sir Walter Tyrells* tödlich getroffen zu Boden sank und sein elendes Leben aushauchte. Eleganter läßt sich ein Königsmord nicht in Szene setzen, doch handelte es sich aller Wahrscheinlichkeit nach tatsächlich um einen Unglücksfall. Wie auch immer es gewesen sein mag, Volk, Adel und Klerus waren hochzufrieden mit dem unerwartet freudigen Ereignis! In seiner nur dreijährigen Herrschaft hatte William die Kirche und die Adligen ebenso wie seine Untertanen mit seinen unverschämten Forderungen zutiefst gegen sich aufgebracht; hinzu kam noch, daß er sich als praktizierender Homosexueller den moralischen Geboten des Mittelalters widersetzte.

Bournemouth
– Wo sich die Welt trifft

Bournemouth, Poole und das Örtchen Christchurch sind in den letzten Jahrzehnten zusammengewachsen und zählen heute fast 300.000 Einwohner – zuviel eigentlich für die rechte Urlaubsfreude.

Dennoch, wie Brighton und Eastbourne auch, ist Bournemouth ein gepflegtes, **international renommiertes Seebad**, das mit seinem großen Konferenzzentrum Tagungen aller Art ausrichten kann; viele Sprachschulen bieten ihre Dienste an und werden von jungen Leuten aus aller Herren Länder besucht. Weite Grünflächen und Parks – einer mit etlichen Vogel-Volieren, in der eine Anzahl exotischer Piepmätze herumzwitschern – laden zur Erholung ein, und an den Straßenrändern spenden hohe Bäume Schatten und lassen die steinernen Häuserzeilen freundlicher aussehen.

10 km lang ist der **Sandstrand**, und zwei Piers signalisieren Größe und Bedeutung. Im Zentrum, am Bournemouth Pier, steigen die Klippen steil empor, viele Treppen führen hinunter ans Gestade; für Fußfaule gibt es zwei Aufzüge, die an der West Promenade und am östlichen Undercliff Drive die Schwimmer und Sonnenanbeter nach

unten und auch wieder zurück bringen. Von dort oben hat man auch einen schönen Blick auf den langen, weit ins Meer ragenden **Pier**; besonders abends sieht es recht stimmungsvoll aus, wenn die Seebrücke mit bunten Lämpchen geschmückt ist. Bournemouth Pier ist von allen bisher gesehenen derjenige, der am wenigsten vom Kirmesrummel erschüttert wird. An seiner Spitze findet der Besucher keinen *Amusement Pavilion* mit einarmigen Banditen, sondern tatsächlich ein Theater, das abendliche Vorstellungen bietet.

Bournemouth wurde erst um 1810 gegründet und hatte 40 Jahre später noch immer weniger als 1.000 Einwohner. Doch als der Ort dann 1870 an das Eisenbahnnetz angeschlossen wurde, gab es kein Halten mehr, Bournemouth entwickelte sich zu einem eleganten Seebad.

Beardsley

> „Die Engländer finden Frauen mit haarigen Armen unwiderstehlich. Ist das nicht ein wunderlicher Geschmack?"
>
> *Dorothea Fürstin Lieven*, „Briefe an den Fürsten Metternich", 1820

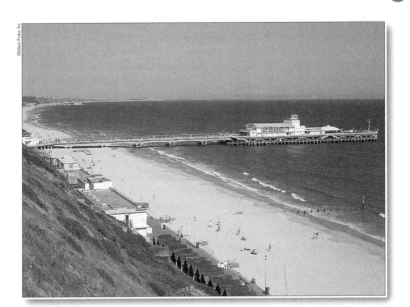

Im milden, golfstromerwärmten Klima suchten die Kranken Genesung von ihren Leiden. Der Jugendstil-Illustrator **Aubrey Beardsley** (1872-1898), tuberkuloseinfiziert, war vor Ort, bevor er nach Südfrankreich ging und 26jährig in Menton starb. Eine Cholera-Epidemie ließ 1884 den lungenkranken **Robert Louis Stevenson** (1850-1894) für drei Jahre vom sonnigen Südfrankreich nach Bournemouth übersiedeln; er wohnte im Skerrivore House, benannt nach einem Leuchtturm, den sein Vater an der schottischen Küste erbaut hatte. Hier schrieb

Stevenson einige seiner bekanntesten Romane und Novellen: „Treasure Island" (dt. „Die Schatzinsel"), „The strange case of Dr. Jekyll and Mr. Hyde" („Dr. Jekyll und Mr. Hyde") und „Kidnapped" („Entführt"). Im Sommer des Jahres 1887 machte er sich in die Südsee auf, denn „die Medizinflaschen auf dem Kaminsims und das Blut in seinem Taschentuch" ließen ihm keine Wahl. Am 3. Dezember 1894 starb *Stevenson* 44jährig auf der Samoa-Insel Upolo in seinem Haus Vailama.

D. H. Lawrence, der aufgrund seiner Tuberkulose den Anforderungen des Lehrerberufes nicht gewachsen war, suchte im Winter 1912 in Bournemouth ebenfalls Linderung von seinen

Vom Rummel bisher verschont:
Bournemouth Pier

Beschwerden. Hier vollendete er den im Jahr zuvor auf der Isle of Wight begonnenen tragischen Liebesroman „The Trespasser" (1912, dt. „Auf verbotenen Wegen").

In seinem Meisterwerk „Tess of the d'Urberville" gibt **Thomas Hardy** Bournemouth den Namen Sandbourne; in dem „vornehmen Badeort mit seinen Ost- und Westbahnhöfen, seinen Molen, seinen Kieferngehölzen, seinen Promenaden und gedeckten Gärten (...), in dem Märchenort, den plötzlich der Schlag eines Zauberers erschaffen hatte und ein wenig verstauben ließ", ersticht die unglückliche Alec ihren Verführer, den Vater ihres toten Kindes.

Auf dem Kirchhof der St. Peter's Church liegt das Herz von **Percy Bysshe Shelley** begraben (1792-1822), welcher zusammen mit *John Keats, William Wordsworth, Coleridge und Lord Byron* zu den ganz großen Dichtern der englischen Romantik zählt. *Shelley* war im Sommer des Jahres 1822 im Golf vor Livorno beim Kentern seines Segelbootes ertrunken; zwei Wochen später spülten die Wellen seine Leiche an Land. Am Strand von Viareggio wurden seine sterblichen Überreste verbrannt. Shelleys zweite Frau **Mary Wollstonecraft** (1797-1851), Autorin des Romans „Frankenstein" (1818), liegt ebenfalls auf dem Friedhof der St.-Peters-Kirche begraben.

Wer übrigens ab und an einmal bei seinen Besichtigungen auf alte englische Kirchhöfe kommt, sollte auf den Grabsteinen Ausschau halten nach dem im 16., 17. und 18. Jh. beliebten Spruch für gemeinsam bestattete Eheleute: „She first deceased him; he a little tried / To live without her, liked it not, and died." (Sie verließ ihn zuerst, er versuchte ein wenig ohne sie zu leben, mochte es aber nicht und starb.) Der berühmte Satz stammt von dem Schriftsteller und Diplomaten **Sir Henry Wotton** (1568-1639), der seine Tätigkeit als Botschafter einmal beschrieb als „an honest man sent to lie abroad for the good of his country". (... ein ehrlicher Mann, der ins Ausland entsendet wird, um zum Besten seines Landes zu lügen.)

Sehenswertes

Nahe dem Bournemouth Pier findet der kunstinteressierte Besucher das hervorragende **Russel-Cotes Art Gallery and Museum** (Undercliff Drive), ebenfalls am Pier ragt unübersehbar die Tagungsstätte *BIC* auf, das **Bournemouth International Centre.**

Im östlich vom Zentrum gelegenen Stadtteil Boscombe, nicht weit vom Boscombe-Pier entfernt, ist in der Beechwood Avenue das **Casa Magni Shelley Museum** eingerichtet und ehrt Leben und Werk des begnadeten, so jung verstorbenen Romantikers (Juni bis Sept. Mo-Sa 10.30-17 Uhr, sonst Do/Fr/Sa 10.30-17 Uhr).

In der großen Hafenbucht von Bournemouth/Poole liegt das kleine, 200 ha umfassende **Brownsea Island**; die Vogelschutzinsel gehört dem National Trust und ist nur von April bis Oktober von 10-20 Uhr (bzw. Sonnenuntergang) vom Poole Quay aus zu besuchen.

Eine verkehrsberuhigte Einkaufsstraße ist die Old Christchurch Road, die in den St. Peter's Walk mit der Criterion Arcade übergeht. Eine weitere Geschäftsstraße ist die Old Commercial Road.

Praktische Hinweise

Tourist Information

●Westover Road, Tel. 01202-789789.

Unterkunft

●**Queens's Hotel, ****,** Meyrick Road, East Cliff, Tel. 01202-554415, Fax 294810
●**Cliffside Hotel, ***,** East Overcliff Drive, Tel. und Fax 01202, 555724
●**Arlington Hotel, ***,** Exeter Park Road, Lower Gardens, Tel. 01202-552879, Fax 298317
●**Bed and Breakfast:** Pinewood, 197 Holdenhurst Road, Tel. 01202-292684; Mayfield Private Hotel, 46, Frances Road, Tel. 01202-551839; Sandy Beach House, 43 Southwood Avenue, Tel. und Fax 01202-424385; Audmore House, 3 Cecil Road, Tel. 01202-395166; Babbacobe House, 28 West Hill, Tel. 01202-552823, Fax 789030
●**Jugendherberge:** Die nächste befindet sich in Burley, ca. 10 km nordwestlich im New Forest gelegen, Cottesmoor House, Cott Lane, Tel. 01425-403233.
●**Camping:** Cara Caravan Park, Old Bridge Road, Iford, Tel. 01202-482121, an der A 35 zwischen Bournemouth und Christchurch.

Pubs und Restaurants

●**Theatre Bar**, kleiner Pub am Ende des Piers, neben dem Pier Theatre, mit schönem Blick aufs Meer und die „Skyline" von Bournemouth
●**Daisy O'Brien's,** im verkehrsberuhigten Teil der Old Christchurch Road, ein irischer Pub, der freundlich in gälisch „Cead Mille Failte" (hunderttausendmal Willkommen) grüßt, Guinness vom Faß
●**Gino's,** Old Christchurch Road, Pizzen und Pasta um 6 £, Fleisch-und Fischgerichte von 10-14 £

●**Karachi,** Old Christchurch Road, ein preisgünstiges indisches Restaurant
●**The Little Tree,** Christchurch Road, großer, heller und sehr gemütlicher Pub mit Korbmöbeln und Bücherregalen an der Wand, für britische Verhältnisse eine recht ungewöhnliche Einrichtung, variationsreiche Palette an Bar Meals
●**Bar Vine,** eine Weinbar, nur wenige Schritte von „The Little Tree" entfernt, ebenfalls groß, hell und gemütlich.
●**Oriental Views**, Old Christchurch Road, ein preiswertes, sehr großes chinesisches Restaurant
●**Noble House**, Lansdowne Road, ein weiterer preisgünstiger Chinese
●**Marisa,** Old Christchurch Road, thailändische Spezialitäten, um 8 £.

Verbindung

●Mit **Zügen** im Intercity-Verbund und im Network Southeast und **Bussen** des National Express in alle Landesteile.

Kingston Lacy
– *Das Schmuckkästchen des National Trust*

Einige Kilometer nordwestlich von Bournemouth findet man an der B 3082 mit Kingston Lacy einen weiteren prachtvollen **südenglischen Palast** (April bis Okt. tgl. außer Do/Fr 12-17.30 Uhr). Im Jahre 1663 beauftragte *Sir Ralph Bankes*, dessen alter Familienbesitz Corfe Castle in den Bürgerkriegswirren von den Cromwell-Truppen zerstört worden war, den Architekten *Roger Pratt* mit der Errichtung eines neuen Hauses – „for the politer way of living".

Gut 100 Jahre später wird hier **William John Bankes** geboren (1786-

Southampton – Bournemouth

1855) und verbringt eine beschützte Jugend auf dem Landsitz. Zusammen mit *Lord Byron* studiert er in Cambridge und beginnt dann – für begüterte Adlige jener Tage unverzichtbar – die sogenannte Kavalierstour, eine ausgedehnte Europa- und Orientreise. *Bankes* geht nach Spanien, wo er sich unter das fahrende Volk mischt und mit den Zigeunern lebt. (Eine Freundin informiert *Byron* über die Lebensweise von William John: „I have heard more of Bankes in Granada – he is living there in an beggarly eccentric way.") Als *Wellington* in mehreren Schlachten die Franzosen im sogenannten *Peninsular War* von der Iberischen Halbinsel vertreibt, ist *Bankes* in seinem Gefolge und rafft an Kunstschätzen zusammen, was ihm unter die Finger gerät. *William John* treibt es so arg, daß *Wellington* eines Abends seinen Offizieren befiehlt : „Gentlemen, I will have no more looting; and remember, Bankes, this applies to you also!" („Meine Herren, ich möchte keine Plünderungen mehr, und vergessen Sie nicht, Bankes, das gilt ganz besonders für Sie!")

Natürlich hält sich der junge Springinsfeld nicht daran, rafft weiter zusammen und schickt wöchentlich Kisten nach Hause, adressiert an *Lord Wellington*, Kingston Lacy. Was Bankes von der Iberischen Halbinsel mitbrachte, dokumentiert eindrucksvoll der Spanische Raum in Kingston Lacy.

Als es in Spanien für ihn nichts mehr zu holen gibt, wendet sich William John Griechenland und Ägypten zu. 1815 läßt er auf der oberägyptischen Nil-Insel Philae einen Obelisken aus dem dortigen Isis-Tempel verschiffen. Die pharaonische Nadel enthält Hieroglypheninschriften und einen griechischen Text; zusammen mit dem Stein von Rosetta, der ebenfalls hieroglyphische und griechische Inschriften enthielt, gelang es dann dem Franzosen *Champollion*, das Geheimnis der altägyptischen Schrift zu lösen. Der Obelisk ragt heute im Garten von Kingston Lacy in den südenglischen Himmel; der *Duke of Wellington* wählte auf die Bitte von *Bankes* den Standort und legte das Fundament. Neben vielen tausend weiteren Kleinigkeiten schickte *Bankes* auch noch einen lebensgroßen Sarkophag nach Hause.

Von Ägypten geht es nach Syrien, in den Libanon und nach Jordanien, wo William John, verkleidet als Beduine, in der Nabatäerstadt Petra forscht. Ein Begleiter schrieb: „From his profound knowledge of ancient history as well as his skill in drawing, he was by far the best calculated to go on such expedition." Und weiter: „Bankes leaves nothing unexplored."

(„Mit seiner profunden Kenntnis der Frühgeschichte und seinem Zeichentalent war er am besten geeignet, eine solche Expedition zu unternehmen." Und: „Bankes ließ nichts unerforscht.")

Unbestätigten Gerüchten zufolge soll William John sogar der erste Engländer gewesen sein, der in Verkleidung die heilige Stadt Mekka besuchte. Von seinem Naturell her wäre es ihm zuzutrauen gewesen. Gesicherter ist, daß er wieder zurück in das Nil-Land kommt, wo er eine Expedition ausrüstet und von Oktober 1818 bis zum Frühsommer des folgenden Jahres nach ägyptischen Schätzen sucht. *Bankes* dringt bis tief nach Nubien ein und kopiert die Wandreliefs von Abu Simbel, dem kolossalen Felsentempel von Ramses II., der erst fünf Jahre zuvor von dem Schweizer *Johann Ludwig Borchert* durch Zufall entdeckt worden war. Hier besucht ihn – ebenfalls auf Grand Tour – der Architekt *Charles Barry*.

Von Ägypten reist *Bankes* in das Land zwischen Euphrat und Tigris und forscht nach den Spuren der Assyrer. Nach sieben Jahren Orient – die meiste Zeit an Plätzen, in denen „the eternal silence of infinite space", „das ewige Schweigen des unendlichen Raumes", herrschte – kehrt *Bankes* zurück. Vorher besucht er *Lord Byron* in Italien

Bis unters Dach voll gestohlener Schätze: das Haus von W.J. Bankes

und kauft dort schnell noch einige Meisterwerke. In England wird er als *Nubian Explorer* von der feinen Gesellschaft gefeiert, aber auch seine Tätigkeit als Politiker wird hochgeachtet.

Um seiner Kunstsammlung einen angemessenen Rahmen zu geben, beginnt er zusammen mit *Charles Barry* Kingston Lacy umzubauen. Sechs Jahre dauern die Arbeiten, und aus dem Haus wird einer der bewundertsten Landsitze Englands. Als der dann 1841 endlich fertig ist, bereitet sich *William John Bankes* darauf vor, die Großen des Landes in seinem Schatzhaus zu empfangen.

Doch es kommt alles ganz anders. William Johns homosexuelle Kontakte waren herausgekommen, er wird verhaftet und nur gegen Kaution auf freien Fuß gesetzt. Rasch legt er die Verwaltung von Kingston Lacy in die Hände seines Bruders und flieht nach

Southampton – Bournemouth

Kingston Lacy

1 Information
2 Kiosk
3 Toiletten
4 Waschhaus
5 Toiletten für Behinderte
6 "Old Kitchen" Shop
7 Hauseingang
8 Terrasse
9 Farnkräuter
10 Ägyptischer Sarkophag
11 Ägyptischer Obelisk
12 Verborgener Wald
13 Viktoria-Jubiläums-Obelisk
14 Versunkener Garten
15 Spoon-Gang

Lorbeergang
Lindengang
Ledernallee
Parkplatz

Italien. Hier sammelt *Bankes* weiter Kunstwerke aller Art und schickt sie seinem Bruder; auch kommt er an Sonntagen in die Bucht von Studland gesegelt und löscht dort seine Ladung. Nach einem alten Gesetz durften im Ausland lebende Kriminelle an Sonntagen von Sonnenaufgang bis Sonnenuntergang ihren Fuß auf englischen Boden setzen, ohne dabei verhaftet zu werden. Der Brauch ging auf katholische Zeiten zurück, als man auch flüchtigen Verurteilten die Gelegenheit geben wollte, an Sonntagen die heilige Messe zu hören.

Am 17. April 1855 stirbt *William John Bankes* in Venedig. Ein Parlamentsbeschluß ist nötig, um seine sterbliche Hülle nach England zu überführen.

Letzter Besitzer von Kingston Lacy war der exzentrische **Ralph Bankes**. Als *Lord Pembroke*, ein Schulfreund aus vergangenen Tagen, eines Tages anrief, um anzukündigen, daß die Queen Mum seine Kunstsammlung zu sehen wünschte, sagte Ralph: „The house is open to the public at weekends!"

Bei einer anderen Gelegenheit kam eine Besuchergruppe auf Einladung des Umweltministeriums extra von London angereist. Ein Teinehmer klingelte an der Haustür, Ralph steckte seinen Kopf aus einem Pförtnerzimmer und schimpfte laut: „Not in here!", schloß das Fenster, und die Tür blieb zu.

Völlig vereinsamt starb er 79jährig im August 1981 in Kingston Lacy, das – so hatte der kinderlose Exzentriker beschlossen – mit sämtlichen Ländereien **an den National Trust** fallen sollte. Eine größere Schenkung hatte der Trust bisher noch nicht erhalten. Das Objekt mit der grandiosen Kunstsammlung und den Landbesitzungen ist mehrere hundert Millionen Pfund wert. Als die Experten des Trusts das Haus besichtigten, sackte ihnen jedoch erst einmal das Herz in die Hose. Das Gebäude war praktisch eine Ruine; alles zusammen war nicht nur Millionen wert, es würde auch Millionen verschlingen, dies alles zu renovieren. Und so machten sich die Restauratoren des Trusts an ihre bisher größte Herausforderung. Fünf Jahre lang wurde ununterbrochen renoviert und restauriert – es gab nicht einen heilen Bilderrahmen, Meisterwerke von *Tizian, Rembrandt, Rubens, Reynolds, Brueghel, Veronese, Velazques, van Dyck* und *Kneller* schimmelten vor sich hin, der Regen plätscherte durchs Dach, kein Möbelstück, das nicht bei Berührung zusammenbrach, in tragenden Balken tummelten sich die Holzböcke, stützende Eisenkonstruktionen waren verrostet.

1986 dann konnte Kingston Lacy der Öffentlichkeit zugänglich gemacht werden.

Ein wenig nördlich von Kingston Lacy liegt die **eisenzeitliche Hügelfestung Badbury Rings**. Drei hohe Erdwälle sichern ein zentrales Plateau, das heute mit hohen Bäumen bestanden ist. Die Römer nutzten die Anlage. Esoteriker pilgern gerne zu den Badbury Rings und huldigen *König Artus*, der hier gegen die Angelsachsen gekämpft haben soll.

Isle of Purbeck – Exeter

Isle of Purbeck

Die Region südlich von Bournemouth wird Isle of Purbeck genannt und ist bekannt für ihren **Marmor**, der jede englische Kathedrale ziert. Die Gegend steht unter **Naturschutz**, doch findet man hier die gleichen Unvereinbarkeiten, die bereits in der Romney-Marsch für ungläubiges Kopfschütteln sorgten: Ein **militärisches Sperrgebiet** verschandelt das Nature Reserve.

Klammert man diesen unerfreulichen Tatbestand aus, so zeigt sich die Küste zwischen Bournemouth und Weymouth von dramatischer Schönheit.

Von Bournemouth geht es entlang der A 351 über Wareham zum efeuverhängten Weiler **Corfe Castle**, wo sehr malerisch eine Burgruine über dem Örtchen steht. Die Festung war der Stammsitz der Bankes-Familie, von der gerade in Kingston Lacy die Rede war (s.o.). Im Jahre 1635 erhielt *Sir John Bankes*, oberster Richter unter *Karl I.*, Corfe Castle für seine Verdienste bei Hof. Während er mit dem König in Oxford war, belagerten Cromwells Truppen die Festung zweimal, konnten sie jedoch nur durch Verrat erobern. Aufgrund ihrer Tapferkeit ließ der Kommandeur der Rundköpfe *Lady Bankes* mit den Schlüsseln des Burgtors abziehen. Diese hängen heute noch immer in der Bibliothek von Kingston Lacy.

Von Corfe ist es nur noch ein Katzensprung zum **Seebad Swanage**, das entgegen vieler anderer kleiner südenglischer Urlaubsorte recht wenig Kirmesrummel hat.

Ab Corfe führt eine unklassifizierte Straße nach Kimmeridge und über East Lulworth **nach West Lulworth**. Da die Strecke durch das militärische Sperrgebiet führt, ist sie nur an Wochenenden und während der Sommerferien geöffnet. Ansonsten muß man von Wareham die A 352 in westlicher Richtung fahren und beim Weiler Wool die B 3071 gen Süden nehmen.

Die Strecke ist unter landschaftlichen Gesichtspunkten außerordentlich angenehm zu befahren. Einige Kilometer vor East Lulworth hat man einen weiten Blick über die Region und auf das Meer. Die Felder sind von Wallhecken oder Bäumen eingefaßt, überall grasen die weißen Schafe, der Himmel ist blau mit einigen Wattetupfern, das Meer türkis, die Felder grün, gelb strahlt der Ginster im Sonnenschein. **West Lulworth** ist ein angenehm anzusehendes Dörflein mit kleinen reetgedeckten Häusern, einigen gemütlichen Pubs und netten Cafés.

Kimmeridge Bay und **Lulworth Cove** sind zwei Buchten von spektakulärer Schönheit. Lulworth Cove beeindruckt durch die in perfekter Symmetrie gezogene halbkreisförmige Bucht mit ihren steilen, rauhen Klippenformationen.

Küste bei Swanage

Von hier sollte man den Küstenpfad ca. 5 km Richtung Westen wandern; prachtvoll sind die Aussichten aufs Meer und die Küste. Und dann erreicht man **Durdle Door**, einen mächtigen, im Wasser stehenden Felsbogen. 200 m weiter schaut man auf hohe, steil ins Meer stürzende Klippen.

Lulforth Cove: Schöner Ausblick, nicht nur für Verliebte

Wareham, Clouds Hill und Moreton
– Auf den Spuren von Lawrence von Arabien

Machen wir uns auf, den Spuren eines ungewöhnlichen Mannes zu folgen, eines genialen Abenteurers, an denen das 20. Jh. so arm ist. Suchen wir nach der Persönlichkeit, dem Charisma und dem Nimbus von *Thomas Edward Lawrence*.

Über die A 351 ist schnell das Dorf **Wareham** erreicht; hier steht in der kleinen angelsächsischen Kirche St. Martin ein Denkmal, das der Bildhauer *Eric Kennington* nach dem Tode von

Lawrence zur Erinnerung an seinen Freund geschaffen hat. In arabischer Kleidung liegt *Lawrence* lang ausgestreckt, die rechte Hand umfaßt den Dolch, sein Kopf ruht auf dem Kamelsattel – während seiner Reisen auf der Arabischen Halbinsel wird er so viele Nächte lang in den Schlaf gefallen sein.

Dann geht es ins **Piddle-und-Puddle-Land**, wo die Dörfer Affpuddle, Tolpuddle, Puddletown, Piddletrenthide und Piddlehinton heißen. Die Fahrt verläuft parallel zum gemächlich fließenden Piddle-or-Trent. Nördlich der A 352, westlich der A 35 und zwischen den beiden Dörfern Bere Regis im Norden und Wool im Süden liegt **Clouds Hill**, das winzige Refugium von *Lawrence*. 1923 mietete er das verrottete Häuschen und renovierte es. Als Lawrence 1925 wieder in die Air Force eintrat, kaufte er sein Refugium und verbrachte seine freien Tage und die Ferien hier. In Clouds Hill lebte *Lawrence* dann zusammen mit seinem Freund, dem schottischen Soldaten *John Bruce*, der für ihn Sekretariatsarbeiten übernahm.

Clouds Hill steht auf einer kleinen Lichtung und hat nur drei Räume; unten der sogenannte Book Room, mit dem breiten Bett und den vielen Büchern, dann der Bunk Room, die kleine Küche, und im ersten Stock der Music Room mit dem Plattenspieler. Das Häuschen ist winzig, eng, niedrig, dunkel.

Im Book Room hängt auch der **Abdruck**, den *Eric Kennington* 1926 vom **Gesicht des Lawrence** machte; das Pendant dazu befindet sich in der Krypta der St. Paul's Cathedral in London. *Lawrence* schrieb über die Maske an *Eric Kennington*: „Magnificent; there is no other word for it. It represents not me, but my top moments, those few seconds in which I succeed in thinking myself right out of things." (Wundervoll; es gibt kein anderes Wort dafür. Sie zeigt nicht mich, sondern meine höchsten Momente, jene wenigen Sekunden, in denen es mir geglückt ist, Dinge richtig erkannt zu haben.).

In dem Häuschen besuchten ihn **seine Freunde**, *E. M Forster, George Bernard Shaw* und dessen Frau, die ihm Schallplatten und Bücher mitbrachten und ihm auch das schwere Motorrad geschenkt hatten, *Thomas Hardy* mit seiner Frau, *Siegfried Sassoon* und viele mehr.

Nach seiner Entlassung aus der Air Force im März 1935 zog *Lawrence* fest in sein *Earthly Paradise* ein. Zwei Monate später kam er bei einem nie völlig aufgeklärten **Motorradunfall** 46jährig ums Leben. *Somerset Maugham* hat in „Summing Up" (1938, dt. „Rückblick auf mein Leben") geschrieben: „Lawrence hatte die Gewohnheit, stets mit außerordentlicher Geschwindigkeit Motorrad zu fahren, in der Absicht, durch einen Unfall getötet zu werden, so lange er noch im Vollbesitz seiner Kräfte war, damit ihm die Unwürdigkeit des Alters erspart bleibe."

Begraben ist *Lawrence* in Moreton, einen Katzensprung südlich von Clouds Hill, auf dem Kirchhof der St. Nicholas Church.

Lawrence von Arabien

„Mancherlei Abstoßendes in dem, was ich zu erzählen habe, mag durch die Verhältnisse bedingt gewesen sein. Jahre hindurch lebten wir, aufeinander angewiesen, in der nackten Wüste unter einem mitleidlosen Himmel. Tagsüber brachte die brennende Sonne unser Blut in Gärung und der peitschende Wind verwirrte unsere Sinnes."

Mit diesen Worten beginnt die **Autobiographie** „Die sieben Säulen der Weisheit", in der *Thomas Edward Lawrence* seine Zeit auf der Arabischen Halbinsel beschreibt. Wer war dieser letzte Abenteurer des 20. Jahrhunderts.?

Thomas Edward Lawrence erblickte am 15. August 1888 in Tremadoc, einem kleinen walischen Nest, als Sohn eines Landbesitzers das Licht der Welt. Als Ned – so der Spitzname von Klein Lawrence in der Familie – acht Jahre alt war, siedelten die Eltern mit ihren vier Söhnen nach Oxford um, und hier begann nun der Schulbesuch, der bis zum Jahr 1906 dauerte. Im Februar 1907 erhielt er ein Stipendium von 50 £ jährlich für das **Studium der Geschichte**.

Neben der Historie vertiefte sich der junge Student in die Grundkenntnisse der Archäologie, hörte auch Vorlesungen über englische Literatur und arbeitete unentgeltlich im Stadtmuseum. Während der ersten Jahre, in denen Ned in Oxford studierte, wurde die Stadt stark umgebaut, viele alte Gebäude fielen der Abrißbirne zum Opfer. Um **archäologische Grabungstechniken** zu erlernen, grub *Lawrence* in den Fundamenten der ehemaligen Häuser und förderte alte Keramik zutage, die es zuverlässig zu datieren galt – also entwickelte er sich zum Spezialisten für Töpferei und deren zeitliche Bestimmung.

Im Sommer 1908 radelte der vielseitig interessierte Oxford-Student durch ganz Frankreich, besuchte Burgen, studierte ihre Befestigungstechniken und fotografierte mittelalterliche Architektur.

Ebenfalls ab diesem Jahr wurde der Archäologe **David Hogarth** für den jungen *Lawrence* zur Vaterfigur, vor allem *Hogarths* Rat bezüglich der Abschlußarbeit war Gold wert. Ned sollte seine Examensarbeit über die mittelalterliche Burgenarchitektur des Mittleren Ostens schreiben. „Mit Erlaubnis der Eltern", so schreibt sein Biograph, „würden Hogarths Freunde und Helfer mit Geld und einer guten Kamera aushelfen. Pirie-Gordon konnte ihm seine Landkarte leihen; und der Außenminister, vom Rektor des Jesus College in gehöriger Weise darum ersucht, konnte die Iradés vermitteln: Ermächtigungsschreiben mit der Bitte um sicheres Geleit, die für eine Reise durch die asiatische Türkei nötig waren."

Ned lernte nun wie besessen Arabisch und machte stundenlange Zielübungen mit seiner Mauserpistole, bis er mit beiden Händen gleichgut schießen konnte. In den frühen Morgenstunden des 9. Juli 1909 kam der 21jährige in **Beirut** an.

Ned wanderte vom 9. Juli bis zum 24. September durch das Heilige Land und **studierte** die **Kreuzfahrerburgen** – doch nicht nur das! Bei seiner dritten Etappe – über die er immer nur kryptische Andeutungen machte – zog es ihn von Aleppo weit nach Nordosten in die einsamen und rauhen Vorgebirge des südlichen Anatoliens. Hier gab es keine Kreuzritterburgen zu vermessen, statt dessen wollte sein Mentor *Hogarth* Informationen anderer Art. Der Archäologe, freier Mitarbeiter des Britischen Geheimdienstes, ließ seinen Schüler die wahrscheinliche Trassenführung der unter deutscher Leitung entstehenden **Bagdad-Bahn** erkunden.

Als Mitte des Jahres 1910 die Entscheidung eintraf, daß *Hogarth* eine Grabungslizenz **in Karkemisch** (heute Dscherablus am mittleren Euphrat) bekommen sollte, schlug er Ned als einen seiner Assistenten vor und besorgte ihm ein Stipendium von 100 £ für die kommenden vier Jahre.

Auch hier war der junge Archäologe „inoffizieller Mitarbeiter" des Britischen Geheimdienstes und hielt weiter die Augen auf, wie der aktuelle Baustand der deutsch-türkischen Bagdad-Bahn war, die nahe an Karkemisch vorbeiführte. *Lawrence* fotografierte Brücken, Tunneleingänge und Wasserleitungen.

Kurz vor **Beginn des Ersten Weltkriegs** brach das Britische Museum die Grabungen ab; *Lawrence* hatte vier Jahre Feldarbeit im Mittleren Osten hinter sich, er war nun nicht nur ein erfahrener Archäologe, sondern beherrschte die Sprache und kannte sich in den Sitten und Gebräuchen, vor allem aber in der arabischen Seele aus.

Zwei Monate nach Ausbruch des Krieges rekrutierte der **Geheimdienst** *Lawrence*, verpaßte ihm einen militärischen Rang, und am 14. Dezember 1914 bezog er sein Zimmer im Kairoer Hotel Grand Continental. Hier hatte er erst einmal einen langweiligen Schreibtischposten inne.

1916 dann jedoch schickte man *Lawrence* auf die Arabische Halbinsel, wo er den **Aufstand der Beduinenstämme** gegen die türkischen Besatzer koordinieren sollte, damit die mit Deutschland verbündeten Türken Truppen zum Schutz ihrer Einflußsphäre in der Region belassen mußten und nicht anderswo einsetzen konnten. *Lawrence* verstand es wie kein anderer, die Männer zu begeistern und seine Beduinenkrieger, die sich ja keiner Befehlsgewalt unterordnen würden, so flexibel zu führen, daß trotzdem ein schlagkräftiger Kampfverband entstand. Schon nach wenigen Monaten schreibt er über seine rund 18.000 Wüstensoldaten nach Kairo: „Sie behalten immer noch ihre Befehlsunabhängigkeit bei, das ist ein Stammesinstinkt, aber sie zügeln ihre Gewohnheit, Munition zu verschwenden, haben eine Art Routine erlangt, was das Lagern und Marschieren angeht."

Lawrence und seine Beduinenarmee verwickelten die Türken in einen **Guerilla-Krieg**, und taten alles, um der türkischen Präsenz auf der Arabischen Halbinsel und in Palästina zu schaden.

Eine militärische Glanzleistung war die **Einnahme des Hafens Aqaba**; von See aus hatten die Briten die Stadt schon unter Feuer genommen, doch so gut wie nichts erreicht; die Türken fühlten sich sicher, da sie aufgrund des weiten wasserlosen Hinterlandes von dort keine Gefahr erwarteten. *Lawrence* zog mit seinen Männern in einem Gewaltmarsch von fast 1000 km durch die heiße Wüste und griff Aqaba an.

Als sich der Krieg dem Ende näherte, marschierte Lawrence mit seinen Wüstenkriegern auf Damaskus zu und eroberte die Stadt, noch bevor reguläre britische Truppen herangerückt waren.

Jetzt war die Zeit gekommen, wo der **Mythos** *Lawrence* sich zu entfalten begann. Die britischen Offiziere mit ihrem Standesdünkel konnten sich nicht vorstellen, wie ein einziger Mann Tausende von unzivilisierten Arabern führte, in der Gewalt hatte, sie dazu bringen konnte, über 900 km durch wasserlose Wüste zu ziehen, um Türken, mit denen die Beduinen nur wenig zu tun hatten, anzugreifen. Noch weniger konnten sie sich vorstellen, selbst auf einem schwankenden Kamel zu sitzen.

Auf der **Versailler Friedenskonferenz** war der Held von Arabien als Sachverständiger geladen; er konnte sich mit seinen Vorschlägen jedoch nicht gegen die Großmachtinteressen Frankreichs und Großbritanniens durchsetzen, und die zugesagte Unabhängigkeit der Araber kam nicht zustande.

Nach Kriegsende arbeitete *Lawrence* daran, seinen Mythos zu erhalten und das Geheimnisvolle seiner Persönlichkeit herauszustreichen, sich vor allen Dingen von anderen abzuheben und unkonventionelles Verhalten zu pflegen. Sein Biograph *Desmond Stewart* erzählt die Geschichte, wie *Lawrence* sich den **Zorn des Monarchen** zuzog. „Die lange Reihe der Ordensempfänger defilierte am König vorbei. Als Oberst *Lawrence* an die Reihe kam und der König den Orden vom Samtkissen nahm und sich anschickte, ihn auf das Häkchen zu hängen, das Offiziere zu diesem Zweck an ihren Waffenröcken angebracht haben, unterbrach ihn *Lawrence* und erklärte mit

Das enge Haus des ruhelosen Geistes: Clouds Hill

leiser Stimme und größter Hochachtung, daß er unmöglich eine Auszeichnung von seiner Majestät annehmen könne, während Britannien dabei sei, die Versprechungen zu brechen, die er den Arabern, die so tapfer gekämpft hätten, in Englands Namen gegeben habe. Der König war natürlich überrascht und ungehalten. Der von so vielen tapferen Männern begehrte Orden wurde aufs Kissen zurückgelegt. *Lawrence* verbeugte sich und ging weiter, die Zeremonie nahm ihren Fortgang."

Er feilte an seinem Mythos, und dazu gehörte auch die Beschreibung seiner Jahre auf der Arabischen Halbinsel. *Lawrence* begann mit der Niederschrift seiner **„Sieben Säulen der Weisheit"**. Als das mehrere hundert Seiten umfassende Manuskript abgeschlossen war, wurde es ihm auf dem Bahnhof von Reading gestohlen, woraufhin

er sich daranmachte, das Buch neu zu schreiben – so wenigstens hat Lawrence es uns berichtet.

1922 ließ *Lawrence* in der Druckerei der Oxford Times das Manuskript setzen und bat den Kritiker *Edward Garnett*, den Schriftsteller *E. M. Forster* und den Dramatiker *George Bernard Shaw* um ihren lektorialen Beistand. Als *Winston Churchill* – es sei daran erinnert, daß Churchill selbst 48 Bücher geschrieben und den Nobelpreis für Literatur bekommen hat – später „Die sieben Säulen der Weisheit" ergriffen las, schrieb er: „Dieses Buch darf zu den größten gerechnet werden, die je in englischer Sprache erschienen sind."

Und *George Bernard Shaw*, der zu seinen einflußreichsten Förderern zählte, erklärte: „Zufällig gehörte nun zu dem Genie von *Lawrence* auch literarisches Genie. Er

Isle of Purbeck – Exeter

schrieb seinen Bericht, und als er verlorenging, schrieb er ihn zum zweiten Mal. Dieses Unterfangen grenzte an ein Wunder, und das Resultat war ein Meisterwerk." Sprachlich und stilistisch ist es allemal ein Meisterwerk, und Leser, die Texte analysieren können und über psychologische Grundkenntnisse verfügen, finden einen Zugang zur Persönlichkeit, zum Wesen von *Lawrence*. Nur als wahrheitsgetreuen Bericht seiner Taten und Leistungen darf man die „Sieben Säulen der Weisheit nicht heranziehen."

1921/22 war *Lawrence* **Berater im Kolonialministerium** und hatte viel mit *Churchill* zu tun, der dem Amt als Minister vorstand; auch hier konnte er sich mit seinen Vorstellungen nicht durchsetzen, und so verschwand der große *Lawrence* plötzlich von der Bildfläche, und niemand wußte, wohin er verschwunden war. Unter dem Namen *John Hume Ross* war der berühmte *Lawrence von Arabien* **als gemeiner Rekrut** in die noch junge Royal Air Force eingetreten. Doch schon kurze Zeit später lüftete der Daily Express das Geheimnis.

Also nahm *Lawrence* den Namen *T. E. Shaw* an und trat ebenfalls als Rekrut in die Panzerkaserne in Bovington ein. Hier lernte er den Schotten **John „Jock" Bruce** kennen, der bis zu Lawrences tödlichem Unfall sein Sekretär, inoffizieller Bursche und Flagellant sein sollte – *Lawrence* war homosexuell und masochistisch veranlagt.

Ab nun führte *Lawrence* ein weitgehend zurückgezogenes Leben; mit seinem Motorrad besuchte er *Thomas Hardy*, *Winston Churchill*, die *Shaws*, die meiste Zeit jedoch lebte er still in seinem Häuschen Clouds Hill. Im Januar 1927 kam er als **einfacher Soldat nach Indien**, zwei Jahre später entdeckte die Presse, wer dort unter dem Namen *Shaw* Dienst tat. Er wurde nach England zurückgebracht und konnte in der Armee bleiben.

Am 26. Februar 1935 wurde er aus dem Militärdienst entlassen, und am 19. Mai starb *Lawrence* an den Folgen eines **Motorradunfalls.**

Milton Abbas
– Ein Beispiel früher Dorfplanung

15 km nördlich von Clouds Hill liegt abseits der A 354 das kleine Dorf Milton Abbas. Hier befindet sich eine **halbfertige Abteikirche**, deren Bau im 14. Jh. begonnen und in den Reformationswirren dann eingestellt wurde. Im Innern zeigt das schneeweiße, von *Robert Adams* entworfene Grabdenkmal *Lady Caroline Milton,* die lang ausgestreckt auf dem Rükken liegt. Neben ihr ruht der Gatte, den Kopf in die Hand gestützt, und betrachtet mit verstndlich schwermütig-traurigem Blick die Verstorbene.

Neben die Kirche ließ im 18. Jh. *Joseph Damer*, *Lord Milton* und 1. Earl of Dorchester, von dem Architekten *William Chambers* einen **klassizistischen Prachtbau** setzen (heute eine Public School), mit der Ausgestaltung des Parks beauftragte er *Capability Brown*. Einmal im Baurausch, gefiel *Lord Milton* das unstrukturiert gewachsene Dörfchen Middleton nicht mehr, und so ließ er es kurzerhand niederreißen. *Capability Brown* mußte für einen **Neubau des Dorfes** Pläne erarbeiten – das Ergebnis ist miserabel! Obwohl alles vorhanden ist, was einem Dorf Atmosphäre verleihen könnte, stimmt vom Gefühl her nichts. Entlang einer 500 m langen Dorfstraße reihen sich in vollendeter Symmetrie auf gleichgroßen Parzellen immer die gleichen, kleinen, zweistöckigen Häuser mit ihren reetgedeckten Dächern aneinander. Irgendwie wirkt das Häuseren-

„Die unbegrenzte Freiheit so zu leben, wie man will, und zu jeder Stunde das zu tun, wonach einen gelüstet (sofern es nicht dem Wohl der anderen abträglich ist), schafft in England eine Menge eigensinniger Charaktere, die dem Romanschreiber reichhaltiges Material bieten."

Nikolai Karamzin, „Briefe eines reisenden Russen", 1790

semble unharmonisch, statisch, ja geradezu monolithisch fest gefügt und damit wenig elegant.

Gemütlich immerhin ist die **Dorfschänke Hambro Arms** aus dem Jahr 1773; hier gibt es während der Saison manchmal Life Jazz.

Dorchester
– Die Stadt von Thomas Hardy

Die **Kapitale der Grafschaft Dorset** zählt nur 15.000 Einwohner und strahlt den **behäbigen Charme** eines kleinen Landstädtchens aus. Die Zeit, so hat man den Eindruck, verstreicht hier langsamer als anderswo, ruhig und bedächtig geht es in den Straßen zu, niemand eilt ungebührlich rasch daher.

Um 70 n. Chr. gründeten die **Römer** die Ansiedlung Durnovaria, wovon heute noch der Mosaikfußboden des Römischen Hauses im Colliton Park und die Maumbury Rings, die Reste des römischen Amphitheaters, zeugen. Unter dem angelsächsischen *König Athelstan* hatte eine Münze ihren

Sitz in der Stadt. 1685 verurteilte der *Chief Justice Lord Jeffrey* 300 Anhänger des *Duke of Monmouth* in den *Bloody Assizes* (**Blutgerichten**) in Dorchester zum Tode. *James Scott, Duke of Monmouth* (1649-1685) war der illegitime Sohn von *Karl II.* und hatte in der Öffentlichkeit eine starke protestantische Anhängerschaft. 1683 war eine Verschwörung von ihm gegen seinen Vater aufgeflogen, und der Herzog mußte in die Niederlande fliehen. Zwei Jahre später landete er mit seinen Truppen beim heutigen Seebad Lyme Regis, marschierte nach Norden bis nahe dem Städtchen Bridgwater, wurde dort in der Schlacht von Sedgemoor geschlagen, gefangengenommen, anschließend nach London gebracht und dort geköpft.

An der Ecke High Street West/The Grove ehrt das von dem Bildhauer *Eric Kennington* geschaffene Denkmal den Schriftsteller **Thomas Hardy**, einen der ganz Großen der englischen Literatur (siehe Exkurs). **Hardys Wohnhaus** befindet sich in der Max Street (nicht zu besichtigen). Ebenfalls in der High Street West erläutert das **Dorset County Museum** (tgl. außer So 10-17 Uhr) die Geschichte der Stadt und der Grafschaft; hier ist auch das Arbeits-

„Der englische Lord ist nicht nur zu jeder Zeit bereit zu einem Pistolenduell mit einem anderen Gentleman, sondern er zieht sich auch gern den Rock aus, um mit einem Kutscher zu boxen."

Alexander Puschkin, „Gespräch über Kritik", 1830

Isle of Purbeck – Exeter

zimmer von *Thomas Hardy* nachgebaut. Neben dem Museum bewahrt die **St. Peter's Church** Konstruktionszeichnungen des Architekten *Hardy* auf.

Gegenüber steht das alte Fachwerkhaus **Judge Jeffrey Lodge** mit dem guten gleichnamigen Restaurant. Hier logierte Blutrichter *Jeffrey* während der Monmouth-Prozesse.

Gegenüber von St. Peter's beginnt die verkehrsberuhigte Einkaufsstrasse South Street – jeden Mittwoch ziehen sich hier die Marktstände entlang –, an deren Ende linker Hand **Napper's Mite** einen Besuch lohnt. In einem

Hardy's Monument

ehemaligen Armenhauskomplex sorgen nun einige Cafés zur Mittagszeit für gute Lunches.

Eine ungewöhnliche Verbindung zeigt vor den Toren der Stadt ein großer **Supermarkt** an. Hier hat sich der Thronfolger *Prinz Charles* mit der großen Supermarktkette Tesco auf ein ökologisch-ökonomisches Geschäft eingelasssen. *Charles* hatte den Tesco-Managern 1991 ein großes Gelände für nur 6 Mio. £ überlassen; als Gegenleistung akzeptierten sie seine architektonischen Vorstellungen beim Bau des Ladenareals und verkaufen Brot und Lammfleisch nur nach den strengen ökologischen Vorstellungen des Prinzen. Dafür wiederum darf Tesco mit dem Wappen des Thronfolgers werben. Der Erfolg ist überwältigend; die Kunden kommen von weither angefahren.

Nahe bei Dorchester befindet sich landschaftlich recht reizvoll gelegen **Maiden Castle,** das größte eisenzeitliche Hügelfort Großbritanniens.

Praktische Hinweise

Tourist Information
● 1 Acland Road, Tel. 01305-267992.

Unterkunft
● **Wessex Royale Hotel, ***,** 32 High West Street, Tel. 01305-262660, Fax 251941
● **Yalbury Cottage Hotel,***,** Lower Bockhampton, Tel. 01305-262382, Fax 266412
● **Bed and Breakfast:** Mountain Ash, 30 Mountain Ash, Tel. 01305-264811; Old Rectory, Winterbourne Steepleton, Tel. 01305-889468, Fax 889737; Tarkaville, 30 Shaston Crescent, Manor Park, Tel. 01305-266253

Thomas Hardy – Leben und Werk

Zwischen Puddletown und Dorchester liegt ein Stückchen abseits der A 354 beim Weiler Higher Bockhampton **Hardy's Cottage**, das Geburtshaus des Schriftstellers THOMAS HARDY, der wie kein anderer die südenglische Countryside beschrieben hat.

1840 wird Thomas Hardy in Dorset als Sohn eines Steinmetzen geboren; die Mutter sorgt dafür, daß er eine für die damalige Zeit **lange Schulausbildung** von acht Jahren bekommt, hält ihn zum Lesen an und kauft ihm Bücher in der Hoffnung, daß der Sohn dereinst einmal gesellschaftlich den Aufstieg schafft. Nach der Schule absolviert er eine vierjährige Architekturlehre und arbeitet dann von 1862-1867 in einem Londoner Architekturbüro.

Thomas' größter Wunsch ist es, Priester zu werden, doch stehen die finanziellen Mittel für ein Universitätsstudium nicht zur Verfügung. Doch dann liest Thomas die Bücher von *Darwin, Mills, Fourier* und *Comte* und entfremdet sich daraufhin von der sinnstiftenden Religion. Glücklicherweise entdeckt er in jenen Tagen das weite Feld der Literatur, so daß in seiner Seele keine inhaltliche Leere entsteht.

Erste Gedichte und journalistische Arbeiten kommen auf den Markt und werden gelobt. Ein nicht erhaltener Erstlingsroman wird von dem Dichter *George Meredith* begutachtet, der dem jungen Thomas wertvolle Hinweise gibt, und so kommt 1871 die Romansensation „Desperate Remedies" heraus, an der Kritiker besonders die gelungenen Landschaftsdarstellungen loben – Ausgangspunkt für den jungen Autor, seine Geschichten nun in der ihm bekannten Landschaft anzusiedeln. *Hardy* benennt sein liebliches Dorset nach dem ersten angelsächsischen Königreich *Wessex* und verschlüsselt die Namen aller weiteren Orte und Städte.

In seinem ersten Wessex-Roman **„Under the Greenwood Tree"** (1872, dt. „Am grünen Rand der Welt") durchstreift er noch voller Fröhlichkeit die anmutige Landschaft; zwei Jahre später kommt das ebenfalls noch Heiterkeit auszeichnende Werk **„Far from the Madding Crown"** – eine Frau schickt drei ernsthafte Liebhaber in die Wüste und gerät an einen tunichtguten Schwindler – auf den Markt, begeistert Kritiker wie Leser gleichermaßen und ist ein finanzieller Erfolg. *Hardy* gibt den Architektenberuf auf und heiratet.

Seine folgenden Romane geraten ihm unter der philosophischen Last *Schopenhauers* und der biologisch-erbgeschichtlichen Werke von *Darwin* düster, leidvoll und pessimistisch, was sich bereits mit seinem dritten Prosawerk **„The Return of the Native"** (1878) schicksalsschwer ankündigt und sich nun von einer Veröffentlichung zur nächsten weiter steigern soll.

Seine beiden Hauptwerke **„Tess of the D'Urbervilles"** (1891, dt. „Tess von den D'Urbervilles") und vor allem das autobiographisch beeinflußte „Jude the Obscure" (1895), in der er die Zwänge der Ehe und die Probleme der Sexualität diskutiert, reißen Kritiker wie auch das Publikum zu Proteststürmen hin.

Das Letztere, beschrieb er einmal selbst als „War between Flesh and Spirit". Hier wird der junge und kluge Jude vom Schulmeister Phillotson dazu angehalten, artig zu lernen, um einmal in Oxford zu studieren. Doch die Versuchung naht in Form der leichten Barmaid Arabella, die den schönen Jude in ihre Fänge bekommen möchte, sich von ihm schwängern läßt und so seine Ehefrau wird. Doch schon kurz nach der Hochzeit wird ihr Jude langweilig, und sie verläßt ihn. Jude geht nach Oxford, arbeitet als Steinmetz, setzt seine Studien fort und hofft immer noch auf studentische Ehren. Hier trifft er seine unkonventionelle, sensible, dauernd Swinburne-Sentenzen zitierende Cousine Sue, die als Devotionalienverkäuferin arbeitet. Obwohl sie alles dagegen unternehmen, verlieben sich beide ineinander, und in einem Versuch von verzweifeltem Masochismus heiratet Sue den Schulmeister Phillotson. Dessen physische

Erscheinung bereitet ihr jedoch alsbald Ekel, und sie flieht zu Jude, ihre Liebe nimmt zu, sie leben zusammen, doch sie schlafen nicht miteinander. Das ändert sich erst, als Arabella erscheint und Jude freigibt; auch Sue kommt von Phillotson los, und so können die Liebenden in den gesegneten Stand der Ehe treten. Doch da schreckt Sue vor diesem Schritt zurück, da sie befürchtet, ein legalisiertes Verhältnis würde ihrer Liebe schaden. Das tuen jedoch in erster Linie der Druck der Armut und die fehlende soziale Anerkenung, die beiden streiten sich, Tag für Tag geht die Liebe ein Stück mehr dahin. Da trifft sie der schlimmste aller Schicksalsschläge; der Sohn aus der Verbindung zwischen Arabella und Jude erhängt sich und die beiden kleinen Zwillinge, die Sue geboren hat; er hinterläßt die lapidare Mitteilung: „Done because we are too many!" Da flieht Sue vor Entsetzen wieder in die Arme von Phillotson und flüchtet sich in eine bigotte Religiosität, während Jude durch ihren Fortgang so aus der Bahn geworfen wird, daß er zu Arabella zurückkehrt und derart heftig zu trinken anfängt, daß er, noch nicht 30jährig, am Suff stirbt.

Der **Aufruhr nach der Publikation** führte dazu, daß Thomas Hardy bis zu seinem Tod keinen einzigen Roman mehr schreiben und sich ganz auf das Feld der Lyrik verlegen sollte.

Als er 1928 stirbt, erhält er in der Poets's Corner von Westminster Abbey seine **letzte Ruhestätte**; eine Ehrung, die als letzter Romancier 1870 Dickens und seit Tennysons Tod 1892 keinem Lyriker mehr widerfahren war. Sein Herz jedoch wird in Stinsford/Dorset beigesetzt.

Pubs und Restaurants

● **The Mock Turtle**, High Street West, bestes Haus am Platze, gemütliches Restaurant mit Wohnzimmeratmosphäre, zwischen 15 und 30 £
● Restaurant **Judge Jeffrey's**, High Street West, um 7 £, auch gut zur Lunchzeit
● **Tom Brown's**, High Street East, gemütlicher kleiner Pub
● **Sala Thai,** High Street East, thailandische Küche, 8 £
● Pub **The Royal Oak,** High Street West, gemütliche alte Kneipe mit Bar Meals zur Mittagszeit

Rent-a-Bike

● **Dorchester Cycles,** Great Western Road.

Verbindung

● Mit **Zügen** des Network Southeast und **Bussen** des National Express in alle Landesteile.

Auf dem Weg nach Sherborne

Godmanstone

Die A 352 führt von Dorchester nach Norden zum Städtchen Sherborne. Godmanstone, der zweite Weiler hinter Dorchester, beherbergt direkt an der Durchgangsstraße anerkanntermaßen **Englands kleinsten Pub**, The Smith's Arms. Die nur 3,30 m breite, niedrige und reetgedeckte Kate war einmal eine Schmiede, bis Karl II. vorbeikam und ein Hufeisen gerichtet haben wollte. Der Schmied machte sich an die Arbeit, und königliche Hoheit wollte während der Wartezeit seinen

Durst löschen und verlangte vom Handwerksmann ein kühles Bier. „Damit kann ich nicht dienen", meinte dieser, „ich habe keine Lizenz." Majestät half diesem Mißstand ab, und fortan schenkte der Schmied geistige Getränke aus – so wenigstens erzählt es die Chronik.

Cerne Abbas

Kurz vor dem Ort ist wieder einmal eine große Figur in den weißen Kalkstein eines Hügelabhangs geschnitten

Durch Zufall von der Schmiede zum Pub: Smith's Arms

– der **Riese von Cerne Abbas**. Die Wissenschaftler sind sich uneins, wann die 60 m hohe Zeichnung eines keulenschwingenden nackten Mannes mit erigiertem Penis entstanden ist. Einigkeit herrscht weitgehend darüber, den *Giant of Cerne Abbas* als Fruchtbarkeitssymbol zu interpretieren – bei den gewaltigen Ausmaßen seines Geschlechtsteils eine nachvollziehbare Erklärung.

Auf gar keinen Fall darf man einen Besuch im wunderhübsch anzusehenden Puppenstubendörflein Cerne Abbas auslassen, das eine alte **Abteikirche** sein eigen nennt, einen **Dorfteich**, von dem aus das Wasser die Abbey Street entlangfließt und früher den Unrat aus der Gosse spülte, und

Isle of Purbeck – Exeter

sage und schreibe 13 – allesamt gut restaurierte – **Pubs**. So z.B. The Red Lion oder die vollständig efeuverkleidete Taverne The Royal Oak oder auch The New Inn, der keinswegs neu ist, sondern aus der Mitte des 16. Jh. datiert und ehemals eine Kutschstation war. Alle drei genannten Pubs halten natürlich sommertags auch einen Biergarten für das Publikum bereit, Cerne Abbas ist nämlich ein beliebtes Ausflugsziel bei den Bewohnern der Region.

Sherborne

Weiter geht es nun auf Sherborne zu, wo das Stammschloß von *Sir Walter Raleigh* einen Besuch lohnt.

Das **Old Castle** schenkte *Königin Elisabeth* ihrem Günstling *Raleigh* für seine mannigfachen Verdienste. *Sir Walter* war auch recht glücklich über den Gunstbeweis und investierte hohe Summen in den Ausbau. 1593 aber verschlechterten sich die Beziehungen zwischen dem Seehelden und der Königin. *Sir Walter* hatte heimlich eine Hofdame von *Elisabeth* geehelicht – das gehörte sich in jenen Tagen nicht, *Raleigh* hätte gefälligst Majestät um Erlaubnis bitten müssen. *Sir Walter* fiel also in Ungnade, und da wollte er das

Größeres Geschenk: The Old Castle

Sir Walter Raleigh – Günstling der Königin

Das genaue Geburtsjahr von *Sir Walter* ist nicht bekannt, er erblickte entweder 1552 oder 1554 das Licht der Welt, als **Sohn eines kleinen Landadligen** in der Grafschaft Devon.

Seine aristokratische Herkunft ermöglichte ihm ein **Studium in Oxford**; ab 1569 dann ging er für einige Jahre nach Frankreich, wo er in der Hugenottenarmee kämpfte. Im Jahre 1578 erhielt *Raleigh* sein **Kapitänspatent** und kämpfte gegen die Spanier, wann immer er sie traf. 1580/81 schließlich diente er als Offizier in Irland.

Etwa um diese Zeit muß *Raleigh* **an den Hof von Elisabeth I.** gekommen sein, und mit seinem Charme und seinem Humor zog er die Königin schnell in seinen Bann. Sie adelte ihn und setzte ihm einige Renten aus, so daß die Zukunft des jungen Mannes gesichert war; ein wichtiges Staatsamt übertrug sie dem ehrgeizigen Hans-Dampf-in-allen-Gassen jedoch nicht, denn ein ungestümes Draufgängertum schickte sich nicht auf dem glatten diplomatischen Parkett.

Immerhin aber war *Sir Walter* Mitglied des Parlaments, Vize-Admiral von Devon und Cornwall sowie Kapitän der *Queen's Guard*.

1584 erhielt er von seiner Förderin ein Patent, das es ihm erlaubte, alle noch unentdeckten Gebiete Amerikas in Besitz zu nehmen. So organisierte *Raleigh* zwei Entdeckungsfahrten und gründete die **erste englische Kolonie in Nordamerika**, die er nach der unverheirateten Königin *Elisabeth* „Virginia" nannte.

1595 **eroberte er Trinidad**. Inspiriert von den sagenhaften El-Dorado-Legenden machte er sich auf die Suche nach dem Goldland und fuhr dabei auch den Orinoco hoch. Finanziell ertragreich war die Reise jedoch nicht.

1596 machte er sich einen Namen mit seinem mutigen **Angriff auf Cadiz**, das daraufhin von den Engländern eingenommen werden konnte. *Elisabeth* belohnte ihn mit dem **Gouverneursposten** von Jersey, Raleigh unterdrückte im Gegenzug die Rebellion von Essex.

1603, im Todesjahr von *Elisabeth*, war es mit *Sir Walters* Glückssträhne vorbei, denn nun bestieg *Jakob I.* den englischen Thron, dem Charme und Humor wenig anhaben konnten. *Raleigh* hatte aufgrund seines arroganten Verhaltens und seiner bekannten geringen Religiosität viele Feinde und Neider, und so wurde er von seinen Gegnern in eine unglückliche **Verschwörung gegen Jakob** verwickelt. Der fackelte nicht lange und ließ *Raleigh* in den Tower werfen und **zum Tode verurteilen**. Dem rhetorisch begabten *Raleigh* gelang jedoch das Meisterwerk, daß Jakob die Vollstreckung des Urteils aussetzte, und so lebte er mit seiner gesamten Familie im Tower, machte naturwissenschaftliche Experimente, dichtete, schrieb staatstheoretische Abhandlungen und seine berühmte mehrbändige „History of the World".

1616, nach 13 Jahren im Tower, unterbreitete er dem bankrotten *Jakob* einen Vorschlag: Er, Raleigh, mache sich auf eine erneute **Goldsuche in Südamerika**, und alles kostbare Metall, das er finde, würde dem König gehören; im Gegenzug bekäme er seine Freiheit zurück. *Jakob*, von leeren Staatskassen gebeutelt, willigte ein, doch das Unternehmen geriet zu einem Fiasko. Die Spanier griffen zu und verhinderten *Raleighs* Goldsuche, überdies sandten sie *Jakob* eine bitterböse diplomatische Note. *Jakob*, der keine außenpolitischen Verwicklungen mit Spanien brauchen konnte, ließ an *Raleigh* nach dessen Rückkehr das 15 Jahre alte **Todesurteil vollstrecken**.

Sir Walter Raleigh starb am 29. Oktober 1618 in Westminster unter dem Schwerthieb des Henkers.

Isle of Purbeck – Exeter

Geschenk der Monarchin auch nicht mehr. Statt dessen also begann er, das einige hundert Meter entfernte Jagdhäuschen auszubauen.

Unter Elisabeths Nachfolger *Jakob I.* kam das New Castle in den Besitz der Digby-Familie, und die baute kräftig an und vergrößerte das Anwesen. Im 18. Jh. wurde das Schloß noch einmal modifiziert, *Lancelot „Capability" Brown* ließ den See graben und legte den Landschaftsgarten an.

Follies in Barwick

Die A 30 führt von Sherborne nach Yeovil, von dort geht es entlang der A 37 zum 3 km südlich gelegenen Weiler Barwick. Hier gibt es vier Follies zu besichtigen, die sicherlich zu den groteskesten ganz Englands gehören. Man muß ein wenig suchend herumfahren, Ausschau halten oder die Leute fragen. Die spektakulärste architektonische Verrücktheit sieht aus, als hätte der spanische Architekt *Gaudí* seinen Phantasien freien Lauf gelassen.

Am Schnittpunkt dreier Kuhwiesen ragt ein pittoresker, spitz zulaufender Turm auf. Nicht weit entfernt steht ein kleiner Turm auf einer Bruchsteinarkade, und auf der Spitze turnt anmutig eine kleine Figur herum. Verantwortlich für die **Oddities**, die Seltsamkeiten, ist *George Messiter*; der Philanthrop ließ Anfang des letzten Jahrhunderts die Follies erbauen. Als eine Handschuhfabrik in Yeovil ihre Pforten schloß, wurden viele Familienväter arbeitslos, und *Messiter* versuchte das schlimmste Los durch diese Arbeitsbeschaffungsmaßnahme abzumildern.

> „Die charakteristische Lustbarkeit der Engländer sind die Wettrennen ihrer Pferde. Für einen Ausländer hat diese britische Ergötzlichkeit wenig Anziehendes. Da der größte Teil der Zuschauer selbst beritten ist oder mit einem Gefährt kommt, folgen den Rennpferden Tausende nach, und das mit einem solchen Geschrei, als wenn die türkische Kavallerie attackierte."
>
> *Johann Wilhelm von Archenholtz*, „England und Italien", 1787

ABM-Maßnahme aus dem 19. Jahrhundert: Das Folly des Handschuhfabrikanten in Yeovil

Montacute House
– Ein elisabethanischer Landsitz

Montacute House, nur wenige Minuten Fahrt westlich von dem kleinen Landstädtchen Yeovil gelegen, ist ein gutes Beispiel für den elisabethanischen Landsitz einer begüterten Familie. **Sir Edward Phelips**, der Erbauer von Montacute, war während der Regierungszeit von *Elisabeth I.* und ihrem Nachfolger *Jakob I.* ein erfolgreicher Mann. Er begann seine Karriere als Anwalt, wurde dann Parlamentarier, erlangte das Amt des *Speaker* im Unterhaus und wurde danach *Master of the Roll*. Im Jahre 1605 krönte er seine Laufbahn mit dem Prozeß gegen *Guy Fawkes*, der im sogenannten *Gunpowder Plot* versucht hatte, Parlament und König in die Luft zu sprengen.

1590 gab *Phelips* dem lokalen Steinmetz *William Arnold* den Auftrag, einen angemessenen Landsitz für ihn und seine Familie zu erbauen. Arnold vereinte die gotischen Traditionen des Kathedralbaus mit den neuen Ideen der Renaissance des Kontinents zu einem harmonischen Ganzen. Insbesondere die Ostfassade kündet von den neuen gestalterischen Prinzipien; besonders ragen die **Figurengruppe** der sogenannten **Nine Worthies** heraus; einvernehmlich nebeneinander stehen dort so illustre Gestalten wie *Alexander der Große, Cäsar, Josua, Judas Makkabäus, König Artus, Karl der Große, Hektor, David* und *Gottfried von Bouillon.*

Montacute wurde im Laufe der vergangenen Jahrhunderte kaum verändert; lediglich 1780 ließ ein weiterer Phelips die Westfassade modifizieren, so daß wir ein Herrenhaus im reinsten elisabethanischen Stil vor uns haben. Größte Attraktion ist heute wie damals die **Long Gallery**. Über die gesamte Länge des Hauses zieht sich im zweiten Stock diese sogenannte Lange Galerie: 52 m lang und 6,50 m breit, die längste Galerie aller englische Landsitze der damaligen Zeit. Der Reichtum einer Familie und der Wert eines Hauses zeigte sich in jenen Tagen an der Größe dieser besagten Long Gallery, und Montacute House wurde nicht übertroffen. War das Wetter schlecht, so daß sich die Männer der Familie mit ihren Gästen nicht draußen auf der Jagd vergnügen konnten, so verbrachten sie ihre Zeit in den Nischen der Long Gallery, schauten von den großen Fenstern auf die prachtvollen Gartenanlagen oder wagten ein Spielchen. Heute zeigen hier Gemälde – Dauerleihgaben der Londoner National Portrait Gallery – Persönlichkeiten aus der elisabethanischen Ära.

Zu Beginn unseres Jahrhunderts konnte die Phelips-Familie das große Haus nicht mehr unterhalten und vermietete es an **Lord Curzon**, den ehemaligen Vizekönig von Indien. Hier

„Man besitzt hier höchste Achtung vor den guten Sitten und nimmt sich zugleich die erstaunlichsten Freiheiten heraus."

Dorothea Fürstin Lieven, „Briefe an Fürst Metternich", 1820

wartete *Curzon* als Außenminister im Jahr 1923 auf seine Berufung zum Premierminister. Endlich traf das Telegramm ein, das ihn nach London rief; dort mußte er enttäuscht feststellen, daß Stanley Baldwin vom König in das höchste politische Amt berufen worden war.

Wunderschön ist der **Garten** von Montacute House, vor allem im East Court, der von zwei grazilen Pavillons flankiert wird.

Weymouth
– Klein und intim

Den Ruhm des kleinen Seebades begründete König *Georg III.*, der bereits im Jahre 1789 hier sommerliche Badefreuden genoß. Daran erinnert die 20 Jahre nach dem ersten Besuch von den dankbaren Bürgern der Stadt gestiftete papageienbunte Statue des Herrschers am westlichen Ende der Strandpromenade. Der richtige Aufschwung erfolgte jedoch erst 1857 mit dem Anschluß an das Eisenbahnnetz.

Am 10. Februar 1910 kam es in Weymouth zu dem in der englischen Öffentlichkeit berühmt gewordenen **„Jux mit der Dreadnought"**, an dem die 28jährige *Virginia Stephen*, die spätere *Virginia Woolf*, maßgeblich beteiligt war. Die Dreadnought war das modernste Kriegsschiff der damaligen Zeit, und entsprechend hoch lagen die Sicherheitsstandards. Virginia war als Kaiser von Abessinien verkleidet und besichtigte mit ihrem Hofstaat, bestehend aus geschminkten und in Phantasiegewänder gesteckten Freunden, im Zuge eines „offiziellen Staatsbesuches" das Kriegsschiff. Niemand bemerkte etwas, die Spaßvögel teilten die Sache der Presse mit, und die Offiziere der Dreadnought fühlten sich um ihre Ehre gebracht und forderten schlimmste Bestrafungen bis hin zu körperlichen Züchtigungen. Später hat Virginia in einer Kurzgeschichte mit dem Titel „A Society" diese Erfahrung literarisch festgehalten. Virginia variiert in dieser Kurzgeschichte eines ihrer zentralen Themen, das – wie ihr Biograph schreibt – „der männlichen Ehre, der männlichen Gewalttätigkeit und Dummheit, der goldbetreßten männlichen Überheblichkeit. Virginia hatte sich eingelassen auf das abessinische Abenteuer des Spaßes wegen; sie ging daraus hervor mit einem geschärften Sinn für die Albernheit der Männer, der sie in ihrer schon seit längerer Zeit genährten politischen Überzeugung bestätigte."

Attraktion des kleinen Seebades ist der 3 km lange, feine **Sandstrand**, begrenzt von der Promenade, die ein zum 20jährigen Thronjubiläum *Victorias* erbauter Uhrturm in zwei Hälften teilt.

Geschäftig geht es am **alten Hafen** zu, der schon lange nicht mehr den Fischern dient. Hier werden die alten Speicherhallen zu Pubs, Restaurants und Ferienwohnungen umgebaut. Kinder dürften sich vor allem für das Ausstellungsgebäude **Deep Sea Adventure** mit einer Sonderabteilung zur gesunkenen Titanic interessieren (tgl. 10-17.30 Uhr).

Praktische Hinweise

Tourist Information

- **The Esplanade**, Tel. 01305-765221.

Unterkunft

- **Hotel Rex**, ****, 29 The Esplanade, Tel. 01305-760400, Fax 760500
- **Bay Lodge Hotel**, ***, 27 Green Hill, Tel. 01305-782419, Fax 782828
- **Sunningdale Hotel**, ***, 52 Preston Road, Tel. und Fax 01305-832179
- **Bed and Breakfast:** New Salsudas, 22 Lennox Street, Tel. 01305-771903; Kenora Private Hotel, 5 Stavordale Road, Tel. 01305-771215
- **Camping:** See Barn Farm Camping Site, Fleet, Tel. 01305-782218, von Weymouth entlang der B 3157 Richtung Bridport und nach ca. 7 km links ab.

Pubs und Restaurants

- **Finn M'Coul's**, Westham Road, irischer Pub mit Guinness vom Faß, regelmäßig Life Music und Bar Meals zur Mittagszeit
- **Ming Wah**, St. Thomas Street, ein preisgünstiges chinesisches Restaurant
- **The Globe**, East Street, schöner Pub am Old Harbour
- Pubs **The George Inn**, **The Ship Inn**, **The Royal Oak**, alle am Old Harbour in ehemaligen Speicherhäusern
- **The House on Pooh Corner**, St. Mary's Street, Kaffeehaus mit angeschlossenem kleinen Restaurant, um 5 £
- **The Black Dog**, St. Mary's Street, Pub mit vielen Angeboten zur Lunch-Zeit
- **Sorrento,** Maiden Street, italienisches Restaurant, Pizza, Pasta, Carne, Pesce, bis 10 £

Rent-a-Bike

- **Weymouth Cycles**, King Street.

Verbindung

- Mit **Zügen** im Verbundsystem Network Southeast und **Bussen** des National Express in alle Landesteile.

Isle of Portland und Chesil Beach

Südlich von Weymouth hängt nur an einem dünnen Zipfel die Halbinsel Isle of Portland, die *Thomas Hardy* als „das Gibraltar von Wessex" bezeichnete. Seit Jahrhunderten wird hier der graue **Portlandstein** gebrochen, der im ganzen Land beliebt ist. 60.000 t wurden allein an der St. Paul's Cathedral in London verbaut; auch die Bank von England, das Oxford-Street-Kaufhaus Selfridge's und die meisten Gebäude in Westminster bestehen aus *Portland Stone*.

Die Südspitze der Insel, **Bill of Portland** genannt, markiert ein rot-weiß geringelter Leuchtturm, den man besteigen kann.

Hinter dem Örtchen Fortuneswell erheben sich die **Portland Heights**, an deren höchstem Punkt ein Obelisk steht. Von dort oben hat man einen prachtvollen Ausblick auf den **Chesil Beach**, eine gigantische, mehrere hundert Meter breite und 18 km lange, die Küste schützende Kieselsteinbarriere. Zwischen dem Festland und diesem „Damm" erstreckt sich eine schmale, unter Naturschutz stehende Lagune, **The Fleet** genannt, in der viele Vögel

> „Der Engländer, der mit seiner Miß immer an den Badestrand geht, damit der Anblick der nackten Männer sie gegen Sinnlichkeit abstumpfe."
>
> *Heinrich Heine, „Gedanken und Einfälle"*

Der Chesil Beach, vom Obelisken der
Portland Hights aus gesehen

ein Refugium gefunden haben. Dazu gehören der Teichrohrsänger (*Sedge Warbler*), das Goldhähnchen (*Goldcrest*), die Seeschwalbe (*Common Tern*), Reiher (*Heron*), Bläßhuhn (*Coot*), Kormoran (*Cormorant*), Regenpfeifer (*Plover*), Seetaucher (*Grebe*) und Brandente (*Sheldrake*).

Auf keinen Fall darf man von dem Kieselsteinstrand in die Meeresfluten springen. **Starke Strömungen** ziehen auch den stärksten Schwimmer auf Nimmerwiedersehen hinaus aufs offene Meer. Da tue man es doch lieber den Brandungsfischern nach, die ihre Angel ins Meer halten und von dem monotonen Murmeln der mahlenden Kiesel kurz vor dem Einschlafen sind.

„Man wird alle zehn Schritte von liederlichen Mädchen angehalten; zuweilen sind es zwölfjährige Kinder, die einem gleich die Frage ersparen, ob sie auch wüßten, was sie wollten. Ich habe einige, die wie Fräuleins aussahen, Fragen an mich tun hören, bei denen ein Student durch sohlendickes Fell rot geworden wäre."

Georg Christoph Lichtenberg, „Briefe aus England", 1775

Die Schwäne von Abbotsbury

Am westlichen Ende des Chesil Beach liegt das Dörflein Abbotsbury, das mit seinen *Thatched Cottages*, seinen reetgedeckten Häusern, einen romantischen Eindruck aus alter Zeit hinterläßt. Auf frühere Tage geht auch die weltweit einmalige *Swannery*, eine Schwanerei, zurück. 1393 legten Benediktinermönche dieses **Schwanenschutzgebiet** an, erst urkundliche Erwähnungen datieren auf das Jahr 1591; darin wird *Elisabeth I.* mitgeteilt, daß 410 Schwäne und 90 Schwanenjungen von den Mönchen gehegt wurden.

Seit den Zeiten von *Heinrich II. Kurzmantel* (reg. 1154-1189) stehen die Schwäne ganz besonders hoch in der Gunst der Herrscher, und jeder frei geborene Wasservogel gehört seit jenen Tagen dem König – und das ist heute noch immer so! Drakonische Strafen galten denjenigen, die Eier aus dem Nest stahlen oder gar ein ganzes Tier vom Wasser her flugs in die Bratröhre brachten: Ein Jahr Gefängnis standen auf solche Delikte. Bis ins letzte Jahrhundert hinein galt Schwanenbraten bei den Briten als Delikatesse, dann wurde jedoch der amerikanische Truthahn Mode, und der Geschmack änderte sich.

Die Swannery ist im übrigen kein Schwanenzoo; während des Winters und in der Brutzeit werden die Tiere umsorgt und geschützt, aber sie sind völlig frei.

1993 haben 114 Schwäne in Abbotsbury gebrütet; während des Winters sind bis zu 1.000 der majestätischen Wasservögel in der Swannery.

Im kleinen Ortszentrum von Abbotsbury sollte man nicht an dem **Pub Ilchester Arms** vorbeifahren; das Gasthaus, eine ehemalige Kutschstation, datiert aus dem 17. Jh. und bietet auch einige individuell gestaltete Fremdenzimmer an, u.a. eine *Honeymoon Suite*.

Ein kurzes Stück hinter dem Ortsausgang von Abbotsbury lockt der farbenprächtige **Subtropical Garden**, zu dem recht gut das Kipling-Wort paßt:

Mein lieber Schwan: Federvieh in des Königs Schwanerei

„But the glory of the garden lies in more than meets the eye." (Die Pracht des Gartens ist mehr als das, was man mit den eigenen Augen sieht.). Die Ursprünge des Parks gehen auf die Countess of Ilchester zurück, die 1765 einen kleinen Kräutergarten für ihre Küche anlegen ließ. Wie der Name schon sagt, wachsen eine ganze Reihe exotischer Pflanzen in dem Park, der in einem klimatisch sehr milden Teil der Südküste liegt. Einen Besuch sollte man auf keinen Fall versäumen (im Sommer tgl. 10-18 Uhr, im Winter tgl. außer Mo 10 Uhr bis Sonnenuntergang).

Lyme Regis
– Eldorado
für Fossiliensucher

Von Abbotsbury folgt die Straße recht schön dem Küstenverlauf, und man hat gute Ausblicke hinaus aufs Meer. Vorbei am Dörfchen Bridport ist schnell das kleine Seebad Lyme Regis erreicht: The Pearl of Dorset – a centre of outstanding beauty, wie die lokale Fremdenverkehrswerbung vollmundig verspricht. Das **königliche Lyme**, so der Beiname Regis, geht nach Chroniken auf eine 774 gegründete Ansiedlung zurück. 1284 erhielt Lyme von *Eduard I.* die Stadtrechte – inklusive den Zusatz *Regis*. Stolz vermelden die Annalen des Seebades, daß im Jahre 1588 zwei lokale Schiffe an der Seeschlacht gegen die spanische Armada teilnahmen. 1760 kamen

> „Nirgends wimmelt es so sehr von Quacksalbern wie in England. Dies bezeugen auch die Journale, deren größter Teil aus Ankündigungen von Wundarzneien besteht."
>
> *Johanna Schopenhauer, „Reise durch England und Schottland", 1803*

die ersten Besucher, die in der salzhaltigen Luft und dem Wasser kurten.

Lyme Regis ist ein gemütlich wirkendes Städtchen mit sehr **steil auf- und absteigenden Straßen** und Gassen (We don't rent bikes in Lyme, it's too hilly here; die Straße hinunter zum Hafen hat 20 % Gefälle), einer schmalen **Promenade** vor dem Sandstrand und einem kleinen Hafen mit der weit ins Meer reichenden, bereits aus dem Mittelalter stammenden **Mole The Cobb**.

Zu Beginn des 19. Jh., als das wissenschaftliche Interesse an der Entstehungsgeschichte der Welt seinen Höhepunkt erreicht hatte, machten sich wissenschaftlich-aufgeklärte Geister trunken vor Wissensdurst auf nach Lyme Regis. Im Lias-Gestein der Umgebung fanden sich, reichhaltig wie nirgendwo sonst, **Fossilien** aller Art. 1811 legte die erst 10jährige *Mary Anning* das vollständige versteinerte Skelett eines Ichthyosaurus (Fischsaurier, Länge bis 17 m) frei; 17 Jahre später fand sie das erste Knochengerüst eines Pterodactylos (Flugsaurier mit bis zu 8 m Flügelspannweite, eines der größten bekannten Flugtiere).

In einigen kleinen Läden der Stadt kann der Interessent Fossilienhammer und -meißel erstehen und selbst auf die Suche gehen. Im Ausstellungsgebäude **Dinosaurland** (März bis Nov. tgl. 10-17 Uhr, ab hier während der Saison geführte Exkursionen zu den Versteinerungen) und im **Lyme Regis Museum History and Geology** (Mo-Sa 10.30-13, 14.30-17 Uhr) sind eine ganze Anzahl von Funden ausgestellt.

Jane Austen (1775-1817) kam Anfang des 19. Jh. erstmals nach Lyme Regis und in den folgenden Jahren kehrte sie öfter wieder. In dem ein Jahr nach ihrem Tod publizierten, weitgehend autobiographischen Roman „Persuasion" verlegt sie weite Teile der Handlung in das Seebad. Die Protagonistin Anne Elliot stürzt in der Liebesgeschichte auf die Pflasterung der Hafenmole Cobb. Dieser Ort interessierte Hofdichter **Tennyson** – im Jahre 1867 vor Ort – viel mehr als die Stelle, an der 1685 der Duke of Monmouth an Land gegangen war, um Englands Krone zu erlangen.

Der 1926 geborene Romancier **John Fowles** wohnte und wohnt nach Unterbrechungen heute wieder in Lyme Regis, „in der Stadt, die damals wie heute vom Klatsch so voll ist wie ein Stück Roquefort vom Käse." Sein berühmtester Roman, „The French

Lieutenant's Woman" (1969, dt. „Die Geliebte des französischen Leutnants"), spielt in Lyme Regis; auch hier ist die Mole The Cobb wichtiger Schauplatz, denn in jeder Minute ihrer freien Zeit schaut Sarah Woodruff „von der langen Kralle aus altersgrauem Mauerwerk, die sich gegen das Meer hin krümmt", auf die See hinaus und wartet auf die Rückkehr des Geliebten. Für die Verfilmung schrieb *Harold Pinter* das Drehbuch, und *Meryl Streep* übernahm die Rolle der Sarah Woodruff. Wer aus der Feder von *John Fowles* Kulturgeschichtliches über Lyme Regis erfahren möchte, kaufe sich vor Ort den Band „Lyme Regis, three town walks".

Südenglandbesucher, die während der Studentenbewegung Ende der 60er Jahre über repressionsfreie Kindererziehung diskutiert haben, werden sich an den Namen **A. S. Neill** erinnern. Dieser „angesehene Erzieher, der sich von einem konventionellen Schulmeister zu einem der originellsten und erfolgreichsten Reformer unserer Zeit entwickelt hat" – so *Bertrand Russel* –, gründete 1924 seine berühmte Internatsschule Summerhill in Lyme Regis.

Praktische Hinweise

Tourist Information

●**Guildhall Cottage**, Church Street, Tel. 01297-442138.

Unterkunft

●**Kersbrook Hotel**, ****, Pound Road, Tel. 01297-442576, Fax 442596

●**The Dover House Hotel**, ***, Rousdon, Tel. 01297-21047, Fax 24748
●**Orchard Country Hotel**, ***, Rousdon, Tel. 01297-442972;
●**Bed and Breakfast:** Lydwell House, Lyme Road, Uplyme, Tel. 01297-443522; Southernhaye, Pound Road, Tel. und Fax 01297-443077; Springfield, Woodmead Road, Tel. 01297-443409; White House, Silver Street, Tel. 01297-443420

Pubs und Restaurants

●**The Mad Hatters Restaurant**, Broad Street, auch vegetarisch, um 9 £
●**Volunteer Inn**, Broad Street, recht gemütlicher Pub, sicherlich einer der atmosphärereichsten im Örtchen
●**The Smuggler**, Broad Street, kleines Restaurant mit Wohnzimmeratmosphäre, um 7 £, Meeresfrüchte auf Anfrage
●**The Fudge Kitchen**, Broad Street, gemütliche Teestube
●**Bell Cliff Restaurant**, Broad Street, um 6 £
●**Rock Point Inn**, Broad Street, Free House
●**Pub The Pilot Boat**, Broad Street; die besten Bar Snacks zur Lunch-Zeit in ganz Lyme Regis.

Verbindung

●Lyme Regis hat keinen Bahnhof und ist auch nicht im Liniennetz des National Express; lokale Busse von Dorchester

---

„Der Reichtum Englands und die dortigen Begriffe von Bequemlichkeit bringen es mit sich, daß selbst Menschen der niedrigsten Volksklassen niemals zu Fuß reisen. Es gibt daher eine ungeheure Vielzahl von Postkutschen und anderen Reisemaschinen, die jede Woche zu Hunderten von und nach London rollen."

Johann Wilhelm von Archenholtz, „England und Italien", 1787

Exeter – Plymouth

Exeter – Hauptstadt, Bischofssitz, Universitätsmetropole

Das 100.000 Seelen zählende Exeter ist die Hauptstadt der Grafschaft Devon, Bischofssitz und Universitätsmetropole. Trotz der vielen Einwohner hat Exeter sich einen beschaulichen Charme bewahren können und ist weit davon entfernt, von einer sterilen Großstadtatmosphäre erfaßt zu werden.

Um das Jahr 80 n. Chr. gründeten die Römer die Ansiedlung Isca Dumnoniorum, mehr als ein halbes Jahrtausend später kam unter den Angelsachsen ein Kloster hinzu, und kurz vor der normannischen Invasion erlangte Exeter 1050 den Rang einer Bischofsstadt. Die Abteikirche, 1003 von den Dänen zerstört, wurde zu einem großen nor-

Die Kathedrale, von Westen gesehen

Exeter – Plymouth

mannischen Gotteshaus erweitert. 1270 dann begann man mit der gotischen Umgestaltung, die 90 Jahre später mit der Fertigstellung der grandiosen Westfassade ihr Ende fand. **Exeter Cathedral** ist im reinsten *Decorated Style*, der englischen Hochgotik, errichtet.

Exeter Cathedral

Allererster Blickfang ist zweifellos die **Westfassade**, die von einer dreireihigen Skulpturengalerie geschmückt ist. In den ersten Jahren nach der Fertigstellung muß dieser Teil des Gotteshauses noch beeindruckender ausgesehen haben, denn die Figuren waren bunt bemalt. Sehr schön und wortgewaltig hat der in England lebende amerikanische Autor *Henry James* diese Außenfront beschrieben: „Exeter erweist sich wirklich einen schlechten Dienst mit einer niedrigen dunklen Front, die nicht nur die offenkundige Höhe des Hauptschiffes mindert, sondern auch, wenn man westwärts blickt, zwei stattliche normannische Türme verbirgt. Die Front indes, die etwas düster Eindrucksvolles hat, wird durch zwei schöne Züge gerettet: eine großartige Fensterrosette, deren riesiges, steinernes Stabwerk mit höchst bezaubernder Verschlungenheit gegliedert ist; und einen langen herausgemeißelten Fries – eine Art steinernes Band von Bildern –, der sich von einer Seite zur anderen über die Fassade zieht. Die kleinen Standbilder von Heiligen und Königen und Bischöfen mit zerbrochenen Antlitzen, entlang

Exeter

★ 1 Rougemont Castle und
Rougemont Gardens

♦ 2 Kaffeehaus und Restaurant
Mr. Christopher's

● 3 Guildhall

♦ 4 Pub The Turk's Head

♦ 5 Pub The Well House

♦ 6 Pub und Restaurant
The Ship Inn

♦ 7 Tearoom und
Restaurant Hanson's

● 8 Mol's House

♦ 9 Restaurant
Tandoory's Nights

♦ 10 Restaurant Maryam's

ⓘ 11 Tourist Information

Ⓜ 12 Alter Hafen und
Maritime Museum,
Pub The Prospect

dieser altehrwürdigen Wand in Nischen übereinander angeordnet, sind im Ausdruck ungemein finster, wunderlich und primitiv; und während man mit dem beschaulichen Zartgefühl, das einem in der Fron des hart arbeitenden Touristen noch zu Gebote stehen mag, betrachtet, bildet man sich ein, sie seien sich ihrer Namen, Geschichten und Mißgeschicke grüblerisch bewußt; sie spürten, empfindsame Opfer der Zeit, den Verlust ihrer Nasen, ihrer Zehen und ihrer Kronen; und begännen, wenn das lange Juni-Zwielicht endlich zu tieferem Grau und die Ruhe der Domfreiheit zu tieferer Stille wird, aus ihren engen Nischen seitwärts zu lugen und sich in einer seltsamen Form von Altenglisch, so steif und doch so unbefangen wie ihre Züge und Posen, zu unterhalten, stöhnend, wie eine Gesellschaft betagter Armer um einen Spitalkamin, über ihre Leiden, Gebrechen und Schäden, und das Elend, so schrecklich alt zu sein."

Machen wir nun einen Rundgang durch die Kathedrale. Rechts vom Haupteingang ruht in einer kleinen **Grabkapelle Bischof Grandisson**, der maßgeblich den Bau der Kathedrale vorantrieb. Im **Langhaus** stützen 16teilige Pfeiler das Gewölbe, das, da es auch in der Vierung nicht unterbrochen ist, das längste gotische Gewölbe der Welt ist. Wäre da nicht der Lettner mit der Orgel obendrauf, so könnte man sehr tief in die Weite der Kathedrale schauen. Den nördlichen Teil des Langhauses schmückt die **Sängerempore Ministry Gallery**, wo eine ganze Reihe von Engeln kräftig am Musizieren ist.

Im nördlichen Querschiff zeigt die **astronomische Uhr** aus dem Ende des 14. Jh. nicht nur die Zeit, sondern auch die Mondphasen an. Im nördlichen Teil des Chores ist **Bischof Stapeldon** zur letzten Ruhe gebettet; auch er war einer der Geistlichen, unter denen die Baumeister große Fortschritte in der Errichtung des Gotteshauses machten. Darüber hinaus war er Schatzmeister von *Eduard II.* Dies sollte ihm zum Verhängnis werden; ein wütender Londoner Mob brachte den wegen seiner unpopulären Maßnahmen gehaßten Kirchenmann 1326 um. In der **Marienkapelle** ist der angelsächsische Bischof *Leofric* (gest. 1072) begraben.

Eine sehr persönliche Atmosphäre nimmt die steinerne Kathedrale an, wenn man die buntbestickten **Sitzkissen** entlang der Steinbänke sieht. 70 Frauen der Gemeinde haben mehr als ein halbes Jahrzehnt daran gestickt und erzählen in den Bildern die Geschichte der Stadt.

In der Dombibliothek ist mit dem sogenannten **Exeter Book** die einzige Quelle angelsächsischer Dichtung erhalten; Bischof *Leofric* (s.o.) vermachte das Buch, dessen Texte zwischen 950 und 1000 geschrieben wurden, der Kathedralbibliothek.

Weiteres Sehenswertes

Die **Domfreiheit** ist eine der kleinsten in England, nahe rücken die alten Fachwerkhäuser an das Gotteshaus heran. Dafür hat dieser *Cathedral Clo-*

se eine sehr intime Atmosphäre, wenn Schulklassen dort picknicken und an schönen Tagen die Angestellten der Umgebung über Mittag in ihre Sandwiches beißen.

An der Ostseite ragt über vier Stockwerke **Mol's House** auf, ein schwarzweißes Fachwerkhaus aus elisabethanischer Ära; in dem Tee- und späteren Kaffeehaus kehrten die vier sogenannten *Devon Sea Captains – Sir Francis Drake, Sir Martin Frobisher, Sir John Hawkins* und *Sir Walter Raleigh* – regelmäßig ein.

Vom Close geht die St. Martin's Lane ab und verbindet die High Street, die verkehrsberuhigte Hauptgeschäftsstraße, mit der Domfreiheit; in der engen Gasse lohnt unbedingt das **Ship Inn** einen Besuch. In dem alten Pub mit angeschlossenem Restaurant becherten die vier obengenannten Herren, Elisabeths Elitekapitäne, des öfteren um die Wette.

In der High Street imponiert die mächtige **Guildhall**, deren Ursprünge auf das Jahr 1160 zurückgehen und die 1466 neu erbaut wurde. Damit ist es das älteste Verwaltungsgebäude Englands.

Nahebei – ebenfalls in der High Street – steht der **Pub The Turk's Head**, in dem *Charles Dickens* immer logierte, wenn er in Exeter war. Hier wurde er von einem Kellnerjungen bedient, der ihm als Vorbild für den Fat Boy in seinen „Posthumous Papers of the Pickwick Club" diente.

Geruhsam geht es in den zentrumsnahen **Rougemont Gardens** zu, wo Reste von Rougemont Castle daran erinnern, daß Exeter die einzige Stadt in England war, die sich nicht dem normannischen Eroberer *Wilhelm* unterordnete. Erst zwei Jahre nach der Invasion konnte die widerspenstige Ansiedlung eingenommen werden. *Wilhelm* ließ eine Burg errichten, um die rebellischen Bewohner besser kontrollieren zu können. „Ich war letzthin in Exeter,/da wies der Schulz verbindlich mir das Schloß/und nannt' es Rougemont", läßt *Shakespeare* in dem gleichnamigen Drama seinen Titelhelden *Richard III.* ausrufen.

Im Süden der Stadt breitet sich der **alte Hafen** aus, in dem erst vor wenigen Jahren kräftig renoviert wurde; in die alten Magazinhäuser sind Pubs, Cafés und kleine Geschäfte eingezogen, Apartmenthäuser säumen die Ufer des River Exe, und ein **Maritime Museum** zeigt Boote und Schiffe aller Art (tgl. 10-17 Uhr).

Praktische Hinweise

Tourist Information

●**Civic Centre**, Paris Street, Tel. 01392-265700.

Unterkunft

●**Barton Cross Hotel**, ****, Huxham, Stoke Canon, Tel. 01392-841245, Fax 841942
●**The Great Western Hotel**, ***, Station Approach, St. David's, Tel. 01392-274039, Fax 425529
●**Fairwinds Hotel**, ***, Kennford, Tel. und Fax 01392-832911
●**Globe Hotel**, ***, Fore Street, Topsham, Tel. 01392-873471, Fax 873879
●**Gipsy Inn Hotel**, ***, Gipsy Hill Lane, Pinhoe, Tel. 01392-465252, Fax 464302
●**Bed and Breakfast:** The Grange, Stoke Hill, Tel. 01392-259723; Hayne Barton, Whitesto-

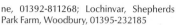
ne, 01392-811268; Lochinvar, Shepherds Park Farm, Woodbury, 01395-232185
●**Jugendherberge:** 47 Countess Wear Road, Tel. 01392-873329
●**Camping:** Kennford International Caravan Park, Kennford, Tel. 01392-833046, 6 km südlich von Exeter an der A 38.

Pubs und Restaurants

●**Restaurant im St. Olaves Court Hotel** (s.o.), eines der besten in der Stadt, zwischen 30 und 40 £
●**Double Locks**, Canal Banks, Free House aus dem Jahr 1820, sehr schön am alten Kanal gelegen, mit großem Biergarten, Eltern werden sich über ein Kinderareal freuen, wo die Kleinen gut aufgehoben sind, breites Angebot an Real Ales und Bar Snacks, ein kleines Restaurant in separaten Räumen ist angeschlossen, leider nicht leicht zu finden, fragen Sie nach dem Exeter Ship Canal oder lassen Sie sich unter der Nummer 01392-56947 telefonisch vom Wirt den Weg erklären.
●**The Ship Inn**, St. Martin's Lane, mit angeschlossenem Restaurant, um 9 £, die Lieblingskneipe von *Sir Francis Drake*
●**The Turk's Head**, High Street, mit angeschlossenem Restaurant, 11 £, hier nahm *Dickens* Quartier, wenn er in Exeter war.
●**The Well House**, Cathedral Yard, gemütlicher Pub, von hier gute Ausblicke auf die Kathedrale
●**Hanson's**, Cathedral Close, traditionelles Teehaus und Restaurant, 5 £
●**Herbie's**, North Street, vegetarisches Restaurant, um 7 £
●**Mr. Christopher's**, Queen Street, schönes und großes Kaffeehaus, täglich frisch gerösteter Kaffee, mit Restaurant, um 4 £

Der britische Premierminister *John Major* in einer öffentlichen Rede: „Auch in 50 Jahren wird Großbritannien noch immer das Land sein, wo lange Schatten auf die Cricket-Felder fallen, wo es warmes Bier, ewig grüne Vororte und Hundenarren gibt. Die wesentlichen Dinge werden sich in Großbritannien nie ändern."

●**Tandoory's Nights,** South Street, preisgünstiges indisches Restaurant
●**Maryam's,** South Street, italien. Küche, Pizzen und Pastas um 5 £, Fleisch-und Fischgerichte um 11 £
●**The Prospect Inn**, The Quay, Pub am alten Hafen.

Rent-a-Bike

●**Saddles and Paddles**, The Quay, am alten Hafen.

Verbindung

●Am **Intercity-Netz** angeschlossen; ansonsten **Züge** von und nach Plymouth, Torquay, Bath und Bristol. Verbindungen mit **Bussen** des National Express.

A la Ronde
– Und noch ein Folly

Wieder einmal eine Kuriosität ersten Ranges ist das etwas abseits der A 376, südlich von Exeter und am nördlichen Stadtrand von Exmouth gelegene Haus A la Ronde (April bis Okt. tgl. außer Fr und So 11-17.30 Uhr). Wie der Name schon sagt, ist es rund geraten oder wenigstens annähernd rund, denn es ist sechzehneckig. Besucher hat der Folly recht schnell in seinen Bann gezogen, und so sind eine ganze Anzahl von **bewundernden Sentenzen** über das seltsame Haus gesprochen worden. „A unique survival of regency taste that is at once bizarre and intriguing, amateur and intellectual, rustic and cosmopolitan." Ein anderer verlautete 1866: „A curious looking modern building, something between a house and a Temple of a circular shape and with a fantastic chine-

08l es Foto: hs

se (sic) looking ornamental roof." Ein dritter schrieb schließlich 20 Jahre später lapidar: „Would not be out of place in one of the South Sea Islands."

A la Ronde geht auf die zwei alleinstehenden Damen, **Jane Parminter und ihre Cousine Mary,** zurück. Die beiden begaben sich 1784 auf die bei adligen Männern übliche Kavaliersreise, im Sprachgebrauch der damaligen Zeit *Grand Tour* genannt, und besuchten den Kontinent, vor allem Italien. Jane und Mary nahmen ihre Aufgabe mehr als ernst und kamen erst 11 Jahre später, beladen mit Souvenirs, wieder nach England zurück. Nun mußte ein geeigneter Wohnsitz gefunden werden, und laut Familientradition soll Jane A la Ronde eigenhändig und ohne die professionelle Hilfe eines Architekten entworfen haben. Neuere Forschungen des National Trust, in dessen Händen sich diese einmalige Kostbarkeit befindet, haben jedoch ergeben, daß aller Wahrscheinlichkeit nach ein gewisser *John Lowder, Gentleman Architect* in Bath, das Haus konstruiert hat. Die Idee aber mag sicher in den Köpfen von Jane und Mary entstan-

Der Wohnsitz der alleinstehenden Damen: das Vieleck „A la Ronde" den sein, denn, so heißt es, A la Ronde gehe auf die oktogonale Basilika San Vitale in Ravenna zurück. 13 Jahre noch konnte sich Jane an ihrer runden Heimstatt erfreuen, dann starb sie. Mary hinterließ bei ihrem Tod ein langes Testament, das vor allen Dingen zwei Besonderheiten enthielt; zum einen mußten das Haus, sein Mobiliar und alle Bilder, Souvenirs etc. originalgetreu erhalten bleiben, zum anderen durfte nur eine unverheiratete, in verwandtschaftlicher Beziehung zu ihr stehende Frau das Haus erben.

Um eine zentrale achteckige Halle, die von einer hohen Kuppel überwölbt wird, reihen sich ringförmig **die einzelnen Räume** – Arbeitszimmer, Musikzimmer, Bibliothek, Salon, Eßzimmer und die Küche. Aufgrund der runden Bauweise befinden sich zwischen den Zimmern tortenförmige Kammern, die als Schränke und Stauräume genutzt wurden. Alle Zimmer sind mit Krimskrams überladen: Bilder an den Wänden, Bücher, wohin das Auge blickt, papageienbunter Nippes, muschelverzierte Kästchen, auffallend viele Scherenschnitte, in den Möbeln reiche Holzeinlegearbeiten und vieles andere mehr. Krönung des Ganzen ist die **Shell Gallery**, ein Kuppelraum, der vollständig mit Muscheln verkleidet ist (da viele Besucher hier in den vergangenen Jahren Muscheln als Souvenir abgebrochen haben, hat der Trust ein Videosystem installiert; vor einem Videomonitor kann man mit einem Joystick eine Kamera steuern, Details anzoomen oder sich eine Gesamtansicht per Weitwinkel auf den Bildschirm holen).

Torquay
– Die englische Riviera

Torquay bildet zusammen mit Paignton und Brixham eine langgestreckte **urbane Ballungszone** mit über 150.000 Einwohnern – zu groß eigentlich, als daß die rechte Urlaubsfreude aufkommen könnte. Dem Golfstrom jedoch ist es zu verdanken, daß Torquay die „Königin der englischen Riviera mit der milden italienischen Luft" ist, wie der Historiker *Macaulay* einmal bemerkte. Palmen säumen die Straßen, in einer großen **Marina** liegen Abertausende von Motor- und Segelyachten vor Anker, des Abends beleuchten bunte Lichterketten die Straßen und Hausfassaden – alles in allem gibt sich Torquay sehr kosmopolitisch und versucht, an die Atmosphäre der französischen Riviera-Orte heranzukommen.

Läden und Geschäfte aller Art findet man entlang der Fußgängerzone **Fleet Street**, an deren Anfang sich gleich eine gut 150 m lange Arkadenpassage mit kleinen Läden und Cafés – so z. B. die Teestube Poppy's – entlangzieht.

Mehr dörflich dagegen zeigt sich **Brixham**, wo am kleinen Hafen inmitten der flanierenden Urlauber tatsächlich noch Fischer dabei sind, ihre Netze zu flicken und ihre Boote zu überholen.

Hier liegt auch ein **Nachbau der Golden Hind** vor Anker (und bei Ebbe auf dem Schlick des kleinen Hafenbeckens), mit der *Sir Francis Drake* am 13. Dezember 1577 in See stach und nach dreijähriger Fahrt als erster

Engländer, nach *Magellan* die Welt umsegelte. Das Schiff ist erstaunlich klein, *Drakes* Kajüte dürfte nicht größer als 4 m² sein. Hier kann man sich leicht vorstellen, wie es war, wenn monatelang ein Haufen Männer auf engstem Raum zusammengepfercht blieb; die Disziplin konnte nur mit brutaler Härte aufrechterhalten werden, und ohne geeignete sanitäre Anlagen müssen Schiff und Mannschaft bestialisch gestunken haben.

In Brixham betrat **Wilhelm von Oranien** englischen Boden – ein Obelisk markiert die Stelle -, um im Zuge der *Glorious Revolution* das Erbe von *Jakob II.* anzutreten.

Rund um den Hafen von Brixham finden sich eine ganze Reihe von Pubs und Restaurants aller Art und Preisstufen.

Das milde Klima der Region zog viele Schriftsteller nach Torquay. 1838 kam 29jährig der spätere Hofdichter **Alfred Tennyson** (1809-1892) ins Seebad, nannte es „the loveliest sea-village in England" und ließ sich zu dem Gedicht „Audley Court" hinreißen.

1866 war **Robert Louis Stevenson** (1850-1894) vor Ort und suchte Linderung von seiner Tuberkulose; der 16jährige schrieb an seinen Vater eine „Bitte allerbescheidenster Natur" und bat um mehr Geld.

Der homosexuelle **Oscar Wilde** (1854-1900) mietete von November 1892 bis zum März des kommenden Jahres eine Villa in Torquay an, um sich ungestört mit seinem Freund *Lord Alfred Douglas* zu treffen (dessen Vater später für den Skandal sorgte, der

Wilde ins Gefängnis brachte und letztlich vernichtete). *Wilde* schrieb in diesem Haus seine Komödie "A Woman of no Importance", die schon im April 1893 auf die Bühne gebracht wurde.

1955 übersiedelte der irische Schriftsteller **Sean O'Casey** nach Torquay, wo er neun Jahre später im Alter von 84 Jahren starb. Der Kämpfer gegen die englischen Besatzer der Grünen Insel – so war *O'Casey* beispielsweise Sekretär der *Irish Citizen Army* – bestimmte in seinem Testament ausdrücklich, daß er „im verhaßten England" begraben werden wollte.

1902 nahm **Rudyard Kipling** eine Wohnung im Seebad; hier entstanden u.a. seine Schulgeschichten „Stalky and Co."

Torquays berühmteste Literatin ist jedoch die am 15. September 1891 geborene *Agatha Marie Clarissa Miller*, die sich nach ihrem Mann **Agatha Christie** nannte und ihr Leben in Greenway House, einige Kilometer südlich von Torquay, verbrachte.

Praktische Hinweise

Tourist Information

●Vaughan Parade, Tel. 01803-297428.

Unterkunft

●**Palace Hotel**, ****, Babbcombe Road, Tel. 01803-200200, Fax 299899
●**Suite Dreams Hotel**, ***, Steep Hill Maidencombe, Tel. 01803-313900, Fax 313841
●**Hotel Regina**, ***, Victoria Parade, Tel. 01803-292904, Fax 290270
●**Palm Court Hotel**, ***, Sea Front, Tel. 01803-294881, Fax 211199
●**Fairmont House Hotel**, ***, Herbert Road, Chelston, Tel. und Fax 01803-605446

> „Es gibt nichts Isoliertes in England. Alles hängt ineinander; alles greift ineinander; alles verbindet sich, vermählt sich, verschmilzt sich – ich habe keine adäquaten Worte, um Ihnen diese Ganzheit, dieses bewunderungswürdige Ensemble auszudrücken."
>
> *Friedrich von Gentz, „Briefe", 1802*

●**Bed and Breakfast:** Maple Lodge, 36 Ash Hill Road, Tel. 01803-297391; Cranmore Guest House, 89 Avenue Road, Tel. 01803-298488; Wilsbrook Guest House, 77 Avenue Road, Tel. 01803-298413; Torbay Star Guest House, 73 Avenue Road, Tel. 01803-293998; Frognel Hall, Higher Woodfield Road, Tel. 01803-298339, Fax 215115
●**Jugendherberge:** Maypool House, Galmpton bei Brixham, Tel. 01803-842444
●**Camping:** Byslades Camping and Touring Park, Totnes Road, Paignton, Tel. 01803-555072, an der A 385 zwischen Paignton und Totnes.

Restaurants und Pubs

●**Table,** 135 Babbacombe Road, bestes Haus am Platze, zwischen 33 und 45 £
●**Pub The Cider Press,** Fleet Walk, gute Anlaufstelle während des Geschäftsbummels entlang der Einkaufsstraße
●**Chaplin's,** Union Street, Free House, weitgefächertes Lunch-Angebot zur Mittagszeit
●**The Pig in Black,** Union Street, regelmäßig Life Music und eine weite Palette von Real Ales im Angebot, empfohlen von der Verbraucherschutzorganisation CAMRA (Campaign for Real Ale)
●**Bella Pasta,** Union Street, für englische Verhältnisse gute Pizzen und Pastas um 7 £
●**Annie's Thai Restaurant,** Fleet Walk, im ersten Stock über einem Coffee Shop gelegen, gemütliches Lokal mit Ausblick auf die verkehrsberuhigte Einkaufsstraße, um 8 £
●**Piazza,** Fleet Walk, kleine Bar, ab und zu Life Music
●**Kim Long,** Fleet Walk, vietnamesisches Restaurant, 7 £

●**The Georgian Restaurant,** Torwood Street, internationale Gerichte und griechische Spezialitäten, 7 – 11 £
●**Rotunda Restaurant,** Torwood Street, preisgünstige Hummer um 12 £
●**Pub The Clocktower,** Torwood Street, gemütliche Kneipe in der Innenstadt
●**Bianco's,** Torwood Street, ital. Restaurant, jedoch keine Pizzen im Angebot, um 14 £

Rent-a-Bike

●**Colin Lewes,** 15 East Street, Torquay
●**Cycle Hire,** Dartmouth Road, Paignton
●**Mountain Bikes,** The Old Dairy, St. Mary's Road, Brixham.

Verbindung

●Torquay und Paignton sind im **Intercity-Netz, Züge** von Bristol, Exeter und Plymouth. **Busnetz** des National Express.

Dartmouth
– Ein Juwel am Meer

Anreise

Von Brixham nimmt man die B 3205 zum Örtchen Kingswear; wer nicht mit dem Auto unterwegs ist, sollte die sorgfältig restaurierte **Schmalspureisenbahn** benutzen, die fauchend und zischend von Painton bis Kingswear ihre Rauchzeichen in die Luft läßt.

Von Kingswear geht es dann mit zwei **Fähren** – *Lower Ferry* and *Higher Ferry* – über den Mündungstrichter des River Dart nach Dartmouth (Fährbetrieb tgl. zwischen 7 und 22.45 Uhr; während der Saison bilden sich lange Autoschlangen vor den Fähranlegern, und man ist gut beraten, dann den schnelleren Umweg von Torquay über Totnes nach Dartmouth zu nehmen).

Sehenswertes

Dartmouth darf man auf einer Südenglandrundreise keineswegs auslassen, viel alte Bausubstanz, blumengeschmückte Straßen und Fachwerkfassaden schaffen ein einmaliges Dorfambiente.

1147 sammelten sich in dem natürlichen Hafen von Dartmouth, dem Mündungstrichter des River Dart, englische, französische, deutsche und flämische Schiffe, um zum Zweiten Kreuzzug ins Heilige Land aufzubrechen. Zwischen 1488 und 1509 wurden zwei kleine unspektakuläre Artilleriebefestigungen – **Dartmouth Castle** und **Bayard's Cove Castle**, deren Reste heute zu besichtigen sind – zum Schutz gegen französische Überfälle errichtet. *Thomas Newcomen of Dartmouth* (1663-1729) entwickelte Anfang des 18. Jh. die **erste** industriell einsetzbare **Dampfmaschine** – heute zu besichtigen in den Royal Avenue Gardens.

1905 wurde das hoch über Dartmouth gelegene **Royal Naval College** gegründet, eine Ausbildungsstätte für Seekadetten; *Königin Elisabeths* Ehemann *Philip* und ihre drei Söhne *Charles, Andrew* und *Edward* haben hier ihren letzten militärischen Schliff bekommen.

Zentrum der Stadt ist **The Quay** mit einem kleinen quadratischen Hafenbecken, an zwei Seiten umstanden von schönen alten schwarzweißen Fachwerkhäusern, an den beiden anderen Seiten gesäumt von der Seepromenade und einem kleinen Park.

Noch attraktiver ist **Butterwalk**, bestanden von vielen alten, gut restaurierten Gemäuern, die von früheren Tagen künden.

Am schönsten ist es in Dartmouth am frühen Abend, wenn man mit einem Bitter vom nahen **Pub Dartmouth Arms** am Kai auf den Bänken der katzenkopfgepflasterten Straße Bayard's Cove sitzt, und die untergehende Sonne das auf der anderen Uferseite am baumbestandenen Hügelhang klebende Örtchen Kingswear mit seinen bunten Häuschen beleuchtet.

Wer die im nächsten Kapitel beschriebenen Wanderungen im Dartmoor machen möchte, sollte trotz längerer Anfahrt sein Quartier in Dartmouth nehmen; wenn man dann am Abend müde und erschöpft, aber trotzdem guter Dinge an Bayard's Cove sitzt, so hat man einen der schönsten Plätze weit und breit.

Praktische Hinweise

Tourist Information

● 11 Duke Street, Tel. 01803-834224.

Unterkunft

● **Stoke Lodge Hotel, ***,** Stoke Fleming, Tel. 01803-770523, Fax 770851
● **Ford House, ***,** 44 Victoria Road, Tel. und Fax 01803-834047
● **Victoria Hotel, ***,** 27 Victoria Road, Tel. 01847-832572, Fax 835815
● **Bed and Breakfast:** The Captains House, 18 Clarence Street, Tel. 01803-832133; Woodside Cottage, Blackawton, Totnes, Tel. 01803-712375, Fax 712605

Exeter – Plymouth

Restaurant und Pubs

●**Carved Angel**, South Embankment, bestes Restaurant in Dartmouth und eines der besten in ganz Südengland, mit ungewöhnlich umfangreicher Weinliste, Reservierung ratsam unter 01803-832465, 30-55 £. Wer es etwas preiswerter haben möchte, der sollte in dem Ableger **The Carved Angel Café** einkehren, das sich in der Foss Street befindet und Frühstück, Gerichte zur mittäglichen Lunch-Zeit und auch abendliches Dinner bietet.

●**The Exchange**, Higher Street, zweitbestes Restaurant am Platze, 20-35 £

●**Jonathan's,** Foss Street, sehr gemütliches Lokal mit leckeren Gerichten zwischen 9 und 14 £

●**The Cherub**, Higher Street, schönster Pub im Ort, ein Free House im ältesten Gemäuer der Stadt, das niedrige efeuumrankte und blumengeschmückte Fachwerkhaus datiert aus dem Jahr 1320

●**Shalimar**, Horn Hill, indische Spezialitäten, 8 £

●**Tsang's Restaurant**, Fairfax Place, chinesisch, preisgünstiges Restaurant, 6 £

●**Station Restaurant**, South Embankment, 8 – 13 £

●**Bayard's Restaurant,** Bayard's Cove, gemütliches Lokal, um 13 £

Verbindung

●Kein Bahnhof und keine Busse des National Express, **lokale Busse** von Torquay und Plymouth.

Am inneren Hafenbecken von Dartmouth

Wanderungen
im Dartmoor

Das Dartmoor

Wenn bei schönem Wetter ein paar weiße Kumuluswolken am blauen Himmel stehen, die Sonne auf die violette Heide scheint und deren Farbglanz noch verstärkt, wenn in der Ferne eine Herde Ponys im donnernden Galopp querfeldein stürmt und sich die Schafe wie weiße Farbkleckse an den grünen, sanft geschwungenen Hügelhängen ausnehmen, dann ist das Dartmoor eine zauberhafte Landschaft. Wirklich bedrohlich dagegen wirkt es, wenn plötzlich der Nebel aufzieht, die dunklen Wolken sich niedersenken, alles mit ihrem Tau einhüllen und jede Orientierung zunichte machen.

Der **Hund von Baskerville** durchstreift nächtens das nebelverhangene Dartmoor und heult klagend den ab und an von Wolkenfetzen verhangenen Mond an. Ein entflohener Sträfling aus *Dartmoor Prison* durchhastet das Sumpfgebiet, verfolgt von den Spürhunden der Konstabler – da bricht er ein und versinkt im Schlick; ein anderer irrt orientierungslos durch den dichten Nebel und steht nach vielen Stunden der Flucht wieder vor den Mauern des Gefängnisses – er war im Kreis gelaufen. Solcherart sind die Vorstellungen über das Dartmoor, die uns *Sir Arthur Conan Doyle* und *Edgar Wallace* hinterlassen haben.

Die geeignete Urlaubslektüre zwischen den Wanderungen ist ganz zweifellos *Sir Arthur Conan Doyles* „Hund von Baskerville", wo es beispielsweise heißt: „Der Mond schien hell über der Lichtung, und da, in der Mitte, lag die unglückliche Maid, wie sie vor Erschöpfung und Angst tot zusammengebrochen war. Doch war es nicht der Anblick ihrer Leiche, noch der Anblick der Leiche Hugo Baskervilles, die in ihrer Nähe lag, bei welchem sich die Haare auf den Häuptern der drei gottlosen Raufbolde sträubten, sondern, daß über Hugo, an seinem Halse reißend, ein gräßlich Ding stund, eine große schwarze Bestie von der Gestalt eines Hatzhundes, doch größer denn alle Hatzhunde so sterbliches Auge je erblickt. Und dieweil sie schauten, riß das Ding die Gurgel aus Hugo Baskerville, dann wandte es seine flammenden Augen und triefenden Fänge auf die Männer."

Das Dartmoor ist ein ca. 1.000 km² großes, einsames Heide- und Moorgebiet, wo immer wieder unvermittelt aus den erikavioletten Flechten und dem gelben Ginster gewaltige **Steinauftürmungen** in die Höhe ragen. Diese sogenannten *Tors* sind willkommene Orientierungspunkte für Wanderer.

Im Süden und Osten der Dartmoor-Region findet man eine sanftere Gegend vor, im Norden und Westen dagegen ist es rauher und schroffer. Im Zentrum dominiert eine große Hochmoorebene, die wie ein Schwamm wirkt, und so entspringen hier die kleinen **Flüßchen** Lyd, Tavy, Meavy, Walkham, Plym, Yealm, Erme, Avon, East und West Dart, Bovey, Teign, Taw und

Okement, die alle, bis auf die beiden letztgenannten, im englischen Kanal münden und vielen Städtchen und Dörfern ihre Namen gegeben haben: Lydford, Plymouth, Yealmpton, Dartmouth, Dartmeet, North Bovey, Bovey Tracy, Teignmouth, Drewsteignton, Okehampton.

Fast überall stößt man auf **prähistorische Steinzirkel** oder auf die Reste ehemaliger neolithischer Ansiedlungen; das Dartmoor weist die größte Dichte an frühgeschichtlichen Monumenten in ganz England auf.

In Princetown, gibt es ein ausgezeichnetes **Information Center,** das sachkundige und ausführliche Informationen über diese hochinteressante Gegend vermittelt.

In der Nähe von Princetown, im Zentrum des Dartmoors, befindet sich das berühmt-berüchtigte **Her Majesty Prison**. 1806 zogen die ersten Gefangenen aus den Napoleonischen Kriegen in das Gefängnis ein, ab 1850 dann wurde es für den normalen Strafvollzug genutzt. Im Frühjahr 1901 kam *Sir Conan Doyle* in das 1.000-Seelen-Örtchen Princetown, logierte im Rowe's Duchy Hotel und machte sich auf Wanderungen mit dem Dartmoor vertraut. Ein Jahr später erschien sein Roman „The Hound of the Baskerville".

Im Dartmoor

084es Foto: bs

Bei Yelverten, zwischen Tavistock und Plymouth, liegt **Buckland Abbey** (nicht zu verwechseln mit Buckfast Abbey, vgl. Wanderung 2). Die im Jahre 1278 gegründete Zisterzienserabtei kam nach der Reformation von *Heinrich VIII.* an *Sir Richard Grenville,* der das Kloster samt Kirche erst einmal für seine Bedürfnisse umbauen ließ. Dann aber gefiel ihm sein Landsitz nicht mehr, und 1581 verkaufte er das Anwesen an *Sir Francis Drake.* Heute hat der National Trust hier ein kleines **Marinemuseum** eingerichtet, das natürlich besonders an den legendären Seebären *Francis Drake* erinnert (NT, April

Ersatz fürs Gartentor: ein Stile

bis Okt. tgl. außer Do. 10.30-17.30 Uhr, Nov. bis März Sa/So 14-17 Uhr).

Eine große **Ringstraße** – bestehend aus der A 38, A 30 und A 386 – umrundet den unter Naturschutz stehenden *Dartmoor National Park,* und eine **Nordsüd-** (B 3212) und eine **Westost-Verbindung** (B 3357), die sich im Zentrum bei Two Bridges treffen, kreuzen die Region. Wer das Dartmoor nicht auf Wanderungen erkunden will, sollte auf dem Weg nach Plymouth wenigstens hindurchfahren, um einen Eindruck von der rauhen Schönheit der Landschaft zu erhaschen. Von Exeter kommend, eignet sich die landschaftlich sehr schöne B 3212; von Torquay sollte man auf der Ostwestroute (B 3357) über Two Bridges nach

Tavistock und von dort dann nach Plymouth fahren.

Von den folgenden beschriebenen fünf **Wanderungen** im Dartmoor sind drei zwischen 13 und 16 km lang; zwei Wanderungen sind eher größere Spaziergänge (5,5 km und 6,5 km), die vor allem für Eltern mit Kindern gedacht sind.

Zäune und Wallmauern überquert der Wanderer auf den sogenannten **Stiles**, steinernen oder hölzernen Treppenstufen. Eher selten findet man in der weitgehend steinlosen Moor- und Heidelandschaft die **Cairns,** kleine Steinhügel, die von Wanderern angelegt wurden und der Orientierung dienen.

Wanderung 1:
Ivybridge, das Tal des River Erme und der Western Beacon

- **Länge:** 13 km, Rundwanderung
- **Dauer:** ca. 3,5-4 Stunden
- **Karten:** Ordnance-Survey-Karten Landranger 202 (Torbay & South Dartmoor, 1:50.000) und Outdoor Leisure 28 (Dartmoor, 1:25.000)

Ausgangspunkt der Tour ist das kleine Städtchen **Ivybridge,** ganz im Süden des Dartmoors gelegen. Im Ortszentrum biegt man an der Brücke über den Erme ab und folgt der Erme Road flußaufwärts; an einer kleinen Kreuzung geht es geradeaus weiter die Station Road hoch, nach einigen hundert Metern liegt linker Hand eine *Health Station*, und hier suche man sich am Straßenrand einen Parkplatz.

Der Straße weiter folgend, kommt man an eine scharfe Linkskurve, in der rechts ein großes Gittertor auf den Hof der **Arjo Wiggins Paper Mill** führt; hier zeigt ein Schild mit der Aufschrift „Public Footpath" in den Wald, und auf einem schmalen Weg geht es oberhalb des murmelnden River Erme entlang. Nach wenigen Schritten steigt man ein wenig nach links hinauf, unterquert den hohen Bogen eines riesigen Viaduktes und stößt auf einen breiten Weg, der rechts abgeht; ein **Holzpfahl** mit der Aufschrift „FP" (für *Footpath*) gibt zusätzliche Orientierungssicherheit.

Es geht weiter den River Erme flußaufwärts, den man hier im Moment nicht sieht, aber rauschen und über Kaskaden sprudeln hört. Bald ist wieder das Ufer des Erme erreicht. Teile des Weges können nach Regenfällen ein wenig schlammig sein. Nächster Orientierungspunkt ist ein **Stile**, der über ein Wallmäuerchen führt, einige Minuten später trifft man auf eine weitere Trittstufe, die über einen Zaun hilft. Man kreuzt einen kleinen Bach und folgt nach wie vor dem Flußlauf des Erme. Ein Stückchen weiter führen Holzplanken über eine sehr sumpfige Stelle, kurz darauf geht es auf einer winzigen **Brükke** über einen Bach. Ab hier wird der Weg wieder besser.

Dort, wo es geradeaus nicht mehr weitergeht, weist ein **Hinweispfahl** nach links. Wieder kreuzt man einen Bach, und der Weg führt nun leicht ansteigend weg vom River Erme.

Oben angekommen, passiert man auf einer Wiese einen weiteren hölzernen Wegweiser, und es geht rechts durch ein Gatter. Der Pfad ist steinig, an beiden Seiten gesäumt von alten, knorrigen, moosbewachsenen Bäumen, zwischen denen Farne wachsen. Man trifft erneut auf ein Gatter, der Wald wird langsam dichter, und ein Wegweiser gibt Orientierungshilfen. Ein Stückchen weiter führt ein Tor aus dem Wald hinaus auf eine Wiese, und es geht rechts ab am Waldrand entlang.

Man überquert eine weitere Weide, von hier erkennt man rechts, gen Osten, in der Ferne den Glockenturm der Kirche von Harford, ein **Holzpfahl** weist den Weg, und man gelangt wieder auf einen leicht ansteigenden Pfad. Wieder ist ein Gatter zu durchqueren. Der Weg ist rechts von einer Steinmauer und links von Wallhecken und Bäumen gesäumt, dahinter erstrecken sich Wiesen. Ein weiteres

Gatter ist zu passieren; hier weist ein Hinweispfeiler in die Richtung, aus der man gekommen ist und informiert: „Public Footpath, Ivybridge 2 $^{1/2}$ Miles".

Nun befindet man sich auf einer schmalen Asphaltstraße, geradeaus liegt die **Hall Farm**, und es geht rechts weiter. Man passiert Tristis Cottage und überquert kurz danach auf der **Harford Bridge** den River Erme. Ab hier steigt das Sträßchen steil an, und bald kommt man in den Weiler **Harford**, der aus zwei Farmhäusern und der St. Petroc Church besteht.

Rechts geht es laut Wegweiser nach Ivybridge, die Route biegt aber an der Kirche links ab und folgt der leicht ansteigenden Straße. Nach ca. 850 m endet die Straße am Parkplatz Harford-Moor-Gate-Park, der von einem Gatter verschlossen ist.

Von hier verläuft ein Weg nach rechts in Richtung Süden, ein anderer nach links in Richtung Nordosten; man ignoriere beide und wandere querfeldein geradeaus nach Osten. Schon nach wenigen Schritten kommt in der Ferne am Horizont **Hangershell Rock**, eine Gesteinsformation, in den Blick; dies ist das nächste Ziel.

Schaut man ab und an zurück, so hat man gute Ausblicke auf die Landschaft. Es geht weiter durch eine sumpfige Niederung und dann über einen kleinen Bach; rechts und links grasen Schafe und Rinder, und hier sieht man auch mit großer Wahrscheinlichkeit die wilden Dartmoor Ponys. Die ein oder andere sumpfige Stelle ist noch zu passieren und erinnert daran, daß man ja im Dartmoor

ist. Unterhalb der Felsen erstreckt sich ein steinübersätes Areal, und über einen breiten Weg sind nun die aufgetürmten Felsblöcke des **Hangershell** erreicht.

Hoch oben von den Felsen mit Blick gen Osten erkennt man ca. 200 m entfernt eine in Nordsüdrichtung verlaufende Reihe von Steinsetzungen. Entlang dieser **Steinreihe**, die schon seit Jahrtausenden als Wegmarkierung dient, läuft ein klar erkennbarer Pfad exakt gen Süden auf den Butterdon Hill zu. Schön sind die Ausblicke weit hinaus auf die Landschaft, und ruhig wandert es sich über die grasbewachsene Hochebene.

Steinhaufen: Hangerhell Rock

Exeter – Pymouth

085es Foto: hs

Ein *Cairn*, eine kleine Steinpyramide, markiert den „Gipfel" des 364 m hohen **Butterdon Hill**. Von hier geht es weiter gen Süden querfeldein auf die nächste Hügelerhebung zu. Auch hier weisen wieder Steinsetzungen die Richtung.

Vor uns liegt der Hügelhang des **Western Beacon**; an der tiefsten Stelle zwischen Butterdon Hill und dem Beacon liegt der Black Pool, ein kleiner Teich, an dem die wilden Ponies ihren Durst löschen. Der Western Beacon ist die südlichste Erhebung des Dartmoors, und von dort oben hat man an schönen und klaren Tagen einen weiten Blick hinaus auf die Landschaft. Im Südwesten erkennt man die Häuser von Ivybridge und darüber hinaus den Plymouth-Sund, in dessen Wassern sich die Sonne spiegelt.

Vom Beacon geht es querfeldein und abwärts gen Westen; da Ivybridge links im Südwesten liegt, ist die Orientierung nicht mehr weiter schwierig. Man wandert so lange weiter in westlicher Richtung – wobei man einen breiten Weg kreuzt –, bis man auf eine Steinmauer stößt , der man gen Süden bis zu einem Durchlaß folgt. Von dort führt ein Sträßchen hinein nach Ivybridge.

Wanderung 2: Buckfast-Abtei Chalk Ford und Cross Furzes

●**Länge:** 15 km, Rundwanderung
●**Dauer:** 4,5-5 Stunden
●**Karten:** Ordnance-Survey-Karten Landranger 202 (Torbay & South Dartmoor, 1:50.000) und Outdoor Leisure 28 (Dartmoor, 1:25.000)

Die Wanderung beginnt im Örtchen **Buckfast**, das im Südosten des Dartmoors nahe der A 38 liegt. Hier kann der Wagen auf dem Parkplatz der Buckfast-Abtei geparkt werden, die nach der Wanderung besichtigt werden kann.

Man nimmt vom Parkplatz den Haupteingang zur Abbey Church, biegt vor der Caféteria links ab, durchschreitet das mittelalterliche Nordtor und folgt der nach links verlaufenden Grange Road ca. 800 m bis zu einer T-Kreuzung. Links geht es nach Buckfastleigh, wir schwenken rechts ab und biegen wenige Meter weiter nach links in eine asphaltierte Gasse ein (hier ein Hinweisschild für Scorriton und Holne). Nach einigen Minuten Fußweg ist eine erneute Kreuzung erreicht und es geht wiederum rechts ab, den Ausschilderungen Scorriton und Holne folgend. Nach ca. 800 m führt von der asphaltierten Straße an einem Haus ein Pfad nach rechts ab und durch ein

> „Fast nie lernt der Engländer, sich einer anderen als seiner Muttersprache mit Leichtigkeit zu bedienen. So fliegt der reiche britische Jüngling durch die Welt, fragt in jedem Gasthofe nach Landsleuten, mit denen er die gewohnte Lebensweise fortsetzen kann und kehrt nach Jahr und Tag zurück, ungefähr, wie er wegging – oft mit Kunstschätzen beladen, aber um wenige Ideen bereichert. Einzig seine Überzeugung, daß Alt-England das erste Land der Welt sei, hat mittlerweile noch festere Wurzeln geschlagen.
>
> *Johanna Schopenhauer, „Reise durch England und Schottland", 1803*

08fees Foto: hs

Exeter – Pymouth

Gatter in den Wald. Dies ist **Burchett's Wood**, der im Besitz des National Trust ist.

Schnell ist eine kleine Kreuzung erreicht, es geht weiter geradeaus; im Gebüsch versteckt, gibt ein **Hinweispfeiler** mit der Aufschrift „Bridle Path" Orientierungshilfe. Der Pfad führt bergab. Unten angekommen, erreicht man eine T-Kreuzung, hier geht es links weiter. Man hört von rechts ein Bächlein rauschen, ab und zu schimmern Lichtungen durch die dichtstehenden Bäume. Nach Regenfällen kann dieser Teil der Strecke recht schlammig sein, was vor allem daran liegt, daß Reiter mit den Hufen ihrer Pferde die Grasnabe völlig zerstört haben.

Bald marschiert man am Ufer des plätschernden kleinen Bächleins entlang, und nun ist schnell ein Holzsteg erreicht, der darüber hinwegführt und den Wandersmann auf einen schmalen asphaltierten Weg bringt. Dieser leitet zu einem Haus hoch, und gegenüber der **Mill Leat Farm** befindet sich ein Gatter; dort folgt man dem Hinweispfeil mit der Aufschrift „Public Footpath Holne". Der Pfad führt über eine Wiese, an deren Ende ein **Stile** über einen Zaun geleitet. Weiter geht

Die Brücke über den River Mardle

es den Pfad geradeaus, links vom Weg spenden Bäume Schatten, rechts wächst dichtes und hohes Farnkraut. Nach wenigen Minuten Fußweg ist ein verrostetes Gatter erreicht, und man steht auf einer schmalen asphaltierten Straße.

Es geht nach links, das Sträßlein führt abwärts ins Tal. In einer scharfen Linkskurve steigt es an, und man folgt einem noch engeren Asphaltweg rechts hoch. Das von hohen Hecken gesäumte Sträßlein führt in den Weiler **Scorriton.**

An der T-Kreuzung im Örtchen nun rechts ab (dies ist auch der Weg zum einzigen Pub von Scorriton) und sofort wieder links, geht das Asphaltsträßlein

bald in einen breiten, steinigen, leicht ansteigenden Pfad über. Ist der Kulminationspunkt erreicht, steht man vor einem Gatter, und ein **Hinweisschild** vermeldet: „Bridle Path to Chalk Ford and Lud Gate".

Fast unnötig zu sagen, daß es in Pfeilrichtung weiter geht; nach rechts hat man gute Ausblicke auf die Scorriton Downs, geradeaus in der Ferne erstreckt sich Buckfastleigh Moor, und links wächst der Scae Wood im Tal des River Mardle, dessen Rauschen und Plätschern bis hier hoch an das Ohr des einsamen Wanderers dringt. Rechts säumen schattenspendende Bäume den Weg, der nun bergab führt. Unten angekommen passiert man ein weiteres Gatter, liest auf einem **Hinweisschild** „Bridle Path to Lud Gate and Cross Furzes 1¹/₄ Miles und überquert den River Mardle auf einer kleinen **Brücke**, steigt auf, macht einen großen Schritt über ein Wasserrinnsal, spaziert halb links auf den Waldrand zu und hält sich parallel zu den Bäumen weiter nach oben.

Hier ist sorgfältige Navigation erforderlich, denn in diesem Gelände verläuft man sich leicht. Entlang des **Waldrandes** und des hier befindlichen Zaunes geht es weiter bergauf. Nach einigen hundert Metern trifft man linker Hand auf eine dicht bewachsene **Mauer**, der es unbeirrt zu folgen gilt, bis man auf ein Gatter trifft; dies ist das gesuchte **Lud Gate.** Als weiterer Orientierungspunkt dient ein Hinweisschild „Public Bridle Path Cross Furzes and Foot Path to Higher Coombe".

Der nun folgende steinige Pfad ist rechts und links von Mäuerchen gesäumt und führt nach einigen Metern rechter Hand am Wohnhaus der **Furze Acres Farm** vorbei. Einige Minuten später passiert man rechts die **Hayford Hall Farm**, und ab hier ist der Weg asphaltiert, der nun zur Cross-Furzes-Kreuzung führt. Links geht es nach Scorriton, nehme man die rechte Abzweigung Richtung Buckfastleigh und schwenke nach ca. 400 m bei der nächsten Möglichkeit links ab; „Buckfast 2¹/₂, Ashburton 5" lautet die Ausschilderung.

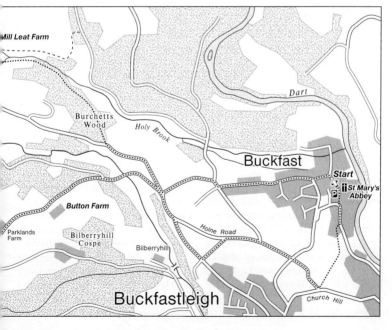

Hier geht es nun bergab, in der Ferne kann man manchmal den Kirchturm von Buckfast Abbey erkennen. Man passiert im weiteren Verlauf linker Hand die **Parklands Farm,** von wo der Weg weiter bergab verläuft. Wir schreiten auf dem asphaltierten Farmweg weiter tüchtig aus, passieren rechter Hand einen Bauernhof und finden ca. 200 m weiter ein Straßenschild, das uns ein Gefälle von 20 % mitteilt. Der Pfad ist links von Farnkräutern und rechts von einem Wald gesäumt. Die Kronen der hohen Bäume spenden an heißen Tagen angenehmen Schatten. Steil geht es bergab und der Wanderer rutscht in die Spitzen seiner Stiefel.

Schnell taucht nun links das Farmhaus Brook Mill auf und wenige Minuten weiter ist eine Kreuzung erreicht. Dies ist **Hockmoor Head Junction,** und ein Schild weist nach rechts: Buckfast 3/4 Meile, Buckfastleigh 1¼ Meile.

Nach geschätzten 800 m stehen wir an einer weiteren Kreuzung, links verläuft der Weg nach Buckfast, rechts nach Buckfastleigh, wir jedoch gehen geradeaus weiter. Orientierungshilfe gibt ein Hinweispfeil mit der Aufschrift „Parish Church". Der nadelspitze Turm der Kirche von Buckfastleigh gibt zuverlässig die Richtung an. Kurz bevor eine weitere Kreuzung erreicht ist, schreitet man links durch ein Sicherungsschwingtor, ein *Kissing Gate*, auf eine Wiese und marschieren stracks eine Hecke entlang: Am Ende der Wiese gibt ein weiteres *Kissing Gate* den Weg weiter geradeaus frei; rechts säumen Bäume, links eine Hecke den Pfad. Schnell ist ein drittes *Kissing Gate* erreicht, links nun Bäume, rechts eine Wiese und geradeaus in einiger Entfernung **Buckfast Abbey**, die von hier einen fotogenen Eindruck macht. Schnell ist nun der Parkplatz erreicht.

Hunger und Durst kann man in der **Caféteria** des Klosters stillen und dabei auch ein wenig über die Abtei erfahren, in der 44 Möche leben und arbeiten.

Buckfast Abbey

Im Jahre 1018 wurde der Grundstein für das Kloster gelegt, eineinhalb Jahrhunderte später, 1147, übernahmen die Zisterzienser die Anlage, bauten neu und erweiterten den Komplex. Am 25. Februar 1539 ordnete *Heinrich VIII.* im Zuge seiner Reformation die Auflösung der Abtei an, und viele Gebäude wurden zerstört, als Steinbruch genutzt und verfielen. 1882 kamen erneut gläubige Brüder nach Buckfast und bauten die Abtei weitgehend im Stil des 16. Jh. wieder auf.

Eine audio-visuelle Videoshow in der Kirchenkrypta macht mit der langen Geschichte dieser geweihten Stätte vertraut.

Berühmt im ganzen Land ist Buckfast Abbey für seine Entwürfe und die Produktion von **Buntglasfenstern**, seinen Honig und seinen Likör. Bruder Charles Norris, Absolvent des *Royal College of Art*, entwirft und produziert mit seinen Helfern diese Buntglasfenster; über 150 Kirchen in Großbritannien haben die gläubigen Männer von Buckfast bisher mit Buntbleiglas versorgt und noch einmal so viele private Auftraggeber zufriedengestellt.

Father Adam ist seit 70 Jahren in der **Bienenzucht** tätig und hat die sogenannte *Buckfast Bee* gezüchtet, die krankheitsresistent, sanftmütig, standorttreu und natürlich eine gute Honiglieferantin ist. Für seine Arbeiten ist Father Adam mit dem O.B.E. (Orden *The Most Excellent Order of the British Empire* in der Rangstufe 10, für besondere Verdienste um das Commonwealth, O.B.E. = *Officer of the British Empire*) ausgezeichnet worden.

Bruder Richard Testing kümmert sich um die **Likörherstellung**, dessen Rezept die Mönche 1882 beim Neuaufbau des Klosters mitgebracht hatten. Grundlage für das Hochprozentige ist ein starker französischer Rotwein, der mit weiteren Ingredienzien in der Abtei reift und dann auf Flaschen gezogen wird.

Wanderung 3: Der Wistman Wood und auf den Stepping Stones über den River Dart

- **Länge:** 16 km, Rundwanderung, wasserdichte Wanderschuhe nötig
- **Dauer:** 6-7 Stunden
- **Karten:** Ordnance Survey-Karte Landranger 191 (Okehampton & North Dartmoor, 1:50.000) und Outdoor Leisure 28 (Dartmoor, 1:25.000)

Diese Wanderung sollte man nur unternehmen, wenn es einige Tage vorher nicht geregnet hat; bei Hochwasser ist es nicht möglich, auf den Steinen den River Dart zu überqueren (es sei denn, man zieht Schuhe und Strümpfe aus und krempelt die Hosenbeine hoch). Eine andere, sehr feuchte Stelle befindet sich westlich von der Powder Mill; nach starken Regenfällen könnte dieser Sumpfabschnitt wirklich unpassierbar sein.

Die Tour beginnt in **Two Bridges**, im Zentrum des Dartmoors, dort, wo sich die Nordsüd- und die Westost-Achse durch das Moor treffen. Gegenüber vom Two Bridges Hotel befindet sich ein kleiner Parkplatz, hier durchschreitet man das Gatter und marschiere auf einem sandigen Pfad gen Norden los. Die Richtung ist auch ausgeschildert durch den **Hinweispfahl** mit der Aufschrift „Public Footpath to Wistman's Wood". In der Ferne ragt Longaford Tor auf und markiert das erste Etappenziel. Nach ca. 800 m passiere man **Crockern Cottage,** hier schwingt der Weg leicht nach rechts weg und führt dann weiter geradeaus.

Rechts ragt **Crockern Tor** auf, an der gewaltigen Steinaufhäufung tagte in mittelalterlichen Tagen das *Stannary Parliament*, das für alle Angelegenheiten der Zinnschürfer zuständig war (vgl. Wanderung 4). Crockern Tor war als Tagungsort ausgewählt worden, weil es im Zentrum des Dartmoors liegt.

Ein **Hinweisschild** mit der Aufschrift „Footpath" weist den Weg, der nun recht steinig ist. Wenige Minuten später überquert man auf einem *Stile* eine Steinmauer und schreitet tüchtig aus. Ein richtiger Weg ist nun nicht mehr zu erkennen, es geht weitgehend über offenes, grasiges, mit großen Steinen besetztes Gelände bergauf gen Norden. Man hält sich auf halber Höhe am Hang und parallel zu einem kleinen

Dartmoor, Wanderung 3

West Dart

▲ 507
Longaford
Tor

Powder Mills

B3212

*Steinplatten-
brücke*

Wistman's
Wood

Powder Mills
Farm

*Higher
Cherry-
brook
Bridge*

Cockern
Tor

▲
371

Cockern
Cottage

Start

P

B3212

[H] *Hotel*

B3357

Two
Bridges

West Dart

Prince Hall Hotel

Dartmoor Training
Centre

0   1 km

Moorlands Farm

Furt

Furt

Little Sherberton

Bellever
Tor ▲
443

▲
420
Laughter
Tor

Dunnabridge
Pound Farm

🅿

nnabridge
Farm

B3357

Stepping
Stones

West Dart

Sherberton

Stepping
Stones

Sherborne
Farm

Swincombe

IAWM

Exeter – Pymouth

Bach links im Tal. Noch eine weitere Steinmauer wird mittels eines *Stile* überquert, und dann sieht man vor sich ein kleines Wäldchen liegen.

Dies ist **Wistman's Wood,** der aus vielen kleinen, nur vier bis fünf Meter hohen, uralten und knorrigen Bäumen besteht. Eine Hinweistafel informiert über den Wald, der gleichermaßen von botanischem wie historischem Interesse ist. Seit dem 17. Jh. wird der Eichenwald mit seinen verkümmerten Bäumen in der englischen Literatur beschrieben. Hier wachsen eine Menge sehr seltener Moose und Flechten. In Übereinstimmung mit der Administration der *Duchy of Cornwall*, dem Prinz Charles gehörenden Herzogtum Cornwall, wurde Wistman's Wood 1961 unter Naturschutz gestellt. Das ändert leider nichts daran, daß durch den zunehmenden Wandertourismus das fragile Ökosystem des Wäldchens Schaden nimmt. Umgehen Sie deshalb bitte den Wald großzügig und brechen Sie keine Zweige ab!

Man spaziere rechts am Wäldchen vorbei, an dessen Ende es nach rechts den Hang zur großen Steinaufhäufung **Longaford Tor** hochgeht, die 507 m über Meereshöhe aufragt.

Unterhalb des Gipfels zieht sich eine **Mauer** entlang, die in Richtung Osten auf einem *Stile* zu überqueren ist. Hier sollte man nun sorgfältig Ausschau halten! Im Osten in der Ferne sieht man die Gebäude der Powder Mill Farm; da sonst weit und breit keine weiteren Häuser zu sehen sind, ist die Farm leicht auszumachen. Schweift der Blick vom Bauernhof nach links, so erkennt man eine Baumreihe; dort, wo diese Baumreihe endet, ragt der hohe Kamin einer ehemaligen Pulvermühle auf. Aber da diese Esse aus grauen Bruchsteinen gemauert ist, hebt sie sich vor allem bei diesigem Wetter nicht sehr deutlich vom Hintergrund ab. Dieser Kamin ist jedoch das nächste Ziel.

Es geht auf grasigem Untergrund bergab bis zu einer Moorebene, die an einigen Stellen etwas sumpfig ist. Nun sind auch der Kamin und eine Anzahl von Hausruinen der **Powder Mills** gut zu erkennen. Das Areal ist von einer Mauer umgeben, durch die direkt gegenüber der Esse ein Gatter führt.

In den Gebäuden wurde in früheren Tagen Schießpulver produziert; sehr deutlich ist zu erkennen, daß sie alle weit auseinanderstanden, um im Fall einer Explosion nicht mit in die Luft zu fliegen.

Hinter dem Kamin folgt man dem Weg rechts ab, vorbei an Hausruinen. Links ragt eine weitere Esse auf, und hier führt eine *Clapper Bridge*, eine **Steinplattenbrücke,** über einen Bach. Vorbei am Kamin ist schnell eine Mauer erreicht, davor breitet sich eine Wiese aus, und in einer Entfernung von etwa 300 m verläuft die vielbefah-

Gab der Gegend den Namen:
der River Dart

Exeter – Pymouth

rene B 3212, die Nordsüdroute durch das Dartmoor.

Marschiert man gen Osten über die für Moore charakteristisch mit Wollgras bewachsene **Wiese** auf die Straße zu, so halte man sich unbedingt rechter Hand an der Mauer, die nach einigen Metern dann in einen Zaun übergeht. Bleiben Sie eng an diesem Zaun, wechseln Sie nach einiger Zeit auf die andere Seite über; nur am Zaun entlang haben Sie die Möglichkeit, die sehr sumpfige Wiese zu überqueren. In der Mitte dieser Wiese sind

Sie schneller, als Sie denken, bis zur Hüfte im Moor eingesunken. Nach starken Regenfällen kann die Überquerung völlig unmöglich sein.

Die Wiese erinnert an die Stelle aus *Sir Arthur Conan Doyles* „Hund von Baskerville", in der Dr. Watson und Sherlock Holmes auf der Suche nach dem Mörder durchs Moor gehen: „Ein dumpfer Verwesungsgeruch von fauligem Ried und üppigen, schleimigen Wasserpflanzen schlug uns ins Gesicht, und mehr als einmal sanken wir durch einen falschen Schritt bis zu den Hüften in das dunkle bebende Moor, das viele Yard um uns her sanft schwappte. Sein zäher Griff zerrte an unseren Absätzen, und wenn wir darin einsanken, war es, als zöge eine tücki-

Nach Regenfällen nicht benutzbar:
Stepping Stones über den Swinbourne River

sche Hand uns in diese obszönen Tiefen hinab, so grimmig und entschlossen schien diese Umklammerung zu sein."

Aufatmend ist die Straße erreicht; hier befindet sich ein **Parkplatz** mit dem Hinweisschild „The Lychway, Public Bridlepath, Bellever". Es geht durch ein Gatter, und man spaziert durch einen lichten Nadelwald auf einem breiten sandigen Pfad. Der **Lychway** ist ein uralter, frühmittelalterlicher Begräbnisweg im Dartmoor, der nach Lydford (vgl. Wanderung 4) führte, in jenen Tagen eine wichtige Stadt, wo die sterbliche Hülle ein christliches Begräbnis bekam.

Nach einigen Minuten Fußweg ist eine ca. 150 m breite baum- und strauchlose Lichtung erreicht; dies ist eine **Feuerschneise**, die bis zum Waldrand auf der anderen Seite überquert wird. Nach rechts, gen Süden, ist in nicht allzu weiter Entfernung **Bellever Tor** zu erkennen, von dessen 443 m hohem Gipfel ein toller Ausblick in alle Himmelsrichtungen möglich ist. An den Hängen des Bellever sieht man auch mit großer Wahrscheinlichkeit die Dartmoor-Ponys grasen.

Vom Bellever Tor schwenkt der Wanderer halblinks (Richtung Südosten) querfeldein abwärts auf die in einiger Entfernung liegende Ecke eines Waldes zu und erreicht am Schnittpunkt zweier Mauern ein **Gatter,** das den weiteren Weg freigibt. Man spaziert hier über grasiges, ganz leicht ansteigendes Moorland; nur schwach ist ein Weg ausgeprägt, doch geht es mehr oder weniger querfeldein in südlicher Richtung. Linker Hand ragt das im Gegensatz zu Bellever recht steinlose **Laughter Tor** auf. Ist der höchste Punkt dieses Moorplateaus erreicht, so trifft man auf eine hohe Steinsetzung, ein Relikt aus mittelalterlichen Tagen. Nahebei verläuft eine niedrige Mauer, die man links liegenläßt und an der es in halbrechter Richtung gen Süden entlang geht. Nach einigen Minuten Fußweg immer der Mauer nach ist ein breiter Weg erreicht, den man rechts abgeht. Weit voraus sieht man ab und an Autos auf einer Straße; dies ist die B 3357, die Ostwest-Achse des Dartmoor.

Wenige hundert Meter weiter steht man vor einem Gatter, an dem ein Hinweisschild über die Arbeit der **Dartmoor Pony Society Moorland** informiert. Dieses Unternehmen sorgt für die Züchtung und Arterhaltung der widerstandsfähigen Dartmoor-Pferde, die wichtig für das ökologische Gleichgewicht der Region sind. Hier findet sich auch der nicht zu unterschätzende Hinweis, daß die Pferde keineswegs ängstlich und friedlich sind, sondern – allerdings nur, wenn sie sich belästigt oder bedroht fühlen – aggressiv und angriffslustig sein können.

Halbrechts in die Ferne, befinden sich zwei gegenüberliegende Parkplätze an der Straße. Man passiert erneut ein Gatter und vorbei an der Dunnabridge Farm ist nun die **Straße** erreicht, der man ca. 200 m nach links folgt, um dann rechts in einen schmalen Weg einzubiegen, der ein Stück zwischen der Straße und einer Steinmauer verläuft.

Exeter – Plymouth

Zäh und eigenwillig: Dartmoor Ponies

Nach wenigen Schritten sieht man an dieser **Mauer** ein kleines Schild mit der Aufschrift „Private Land, Access along Public Bridle Path 100 Yards". Schnell ist ein **Gatter** erreicht, hier das Hinweisschild „Public Bridle Path to Sherberton Bridge Weir, Stepping Stones". In einer schönen, grünen Flußauenlandschaft geht es hinunter zum romantisch anzusehenden **River Dart**, dem man ein Stückchen flußabwärts folgt, bis die **Stepping Stones** erreicht sind. Hier wird es spannend, denn nun muß auf einer Anzahl wasserumspülter Steine der Dart überquert werden.

Weiter geht es nun entlang des **River Swincombe**, der wenige hundert Meter weiter ebenfalls auf *Stepping Stones* überquert wird. Ein **Hinweisschild** mit der Aufschrift „Path" weist unmißverständlich die Richtung, und man erreicht durch ein Gatter eine kleine asphaltierte Straße, die es nach rechts hochgeht. Man passiert ein weiteres Gatter, überquert den Hof der **Sherborne Farm** und folgt dann dem Hinweispfahl mit der Aufschrift „Path" und biege links ab. Ein Gatter geleitet auf einen steinigen Pfad heraus aus dem Farmgelände.

Am Ende dieses Weges, nach ca. 250 m, geht es durch ein letztes Gatter hinaus ins **offene Gelände.** Der weiter geradeaus führende Weg bringt den Wanderer nach Little Sherberton – doch da wollen wir nicht hin. Ab hier wird die Navigation nun nicht ganz einfach. Man hält sich nun halblinks und folgt querfeldein leicht aufsteigend einem kleinen Mäuerchen, das man links von sich läßt. Oben angekommen, findet man einen weiteren **Hinweispfeiler,** der nach links zeigt. Vertrauensvoll wird dann so lange querfeldein und geradeaus weitermarschiert – auf den wenigen Felsen im grasigen Untergrund tauchen manchmal als weitere Orientierungspunkte schon stark verwaschene blaue **Farbkleckse** auf –, bis man auf einen weiteren **Hinweispfahl** mit der Aufschrift „Bridle Path to Prince Hall" trifft, diesem Pfeil folge man nun nach rechts.

Hier ist nun in Ansätzen ein Weg erkennbar. Je nach den Regenfällen der vergangenen Tage überspringt man den ein oder anderen Bach und sieht nach längerem Fußmarsch links die Gebäude der **Moorland Farm** liegen und weiß nun, daß man richtig ist. Ein Stückchen weiter kreuzt man auf einer Bogenbrücke den **River Dart**, den man während der vergangenen Wegstrecke lange Zeit nicht sehen konnte, marschiert vorbei am **Dartmoor Training Centre** sowie am **Prince Hall Hotel** und erreicht wenige Minuten später die B 3357, die Ostwest-Achse des Dartmoors. Hier geht es links ab, und bald ist der Parkplatz gegenüber vom Two Bridges Hotel erreicht, in dessen Pub man sich stärken kann.

Wanderung 4: Lydford-Klamm und White-Lady-Wasserfall

● **Länge:** 6 km, Rundwanderung, auch für Kinder geeignet, rutschfestes Schuhwerk nötig
● **Dauer:** 2-2,5 Stunden

Diese Wanderung im Nordwesten des Dartmoors, die auch von Familien mit Kindern gemacht werden kann, beginnt im kleinen Örtchen **Lydford**, dem eine Furt (*Ford*) im River Lyd seinen Namen gegeben hat. Zu angelsächsischer Zeit, als *Alfred der Große* über das Königreich Wessex herrschte, war die *Burg Lydford* als westlichste Befestigung eine wichtige Stadt. 997 tobte bei *Lydanforde* eine Schlacht zwischen Angelsachsen und Dänen, die die Heimatverteidiger für sich entscheiden konnten. Das Städtchen hatte eine eigene Münze und war Justizort des *Stannary Law*, das die rechtliche Basis für die im Dartmoor schürfenden Zinnminenbesitzer bildete, sowie des *Forest Law*, das der Verwaltung der königlichen Wälder diente.

An der Hauptdurchgangsstraße findet der Besucher einen Parkplatz; von hier geht es links ab durch den Ort, vorbei an einem kleinen *Tower House* und der Kirche mit ihrem Friedhof (beides wird auf dem Rückweg näher beschrieben), und ab nun führt die Straße steil nach unten. Man kreuzt eine Brücke, hat dabei von beiden Seiten gute Ausblicke in die 50 m tief ins Gestein **eingeschnittene Klamm**, wo das Wasser rauschend und plätschernd über die Kaskaden sprudelt, und schwenkt nach rechts auf den **Tik-**

091-es Foto: hs

ket-Kiosk des National Trust zu, der in der Schlucht die Flora und Fauna hegt und pflegt und für die Sicherheit der Besucher sorgt (April bis Okt. tgl. 10-17.30 Uhr).

Ist der Eintrittsobolus entrichtet, so gelangt man auf einem Pfad in einen Wald, und es geht in Serpentinen abwärts. An einem Scheitelpunkt weist ein **Schild** mit der Aufschrift „Waterfall

Tosender Bach: die Klamm des Flüßchens Lyd

Entrance 1$^{1/2}$ Mile" nach links. Dies ist auch unsere Route. Die Strecke führt durch dunklen schattigen Wald und steigt bald bergauf, von tief unten hört man die Lyd gedämpft durch das Unterholz plätschern. Man spaziert an der Abbruchkante der Klamm entlang. Auf einer **Holzbrücke** wird ein kleiner Talabschnitt überquert, und Stufen führen ein kurzes Stück steil nach oben. Ab und an sieht man durch kleine Lichtungen tief unten den River Lyd, wie er schäumend über die Steine gurgelt. Mal geht es ab-, mal geht es aufwärts. Bänke laden in regelmäßigen Abständen zum Verschnaufen oder zum Picknick ein. Bald nun überquert man auf einer kleinen **Brücke** den Fluß; hier führt ein Pfad unter den Bogen einer nicht mehr benutzten Eisenbahnbrücke zu einem kleinen **Café**. Wer keinen Tee trinken und auch keinen Snack essen möchte, nimmt hinter der Brükke die rechte Abzweigung und gelangt bald an eine **Gabelung**, wo es entsprechend der eigenen Kondition eine Entscheidung zu treffen gilt: Der Weg links ist *Long and Easy*, der Pfad rechts *Short and Steep*. Beide führen auf alle Fälle zum **White-Lady-Wasserfall**, der aus einer Höhe von 35 m in die Tiefe rauscht.

Hat man den Wasserfall lange genug bewundert, so geht es weiter über eine Holzbrücke und am **Ufer der Lyd** entlang. Dort, wo an ausgewaschenen Stellen im Felsen sich kleine Pools gebildet haben, kann man in dem klaren Wasser die Fische stehen sehen. Holzstege und -treppen führen weiter und helfen, den steilsten Teil der Klamm zu überwinden. Tosend und schäumend gurgeln hier die Wasser zu Tal. Von den Stegen kann man in Ruhe tief in die Klamm schauen und sieht, wie die Flußstrudel in regelmäßigen Abständen runde Becken aus dem Gestein gewaschen haben; das Auswaschen solcher Pools nennt man im Englischen sehr treffend *Pot-Holing*.

Durch einen kleinen **Tunnel** geht es aufwärts. Weiter spaziert man nun auf schmalem, kantigem Gestein zwischen Wasser und hoher Felswand her; an den engsten Stellen sorgt ein Handlauf für Sicherheit. Ein ganzes Stück geht es so auf schmalem Weg am steinigen Ufer des nun langsamer fließenden und gemächlich plätschernden Flusses entlang.

Und so erreicht man nach zwei bis drei Stunden wieder den Ausgangspunkt dieser Wanderung.

Auf dem Rückweg zum Parkplatz passiert man die aus dem 13. Jh. datierende **Kirche St. Petroc**. Am Eingang zum Gotteshaus befindet sich der Grabstein für den 1802 verstorbenen Uhrmacher *George Routledge*; eine amüsante Grabinschrift vergleicht das menschliche Leben mit der Anfertigung und der Funktion einer Uhr. Das neben der Kirche aufragende einstige **Tower House** wurde um 1195 als Gefängnis erbaut.

Wen die Wanderung hungrig oder durstig gemacht hat, der kann sich im **Castle Inn** stärken, das auch über einen Familiengarten verfügt.

Wanderung 5: Burg Drogo und die Klamm des Teign

● **Länge:** 6,5 km, Rundwanderung, auch mit Kindern möglich, nicht an Freitagen wandern, da Castle Drogo dann geschlossen ist
● **Dauer:** 2-3 Stunden

Diese Wanderung, die wie Spaziergang 4 ebenfalls für Familien mit Kindern gedacht ist, beginnt an der **Fingle Bridge**, nicht weit südlich des Weilers **Drewsteignton** im Nordosten des Dartmoor. Ausschilderungen führen über sehr schmale *Single Track Roads* zu der kleinen, spitzbogigen, aus dem 16. Jh. stammenden Brücke über den Teign. Dort befindet sich ein großer Parkplatz, und man nimmt von Fingle Bridge den Weg nach Norden in Richtung Drewsteignton. Nach ca. 200 m führt links ein Pfad hoch in den Wald; hier sorgt ein **Hinweisschild** mit der Aufschrift „To Hunter's Path" für Orientierungssicherheit.

Der Weg geht lange Zeit mal mehr, mal weniger steil bergauf. Ist man dann keuchend oben angekommen, so hat man einen schönen weiten Blick auf die grünen, bewaldeten Talhänge des River Teign, und weniger anstrengend geht es nun weiter auf dem Hunter's Path, der von Heidekraut, Stechginster und Farnen gesäumt ist. Tief unten hört man leise das Wasser rauschen. An einer kleinen Kreuzung weist ein Schild nach links: „Hunter's Path, Castle Drogo and to the Fisherman's Path!"

Nach einiger Zeit sieht man die scheinbar wehrhaften Turmzinnen von **Castle Drogo** halb rechts durchs Ge-

Dartmoor, Wanderung 5 — Drewsteignton

büsch schimmern, und bald steht man vor dem Herrenhaus, das keineswegs eine richtige mittelalterliche Burg ist. Drogo ist zwischen 1910 und 1930 als letztes großes *Country House* von dem Hofmaler *Sir Edwin Lutyens* für den im Teehandel reich gewordenen Geschäftsmagnaten *Julius Drewe* erbaut worden. 1974 fiel der Herrensitz an den National Trust (April bis Okt. tgl. außer Fr. 11-17.30).

Das Areal rund um Castle Drogo war in früheren Tagen ein öffentliches Weideland, auf dem u. a. **wilde Ponys** grasten. Der National Trust hat wieder eine Anzahl dieser genügsamen Tiere ausgesetzt, damit dadurch in der Natur verschiedene biologische Vorgänge erneut in Gang gesetzt werden: So hoffen die Experten des Trusts darauf, daß aufgrund der Weidefunktionen bald wieder 25 unterschiedliche Schmetterlingsarten durch die Lüfte flattern sowie eine Anzahl von Vögeln zurückkehren und in dem Gebiet rund um Castle Drogo wie einst brüten.

Hat man die prachtvollen Zimmer und die in allen Farben blühenden Gärten von Castle Drogo ausgiebig bewundert, so kehre man zum **Hunter's Path** zurück und marschiere weiter gen Westen. Nach einer scharfen Rechtskurve geht es hinein in den Wald und bergab. Man passiert ein Gatter und folgt dem **Hinweisschild** „Fisherman's Path" nach links. Hier ist das westlichste Ende der **Teign Gorge**, der Klamm des River Teign, erreicht. In dieser in Jahrmillionen vom Wasser gegrabenen Schlucht jedoch plätschern die Fluten des River Teign sehr gemächlich dahin, es geht keineswegs so rauschend und gurgelnd zu wie in der Lydford Gorge (vgl. Wanderung 4).

Alsbald stößt man auf eine **Gabelung**; nach rechts geht ein asphaltier-

092e Foto: hs

tes Sträßlein ab, man folge aber links einem Waldpfad, der überdies mit dem Zeichen „Public Footpath" kenntlich gemacht ist. Schnell wandert man an dem kleinem **Gibhouse Cottage** vorbei, nimmt links den Pfad und läßt das schöne reetgedeckte Häuslein rechts liegen. Unten nun, am Ufer des River Teign angekommen, weist ein weiteres **Schild** mit der Aufschrift „Fisherman's Path, Public Footpath, Fingle Bridge" nach links. Gemächlich spaziert man durch den Wald am Gestade des kleinen Flusses entlang, der manchmal lustig plätschernd über eine Anzahl Steine rauscht. Einmal noch muß man recht schweißtreibend auf in das Erdreich getriebene Stufen hoch- und sofort wieder absteigen, dann aber läuft der Pfad immer direkt **am Teign entlang**, ist nicht zu verfehlen, und am Ende dieses längeren und geruhsamen Spazierganges kommt man wieder an der **Fingle Bridge** heraus.

Hier freut man sich nun auf den **Pub Angler's Rest**, der direkt an der Spitzbogenbrücke liegt.

Keine alte Ritterburg, sondern Castle Drogo von 1930

Burgh Island
– Ein Ort für Verliebte

Einige Kilometer vor Plymouth liegt abseits der A 379 am Meer der Weiler **Bigbury-on-Sea**. Während der Saison wird man auf einen großen Parkplatz oberhalb des schönen Strandes gelotst, und von dort sieht man sie schon: Burgh Island. 400 oder 500 m vor der Küste liegt eine kleine, anmutige Insel wie ein Buckelwal im türkisblauen Wasser. Doch damit nicht genug: Auf Burgh Island gibt es ein kleines Hotel im allerschönsten Art-Deco-Stil. Wer nach Burgh Island möchte, der sollte vorbuchen: **Burgh Island**

Hotel, 01548-810514. *Agatha Christie* schrieb hier zwei ihrer Romane und ließ sich von der Örtlichkeit inspirieren.

Bei Ebbe marschiert man per pedes nach Burgh Island hinüber, bei Flut hingegen wird es pittoresk: Dann nämlich rattert der *Sea Tractor* – ein mit dicken Gummireifen bestückter, hochbeiniger Karren – durch die niedrigen Fluten und hält die Verbindung mit dem Festland aufrecht.

Auf einen Besuch der Insel sollte man nicht verzichten; es lockt nämlich auch der **Pub The Pilchard Inn**, ein Free House aus dem 14. Jh. Gutes Bier – Eltern werden zu schätzen wissen, daß der Pub-eigene Strand ungefährlich und ideal für die Kleinen ist.

Von der Taverne wie auch vom Hotel hat man gute Ausblicke auf die hohen Klippen der Küste östlich und westlich von Bigbury.

Meerenge, Wanderer, der Sea-Tractor und das Burgh Island Hotel

Exeter – Pymouth

093es Foto: hs

Plymouth
– Auf den Spuren von Sir Francis Drake

Seit frühester Zeit ist Plymouth eng mit den maritimen Ambitionen Englands verbunden. 1231 taucht der Name erstmals in den Chroniken auf; zur Zeit *Wilhelm des Eroberers* lautete der Eintrag im Doomsday Book noch auf den Namen des Fischerörtchens Sutton, an das heute der gleichnamige Hafen erinnert. Schon während des **Hundertjährigen Kriegs** (1338-1453), in dem England für seinen Anspruch auf die französische Krone focht, liefen die Schiffe von Plymouth nach Frankreich aus. Von hier segelte auch *Eduard, der Schwarze Prinz*, mehrfach über den Kanal; schon im Alter von 16 Jahren kämpfte er so mutig gegen die Franzosen, daß er seinen furchteinflößenden Beinamen bekam, der sich auf die Farbe seiner Rüstung bezog.

Die größte Bedeutung hingegen erlangte Plymouth in der elisabethanischen Ära. Von Plymouth aus brach **Francis Drake** 1577 zu seiner Weltumsegelung auf; drei Jahre später kehrte er zurück – begeistert begrüßt von den Bürgern der Stadt. Tief lag die Golden Hind im Wasser, schwer wog das Gold der gekaperten spanischen Galeonen. Elf Jahre später führte Drake die englische Flotte von Plymouth aus der angreifenden Spanischen Armada entgegen. Auch für die anderen *Devon Sea Captains – Frobisher, Hawkins* und *Raleigh* – war Plymouth Heimathafen.

Im Jahre 1620 fuhr die **Mayflower**, von Southampton kommend, in den sicheren Hafen ein, faßte hier noch einmal Proviant und segelte dann auf die Neue Welt zu. Im folgenden Jahrhundert startete **James Cook** seine Weltumseglungen in Plymouth, und auch der Südpolarforscher **Robert Falcon Scott** begann von Plymouth aus seine tragisch verlaufende Antarktisexpedition. Zu guter Letzt war es **Sir Francis Chichester**, der an die großen maritimen Traditionen anknüpfte und als Einhandsegler 1966 von Plymouth aus zu seiner Weltumseglung aufbrach.

Sehenswertes

Flair und Atmosphäre sowie Reminiszenzen an vergangene Tage findet der Besucher heute nur noch am Hafen. Die schweren Bombardierungen im Zweiten Weltkrieg haben kaum etwas unverschont gelassen, und Plymouth präsentiert sich weitgehend in grauer Betonarchitektur.

Prachtvoll grün und mit Denkmälern aller Art bestanden ist **The Hoe**, jener legendäre Platz, an dem man *Drake* – gerade beim Bowling-Spiel – die in den Englischen Kanal einlaufende Armada meldete. *Sir Francis Drake* – „man kann sich die Haltung des gemächlichen Kugelwerfers vorstellen, wie er sein Holz wiegt und dabei den Pflock anvisiert, man hört das Echo des schleppenden Tonfalls aus dem Westland" – sprach: „Wir haben Zeit genug, unser Spiel zu beenden und außerdem noch die Spanier zu schlagen!" Der amerikanische Historiker *Garret Mattingly*, der einen fulminanten Bericht über die Armada geschrieben hat, bemerkt zu dem Wahrheitsgehalt dieser berühmten Überlieferung: „Die Worte passen zu Drake, sie atmen seinen Anflug von Prahlerei und seinen Sinn für einen vertraulichen Scherz, der die Spannung löst." Wie *Mattingly* recherchiert hat, wurde *Drake* die Nachricht über die feindliche Flotte gegen drei Uhr nachmittags überbracht. Zu dieser Zeit lief gerade die Flut in den Sund von Plymouth ein, und zusätzlich drückte ein starker Südwestwind auf die Hafeneinfahrt. Bei solchen Wetterkonditionen war es nicht nur schwierig, sondern überdies auch gefährlich, auslaufen zu wollen. *Drake* wäre ein schlechter Seefahrer gewesen, hätte er dies nicht augenblicklich erkannt. Erst nach 22 Uhr am Abend, bei kräftig ablaufender Ebbe, machte sich die Flotte auf den Weg in die Schlacht. „Es war also noch genügend Zeit, die begonnene Runde Bowling zu beenden."

Einträglich nebeneinander stehen auf dem Hoe das Kriegerdenkmal der Marine, das Armada-Denkmal und auch die **Figur von Sir Francis Drake** nebeneinander. Der große Seebär trägt seinen Degen an der Seite und hat die Hand so auf einen Globus gelegt, als wollte er den Anspruch seines Landes auf die weltweite Seeherrschaft bekräftigen. Er trägt der Mode der damaligen Zeit entsprechend kurze Pluderhosen mit Strickstrümpfen und hält mit stolzgeschwellter Brust siegessicher nach den feindlichen spanischen Schiffen Ausschau.

Rotweiß geringelt ragt hier auch **Smeaton's Tower** auf, einer der ersten Leuchttürme, der einst die englische Küste sicherte. Früher versah er seinen Dienst vor den Eddystone Rocks im Plymouth-Sund. Man kann das *Lighthouse* bis zur oberen Plattform besteigen, hat von dort oben natürlich einen guten Ausblick, schaut nach Osten auf den *Sutton Harbour* und in die andere Richtung auf die *Great Western Docks*. Recht angenehm ist es, bei schönem Wetter auf dem Hang von The Hoe zu sitzen, herzhaft in die Picknick-Sandwiches oder die Hühnerkeule zu beißen und dabei dem geschäftigen Schiffsverkehr zuzuschauen.

An der Südspitze von The Hoe gibt der neue **Plymouth Dome** mittels audiovisueller Mediashow „The Plymouth Story Past and Present" Einblicke in die maritime Vergangenheit und Gegenwart der Stadt.

Im Rücken von The Hoe schließt sich die Neustadt von Plymouth mit ihrem schachbrettartigen Straßenraster an. An dem Platz Charles Cross erinnert die **Ruine der Charles Church** an die Toten der Bombenangriffe.

Folgt man der Promenade Madeira Road gen Osten, so passiert man die mächtige **Zitadelle** und flaniert dann am Sutton Harbour entlang ins alte **Hafenviertel Barbican**. Hier findet man die **Mayflower Steps,** jene Stelle, an der die Pilgerväter die Leinen lösten und ab in die Neue Welt segelten. Beachtung findet im Barbican auch

Francis Drake und die Spanische Armada

Wann genau *Francis Drake* das Licht der Welt nahe dem Örtchen Tavistock in Devon erblickte, wissen wir nicht; unterschiedliche Quellen datieren seine Geburt um die Jahre 1540, 1543 und 1545.

Klein Francis war freibäuerlicher Herkunft und wurde im frommen protestantischen Sinne erzogen. Unter dem Sklavenkapitän *John Hawkins*, mit dem seine Familie entfernt verwandt war, lernte er den Seefahrerberuf und zeichnete sich bereits mit Anfang 20 als Kapitän der „Judith" im Golf von Mexiko gegen die Spanier aus.

1572 plünderte *Drake* mit nur einem Schiff in einem Anfall von Tollkühnheit die spanische Karibikniederlassung Nombre de Dios, segelte durch den Isthmus von Panama und fügte der spanischen Flotte schwere Schäden zu. Sein größter Erfolg war die Kaperung einer spanischen Galeone, die Silber im Wert von 40.000 Pfund an Bord hatte.

Am 13. Dezember 1577 stach *Francis Drake* nach finanzieller Unterstützung durch Elisabeth I. auf seiner „Golden Hind" und mit vier weiteren Schiffen in See und umsegelte als erster Engländer die Welt. Während seiner Fahrt brachte er eine Anzahl spanischer Schiffe auf und kehrte 1580 mit reicher Beute wieder nach England zurück; nicht nur Gold und Silber, sondern auch Tabak und Kartoffeln füllten den Laderaum, und die Golden Hind lag tief im Wasser, als der umjubelte Kapitän mit seiner kleinen Flotte im Hafen von Plymouth einlief. Auf Anweisung von *Elisabeth* sollte sein Schiff als nationales Denkmal erhalten bleiben, und für seine mutigen Taten adelte die Königin den tapferen Seebären.

Der spanische König schäumte vor Wut, war gereizt wie ein wütender Stier und befahl die Aufstellung der Armada, um England in die Knie zu zwingen. Ein solch gewaltiges Vorhaben konnte jedoch nicht lange geheim bleiben, und am 19. April 1587 drang *Drake* mit 30 Schiffen in den Hafen von Cadiz ein; hier lag ein großer Teil der bereits fertiggestellten Armada. *Drake* beschoß die Schiffe und setzte sie in Brand. Nach seinen eigenen Worten „versengte er dem König von Spanien damit den Bart", als er über 1000 t Schiffsraum zu den Fischen schickte.

Die Seeschlacht mit der spanischen Armada

Ein Jahr später segelte die gewaltige spanische Armada dann auf England zu, und unter dem Kommando von *Lord Howard* trat *Drake* als Vize-Admiral in die Seeschlacht ein.

Während es früher so war, daß die Schiffe sich mit ihren Bugspießen zu rammen versuchten, wobei dann die Mannschaften auf das feindliche Deck enterten und der Kampf Mann gegen Mann losbrach, ließ sich dies nun aufgrund der gewaltigen Menge an Schiffen nicht bewerkstelligen. Es galt nun nicht mehr der Kampf Schiff gegen Schiff, sondern Flottenverband gegen Flottenverband.

Um 9 Uhr morgens am 31. Juli 1588 griff *Lord-Admiral Howard* auf seinem Flaggschiff „Ark Royal" die nördliche Spitze des spanischen Halbmonds an, an der die „Rata Coronada" segelte. Beide wechselten einige Breitseiten, kamen sich jedoch aufgrund der Windverhältnisse nicht nah genug, und niemand wurde verletzt.

Als die halbmondförmige Schlachtenreihe neu gebildet wurde, stieß das Flaggschiff des andalusischen Geschwaders, die „Nuestro Señora del Rosario", mit einem anderen Segler zusammen und wurde manövrierunfähig; kurz darauf explodierte die Pulverkammer der „San Salvador". Während die Spanier Rettungsmaßnahmen einleiteten und dann in Formation weitersegelten, hielten die englischen Kapitäne auf dem Flaggschiff Kriegsrat.

Francis Drake sollte in der kommenden Nacht die Verbindung zur Armada halten, während sich die englische Flotte an seiner

Heckleuchte orientieren konnte – und so segelte man in die Nacht hinein!

Als dann die Morgendämmerung kam, sah Lord Howard an Bord des Flagschiffes entsetzt, daß er der Hecklaterne des gegnerischen Flaggschiffs gefolgt war und inmitten des spanischen Halbmonds segelte. Von *Drake* fand sich weit und breit keine Spur, und von der englischen Flotte konnte man nur einige Mastspitzen in weiter Ferne über die Erdkrümmung ragen. Die Engländer wendeten und gaben Fersengeld.

Francis Drake war in der Nacht angeblich zufällig auf die manövrierunfähige „Nuestra Señora de Rosario" gestoßen und hatte dort eine Prise gemacht, was ihm später allerdings nicht ganz geglaubt wurde.

Einen Tag später lag die Armada dicht vor der Küste, und *Howard* wollte sie von der Seeseite her an der Flanke angreifen. Es entspann sich ein heftiges Gefecht, Engländer wie Spanier feuerten aus allen Rohren Breitseiten, kein Matrose hatte je etwas ähnliches erlebt, und die Befehlshaber der einzelnen Verbände wußten eigentlich gar nicht so recht, was sie genau tun sollten, keine Seite konnte Erfolge verbuchen. Die Engländer benötigten dringend neue Munition und Pulver, und auch bei den Spaniern wurden die Kugeln knapper. Weiterhin hielten die Spanier ihre behäbige halbmondförmige Schlachtenreihe bei – unter seglerischen Gesichtspunkten ein Glanzstück –, welche die schnelleren und wendigeren, dafür leichteren englischen Segler nicht auseinanderbringen konnte. So fuhren die Flotten weiter entlang der Südküste gen Osten und die Armada erreichte Calais, wo sie vor Anker ging, um sich mit den in Holland und Belgien stationierten spanischen Landtruppen zu koordinieren.

Die Engländer wußten, daß Gefahr im Verzug war und hatten schnell die rettende Idee, die ankernde Flotte anzugreifen: Brander! Acht Schiffe wurden entladen und dann mit schnell brennbarem Material gefüllt, die Kanonen erhielten eine doppelte Ladung Pulver und Kugeln, der Wind war günstig und die vollgetakelten brennenden Geisterschiffe, immer zwei nebeneinander, stoben auf die Armada zu. *Medina Sidonia* ließ schnell Pinassen ausschwärmen, um die fliegenden Holländer vom Kurs abzubringen. Das gelang bei den ersten beiden, doch als die zweite Reihe herankam, explodierten die Kanonen, und die Mannschaften auf den Pinassen brachten sich in Sicherheit. Ungehindert rauschten die Brander auf die Armada zu. Hier brach nun Panik aus, niemand folgte den vernünftigen Befehlen von *Medina Sidonia*, die spanischen Schiffe gingen an den Wind und strebten in alle Richtungen auseinander, liefen zum Teil auf Sandbänke oder strandeten an Felsen – die Ordnung war gebrochen.

Am nächsten Morgen ging *Howard* zum Kampf, fand zu seiner Freude jedoch nur einige Schiffe vor, auf die er Breitseiten niederprasseln ließ; im Verlauf des Tages kamen weitere spanische Segler in den engen Kanal zurück und wurden von den Engländern mit weiteren Breitseiten empfangen. Mitten in die Kämpfe sauste nun ein Sturm mit wolkenbruchartigen Regenfällen hinein, und schwer angeschlagen, mit Tausenden von Toten und Verwundeten, ohne Munition, mit lecken Schiffen, zerstörten Aufbauten, wenig Lebensmitteln und fauligem Trinkwasser entkamen die Reste der stolzen Armada.

Wie ging es weiter mit Sir *Francis Drake*? Nachdem sich der erst einmal ausgiebig in seinem Ruhm gesonnt hatte, unternahm er weitere Kaperfahrten und machte sich dann zusammen mit *John Hawkins* wieder in die Karibik auf, um spanische Stützpunkte zu überfallen und den Spaniern das Gold und Silber abzujagen. Die beiden fähigen Kapitäne behinderten sich jedoch gegenseitig, und das einstige Lehrer-Schüler-Paar zerstritt sich so heftig, daß der Expedition kein Erfolg beschieden war. Aus Gram hierüber, so heißt es, ist Sir *Francis Drake* am 28. Januar 1596 in Portobello gestorben; doch war es wohl nicht nur Gram, sondern auch die Ruhr hatte ihren Anteil am Tod des Helden.

das alte **Elizabethan House** in der katzenkopfgepflasterten New Street, das aus der Ära der Königin datiert. Neueste Attraktion im Barbican-Viertel am Hafen ist seit Mai 1998 das **National** **Marine Aquarium** (tgl. 10-18 Uhr), das dem Besucher tiefe Einblicke in die geheimnisvolle Unterwasserwelt ermöglicht.

Haus im Hafen von Plymouth

Praktische Hinweise

Tourist Information

● 12 The Barbican, Tel. 01752-223806.

Unterkunft

● **The Grand Hotel, ****,** Elliot Street, The Hoe, Tel. 01752-661195, Fax 600653
● **Invicta Hotel, ***,** 11 Osborne Place, Lockyer Street, The Hoe, Tel. 01752-664997, Fax 664994

Auf dem Hoe: Francis Drake in Bronze

● **Strahmore Hotel, ***,** Elliot Street, The Hoe, Tel. 01752-662101, Fax 223690
● **Bed and Breakfast:** Gabber Farm, Down Thomas, Tel. 01752-862269; Squires Guest House, 7 St. James Place East, The Hoe, Tel. und Fax 01752-261459; Athenaeum Lodge, 4 Athenaeum Street, The Hoe, Tel. 665005; Berkeley of St. James, 4 St. James Place East, The Hoe, Tel. 01752-221654

Pubs und Restaurants

● **Chez Nous**, 13 Franckfort Gate, 01752-266793, bestes Haus am Platze und eines der besten Restaurants in Südengland, mit großer Weinkarte, 34-62 £

Im **Barbican-Viertel** am Hafen:
● **The Ship** und **The Cider Press,** beide Quay Road, ersteres mit kleinem Restaurant im 1. Stock; an schönen Tagen sitzt man auf der verkehrsberuhigten, katzenkopfgepflasterten Straße und blickt auf den alten Hafen.
● **Pharao's**, South Side, Wine Bar & Bistro mit ägyptisch inspirierter Einrichtung
● **Green Lantern**, New Street, Restaurant in einem alten, aus dem 16. Jh. datierenden Fachwerkhaus, um 13 £
● **Bites,** Quay Road, eine kleine Sandwich-Bar, die Brote kann man dann bei schönem Wetter draußen an den Tischen essen und dabei auf den alten Hafen schauen
● **Admiral MacBride**, Barbican, Hafenpub
● **Strand Tea Room**, New Street, gemütliche Teestube
● **Bella Napoli**, South Side, italienisches Restaurant um 6 £
● **Destillery,** South Side, großer Pub mit angeschlossenem Restaurant in einem uralten Gebäude aus dem Jahre 1425
● **The Thai House Restaurant,** Notte Street, preiswerte thailändische und vietnamesische Gerichte zwischen 6 und 9 £, auch vegetarische Speisen im Angebot.

Verbindung

● **Intercity-Netz**, weiterhin **Züge** von Exeter, Torquay, Truro und Penzance
● **Busnetz** des National Express

Exeter – Plymouth

Südliches Cornwall

Polperro, Fowey, Mevagissey und St. Mawes

– Puppenstubenörtchen entlang der cornischen Kanalküste

Von Plymouth geht es auf einer hochgelegenen Brücke, die den River Tamar überspannt und von der man einen phantastischen Ausblick hat, hinein in Englands westlichstes County, nach Cornwall.

Irgendwann sollte man von der A 38 nach Süden abbiegen, um ans Meer zu kommen. Über die Küstenstraße geht es dann vorbei an den beiden Örtchen East und West Looe, deren Häuser sich links und rechts einer Flußmündung entlangziehen, nach Polperro, zum ersten der vielen kleinen pittoresken, museal und wenig lebendig wirkenden Fischerdörfer Cornwalls.

Polperro

Schon der werbewirksam gemeinte Beiname *Historic Fishing Village* läßt bei genauer Analyse eher Schlimmes ahnen. Ein kleines Heer an Ordnern lotst die Autofahrer und die Konvois der Touristenbusse auf mehrere **Großparkplätze**, wo bereits erste Souvenirhändler am Massenansturm zu partizipieren suchen, und dann spaziert der Besucher zu Fuß, an schönen Tagen zusammen mit einigen tausend anderen Ausflugswilligen, nach Polperro hinein. Wer fußfaul ist, kann sich aber auch mit dem Kutschwagen bis nahe ans Wasser bringen lassen.

Im Frühjahr und Sommer des Jahres 1918 muß es noch gemächlicher in Polperro zugegangen sein, denn in jener Zeit nahmen *Vita Sackville-West* und ihre Geliebte *Violet Trefusis* „in vollständiger Freiheit des Ganzen" Quartier im kleinen Örtchen.

In dem **winzigen Hafen** von Polperro dümpeln einige Bötchen und Yachten vor sich hin; bei Ebbe liegen die Schifflein wenig elegant und platt im schwarzen Schlick, aus dem modriger Fischgeruch aufsteigt. Hier sorgt der 400 Jahre alte **Pub The Three Pilchards** noch für ein wenig Schmugglerromantik; die Freihändler Polperros waren derart berüchtigt, daß im letzten Jahrhundert auf königliche Anordnung hin ein erster Trupp Zöllner in den Ort verlegt wurde. Ebenfalls am Hafen gibt das **Free House Blue Peter**, erbaut im 16. Jh., Eindrücke, wie in früheren Tagen eine Fischerkneipe einmal ausgesehen haben könnte.

Die engen, holprigen Straßen, übervoll mit Besuchern, sind gesäumt von Pubs, Restaurants, Kaffee- und Teestuben, Andenkengeschäften, Fish-and-Chips-Buden, Postkartenläden sowie von mobilen Sonnenbrillen- und Plastiksandalenständen; auf den ersten Blick erscheint alles mal pittoresk, mal gemütlich; doch kann man sich des Eindrucks nicht erwehren, daß hier vor allem ein schnelles Pfund gemacht werden soll.

So verläßt man rasch diesen Ort und fährt zum nächsten Dorf, in der Hoffnung, daß es dort weniger pittoresk zugeht, es weniger *beautiful* und *cosy* ist, statt dessen etwas handfester.

Fowey

Mit Freude entdeckt man dann, daß in den engen Straßen und am Kai von Fowey an schönen sonnigen Tagen eine heiter-mediterrane Stimmung herrscht. Hierher hat uns die kleine **Fähre von Bodinnick** (dort befindet sich das ausgezeichnete, 400 Jahre alte Free House Old Ferry Inn) gebracht, die den Verkehr über den Mündungstrichter des River Fowey aufrechterhält.

Am **Town Quay** dann geht es geschäftig zu, man schaut neidisch den Seglern nach, blickt auf die bewaldeten Hügel an der anderen Seite des Flusses, erfreut sich dort am Anblick der bunten Häuser von Polruan, ißt einen Snack oder trinkt ein Bitter draußen vor dem gemütlichen Pub mit dem für britische Verhältnisse seltsamen Namen The King of Prussia. Auch die Taverne The Galleon sorgt für Speise und Trank, guten Fisch gibt es im Restaurant Food for Thought, dem besten Haus am Platze.

Im Mittelalter war Fowey berüchtigt für seine **Seeräuber**, die vor allem französische und spanische Handelsschiffe kaperten. Franzosen wie Spanier schickten daraufhin ein um das andere Mal Strafexpeditionen aus, und bei einer dieser Übergriffe wurde das Örtchen der frechen Einwohner niedergebrannt.

Daphne du Maurier (1907-1989) hatte die Ehre, in den 30er Jahren häu-

Südliches Cornwall

fig zum Tee in das Haus von *Sir Arthur Quiller-Couch* gebeten zu werden, zu dem „großen Mann", wo sie sich bemühte, „keinen schäbigen Eindruck zu hinterlassen". Der Professor für Literatur ist in England für sein bisher fast eine Million Mal verkauftes „Oxford Book of English Verse" bekannt sowie auch für eine ganze Anzahl weiterer Anthologien. Nach seinem Tod 1944 stellte *Daphne du Maurier* seinen unvollendet gebliebenen Roman „Castle Dore" fertig, so wie *Quiller-Couch* das Romanfragment „St. Ives" von *Robert Louis Stevenson* vollendet hatte.

Von Fowey aus unternahm die Schriftstellerin Wanderungen in die Umgebung und entdeckte dabei auf der anderen Seite des Flusses „Menabilly", ein schönes, aus dem 16. Jh. stammendes Herrenhaus, das sie sehr bewunderte. Ein paar Jahre später heiratete sie dessen Besitzer *Sir Frederick Browning*. So kam es, daß „in vierzehn Jahren die Stimmen meiner drei Kinder durch das Haus klingen, meine Möbel die Räume füllen würden und ich 1937/38 einen Roman mit dem Titel Rebecca schreiben sollte, in dem alle meine Eindrücke von 'Menabilly' ihren Niederschlag fanden." Und in der Tat ist Manderley, das Haus im Roman „Rebecca", ganz nach Menabilly modelliert. Hitchcock hat die spannende Geschichte – eine der wenigen Guten *Du Mauriers* – meisterhaft verfilmt. Im Zuge der neuen amerikanischen Manie, erfolgreiche Romane fortzusetzen (man denke nur an den zweiten Band des Titels „Vom Winde verweht"), ist nun auch „Rebecca" die mehr als

zweifelhafte Ehre zuteil geworden, weitererzählt zu werden.

Auch in dem Band „The House on the Strand" (1961, dt. „Ein Tropfen Zeit") ist Menabilly detailliert beschrieben. 1969 wurde *Daphne du Maurier* geadelt und mit dem *Dame Commander Order of the British Empire* ausgezeichnet.

Mevagissey

Im Gegensatz zu Polperro ebenfalls ganz erträglich ist der Fischerort Mevagissey, der von der Anlage zwar ähnlich, aber nicht so puppenstubenhaft, weit weniger von Besuchern überlaufen und somit weniger kommerzialisiert ist. Auch hier gibt es ein **kleines Hafenbecken** mit engen Straßen drumherum. Mit ein wenig Phantasie kann man sich die längst vergangenen Tage vorstellen, wenn die Fischer morgens mit ihren Luggern zum Sardinenfang ausfuhren, abends dann am Hafenkai den Fang anlandeten, der gleich von den Frauen weiterverarbeitet wurde.

George Bernard Shaw verbrachte zusammen mit seiner Frau die Sommer 1906 und 1907 im Örtchen; hier arbeitete er an dem Stück „The Doctor's Dilemma" (dt. „Der Arzt am Scheideweg"), in dem er einen staatlich organisierten Gesundheitsdienst fordert und die Geschäftemacherei der Ärzte anprangert.

Ein nettes und gemütliches **Restaurant** in Mevagissey ist **Wits End** in der Fore Street, in dem auch ständig vegetarische Gerichte serviert werden.

St. Mawes

Letztes kleines Örtchen entlang des Küstenbogens ist nun St. Mawes, das an der Spitze der kleinen Roseland Peninsular – sieht man einmal von den Monaten Juli und August ab – seinen Dämmerschlaf hält. Wieder einmal auf *Heinrich VIII.*, der ja die gesamte Südküste mit Verteidigungsanlagen bestücken ließ, geht die Burganlage **Mawes Castle** zurück, die zusammen mit ihrem Pendant **Pendennis Castle** im heutigen Falmouth auf der anderen Uferseite der Garrick Roads jedem invasionsfreudigen Franzosen die Einfahrt in den Sund unmöglich gemacht hätte. Kreisrund ist Mawes Castle, zur Meerseite hin dann sitzt ein kleiner Ausguckturm recht keck auf dem Mauerkranz. Zwischen Falmouth und St. Mawes verkehrt eine kleine Personenfähre.

Recht angenehm ist in Mawes ein Spaziergang vom Hafen entlang des Wassers und langsam aufsteigend zur runden Burganlage. Zwei, drei gemütliche Pubs, zwei, drei kleine Restaurants mit Wohnzimmeratmosphäre sorgen für leibliches Wohl. Wer keine Discos braucht oder wem der Sinn nach Ruhe steht, der ist hier am richtigen Ort.

So sieht Mawes Castle heute aus

09tes Foto: hs

Südliches Cornwall

Truro

Man kann guten Gewissens eigentlich nicht behaupten, daß die 16.000 Einwohner zählende Verwaltungskapitale von Cornwall eine sympathisch wirkende Stadt wäre. Angesichts der Fülle an schön gelegenen Örtchen entlang der felsigen Küste des *West Country*, kann einem Besucher mit notorisch knapper Zeit nicht einmal empfohlen werden, einen längeren Blick auf die **Kathedrale** von Truro zu werfen. Dies auch schon deshalb nicht, weil nach Chichester, Winchester, Salisbury und Exeter das Verständnis und die kunstgeschichtliche Sensibilität für die englische Kathedralgotik nun so ausgeprägt sind, daß man augenblicklich beim Dom von Truro die schwebende Leichtigkeit vermißt, die diesen Baustil so unvergleichlich macht. Trotz eindeutig gotischer Elemente wirkt Truro Cathedral bleischwer und tapsig. Zwei Dinge sind für diesen Eindruck verantwortlich; zum einen die fehlende Domfreiheit, in deren allseits freiem Grün der Blick sonst ungehindert und vor allem schon von weitem sich an der vertikalen Linie aufschwingt und rasend schnell zur Spitze des Vierungsturms eilt, zum anderen die simple Tatsache, daß die Kathedrale zwischen 1880 und 1910 erbaut wurde – Neogotik ist nun einmal kein Ersatz für *Early English, Decorated* und *Perpendicular*!

Architektonisch gelungen und zu Recht preisgekrönt ist hingegen das neue **Gebäude der Courts of Justice**, der obersten rechtlichen Instanz von Cornwall.

Rund um die Kathedrale befinden sich das Einkaufszentrum von Truro, die **Fußgängerzone Pydar Street** und alle wichtigen Geschäfte. Am Lemon Quay lohnt ein Besuch im Truro Main Market; in den ehemaligen **Markthallen** der Stadt hat sich eine Art verfeinerter und erweiterter Flohmarkt niedergelassen, viele kleine Geschäftchen und Warenstände bieten Dinge aller Art feil.

Nicht versäumen sollte man einen Besuch im 6 km südlich von Truro gelegenen **Trelissick Garden**; hier entfaltet ein cornischer Garten seine Düfte, über die Sträucher der Magnolien und Rhododendren, der Fuchsien und der Riesenfarne, durch die Wipfel der japanischen Kirschbäume blickt man auf die Wasser der fjordartigen Garrick Roads, in denen sich die Sonne spiegelt. Das milde Klima des Golfstroms läßt diesen auch mit vielen subtropischen Pflanzen bestückten Garten prachtvoll gedeihen. Am schönsten ist es im späten Frühjahr in Trelissick, selten erlebt man wohl eine solch blühende Farbenpracht (März bis Okt. Mo-Fr 10.30-17.30 Uhr).

Praktische Hinweise

Tourist Information

●**Municipal Buildings**, Boscawen Street, Tel. 01872-74555.

Unterkunft

●**Carlton Hotel**, ***, Falmouth Road, Tel. 01872-272450, Fax 223938
●**Marcorrie Hotel**, ***, 20 Falmouth Road, Tel. 01872-277374, Fax 241666

●**Bed and Breakfast:** Arallas, Ladock, Tel. 01872-510379, Fax 510200; Rock Cottage, Blackwater, Tel. und Fax 01872-560252; Trevispian Vean Farm Guest House, St. Erme, Tel. 01872-279514, Fax 263730

Pubs und Restaurants

●**Alverton Manor**, Tregolls Road, bestes Haus am Platze, nur Nichtraucher, 14-48 £
●**Barley Sheaf**, Old Bridge Street, Pub mit freundlicher Fassade und Biergarten
●**Mr. Christopher**, Lemon Street, gemütliches Tea & Coffeehouse mit guten Snacks
●**The Old Ale House**, Princes Street, gemütlicher alter Pub
●**Taj Mahal**, Old Bridge Street, preisgünstiges indisches Restaurant.

Verbindung

●Züge von Falmouth, Penzance, Plymouth, Newquay.

Falmouth

Am schönsten ist es in Falmouth, wenn man oben auf dem Hügel von **Pendennis Castle** steht, Stadt und Hafen dem Besucher zu Füßen liegen, weite Blicke über das blaue Meer schweifen und man den Schiffen im englischen Kanal nachschaut. Pendennis Castle, das Gegenstück zu St. Mawes, schützt seit 1546 die Einfahrt in die Garrick Roads.

Ende des 17. Jh. avancierte Falmouth zur zentralen Poststation, hier legten die Windjammer aus der Neuen Welt an, deren Postsäcke dann mit Kutschen nach London befördert wurden. Aber auch für die Handelsschiffahrt

> „Nirgends widmet man den öffentlichen Einrichtungen, die das Leben aller Bürger bequemer gestalten können, mehr Aufmerksamkeit als in Großbritannien."
>
> *Carlo Castone Rezzinico*, „Tagebuch der Englandreise in den Jahren 1787-1788"

war Falmouth mit seinem großen **geschützten Naturhafen** eine der wichtigsten Anlegestellen in England und hatte zeitweise nach London den höchsten Warenumschlag. Mit dem Aufschwung der von Dampfmaschinen angetriebenen Schiffe ging es dann mit dem Hafen von Falmouth bergab. Statt dessen wurde bei Plymouth eine Brücke über den breiten Mündungstrichter des River Tamar geschlagen, und nun kam die Eisenbahn nach Falmouth. Das brachte sommertags Ausflügler und Badegäste mit, wodurch wieder ein Aufschwung erreicht wurde.

Vom **Custom House Quay** verkehren die Fußgängerfährboote zum Örtchen St. Mawes auf der anderen Seite der Garrick Roads. Hier am Kai kann man auch wieder einmal eine Kuriosität bestaunen: In einem hohen Kamin, **The King's Pipe** genannt, verbrannten die Zöllner während der vergangenen Jahrhunderte Schmuggelware wie zum Beispiel Tabak.

Im Bell's Court an der Market Street gibt ein kleines **Maritime Museum** Einblicke in die Geschichte des Hafens von Falmouth. Geöffnet ist es von April bis Okt. täglich von 10 bis 17 Uhr.

Südliches Cornwall

Praktische Hinweise

Tourist Information

● 28 Killigrew Street, Tel. 01326-312300.

Unterkunft

● **Falmouth Beach Resort Hotel,** ****, Gyllyngvase Beach, Seafront, Tel. 01326-318084, Fax 319147
● **Madeira Hotel,** ***, Seafront, Tel. 01326-313531, Fax 319143
● **Carthion Hotel,** ***, Cliff Road, Tel. 01326-313669, Fax 212828
● **Hotel Anacapri,** ***, Gyllyngvase Road, Tel. und Fax 01326-311454

Mit Naturhafen und zolleigener Verbrennungsanlage: Falmouth

● **Bed and Breakfast:** Ivanhoe Guest House, 7 Melville Road, Tel. 01326-319083; Wickham Guest House, 21 Gyllyngvase Terrace, Tel. 01326-311140; Tresillian House, 3 Stracey Road, Tel. 01326-312425
● **Jugendherberge:** im Pendennis Castle, Tel. 01326-311435
● **Camping:** Maen Valley Park, Tel. 01326-312190, von der A 39, der Straße Truro – Falmouth den Ausschilderungen Swanpool Beach folgend

Pubs und Restaurants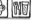

● **Cork and Bottle**, Church Street, Snacks, an Wochenenden manchmal Life Music
● **The Pipe Restaurant,** Arwenack Street, gutes Seafood-Restaurant in einem der ältesten Häuser der Stadt, gegenüber vom Customs House, Zwei-Gänge-Menü, Fisch- oder Fleischgerichte 16 £
● **Harbour View**, Arwenack Street, gute Aussicht beim Essen, um 7 £

Südliches Cornwall

●**The King's Head**, Church Street, reichhaltiges Angebot an Snacks zur Lunchzeit, nach eigener Einschätzung „the best pub-grub in town"

●**Grapes Inn**, Church Street, niedriger, dunkler, alter Pub mit großer Palette an Lunches zur Mittagszeit

●**The Seven Stars**, am großen Platz The Moor, bei schönem Wetter sitzt man draußen und schaut auf den Verkehr, der The Moor umbrandet

●**The Wodehouse Arms**, The Moor, außen an einer Hinweistafel werden die ausgeschenkten Biere detailliert beschrieben, so sind u.a. Bosun's Bitter (brewed for the traditional drinker it is a well-balanced draught bitter light and flavor) und Duchy-Keg Best Bitter im Angebot

●**Chantecleer**, Fish Strand Quay (off Market Street), wie alle chinesischen Restaurants preisgünstig

Vom Castle Hill hat man den besten Blick

●**Preston's**, Church Street, kleines gemütliches Restaurant im ersten Stock, 10 £

●**Amalfi**, High Street, Pizzeria, um 7 £

Verbindung

●**Züge** von Penzance, Truro, Newquay, Plymouth, St. Ives

●im **Busnetz** des National Express.

> „Selbst in den kleinsten Orten sind englische Gasthöfe sorgfältig gehalten. Immer sind darin Reinlichkeit, große Bequemlichkeit und sogar Eleganz vorhanden, und man mutet dem Fremden nie zu, in demselben Zimmer zu essen, zu wohnen und zu schlafen, wie das in den deutschen Gasthäusern, wo es eigentlich nur Tanzsäle und Schlafstuben gibt, der Fall ist."
>
> *Herrman Fürst zu Pückler-Muskau, „Briefe eines Verstorbenen", 1826*

St. Michael's Mount
– Das englische Mont Saint Michel

Von Falmouth geht es über die A 394 durch den Norden der Lizard-Halbinsel und dann entlang des Meeresgestades, bis man auf einer kleinen Insel ein paar hundert Meter vor der Küste eine Burg aufragen sieht. Das ist St. Michael's Mount, das englische Gegenstück zum französischen Mont St. Michel (NT, Apr. bis Okt. Mo-Fr 10.30- 17.30 Uhr, Gezeiten- und Bootsinformation unter Tel. 01736-710265).

Im Jahre 495, so heißt es in der **Chronik der Felseninsel**, soll den Fischern der Hl. Michael erschienen sein, fortan galt der Platz als heiliger Ort, und einige keltische Mönche pflegten hier das monastisch geprägte frühe Christentum. Nachdem der Normanne *William the Conqueror* 1066 erfolgreich den Sprung über den Kanal nach England getan hatte, überließ er den bretonischen Benediktinermönchen des Mont St. Michel die Bruderabtei, und 1135 gingen die gläubigen Männer bald daran, umfangreiche Baumaßnahmen durchzuführen. St. Michael's Mount avancierte zu einer der Stationen des irisch-schottisch-englischen Pilgerwegs bis ins spani-

Trockenen Fußes nur bei Ebbe: Abtei St. Michael's

> „Britische Gasthöfe sind von beständigem Lärm und Tumult erfüllt. Türen werden aufgerissen oder fallen polternd ins Schloß, es klingelt an allen Ecken, schrille Rufe nach dem Kellner ertönen, der Schuhputzer läuft hierhin, der Barbier mit der Puderdose dorthin, und sein Gehilfe stiebt mit dem heißen Wasser und den Rasiermessern die Treppe empor. Der einzige Trost für den geplagten Reisenden ist, daß ihm die englischen Gastwirte nicht auch noch Geld für diesen reichhaltigen Ohrenschmaus abverlangen."
>
> *Don Manuel Alvarez Espriella, „Briefe aus England", 1807*

Penzance
– Die cornische Metropole

Mit rund 20.000 Einwohnern ist Penzance die cornische Metropole, die mit dem Eisenbahnendpunkt, dem Fährhafen für die Isles of Scilly und dem Helioport, dem Hubschrauberterminal für die Scilly Isles ein wichtiger **Verkehrsknotenpunkt** ist.

Eine erste Siedlung entstand bereits im 11. Jh., 300 Jahre später erhielt der Weiler Marktrechte, und nach weiteren 300 Jahren dann wurde Penzance der Stadtstatus zuerkannt. 1595 kamen die Spanier, brandschatzten an der cornischen Küste und zogen auch Penzance schwer in Mitleidenschaft. Mit dem Anschluß an das Bahnnetz im letzten Jahrhundert und wegen der Fährverbindung zu den Scilly Isles avancierte Penzance zur ökonomisch wichtigsten Stadt Cornwalls. Das ist das Städtchen noch heute, und vielleicht liegt es daran, daß es Penzance ein wenig an Atmosphäre und Flair gebricht. Es wachsen zwar in jedem Vorgarten ganz selbstverständlich die Palmen, doch vermögen sie es nicht, ein vollends sympathisches und anheimelndes Bild des Ortes zu zeichnen.

Der walisische Dichter **Dylan Thomas** – von der Moderne tief gespalten: „In mir steckt ein Tier, ein Engel, ein Narr" – heiratete 23jährig am 12. Juli 1937 in Penzance *Caitlin Macnamara*; trotz dauerndem Zank und Streit blieben die beiden bis zu Thomas' frühem Tod im Jahre 1953 zusammen.

sche Santiago de Compostela. *Heinrich VIII.* dann beendete die religiöse Nutzung der Felseninsel und ließ die heilige Stätte im Zuge seines Südküstenbefestigungsprogramms in eine Trutzburg umbauen. Mitte des 17. Jh. dann übernahm die Familie *St. Aubyn* die Felseninsel und baute die Gemäuer zu einem angenehmen Landsitz aus. 1954 übergab *Lord St. Levan*, Nachfahre der Albyns, die Burg dem National Trust, behielt sich aber das Wohnrecht vor.

Bei Ebbe spaziert man auf einem Damm zur Felseninsel hinüber, bei Flut gelangt man nur mit Booten dorthin. Ausgangspunkt ist das kleine und angenehme Örtchen **Marazion**, das zu Unrecht im Schatten der Burginsel steht. Hier gibt es noch gemütliche Pubs, von deren Terrassen man einen guten Blick auf das ganze Felseneiland hat.

An den Wochenenden sind ganze Völkerscharen bei Ebbe in Richtung Damm unterwegs, auf dem es dann schon mal eng werden kann.

Südliches Cornwall

Einzige Sehenswürdigkeit ist in der Chapel Street das **Ägyptische Haus**, das 1835 im Zuge der orientalischen Manie nach pharaonischen Stilvorlagen – Papyrusbündelsäulen, Hohlkehlen mit der Uräusschlange, Mumienfiguren u. ä. – erbaut wurde.

Nicht versäumen sollte man einen Besuch im **Trinity House**, dem Leuchtturmmuseum (tgl. 11-17 Uhr) am Hafen; hier informiert eine interessante Ausstellung über die Geschichte der Leuchtfeuer entlang der britischen Küste.

Hauptgeschäftsstraße ist die **Market Jew Street** mit Läden aller Art; hier befinden sich auch die meisten Pubs und Restaurants.

Ägypten? Nein, Chapel Street in Penzance

Praktische Hinweise

Tourist Information
● Station Road, Tel. 01736-62207.

Unterkunft
● **Mount Haven Hotel, ****,** Turnpike road, Marazion, Tel. 01736-710249, Fax 711658
● **The Sea and Horses Hotel, ***,** 6 Alexandra Terrace, Tel. 01736-361961, Fax 330499
● **Tarbert Hotel, ***,** 11 Clarence Street, Tel. 01736-363758, Fax 331336
● **Bed and Breakfast:** Woodstock House, 29 Morrab Road, Tel. und Fax 01736-369049; Treventon Guest House, Alexandra Terrace, Tel. 01736-363521; Lynwood Guest House, 41 Morrab Road, Tel. und Fax 01736-365871; Menwidden Farm, Ludgvan, Tel. 01736-740415
● **Jugendherbergen:** Castle Horneck, Alverton, Tel. 01736-62666; Land's End, St. Just-in-Penwith, 01736-788437
● **Camping:** Bone Valley Caravan Park, Heamoor, Tel. 01736-60313, von Penzance auf der A 30 nach Heamoor, dort durch das Örtchen hindurch und dann den Camping/Caravan-Zeichen folgen.

Pubs und Restaurants
● **The Longboat**, Market Jew Street, Pub gegenüber vom Bahnhof, preisgünstige Steaks, in der Saison ab und an Life Music
● **Lotus House Restaurant**, Market Jew Street, billiges chinesisches Restaurant
● **The Star Inn**, Market Jew Street, Szene – Treff des Jungvolks von Penzance
● **Harris Restaurant**, New Street, bestes Haus am Platze, um 15 £
● **The Globe and Ale House,** Queen Street/ Ecke Chapel Street, uralte Kneipe mit vielen Biersorten und einem reichhaltigen Lunch-Angebot
● **The Turk's Head**, Chapel Street älteste und gemütlichste Kneipe von Penzance, der Name erinnert an die Kreuzzüge

Rent-a-Bike
● Market Jew Street, am Ortsausgang in Richtung St. Michael's Mount.

Verbindung

- **Intercity-Netz**, oder **Züge** von Plymouth, Truro, St. Ives, Falmouth und Newquay
- **Busse** des National Express
- von April bis Okt. tgl. außer Sa legt um 9.15 Uhr die Scillonian III im Hafen von Penzance zu den **Isles of Scilly** ab; Sa von Ende Mai bis Ende August 6.30 Uhr; So kein Schiffsverkehr
- vom **Helioport** am Ortseingang von Penzance Hubschrauberflüge zu den Scilly's, So keine Flüge
- vom Land's End Aerodrome (ca. 3 km nördlich von Land's End) **Skybus Flights** in zweimotorigen Propellermaschinen, am So keine Flüge zu den Inseln

Rund um Penzance

Land's End

Allererste Station in der Umgebung von Penzance ist natürlich Land's End, Englands westlichster Punkt. Unerbittlich nähert sich die Straße – auf einem Teilstück von mehreren hundert Metern ohne Wendemöglichkeit – dem Ticket-Kiosk – denn Land's End ist in Privatbesitz und muß somit Geld einbringen. Eine Familie mit zwei Kindern wird hier 15 £ an Eintrittsgeldern los. Das Naturerlebnis am westlichsten Punkt der Insel erhält man völlig legal kostenlos, wenn man die weiter unten beschriebene Küstenwanderung Nr. 4 unternimmt. Dort steht auch weiteres Wissenswertes über Land's End.

Porthcurno

Etwa 3 km südlich von Land's End liegt das kleine Dörflein **Porthcurno**. Attraktionen sind der prachtvoll geschwungene, weiße Sandstrand und das **Minnack Theatre** (siehe Exkurs), ein faszinierendes, wunderschön gelegenes Freilichttheater.

Im Frühjahr 1922 kaufte **Bertrand Russel** zusammen mit seiner zweiten Frau Dora das Bauernhaus Carn Voel in Porthcurno; zu Bertrand und Dora kamen bald John und Kate hinzu, die beiden Kinder des Paares.

Logan Rock

Kurz vor Porthcurno erhebt sich direkt am Meer der Logan Rock (ausgeschildert), ein granitener Felsklotz, der so ausbalanciert ist, daß ein kräftiger

Erinnerung an der Westspitze

Südliches Cornwall

Ein Theater am Meer – Das Minnack Theatre

Unweit von Englands westlichstem Punkt Land's End entfernt ist in die Steilküste von Cornwall ein kleines Theaterhalbrund in den Felsen eingehauen – das Minnack Theatre. Während der Sommermonate von Mai bis September finden mehrmals wöchentlich sowohl am frühen Nachmittag als auch am Abend Aufführungen unter freiem Himmel statt – und das seit nun schon mehr als 60 Jahren.

Man schrieb das Jahr 1929, und kulturelle Ereignisse im rauhen Westen von Cornwall standen nur selten auf der Tagesordnung. Eine Gruppe von Laienschauspielern aus der Gegend um Land's End führte während der warmen Jahreshälfte 1929 *Shakespeares „Sommernachtstraum"* auf einer Wiese auf. Das Ereignis sprach sich schnell herum, und die Leute kamen von weither in ihren Kutschen angefahren; kaum ein Zuschauer hatte je eine Theateraufführung gesehen. Dem Ensemble war ein überwältigender Erfolg beschieden.

Rowena Cade, in jenen Tagen 35 Jahre alt, hatte die Kostüme sowie das Bühnenbild für das Shakespeare-Stück entworfen und arbeitete als Organisatorin für die Laiengruppe. Alle Akteure – von der Begeisterung der Zuschauer mitgerissen – planten weitere Stücke für die kommenden Sommer, und es galt nun, einen besseren Platz als die feuchte Wiese zu finden. Rowenas kleines Anwesen – Minnack House genannt – lag oberhalb der See, und ihr Garten fiel über eine Klippe steil zum Meer hinab. Mit Hilfe zweier Gärtner begann sie, rund um ein kleines Plateau, die spätere Bühne, Erde und Gesteinsbrocken wegzuschaffen und Terrassen für die Sitzplätze aus den Felsen zu schlagen. Dort, wo das nicht möglich war, „klebte" sie mit ihren Helfern Zementsitze an die Klippe. Jede kleinste Unebenheit wurde genutzt, und so

hängen über dem einen Ende der Bühne gar zwei kleine Logen im Stein. Wenn diese Balkone nicht zum Bühnenbild gehören, dann sitzen bei vollem Haus auch dort Zuschauer.

Über zwei Jahre arbeitete Rowena an ihrem Theater, und im Frühsommer des Jahres 1932 führte die Laienschar *Shakespeares* Märchenspiel „Der Sturm" („The Tempest") vor vollbesetzten Rängen auf. Wieder strömten von nah und fern die Fischer, die Bauern und die Arbeiter der Zinngruben zusammen, hatten Spaß am Stück, lachten, schluchzten und applaudierten. So ging es bis in den Herbst hinein. In jeder freien Minute widmete sich Rowena ihrem Theater und versuchte, an den unmöglichsten Stellen noch Plätze aus dem Stein zu schneiden, damit so viele Leute wie eben nur möglich in das Theater kommen konnten. Heute faßt das Minnack 800 Zuschauer.

Drei Jahre nach der Premiere schrieb die „Times" im fernen London einen langen und begeisterten Artikel über das Theater am Meer, und nun reisten auf dem Weg in die Sommerfrische gar die Hauptstadtbesucher an. Bis zum Kriegsausbruch brachte jede Saison Rowena und der Schauspieltruppe große Erfolge. Dann hatten die Briten anderes zu tun, als sich der Schauspielerei zu widmen.

1952, 20 Jahre nach der Eröffnung, brachte Rowena auf den Tag genau wieder *Shakespeares „Sturm"* auf die Bühne – das Minnack Theatre hatte seine neue Saison eröffnet. Im Laufe der Jahre und Jahrzehnte wurden immer mehr Feinarbeiten rund um diese einzigartige Spielstätte geleistet.

1982, zum 50. Jahrestag des Minnack, wurde zum dritten Mal *Shakespeares „Tempest"* gegeben; Rowena, 89jährig, saß wie immer auf ihrem Platz. Ein Jahr später, kurz vor Beginn der Spielzeit und nur wenige Wochen vor ihrem 90. Geburtstag, starb sie in ihrem Haus oberhalb des Theaters.

Pro Saison strömen 50.000 Besucher zusammen und erfreuen sich an der grandiosen Naturkulisse. Wie fast alle anderen britischen Schauspielhäuser auch, wird das

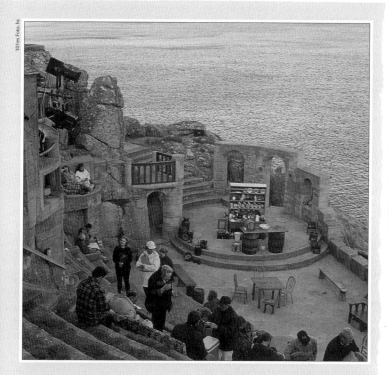

Südliches Cornwall

Minnack staatlich nicht subventioniert. Von den sechs Pfund (DM 16,50; Kinder unter 16 Jahren bezahlen nur die Hälfte), die ein Ticket kostet, verbleibt das meiste bei den Schauspielgruppen. Ehrenamtliche Helfer fungieren als Platzanweiser oder Beleuchter. Gespielt wird alles; *Shakespeare* ist selbstverständlich, Komödien aller Art, Dramen natürlich, ab und zu auch Musicals; die englischen und irischen Klassiker ebenso wie avantgardistisches Theater. Wirtschaftlich erfolgreich aber müssen alle Stücke sein.

Nur selten wird eine Aufführung wegen schlechten Wetters abgesagt. *Phillip Jackson*, der Manager des Minnack, erzählt, daß von über 100 Vorstellungen im Durchschnitt nur vier Veranstaltungen wetterbedingt ausfallen. Selbstverständlich wird bei einem normalen Regenguß weitergespielt – die Schauspieler heben die Stimme ein wenig, schlüpfen, als wäre es eine Regie-Anweisung vom Autor, in die Wetterjacken, und die Besucher zurren die Kapuzen fest. Viel unangenehmer als ein feuchter Schauer ist die mittägliche Sonne während der Matinees. „Auf Regen, Wind und Kälte sind sie alle eingestellt", erklärt Phil Jackson, „aber nur die erfahrenen Besucher haben auch Sonnenschutzmittel dabei". Krebsrot an Gesicht und Händen verläßt mancher Besucher die Vorstellung.

Mann ihn aus seiner Stellung hebeln kann. 1824 kam ein gewisser **Leutnant Goldsmith** daher, ein Tunichtgut, der seine überschüssige Kraft loswerden mußte, und warf den Felsen nach unten auf den Strand. Das ließ sich die ortsansässige Bevölkerung nicht bieten. Sie klagten gegen den Kraftmeier auf Wiederherstellung ihrer lokalen Sehenswürdigkeit und bekamen Recht. Der Leutnant mußte auf eigene Kosten den Felsen wieder oben auf die Granitformation bringen lassen.

Das Areal rund um den Logan Rock ist heute im Besitz des National Trust. In neolithischer Zeit befand sich auf der unzugänglichen und gut zu verteidigenden Felsenformation einmal ein **Cliff Castle**.

Mousehole

Mousehole (gesprochen Mausel), 5 km südlich von Penzance, ist laut der Fremdenverkehrswerbung wieder einmal ein pittoresker, **atmosphärereicher Fischerort**, was nichts anderes heißt als das, was man schon in Polperro erleben konnte. Im kleinen Hafenbecken liegen bei Ebbe die Boote im fischig und modrig riechenden schwarzen Schlick, Besuchergruppen umströmen die Piers und die engen Sträßlein, und im Ship Inn am Hafen, der Fischertaverne aus dem 16. Jh., wird nach wie vor gebechert.

Im Dezember 1981 drohte der Frachter Union Star auf eine Klippe geworfen zu werden, und der **Seenotrettungskreuzer von Mousehole** lief mit acht erfahrenen Seeleuten bei schwerster Brandung und orkanartigen Böen aus. Alle acht kamen nicht mehr zurück. Ganz Großbritannien – und dies ist keine rhetorische Wendung – trauerte tief um die acht Männer aus Mousehole. Das Inselvolk mit der großen maritimen Vergangenheit hat die Erfahrungen der See kollektiv verinnerlicht.

Lamorna

Anheimelnd ist es im Weiler Lamorna, dessen weit auseinandergezogene Häuser im dichten Wald stehen; in der alten Mühle ist heute ein **Crafts-Zentrum** untergebracht, und die Meeresbucht ist allemal einen Ausflug wert (vgl. auch Küstenwanderung 3,). Im gemütlichen **Pub Lamorna Wink** kann man an schönen Tagen draußen vor dem alten Gemäuer sitzen, einen Ploughman's Lunch essen oder auch nur ein Bier trinken.

St. Just

St. Just, südlich von St. Ives, ist Großbritanniens westlichster Ort und war einmal ein Bergarbeiterdorf der **Zinnschürfer**; in der Nähe findet man noch eine Anzahl Gruben mit Ruinen von Maschinenhäusern; eine solche Anlage ragt neben der Straße Richtung St. Ives auf. Die Stimmung der früheren Tage hat sich bis heute gehalten, *Wolfgang Hildesheimer* schreibt zu Recht: „Ich sehe wieder ein Stück eigener Vergangenheit vor mir liegen, ver-

Zinnschürfer in Cornwall

Die Zinnminen stellten für viele Jahrhunderte das ökonomische Rückgrat Cornwalls dar, und vor allen Dingen rund um Land's End finden sich viele Stollen, in denen einst unter entsetzlichen Arbeitsbedingungen die Kumpel das Metall aus dem Boden holten.

Schon die antiken Geographen – *Strabon, Diodorus Siculus* und *Plinius* – berichteten davon, daß sich die Phönizier von Belerion, wie dieser Teil Englands in jenen Tagen hieß, ihr Zinn besorgten, das von der Insel Ictis, dem heutigen St. Michael's Mount, verschifft wurde. Und so findet der Besucher zwischen Penzance und St. Ives, bis hoch nach Newquay, die **Ruinen der ehemaligen Förderanlagen**; teilweise stehen die alten Maschinenhäuser mit ihren abbröckelnden hohen Schornsteinen, den *Jinjies*, direkt an der Küste. Es war keine Seltenheit, daß Stollen unter dem Meer in den Berg getrieben wurden oder daß die Förderschächte Tiefen von 1000 m erreichten.

Um die Mitte des letzten Jahrhunderts schufteten über 50.000 *Tinner*, **Zinnschürfer**, in den arsengeschwängerten Stollen und schafften zwei Drittel der Weltförderung – zusätzlich noch beachtliche Mengen an Kupfer – aus dem cornischen Gestein. Mit 700 Bergwerken hatte Cornwall die höchste Minendichte der Welt.

Die Minen waren nach einem raffinierten **Ausbeutungssystem** organisiert. Formal war jeder Zinnschürfer selbständig. Er förderte auf eigene Kosten und auf eigenes Risiko. Doch befand sich der *Tinner* faktisch in absoluter Abhängigkeit von der Minengesellschaft. Wollte jemand zu fördern beginnen, mußte er zuvor seine Werkzeuge bei der Firma erwerben – auf Kredit und im Geschäft der Gesellschaft zu überhöhten Preisen. Dieser Kredit wurde mit dem Erlös aus dem Verkauf des geförderten Erzes zurückgezahlt. Doch kaufte die Minengesellschaft das Erz nur einmal im Jahr auf.

War der Kredit nunmehr abgezahlt, mußte für die laufenden Ausgaben des kommenden Jahres wieder Kredit aufgenommen werden – ein Kreislauf der Knechtung war in Gang gesetzt, aus dem auszubrechen kaum jemandem gelang.

Der Kumpel und seine Familie lebten also in ständiger Finanzschuld und konnten nichts in den Sparstrumpf stecken. Konnte der Ernährer wegen Krankheit oder aus irgendeinem anderen Grund nicht fördern, war die Existenz der Familie bedroht.

Da jeder Kumpel auf eigene Rechnung und für die eigene Tasche schuftete – je ertragreicher die Abbaustelle und je mehr der einzelne also förderte, desto mehr verdiente er –, konnte natürlich auch **keine Solidarität** unter den Männern entstehen. Die Voraussetzungen für gemeinsame Aktionen waren nicht gegeben. In den Kohlegruben auf dem Kontinent gab es zur damaligen Zeit das sogenannte Gedingesystem. Hier arbeitete eine Gruppe von Bergleuten zusammen an ihrem Ertrag, und die gemeinschaftliche Arbeit schweißte auch außerhalb der Grube nicht nur die Kumpel, sondern gleich die ganzen Familien zusammen. *Emile Zola* hat das im Roman „Germinal" anschaulich geschildert.

Um die Jahrhundertwende dann konnten in Malaysia, Australien und in einigen afrikanischen Ländern Zinn und Kupfer wesentlich billiger abgebaut werden als im Südwesten Englands, und die cornischen *Wheals* schlossen eine nach der anderen ihre Tore.

Südliches Cornwall

103/es Foto: hs

Isles of Scilly
– Südseeinseln im Atlantik

Nach 20 Minuten Flugzeit mit dem Helikopter von Penzance sieht man sie unten im Meer liegen und fühlt sich wahrhaftig in die Südsee versetzt. Aus dem türkisblauen Wasser strahlen eine Reihe sattgrüner Punkte heraus, alle umgeben von einem weißen Sandkranz.

Die Isles of Scilly sind erreicht, die 50 km vor der Küste Cornwalls liegen und Großbritanniens westlichste Vorhut bilden. Bei dem idyllischen Anblick, der sich da aus der Luft ergibt, wähnt sich der Besucher eher im warmen Südpazifik als im rauhen Nordatlantik – das Bild wird der Realität jedoch durchaus gerecht!

Denn so unwirtlich ist der Atlantik hier gar nicht, werden doch die Scilly's vollständig vom Golfstrom umspült, und das wärmende Karibikwasser sorgt für **subtropisches Klima**. Außerdem kann der kleine Archipel jährlich fast 2.000 Sonnenstunden verbuchen, und verglichen mit nordeuropäischen Wetterbedingungen muß man von heißen Sommern und milden Wintern sprechen. Man will es kaum glauben, die Januartemperaturen liegen über denen der französischen Riviera, und so reklamieren die *Scillonians* ganz zu Recht, daß sie nur zwei Jahreszeiten kennen: Frühling und Sommer!

Rechnet man all die Steinsplitter zusammen, die mal mehr, mal weniger aus dem Wasser ragen, so hat der Archipel über **140 Inseln und Eilande**, aber nur fünf sind bewohnt.

streut über die Ausläufer der letzten Hügel, bevor sie sich zum Meer senken, das immer noch nicht sichtbar ist: ein geordnetes schmuckloses lebloses Arbeiterdorf: St. Just. St. Just ist trist. Angesichts dieser scheinbar toten Siedlung, wie sie mir jetzt von außen erscheint, entsinne ich mich der von Taffy genau an diesem Punkt gestellten Frage, ob ich hier wohnen möchte."

Kein Folly: Ruine des Maschinenhauses

St. Mary's, mit 10 km² der größte dieser atlantischen Brocken, zählt 1500 Einwohner und stellt mit dem Dörfchen Hughtown die Archipelkapitale. Nicht einmal halb so groß ist **Tresco**, auf dem 130 Einwohner leben. Das kleine Eiland ist in Privatbesitz und für 99 Jahre von der Duchy of Cornwall gepachtet; dieses Herzogtum gehört übrigens zum Besitz von *Prince Charles*.

Die restlichen drei Eilande, **St. Martin's**, **St. Agnes** und **Bryher** steuern weitere 330 Personen zur Gesamtinselstatistik bei. Mit knapp 2.000 Einwohnern kann man nicht behaupten, daß der Archipel übervölkert wäre.

Geschichte

Glaubt man den antiken Geographen, so reicht die Historie der Scilly's bis weit in die Frühgeschichte zurück. Strabon nannte sie um die Zeitenwende die Casseritiden und behauptete, daß die Phönizier bereits seit den Zeiten des Trojanischen Kriegs Handel mit den Insulanern trieben. Vor allem soll das mediterrane Kaufmannsvolk das in jenen Tagen wertvolle Zinn von diesen Inseln bezogen haben, was sie folglich sorgsam geheimhielten. Ähnlich wie Strabon äußerten sich auch die römischen Historiker Diodorus Siculus und Plinius. Die wenigen archäologischen Funde erhärten diese antiken Spekulationen jedoch nicht.

Auch mit dem sagenhaften Reich Lyoness und König Artus – der ja im Südwesten Englands seine Tafelrunde pflegte – werden die Inseln in Verbindung gebracht. Danach soll noch zur Zeit des edlen Herrschers zwischen den Scilly's und der cornischen Küste festes Land gelegen haben – eben besagtes Lyoness -, das durch eine oder mehrere Jahrtausendfluten dann weggespült wurde; die Inselchen wären demnach Gipfel der Berge von Lyoness. Das nun könnte immerhin theoretisch möglich sein, denn Sturmfluten von apokalyptischen Ausmaßen haben die englische Südwestküste im Verlauf der letzten 2.000 Jahre mehrfach heimgesucht. Auch fanden sich viele Siedlungsreste teilweise recht weit unter der Wasseroberfläche.

Wirtschaft

Berühmt in England sind die Isles of Scilly für ihre **Blumen**. Aufgrund des subtropischen Klimas beginnen ab November die Narzissen zu blühen, und bis zum Mai hin werden eine ganze Reihe unterschiedlicher Zierblumen angepflanzt, geschnitten, dann zum Festland verschifft und auf Märkten in ganz Großbritannien angeboten.

Wie die Chronik berichtet, hatte im Jahr 1867 ein gewisser *William Trevellick* von der Rocky Hill Farm auf der Insel Tresco in einer großen Hutschachtel Tulpen und Narzissen zu einem Großhändler des Covent-Garden-Marktes nach London gesandt. Mit großer Freude registrierte William Tage später die Überweisung von sieben Schilling Sixpence und die dringende Aufforderung, mehr Blumen zu schicken. So entwickelte sich innerhalb weniger Jahre eine prosperierende Blumenzucht auf sämtlichen Inseln, und zum erstenmal in der Geschichte der Scilly's kamen die Bewohner zu bescheidenem Wohlstand. In den 30er Jahren dieses Jahrhunderts wurden über 1200 Tonnen Blumen auf das Festland verschifft. Heutzutage ist es nur noch ein Drittel dieser Menge, damit hat die Blumenzucht am Gesamteinkommen einen Anteil von 15 %.

Außer Blumenzucht sind heute Fischerei und Landwirtschaft – hier hauptsächlich Kartoffelanbau –, vor allem aber der **Tourismus** die Verdienstquellen der knapp 2.000 Insulaner. Aufgrund des milden subtropischen

Der Hafen von Hughtown auf St. Mary's

Klimas reicht die Gästesaison von Anfang März bis Ende Oktober. Die weitaus meisten Besucher kommen nur für einen Tag, dies sind im Sprachgebrauch der Insulaner die *Trippers*. Nur 2.000 Gäste können auf einmal übernachten; wer dies tut, ist ein *Visitor*. Ein paar Leute vom Festland haben Häuschen auf den Scilly's gekauft und lassen es sich unter den Sonnenstrahlen als die *Residents* gutgehen. Schließen wir die Namensgebung damit ab, daß die auf den Inseln geborenen und aufgewachsenen Leute die *Locals* sind und daß die Mitglieder von etwa 20 alteingesessenen Familien als die *Scillonians* die Spitze der Pyramide bilden.

In früheren Tagen waren der **Schmuggel** und das **Shipwrecking**

Verdienstquellen. Entweder hatten Sturm oder Nebel einen Frachter auf eine Sandbank oder ein Riff auflaufen lassen, der dann von den Scillonians ganz legal geentert werden konnte, oder aber – schlimmer und über Jahrhunderte eine lebensbedrohende Landplage an Englands Küste – es lockten Strandräuber des nachts mit falsch gesetzten Lichtern Schiffe ins Verderben, ermordeten die Besatzungen und verhökerten die Fracht.

Dabei waren und sind die **Gewässer** rund um die Isles of Scilly ohnehin **die gefährlichsten** weit und breit. Es ist keine Übertreibung, wenn die Scillonians, darauf angesprochen, erwidern: „Every rock in Scilly has a shipwreck", und in einer lokalen Sentenz heißt es: „Auf den natürlichen Tod eines Menschen kommen neun Ertrunkene."

Bis in dieses Jahrhundert hinein fügten die Bewohner des Archipels bei ihren Gebeten auch immer den folgenden Anhang hinzu: „Oh Herr, wir bitten um Schutz für die Seefahrt, sollte es Dir aber gefallen, ein Schiff stranden zu lassen, so geleite es zum Nutzen von uns armen Leuten zu unseren Inseln!" Wie die Geschichte zeigt, ließ der Herr sich nicht lumpen, er geleitete regelmäßig und unermüdlich.

Leuchtfeuer auf Bishop Rock

Die Zahl der Katastrophen veranlaßte die staatlichen Autoritäten schon früh, mit dem **Bau von Sicherheitseinrichtungen** zu beginnen. Nachdem im Jahre 1619 der erste cornische Leuchtturm am Lizard Point seinen Betrieb aufgenommen hatte, kam 1680 auf dem höchsten Punkt von St. Agnes ein weiterer Signalturm hinzu. In einer Höhe von 41,5 m glomm an der Spitze in einem Eisenkorb ein Kohlenfeuer und sandte seinen roten Schimmer in die schwarze Nacht.

Zwei Jahrhunderte sollte es noch dauern, bis auf dem Bishop Rock, der westlichsten Klippe der Scilly's, ein Leuchtturm erbaut werden konnte, der den von Nordamerika herannahenden Schiffen sicher den Eingang in den Englischen Kanal wies. Die Arbeiten gestalteten sich schwierig, da der flache Felsen bei hoher Tide überflutet wird. 1849 begannen die **ersten Arbeiten** an einem eisernen Turm, der in seinem unteren Teil durchbrochen war, damit die See weitgehend ungehindert dort durchspülen konnte und die Gewalt der anbrandenden Wellen somit gemildert wurde. Doch am 5. Februar 1850 ließ ein Sturm das halbfertige Bauwerk auf Nimmerwiedersehen verschwinden. Nun zog man bis zu einer Höhe von 13,5 m eine massive steinerne Konstruktion vor, mauerte ab dort die Wände noch immer zu einer Dicke von 1,5 m aus und, selbst an der Spitze, in einer Höhe von 35 m über Hochwasser, sind sie noch 60 cm stark. Am 1. September 1858, rechtzeitig vor Beginn der stürmischen und nebligen Jahreszeit, wurde der Leuchtturm in Anwesenheit von *Prinz Albert*, *Königin Viktorias* Ehemann, eingeweiht.

Wie gewaltig die **Wellenberge** sein können, die an das Bishop Rock Lighthouse branden, bewies ein Fischer-

Südliches Cornwall

Schiffskatastrohen vor den Scilly Islands

Die bisher schlimmste **Katastrophe** ereignete sich in der Nacht vom 22. Oktober 1707; fünf Kriegsschiffe der englischen Flotte – unter ihnen das Flaggschiff **„Association"** mit Admiral *Sir Cloudesley Shovel* – liefen bei den Scilly's auf Grund, und 1670 Matrosen ertranken. Der Admiral hingegen kam glücklich an Land, dort traf eine Bäuerin den völlig erschöpften Mann, sah zwei wertvolle Ringe an seinen Fingern blitzen – und ermordete ihn.

Am 10. Dezember 1798 sank *Her Majesty Ship* **„Colossus"** vor dem Archipel, ein Seemann kam ums Leben. Das 74-Kanonen-Schiff hatte an der Schlacht von Alexandria teilgenommen, in der *Lord Nelson Napoleon* aus Ägypten vertrieb. Auf ihrem Rückweg übernahm die „Colossus" in Neapel die Sammlung etruskischer Vasen des dortigen britischen Botschafters *Lord Hamilton* (dessen Frau, *Lady Emma Hamilton*, die Geliebte von *Lord Nelson* war). 1975 fanden Taucher eine ganze Reihe dieser 2500 Jahre alten Schmuckgefäße, die heute die etruskische Abteilung im Britischen Museum zieren.

Im Jahr 1800 hatten zwei große **französische Schlachtschiffe** den Auftrag die größte Insel, St. Mary's, einzunehmen. Noch bevor ein erster Kanonenschuß abgefeuert war, lief eines der beiden auf einen Felsen und sank. Da drehte der zweite Segler ab und verschwand.

Tragisch verlief die Reise des deutschen Überseedampfers **„Schiller"**, der mit 100 Besatzungsmitgliedern und 272 Passagieren auf dem Weg von New York nach Hamburg war. Dichter Nebel herrschte am Abend dieses 7. Mai 1875, der Kapitän ließ die Geschwindigkeit auf vier Knoten reduzieren, und rund um das Schiff hielten Matrosen und freiwillige Passagiere Ausschau. Der Kapitän setzte ein Flasche Champagner für denjenigen aus, der zuerst das Licht des Bishop-Rock-Leuchtturms sehen oder dessen Nebelhorn hören sollte. Gegen 22.00 Uhr lief das Schiff krachend auf ein Riff, und in der nun ausbrechenden Panik konnten nur zwei Rettungsboote sicher zu Wasser gelassen werden. Von den 372 Menschen an Bord überlebten nur 37 das Desaster. Viele der Ertrunkenen wurden von der Strömung auf die See hinausgezogen; weit über hundert Leichen spülten die Wellen in die Buchten der Inseln. Auf dem Kirchhof des Weilers Old Town of St. Mary's wurden die Opfer in einem großen Gemeinschaftsgrab beigesetzt.

Am 12. Mai 1915, mitten im Ersten Weltkrieg, traf früh am Morgen das deutsche **Unterseeboot U 29** auf die „Indian City". Der Kommandant ließ die Besatzung des Frachters in die Boote gehen, torpedierte dann das Schiff, nahm die Rettungsboote an den Haken und schleppte sie nach St. Mary's. Kurze Zeit später kam in Sichtweite der Scilly's die „Headlands" vorbei, wieder mußte die Besatzung in die Boote gehen, bevor der Frachter versenkt wurde. Am Abend dann dampfte einige Seemeilen vor den Inseln die „Andalusian" vor die Torpedorohre, und wieder schleppte die U 29 die Rettungsboote dieser Crew in Sicherheit, nachdem sie ihr grausiges Werk vollendet hatte.

Die Zahl der Schiffe, die an den Klippen der Scilly's ins Verderben gingen, ist Legion; dies illustrieren vor allem die folgenden Beispiele. Am 14. August 1909 lief die **„Plympton"** im dichten Nebel auf den Lethegus Rock, die Mannschaft konnte von dem in St. Agnes stationierten Rettungsboot sicher an Land gebracht werden. Während die Bewohner von St. Agnes den Frachter ausräumten, warf plötzlich eine große Welle das Schiff um; zwei Scillonians saßen im Innern der **„Plympton"** in der Falle und ertranken. Elf Jahre später krachte der deutsche Frachter „Hathor" auf den gleichen Felsen und sank auf die „Plympton" herab. Ineinander verkeilt liegen beide Schiffe auf dem Grund des Meeres.

1874 lief der Viermastsegler **„Minnahaha"** auf den Big Jolly Rock; die Seeleute kletterten am Bugspriet entlang und sprangen auf den Felsen. 36 Jahre später rauschte ein Schiff gleichen Namens auf die Untiefen der Scilly's. Niemand kam zu Schaden. In der Hoffnung, die „Minnahaha" wieder flott zu bekommen, warf die Mannschaft die gesamte Fracht über Bord, die Bewohner von Bryher fischten alles sorgfältig aus dem Wasser und kamen zu Geld.

In der Nacht vom 25. auf den 26. Oktober 1899 verlor der deutsche Reisfrachter „Erik Rickmers" in dichtem Nebel die Orientierung und schlug sich auf Scilly Rock ein großes Leck. Die Mannschaft konnte von den Seenotrettern aus Bryher an Land geholt werden. Nur Stunden später wurde der gleiche Felsen dem französischen Schiff „Paramé" zum Verhängnis, und wieder liefen die Männer von Bryher mit dem Boot aus und sorgten dafür, daß niemand zu Schaden kam.

Im Jahre 1869 wurden die Scillonians auf ein Schiff aufmerksam, das auf einem gefahrvollen Kurs durch den Archipel schlingerte. Das Rettungsboot fuhr aus, und als die Männer die „Sophie" betraten, kam ihnen lediglich ein vor Freude kräftig mit dem Schwanz wedelnder Hund entgegen. Die Crew war verschwunden. Das Segelschiff wurde nach St. Mary's geschleppt, wo der Gouverneur des Archipels, Algernon Dorrien Smith, mit der Kohlenladung sein Gewächshaus heizte und aus dem Holz Zäune anlegen ließ. Monate später löste sich das Rätsel. Die Mannschaft hatte nach einem Mastbruch das alte Schiff verlassen und war von einem Frachter übernommen worden. Der Besitzer klagte gegen Smith auf Schadensersatz und bekam Recht. Der Hund galt als Mannschaftsmitglied, somit war das Schiff nicht verlassen, und die Scillonians hätten die „Sophie" nicht in Besitz nehmen dürfen.

1926 ging die italienische „Isabo" vor dem Scilly Rock mit sechs Seeleuten unter. Gerettet wurde unter anderen der Schiffskoch. 29 Jahre später sank der Frachter „Mando" vor dem Archipel, und das gleiche Rettungsboot wie fast drei Jahrzehnte zuvor rettete den Koch ein zweites Mal.

An einem Freitag dem 13. im Jahre 1907 sorgte die „Thomas W. Lawson", mit ihren sieben Masten das größte je gebaute Segelschiff, für die erste Ölpest weltweit. Der stählerne Segler lief auf Grund, 90.000 Liter Rohöl liefen aus und verseuchten die Küste der Scilly's.

Das Schiff mit der höchsten Tonnage, das bisher an den Scilly's gestrandet ist, löste auch das bisher größte ökologische Desaster der Region aus. Am 18. März 1967 beschloß der Kapitän des unter liberianischer Flagge laufenden Tankers „Torrey Canyon", ein paar Stunden Zeit einzusparen und zwischen Land's End und den Scilly's durchzufahren, anstatt die weniger gefährliche Route westlich des Archipels zu nehmen. Bei allerbester Sicht übersah die Crew das Feuerschiff von Sevenstones und lief mit voller Kraft von 16 Knoten (29,6 km/h) auf den Pollard Rock. 119.000 Tonnen Rohöl flossen aus und trieben auf die Küste von Cornwall zu, wo Tausende von Seevögeln verendeten. Navy und Airforce schossen das Wrack und den Ölteppich in Brand, eine Aktion, bei der der damalige Premierminister Harold Wilson von St. Mary's aus zusah.

Eine Reihe alter Wracks mit wertvoller Ladung sind in den letzten zwei Jahrzehnten rund um die Isles of Scilly entdeckt worden. 1971 fanden Taucher nach langer Suche den holländischen Ostindiensegler „Hollandia", der Silber geladen hatte und am 13. Juli 1743 auf seiner Jungfernfahrt an den Scilly's scheiterte. 1973 ortete man die 1686 untergegangene „Princess Maria", 1991 die nach Schätzungen mit Gold im Wert von 11 Mio. £ beladene „Princess Adriana", die 1744 vor den Inseln sank. 1974 fand man auch das Wrack der holländischen „Zeelilie", die aus Südostasien kam und u. a. mit chinesischem Porzellan beladen war, von dem Taucher einige Stücke bergen konnten.

netz, das sich einmal in 21 m Höhe um den Turm gewickelt fand, eine andere Monsterwoge riß einige Jahre später das unterhalb des Leuchtfeuers befindliche Nebelhorn herunter. 1882 wurde der Turm auf eine Höhe von 52 m aufgestockt, Bishop Rock ist damit der höchste Leuchtturm der Britischen Inseln. 1925, in einer furchtbaren Sturmnacht, brandete eine Jahrhundertwelle an den Leuchtturm, die noch in dieser Höhe die Kraft hatte, die Glaslinsen zu zerstören und das Licht zu löschen. Seit 1975 ist das Bishop Rock Lighthouse mit einer Hubschrauberplattform versehen.

Der Leuchtturm markiert auch den Anfangs- oder Endpunkt bei der Jagd nach dem sogenannten **Blauen Band**, der Auszeichnung für die schnellste Atlantiküberquerung. Das Pendant zum Bishop Rock ist das Ambrose Lighthouse vor dem Hafen von New York. Dazwischen liegen 3106 Seemeilen, die das italienische Hochgeschwindigkeitsboot „Destriero" im Sommer 1992 in 58 Stunden, 34 Minuten und 4 Sekunden zurücklegte. Das 36,6 m lange Boot erreicht eine Höchstgeschwindigkeit von 60 Knoten (111 km/h) und durchpflügte mit einer Durchschnittsgeschwindigkeit von 53 Knoten (98 km/h) den Atlantik. Es war der schwerreiche *Aga Khan*, der für diesen unnützen Rekord die stolze Summe von 40 Mio. £ aus dem Fenster geworfen hat.

Im selben Sommer wurden **Pakete mit Kokain** im Wert von 220.000 £ an den Strand von St. Martin gespült; niemand wußte, woher das Zeug kam.

Flora und Fauna

Um die Natur auf und um die Inseln herum vor den verderblichen Einflüssen des Massentourismus zu schützen, bleibt die Bettenkapazität auf 2.000 begrenzt; die Einwohner der Scilly's sind sich darin einig mit *Prince Charles*, der ja als Duke von Cornwall Eigentümer der Eilande ist. Mit dem Blaublüter als Zugpferd haben die Scillonians durchgesetzt, daß die Inseln als sogenannte *Area of Outstanding Natural Beauty*, die Küste als sogenannte *Heritage Coast* und die Gewässer drumherum als *Marine Park* ausgewiesen sind und damit unter **Naturschutz** stehen. Die Verwaltung der *Duchy of Cornwall* hat auf Anregung von *Prince Charles* das gesamte öffentliche Land des Archipels dem Schutz des 1985 gegründeten *Isles of Scilly Environmental Trust* zuerst einmal für die Zeitdauer von 99 Jahren übergeben. Die Verwaltung dieses Trusts liegt in den Händen von elf Treuhändern und einem Vorsitzenden, sie alle sind *Scillonians*.

Von den rund 140 unbewohnten kleinen und größeren Inseln sind nur elf ganzjährig **für die Besucher geöffnet**, acht weitere bleiben in der Brutzeit vom 15. April bis zum 20. August geschlossen; alle anderen Eilande sind Refugien für Seevögel und Robben.

Besucher, die länger als nur einen Tag auf den Inseln bleiben, wollen entweder wandern („... this should be done slowly, beauty is too rare to be hurried ...") oder **Vögel beobachten**. Im Herbst kommen die Zugvögel, die in dem milden Klima der Inseln überwintern. 60 Arten brüten auf den Eilanden, 26 Spezies besuchen die Inseln im Sommer, 111 Vogelarten überwintern regelmäßig, davon kommen 35 Spezies von Jahr zu Jahr in immer kleineren Populationen und sind zunehmend vom Aussterben bedroht.

Ohne ein starkes Fernglas sollte man nicht auf die Scilly's fahren; beobachten lassen sich die majestätischen Kormorane (*Cormorant*), die lustig aussehenden Papageientaucher (*Puffin*), Austernfischer (*Oystercatcher*), Tordalk (*Razorbill*), der bunt schillernde Eisvogel (*Kingfisher*), die Eiderente (*Eiderduck*), Trottellumme (*Guillemot*) und Sturmschwalbe (*Storm Petrel*), die unermüdlich ihren englischen Namen *Kittiwake, Kittiwake* krächzende Dreizehenmöwe, die an Land recht unbeholfenen und daher treffend benannten Baßtölpel (*Northern Gannet*), die aus großer Höhe in spektakulären Sturzflügen ins Meer schießen. Der mächtigste Vogel in den Kolonien der Scilly's ist die Große Seemöwe (*Great black-backed gull*), die eine Spannweite von mehr als 1,50 m erreichen kann. Wohlgelitten ist sie bei den *Birdwatchern* nicht, denn sie bringt die allseits beliebten putzigen Papageientaucher ums Leben, greift sich allerdings auch Ratten, Mäuse und Kaninchen.

Vor den Inseln sieht man gar nicht so selten den für Menschen ungefährlichen **Riesenhai** (*Basking Shark*), dessen mächtige Rückenflosse drohend aus dem Wasser ragt, wenn das Monsterviech seine langsamen Runden dreht. Der bis zu 10 m lang werdende Hai ernährt sich aber von Plankton

und Garnelen. Delphine und Tümmler kommen häufiger ins Blickfeld des Feldstechers. Robben sonnen sich gerne auf den Steinen und Felsen und sind ob ihres putzigen Verhaltens beliebt bei Jung und Alt.

Bis 1981 gab es übrigens keine **Igel** auf den Scilly's, nun sind sie recht zahlreich anzutreffen; niemand weiß, wie die stachligen Gesellen auf die Inseln gekommen sind.

Die **subtropische Pflanzenvielfalt** des Archipels zeigt sich am schönsten im **Abbey Garden** auf der Insel Tresco. Hier gedeihen in üppiger Pracht Zitronen, Bananen, neuseeländische Harthölzer, burmesisches Geißblatt, indische Fächerfarne, südamerikanische Lilien, mexikanische und afrikanische Palmen. 1991 wuchs eine Yucca innerhalb von 14 Tagen auf eine Höhe von 3,60 m, was einen Eintrag im Guinness Buch der Rekorde brachte.

Im Garten findet sich auch die sogenannte Valhalla, eine überdachte Halle, in der Galionsfiguren und Kanonen von über 70 gesunkenen Schiffen ausgestellt sind.

Größte Attraktion auf den Scilly's sind die von Mai bis Oktober jeden Freitag (gutes Wetter vorausgesetzt) stattfindenden **Regatten**. In betagten, teilweise über 100 Jahre alten Ruderbooten kämpfen die jungen Männer der Insel um den Sieg. Im letzten Jahrhundert wurden solche Boote bei der Seenotrettung eingesetzt und brachten die Lotsen an Bord der Schiffe.

St. Mary's

St. Mary's kann man, selbst bei ausgedehnten Pausen, gut an einem Tag umwandern. In **Hughtown**, der Inselhauptstadt, sollte man sich das oberhalb des Hafens gelegene, achteckige und sternförmige **Star Castle** ansehen, das 1993 seinen 400. Geburtstag feierte. 1593, nach dem Sieg der Engländer über die Armada errichtet, sollte es spanische und französische Angreifer abschrecken. Heute ist hier das beste Hotel der Insel untergebracht. Von dort oben hat man einen guten Ausblick über den Naturhafen von St. Mary's und kann weit über das Meer bis hin zu den Nachbarinseln schauen. Sonnenuntergangsfanatiker finden hier den besten Kamerastandplatz für das Abendrotfoto.

In der Church Street macht ein kleines **Museum** mit der Geschichte des Archipels und den dramatischen Schiffsuntergängen bekannt.

Will man nicht die ganze Insel wandernd umrunden, so sollte man wenigstens die südlich von Hughtown ins Meer reichende **Penninis-Halbinsel** entlangspazieren. Man wird mit einer Reihe prachtvoller Felsformationen belohnt, die so illustre Namen wie *Monk's Cowl* (Mönchskutte), *Tooth Rock* (Zahnfelsen), *Kettle and Pans* (Kessel und Pfannen), *Pulpit Rock* (Kanzelfelsen) tragen. Eine kleine Höhle hat ein begabter Witzbold *Izzicumpucca* getauft. Am Penninis Head sorgt ein Leuchtturm für Sicherheit.

Tresco

Die Hauptattraktion von **Tresco** ist der schon erwähnte **Abbey Garden** mit der Valhalla. Schöne Sandstrände verlocken im südlichen Teil der Insel dazu, in die Fluten zu springen.

Vom Inselweiler **New Grimsby** an der Westküste – hier ist in einer kleinen Wallmauer unübersehbar der Anker des oben erwähnten Seglers „Sophie" eingemauert – führt ein Pfad nordwärts zu **Cromwell's Castle**. Der knapp 20 m hohe runde Wehrturm sollte ab 1651 Schutz vor holländischen Angriffen bieten.

Südländische Pracht: Abbey Garden

Nahebei ragt **King Charles' Castle** in den blauen Himmel. Die 1554 in Betrieb genommene Verteidigungsanlage war kein Schmuckstück. Der Platz für das Fort war so schlecht gewählt, daß die Kanonen nicht in alle Richtungen freies Schußfeld hatten.

Ebenfalls im Norden von Tresco findet man die **Piper's Hole**, eine 80 m tief in den Felsen reichende Höhle, die in früheren Jahren Lager einer Schmugglerbande war und zuvor – viel romantischer – einer Meerjungfrau als Wohnung diente.

St. Martin's

St. Martin's ist bekannt für seine langen feinen Sandstrände. Im Osten der Insel ragt ein rotweißes lichtloses Daymark, eine Tagesmarkierung, auf, die 1683 (und nicht 1637, wie die Inschrift besagt) als Sicherheit für die Schiffahrt errichtet wurde.

St. Agnes

St. Agnes ist nur bei Flut von ihrem Annex **Gugh** getrennt, bei Ebbe kann man über den harten Sand die wenigen Schritte hinüberlaufen, um beispielsweise den **Old Man of Gugh**, eine bronzezeitliche Steinsetzung, zu bewundern. Am **Kittern Hill**, am nordwestlichen Zipfel von Gugh, finden sich eine Reihe von Hügelgräbern, darunter auch das 1900 ausgegrabene **Obadiah's Barrow**, ein megalithisches Sitzgrab.

Der **Big Pool** von St. Agnes, im Norden der Insel gelegen, ist einer der bevorzugten Anlaufpunkte der Hobby-Ornithologen, hier überwintern viele Wasservögel. Im Südwesten darf man den **Beady Pool** genannten Strand nicht auslassen, denn hier lohnt die Schatzsuche. Im Wasser liegt ein Segler aus dem 17. Jh., der Glasperlen geladen hatte; immer wieder bringen Wellen die aus holländischer Manufaktur stammenden Perlen an den Strand.

Bryher

Auf Bryher, nur von rund 50 Einwohnern besiedelt, lockt der **Great Pool** die *Birdwatcher,* und ganz im Norden lohnen lange Blicke auf die mächtigen Felsen, an die donnernd die Wellen des Atlantiks branden und wo die Gischt hochspritzt.

Praktische Hinweise

Tourist Information

●**St. Mary's**, Porthcressa Bank, Tel. 01720-22536.

Unterkunft

●**St. Martins on the Isles**, ****, St. Martin's, Tel. 01720-422092, Fax 422298
●**Bell Rock Hotel**, ***, Church Street, St. Mary's, Tel. 01720-422575; Fax 423093
●**Star Castle Hotel**, ****, St. Mary's, Garrison, Tel. 01720-22317
●**Atlantic Hotel**, ***, St. Mary's, Hugh Street, Tel. 01720-22417
●**The Island Hotel**, ****, Tresco, Tel. 01720-22883
●**Camping:** Mrs. J. Burroughs, St. Mary's, Garrison Farm, Tel. 01720-22670; Mr. T. Hicks, St. Agnes, Troy Town, Tel. 01720-22360; Mr. C. Savill, St. Martin's, Middle Town, Tel. 01720, 22888; Mrs. K. Stedeford, Bryher, Jenford, Tel. 01720-22886.

Pubs und Restaurants

- **New Inn**, Tresco, jahrhundertealtes Gasthaus am Hafen von New Grimsby
- **The Froggle Rock Café**, Bryher, eher schon ein kleines Restaurant, auch Vegetarisches im Angebot
- **Dolphin Tea Garden**, Tresco, Old Grimsby
- **Serica Café**, St. Mary's, The Strand, kleine Snacks, Kaffee und Kuchen
- **The Turk's Head**, St. Agnes, gemütlicher Pub mit Biergarten, im Sommer Barbecues
- **Corner House Restaurant**, St. Mary's, Hughtown, zwischen 6 und 12 £
- **Pilot's Gig**, St. Mary's Hughtown, gemütliches Kellerrestaurant, um 10 £

Verbindung

- Tägliche **Schiffsverbindung** mit der Scillonian III **von St. Mary's** nach Penzance, tel. Buchungen unter 01736-62009
- Von **St. Mary's mit Hubschraubern** zum Helioport nach Penzance (tel. Buchungen unter 01736-63871) und mit zweimotorigen Flugzeugen zum Land's End Aerodrome (tel. Buchungen unter 01736-787017)
- **Von Tresco mit Hubschraubern** nach Penzance
- Während der Saison auch **Flüge von Exeter** (Mo-Sa) **und Newquay** (Mi/Do) nach St. Mary's (Buchungen unter Tel. 01736-787017)
- **Bootsverkehr zwischen den Inseln** ständig, wenn genügend Personen zusammenkommen, für die Fahrten zu unbewohnten Eilanden gilt das gleiche.

Rent-a-Bike

- **Buccabu Cycle Hire**, St. Mary's, the Strand.

Sonstiges

- **Tauchen:** Nowhere, St. Mary's, Old Town, Tel. 01720-22732
- **Dinghy/Surfbretter:** Windsurf & Sailing Centre, St. Mary's, The Quay
- **Fischen:** Skipper S. C. Walder, St. Martin's, Carron Farm

St. Ives
– Das cornische Malerparadies

Ganz ohne Zweifel ist St. Ives das touristische und kulturelle Zentrum Cornwalls. Der Besucher ist gut beraten, im Ort sein Standquartier aufzuschlagen und von hier das *West Country* zu erkunden. Wenngleich St. Ives von der Anlage her prinzipiell wie Polperro und Mousehole aussieht, jedoch weitaus größer ist, so wirkt es doch trotz der Besuchermassen nicht ausschließlich touristisch und vermittelt noch die Atmosphäre, daß es bewohnt ist von Menschen mit normalen Berufen und einem unspektakulären Alltagsablauf. Zwar ist St. Ives als **Hochburg des cornischen Fremdenverkehrs** kommerzialisiert bis in die letzte Seitengasse, doch fehlt dem Warenangebot die Penetranz von Polperro.

St. Ives ist zwischen 9 und 16 Uhr für den gesamten **Autoverkehr gesperrt**, nur Einheimische dürfen in diesen Zeiten ihre Fahrzeuge bewegen. Hinweisschilder lotsen die Autofahrer zu großen Parkplätzen.

Schon seit gut einem Jahrhundert gilt St. Ives als Künstlerkolonie. Das sympathische, vom Golfstrom verwöhnte Städtchen hat ein **unvergleichliches Licht** zu bieten – wesentliche Voraussetzung für malerisches Schaffen.

An nasse Füße gewöhnt: Abkürzung durch den Hafen von St. Ives

Südliches Cornwall

10ties Foto: hs

> „Mir scheint, daß nichts die Phantasie so sehr zu lähmen vermag wie dieses Land – das unpoetischste der Welt."
>
> *Dorothea Fürstin Lieven*, „Briefe an Fürst Metternich", 1823

Einer der ersten, der die beschwingte Atmosphäre von St. Ives als Inspiration nahm, war **William Turner**, der Maler, der wie kein anderer Licht auf die Leinwand zu bringen verstand, der ein nicht nur sinnhaftes, sondern ein fast physisch erfahrbares Leuchten in seinen Bildern produzierte. 1883 kam der amerikanische Künstler **James Whistler** mit dem in München geborenen Briten *Walter Sickert* im Gefolge in den Ort, „to paint ships, seas and skies".

1920 eröffnete **Bernard Leach** – beeinflußt von der japanischen Porzellankunst – zusammen mit Shoji Hamada eine Töpferei, in der die beiden westliche Motive mit fernöstlichen Elementen kombinierten und eine ganze Generation von Töpfern beeinflußten. In der Leach Pottery (Higher Stennack, am Ortsausgang Richtung Penzance, direkt an der B 3306) wird heute noch immer in der Tradition von Bernard gearbeitet.

Der Maler *Ben Nicholson* zog 1939 zusammen mit seiner Frau *Barbara Hepworth* und seinen Drillingen ins Hafenstädtchen, gefolgt von dem russischen Bildhauer und Bauhauslehrer *Naum Gabo*. Sie alle lernten von **Alfred Wallis**, einem einfachen Fischer, der mit seinen naiven Bildern die „Profis" in seinen Bann zog und ihnen einen schnelleren Zugang zur Bevölkerung von St. Ives verschaffte. *Wallis* hatte erst mit 70 Jahren, nach dem Tode seiner Frau, mit dem Malen begonnen.

Die Bilder, Zeichnungen und Skulpturen der Künstler von St. Ives sind im neuen Museum, der **Tate Gallery** von St. Ives, zu besichtigen. Dieses sehr ansprechende Ausstellungsgebäude wurde von den beiden Architekten *Eldred Evans* und *David Shalev* entworfen und beeindruckt durch die große, kreisrunde Eingangshalle, die an den Gasometer erinnert, der ehemals an dieser Stelle aufragte. Das farbige Glasfenster in dieser Rotunde schuf der Künstler *Patrick Heron*, dem *Ben Nicholson* 1958 sein Atelier übergab. Es befindet sich in der Back Road West und ist eines der 13 Porthmeor-Ateliers. Hier malt auch der aus Thüringen stammende *Walter Weschke*, der sich nach seiner Kriegsgefangenschaft in den 50er Jahren hier angesiedelt hat.

Prince Charles, der ja nicht nur der Prince of Wales, sondern auch der Herzog von Cornwall und damit Herr über die Duchy of Cornwall ist, war voll des Lobes über den Entwurf des Museums. Königliche Hoheit hat ja mehrfach die kalte Architektur der Postmoderne ins Visier genommen und sich in dem Band „Die Zukunft unserer Städte" mit seinen dezidierten Vorstellungen auch an die Öffentlichkeit gewandt. So war es nur natürlich, daß *Charles* das neue Ausstellungsgebäude, eine Dependance der Londoner Tate Gallery, auch einweihte.

107/es Foto: hs

Das schneeweiße Gebäude überragt den **Porthmeor Beach**, und Schwimmer wie Museumsbesucher freuen sich gleichermaßen: Vom Strand hat man einen schönen Blick auf das gut in das Stadtensemble eingesetzte, optisch außerordentlich ansprechende Museum, und von innen schaut der Malerfreund auf den langen Sandstrand hinunter, an dem schäumend die Brandung des Atlantiks ausläuft.

Der schönste Platz in St. Ives aber ist im Garten des **Ateliers der Bildhauerin Barbara Hepworth**, die zusammen mit *Henry Moore* zu den ganz großen Bildhauern des 20. Jh. gehört. Zwischen hohen Palmen, blühenden Blumen und auf einem grünen, samtenen Grasteppich stehen 22 Skulpturen. In einem kleinen Gewächshaus kann man sich auf einigen Sesseln ausruhen, auch im Garten stehen natürlich Bänke, und so ist hier die Möglichkeit gegeben, in Gedanken versunken an diesem angenehmen Ort sich in seine Tagträume zu vertiefen und „den Geist eine Fahrt ins Blaue machen zu lassen". Ungehindert schweift der Blick dann in das Atelier, und hier hat es den Anschein, als würde die bedeutende Bildhauerin jeden Moment wieder an die Arbeit zurückkehren. Halbfertige Skulpturen stehen auf Arbeitsti-

Oase der Ruhe: Der Garten von Barbara Hepworth

schen, Hunderte von Werkzeugen liegen herum, staubige Kittel hängen an Haken. 1975 kam *Barbara Hepworth* bei einem Brand in ihrem Atelier 72jährig ums Leben.

In der St. Ives Church sollte man sich die **Skulptur „Madonna mit Kind"** ansehen, die Barbara Hepworth 1954 nach dem Verlust ihres Sohnes Paul fertigstellte, der als Pilot der Royal Air Force ums Leben gekommen war.

Im September 1881 kaufte **Leslie Stephen**, der Vater von *Virginia Woolf*, das weiße, hoch über Hafen und Bucht von St. Ives liegende **Talland House**, am äußersten Zehennagel Englands, wie er sich ausdrückte. Vier

Monate später, im Januar 1882, wurde Virginia geboren, ab dem Sommer dann verbrachte die Familie *Stephen* jedes Jahr die warme Jahreszeit in St. Ives. Vater Leslie begann hier mit seinen Arbeiten als Herausgeber des 64bändigen „Dictionary of National Biography", das er in seinem Todesjahr noch abschließen konnte. Währenddessen tobten die Kinder, Vanessa, Adrian, Virginia und Thoby, am Strand herum und machten unbeschwerte Ferien. 1894 kam auch Henry James nach St. Ives und besuchte die Familie Stephen; mit Vater Leslie – „the silent Stephen, the almost speechless Leslie" – unternahm er lange Spaziergänge.

Wenn Virginia vom Haus aufs Meer schaute, so sah sie den Godrevy-

Blick auf den Hafen

Leuchtturm, ein Bild, das sie Jahre später bei der Niederschrift ihres Romans „To the Lighthouse" (1927, dt. „Die Fahrt zum Leuchtturm) noch inspirieren sollte. Hierin hat sie auch ihren Vater in der Figur des Mr. Ramsey unsterblich gemacht. Auch in den Romanen „Jacob's Room" (Jakobs Zimmer) und „The Waves" (Die Wellen) verarbeitete Virginia sommerliche Erfahrungen aus St. Ives.

Spannender aber noch als Kricket und die Jagd auf einen Schmetterling war das Meer. Virginia erlebte noch die Tage, als das ganze Dorf auf die Pilchard-Schwärme wartete. Hoch oberhalb der Bucht saß dann der sogenannte Aussinger (*Huer*), der die dunklen, Millionen Fische zählenden Schwärme im Wasser sah und dann kräftig in sein Horn stieß. Unermüdlich liefen nun alle Kutter von St. Ives aus und kamen Stunde um Stunde mit berstenden Laderäumen zurück. Geschäftig ging es dann am Kai zu, und spannend war es für die begüterten Stadtkinder, dem bodenständigen Leben der Fischer zuzusehen. „Es war die glückliche Zeit einer glücklichen Kindheit."

Im Mai 1895 starb Julia, Virginias Mutter, und Leslie war es unmöglich,

„Glückliches Albion! Lustiges Alt-England! Warum verließ ich dich? Um die Gesellschaft von Gentlemen zu fliehen und unter Lumpengesindel der einzige zu sein, der mit Bewußtsein lebt und handelt?"

Willibald Alexis, „Die ehrlichen Leute", 1830

ohne seine geliebte Frau nach St. Ives zu gehen; so wurde Talland House verkauft.

Praktische Hinweise

Tourist Information
●Guildhall, Street-an-Pol, Tel. 01736-796297

Unterkunft
●**Garrack Hotel, ****,** Higher Ayr, Burthallan Lane, Tel. 01736-796199, Fax 798955
●**Blue Hayes, ***,** Trelyon Avenue, Tel. 01736-797129
●**Bed and Breakfast:** Chy Harbro, 16 Parc Avenue, Tel. 01736-794617; The Anchorage Guest House, 5 Bunkers Hill, Tel. 01736-797135; Primavera Private Hotel, 14 Drycott Terrace, Tel. 01736-795595
●**Camping:** Ayr Holiday Park, Higher Ayr, Tel. 01736-795855, 500 m außerhalb des Ortszentrums von der B 3306 in die Bullans Lane einbiegen.

Pubs und Restaurants
●**Pig'n'Fish**, Norway Lane, bestes Haus am Platze, gute Fischgerichte, 22-48 £
●**Seafarer's Restaurant**, Fore Street, zwischen 9 und 15 £
●**The Golden Lion,** High Street
●**Joseph's,** Fore Street, gemütliche Wohnzimmeratmosphäre, um 14 £
●**Pepper's,** Fore Street, Pasta und Pizzen, die ausgesprochen gut sind, um 7 £
●**Castle Inn**, Fore Street, alter dunkler, niedriger, gemütlicher Pub
●**Pub The Sloop Inn**, Quayside, am Hafen, atmosphärereiche Fischertaverne, eine der ältesten Kneipen in Cornwall, datiert von 1312
●**New World**, Market Place, chinesisches Restaurant, um 8 £

Rent-a-Bike
●**Wind and Sea,** The Wharf, am Hafen

Küstenwanderungen in Cornwall

Wie auch schon für das Dartmoor werden hier fünf Wanderungen beschrieben, von denen wieder zwei kürzere Touren für Familien mit Kindern gedacht sind (Nr. 4 und 5). Alle Strekken führen entlang der Steilküste, sind jedoch völlig ungefährlich. Da das Gelände recht steinig ist, benötigt man unbedingt festes Schuhwerk.

Neben den schon erwähnten *Stiles*, Treppchen, die über Zäune und Mauern führen, überquert man bei den Cornwall-Wanderungen *Cattle Grids*; dies sind quergelegte steinerne, hölzerne oder stählerne Balken mit großen Zwischenräumen, die es dem Vieh unmöglich machen, die Wiese zu verlassen.

Wanderung 1: Lizard Point, Kynance Cove und das Fischerörtchen Cadgwith

- **Länge:** 13 km, Rundwanderung
- **Dauer:** 4-4,5 Stunden
- **Karten:** Ordnance-Survey-Karte Landranger 203 (Land's End, 1:50.000) oder 204 (Truro & Falmouth, 1: 50.000) und Pathfinder 1372 SW 61/71 (Lizard Point, 1:25.000)

Diese Wanderung sollte man nicht unternehmen, wenn es in den vorausgegangenen Tagen ordentlich geregnet hat. Teile des Geländes können dann sehr matschig sein und den Wanderspaß nachhaltig beeinträchtigen.

Zwischen Falmouth und Penzance ragt die Lizard-Halbinsel rund 20 km weit nach Süden in den Englischen Kanal hinein. An der Spitze der Peninsula sorgt am Lizard Point, dem südlichsten Punkt Großbritanniens, seit dem Jahr 1619 ein Leuchtturm für Sicherheit – hier kann man den Wagen parken.

Vom Parkplatz hält man sich halb rechts, kommt ein Stückchen unterhalb zu einem Café und biegt hier rechts gen Westen in den Küstenpfad ein. Nach wenigen Minuten Fußweg ist **Pistol Meadow** erreicht, diese Küstenregion gehört zu den Besitzungen des National Trust. Schaut man von hier zurück, so hat man einen guten Blick auf den Leuchtturm mit dem Lizard Point; im hellen Sonnenlicht schimmern und glänzen überdies die Klippen der Küste.

Im brandenden Meer liegen einige kleine Felsensplitter, die so seltsame Namen wie *Man of War*, *Shag Rock* oder *Barges Rock* haben. Eine ganze Reihe von Schiffen ist in den vergangenen Jahrhunderten hier auf Grund gelaufen. Die bisher größte Katastrophe ereignete sich im November 1720, als die „Royal Anne" im Sturm auf den *Shag Rock* auflief und kenterte; 207 Menschen ertranken, sie alle wurden auf *Pistol Meadow* zur ewigen Ruhe gebettet.

50 Jahre später strandete ein kanadischer Segler ebenfalls am *Shag Rock*, doch die Mannschaft hatte mehr Glück und konnte sich retten. Wie die Überlieferung berichtet, trieb ein Matrose an Land, der sich an ein Rumfaß geklammert hatte, ein anderer hielt sich an einem lebenden Schwein fest. Als alle die rettende Küste erreicht hat-

Cornwall, Wanderung 1

Cadgwith

St Grade's Church

Devil's Frying Pan

Lizard Downs

Trethvas Farm

Gwavas Farm

Kynance Cliff House

Asparagus Island

Whale Rock

Gull Rock

Lizard

Lion Rock

Penreath Beach

Church Cove

RNLI Wachstation

Venton Hill Point

Coastguard Lookout

Pistol Meadow

Bass Point

Coastguard Lookout

Start

Housel Bay

Barges Rock

Leuchtturm

Man of War

Polpeor Cove

Bumble Rock

Lizard Point

0 — 1 km

IAWM

ten, gesellte sich auch die Schiffskatze wieder dazu, die unter Verlust ihres halben Schwanzes ebenfalls mit dem Leben davongekommen war. Die Crew marschierte zum nächsten Örtchen, kehrte schnurstracks in die Kneipe ein, und zusammen mit den Dörflern wurde das lebensrettende, neun Gallonen Rum fassende Faß auf den glücklichen Ausgang der Katastrophe geleert. Das als Rettungsfloß dienende Schwein ging in die Hände des Wirtes über, der dafür der Mannschaft die Fahrt nach Falmouth bezahlte; auch die Katze blieb als neues glücksbringendes Maskottchen der Taverne treu, wo sie sich noch viele Jahre eines langen Lebens erfreute. Solcherart sind die Geschichten, die man sich hier erzählt.

Angenehm spaziert man hoch über dem Meer, sehr häufig auf weich federndem Torfuntergrund, am Klippenrand entlang, blickt auf eine eindrucksvolle Felsenlandschaft im türkisblauen Meer, dann auf den Pentreath-Strand, und schneller als erhofft schon sieht man vor sich **Kynance Cove**, eine traumhaft schöne Bucht. Man passiert den Parkplatz für Kynance Cove, der, wie auch die Bucht, im Besitz des National Trust ist; hier kann man beim Parkplatzwächter für 50 Pence ein kleines Heftchen über die Flora und Fauna der Region erstehen. Steil geht es nun auf Stufen hinunter ans Wasser.

Ein kleines Café bietet von Mai bis September Erfrischungen.

Kynance Cove ist ca. 300 m breit und von 60 m hohen Klippen eingerahmt, die vor dem kalten nördlichen Wind schützen. Exakt ausgerichtet nach Süden, ist die Bucht – wie es im Info-Heftchen des National Trust heißt – eine Sonnenfalle. **Seltene Flechten, Moose und Riedgräser**, beispielsweise Storchschnabel und Rebendolde, wachsen in der Bucht und auf den steilen Klippen; im grasigen Hinterland haben Ökologen neun vom Aussterben bedrohte Spinnenarten gezählt; hier vergnügt sich auch eine Waldlaus, die eigentlich sonst nur im warmen Spanien vorkommt. Selbst das in der Gegend wachsende Heidekraut ist eine selten vorkommende Art; Erica vagans färbt im Spätsommer die Natur in lila, pink und weiß ein.

Im vergangenen Jahrhundert war Kynance Cove ein beliebtes Ausflugsziel für die viktorianischen Excursionists, die sich um eine intensivere Naturerfahrung bemühten. 1846 kam Prinz Albert, Königin Viktorias Ehemann, mit den Kindern von der königlichen Yacht an Land, um Kynance Cove zu besichtigen; der lokale Volksmund spottet bis heute, daß Seine Hoheit seekrank war. Zwei Jahre später besuchte auch Hofdichter Tennyson die Bucht und begann flugs reimende Sentenzen zu produzieren. Die Viktorianer haben auch den Felssplittern im Meer ihre Namen gegeben – was um alles in der Welt mögen sie sich bei Asparagus Island gedacht haben? An der Namensgebung der vielen miteinander verbundenen Höhlen im Westen der Bucht waren sie ebenfalls beteiligt. Da gibt es The Ladies Bathing Pool, The Drawing Room, The Devil's Letterbox und The Devil's Bellows.

Es geht nun weiter vorbei an dem kleinen Café. Ein **Hinweisschild** zeigt die Richtung an: „Return path to car park avoiding steps". Man spaziert auf einem breiten Schotterweg leicht ansteigend hinauf. Kurz bevor der Parkplatz für Kynance Cove in Sicht kommt, geht es an einer Abzweigung nach links in einen steinigen Pfad. Nach einigen Metern Weg sieht man rechter Hand in der Ferne den Parkplatz liegen. Hier wandert man nun oberhalb des Tals durch eine Heidelandschaft, wo die eben erwähnte seltene Erica vagans in der Sonne leuchtet. Irgendwann verliert sich der Pfad im Heidekraut; in Richtung Nordosten erkennt man in der Ferne eine mäßig befahrene Straße und eine Reihe von drei Häusern, dies ist das nächste Etappenziel. Besonders nach schweren Regenfällen können auf diesem Teilstück etliche schlammige Passagen die Wanderung recht unerquicklich gestalten.

An der Straße vor den Häusern geht es nach links Richtung Norden; am Ende der Häuserreihe führt gegenüber einer Tankstelle ein Pfad rechts ab. Ein **Hinweispfeil** mit der Aufschrift „Public Bridle Way" erhöht die Orientierungssicherheit. Dieser Pfad wird rasch sehr schmal, ist an manchen Stellen von Bäumen und Büschen ziemlich zugewachsen, auch hier kann es nach Regenfällen auf einem Stück von 200 m unerfreulich sumpfige Stellen geben.

Der Weg läßt den Wanderer dann auf eine Heidekrautebene hinaus, und man sieht in der Ferne den Kirchturm der St. Grade's Church, mit vollständigem Namen St. Grada of the Holy Cross. Man überquert die kleine Wiese, gelangt auf einen weiteren Pfad, der schließlich auf einer Straße endet. Hier nun rechts ab. Nach wenigen Minuten Fußweg erreicht man eine kleine Kreuzung, an der es geradeaus weitergeht. 300 m weiter läßt linker Hand ein Gatter den Wanderer zur kleinen normannischen **St. Grade's Church**, die in der Regel unverschlossen ist.

Nach der Besichtigung des alten Gotteshauses geht es zurück zum Sträßlein, und man folgt weiter der ursprünglichen Route. Rechts der Straße passiert man nach einiger Zeit **Gwavas Farm** und folgt unermüdlich weiter dem wechselnden Straßenverlauf, bis man an eine T-Kreuzung gelangt. Hier geht es rechts ab, und einige Meter weiter an der folgenden Kreuzung geht man geradeaus weiter. In diese Richtung weist auch ein Straßenschild mit der Aufschrift Cadgwith. Schnell ist linker Hand ein großer Parkplatz erreicht. Nun folge man nicht mehr der Straße, sondern nehme vom Parkplatz den kleinen *Public Footpath,* der annähernd parallel zur Straße verläuft, und schon nach wenigen Minuten ist man, vorbei an reetgedeckten Häuschen, am Hafen und damit im Ortszentrum von **Cadgwith**. Hier sind die Fischerboote auf den kurzen Kieselstrand gezogen, die Männer sitzen in einer langen Reihe auf einer Bank in der Sonne, und im Pub kann man sich mit einem *Ploughman's Lunch* stärken.

Wer in der Taverne nicht einkehren möchte, biegt dort, wo der Weg vom Parkplatz auf den Hafen mündet, rechts ab, spaziert durch das Dorf, und schon nach wenigen Metern weist in einer Rechtskurve über einem Papierkorb ein kleiner Hinweispfeil mit der Aufschrift „Coast Path" geradeaus hoch. Man kommt an einer Straße heraus, und es geht links durch ein Tor weiter durch das Anwesen **Hillside**; in den Büschen versteckt weist wieder ein Pfeil mit der Aufschrift „Coast Path, Devil's Frying Pan" die Richtung. Ist man aus dem Garten von Hillside heraus, so geht es sofort links ab; vorbei an einem steinernen Cottage, trifft man nach wenigen Metern auf das Zeichen des National Trust, und hier ist **The Devil's Frying Pan** erreicht, eine tief unten liegende kleine Bucht mit einem Felsentor, durch das die Wellen hereinlaufen.

Nun befindet man sich wieder auf dem Küstenpfad, der rechts und links von hohen Gräsern gesäumt ist, und die weitere Orientierung ist einfach. Man hat schöne Ausblicke aufs Meer und die Steilküste. An manchen Stellen ist der Pfad mannshoch mit Farnen und Gräsern aller Art bewachsen, dazwischen leuchten gelb die Butterblumen. Immer wieder blickt man in kleine Buchten, von denen die grasbewachsenen Klippen steil hochsteigen. Man passiert ein kleines Kirchlein, das der davorliegenden Bucht den Namen **Church Cove** gegeben hat, dieses

Südliches Cornwall

Areal ist wieder im Besitz des National Trust. Einige Minuten später kommt man an einigen kleinen, zu mietenden Feriencottages vorbei, die recht einsam am Meer liegen.

Nächster Anlaufpunkt ist eine **Wachstation** der *Royal National Lifeboat Institution (RNLI)*, das britische Gegenstück zur deutschen DLRG. Vom Look Out führt ein Fahrstuhl nach unten in die Bucht; dort liegt in einem schützenden Bootshaus ein Seenotrettungskreuzer, der über eine Rampe schnell zu Wasser gelassen werden kann. Das 14,5 m lange Boot hat sechs Mann Besatzung, erreicht eine Höchstgeschwindigkeit von 18 Knoten (33 km/h) und hat einen Aktionsradius von 120 nautischen Meilen (222 km).

Hier biegt der Weg nun nach Westen ab, und der **Leuchtturm von Lizard** kommt bald wieder in Sicht. Noch gilt es eine weite Bucht, die Housel Bay, zu umrunden, man kann sich dann im Housel Hotel stärken und erreicht schließlich wieder den Ausgangspunkt dieser Wanderung. Der Leuchtturm ist in der Regel täglich ab 12 Uhr zu besichtigen.

Fischerboote am Strand von Cadgwith

Wanderung 2: Von Zennor auf dem Tinner's Way

●**Länge:** 14 km, Kurzversion 8 km, Rundwanderung
●**Dauer:** 4,5-5 Stunden
●**Karten:** Ordnance-Survey-Karten Landranger 203 (Land's End, 1:50.000) und Pathfinder 1364, SW 33/34 (St. Ives & Penzance, 1:25.000)

Ausgangspunkt dieser sehr schönen, aber auch anstrengenden Wanderung ist das Örtchen **Zennor**, das einige Kilometer südwestlich von St. Ives an der Küste liegt. Dort gibt es neben dem Dorfpub Tinner's Arms (Free House) einen Parkplatz.

Alternative: Anstelle der Rundwanderung kann man auch eine sehr attraktive Streckenwanderung machen, die von Zennor nach St. Ives führt. Man nimmt hinter dem Pub den Weg zum Zennor Head (siehe Routenbeschreibung am Ende dieser Wanderung) und marschiert dann die Küste in nordöstlicher Richtung entlang; St. Ives ist nach ca. 11 km erreicht; per Anhalter oder mit den dreimal täglich verkehrenden Bussen von St. Ives in Richtung St. Just/Land's End geht es dann zurück nach Zennor.

1916, mitten im Ersten Weltkrieg, zog **D.H. Lawrence** zusammen mit seiner Frau Frieda von Richthofen nach Zennor und schrieb hier an seinen Romanen „Women in Love" und „The Rainbow". Die ersten Wochen lebten beide im Pub Tinner's Arms, dann konnten sie ein kleines Farmhaus mieten. Frieda, die Frau von *Lawrence*, war Deutsche, und so verdächtigten die einfältigen Bewohner von Zennor die beiden der Spionage. Wenn Frieda ein deutsches Lied sang, oder wenn sie im Garten die Wäsche aufhängte, so wurde dies als Zeichen an die vor der Küste operierenden kaiserlichen U-Boote interpretiert. In seinem Roman „Kangeroo" hat *Lawrence* die Anschuldigungen, Denunziationen und Hausdurchsuchungen beschrieben.

Die Wanderroute folgt weitgehend dem **Tinner's Way**, dem Weg, auf dem jahrtausendelang das gewonnene Zinn transportiert wurde. Bis in die Bronzezeit zurück kann man diesen Pfad datieren.

Vom Parkplatz geht es zum kleinen Gotteshaus von Zennor, das im 14. Jh. errichtet wurde; dort, am westlichen Ende des Kirchhofes, gelangt man durch einen Mauerdurchbruch auf eine kleine Wiese, rechts ist ein Gatter, das man überklettern muß, und dann geht es links ab eine Mauer entlang. Man kreuzt schnell hintereinander zwei Steinmauern, hier leider noch ohne die Hilfe von *Stiles*, und gelangt dann, geradeaus gehend, an ein steinernes *Cattle Grid*. Hier ist erstmals ein Weg erahnbar.

Für den ersten Teil der Wanderung verläuft die Strecke generell in nordöstlicher Richtung. Auch wenn kein Pfad erkennbar ist, hält man immer auf das nächste **Farmhaus** zu. Auf diese Art und Weise passiert man die Tremedda-Farm, die Tregerthen-, Wicca-, Boscubben-, Trendrine-, Trevessa-, Treverga-, Trevalgan und Trowan-Farm. Alle sind sie mehr oder weniger in Sichtweite, und selbst wenn es quer-

Südliches Cornwall

feldein geht, ist die Orientierung nicht weiter schwierig, denn ab der zweiten passierten Farm markieren schwarze Hinweispfeile den Wegeverlauf. Da die Route aber über Wiesen und Weiden verläuft, muß man schon einmal an einer Kuhherde oder an einigen Pferden vorbei.

Wenige Minuten später passiert man ein weiteres *Cattle Grid*. Schaut man nach rechts, so erkennt man in ungefähr 300 m Entfernung die Landstraße nach St. Ives, die übrigens die ganze Zeit mehr oder weniger parallel zur Route verläuft.

Man erreicht die Gebäude und Scheunen des ersten Bauernhofes, dies ist die **Tremedda-Farm**, die man links liegenläßt. Ab hier geht es wieder weitgehend querfeldein, doch ist die Orientierung einfach, da man sehr klar einer Telefonleitung folgen kann, die

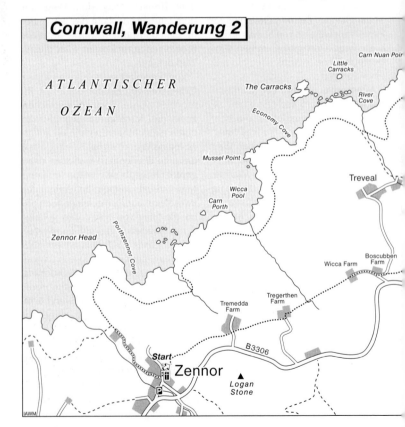

auf die nächste Farm zuläuft. Ab und an meint man, einen Weg oder Pfad erkennen zu können. Auf alle Fälle kreuzt man eine Anzahl von *Cattle Grids*. Man passiert ein Cottage, dann ein zweites und drittes, die man alle linker Hand liegenläßt, und befindet sich nun auf einem schmalen, von Hekken und Bäumen bewachsenen Weg. Es geht noch immer der Telefonleitung nach; doch wird ab hier die

Orientierung einfacher, einige *Cattle Grids* und *Stiles* sind mit schwarzweißen Pfosten gekennzeichnet. Hohes Farnkraut und manchmal knorrige alte Bäume säumen den Pfad, dann wieder geht es über mehrere Wiesen der Telefonleitung nach, bis die **Wicca-Farm** auftaucht. Dort gelangt man durch ein Gatter auf den Hof und geht nach rechts weiter den Weg entlang. Schon sieht man einen weiteren Bauernhof,

Südliches Cornwall

die **Boscubben-Farm**, hinter der man sofort den Feldweg nach links nimmt.

Wer nicht die ganze Wanderung absolvieren möchte, der folge nun diesem Pfad bis zur Küste und biege dann nach links auf den *Coastal Path* ab.

Wer jedoch die gesamte Strecke laufen möchte, geht nach ca. 50 m rechts ab und erreicht einen Stein-*Stile*. Auf einer Wiese marschiere man weiter in der ursprünglichen Richtung gen Nordosten. Schnell ist die **Trendrine-Farm** erreicht, deren Gebäude man rechts liegenläßt. Hier findet man weißschwarze Pfosten an den *Stiles* und *Cattles Grids* und gelbe Hinweispfeile. Man kreuzt diagonal eine Wiese, der Weg ist nun markiert; nochmals diagonal geht es über eine weitere Weide, dann läuft man auf einen großen Farmkomplex zu. Schwarzweiße Pflöcke oder braune Pfosten mit gelben Pfeilen markieren die Route.

Bei der **Trevessa-Farm** geht es links in die asphaltierte Straße und sofort wieder rechts ab, der Ausschilderung „Public Footpath" nach durch Gatter und über *Stiles*. Über eine Wiese, der Telefonleitung folgend, spaziere man in Richtung auf ein einzelnes kleines Haus zu. Hier gelangt man auf ein asphaltiertes Sträßlein, das nach rechts auf die nächste Farm zustrebt. Nach ca. 200 m biege man links ab und laufe direkt auf die **Trevalgan-Farm** zu, die auch einen Campingplatz unterhält. Über den Hof gelangt man an den Rand einer Wiese. Hier beginnt auch der hauseigene *Farm Trail*, der **nicht** mit der im weiteren beschriebenen Strecke identisch ist. Über einen

Stile kommt man auf eine Weide und wendet sich sofort nach rechts, bald ist ein weiterer Bauernhof erkennbar. Hier finden sich auch wieder einige Hinweismarkierungen. Über einen weiteren *Stile* verläuft die Strecke geradeaus über eine kleine Wiese, dann diagonal über eine große Weide auf die **Trowan-Farm** zu. Es geht über den Farmhof und den schwarzweißen Markierungen nach weiter über eine Wiese. Auf mehreren *Stiles* überquert man die Zäune einer Anzahl Weiden. Kurz vor einem weiteren Bauernhof kreuzen Traktorenspuren die Wiese. Hier biegt man links ab und kämpft sich querfeldein im Zickzack durch Heckenöffnungen bis zum Küstenpfad. Das Meer ist erreicht! Es geht nach links der **Küste** folgend in südwestlicher Richtung.

Die Orientierung bereitet nun keinerlei Probleme mehr, dafür wird der Weg von Minute zu Minute anstrengender. Reichlich entschädigt wird man dadurch, daß man an einem der schönsten Küstenabschnitte Cornwalls entlangwandert. Schaut man die Uferlinie entlang, so sieht man, wie sich ein Landvorsprung nach dem nächsten ins Meer erstreckt.

Zu Anfang ist der Pfad von Gräsern gesäumt, mal geht es Felsstufen hinauf, mal hinunter. Am zweiten ins Meer ragenden Vorgebirge passiert man das Zeichen mit dem Eichenblatt und erfährt so, daß der National Trust im Besitz von **Pen Enys Point** ist. Ein Stückchen weiter überquert man auf einem vom Trust angelegten Plankenweg eine sehr sumpfige Stelle, einige

Südliches Cornwall

Minuten Fußweg weiter trifft man auf eine Markierung des *Trevalgan Farm Trail,* und rechts unterhalb davon ragt ein Felsen, geformt wie ein Ausguck, hoch über dem Meer in den Himmel. Dort gibt es einen sehr schönen Rastplatz mit guter Aussicht.

Auf dem Weg dorthin passiert man einen Pfahl mit der Mitteilung eines Alltagsphilosophen: „Spare a few minutes to climb down onto the rock formation below and sit and watch the waves, and meditate for a while. It's my favourite view ... But perhaps I am

Ruhige Buchten laden zum Rasten ein

biased!" Nein, man kann den anonymen Zeilenschreiber beruhigen, er ist nicht voreingenommen, der Platz ist wirklich wunderschön und der Ausblick unvergleichlich. Rund 100 m sitzt man hier über der tief unten brandenden See.

An dieser Stelle wurde im Jahr 1941 die „Bessemer City" auf die Klippen geworfen, die Mannschaft konnte gerettet werden. Sehr zur Freude der Bewohner in den umliegenden Gehöften und Dörfern hatte der Frachter Hunderttausende von Lebensmittelkonserven geladen, die nun von den Felsen und Klippen aufgesammelt werden konnten. Von weit her kamen die Leute angefahren, um sich in dem harten Kriegsjahr mit kostenlosem Proviant einzudecken. Da sich im Wasser natürlich die Beschriftung abgelöst hatte, wußte man nie, ob man eine Dose mit Erbsen oder eine mit Bohnen öffnete; die Speisezettel in vielen Familien waren für lange Zeit dem Zufall unterworfen.

Von dem Ausguck sind es nun noch anstrengende 6 km, bis Zennor wieder erreicht ist.

Auf einer von Heidekraut übersäten Wiese trifft man auf eine kleine Pyramide; dies ist das **Trevega Cliff**, das 91 m hoch aus dem Meer steigt. Ein Stückchen weiter von links ein Weg auf den Küstenpfad; wer die kürzere Route genommen hat, ist hier an die See gekommen.

Der Pfad fällt nun bald bis fast auf Meereshöhe ab, dann geht es wieder steil nach oben; überall liegen große runde Steine, schwere Findlinge, herum, über die man teilweise kletternd seinen Weg sucht. Zwar ist dies anstrengend, doch das Erlebnis der rauhen urwüchsigen Natur entschädigt reichlich für die Strapazen. Einige Minuten später dann ergibt sich wieder ein lieblicheres Bild, denn nun spaziert man an der blumenübersäten Abbruchkante der Felsen entlang und hört, wie das Meer gegen die Klippen donnert.

Doch schon kurze Zeit später geht es wieder auf- und abwärts zwischen großen runden Steinbrocken. Nun ist eine mächtige Gesteinsformation erreicht, doch nein, dies ist noch nicht Zennor Head. Es geht noch einige Meter weiter, bis man auf eine ähnliche Felsanhäufung trifft, wo eine Metallplakette mitteilt: „Zennor Head. Given to the *National Trust December 1953*". Der Pfad knickt nach links ab, mündet recht schnell in eine schmale asphaltierte Straße, und die kommt – Gipfel der Glückseligkeit – an der Rückseite des Pubs Tinner's Arms an.

Wanderung 3: Lamorna Cove und die Merry Maidens

● **Länge:** 14 km, Kurzversion 8 km, Rundwanderung
● **Dauer:** 4,5-5 Stunden
● **Karten:** Ordnance-Survey-Karten Landranger 203 (Land's End, 1:50.000) und Pathfinder 1368, SW 32/42 (Land's End & Newlyn, 1:25.000)

Etwas südlich von Penzance schmiegt sich rund um eine Bucht der nur wenige Häuser zählende Weiler **Lamorna**. Direkt am Ufer von Lamorna Cove kann man den Wagen parken. Von dort spaziere man nach rechts vorbei am Lamorna Cove Café und kommt so auf den Küstenpfad, dem Richtung Westen gefolgt wird. Der Weg windet sich oberhalb des Meeres an der Abbruchkante der Klippen entlang, wie üblich ist die Aussicht prachtvoll. Sehr steinig ist der Pfad, häufig unterbrochen durch riesige Felsbrocken, die man überklettern muß. An Lamorna Point halte man linker Hand Ausschau nach einem schon recht verwitterten keltischen Kreuz; die Inschrift ist gerade noch lesbar: „Emma, March 13 1873". Fünf Jahre vor diesem Datum war die „Garonne of Bordeaux" an dieser Stelle im Sturm auf die Klippen geworfen worden, alle 16 Passagiere, darunter die junge Emma, ertranken.

Der Weg wird nun besser, man steigt ein Stückchen weiter auf Treppenstufen hoch, umgeht eine große Felsformation, und bald kommt der recht häßliche **Leuchtturm von Tater-du** in Sicht. An diesigen oder nebligen Tagen zerreißt es einem hier das Trommelfell, denn Tater-du ist gleichzeitig ein gigantisches Nebelhorn. Der Leuchtturm bleibt links liegen, es geht durch ein grünes Gatter und an einigen Cottages entlang. Nachdem ein weiteres grünes Gatter passiert wurde, gabelt sich der Weg; der breite Pfad läuft rechts ins Landesinnere, man folge jedoch dem schmalen entlang der Küste.

Prachtvoll ist der Ausblick, den man vom **Boscawen Point** in westlicher und auch in östlicher Richtung hat. Ab dort verläuft der Pfad abwärts, bis die **St. Loy's Cove** erreicht ist.

Hier ist Vorsicht geboten, denn nun schreitet man auf riesigen, übereinandergeschichteten runden Steinen voran. Auch sollte man darauf achten, daß alles fest verpackt ist, denn wenn hier etwas zu Boden fällt, ist es in den Steinspalten unwiederbringlich verschwunden. Bei der Orientierung hilft an dieser Stelle mittlerweile ein gelber Pfeil. Um auf dem richtigen Weg zu bleiben, halte man sich jedoch so nah wie möglich am Abhang und spitze die Ohren. Nach ca. 150 m hört man unter den großen runden Steinkugeln einen **Bach** rauschen; hier begibt man sich zum Abhang, wo man einen schmalen Pfad findet, der am Bach in den Wald führt. Diese Stelle ist nicht ganz einfach zu finden, man lasse sich

nicht entmutigen. Ein zusätzlicher Orientierungspunkt ist ca. 40 m vor dem Bach ein gut sichtbares Gatter am Waldhang.

Hat man den Pfad dann gefunden, so führt nach wenigen Metern eine Brücke über das Rinnsal, und einige Schritte weiter weist ein Pfeil nach rechts in den Wald. Weiter geht es steil auf Treppenstufen bergauf. Oben angekommen, hilft ein *Stile* weiter, der Küstenpfad führt links ab, man gehe jedoch nach rechts weiter hoch in den Wald. Nach einigen Schritten zeigt ein Pfeil nach rechts, man kreuze das

Ausblick mit Absturzgefahr

Südliches Cornwall

112es Foto: hs

Cornwall, Wanderung 3

Bächlein erneut und gehe dann, einem weiteren Hinweis folgend, nach links weiter. Rechts und links ist der Pfad dicht bewachsen von Fuchsien, Farnen, Rhododendren, der Bach fließt links. Nachdem ein Gatter passiert wurde, führt der Weg in einen Wald. Ist die **Straße** erreicht, geht es rechts ab.

Nach wenigen Minuten trifft man linker Hand auf ein altes keltisches Steinkreuz, und wenige hundert Meter weiter stößt man rechts auf die Reste des eisenzeitlichen megalithischen **Kammergrabes von Tregiffian**, das aus dem 3. Jh. v. Chr. stammt.

Wieder einige hundert Meter weiter weist ein Hinweispfeil rechts auf ein Feld, und dort stehen die **Merry Maidens**, die fröhlichen Jungfrauen. Der Legende nach entstand dieser eisenzeitliche Steinring, als eine Reihe von Mädchen die Sonntagsruhe durch ihren Tanz störten; also wurden sie zu Stein verwandelt. Von dem *Stone Circle* geht es zur linken Ecke der Wiese und dort mittels eines *Stiles* über ein Gatter. Der Pfad führt über eine weitere Wiese auf ein Haus zu, und über ein *Stile* erreichen wir wieder die Straße. Rechts verläuft ein schmales asphaltiertes Sträßchen, das mit einem Schild

Raginnis
Merlyn Rock
The Mousehole
99
▲
Point Spaniard
Keymel
Drea
Beobachtungs-
station
Keymel
Crease
Penzer Point
Keymel
Wartha
Slinke Dean
Zawn Organ
Kernel Point
Carn-du

Ä R M E L K A N A L

0   1 km

Südliches Cornwall

am Post Office Cottage vorbeiführt. Wenige Meter weiter kreuzt man einen Bach, passiert die **Old Mill** und folgt weiter der Straße. Ca. 100 m hinter der Mühle weist ein Pfeil mit dem Hinweis „Public Footpath" nach rechts.

Der ansteigende Weg ist von mannshohen Gräsern und Farnen bestanden. Oben angekommen, hat man einen schönen Blick auf Lamorna Cove. Ein steinerner *Stile* läßt den Wanderer auf eine Wiese, und es geht diagonal auf ein Haus zu. Ein gelber Hinweispfeil gibt die Sicherheit, auf dem richtigen Weg zu sein. Das Farmhaus bleibt links liegen, während man über den Hof geht. Man erreicht nun ein Gatter mit einem *Stone Stile* und findet im Gebüsch verborgen einen weiteren gelben Hinweispfeil. Entlang einer Hekke geht es über eine Wiese, über einen *Stile* und dann geradeaus auf ein Gatter zu. Dahinter schließt sich erneut eine Weide an, die in Richtung auf eine Farm überquert wird. Auf der ein oder anderen Weide können Kühe grasen. Ein *Stile* führt aus dem grasigen Areal heraus, und ein Pfeil weist nach links. Wenige Schritte weiter geht es seitwärts an einem Gatter erneut auf eine Weide, hier wieder der Hinweis *Public Footpath*, der in Richtung auf ein weiteres Farmgebäude zeigt.

Dieser Teil der Wanderung besteht aus einer dauernden Überquerung von Wiesen und Weiden.

Entlang der Hecke geht es auf einen *Stile* zu, der den Wanderer zu einem sumpfigen Abschnitt bringt. Hält man sich hier rechts, so kann man auf aus-

als Sackgasse gekennzeichnet ist und in das ein Hinweispfeil mit der Aufschrift „Menwinnion Country House" zeigt. Man folge dem Sträßchen, und am Menwinnion – *Residence for the Elderly* – führt ein *Public Bridle Way* in den Wald. Es geht abwärts, und unten angekommen, mündet der schöne Weg wieder auf die Straße. Hier rechts ab nach Lamorna.

Wer nur die **Kurzversion** dieser Tour machen will, läuft jetzt wenige Minuten geradeaus weiter bis zum Parkplatz an der Bucht.

Kurz vor dem **Pub Lamorna Wink** geht es links ein Sträßlein hinunter, das sich nun wieder einmal auf einer Wiese, in deren Mitte ein weiterer *Standing Stone* an ganz frühe Zeiten erinnert. Wie meistens verläuft der Pfad entlang der Hecke; rechts erblickt man das Meer und die Mount's Bay; zum Küstenpfad ist es nun nicht mehr weit.

Stone Stiles leiten auf die nächste Weide, die ebenfalls von einer Steinsetzung geschmückt wird, man peilt einen weiteren *Stile* an und kommt – langsam wird es langweilig – wieder auf eine Wiese. Hier beachte man den folgenden *Stile* nicht, sondern überquert dieses grasige Areal diagonal in Richtung auf das Meer, übersteigt auf einem Leiterchen die Hecke und kreuzt die kommende Weide in Richtung auf ein Haus. An einem *Stile* erkennt man einen Pfeil, der nach rechts weist. Über ein Gatter ist nun ein Weg erreicht, den es rechts ab geht. Man befindet sich nun auf dem **Küstenpfad**, wenngleich dies auf Anhieb nicht direkt erkennbar ist, da man doch ein ganzes Stück vom Wasser entfernt ist.

Wer das Örtchen **Mousehole** im Zuge dieser Wanderung erkunden möchte, wende sich hier nach links.

ab jetzt folgr man in südlicher Richtung dem Küstenverlauf.

Der hier breite Weg ist rechts und links von Hecken eingefaßt, ein Stückchen weiter verhindern hohe Bäume für kurze Zeit den Blick auf die See. Man passiert eine **ehemalige Beobachtungsstation** der Küstenwache, und hier säumen hüfthohe Gräser den Pfad. Schnell marschiert man nun am grasbewachsenen Klippenrand ent-

gelegten Steinen die sehr feuchten Stellen problemlos überwinden.

Man erreicht ein Farmgebäude, ein Pfeil weist nach links; nach ca. 30 m zeigt ein weiteres Orientierungsschild nach rechts, und auf vielen *Stiles* geht es zwischen einer ganzen Anzahl von Farmgebäuden hindurch. Der Bauer von **Kemyel Drea** will damit wohl die Wanderer von seinem Vorderhof verbannen.

Man gelangt auf ein Feld, wo ein *Standing Stone*, eine megalithische Steinsetzung, aufragt, verläßt das Feld sofort wieder über einen Stile, rund 100 m weiter passiert man über einen erneuten *Stile* ein Gatter und befindet

Abwärts: Leuchtturm mit Treppe

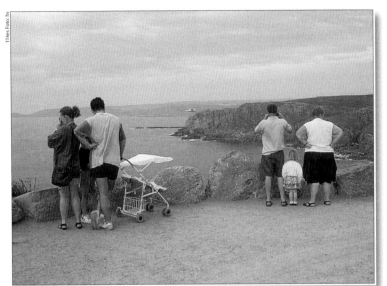

lang und hat aus einer Höhe von 60 m gute Ausblicke auf die von Möwen umschwärmten Fischerboote. Auf Stufen geht es dann abwärts, über einen Bach, danach steigt der Pfad wieder an. Nach weiteren Minuten Fußweg ist ein kleines Wäldchen erreicht. Dieser Wald ist das **Kemyel Crease Nature Reserve** und wird vom CTNC, vom *Cornish Trust for Nature Conservation* gehegt und gepflegt. Wieder einmal geht es dann steil bergauf, ein gelber Pfeil weist den Weg, und schneller, als man erwartet hat, ist **Lamorna Cove** erreicht, wo das kleine Café den Wanderer zum Cream Tea erwartet.

Blick über die Küste, hier von Land's End

Wanderung 4:
Rund um Land's End

- **Länge:** 8,5 km, Rundwanderung
- **Dauer:** 3-4 Stunden
- **Karten:** Ordnance-Survey-Karten Landranger 203 (Land's End, 1:50.000) und Pathfinder 1368, SW 32/42 (Land's End & Newlyn, 1:25.000)

Diese außerordentlich schöne Wanderung führt vorbei an Land's End, dem westlichsten Zipfel Großbritanniens, wo einige der schönsten Klippenformationen und eine grandiose Steilküste zu bewundern sind. Die Strecke ist auch für Kinder geeignet.

Wenig nördlich von Trevescan liegt der kleine Weiler **Sennen** (Ausschilderung „Sennen" und dann „Sennen Co-

Cornwall, Wanderung 4

Start

Beobachtungs-station

Irish Lady

Sennen Cove

Mayon

Gamper

Dr. Stax's Head

Sennen

The Peal

Land's End

Trevescan Cliff

Dr. Johnson's Head

Camping

Armed Knight

Trevescan

Enys Dodnan

Carn Cheer

Trevilley

Pordenack Point

ATLANTISCHER OZEAN

Trevilley Cliff

Carn Boel

Mill Bay or Nanjizal

Carn Towan

0   500 m

ve" folgen); man läßt den Parkplatz von Sennen Cove rechts liegen und fährt einige hundert Meter weiter zu den Stellplätzen von **Sennen Harbour**. An dem Toilettenhäuschen weist ein Schild in Richtung Süden: „Coast Path." Auf einigen Betonstufen geht es bergauf, oben auf dem Klippenplateau des Mayon Rock, an einem kleinen **Beobachtungstürmchen**, hat man prachtvolle Ausblicke über den Strand von Sennen Cove und über das türkisblaue, tief unten

brandende Meer. Dieser Klippenabschnitt bis kurz vor Land's End wird vom National Trust umsorgt und gehört mit zu den schönsten von ganz England. Tief unten im Meer ragt die **Irish Lady** aus den Fluten, ein großer Steinblock, der fragil auf einer Felsspitze sitzt. Kurz vor Land's End dann passiert man eine weitere Steinklippe im Meer, die den skurrilen Namen **Dr. Syntax's Head** trägt, und nahebei sieht man die weißen Gebäude von **Land's End**.

„The romance of Land's End has all but vanished under commercial pressure", beklagt ein englischer Reiseführer zu Recht. Vor wenigen Jahren wurde das Gelände zum Kauf angeboten; der National Trust, dem das umliegende Küstenareal gehört, bot mit, rief dann zu einer nationalen Spendenaktion auf, doch alles nützte nichts, Land's End fiel in die Hände von Finanzspekulanten und wurde weitestgehend kommerzialisiert.

Um so mehr freut man sich, auf dem Areal von Land's End angekommen zu sein, ohne ein saftiges Eintrittsgeld bezahlt zu haben – und das völlig legal, denn das am Auto-Kiosk teuer erstandene Ticket berechtigt nur für die überflüssige und wenig sehenswerte Multimedia Show „The Last Labyrinth". Die Natur an Land's End dagegen ist kostenlos. So kann man beispielsweise von einer Hängebrücke in die Nistplätze der **Seevögel** an einer Steilklippe hineinschauen. Nahebei bieten Mitglieder der RSPB – das ist die *Royal Society for the Protection of Birds* – Besuchern mit ihren starken Teleskopen einen Blick auf die unermüdlich ihren Namen *Kittiwake, Kittiwake* rufende Dreizehenmöwe. Man erkennt den rasant fliegenden Tordalk (*Razorbill*), die Sturmschwalbe (*Storm Petrel*) und der große Sturmtaucher (*Great Shearwater*) segeln durch die Lüfte.

Auf der Terrasse der **Longship Bar** kann man in Ruhe etwas trinken oder Snacks zum Lunch essen.

In der Ferne, in Richtung Amerika, erkennt man die **Longship-Klippen** mit dem gleichnamigen Leuchtturm, der den Schiffen den sicheren Weg in den Englischen Kanal weist. Nahebei strandete 1967 der Öltanker „Torrey Canyon". Das Schiff lief auf Grund, brach auseinander, Tausende von Tonnen an Rohöl flossen aus und vernichteten die Flora und Fauna dieses Küstenstreifens.

Nun geht es weiter entlang dem Küstenpfad, und man erreicht nach einigen Minuten Fußweg das weiße **Greeb Cottage**; hier grasen Schafe, Ziegen und Rindviecher, die von den Kindern sicher gern gestreichelt werden. Ein Hinweisschild mit der Aufschrift „Coastal Path" weist die Richtung, die auch ohne Wegepfeil leicht zu erkennen wäre.

Im Wasser halten der Felsensplitter **Armed Knight** und der **Bogen Enys Dodnan** stoisch dem Ansturm der Wellen stand, prachtvoll ist die Küstenlinie hier mit dem blauen, tief unten brandenden Meer.

An der Felsenklippe **Carn Cheer** hat der Hobbyfotograf den besten Standort für ein Sonnenuntergangsfoto: im Vordergrund steht der Torbogen Enys Dodnan, dann kommt die spitze Klippe Armed Knight, und in der Ferne folgt Longships mit dem Leuchtturm, alles übergossen vom roten Licht des Sonnenuntergangs.

Vorbei am **Trevilley Cliff** erreicht man die weite **Mill Bay**, und hier führt der Pfad in rund 40 m Höhe direkt am Klippenrand entlang. Unten in der Bucht liegen mächtige Steinbrocken, gegen die die brandende Flut donnert, die dann in Gischtwolken übergeht.

Südliches Cornwall

Geradeaus sieht man auf einem Hügel ein weißes Haus. Während man dessen Besitzer um die unvergleichliche Aussicht beneidet, läuft man leicht an einer wichtigen Abzweigung vorbei und hat alsbald Probleme mit der Orientierung. Also: Am Ende von Mill's Bay führen Treppenstufen nach unten, und dann überquert man auf einer kleinen Brücke ein in die See fließendes Bächlein. Hier ist man bereits falsch und zu weit gegangen. Dort, wo die Treppenstufen nach unten geleiten, führt linker Hand ein kaum sicht-

barer, bis in Hüfthöhe von Gräsern überwachsener Pfad sehr steil die Hügelschulter hinauf. Nach ca. 750 m endet der Pfad an einem steinernen *Stile*, der auf ein Feld leitet, und vor sich sieht man in der Ferne den Kirchturm von Sennen – die weitere Richtung ist damit kla, und ergibt keine größeren Orientierungsschwierigkeiten. Man überquert die Wiese und hält auf die gegenüberliegende linke Ecke zu, wo eine Lücke in der Steinmauer auf die nächste Weide führt. Hier spaziert man auf die Hekke zu und gelangt an ein Gatter. Nachdem dieses passiert ist, läuft man halb links wieder auf eine Hekke zu und folgt dieser. Nach einigen Metern kommt wieder der Kirchturm von Sennen in Sicht, der zwischenzeitlich einmal aus dem Blickfeld verschwunden war. Es geht durch einen Farmhof, kurze Zeit später durch einen weiteren Bauernhof, und dann gelangt man an eine dritte Farm. Deren Hof betritt man mittels eines steinernen *Stile*, läßt das Farmgebäude links liegen und passiert auf Treppenstufen ein Gatter.

Es geht geradeaus weiter am Wiesenrand entlang, rechts verläuft eine Mauer. Der Pfad führt vorbei an einem verwitterten mittelalterlichen **Steinkreuz**, über ein steinernes *Stile* und nun auf ein **kleines Cottage** zu. Dort angekommen, geht man durch den Garten des kleinen Häuschens, steht auf der Straße und spaziert geradeaus weiter, dem **Hinweisschild** mit der Aufschrift „Sennen" folgend. Die Richtung ist ohnehin klar, erkennt man doch nun zum Greifen nahe den

Land's End

Kirchturm des Örtchens. Vorbei am Pub Wrecker's Inn, dem Free House The First And Last Inn von 1643, erreicht man die **Kirche von Sennen**, deren erste Gründung auf das Jahr 520 zurückgeht. Schließlich erreicht man rechter Hand ein kleines Lebensmittelgeschäft, gegenüber geht ein kleiner Pfad nach links ab – ausgeschildert „Public Footpath Sennen Cove" – und führt zurück nach **Sennen Harbour**.

Wanderung 5: Porthcurno und Porthgwarra, das Minnack-Theatre und St. Levan's Church

● **Länge:** 6,5 km, Rundwanderung
● **Dauer:** 2,5-3 Stunden
● **Karten:** Ordnance-Survey-Karte Landranger 203 (Land's End, 1:50.000) und Pathfinder 1368, SW 32/42 (Land's End & Newlyn, 1:25.000)

Der Weiler **Porthcurno** liegt ca. 3 km südlich von Land's End; hier kann am großen Strand-Parkplatz das Auto abgestellt werden. Von den Stellflächen aus führt ein Fußweg zum Strand (gegenüber von dem kleinen Café, Hinweispfeil „Public Footpath to Porthcurno Beach"), der sich nach einigen Metern gabelt, links geht es ans Meer, nach rechts weist ein Schild mit der Aufschrift „Minnack Theatre" den Weg. Der Pfad steigt alsbald steil nach oben an, und während man keuchend bergan wandert, kann man mit einem Blick zurück den von Felsen eingefaßten, geschwungenen weißen Sandstrand von Porthcurno im türkisblauen

Meer sehen. Oben auf der Klippe angekommen, darf man auf einen Besuch im **Minnack Theatre** nicht verzichten (ausführlich zum Minnack siehe Exkurs).

Gegenüber vom Haupteingang des Freilufttheaters, auf der anderen Seite des Parkplatzes, leitet ein *Kissing Gate*, ein Sicherheitsschwingtor, wieder auf den Wanderpfad. Dieser schlängelt sich erst nach unten, dann aber rasch wieder steil aufwärts. Nach einigen ausgreifenden Schritten erreicht man eine Kreuzung, und hier geht es links ab. Oben angekommen, ist die im Besitz des National Trust befindliche Landspitze **Rospletha Cliff** erreicht; der alte cornische Name lautet zungenbrecherisch Pedn-mên-an-mere. Unnötig zu sagen, daß die Aussicht wieder einmal traumhaft schön ist. Rund 80 m hoch steht man hier über dem Meer.

Treppenstufen führen von der Klippe hinunter zu einem kleinen geschützten Sandstrand, der den Namen **Porthchapel** führt. Auf einer hölzernen Brücke überquert man einen in das Meer plätschernden Bach, und ab hier geht es nun wieder steil aufwärts. An einer Kreuzung nimmt man die links hochgehenden Treppenstufen, ein gelber Pfeil dient der zusätzlichen Orientierungssicherheit. Oben steht man auf der Klippe **Carn Barges** und hat prachtvolle Ausblicke. Schaut man ins Landesinnere, so erkennt man den Kirchturm von St. Leven.

Der Pfad folgt für einige hundert Meter hoch über dem Meer der Küstenlinie und führt dann nach unten

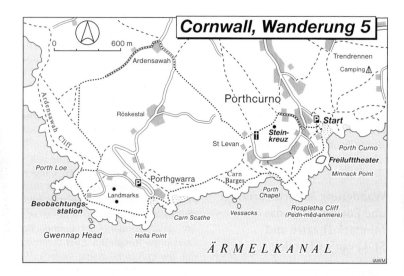

Cornwall, Wanderung 5

zum Weiler **Porthgwarra**. Am 14. März 1905 wurde die „Khayber" im Sturm auf die Klippen von Porthgwarra geworfen. Von den 26 Besatzungsmitgliedern konnten sich nur drei Matrosen retten; die anderen fanden auf dem Kirchhof der St. Levan's Church ihre ewige Ruhe.

Eine Telefonzelle markiert das Zentrum von Porthgwarra, und hier weist eine Ausschilderung mit der Aufschrift „Coastal Footpath" den weiteren Weg. Treppenstufen führen nach oben, und dort geht es vorbei am **Hella Point**. Zwei große *Daymarks*, Landmarkierungen, warnen die Schiffe auf dem Meer. Wenn es diesig ist oder Nebel aufzieht, dann hört man das kräftige Nebelhorn der 1,5 km vor der Küste im Meer verankerten Runnel-Stone-Boje.

Der Weg gabelt sich nun; ist man mit Kindern unterwegs, so nimmt man die rechte Abzweigung, ansonsten spaziert man weiter entlang der Klippe und passiert dabei **Gwennap Head**. Ein Stückchen weiter kommt man an einem erschreckend tiefen Loch vorbei, dessen Gefährlichkeit man zuerst gar nicht erkennt; hier geht es 50 m tief in die See. Zwischen diesem Kamin rechts und dem Abgrund links verläuft fester Fels, und so passiert man diese Stelle. Schnell ist nun eine Beobachtungsstation von *Her Majesty's Coast Guard* erreicht (hier treffen die beiden Pfade wieder zusammen), von wo man, in Richtung Norden schauend, die weißen Häuser von Land's End erkennt.

Weiter folgt man dem Weg um eine kleine, steinige Bucht, und dann geht es steil bergauf. Nach einigen Minuten erreicht man einen Durchbruch in einer Mauer; weit in der Ferne grüßt der Glockenturm der Kirche von Sennen, der auch bei Wanderung 4 ein verläßlicher Wegweiser ist. Hinter der Mauer gabelt sich der Weg; geradeaus geht der Küstenpfad weiter nach Land's End und Sennen, man biege jedoch rechts ab. Wenige Schritte nur und ein Felsen kommt in den Blick, dessen oberer Teil einem Adlerkopf verblüffend ähnlich sieht. Der Weg strebt fort von der Küste und hinein ins Landesinnere, auf ein graues Haus in der Ferne zu. An einer weiteren Gabelung hält man sich an die rechte Abzweigung und trifft bald darauf auf einen breiten Weg, den es rechts ab geht. Linker Hand sieht man in einiger Entfernung eine Cottage-Ruine. Durch ein rostiges Gatter schreitend, spaziert man nun an dem grauen Haus vorbei, das schon aus der Entfernung der Orientierungspunkt war. Einen Steinwurf weiter ist die Farm **Ardensawah** erreicht, hier biege man links in einen Betonweg ab, der zur Asphaltstraße führt.

An der Straße richte man sich nach rechts; ein Schild mit der Aufschrift „To Porthgwarra Beach" erhöht die Orientierungssicherheit. Vorbei an den Farmgebäuden, geht es auf Porthgwarra zu. Nach ca. 200 m weist in einer Rechtskurve ein Pfeil „Public Foopath" nach links; hier sieht man, was passiert, wenn ein Wanderweg einige Jahre nicht mehr benutzt wird. Der ehemalige Pfad ist nur noch zu erahnen, hohe Brennesseln und Dornenbüsche machen ein Durchkommen unmöglich.

Unser Pfad sieht Gott sei Dank besser aus; 100 m weiter die Straße hinunter ist das Wort *Slow* auf den Asphalt gepinselt, und man folge hier dem nach links weisenden Pfeil mit der Aufschrift „Public Footpath". Über einen *Stone Stile* gelangt man auf eine Wiese und spaziert entlang der Hecke, die man rechts von sich läßt. Auf der nächsten Weide läßt man die Hecke nun linker Hand liegen. In der Ferne zeigt der Kirchturm von **St. Levan's** die Richtung. Über etliche Wiesen und Weiden, die man auf *Stiles* erreicht und auch wieder verläßt, sowie durch Gatter gelangt man schließlich zu dem kleinen Gotteshaus mit dem Kirchhof.

Im Rücken der heiligen Stätte passiert man ein *Cattle Grid,* und ein Pfeil weist unmißverständlich geradeaus. Es geht über ein Feld, ein *Stile* verhilft wieder einmal über ein Hindernis, und man hält auf einige Häuser in der Ferne zu. Mitten auf der Wiese spendet ein keltisches **Steinkreuz** dem Gläubigen Trost, und man verläßt das Feld durch ein *Kissing Gate*.

Es geht durch eine Häuseransammlung und dann rechts die asphaltierte Straße hinunter. Am Parkplatz des Marina Lodge Hotels kommt man heraus und schreitet die Straße nach links hinunter. Schon ist man am Strand-Parkplatz von Porthcurno wieder angekommen.

Südliches Cornwall

Nördliches Cornwall

Newquay
– Das Seebad für Surfer

Newquay ist das größte Seebad Cornwalls, zudem das häßlichste und überdies noch ausgestattet mit den umfangreichsten Billigamüsierbetrieben in weitem Umkreis. Wären da nicht die zehn großen Sandstrände, an denen die hohen Atlantikwellen auslaufen, der Ort wäre überhaupt keinen Besuch wert. Länger bleiben werden bei der lauten **Rummelplatzatmosphäre** trotz allem nur die Surfer, die allerbeste Bedingungen vorfinden. Am Fistral Beach wurde über mehrere Jahre die *World Surfing Championship* ausgetragen.

Der kleine Hafen zeigt, daß Newquay einmal ein verschlafenes Fischernest war. Hier steht das **Haus des Huer** (abgeleitet von *Hue*, was soviel wie „zetern", „Geschrei veranstalten", „Getöse machen" bedeutet), der in den vergangenen Jahrhunderten während der **Sardinenfänge** der wichtigste Mann des Ortes war. Der Aussinger hockte oberhalb des Meeres; sah er, wie die Pilchardschwärme das Wasser verdunkelten, so lenkte er mit seinem Horn die Fischer in deren Richtung Aufgrund der Überfischung blieben irgendwann einmal die Sardinen weg, doch dafür brachte die bis ins Örtchen verlegte Eisenbahn nun die viktorianischen **Touristen.** Sie entdeckten die vielen langen Sandstrände und ließen Newquay rasch anwachsen und zur cornischen Touristenmetropole werden. Daran hat sich bis heute nichts geändert!

Einige Kilometer nördlich von Newquay findet der Schwimmer die **Watergate Bay** mit einem schönen langen Sandstrand. Noch ein Stükkchen weiter lohnen die **Bedruthan Steps**, gewaltige Felsformationen, einen Blick; auf ihnen ist – so sagt ein cornisches Märchen – der Riese Bedruthan aus dem Wasser an Land gestiegen.

Praktische Hinweise

Tourist Information
●**Municipal Offices**, Marcus Hill, Tel. 01637-871345.

Unterkunft
●**Windward Hotel, ***, Alexandra Road, Porth, Tel. 01637-873185, Fax 852436
●**Trevalsa Hotel, ***, Watergate Road, Porth, Tel. 01637-873336, Fax 878843
●**Bed and Breakfast:** Chichester, 14 Bay View Terrace, Tel. 01637-874216; Degembris Farmhouse, St. Newlyn East, Tel. 01872-510555, Fax 510230; Rose Cottage, Shepherd's Farm, St. Newlyn, Tel. 01827-540502
●**Jugendherberge:** Alexandra Court, Narrowcliff, Tel. 01637-876381;
●**Camping:** Holywell Bay Holiday Park, Holywell Bay, Tel. 01637-871111, 5 km westlich von Newquay, von der A 3075 der Ausschilderung Holywell Bay folgen.

Pubs und Restaurants
Newquay mangelt es sehr an gastronomischen Höhepunkten.
●**Clock Tower**, Fore Street, Restaurant, 11 £
●**Central Inn,** Fore Street/Ecke Bank Street, Pub, bei schönem Wetter sitzt man draußen und schaut in die Fußgängerzone hinein.
●**Chy-an-Mor Inn**, Beach Road, Free House am Towan Beach, von einer Terrasse überblickt man den Strand
●**Ye Olde Dolphin**, Fore Street, Restaurant, um 8 £, Seafood zwischen 8 und 14 £

●**The Fort**, Fore Street, Free House, mit Biergarten, von dem man einen prachtvollen Blick auf Strand und Hafen hat, mit angeschlossenem Restaurant, bis 13 £
●**Red Lion Inn**, Pub oberhalb des alten Hafens mit gutem Ausblick auf den Strand
●**Ranis's Indian Tandoori Restaurant,** Fore Street, preiswerte indische Gerichte
●**Sailor's Arms,** Fore Street, großer Pub mit abendlichem Entertainment und Dance Floor
●**The Newquay Arms,** Bank Street, großer Pub mit reichhaltigem Angebot zur Lunch-Zeit, während der Saison abends Disco

Rent-a-Bike
●**Kite's Bike**, Cliff Road

Surfbretter und Zubehör
●**Fistral Surf Company**, Cliff Road

Verbindung
●**Züge** von Plymouth, Falmouth, Penzance, St. Ives
●**Busnetz** des National Express

Padstow
– Auf ins Seafood Restaurant

Weit über die Grenzen des kleinen Ortes bekannt ist das **Seafood Restaurant von Rick Stein** am kleinen Hafen von Padstow (Riverside). Ohne Übertreibung kann man sagen, daß dies eines der besten Restaurants Süd-Englands ist. Bei Preisen zwischen 26 und 61 Pfund pro Person (ohne Getränke, Hummer 30 £) ist dies ein teurer Spaß, doch sollte man sich das lukullische Vergnügen durchaus einmal gönnen (Vorbestellung unter Tel. 01841-532485 ist ratsam). Hinzu kommt noch, daß die Weinkarte Dimensionen hat, wie man es nur selten findet – oder wie ein Gast beim Studium derselben bewundernd ausrief: *„A truly outstanding wine list!"*

Da die engen Straßen des Städtchens den motorisierten Massenansturm nicht verkraften können, gibt es einige hundert Meter außerhalb des Zentrums einen **Riesenparkplatz.** Vorbei an dem alten schmalen Hafen, in dem bei Ebbe die Fischerboote auf dem Schlick sitzen, geht es dann ins atmosphärereiche Örtchen. Bei Niedrigwasser erkennt man sehr deutlich die **Sandbank** vor der Hafeneinfahrt und die schmale ausgebaggerte Rinne, die den Zugang aufrechterhält. Glaubt man der cornischen **Legende,** so hielt eine Meerjungfrau die Hafeneinfahrt frei, bis sie eines Tages von einem jungen Mann angeschossen wurde; tödlich verletzt verfluchte sie den Ort, alsbald versandete der Hafen, und mit der wirtschaftlichen Vorrangstellung war es ein für allemal vorbei.

Am inneren Hafen sorgt ein **Schleusentor,** ein *Tidal Gate,* dafür, daß bei Ebbe das Wasser nicht abfließen kann, und so dümpeln die Bötchen und Jachten daher anmutig im Wasser und liegen nicht platt im schwarzen Schlick.

Hier finden sich der **Pub Old Custom House** mit angeschlossenem Restaurant in einem schönen alten Gemäuer, die **Taverne Shipwrights** mit Biergarten und das **Restaurant**

Padstow

Tintagel
– König Artus' Burg

> „Überall in England wird zweimal am Tag Tee getrunken. Obwohl diese Angewohnheit recht kostspielig ist, würde selbst der ärmste Bauer niemals darauf verzichten wollen. Und trotz des vielen Geldes, das man obendrein für Zucker oder Sirup zahlen muß, begnügt sich kein Mensch mit ungesüßtem Tee. Die Wohlhabenden pflegen mit kostbaren Teekesseln, Kannen und Tassen zu prunken."
>
> *François Armand Frédéric Duc de la Rochefoucauld*, „Verschiedenes über England", 1784

Fo'c's'le, auch mit vegetarischen Gerichten (um 9 £).

Spaziert man durch die engen Straßen dieses typischen cornischen Fischerdorfes, so kommt man auch durch die Lanatwell Street und vorbei am uralten Fischerpub **The London Inn**, dessen Häuserwand ein Schild ziert, auf dem die ausgeschenkten Biersorten charakterisiert werden; so z. B. „Bosun's Balanced Draft Bitter, light and flavour, offering good value for money."

Wie in einer Puppenstube kommt man sich vor, wenn man sommertags zwischen Market Place und Mill Square auf dem winzigen Platz vor dem **Pub The Old Ship** sitzt und, umgeben von alten kleinen Häuschen, einen Ploughman's Lunch zur Mittagszeit ißt.

Am South Quay residierte **Sir Walter Raleigh**, wenn er denn in der Gegend war. 1584 hatte ihn *Elisabeth I.* zu ihrem Statthalter in Cornwall erklärt, was in erster Linie das Eintreiben der Steuer bedeutete und recht lukrativ war.

Einige Kilometer Fahrt weiter gen Norden führen in das Land von **König Artus** und nach Tintagel. Das eigentlich unattraktive Straßendorf lebt ausschließlich vom Mythos dieses edlen Keltenherrschers. Autoren wie *Wilkie Collins, Charles Dickens, Alfred Lord Tennyson, Algernon Charles Swinborne, T. S. Eliot* und *William Morris* pilgerten nach Tintagel und reimten Sentenzen auf den mythischen Herrscher.

Daphne du Maurier schrieb einmal: „Artus ist für Cornwall, was Theseus für Griechenland ist. Sein Mythos ist überall."

Grund für den Massenansturm ist eine **Burgruine** auf zwei Klippen hoch über dem Wasser; hier soll Artus gezeugt und unter Anleitung des begnadeten Zauberers Merlin aufgewachsen sein. Die Besucher kümmert wenig, daß die spektakulär gelegene Burg etwa 700 Jahre nach König Artus gebaut wurde und davor auf dem Felsen eine keltische Klostersiedlung den Mönchen Sicherheit bot – Esoteriker lassen sich von archäologischen Fakten wenig beeinflussen.

Nördliches Cornwall

> „In intellektueller Hinsicht halten die Engländer ihre Mädchen und Weiber so beschränkt als möglich, weil sie glauben, dadurch um so vollkommener über sie verfügen zu können."
>
> *Herrmann Fürst Pückler-Muskau*, „Briefe eines Verstorbenen", 1828

Die Legende der Burg Tintagel

Auf Burg Tintagel hatte Gorlois, der Herzog von Cornwall, seine schöne Frau Igraine vor den Nachstellungen des liebestollen Königs Utherpendragon in Sicherheit gebracht. Und das kam folgendermaßen: Nach dem Sieg des Utherpendragon über die Angelsachsen lud der König alle seine Vasallen zu einem großen Fest ein. Als er die schöne Igraine erblickte, war es um ihn geschehen; seine Diener mußten nur noch für Igraine da sein, er ließ ihr die Platten mit den schmackhaftesten Speisen und Krüge mit den besten Weinen reichen, sprach nur mit ihr und heftete seine Augen mit Liebe auf ihren anmutigen Körper. Der mittelalterliche Artus-Erzähler Malory fackelt nicht lange und bringt die Sache auf den Punkt: „Dem König gefiel die Dame sehr, und er wollte das Lager mit ihr teilen." Daraus wurde jedoch nichts, der Herzog und seine Gattin verließen das Gelage, und Gorlois brachte Igraine in die Sicherheit von Tintagel. Utherpendragon, der über den unerlaubten Weggang der beiden erzürnt und in seiner Ehre gekränkt war, überzog Cornwall mit Krieg. Gorlois hatte sich, um seine Gattin nicht zu gefährden, im 10 km entfernten Castle Dameliock verschanzt. Im König pochten die Hormone recht mächtig. „Sag mir, wie ich mein Verlangen stillen kann", bittet er seinen Freund Ulfin, „sonst tötet mich die Leidenschaft, die mich überfiel." Ulfin weiß Rat und schickt den geilen König zu Merlin, der ihm mit einem Zaubertrank die Gestalt von Gorlois gibt und demzufolge kühn prophezeien kann: „Noch in dieser Nacht werdet Ihr in der Burg Tintagel bei Igraine liegen." So geschah es, und neun Monate später wurde Artus auf Tintagel geboren.

Am Fuß des Burgberges soll – so die cornische Überlieferung – Merlin seine Heimstatt gehabt haben. Eine Höhle, **Merlin's Cave**, jedenfalls wird mit dem großen Magier in Verbindung gebracht. Seine Wohnung hätte dem Zauberer allerdings wenig Freude bereitet, denn die Grotte ist eigentlich ein Tunnel mit Verbindung zum Meer. Bei Flut zwängen sich die Wassermassen hinein und überfluten alles. Vielleicht aber vermochte der mächtige Merlin die Wasser zu bannen, schließlich sprach er von sich selbst in bestem Ton: „Gleich einem übermenschlichen Wesen weiß ich die Taten versunkener Völker und sage Künftiges voraus. Ich kenne das Verborgene aller Dinge, den Flug der Vögel, die schweifende Bahn der Sterne und die Züge der Fische."

Nahe bei Tintagel, unter dem Erdwall von Bossiney Mound, soll **Artus' runder Tisch** vergraben sein, um den sich die Tafelrunde einst zwanglos gruppierte. Jedes Jahr zur Mittsommernacht, so behaupten die Bewohner des Landstrichs, steigt er aus der Erde empor und erleuchtet mit seinen Strahlen für kurze Zeit die dunkle Nacht. Dann versinkt er wieder im Boden. Wenn das Ende der Welt jedoch kommt, wird er aufsteigen zum Himmel, und alle Heiligen werden um ihn herum sitzen. Tatsächlich wollen die Bewohner von Bossiney Mound alljährlich zur Mittsommernacht ein unerklärliches Licht, ein Glühen, an einem Fenster ihrer Kirche sehen. Darauf angesprochen sagte ein „Zeuge" dieses wundersamen Naturereignisses: „Wir wissen, daß wir etwas gesehen haben. Ich glaube immer, es hat etwas mit der Legende zu tun. Warum sonst zur Nacht? Warum so nah am Hügel?"

Besucher, die sich für König Artus' Tafelrunde im besonderen und für das Rittertum im allgemeinen interessieren, sollten die Hall of Chevalry nicht auslassen.

Unschön nimmt sich die Dreistigkeit aus, mit welcher die lokalen Souvenirhändler mittels Beschwörung des Keltenherrschers oder seiner berühmten Zeitgenossen versuchen, ihren **Artus-Kitsch** oder andere Dienstleistungen an den Besucher zu bringen. Da gibt es ein Lancelot-Café, einen Merlin Gift Shop, das Free House King Arthur's Arms, einen Artus Bookshop, ein Excalibur Bed & Breakfast mit Galahad Room und einen Queen Guinevere Craft Shop – ich fühle mich schnell in einer Touristenfalle, besichtige rasch noch das sehenswerte, unter der Last seines Schieferdaches ächzende **Old Post Office** (NT, April bis Okt. 11-18 Uhr) und fliehe schnell aus dem Dorf.

„Das englische Dinner ist eine rechte Strapaze. Es dauert vier bis fünf Stunden, und dem Magen wird dabei harte Arbeit zugemutet. Immerfort fragt der Hausherr, ob einem die Speisen auch schmecken, ermuntert zu weiterem Verzehr und läßt den kaum geleerten Teller des geplagten Gastes abermals füllen."

François Armand Frédéric Duc de la Rochefoucauld, „Verschiedenes über England", 1784

Boscastle
– Kleiner geht's nimmer

Da schaut man sich doch lieber den winzigen Weiler Boscastle mit seinem 1584 angelegten, schönen kleinen Hafen an, in dessen Nähe ein beruhigend murmelnder Bach ins Meer fließt. Das Nest war früher berüchtigt als Schmugglerhochburg und ist heute im Besitz des National Trust.

The Witches' House dokumentiert hier die Geschichte des Aberglaubens in Cornwall.

Am Ortseingang lockt der **Pub Napoleon Inn**, der in einem schönen alten Gemäuer aus dem 16. Jh. untergebracht ist. Am Hafen sollte man im **Café Toby Jug** oder im **Harbour Café** einkehren.

Für **Thomas Hardy** war Boscastle der am westlichsten gelegene Ort in seinem „Wessex" und wurde von ihm unter dem Namen Castle Boterel in seinem Roman „A Pair of Blue Eyes" (1873, dt. „Zwei blaue Augen") beschrieben. Im Frühjahr 1872 überwachte Hardy die Restaurierung der nahebei gelegenen St. Juliot's Church im Valency-Tal und lernte dabei *Emma Lavinia Gifford*, die Schwägerin des Pfarrers, kennen. Zwei Jahre später heirateten die beiden.

In seinem Roman „The Sleeper Awakes" (1899), den **H. G. Wells** als Auftakt einer Serie von *Fantasies of Possiblities* schrieb, verlegt er die Eingangsszene nach Boscastle. Mr. Isbister, ein junger Künstler, der in Boscastle Quartier genommen hat, spaziert eines Tages zur pittoresken Höhle von Pentargon und trifft dort auf einen in Melancholie verhafteten, unter Schlaflosigkeit leidenden Mann, den er vom Selbstmord abhält. Isbister bringt die tragische Figur nach Boscastle, wo der Melancholiker in einen 203 Jahre währenden Schlaf fällt.

> „Nirgends werden die bloß physischen Bedürfnisse mit mehr Feierlichkeit und Zeitverlust befriedigt als in England."
>
> Johanna Schopenhauer, „Reise durch England und Schottland", 1803

Camelford
– Das Camelot von König Artus?

Wahrscheinlich stammt der Name des kleinen Dorfes von einer nahegelegenen Furt im River Camel. Vielhundertjährige Spekulationen siedeln hier aufgrund der Namensähnlichkeit **König Artus' Burg Camelot** mit der Tafelrunde an. Hinzu kommt, daß nicht weit entfernt Slaughter Bridge liegt, wo *Artus* seine letzte Schlacht schlug. Dennoch beruht die Gleichsetzung von Camelot und Camelford auf einem Lesefehler des im 16. Jh. lebenden Topographen *Carew*. Nicht weit entfernt nämlich von Saughter Bridge liegt ein großer Granitstein mit der kaum noch lesbaren lateinischen Aufschrift „Hier

Altes Gemäuer: Brücke in Boscastle

liegt Latinus, der Sohn des Magarus, begraben". *Carew* entzifferte die letzen, kaum noch erkennbaren Buchstaben als ATYR und interpretierte sie mit großem Wunschdenken und unter Auslassung des Sinngehalts der Inschrift als eine veränderte Schreibweise von Artus. Also stand für ihn fest, daß Artus hier seine Spuren hinterlassen hatte.

Im Bodmin Moor
– Auf dem Weg zum Jamaica Inn und dem Schwert Excalibur

Einer der trivialsten Romane von *Daphne du Maurier* ist zweifellos das Werk **„Jamaica Inn"**, das im Deutschen zudem noch in einer dürftigen Übersetzung daherkommt und damit gleich doppelt schlecht auf den Leser wirkt. Die Erzählung spielt im Bodmin Moor, und Mary, die Protagonistin, erlebt die Landschaft folgendermaßen: „Die Moorstriche waren noch wilder, als sie gedacht hatte. Wie eine ungeheure Wüste wogten sie von Osten nach Westen, mit Radspuren da und dort an der Oberfläche, und große Hügel unterbrachen die Horizontlinie.

> „Bei einem englischen Dinner geht es zu wie in der Bataille: erst geschwinde attackiert und dann gemächlich pausiert."
>
> *Bathélemy Faujas de Saint-Fond*, „Reise nach England, Schottland und zu den Hebriden" 1797

Wo sie endeten, wurde ihr nicht klar. Nur einmal, weit im Westen, als sie die höchste Felszacke hinter dem Haus erklommen hatte, erblickte sie als einen Silberschimmer die See. Es war eine schweigsame, verlassene Gegend, aber gewaltig und von Menschenhand unberührt. Auf den hohen Felsblöcken standen aneinandergelehnt die Steinplatten als seltsame Formen und Gestalten, wuchtige Schildwachen, die da aufragten, seit die Hand des Schöpfers sie geschaffen hatte. Einige sahen aus wie riesige Möbel, ungeheure Stühle und schiefe Tische. Manchmal lag von den kleinen, zerbröckelnden Steinen einer auf dem Gipfel eines Hügels, der selbst schon ein Gigant war, dessen ruhende Gestalt die Heide und das derbe, buschige Gras überdunkelte. Große, lange Steine standen weit zurückgelehnt und schienen wunderlich zu schwanken, als überließen sie sich dem Wind. Und da gab es flache Altäre, deren glatte und glänzende Flächen gen Himmel schauten, auf Opfer wartend, die niemals kamen. Wilde Schafe lebten auf diesen Felsklippen, und auch Raben waren da und Bussarde; die Hügel waren die Heimstatt aller einsamen Dinge. Schwarze Kühe weideten unten im Moorland; behutsam schritten sie auf dem festen Grund. Ihr angeborenes Wissen hielt sie von dem verführerischen Grasboden zurück, der in Wahrheit kein Boden war, sondern morastiger, lispelnder Sumpf."

Hier besucht Mary nach dem Tod ihrer Mutter die Tante, die mit dem brutalen Wirt des Gasthofs Jamaica Inn

Nördliches Cornwall

verheiratet ist. Dunkle Gestalten gehen in der mitten im Moor gelegenen Spelunke aus und ein, des Nachts werden im Schutze der Dunkelheit Fässer und Kisten angeliefert. Der Wirt des Jamaica Inn ist der Anführer einer Shipwrecker-Bande, die mit falsch gesetzten Lichtzeichen Schiffe auf die Klippen der Küste lockt, die Mannschaft umbringt und die Fracht stiehlt. Nach einem flachen Spannungsbogen nähert sich die Geschichte dem Happy End.

Historisch richtig ist immerhin die Tatsache, daß Pubs Anlaufstellen von Smugglers und Shipwreckers waren. Nirgendwo ließ sich geschmuggelter Alkohol sicherer unter die Leute bringen als in einer Taverne, und welches normale Haus hatte schon so große Keller zur Lagerung der Fässer. Es gab Dörfer an der Südküste, wo die gesamte Bevölkerung eine einzige Schmugglerbande war, und oft hieß es, daß die Frauen die Fenster mit Gin wuschen, in solchem Überfluß war der Sprit auf dem Schwarzmarkt.

Folgt man der gut ausgebauten A 30 mitten durch das Bodmin Moor, so kommt man beim Weiler Bolventor am besagten **Jamaica Inn** (Free House) vorbei. Der heutige Wirt hat Shipwrecking-Methoden nicht nötig, füllen doch die vielen Besucher von nah und fern ihr Geld ebenso freiwillig wie auch bereitwillig in seine Kassen. Dem Pub angeschlossen sind das Butter's Curiosity Museum und der Jamaica Inn Souvenir and Gift Shop, es gibt einen Biergarten, einen Family Room, die Daphne du Maurier Bar und natürlich eine Smuggler's Bar. Unnötig zu sagen, daß an sommerlich schönen Sonn- und Feiertagen Jamaica Inn wie ein Magnet wirkt und entsprechend überlaufen ist.

Vom Pub zweigt ein Sträßlein ab, das den Artus-Fan zum **Dozmary Pool** bringt, in dessen Tiefe **Excalibur**, das Schwert des großen Tafelrunden-Königs, ruhen soll.

Nicht weit entfernt vom See liegt **Slaughter's Bridge**, Schauplatz der Schlacht von Camlan, dem letzten Gemetzel von *König Artus*. Der **Legende** zufolge wurde hier der große Herrscher von seinem Sohn (laut einer anderen Version von seinem Neffen), dem Verräter *Mordred*, tödlich verwundet, doch *Artus* schaffte es noch, den Bösewicht mit einem letzten machtvollen Streich von Excalibur ins Jenseits zu befördern. Zusammen mit *Sir Bedivere* hockte der sterbende König am Ufer des Dozmary Pools, eines düsteren Hochmoorteiches. Hier sprach *Artus* zu *Bedivere*: „Meine Zeit eilt davon, darum nimm mein gutes Schwert Excalibur und geh damit zum Strand. Ich gebiete dir, wirf mein Schwert ins Wasser und komm zurück und berichte mir, was du gesehen hast. „Hoher Herr", antwortete *Bedivere*, „ich will Eurem Gebot folgen und Euch schnell Nachricht bringen." Doch erschien ihm Excalibur zu wertvoll, so versteckte er es und sagte dem Herrscher, daß er es ins Wasser geworfen, aber nichts als Wind und Wellen gesehen habe. *Artus* glaubte ihm nicht und schickte ihn ein zweites Mal fort, den königlichen Auftrag wunsch-

> „Ich habe festgestellt, daß es in England
> äußerst fatal ist, wenn man eine ordinäre
> Nase hat. Es kommt einem Verbrechen
> gleich, für das es keine Entschuldigung
> gibt."
>
> *Dorothea Fürstin Lieven*, „Briefe an Fürst
> Metternich", 1820

gemäß durchzuführen. Wieder tat *Be-divere*, als hätte er das Schwert ins Wasser geworfen. „Ach du treuloser Verräter", sagt *Artus*, „nun hast du mich zweimal betrogen. Wer hätte das von dir gedacht, der du mir so lieb und teuer warst. Man nennt dich einen edlen Ritter, und du betrügst mich wegen eines kostbaren Schwertes. Geh jetzt noch einmal, doch beeile dich, denn dein Zaudern bringt mein Leben in große Gefahr. Mir ist schon kalt." So nahm *Bedivere* das Schwert rasch aus dem Versteck und trat ans Wasser. Dort band er den Gurt um den Griff und warf das Schwert so weit er konnte ins Meer. Sogleich reckte sich eine Hand aus dem Wasser, griff danach und schüttelte und schwang es dreimal. Dann verschwand die Hand mit dem Schwert im Wasser, *Sir Bedivere* kehrte zum König zurück und berichtete ihm, was er gesehen hatte. 'Ach', sagte der König, 'hilf mir von hier fort, ich habe schon zu viel Zeit verloren.' Da nahm *Bedivere* den König auf den Rücken und trug ihn ans Wasser. Als sie am Strand ankamen, wartete dicht am Ufer eine kleine Barke mit schönen Frauen darin. *König Artus'* Überfahrt nach Avalon beginnt."

Das Schwert kehrte also dahin zurück, wo es hergekommen war, denn als junger Mann war *Artus* von seinem Erzieher, dem Zauberer Merlin, an einen See geführt worden. Aus dem Wasser ragte ein in Brokat gewandeter Arm, der das Schwert Excalibur in der Hand hielt. „Seht", sagte Merlin, „dort ist das Schwert, von dem ich sprach." Und da bemerkten sie ein Fräulein, das auf dem See fuhr. „Was für ein Fräulein ist das?" fragte *Artus*. „Das ist die Dame vom See", antwortete Merlin. „Wenn dieses Fräulein jetzt zu Euch kommt, dann redet recht freundlich mit ihr, damit sie Euch das Schwert gibt."

Bude

Erstaunt registriert man zuallererst, wie wenig touristisch Bude auf den Besucher wirkt, und das, obwohl das kleine Städtchen schon seit den Zeiten *Königin Victorias* ein cornisches *Seaside Resort* ist. Lange Sandstrände, von den Gebäuden des Ortes durch einen hügeligen Dünengürtel getrennt, versprechen hervorragende **Surfer- und Schwimmerfreuden**.

Trotzdem hat Bude dem Besucher **wenig touristische Infrastruktur** anzubieten, knapp ist das Angebot an Restaurants und Pubs, ähnlich knapp sind glücklicherweise auch Bingo Halls und Amusement Pavillons. Fast hat es den Anschein, als verstecke sich das Örtchen vor seinen Besuchern.

Nördliches Cornwall

Praktische Hinweise

Tourist Information
- **The Crescent Car Park**, Tel. 01288-354240.

Unterkunft
- **Burn Court Hotel**, ***, Burn View, Tel. 01288-352872
- **Camelot Hotel**, ***, Downs View, Tel. 01288-352361
- **Bed & Breakfast:** Links View, 13 Morvennan Terrace, Tel. 01288-352561; Pencarrol, 21 Down Views, Tel. 01288-352478; Lower Northcott, Poughill, Tel. 01288-352350; Dorset House, 47 Killerton Road, Tel. 01288-352665
- **Camping:** Upper Lynstone Caravan & Camping Site, Lynstone, Tel. 01288-352017, 1 km südlich von Bude an der Küstenstraße nach Widemouth Bay

Pubs und Restaurants
- **Pub The Globe**, Strand
- **Carriers Inn**, Strand, alter Pub mit einigen Tischen vor der Tür
- **The Bencoolen**, Strand, bunter Pub
- **The Taste of India**, 11 Queens's Street, sehr gemütliches indisches Restaurant mit Gerichten zwischen 5 und 9 £
- **El Barco**, Strand, spanische Spezialitäten, zwischen 8 und 13 £

Verbindung
- mit **öffentlichen Verkehrsmitteln** nur schwer erreichbar.

„Wenn eine Engländerin in Leidenschaft gerät, gibt sie sich keine Mühe, dies zu verbergen. Sie ist in einem solchen Zustand zu kühnen Entschlüssen fähig und zögert nicht, ihre Gefühle zu offenbaren."

César de Saussure, „Reiseberichte aus Deutschland, Holland und England", 1725-1729

Morwenstow

Eine Kirche, ein Friedhof, ein Pub, eine Farm – das ist Morwenstow. Die Häuseransammlung würde keine Erwähnung finden, wäre hier nicht der Dichter und Exzentriker **Robert Stephen Hawker** von 1835 bis 1874 Pfarrer des Gotteshauses gewesen. Sein Häuschen (nicht zu besichtigen) mußte er sich erst einmal selbst bauen, und – wie es heißt – er formte die Kamine wie die Kirchtürme der Gotteshäuser in den Orten, in denen er bisher gewohnt hatte. Für den wichtigsten, den Küchenschornstein, nahm er das Grabmal seiner Mutter zum Vorbild. Über dem Eingang brachte er in altenglischen Buchstaben ein Gedicht mit Verhaltens- und Besitzregeln an:

A House, a Glebe a Pound a Day,
A Pleasant Place to Watch and Pray;
Be true to church, Be kind to Poor
O Minister to everymore.

Aus angeschwemmten Hölzern von gestrandeten Schiffen baute er sich auf dem Vicarage Cliff eine Hütte, in die er sich zum Schreiben, zum Trinken und zum Opiumrauchen zurückzog, aber von hier oben hielt er auch nach Schiffbrüchigen Ausschau. Hier entstand sein berühmtes Gedicht „The Quest of the Sangral". Weit über die Grenzen von Cornwall hinaus bekannt machte ihn sein „Song of the Western Man", der als die inoffizielle Hymne vom West Country gilt. Das Gedicht erschien anonym in den Zeitungen „Royal Devonport Telegraph" und „Plymouth Chronicle", wurde

Nördliches Cornwall

Auf dem Trockenen: Die Fischer können nur mit der Flut auslaufen

dort von dem Präsidenten der Londoner Royal Society als vermeintliche mittelalterliche Ballade entdeckt und im damals viel gelesenen Londoner „Gentleman's Magazine" erneut publiziert. *Sir Walter Scott* bezog sich in einigen seiner Werke auf das Gedicht, der Historiker *Macauly* zitierte es häufig, und *Charles Dickens* druckte es in einem seiner Romane ab. Der Autor blieb lange unerkannt.

Gegen die *Shipwrecker* zog *Hawker* mit aller Macht zu Felde, gegen die Strandpiraten wetterte er von der Kanzel, Schiffbrüchige, deren Segler an der felsigen Küste zerschellt waren, fanden in ihm einen mit unerschrockenem Mut gegen die Naturgewalten kämpfenden Seenotretter, und viele verdankten ihm das Leben. Denjenigen jedoch, die er nur noch tot aus dem Wasser ziehen konnte, gab er ein christliches Begräbnis, etwas, was die Kirche in jenen Tagen noch verbot. Die unglückliche Crew der „Caledonia" bestattete *Hawker* in einem Gemeinschaftsgrab, das er mit der Galionsfigur des Schiffes schmückte.

Hawker's Vicarage ist heute in Privatbesitz und kann nur von außen besichtigt werden. Von der Kirche führt ein ausgeschilderter Pfad zu der Hütte des dichtenden Pfarrers hoch oben auf der Klippe. Der Fußweg dauert nur 15 Minuten und bei klarem Wetter ist die Fernsicht über das Meer hervorragend.

Pub

●Das Free House **Bush Inn,** der Pub zur Kirche, war selbst einmal eine geheiligte Stelle und wurde um 950 als Kapelle erbaut. Ein keltisches Steinkreuz erinnert noch heute daran.

Hartland Point – Bristol

Hartland Point
– Bei Seeleuten gefürchtet

Von der A 39, die von Bude nach Clovelly verläuft, zweigt eine unklassifizierte Straße ab, die über den Weiler Hartland zum stürmischen Hartland Point führt. Schon auf der Karte sieht die kantige Ecke bedrohlich aus, und Hartland Point wurde – obwohl mit einem Leuchtturm gesichert – schon so manchem Schiff, das in den Kanal von Bristol einlief, zum Verhängnis. Der Spruch der Gegend lautet treffend: „From Padstow Point to Lundy Light, This is a watery grave by day and night."

1982 war es der **Frachter „Joanna"**, der hier bei haushohen Wellen in Seenot geriet und auf die Felsen des Kaps geschmettert wurde. Da liegen nun die Reste des rostigen Wracks unterhalb des weißen Leuchtturms. Unschwer kann man sich die ungeheure Zerstörungskraft des Meeres vorstellen, denn viel ist von dem einstigen Frachter nicht mehr vorhanden. Die unermüdlich anbrandenden Wellen haben seit 1982 das stählerne Wrack buchstäblich in Stücke geschlagen und die einzelnen Teile mit ins Meer gezogen. Ein paar Jahre noch, und nichts erinnert mehr an die einstige Katastrophe. Dann ist es auch vorbei mit den Nebeneinkünften des ortsansässigen Bauern. Der verlangt nämlich Eintrittsgebühr von den Neugierigen, die über seinen Grund und Boden zum Leuchtturm wollen, um das Wrack zu bestaunen.

Bei klarem Wetter sieht man in der Ferne die vom National Trust gehegte **Vogelinsel Lundy** im Kanal von Bristol liegen; ist es nicht klar, dann erkennt man sicher die Lichtzeichen der beiden Leuchttürme. Weniger als 20 Personen leben auf Lundy. In früheren Tagen war die Insel ein berüchtigter Piratentreff, die Freibeuter machten von hier den Kanal von Bristol unsicher.

Hobby-Ornithologen können von Bideford mit dem Motorschiff Oldenburg auf das Eiland gelangen.

> „Mir behagt der kalte Charakter der Engländer nicht. Zwar hörte ich einen französischen Emigranten sagen 'Das ist ein mit Schnee und Eis bedeckter Vulkan' – aber er speit niemals Feuer, und während ich darauf warte, erfriere ich."
>
> *Nikolai Karamzin, „Briefe eines reisenden Russen", 1790*

Clovelly
– Devons Touristenfalle

Erreicht der Besucher den kleinen Weiler Clovelly, so traut er zuerst seinen Augen nicht; Ordner lotsen ihn auf einen der riesigen Parkplätze, und dann steht er vor einem gigantischen Ticket Office, dessen Ausmaße von keinem Souvenir Shop in ganz Großbritannien übertroffen werden. Hat man hier die Kasse passiert, muß man vorbei an Vitrinen und Gondeln, in denen Andenken und Kitsch in großer Menge gestapelt sind. Dann geht es in einen Raum mit Kino-Ausmaßen, wo ein Videofilm über das Örtchen informiert, und danach beginnt man mit dem Abstieg auf der katzenkopfgepflasterten Straße hinunter zum Meer. Fußfaule oder ältere Besucher und Behinderte können einen Landrover-Service in Anspruch nehmen. Clovelly, ein Dorf mit 100 Einwohnern, wird gema-

nagt wie ein Großunternehmen – Disneyland im Kleinen.

120 m Höhenunterschied sind zu bewältigen, bis man nach 800 m auf Meereshöhe und damit am Hafen angekommen ist. Die steil nach unten führende Dorfstraße ist gesäumt von blumengeschmückten Cottages, zwischen denen die Besuchermassen wogen. Unten dann blickt man auf einen kleinen natürlichen Hafen, halb geschützt von einer Mole, auf Fischerboote, die im Wasser dümpeln oder auf den Kiesstrand gezogen sind, und auf den Red Lion Pub mit seinen wenigen Fremdenzimmern.

Geschichte

Das Dörflein ist schon alt und wurde bereits im „Domesday Book" erwähnt; in jenen Tagen besaß es 146 Hektar Land, 54 Rindviecher, 15 Schweine, 100 Schafe und 18 Ziegen. Angeblich geht der Name auf die Römer zurück, die eine Siedlung hier Clausa Vallis, das verschlossene Tal, genannt haben sollen; doch ist mehr als zweifelhaft, ob Cäsars Nachfolger tatsächlich vor Ort waren. Wahrscheinlicher ist, daß

Hartland Point – Bristol

die Angelsachsen dem Weiler den Namen Cleave Leigh, Klippenort, gaben.

In der Regierungszeit von Elisabeth I. wurde die Hafenmole erbaut; 2000 £, so heißt es in den Annalen, hat das gute Stück gekostet.

Im Oktober 1821 kam es zu einer großen Katastrophe; 60 Fischerboote aus Clovelly legten ihre Netze im Bristol-Kanal aus, als ein Wetterumschwung innerhalb von Minuten mächtige Wellenberge auftürmte. 40 Boote wurden auf die Felsen der steinigen Küste geschmettert, und 35 Männer ertranken. Im gleichen Monat

An den Hang gebaut: 120 m Höhenunterschied von der Straße zum Strand

des Jahres 1838 kamen bei ähnlichen Wetterbedingungen 21 Fischer ums Leben, und 14 Boote sanken oder strandeten an den Klippen.

Im Winter 1864 kam Reverend Robert Stephen Hawker (s.o.) während eines schlimmen Sturmes ins Dörflein geeilt und bat die Männer von Clovelly um Hilfe für den in Seenot geratenen Segler Margaret Quail. Den Fischern jedoch erschien die Lage zu gefährlich, und niemand folgte dem Pfarrer von Morwenstow. Inzwischen hatte die Crew der „Margaret Quail" das Schiff aufgegeben und sich in die Boote gerettet. Prompt verloren die Männer von Clovelly ihre Angst vor Wind und Wellen, sprangen in die Boote, übernahmen den Segler und brachten ihn sicher in den Hafen. Dann forderten sie vom Eigner 3000 £ für die Rettung. Der zahlte aber nicht und konnte bei der Seegerichtsverhandlung nachweisen, daß – einen solchen Fall gab es auch schon einmal auf den Isles of Scilly – der Hund noch an Bord war, als die Fischer von Clovelly den Frachter enterten – ein „Mannschaftsmitglied" war also an Bord geblieben, und somit konnte man nicht behaupten, daß die „Margaret Quail" vollständig von der Crew verlassen worden sei.

Im Sommer kein ruhiges Hotel am Meer

Seit 1870 hat die RNLI (Royal National Lifeboat Institution) einen Seenotdienst in Clovelly stationiert, und seit diesen Tagen sind über 300 Menschenleben von den mutigen Männern gerettet worden. Heute sorgt ein 21 m langes Boot der sogenannten Dover-Klasse für Sicherheit im Bristol-Kanal.

Natürlich waren die Bewohner von Clovelly auch im Freihandel – wie man verharmlosend den Schmuggel nannte – aktiv. In der Blütezeit des Free Trade, von Mitte des 18. bis in die ersten Jahre des 19. Jh., sollen laut Schätzungen 16 Mio. Liter Alkohol und 6 Mio. Pfund Tee abgabenfrei umgeschlagen worden sein. Dann zeigten die Patrouillen der Zöllner, im Schmuggler-Jargon treffend Revenue Cutter genannt, langsam ihre Wirkung. Für Clovelly war das Zollboot „Shark", stationiert im wenige Kilometer entfernten Barnstaple, zuständig. Am 10. März 1805 segelte ein Lugger namens „Dart" auf Clovelly zu und wurde von der „Shark" kurz vor dem Ziel aufgebracht. Die Beute war beträchtlich, denn der Segler war voll mit Brandy, Rum, Genever, portugiesischem Rotwein, Tabak, Pfeffer und Spielkarten.

1884 erbte Christine Hamlyn das Dörflein und sorgte 50 Jahre lang, bis 1934, für Aufschwung. Sie ließ viele Häuser renovieren, an deren Fassaden kenntlich gemacht durch die Initialen C. H. und das Jahr, sie ließ Abwasserdrainagen einrichten, Wasserleitungen legen, Küstenpfade des Hobby-Kliffs säubern und Abertausende von Bäumen pflanzen. Jeder, der einen modernen Bed-&-Breakfast-Bungalow an den Hügel setzen oder Eiscreme-Verkaufsstände auf der katzenkopfgepflasterten Dorfstraße aufstellen wollte, zog sich ihre unversöhnliche Feindschaft zu. Sie war es auch, die Clovelly in einen Trust einbrachte, und damit langfristig das touristische Konzept in ökonomische Sicherheit einmünden ließ. War sie sich doch bewußt, daß jeder Mensch ein Heim braucht, denn ihr Wahlspruch lautete: „Go east, go west, home's the best!"

Charles Dickens besuchte zusammen mit Wilkie Collins das Fischerdorf und war so beeindruckt, daß er es in der 1871 erschienenen Geschichte „A Message from the Sea" treffend als Steepway beschrieb. Der Vater des Autors, Charles Kingsley, kam 1830 als Pfarrer nach Clovelly, und Charles besuchte die Dorfschule. Im fünften Kapitel seines Abenteuerromans „Westward Ho!", der in elisabethanischer Zeit spielt, hat er sein „liebes, altes Paradies" umfassend beschrieben: „Nimm den steilsten Abhang, den du dir überhaupt nur vorstellen kannst; laß unten, an seinem Fuß, den Atlantik anbranden und bedecke ihn nach oben mit alten Bäumen und dichtem Unterholz."

Der Maler Rex Whistler, der schon mit seinem ausgemalten Raum in Mottisfont Abbey Erwähnung fand, arbeitete gerne im Örtchen und schuf das Design für das Clovelly-Porzellan, das im gigantischen Souvenirzentrum verkauft wird.

Auf dem Weg in den Exmoor Forest

Westward Ho!

Von Clovelly geht es entlang der A 39 auf das Städtchen Bideford zu, dessen Seebad Westward Ho! heißt und das tatsächlich nach dem Roman von *Charles Kingsley* getauft wurde (und nicht etwa umgekehrt). **Westward Ho!** war der Ruf all jener, die mit ihren Schiffen in die Neue Welt aufbrachen. Leider kann der Name allein dem tristen Betonort auch keine Atmosphäre verleihen.

Nach dem Ort Barnstaple geht es entlang der B 3230 gen Norden an die Küste nach Ilfracombe und dann in Richtung Osten.

Combe Martin

Schnell ist Combe Martin erreicht, und hier gibt es **Pack o'Cards**, den anerkanntermaßen kuriosesten Pub von ganz England, zu bestaunen. Name wie Aussehen gehen angeblich auf ein Kartenspiel bzw. -haus zurück. Grund für den ungewöhnlichen *Pub Folly* war – so heißt es in der Überlieferung, die

man im Schankraum nachlesen kann – ein stattlicher Gewinn, den ein gewisser *George Ley* Mitte des 18. Jh. beim Kartenspiel gemacht hatte. Von dem Geld ließ er das Gebäude errichten und gab ihm die Form eines Kartenhauses mit vier Stockwerken, 13 Türen im Untergeschoß und 52 Fenstern, für jede Karte eins.

Lynton/Lynmouth

Weiter die Küste entlang in östlicher Richtung ist schnell der **Doppelort Lynton/Lynmouth** erreicht. Während Lynton hoch oben auf der steilen Klippe liegt, gruppieren sich die wenigen Häuser von Lynmouth unten am Hafen, dort, wo der River Lyn ins Meer sprudelt. Eine alte Kabelbahn,

Kuriose Geschichte: zu Stein gewordener Gewinn beim Kartenspiel die steil nach oben führt, verbindet beide Orte.

Henry James kam auf einer seiner Fahrten auch hierher, war begeistert und beschrieb die Atmosphäre treffend: „Ich fürchte, daß ich vielleicht bloß wie ein berufsmäßiger Schwärmer anmute, wenn ich erkläre, wie abgedroschen mir beinah jeder in beschreibender Absicht auf Lynton angewandter Begriff erscheint. Das kleine Dorf thront auf der Flanke einer der großen Bergklippen, die die ganze Küste zieren und am Rande einer wunderschönen Schlucht, durch die ein breiter Wildbach von den großen Mooren, deren mit Heidekraut bekrönte Wellen sich purpurn am Binnenhimmel erheben, herabschäumt und -stürzt. Darunter, dicht neben dem Strand, wo der kleine Bach auf die See trifft, liegt das Schwesterdorf Lynmouth. Während ich auf der Brücke stand, die den Strom überspannt, und auf die steinernen Rücken und Grundmauern und über das überwuchernde Gartengrün bestimmter kleiner, grauer, alter Häuser sah, die ihre Füße hineintauchten, und dann hinauf zu dem zarten Grün von Zwergeiche und Farn, auf die Farbe von Stechginster, Besenginster und Adlerfarn, die die Flanken der Hügel erklimmen und sie wie Miniaturberge barhäuptig der Sonne überlassen – deutete ich eine unnatürliche Bläue in die Nordsee hinein und das Dorf darunter nahm die Anmut eines der hundert Weiler der Riviera an."

Die Schlucht, die *Henry James* erwähnt, ist eine große dunkle Klamm,

124es Foto: hs

die von Lynton nach Lynmouth herunterführt und durch die ein Sturzbach gurgelt und schäumt, Wasserfälle hinunterstürzt, wild über Kaskaden sprudelt. So recht zum Naturgeschmack der Viktorianer wurde diese **Glen Lyn Gorge** – die auch auf den Beinamen *English Switzerland* hört – 1854 der Öffentlichkeit zugänglich gemacht; 1952 nahm nach monatelangen heftigen Regenfällen die Gewalt des Baches derart zu, daß er alles in der Klamm überflutete, Geröll und Schlammassen mit sich ins Tal riß und Lynmouth fast dem Boden gleichmachte; über 30 Menschen kamen bei der Naturkatastrophe ums Leben. Erst zehn Jahre später konnte die Schlucht wieder für die Öffentlichkeit zugänglich gemacht werden.

Der junge **Shelley** verbarg sich im Sommer 1812 in Lynmouth mit seiner heimlich in Schottland angetrauten 17 Jahre jungen Frau Harriet. Hier schloß er sein revolutionäres Gedicht „Queen Mab" ab, das von *Karl Marx* sehr bewundert wurde. Nachdem die Nachbarn *Shelley* dabei beobachtet hatten, wie er Flaschen ins Meer warf und Ballone steigen ließ, mußte das junge Paar nach nur neun Wochen Aufenthalt Hals über Kopf aus dem Hafenörtchen flüchten. *Shelley* hatte auf diese phantasievolle Weise sein radikales politisches Pamphlet „Dedications of Right" unter die Leute gebracht; kurz bevor die Polizei zugreifen konnte, waren die beiden glücklicherweise schon nach Wales entschwunden.

Wer sich über das Exmoor informieren möchte, kann dies im **Exmoor Na-** tional Park Visitor Centre in Lynmouth am Hafen tun. Hier werden geführte Radtouren und Wanderungen durch das unter Naturschutz stehende Waldgebiet angeboten.

Pubs und Restaurants

●Gemütlich sitzt man im **Pub The Village Inn** (Established 1990) sowie im Free House **The Rising Sun**, das – unschwer an dem niedrigen, alten Gemäuer abzulesen – aus dem 14. Jh. datiert; in dieser Taverne hat *R. D. Blackmore* weite Teile seines Räuberromans „Lorna Doone" geschrieben (s. u.).

●Speisen kann man im **Cornerhouse Restaurant** und seinen Cream Tea im angeschlossenen Riverside Tea Garden nehmen.

Exmoor National Park

Von Lynton/Lynmouth nun geht es von der Küste fort und hinein in den Exmoor National Park, in dessen geographischem Zentrum das Dörfchen **Exford** mit seinen reetgedeckten Häusern heimelige Atmosphäre verbreitet. Sehr schön trinkt man hier am Ufer des River Exe den Morgenkaffee, den nachmittäglichen Cream Tea oder das abendliche Bier im Garten des alten efeubewachsenen White Hart Inn.

Das nette Örtchen eignet sich gut, wenn man den Nationalpark auf **Wan-**

Hartland Point – Bristol

> „Die Briten finden wenig Vergnügen daran, ihren Weibern schmeichelhafte Komplimente zu machen. Auch ist ihnen ein Zechgelage oder Kartenspiel lieber als die Unterhaltung mit Frauenzimmern."
>
> *César de Saussure,* „Reiseberichte aus Deutschland, Holland und England", 1725-1729

derungen erkunden möchte. Annähernd 1000 km an Wanderwegen stehen dem passionierten Spaziergänger zur Verfügung.

Von August bis in den April hinein sind die geruhsamen Fußmärsche jedoch weniger erquicklich; dann kracht es aus vielen hundert Büchsen, die **Rotwild-Jäger** galoppieren auf ihren Pferden über Stock und Stein, Hunde bellen, und Treiber scheuchen mit viel Lärm die heimischen Tiere auf.

So machten es seit den Zeiten von *William the Conqueror* auch schon alle englischen Herrscher, denn das Exmoor ist weniger eine Sumpf- und Moorregion als vielmehr ein ausgedehntes Waldgebiet. Die **Bezeichnung Forest**, die ja ursprünglich den königlichen Forst bezeichnete, der ausschließlich dem Herrscher zur Jagd vorbehalten war, deutet schon darauf hin.

243 **Vogelarten** haben die Ornithologen im Exmoor gezählt, über einhundert davon nisten auch im Nationalpark. Viele sind vom Aussterben bedroht, und daher stehen etliche Arten unter Schutz, so etwa die Schleiereule (*Barn Owl*), der farbenprächtige Eisvogel (*Kingfisher*), der Merlin (*Merlin*), ein Zwergfalke, der Wanderfalke (*Peregrine Falcon*) und der Sperber (*Sparrowhawk*). Darüber hinaus ziehen Bussarde (*Buzzard*) ihre Kreise, der Turmfalke (*Kestrel*) schießt durch die Lüfte, hochmütig stakst der Brachvogel (*Curlew*) durchs Gelände, und krächzend machen die schwarzen Raben (*Raven*) auf sich aufmerksam.

Hobby-Ornithologen sollten auf keinen Fall die **Exmoor Bird Gardens** versäumen; über 500 Vögel kann man sich hier ansehen. Die Vogelgärten liegen im Westen des Exmoor National Park, nahe der B 3226 zwischen den Weilern Blackmoor Gate im Norden und Brayford im Süden.

Die Biologen der *Exmoor Natural History Society* haben über 900 verschiedene Baumarten, Blumen und Gräser gezählt, die Liste reicht vom *Abraham-Isaac-and-Jacob-Gras* über *Yarrows* (Schafgarben) und *Yaws* (Eiben) bis hin zum Laichkrautgewächs Zanichellia.

Wie auch im Dartmoor grasen genügsame und gegen kalte Winter und stürmische Winde abgehärtete, **halbwilde Ponys** im Nationalpark, und rund 50.000 **Schafe** halten die Grasnabe kurz. Vor allem aber ist das Exmoor für sein **Rotwild** bekannt, von dem nach Schätzungen der Förster noch ca. 800 Tiere scheu die Wälder durchstreifen; der Besucher wird sie nur mit Glück zu sehen bekommen.

Das Exmoor war im 17. Jh. Versteck und Wirkungskreis einer berüchtigten Räuberbande, die nach dem gleichnamigen Tal beim Weiler Oare benannte **Doone Gang**. Gegen Mitte des letzten Jahrhunderts, 1869, veröffentlichte *R. D. Blackmore* den Roman „Lorna Doone". Die Geschichte von Lorna Doone kennt auch heutzutage noch jedes Kind in Großbritannien, sie ist hier so berühmt wie die Geschichte von Robin Hood. Lorna, die vermeintliche Tochter des grimmigen Räuberhauptmannes, verliebt sich in den aufrichtigen und braven Bauernburschen John Ridd, dessen Vater einst von den Doones ermordet wurde. Erwachsen geworden, kämpft er gegen die bösen Räuberscharen und entdeckt, daß Lorna in Kindertagen gekidnappt wurde und somit gar nicht von den schlimmen Doones abstammt. Groß ist die Freude, Lorna und John stehen vor dem Traualtar, als das Mädchen von einem Doone aus dem Hinterhalt niedergeschossen wird. John rächt die Tat gar fürchterlich, natürlich gesundet Lorna, und ein glückliches Ende steht dem Leser ins Haus.

Etwas nördlich von Exford hat man vom 519 m hohen **Dunkery Beacon** bei klarem Wetter phantastische Ausblicke über die Region.

Einige Kilometer von Exford Richtung Süden kommt man zu einem Parkplatz, von dem aus nach wenigen Minuten Fußweg durch einen Wald eine *Clapper Bridge* erreicht ist, die 55 m lange Steinplattenbrücke **Tarr Steps**, die über den flachen River Barle führt. Die Brücke ist alt, aber niemand weiß genau wie alt; als halbwegs gesichert gilt, daß die Überspannung mindestens aus der Bronzezeit datiert, doch kann sie auch noch wesentlich weiter in der Frühzeit zurückreichen. Mehr als einmal hat die Flut die bis zu 10 to schweren Steinplatten und die mächtigen Basissteine weggespült, immer

Bau, Steine, Erden: die Tarr Steps

wieder aber ist in den Jahrtausenden die Brücke erneuert worden, und zwar genau im bronzezeitlichen Design.

Von den Tarr Steps geht es zum Weiler **Winsford**, der von mehreren kleinen Bächen durchzogen wird, die munter plätschernd und murmelnd das Gemüt wattieren. Hinzu kommen eine ganze Reihe reetgedeckter Cottages, ein Marktkreuz aus früheren Tagen und der alte und gemütliche Royal Oak Pub, ein Free House, mit seinem Strohdach.

Porlock Weir

Von hier geht es nun wieder nach Norden auf die Küste zu, durch das Dorf Porlock hindurch und zum **Hafenweiler Porlock Weir**, einem winzigen Hafen, mit weißen reetgedeckten Cottages. Wie der Name schon sagt, ist das Hafenbecken mit einem Wehr, einem *Tidal Gate,* gesichert, so daß bei Ebbe die Boote nicht im Schlick liegen. Über die Jahrhunderte trieben die Bewohner des Küstenörtleins schwunghaften Handel mit dem auf der anderen Seite des Bristol-Kanals gelegenen Wales.

Zur Mittagszeit versorgt das Free House **The Ship** Inn die Hungrigen mit guten Snacks.

Spaziert man von hier gen Westen, so kommt man nach ca. 2 km (nicht mit dem Auto befahrbar) nach **Culbone**, zu Englands kleinster Kirche. Das Gotteshäuslein ist ungefähr 10 m lang, vielleicht 3,50 m breit und hat einen winzigen Kirchturm.

Nahebei, zwischen der Hafenansiedlung und dem Ort Porlock hatten *William Wordsworth* mit Schwester Dorothy und **Coleridge** 1797 während ihrer Wanderungen die Ash Farm gemietet. Eines Abends war *Coleridge* im Opiumrausch in tiefen Schlaf gefallen, aus dem er plötzlich erwachte; er hatte geträumt, daß er ein langes Gedicht geschrieben hatte. Sofort setzte er sich hin und begann es niederzuschreiben. Doch da wurde er gestört, und danach hatte er weite Teile seines langen Gedichtes vergessen, so daß er nur noch Bruchstücke zusammenbekam:

In Xanadu did Kubla Khan
A stately pleasure-dome decree:
Where Alph, the sacred river, ran
Through caverns measureless to man
Down to a sunless sea.

In Xanadu schuf Kubla Khan
ein Lustschloß stolz und kuppelschwer:
Wo Alph, der Fluß des Heiles, rann
Durch Höhlen, die kein Mensch
ermessen kann,
In sonnenloses Meer.

Das Gedicht hat keine narrative Linie, sondern besteht aus einer Anzahl von großen visionären Bildern um die Themenbereiche Ewigkeit und Wandel. *Coleridge* nannte sein Werk, das erst 1816 publiziert wurde, eine „psychologische Kuriosität". Die modernen Anglisten bezweifeln allerdings *Coleridges* Version vom Traum und dem vergessenen Ursprungsgedicht.

Ebenfalls in Porlock machte *Coleridge* Vorarbeiten zu seinem berühmten Gedicht „The Ancient Mariner", das 1798 erschien und als eines der besten der englischen Romantik gilt: Hier sticht der Held mit einem Schiff in See, das ein fürchterlicher Sturm auf die Antarktis zutreibt, dort friert der Segler ein. Ein Albatros, von den Matrosen freudig als Glücksbringer begrüßt, erscheint an Bord und wirklich, das Eis bricht auf, Schiff und Mannschaft kommen frei. Da erschießt der Protagonist grundlos den Albatros, und ein Fluch lastet nun auf dem Segler. Als einziger Überlebender erreicht er wieder seine Heimat, wird jedoch wie der ewige Jude ruhelos umhergetrieben und wandert gehetzt bis zu seinem Tod von Land zu Land.

Aus: „The ancient mariner"
von Samuel T. Coleridge
mit Illustrationen von Gustave Doré

PART
THE FIFTH

OH sleep! it is a gentle thing,
Beloved from pole to pole!
To Mary Queen the praise be given!
She sent the gentle sleep from Heaven,
That slid into my soul.

By grace of the Holy Mother, the ancient Mariner is refreshed with rain.

The silly buckets on the deck,
That had so long remained,
I dreamt that they were filled with dew;
And when I awoke, it rained.

My lips were wet, my throat was cold,
My garments all were dank;
Sure I had drunken in my dreams,
And still my body drank.

I moved, and could not feel my limbs:
I was so light—almost
I thought that I had died in sleep,
And was a blessèd ghost.

He heareth sounds and seeth strange sights and commotions in the sky and the element.

And soon I heard a roaring wind:
It did not come anear;
But with its sound it shook the sails,
That were so thin and sere.

The upper air burst into life!
And a hundred fire-flags sheen,
To and fro they were hurried about!
And to and fro, and in and out,
The wan stars danced between.

And the coming wind did roar more loud,
And the sails did sigh like sedge;
And the rain poured down from one black cloud;
The Moon was at its edge.

The thick black cloud was cleft, and still
The Moon was at its side:
Like waters shot from some high crag,
The lightning fell with never a jag,
A river steep and wide.

Selworthy

Zwischen den Dörfern Porlock und Minehead liegt die kleine Siedlung Selworthy, für viele der schönste Weiler Englands. Rund um einen grünen Dorfanger, der von Bäumen, Sträuchern und Hecken umgeben ist, stehen vielleicht ein Dutzend gelbgestrichene, reetgedeckte Cottages, alle in gleicher Bauweise mit einem mächtigen Kamin. Bei schönem Wetter kann man auf der Wiese picknicken und hat ein idyllisches Bild vor Augen. Wer keine Verpflegung mitgenommen hat, der halte sich an den Besitzer vom Periwinkle-Häuschen, der in seinem Postkarten-Cottage eine kleine Tee- und Kaffeestube eingerichtet hat und bei Sonnenschein auch in seinem Garten serviert.

1828 ließ *Sir Thomas Acland* die kleine Siedlung für die pensionierten Arbeiter seines Landgutes errichten; heutzutage ist sie im Besitz des National Trust.

Dunster

Weiter geht es gen Osten vorbei an Minehead zum Örtchen Dunster, das viel Flair und Gemütlichkeit ausstrahlt. Hoch über dem Ort wacht die **Burg** der seit dem 14. Jh. ansässigen Luttrel-Familie, und ausgedehnte Parkanlagen ziehen sich rund um den bewaldeten Hügel (NT, April bis Sept. So-Do 11-17 Uhr, Okt. bis März So-Do 14-16 Uhr, Juni bis August Gärten Fr/Sa 11-17 Uhr).

Zweite architektonische Attraktion von Dunster ist das hausähnliche und schiefergedeckte Marktkreuz, das **Yarn Market**, dessen Name an die Tuchindustrie erinnert, die dem Örtchen Wohlstand gebracht hatte.

Auch hier kann man sich in einem **Exmoor Visitor Centre** umfassend über die Wald- und Moorregion informieren.

Combe Sydenham

Von Dunster geht es entlang der A 39 und dann über die B 3188 zum Herrensitz Combe Sydenham beim Weiler Monksilver (Ostern bis Nov. Mo-Fr. 11-17 Uhr). Das Haus, 1580 von *Sir George Sydenham* errichtet, bezieht seine touristische Bedeutung von dem Seebären **Sir Francis Drake**. Der hatte sich in **Elizabeth Sydenham** verliebt, doch ungeachtet seines Reichtums und seiner Reputation wollte Vater George seine Tochter dem rauhen maritimen Haudegen nicht zur Frau geben. Doch Elizabeth versprach, keinen anderen zu heiraten und auf Francis zu warten. Der stach also beruhigt in See, doch die Jahre vergingen, und wer nicht kam, war *Drake*. Hart bedrängt von der Familie, willigte Elizabeth nun ein, einen anderen Edelmann zu ehelichen, und bald stand sie vor dem Altar. Gerade, als sie zum Jawort ansetzen wollte, krachte es, ein runder Stein fiel vom Himmel, brach durchs Gebälk und schlug zwischen Braut und Bräutigam ein. Ein Zeichen von Drake, interpretierte Elizabeth, erklärte den Meteor für eine Kanonenkugel vom geliebten Francis und weigerte sich, die Ehe einzugehen. Schon die nächste Flut spülte in Plymouth den Weltumsegler auf seiner „Golden Hind" in den Hafen, der sich dort schnurstracks auf ein Pferd warf und nach Combe Sydenham galoppierte. Und alles wurde gut!

Die ehestiftende „Kanonenkugel" kann in der Halle besichtigt werden.

Nahebei, im Weiler Monksilver, ist der urgemütliche **Pub Notley Arms** weit über die Grenzen der Gemeinde hinaus bekannt für seine preisgünstigen Snacks zur Lunchzeit, die man bei schönem Wetter im Biergarten genießen kann.

Nether Stowey

Auf dem Weg nach Osten in Richtung Glastonbury, wo man den Legenden um König Artus und seine Tafelrunde nachspüren kann, sollten Literaturinteressierte eine Strecke bevorzugen, die über Nether Stowey führt. Hier, nun schon außerhalb des Exmoor National Park, verbrachte der bereits mehrfach erwähnte **romantische Dichter Coleridge** zusammen mit seiner Frau Sarah und dem kleinen Sohn zwischen 1796 und 1798 die drei

Mittelalterliches Ensemble:
das Marktkreuz und die Burg von Dunster

glücklichsten Jahre. Der Mäzen *Thomas Poole*, den *Coleridge* „meinen Anker" nannte, überließ ihm das reetgedeckte Häuschen. Hier begann die Freundschaft mit dem anderen bedeutenden Poeten der englischen Hochromantik, *William Wordsworth,* und dessen Schwester *Dorothy*. Die beiden kamen häufig zu Besuch, und zu dritt wurden dann sogenannte *Nocturnal Walks* unternommen, wobei die Nacht inspirierend und kreativ belebend auf die Feingeister einwirkte. Doch die Dorfbewohner beäugten dies mit Mißtrauen und hielten alle drei für französische Spione. Ein Beamter des Innenministeriums mietete sich nahebei ein und beobachtete das Treiben im Cottage für einige Tage. Der Mann war immerhin intelligent genug zu erkennen, daß er harmlose Leute vor sich hatte.

Coleridge Cottage gehört heute dem National Trust und ist geöffnet von April bis September Di-Do und So von 14 bis 17 Uhr.

Auf dem Weg nach Glastonbury sollten einkaufsfreudige Urlauber im Dörfchen **Street** eine Pause für einen Einkaufsbummel einlegen; hier kann man im Clark Village das sogenannte *Factory Shopping* machen, also direkt ab Fabrik kaufen und auf viele Artikel bis zu 75 % Rabatt erhalten.

Glastonbury
– Auf der Suche nach König Artus' Tafelrunde

Das kleine, 5000 Einwohner zählende Städtchen Glastonbury ist für Esoteriker jeder Couleur ein herausragender Wallfahrtsort, und das ganze Jahr über reißt der Strom derjenigen nicht ab, die christliche wie keltische Mysterien zu beschwören suchen. Schauen wir uns zunächst die **Spekulationen** an, um dann die Fakten zu prüfen!

Nach der Himmelfahrt Christi machte sich **Joseph von Arimathäa**, der Jesus vom Kreuz genommen, einbalsamiert und begraben hat, auf den Weg, der Kelteninsel das Christentum zu bringen. Bei sich trug er den Kelch, aus dem Jesus und seine Jünger beim letzten Abendmahl getrunken hatten und mit dem Joseph während der Kreuzigung das Blut aus der Wunde des Herrn aufgefangen hatte. Am Weihnachtstag des Jahres 60 erreichte der fromme Mann Glastonbury Tor, einen weithin sichtbaren Hügel, stieß an dessen Fuß seinen Pilgerstab in die Erde und vergrub den Gral im Boden. Aus dem Wanderstock erwuchs ein Weißdornbusch, dessen Ableger auf dem Abteigelände auch heutzutage noch jedes Jahr um Weihnachten zu blühen beginnt, und dort, wo Joseph den Gral vergrub, sprudelte flugs eine Quelle hervor, die *Bloody Spring*. Auch errichtete er die erste Kirche auf englischem Boden.

Glastonbury soll – kommen wir nun zum zweiten Mythos – aber auch das **Avalon von König Artus** sein. 1191

Hartland Point – Bristol

wollten die Mönche der Abtei auf dem Kirchhof das Grab von *Artus* und seiner Frau *Guinevere* gefunden haben. 1278 war dann der Schrein fertig, der die Gebeine des Königspaars aufnahm. Die Abtei von Glastonbury avancierte damit zu einem Wallfahrtsort erster Güte und stellte selbst Canterbury mit dem Grab des ermordeten Erzbischofs *Thomas Becket* weit in den Schatten.

Verbürgt von all diesen Mysterien ist lediglich die **Tatsache**, daß um das Jahr 700 herum der angelsächsische König *Ina von Wessex* ein Kloster errichten ließ. Eine normannische Abteianlage brannte 1184 vollständig nieder, und so entstand im Laufe der folgenden Jahrzehnte eine neue Klosterkirche, die mit fast 180 m Länge alle anderen in England weit in den Schatten stellen sollte. Während der Reformation von *Heinrich VIII.* wurde die reiche Abtei aufgelöst, und die prachtvolle Kirche fiel den Bilderstürmern zum Opfer.

Eindrucksvoll sind heute noch immer die Ruinen auf dem großen grünbewachsenen Areal; die Stelle, an der einmal der Schrein von König *Artus* und seiner Frau stand, ist markiert.

Am Market Place ragt das reich verzierte, steinerne **Marktkreuz** in den Himmel. Hier kann man Unterkunft finden im George and Pilgrim's Hotel, einer rund 600 Jahre alten ehemaligen Pilgerherberge. Spaziert man die High Street hinunter, so passiert man auch das aus dem 15. Jh. stammende, spätgotische **Gerichtsgebäude The Tribunal** mit der Tourist Information und einem kleinen **Heimatmuseum**; hier werden die Funde des Glastonbury Lake Village gezeigt, eines 1892 ausgegrabenen eisenzeitlichen Seedorfes.

Gegenüber vom George and Pilgrim's, am Anfang der High Street, hat sich **Glastonbury Experience** niedergelassen – der bevorzugte Anlauftreff der Esoteriker; hier finden sich die Tagungsstätten der **University of Avalon**, die spirituelle Seminare durchführt wie etwa „Communication with the Earth, Learning to live more effectively, The Ultimate Healing Course" und weitere um diese Themenkomplexe kreisende, für viele Leute offensichtlich sinnstiftende Veranstaltungen.

George Bernard Shaw besuchte hier einmal zusammen mit seiner Freundin *Molly Tompkins*, seiner „Mollissima", eine Freilufttheateraufführung. *Shaw* war von den Tanzfähigkeiten der Akteure wenig beeindruckt und soll, so berichtete es einmal seine Begleiterin, mit seiner „verheerenden Fistelstimme" gesagt haben: „Unglaublich, wie viele Leute Hühneraugen haben!" – was für ein erfrischend lapidarer Treffer in der mysteriengeschwängerten Atmosphäre von Glastonbury.

Praktische Hinweise

Tourist Information

●**The Tribunal**, 9 High Street, Tel. 01458-832954

Unterkunft

●**Number Three Restaurant and Hotel**, ****, 3 Magdalene Street, 01458-832129
●**George and Pilgrim's Hotel**, ***, 1 High Street, 01458-832252
●**Bed & Breakfast:** Wyrrell House, 78 The Roman Way, Tel. 01458-835510; Little Orchard, Ashwell Lane, Tel. 01458-831620; Wick Hollow House, 8 Wick Hollow, Tel. 01458-833595, Fax 834244; Meadow Barn, Middlewick Farm, Wick Lane, Tel. und Fax 01458-832351

Pubs und Restaurants

●bestes Restaurant am Platze im o.g. Hotel **Number Three**
●**Market House Inn**, Magdalene Street, gemütlicher Pub mit Biergarten und angeschlossenem Restaurant
●**The Blue Note Café**, High Street, Kaffee und Kuchen, kleine Snacks
●**Becket's Inn**, High Street, alter gemütlicher Pub
●**The Queen's Head**, Ende der High Street, Pub mit Snacks zur Mittagszeit
●Pub **The Mitra Inn**, Benedict Street.
●**Café Galatea**, High Street, Restaurant and Gallery, vegetarisch, bis 7 £
●**The Monarch,** High Street, Tea Room and Café, Home Made Cakes and Light Meals, 7 £
●**Ristorante Pizzeria,** Market Place, für britische Verhältnisse erstaunlich gute Pizzen und Pastas, da im Besitz einer italienischen

---

„Im allgemeinen hält der Brite jeden Ausländer für eine bedauernswerte, halb wilde Kreatur."

Nikolai Karamzin, „Briefe eines reisenden Russen", 1790

Familie, Pizzen und Pastas zwischen 6 und 7 £, Fleisch- und Fischgerichte um 10 £, auch vegetarische Speisen im Angebot.

●**The Rainbow End,** High Street, Café und kleines Restaurant, 6 £, mehrfach von englischen Bistro-Führern empfohlen.

Rent-a-Bike

●Magdalene Street/Market Place

Verbindung

●Lokale **Busse** nach Wells und weiter nach Bristol.

Wells
– Süd-Englands Kathedralstadt

Die kleine Stadt mit ihren 10.000 Einwohnern hat dem Besucher eine der schönsten gotischen Kathedralen zu bieten, und selbst wer an Architektur und Kunstgeschichte kein sonderliches Interesse hat, wird trotzdem von dem prachtvollen Gotteshaus beeindruckt sein. Ihm wird es gehen wie *Henry James*, der einräumen mußte: „Das Erfreulichste im Leben ist ganz zweifellos das Erfreuliche, das einen überrumpelt – obschon ich bei meiner Ankunft in Wells überhaupt nur infolge eines leichtfertigen Mangels an Kenntnissen hatte überrumpelt werden können. Ich wußte ganz allgemein, daß diese alte kleine Stadt eine große Kathedrale vorzuweisen hatte, doch ich war weit davon entfernt, die Intensität des Eindrucks zu ahnen, der mich erwartete. Das ungeheuer Beherrschende der beiden Münstertür-

me, während man sie aus dem herannahenden Zug über den zu ihren Füßen zusammengedrängten Häusern sieht, vermittelt einem in der Tat eine Andeutung ihres Charakters."

Die Kathedrale

Um das Jahr 705 ließ der angelsächsische König *Ina von Wessex* auf den Rat des heiligen Aldhelm hin ein Priesterseminar und eine Kirche nahe jener Quellen errichten, nach denen Wells seinen Namen hat. Um 1180 beauftragte dann Bischof *Reginald de Bohun* die Baumeister mit den **Arbeiten an der Kathedrale**; in seiner Amtszeit entstanden die vier östlichen Joche des Hauptschiffs, Teile des Chors, die Querschiffe und das Nordportal. *Bischof Jocelyn* von Wells setzte die Arbeiten ohne Änderung des ursprünglichen Bauplans fort, so daß die Kathedrale weitgehend einheitlich im *Early English* errichtet wurde und dadurch besonders harmonisch auf den Betrachter wirkt. *Jocelyn* vollendete das Hauptschiff und weihte das Gotteshaus im Jahre 1239. Drei Jahre später, die Steinmetzen arbeiteten noch an der Westfassade, starb er; unter seinem Nachfolger *Bitton* entstanden die Krypta und die wie eine Kaskade herabflutende Treppe zum *Kapitelhaus*, das erst der Dekan *John de Godelee* Anfang des 14. Jh. vollenden ließ. Er trieb die Arbeiten am Vierungsturm, 1322 fertiggestellt, voran und realisierte auch die Marienkapelle.

Auf die Initiative von Bischof *Ralph von Shrewsbury* ging die Fertigstellung des Chors zurück; vor allem aber ver-

I	Westfassade
II	NW-Turm
III	SW-Turm
IV	Langhaus
V	Nordportal
VI	Vierung mit Scherenbogen
VII	Westliche Querschiffe
VIII	Chor
IX	Altarraum
X	Östliche Querschiffe
XI	Marienkapelle
XII	Treppe zum Kapitelhaus
XIII	Kapitelhaus
XIV	Chain Gate
XV	Kreuzgang

1	Kapelle für Bischof Bubwith
2	Kapelle für Hugh Sugar und Kanzel
3	"Die Obstdiebe"
4	Bishofsthron
5	Denkmal für Bischof Beckington
6	Denkmal für Bischof Harewell
7	Denkmal für Bischof R. v. Shrewsbury
8	Astronomische Uhr

danken wir seinem raschen Entschluß zum Handeln die **wunderbaren Vierungsbogen**, die *Inverted Arches*, die umgekehrten Bogen oder auch Scherenbogen genannt, die in ihrer „surreal abstrahierten Form" Wells berühmt gemacht haben. Der zentrale Turm, dessen Dach nach altem Brauch Bleiplatten bedeckten, war den Erbauern zu schwer geraten und drohte die stützenden Vierungspfeiler auseinanderzudrücken. Also setzten die Baumeister um 1338 im nördlichen, westlichen und südlichen Teil der Vierung zwischen den Pfeilern Spitzbogen ein, denen – so der optische Eindruck – ein zweiter umgekehrter Spitzbogen aufgesetzt wurde, dessen beide Ausläufer dann oberhalb des Triforiums die Vierungspfeiler verstärkten und abstützten. Nie hatte es vorher einen solch harmonischen und unter statischen Gesichtspunkten tragenden Bogen gegeben, und doch weiß man nicht, wer der geniale Baumeister war, der ihn erfand.

Als der Turm der Kathedrale von Salisbury die Vierungspfeiler zu zerbrechen drohte, übernahmen die dortigen Baumeister die Bogen von Wells, die maßgeblich Anteil daran hatten, daß der Turmhelm noch heute in den Himmel ragt. Allerdings sind die Scherenbogen von Salisbury nicht annähernd so harmonisch geraten wie die von Wells.

Der Besucher wird sich fragen, warum am östlichen Teil der Vierung der Bogen fehlt; dort stützt schon der Lettner, die Chorschranke, die Turmpfeiler, so daß ein teurer Scherenbogen nicht nötig war.

1386 und 1424 entstanden die beiden **Türme der Westfassade**, von denen manchmal behauptet wird, daß ihnen die Spitzen fehlen. Dies stimmt jedoch nicht, denn hätten die Baumeister sie mit einem Helm gekrönt, dann wären sie höher als der zentrale Vierungsturm geworden und die Proportionen der Kathedrale wären damit völlig aus dem Lot gekommen.

Schatzmeister *Hugh Sugar* ließ um 1470 im oberen Teil des westlichen Scherenbogens ein großes **Kruzifix** einsetzen, das in den Reformationswirren zerstört wurde. Der Sockel aber blieb erhalten, und so konnte dort 1920 ein neues Kreuz daraufgesetzt werden.

Prachtvoll und einmalig ist der Blick vom Anfang des großen grünen *Cathedral Close* auf die **Westfassade** der Kathedrale. Keiner der großen Dome Englands hat eine solch reiche Figurenvielfalt zu bieten wie das Gotteshaus von Wells.

Betritt man nun das Innere, wird schon der erste Blick direkt eingefangen von dem westlichen Scherenbogen, in dessen oberem Teil das große **Kruzifix** aufragt. Kurz vor Erreichen der Vierung findet sich zwischen den linken Säulen die **Grabkapelle für Bischof Bubwith**, der eine beträchtliche Summe für den Bau des nördlichen Westturms stiftete, und auf der rechten Seite die **Votivkapelle** für den Schatzmeister **Hugh Sugar**, auf dessen Initiative das große Kreuz zurückging.

Im südlichen Querschiff sind eine ganze Anzahl von Bischöfen und Adli-

Hartland Point – Bristol

gen bestattet; vor allem sehenswert sind hier die Werke der Steinmetze. Die Kathedrale von Wells ist berühmt für ihre **feingearbeiteten Kapitelle**, hier, im südlichen Querschiff werden sie noch unter dem Thema „Die Obstdiebe" um eine humoristische Note bereichert: Zwei Männer plündern einen Weinberg oder einen Obsthof, doch dabei werden sie beobachtet. „He Bauer, aufgewacht, jemand stiehlt dein Obst", scheint der Beobachter zu sagen, der die Nachricht überbringt; der Bauer macht sich auf die Jagd,

fängt auch einen Dieb und zieht ihm mit der Mistforke den Scheitel nach. Unnachahmlich ist dem Steinmetzen das verdatterte Gesicht des verprügelten Diebes gelungen.

Der **Chor** ist prachtvoller ausgestattet als das weitgehend schlichte Hauptschiff. Sein Abschlußfenster, das sogenannte *Golden Window*, wurde im Jahre 1340 eingesetzt. Die Figuren in den Nischen unterhalb des prächtigen, bunten Lichteinlasses wurden nach dem Ersten Weltkrieg angefertigt und sollen den Frieden anmahnen; dargestellt sind Christus und die Heiligen Andreas, Petrus, Dunstan, Patrick, David und Georg.

Hinter dem Bischofsthron liegt in einer prachtvollen **Grabkapelle** Bischof *Beckinton* begraben. Nahebei ruht Bi-

Die erste Reihenhaussiedlung der Welt mit leichter Gotik im Hintergrund schof *Harewell*, der Gelder für den Südwestturm hinterlassen hat; seinen Schrein zieren in Anspielung auf seinen Namen zwei Hasen. Nur ein paar Schritte entfernt hat der Kirchenmann *Ralph von Shrewsbury* die letzte Ruhe gefunden.

Im nördlichen Querschiff ist die berühmte, um 1390 gebaute **astronomische Uhr** allererster Besuchermagnet. Alle 15 Minuten öffnet sich oberhalb der Ziffernblätter ein Törchen, und vier Ritterfiguren „reiten" im Kreis herum; nach jedem Rundgang wird ein Ritter niedergestreckt – liegen sie allesamt platt im Turnierhof, ist eine Stunde um.

Das äußere Zifferblatt hat eine 24-Stunden-Einteilung, dort zeigt der große Stern die Stunde an; ein kleinerer Stern im inneren Kreis teilt dem Betrachter die Minuten mit.

Vom nördlichen Querschiff flutet wie eine Woge die **Treppe von Wells**, ebenso berühmt wie die Scherenbogen, aus dem achteckigen Kapitelsaal nach unten ins Kirchenschiff; die Decke des Kapitelhauses wird, wie auch in der Kathedrale von Salisbury, von einem Bündelpfeiler getragen.

Weiteres Sehenswertes

Einen Steinwurf nördlich der Kathedrale, unter dem Chain Gate hindurch, findet sich **Vicar's Close**, die erste Reihenhausanlage der Welt. Bischof Ralph von Shrewsbury, von dem schon mehrfach die Rede war, plante diese Straße im Jahre 1348. 42 Häuschen, jedes mit einem mächtigen Ka-

> „Im Grunde seines Herzens ist jeder Ausländer heilfroh, wenn er der englischen Gesellschaft den Rücken gekehrt hat."
>
> *Herrman Fürst Pückler-Muskau*, „Briefe eines Verstorbenen", 1828

min, stehen sich gegenüber; in handtuchgroßen Vorgärten blühen bunt die Blumen. Seit jeher wohnen hier die Lehrer der Domschule, die – 909 gegründet – zu den ältesten der Welt zählt. Es ist nichts Ungewöhnliches, die Schüler im Talar über die Domfreiheit toben zu sehen, die dadurch doch sehr an Leben gewinnt. Lassen wir noch einmal Henry James zu Worte kommen: „Noch mehr kam meine Phantasie bei der einzigartigen Wunderlichkeit des als Vicar's Close bekannten Bereichs auf ihre Kosten. Er schließt sich unmittelbar an den Cathedral Green an, und man betritt ihn durch eines der massiven alten Torhäuser, die ein so auffälliges Element der kirchlichen Ausstattung von Wells bilden. (...) Die kleinen Häuser sind sehr modernisiert, doch haben sie ihre hohen Schornsteine mit gemeißelten Tafeln an der Vorderseite, ihre altehrwürdige Gedrängtheit und Gefälligkeit und ein gewisses leicht weihevolles Gepräge, wie von Klosterzellen, beibehalten."

Südlich der Kathedrale schließt sich hinter einem Burggraben und den schützenden Mauern der **Bischofspalast** an, dessen ältester Teil, die Great Hall, um 1230 begonnen wurde. *Ralph von Shrewsbury* ließ dann 110 Jahre später Graben und Mauern errichten. Am linken Eingangstorturm befindet sich eine kleine Glocke; dort klingeln die Schwäne des Burggrabens wenn sie Hunger haben und gefüttert werden wollen. Schwäne unterlagen dem besonderen Schutz der Monarchen, und jeder frei auf dem Wasser geborene Vogel gehörte dem König.

In den Gärten des Bischofspalastes entspringen auch die **Quellen**, die Wells ihren Namen gegeben haben. Die Rinnsale fließen entlang der Bürgersteige durch die Straßen des Städtchens, an einigen Stellen durch oberirdisch verlegte, für die Autofahrer farbig markierte Röhren.

Nicht versäumen darf man einen geruhsamen Spaziergang durch das schöne Stadtzentrum, das mit seinen alten Ladenfronten Flair und Atmosphäre ausstrahlt.

Im Jahre 1923 besuchte *Lawrence von Arabien* Wells und verglich die französischen Kathedralen mit den englischen Gotteshäusern und ihrer Domfreiheit, „die so stattlich von Bäumen umgeben ist und so gewissenhaft gepflegt wird, daß sie bereits wie ein

„Unter den jungen englischen Aristokraten gibt es nur zwei Sorten: Die einen waren lange auf Universitäten und halten sich deshalb für gescheite Köpfe. Sie haben schlechte Manieren und verdrossene Gesichter. Die anderen aber wissen überhaupt nichts."

Charles-Louis de Secondat, Baron de la Bréde et de Montesquieu, „Notizen über England", 1729

Vorhof zum Allerheiligsten wirkt", während die französischen Dome „ihre Füße auf Marktplätzen haben und von Verkaufsbuden und Schornsteinen und Plakaten und Lärm umgeben sind."

Praktische Hinweise

Tourist Information

●**Town Hall**, Market Place, Tel. 01749-672552.

Unterkunft

●**Swan Hotel, ****,** Sadler Street, Tel. 01749-678877, Fax 677647
●**Beryl Hotel, ***,** Beryl, Tel. 01749-678738, Fax 670508
●**Bed and Breakfast:** Bekynton House, 7 St. Thomas Street, Tel. und Fax 01749-672222; Tor House, 20 Tor Street, Tel. und Fax 01749-672322; Burcott Mill, Burcot, Tel. und Fax 01749-673118

Pubs und Restaurants

●**Da Luciano**, Broad Street, kleine italienische Billig-Pizzeria
●**White Hart**, Sadler Street, Pub in einem schönen alten Fachwerkhaus aus dem Jahr 1497, mit angeschlossenem Restaurant, Drei-Gänge-Menü um 15 £
●**Ritcher's,** Sadler Street, preisgekröntes Restaurant und lobend in der Lokalpresse empfohlen, Zwei-Gänge-Menü 13 £, Drei-Gänge-Menü 16 £
●**City Arms**, Queen Street/Ecke High Street, Pub mit schönem, efeuumranktem Biergarten
●**Tandoori Mahal,** Sadler Street, preiswerte indische Gerichte um 7 £
●**Rose & Crown**, St. John Street, gemütlicher Pub in einem alten Gemäuer, mit Biergarten

Verbindung

●nur **lokale** Verbindungen nach Bristol und Bath.

Cheddar Gorge
– Käse und bunte Tropfsteinhöhlen

Einige Kilometer nordwestlich von Wells liegt, erreichbar über die landschaftlich sehr schöne A 371, das kleine Örtchen Cheddar, das dem bekanntesten Käse in ganz Großbritannien seinen Namen gegeben hat. **Cheddar** – eine Art britischer Gouda – ist der meistgegessene Käse im Inselreich. Schon *Daniel Defoe* bemerkte respektvoll: „Zweifellos ist der Cheddar der beste Käse, den England, wenn nicht die ganze Welt, anzubieten hat."

Erste Attraktion im Orte sind die beiden Tropfsteinhöhlen der Cheddar Gorge, die 1877 entdeckt wurden. **Gough's Cave** reicht fast einen Kilometer weit in den Berg hinein, am Ende tritt der Besucher in die hohe Halle St. Paul's. An verschiedenen Stationen erklärt eine Tonbandstimme die Attraktionen. **Cox's Cave**, die zweite Höhle, ist ein wenig kleiner, aber genauso attraktiv (sieht man einmal von der Kinderschreck-Aufführung am Ende der Grotte ab).

Ein rund 10.000 Jahre altes Skelett und weitere steinzeitliche Funde sind

Cheddar Gorge

Hartland Point – Bristol

129er Foto: hs

> „Es gibt englische Familien, in denen man seit drei Generationen nicht mehr lacht."
>
> *Abbé le Blanc*, „Briefe eines Franzosen aus London", 1745

in einem kleinen Museum ausgestellt. Angehende Speläologen können im Zuge des *Adventure Caving* gegen ein erhöhtes Eintrittsgeld zusammen mit einem Höhlenforscher die nicht für die Öffentlichkeit zugänglichen Teile von Gough's Cave erkunden.

Einen prachtvollen Ausblick hat man hoch oben vom **Pavey's Lookout** über die ca. 130 m tief eingeschnittene Klamm, zuvor jedoch gilt es zuerst, über die Jakobsleiter genannte Treppe rund 350 Stufen zu bezwingen.

Burnham-on-Sea
– Ein Folly in weiß-rot

Wenige Minuten Autofahrt führen zum kleinen Seebad Burnham, das am Mündungstrichter des River Parrett liegt. Wenig ließe sich über das Seaside Resort sagen, wäre da nicht wieder einmal ein Folly, nämlich ein aus dem vergangenen Jahrhundert stammender, modern anmutender schneeweißer **Leuchtturm** auf hohen Füßen und mit einem kräftigen roten Farbstrich versehen, der den Strand von Burnham ziert.

Leuchttürme, ihr Bau und die Instandhaltung unterliegen in England dem Trinity House/London und seinen verschiedenen Dependancen. Der Service ist seit Jahrhunderten kostenlos – er wird aus Steuergeldern finanziert.

Der Erbauer von Burnhams Leuchtturm war ein Privatmann, der vorbeifahrenden Schiffen den Sicherheitsservice gegen eine Gebühr liefern wollte. Prinzipiell eine gute Idee, nur zahlte niemand, die Schiffe rauschten einfach so vorbei ...

Keine gute Geschäftsidee: privater Leuchter

130des Foto: hs

Bristol
– Stadt der Flugzeugbauer

Die Einwohner von Bristol vergleichen ihre angenehme, 400.000 Seelen zählende Stadt gerne mit der italienischen Metropole Rom, denn wie auch diese ist sie auf sieben Hügeln erbaut. Daß dem so sei, behauptete jedenfalls *Johanna Schopenhauer*, die in den ersten Jahren des 19. Jh. nach Bristol kam und im Nobelvorort Clifton (s.u.) Quartier bezog. Vom **Rom des Nordens** reden zu hören, wird aber sicher jeden *Bristolian* erfreuen.

Geschichte

Schon immer produzierten die **Werften** von Bristol Schiffe und sorgten für Arbeit und Einkommen, richtigen Aufschwung aber brachten der Sklavenhandel und die Zuckertransporte, die Bewohner der Stadt kamen zu Wohlstand. Im 19. Jh. wurde der Schiffsbau nochmals intensiviert, Tabakwarenhersteller und die chemische Industrie gründeten ihre Firmensitze, und in unserem Jahrhundert avancierte Bristol zum Sitz der englischen **Flugzeugindustrie**. Vor allem aus diesem Grund bombardierte die reichsdeutsche Luftwaffe im Zweiten Weltkrieg die Stadt und legte sie weitgehend in Schutt und Asche.

Schon zur Zeit der Angelsachsen fand geschäftiger Betrieb im Hafen statt, und im Jahr 1373 erhob *Eduard II.* Bristol in den Grafschaftsstatus. Das änderte sich erst 601 Jahre später,

1974 nämlich, als das neue County Avon eingerichtet wurde, dessen Kapitale Bristol nun ist.

1497, fünf Jahre nach Kolumbus, stach **John Cabot** von Bristol aus in die See und machte sich auf nach Nordamerika, wo er Neufundland „entdeckte". Am Hafen ehrt eine Statue den Seebären.

Im Sommer des Jahres 1668 kam der Tagebuchschreiber **Samuel Pepys** nach Bristol und lobte die Atmosphäre: „In jeder Hinsicht ein zweites London." Völlig anderer Ansicht war da **Charles Dickens** zwei Jahrhunderte später; in den „Pickwick Papers" läßt er seinen Protagonisten Mr. Winkle feststellen, daß die Hafenmetropole „noch eine Schattierung schmutziger ist als alle Orte, die ich je sah".

1692 ging **Daniel Defoe** in London in den Untergrund, nach einem Monat wurde ihm das Pflaster in der Hauptstadt jedoch zu heiß, und unter Zurücklassung eines Schuldenbergs von rund 17.000 £ zog es ihn ins sichere Bristol. Das meiste Geld gehörte seiner Schwiegermutter, die die Häscher gegen ihn ausgeschickt hatte. Vorsichtshalber traute er sich nur sonntags in die Öffentlichkeit; als sogenannter *Sunday Gentleman* konnte er laut Gesetz am siebten Tag der Woche nicht verhaftet werden, da man auch Kriminellen die Möglichkeit geben wollte, an einem Gottesdienst teilzunehmen.

Wie schon erwähnt, kam 1803 **Johanna Schopenhauer**, die Mutter des frauenhassenden Philosophen, auf ihrer mehrjährigen Englandreise auch

- **1** Harvey's Wine Museum
- ♨ Restaurants Harvey's of Bristol und Bombay's, Pubs The Hatchet und Bunch of Grapes
- ❶ **2** Tourist Information
- Ⓜ **3** Arnolfini Art Centre
- Ⓜ **4** Bristol Industrial Museum
- Ⓜ **5** Maritime Heritage Cntr.
- ♨ **6** Pub Bristol Clipper
- ♨ **7** Pub und Restaurant The Hole in the Wall
- �ⅈ **8** St Mary Redcliffe

- **9** Geburtshaus von Thomas Chatterton
- ♨**10** Pubs Landoger Trow und The Duke
- ★**11** Theatre Royal,
- ♨ Pubs Naval Volunteer und The Warehouse, Restaurants da Renato, Raj und d'ell Artista
- ★**12** Kornbörse, Markthallen
- ♨ Pubs Market Inn und Freetrader and Firklin

nach Bristol und vertraute ihrem Tagebuch die folgenden Zeilen an: „Der Quai am Hafen ist prächtig, ein Meisterwerk seiner Art; aber schaudernd wandten wir uns von seinem Anblick, denn hier war der Ort, von welchem aus die unmenschlichste Gewinnsucht Schiffe zum Sklavenhandel ausrüstete, der Bristols Einwohner einst bereicherte. Blut und Seufzer von Millionen Menschen kleben an diesen Steinen. Der Gedanke erschütterte uns zu sehr, als daß wir heiteren Mutes die schönen Docks hätten bewundern können."

Am 14. November 1795 heirate **Coleridge** in der St. Mary Redcliffe Church *Sarah Fricker*. In Bristol lernte er auch *William Wordsworth* und dessen Schwester *Dorothy* kennen, die kamen, um sich seine politischen und theologischen Vorträge anzuhören; die erste Begegnung der beiden berühmten englischen Romantiker fand in dem Haus 7 Great George Street statt, das heute noch immer dort zu finden ist und in dem Exponate des Georgian House Museum zu besichtigen sind.

Die Tochter des indischen Politikers *Nehru*, **Indira Gandhi,** die später selbst einmal Ministerpräsidentin des Subkontinents werden sollte, besuchte in Bristol die Badminton School.

Sehenswertes

Allererste Attraktion ist natürlich – wie es sich für eine Hafenstadt gehört – der **Floating Harbour**, der sich parallel zum River Avon durch ganz Bristol

zieht und mit dem **Maritime Heritage Centre** die Geschichte der Seefahrt dokumentiert (Whapping Wharf, Gas Ferry Road, tgl. 10-18 Uhr). Hier liegt auch der Steamer **„Great Britain"** vor Anker, das erste vollständig aus Stahl erbaute und mit einer Schiffsschraube versehene Dampfschiff, das 1843 vom Stapel lief. Konstrukteur war der geniale **Isambard Kingdom Brunel** (1806-1859), der eine technische Herausforderung nach der nächsten löste. Zusammen mit seinem Vater arbeitete *Isambard Kingdom* die Pläne für den Themsetunnel von Rotherhithe nach Wapping aus (1825-1843), baute die

Isambard Kingdom Brunel (Hist. Photo)

Hungerford-Hängebrücke (1841-1845) über die Themse und die Clifton Suspension Bridge, von der gleich noch die Rede sein wird; nach seinen Zeichnungen wurde die „Great Western" (1837) auf Kiel gelegt, das erste Dampfschiff, das in Atlantiküberquerungen zum Einsatz kam, sowie die „Great Eastern" (1853-1858), die damals für viele Jahre als weltweit größtes Schiff die Weltmeere durchpflügte. Auch die Bristol Old Station, der mächtige alte, im neogotischen Stil gehaltene Bahnhof der Stadt, geht auf *Brunels* Entwürfe zurück.

Fährbötchen bringen an verschiedenen Stellen die Spaziergänger an das jeweils andere Ufer des langen Hafens. Sommertags, an Wochenenden und Feiertagen, führen **Oldtimer-Nostalgiker** auf dem Hafengelände ihre alten, sorgfältig restaurierten Dampfwalzen vor, ein alter Kran, ebenfalls mittels Dampfkraft bewegt, zieht Lasten hoch, auf einem Schienenstrang von einigen hundert Metern schnauft und zischt eine putzige kleine Lok mit einigen Güterwagen daher und stößt mächtige schwarze Rauchwolken in die Luft – und die Kinder stehen dabei und machen große Augen.

Alljährlich Mitte Juli findet hier auch das **Steam Festival** statt, und dann pufft, schnauft und zischt es noch mächtiger.

Die Prince Street Bridge – kurz davor, auf der linken Seite, stellt das **Bri-**

Rüstiger Oldtimer beim Steam Festival

131es Foto: hs

stol **Industrial Museum** am Prince Wharf seine Exponate zur Industriegeschichte aus (tgl. außer Do/Fr 10-13, 14-17 Uhr) – führt auf die gleichnamige Straße; linker Hand findet man in einem restaurierten Speichergebäude das **Arnolfini Arts Centre,** das die zeitgenössische Kunst würdigt, nahebei, direkt am Kai, befindet sich auch die Touristeninformation.

Dort, wo die Princess Street auf einen Kreisverkehr trifft, geht es rechts ab in die King's Street. Ein Teil der Gebäude, ehemalige Armenhäuser, datieren aus dem 17. Jh. Ein Jahrhundert jünger nur ist das **Theatre Royal** von 1766, das älteste durchgängig bespielte Theater Englands. Im ganzen Land bekannt ist das *Bristol Old Vic*, das Ensemble, das hier auf der Bühne steht.

Einen Steinwurf weiter stößt man rechter Hand auf die in einem dreigiebeligen, schönen Fachwerkhaus von 1669 untergebrachte Taverne **Llandower Trow,** einer der berühmtesten Pubs im ganzen Königreich. Hier nämlich soll *Daniel Defoe* den schottischen Matrosen *Alexander Selkirk* getroffen haben, der ihm seine Lebensgeschichte erzählte – damit hatte *Defoe* den Stoff für seinen „Robinson Crusoe" zusammen. Das beeindruckte auch *Robert Louis Stevenson,* der die Kneipe unter dem Namen *The Spy Glass* – in der deutschen Übersetzung der Gasthof „Zum Fernrohr" – in seiner Schatzinsel auftauchen läßt. Dort heißt es: „Es war ein recht hübsches, reinliches Lokal. Das Wirtshausschild war neu gemalt, an den Fenstern hingen ordentliche rote Vorhänge, und der Fuß-

boden war sauber mit Sand bestreut. Auf jeder Seite befand sich eine Straße, und auf beide hinaus führte je eine offene Tür, was den weiten, niedrigen Raum trotz der Wolken von Tabakqualm ziemlich übersichtlich machte."

Sir Herbert Beerbohm-Tree, im letzten Jahrhundert ein bekannter englischer Regisseur und Schauspieler, hatte in der Kneipe einmal eine Zeitlang seinen Schreibtisch stehen und arbeitete dort. An Nachschub von geistigen Getränken wird es ihm nicht gemangelt haben. Der Taverne ist auch ein Restaurant angeschlossen.

Ein paar Minuten Fußweg in Richtung Norden führen zur Corn Street, an deren Ende sich die Weizenbörse befindet; viel wichtiger für den Besucher sind hier jedoch die überdachten **Markthallen** mit ihren vielen kleinen Geschäftchen und den beiden Pubs The Market Inn (Free House) und The Crown – hier wogt das Leben! Von Corn Street zweigt am alten Cawardine's Coffee House die Passage zu den Markthallen ab.

Vom treffend The Centre genannten großen Kreisverkehr der befahrenen Colston Avenue geht die kleine Denmark Street ab, an deren Ende **Harvey Wine Merchants & Wine Museum,** eine der ältesten Weinhandlungen Englands, seit 1796 ihren Sitz hat. In Bristol Harbour wurden über die Jahrhunderte Rotweine aus Südfrankreich und Sherry aus Spanien umgeschlagen. Als der oben bereits erwähnte Tagebuchschreiber *Samuel Pepys* 1668 in der Stadt weilte, notierte er auch die Gaumenfreuden, die ihm dort vorge-

Hartland Point – Bristol

132es Foto: hs

INDEPENDENT CAR AUCTIONS LTD.

setzt wurden: „Bristol-Milch getrunken, Erdbeeren gegessen und kalte Wildpastete." Besagte „Milch" war ein süßer spanischer Sherry, den es heute unter dem leicht veränderten Markennamen Harvey's Bristol Cream überall zu kaufen gibt. Warum nicht eine Flasche aus Harvey's Wine Museum davon mitnehmen? Neben dem Weinkontor auf der linken Straßenseite lockt **Harvey's Restaurant** den Gourmet, eines der besten Häuser am Platze, jedoch mit viel Konkurrenz (s. u.).

Nur einen Steinwurf südlich befindet sich **Bristol Cathedral**, deren Ursprünge auf das Jahr 1140 zurückge-

hen und die mit dem Bau der Türme erst 1888 vollständig fertiggestellt war.

Die zweite bedeutende Kirche Bristols, **St. Mary Redcliffe**, findet sich im Südwesten der Stadt, wo der Floating Harbour einen großen Bogen schlägt. Die zwischen dem 13. und dem 15. Jh. entstandene Kirche beeindruckte *Elisabeth I.* so sehr, daß die Königin bei ihrem Besuch 1574 das Gotteshaus als die „frömmste, anmutigste und berühmteste Pfarrkirche Englands" bezeichnete. Mit ihrem 100 m hohen, spitzen Turmhelm nimmt St. Mary's in der Tat Kathedralenausmaße ein. Hofkomponist *Georg Friedrich Händel* gab hier einige seiner im ganzen Land berühmten wie beliebten Orgelkonzerte, ein Kirchenfenster mit Darstel-

Kinderträume werden wahr

lungen aus dem Messias-Oratorium im nördlichen Teil würdigt *Händels* musikalische Verdienste.

Ein Denkmal im Innern der Kirche erinnert an den tragischen Tod des jungen **Thomas Chatterton**, und im Kirchhof würdigt eine Statue den gerade der Kindheit entwachsenen Dichter. „Der Wunderknabe von Bristol" wurde am 20. November 1752 gegenüber von St. Mary's geboren und in der Kirche getauft. Erzogen vom Onkel, dem Küster von St. Mary's, vergrub sich Klein Thomas schon in frühen Jahren in die alten Kirchenregister und die pergamentenen Urkunden des kirchlichen Archivs und lebte ganz in der Gedankenwelt des Spätmittelalters. Mit 14 Jahren kam er zu einem Anwalt in die Lehre, während der er „kein Gasthaus betreten, nicht Würfel spielen, keine Unzucht treiben und keine Ehe eingehen durfte". Sehr bei der Sache war er allerdings nicht, denn sein ganzer Ehrgeiz bestand darin, auf altem Pergament und in verstellter altertümlicher Handschrift Gedichte niederzuschreiben, die er als Arbeiten des Dichtermönchs *Thomas Rowley* ausgab, der angeblich im 15. Jh. gelebt hatte, und die er im Kirchenarchiv gefunden haben wollte. *Horace Walpole*, dem Thomas einige Manuskripte zugeschickt hatte, war von den Texten sehr angetan und versprach Unterstützung bei der Publikation. 1770 übersiedelte Thomas nach London, wo er in einer zugigen und kalten Dachstube Unterkunft fand. Doch da bemerkte *Walpole* die Fälschungen, er und die Herausgeber anderer „Schrif-

ten" von dem imaginären *Rowley*, die Thomas unter dem Pseudonym *Decimus* hatte erscheinen lassen, bezichtigten ihn des Betrugs. Der erst 17jährige – noch ein halbes Kind und völlig allein in einer Millionenstadt – verlor die Nerven und vergiftete sich aus Scham und Angst in der Nacht zum 25. August 1770.

Erst als die Zeitgenossen vorurteilsfrei an seine Gedichte herangingen, bemerkten sie die sprachliche Genialität des Jungen. *Keats* hat *Thomas Chatterton* sein „Endymion" gewidmet, *Coleridge* schrieb eine „Monodie auf den Tod Chattertons" („Schöpferisches Kind der freien Natur! / Der du so schön deine frühe Blüte entfaltest / und die weite Luft mit reinem Duft erfülltest! / Dir lächelte vergebens alles Himmmlische") und auch *Wordsworth* griff zur Feder („... dieser wunderbare Junge, Diese schlaflose Seele, die im Stolz verging ...").

Auf keinen Fall darf man einen Besuch an der mautpflichtigen **Clifton Suspension Bridge** versäumen, die in schwindelerregender Höhe im Vorort Clifton den River Avon überspannt. Am späten Abend ergibt sich ein besonders farbenprächtiges Bild, wenn die vielen hundert bunten Lämpchen

> „Wie steifleinen, wie hausbacken, wie selbstsüchtig, wie eng, wie englisch! Ein Land, welches längst der Ozean verschluckt hätte, wenn er nicht befürchtete, daß es ihm Übelkeit im Magen verursachen möchte ..."
>
> *Heinrich Heine*, „Shakespeares Mädchen und Frauen", 1838

Hartland Point – Bristol

die Hängebrücke farbig illuminieren. Schaut man von der nordwestlichen Ecke in die Tiefe, so erkennt man oft Einhandkletterer, die die vollständig senkrechte Wand des Felsens zu bezwingen suchen – ein Blick, dem nur Schwindelfreie Vergnügen abgewinnen können.

Isambard Kingdom Brunel, der bereits erwähnte kongeniale Ingenieur, plante die Brücke im Jahr 1830, sechs Jahre später begannen die Arbeiten, die aufgrund fehlender finanzieller Mittel 1843 erst einmal eingestellt werden mußten; *Brunel* erlebte die Fertigstellung nicht mehr, 1864, fünf Jahre nach seinem Tod erst konnte die faszinierende Avon-Überspannung eingeweiht werden.

Die Clifton Suspension Bridge

Praktische Hinweise

Tourist Information

● 14 Narrow Quay, Tel. 0117-9223755.

Unterkunft

● **Courtlands Hotel, ***,** 1 Redland Court Road, Tel. 0117-9424432, Fax 9232432
● **The Town and Country Lodge, ***,** A 38 Bridgwater Road, Tel. 01275-392441, Fax 393362
● **Hebury Lodge Hotel, ***,** Station Road, Henbury, Tel 0117-9502615, Fax 9509532
● **Bed and Breakfast:** Harpenden, 149 Richmond Road, Tel. 0117-9240016; Alcove Guest House, 508 Fishponds Road, Tel. und Fax 0117-9653886; Sunderland Guest House, 4 Sunderland Place, off St. Paul's Road, Clifden, Tel. 0117-9737249; 8 Southover Close, Westbury-on-Trym, Tel. 0117-9500754
● **Jugendherberge:** Hayman House, 64 Prince Street, Tel. 0117-9221659.

Pubs und Restaurants

Bristol hat wie kaum eine andere Stadt Südenglands eine ganze Reihe an exzellenten, wirklich guten Restaurants, die im folgenden in vier Gruppen eingeteilt werden; auch Lokale der vierten Gruppe sind noch immer außerordentlich gute Häuser, eine ganze Reihe von großen Städten in Südengland kann selbst mit solchen Restaurants nicht aufwarten:

- ●**Lettonie**, 9 Druid Hill, Stoke Bishop, 0117-9686-456, hinter der unscheinbaren Ladenfassade verbirgt sich eines der besten Restaurants im gesamten Süden, um 45 £
- ●**Markwicks**, 43 Corn Street, 0117-9262658, mit umfangreicher Weinkarte, und **Hunt's**, Broad Street, 0117-9265580, nehmen den zweiten Rang der exzellenten Restaurants von Bristol ein, beide um 40 £
- ●**Muset,** 12 Clifton Road, 0117-9732920 **Bell's Diner**, 1 York Road, Montpelier, 0117-9240357, sowie das Lokal **Glass Boat,** Welsh Back, 0117-9290704, gehören zur dritten Gruppe mit Preisen zwischen 18 und 36 £
- ●**Rocinantes**, 85 Whiteladies Road, 0117-9734482, **Melbournes**, 74 Park Street, 0117-9226996, und **Howard's**, 1 A Avon Crescent, 0117-9262921, sind die viertbesten Restaurants Bristols mit Preisen um 30 £;

Nun die preiswerteren Lokale sowie die Pubs von Bristol:

- ●**The Hole in the Wall**, Redcliffe Way/Ecke The Grove, Pub mit Biergarten, von dem man auf den Floating Harbour und die Kirche St. Mary's blickt, mit angeschlossenem Restaurant, um 8 £
- ●**Bristol Clipper**, The Grove/Ecke Prince Street, Free House
- ●**Naval Volunteer,** King Street, Free House, eine der ältesten Tavernen von Bristol, nach eigener, durchaus richtiger Einschätzung mit *Cosy Atmosphere,* sonntags von 12 - 15 Uhr Live Music, Jazz zum Frühschoppen
- ●**Ristorante da Renato**, King Street, italienisches Restaurant, um 11 £
- ●**Ristaurante La Taverna de'll Artista**, King Street, italienische Gerichte, um 12 £
- ●**Raj Tandoory Restaurant**, King Street, indische Spezialitäten, 6 £
- ●**The Steam Rock**, King Street, große Disco, „Bristol's Nr. One Fun Club"
- ●**The Old Duke,** King Street, Pub, Live Jazz sonntags von 12 - 15 Uhr

- ●**The Llandoger Trow**, King Street, mit Restaurant, zwischen 5 und 11 £, hier erfuhr *Daniel Defoe* seine Robinson-Crusoe-Geschichte, und *Robert Louis Stevenson* verewigte die Kneipe in seinem Abenteuerroman „Die Schatzinsel"
- ●**Chinese Palace Restaurant**, Baldwin Street, chinesisches Restaurant, um 10 £
- ●**Bunch of Grapes**, Denmark Street, Pub mit schöner Jugendstilglasfassade
- ●**The Hatchet Inn**, Denmark Street, gemütlicher alter Pub in einem schönen Fachwerkgebäude mit niedrigen Räumen
- ●**Harvey's of Bristol**, Denmark Street, das Restaurant der Weinhändler, Vier-Gänge-Menü 30 £, Vorspeisen bis zu 12 £, Hauptgericht 18 £, Dessert 7 £, gute Weinkarte
- ●**Bella Pasta,** Baldwin Street, preiswerte Pizzen und Pastas um 7 £
- ●**San Carlo,** Corn Street, italienisches Restaurant, Pizzen und Pasta um 6 £, Fleischgerichte bis 12 £
- ●**Market Inn**, Free House, und **Pub Freetrader & Ferkin,** beide in den Markthallen von Bristol an der Corn Street, immer voller Marktbesucher

Rent-a-Bike

- ●**Cycle Hire**, 12 Narrow Quay, bei der Tourist Information
- ●**Paddlemania**, 80 West Street, südlich vom Floating Habour und vom Avon.

Verbindung

- ●Im **Intercity-Netz**, weiterhin **regionale Züge** von Exeter, Bath, Southampton, Weymouth, Brighton, Portsmouth,
- ●**Busse** des National Express.

> „Der Spleen ist eine moralische Krankheit, die auch unter dem Namen Langeweile oder Lebensüberdruß bekannt ist. Am häufigsten tritt sie in England auf, was vor allem an der nebligen Luft, der schweren Nahrung und den vielen Mußestunden des Briten liegen mag."
>
> *Nikolai Karamzin,* „Briefe eines reisenden Russen", 1790

Hartland Point – Bristol

Bath
– Canterbury

Bath
– Großbritanniens schönste Stadt

„In Bath traf sich die Welt und badete und trank."

William Thackeray, 1875

Bath gehört zu den schönsten Orten Großbritanniens und ist zusammen mit Salisbury die herausragende Stadtattraktion im Süden Englands, ein einmaliges und vollständiges georgianisches Architekturensemble. So verwundert es nicht zu hören, daß fast die gesamte Bausubstanz der 80.000-Seelen-Metropole unter Denkmalschutz steht, die *UNESCO* Bath als einzige Stadt Großbritanniens zum „kulturellen Welterbe" zählt und die alte Römersiedlung somit eine **World Heritage City** ist.

Geschichte

Es waren die **Römer**, die schon bald nach ihrer Invasion im Jahre 43 die heißen Quellen entdeckten und flugs mit dem Aufbau eines Bades begannen, um das sich rasch eine Stadt entwickelte: Aquae Sulis. „Über diesen Quellen regiert Minerva, und in ihrem Tempel verglühen die ewigen Feuer niemals zu Asche", schrieb ein Römer im 3. Jh. und gab die Vorstellung der damaligen Zeit wieder: Minerva, die Göttin der Weisheit, der Wissenschaft und der Künste, hatte ihren Wohnsitz in den Tiefen des Wassers; beim Baden nahm sie Gebete entgegen und reichte über das Wasser Gesundheit an die Frommen.

Ein **Badebesuch** war für die Römer in erster Linie ein gesellschaftliches Ereignis. Nachdem unser Centurio den Umkleideraum verlassen hatte, stimmte er seinen Kreislauf im lauwarmen Wasser (*Tepidarium*) ein und wechselte dann zur Schwitzkur ins heiße Bad (*Caldarium*); hier wurde er geölt und massiert und kühlte sich kurz im kalten Wasser (*Frigidarium*) ab. Dann nahm er vielleicht eine Art Sauna (*Laconicum*) und sprang nun ein letztes Mal ins *Caldarium*.

Währenddessen sorgten Spaßvögel und Akrobaten für Kurzweil, Musiker für eine angenehme Geräuschkulisse, Sklaven eilten im Auftrag ihrer Herren geschäftig durchs Bad, Freundschaftsgruppen waren im lustigen Gespräch vertieft, und Händler besiegelten Geschäfte.

Beheizt wurden Räume wie auch Bäder durch die sogenannten *Hypokausten*, eine Fußboden- und Wandheizung. Der steinerne Boden ruhte auf einer Vielzahl von Kanälen, durch welche die von Holzkohlenfeuern erwärmte Luft zirkulierte; Kamine in den Wänden leiteten die Luft ab. Aufgrund der dicken Wände und Decken blieb der Wärmeverlust gering.

Im Jahr 1727 entdeckten zwei Arbeiter bei Ausschachtungsarbeiten einen goldverzierten Bronzekopf der Göttin Minerva, weitere Funde kamen im Laufe der folgenden Jahre hinzu, aber erst gegen 1880 war die gesamte Anlage mit fünf Bädern und zwei Schwimmbecken vollständig freigelegt. In der Quelle selbst fanden die Archäologen mehr als 12.000 Münzen, metallene Becher sowie eine ganze Anzahl von Zinntäfelchen mit Verwünschungen. Häufig bat man die Göttin Minerva um Beistand gegen Feinde, Diebe und mißgünstige Neider, und so ritzte dann ein bestohlener Römer Texte gegen den Bösewicht in ein Metallplättchen und ließ den Täter von der Göttin verfluchen.

Als im Jahre 410 alle römischen Truppen von der Insel abgezogen wurden, um Rom zurückzuerobern – *Alarich* hatte mit seinen Westgoten die mächtige Stadt eingenommen und geplündert – konnten die keltischen Briten sich alleine nicht gegen die eindringenden **Angelsachsen** durchsetzen. Die nun kannten keine so verfeinerte Badekultur, und so verfielen die römischen Bäder. Die erste glanzvolle Epoche von Aquae Sulis/Bath war vorüber.

676 gründeten die Angelsachsen in Bath ein **Nonnenkloster**, in dessen Abtei 300 Jahre später am Pfingstsonntag des Jahres 973 *Edgar* durch die Erzbischöfe von Canterbury und York zum König gekrönt wurde (die damals entwickelte Krönungszeremonie ist bis heute nur leicht modifiziert worden).

Die Stadt, die sich seit jenem Ereignis des besonderen Schutzes der Herrscher erfreute, wurde 1088 von den Widersachern des Königs *William Rufus* zerstört. Der setzte nun seinen Vertrauten, *John de Villula*, als Bischof ein, und der energische Mann trieb den Aufbau rasch voran. Auch ließ er die

Badeanlagen restaurieren, und eine Chronik aus der Mitte des 12. Jh. belegt, daß „die Kranken aus ganz England hierherkommen, um ihre Gebrechen in den gesundheitsbringenden Wassern wegzuwaschen." 1180 entstand nahe der heißen Quellen die erste mildtätige Institution für die Kranken, das **St. John's Hospital.**

Zwei Jahrhunderte später hatte Bath als **Tuchzentrum** Reputation erlangt und war im Königreich weitbekannt. *Geoffrey Chaucer* (1343-1400) hielt die Stadt immerhin für so wichtig, daß er sie in seinen „Canterbury Tales" erwähnte und auch auf die Webertradition anspielte; im Prolog stellt er die Frau vor, die sich der Wallfahrtsgruppe zum Grab des ermordeten Thomas Becket anschließt: „Ein gutes Weib war da, sie war nicht weit / Von Bath, doch etwas taub, das tat mir leid. / In Tücher weben man wohl keine Hand / In Gent und Ypern je geschickter fand."

Doch dann muß es langsam bergab gegangen sein, denn 1574 holten sich die lokalen Autoritäten eine geharnischte Standpauke von *Elisabeth I.* ab, die sich entsetzt über die **arg verschmutzten Straßen** ausließ. Ganz offensichtlich aber zeigte das keine Wirkung, denn *John Wood d. Ä.*, der als Architekt viele Bauten in der Stadt realisierte, bemerkte rückblickend über die Zeit von *Karl I.*, daß „die Straßen und öffentlichen Wege der Stadt nur noch aus Misthaufen, Schlachthäusern und Schweinekoben bestanden." Trotzdem kamen weiterhin die Badegäste, und 1592 soll auch *Shakespeare* vor Ort gewesen sein und Linde-rung von seiner „Liebeskrankheit" gesucht haben.

Die **Bäder** waren nicht überdacht und den Unbilden des Wetters ausgesetzt. Auch konnten die umherflanierenden Besucher von Galerien aus die Badenden ausgiebig beobachten, denen das wiederum nichts auszumachen schien. Eine gewisse *Ciala Fiennes* vertraute 1687 ihrem Tagebuch an, „daß auf dem Wasser in den Bädern eine unangenehme Schmutzschicht schwamm, die jeden Morgen abgeschöpft werden mußte. Trotzdem badeten die Damen in Gewändern aus feinem gelben Linnen mit weiten Ärmeln wie ein Priestergewand. (...) Die Männer trugen Hosen und Wämser aus dem gleichen Material."

Nicht ganz so sittsam ging es offensichtlich zu, als ein Besucher aus Norwich vor Ort weilte: „Alle Arten von Personen jeglicher Größe und jeglichen Aussehens, aus allen Ländern und mit allen Krankheiten, und beiderlei Geschlechts; denn Jung und Alt, Arm und Reich, Engländer und Franzosen, Männer und Frauen, Jungen und Mädchen, alle zusammen zu sehen, wie sie in ihren Kappen hochschauen und unbekleidet und voller Furcht in ungelenken nackten Posen erscheinen, ist einigermaßen erstaunlich, und läßt einen an den Jüngsten Tag denken." Ähnlich äußert sich ein anderer Zeitgenosse: „Die Bäder waren wie Bärengehege und jeglicher Schicklichkeit bar; Männer wie Frauen badeten des Tags wie des Nachts nackend."

So ging es auch noch 1805 zu; damals kam *Johanna Schopenhauer* zur

„Königin aller Badeörter" und vertraute ihrem Tagebuch Sätze an über den „ekelhaften Gebrauch in den großen, gemeinschaftlichen Bädern ohne Unterschied des Geschlechts zu baden, während die Zuschauer auf den das Bad umgebenden Galerien mit den Badenden Konversation machten."

Am 13. Juni 1668 fuhr der Tagebuchschreiber *Samuel Pepys* in Bath ein und bemerkte, daß „die Stadt fast ganz aus Stein gebaut, sauber, die Straßen aber ziemlich eng" waren. Die Standpauke, die Königin *Elisabeth* ein Jahrhundert zuvor anläßlich der verwahrlosten Straßen losgelassen hatte, war also mittlerweile nicht ohne Wirkung geblieben.

Einen Tag später besuchte *Pepys* dann das Bad, beschrieb die Prozedur und sorgt beim heutigen Leser dank seiner unfreiwilligen Komik und der lapidaren Wortwahl wieder einmal für Vergnügen: „Um 4 Uhr morgens aufgestanden und ins Kreuz-Bad gegangen, in das wir einer nach dem anderen hineingetragen wurden. Sehr vornehme Gesellschaft, feine Damen mit artigem Benehmen, mir scheint es aber nicht sehr sauber zu sein, wenn so viele Menschen zusammen im gleichen Wasser sind. Gute Konversation. Seltsam zu spüren, wie warm das Wasser ist; obwohl dies als das kälteste Bad gilt, sind die Quellen doch so heiß, daß die Füße die Hitze nicht ertragen können. Die Männer und Frauen, die während der ganzen Saison in diesen Bädern leben, sehen auch ganz abgekocht aus."

Und *Daniel Defoe* bemerkte über die Besucher des Badestädtchen wü-

tend: „Man kann wohl sagen, daß Bath ein Kurort für Gesunde ebenso wie für Kranke ist, ein Ort, der den Tagedieben hilft, die schlimmste Art des Mords zu begehen, nämlich die Zeit totzuschlagen."

Bath hatte also trotz seiner heißen Quellen keine gute Reputation im Lande. Das sollte sich erst ändern, nachdem im Jahre 1705 der Spieler und Dandy **Richard Nash**, aufgrund seines häßlichen Äußeren auch ironisch *Beau Nash* genannt, ins Örtchen kam und seinen Zeitgenossen Manieren beibrachte. Der Dichter *William Congreve*

Römische Überbleibsel: Galerie rings um das Schwimmbecken.

Bath – Canterbury

nannte ihn im Jahre 1728 den „Generalgouverneur der Unterhaltung in Bath". Als offizieller Zeremonienmeister drängte er die Autoritäten dazu, die Straßen und öffentlichen Plätze sauber zu halten, ließ Schwert und Reitstiefel tragende Männer den Zutritt in die öffentlichen Räume verweigern und baute auf eigene Kosten die *Assembly Rooms*, die Ballsäle. Mit *Nash* zog die Etikette im Heilbad ein, seine Benimmregeln waren gesucht, denn für jede Situation hatte Nash einen Verhaltensknigge parat: „Die Damen gehobenen Alters und die Kinder mögen sich mit der zweiten Reihe im Ballsaal zufriedengeben, da die eine ihre Perfektion hinter sich, die anderen sie noch vor sich haben."

Während *Beau Nash* sich um verfeinerte Gesellschaftsformen Gedanken machte, beauftragte *Ralph Allen*, der mit dem Postmonopol zu ungeheurem Reichtum gekommen war, den Architekten *John Wood d. Ä.* mit der **Ausgestaltung der Stadt**. Unter der Bauaufsicht von *Wood* entstanden *Allens* palladianischer Herrensitz Prior Park, eine ganze Reihe von georgianischen Sraßenzügen und der Circus, der wunderschöne runde Wohnkreis, dessen architektonische Anmut so richtig erst aus der Vogelperspektive zur Geltung kommt.

Sein Sohn, *Wood d. J.*, hatte gut vom Vater gelernt, er entwarf den **Royal Crescent**, eine der schönsten Reihenhausanlagen Englands. *Franz Joseph Haydn* notierte in seinem Tagebuch: „Heute blickte ich auf die Stadt und sah auf halber Höhe am Hang ein wie ein Halbmond geformtes Gebäude, das prächtiger ist als alles, was ich in London gesehen habe." Über einhundert ionische Säulen sowie eine Vielzahl weiterer Schmuckelemente zieren den 184 m langen, aus 30 Häusern bestehenden Royal Crescent. Bei dem Entwurf ließ sich der junge *Wood*, wie er einmal sagte, von *Berninis* Kolonnaden am Petersplatz in Rom inspirieren.

Ein Reiseführer aus jenen Tagen, der „New Prose Guide" von 1778, vermerkt über die Stadt: „Allein in Bath können die feinen Leute nach einer langen Reise aus ihren Kutschen steigen und sogleich in Häuser oder Unterkünfte treten, die so warm und komfortabel sind wie das eigene Haus und von denen viele genauso herrschaftlich sind."

Bath war zu einem **gesellschaftlichen Zentrum in Großbritannien** geworden, und wer etwas auf sich hielt, mußte sich vor Ort sehen lassen. Die Schriftstellerin *Jane Austen* (1775-1817), die zu den wenigen vorviktorianischen Autoren zählt, deren Romane auch heute noch gelesen werden, veralberte in ihren Schriften die bis ins Detail hinein verfeinerten Gesellschaftsformen der Besucher, und ein französischer Besucher bemerkte recht lapidar, daß Bath eine Art riesigen Klosters sei, in dem Alleinstehende wohnen, vor allem alte Jungfern. *Dr. Samuel Johnson* (1709-1784), dessen Einfluß auf die englische Literatur mit dem Wirken *Goethes* in Deutschland vergleichbar ist, betrieb im Ballsaal von Bath nachgerade soziologische Feldforschung und machte ihn

- Ⓜ 1 Book Museum
- ❶ 2 Tourist Information
- ★ 3 Pump Room und Römisches Bad
- ❾ 4 Pub und Restaurant The Roundhouse
- ♜ 5 Bath Abbey
- Ⓜ 6 Victoria Art Gallery
- ● 7 Pulteney Bridge
- ❾ 8 Pub Cour de Lion
- ❾ 9 Pub Sam Wellers
- Ⓜ10 Shires Yard und Museum of the Royal Photographic Society
- Ⓜ11 Postmuseum
- ❾12 Restaurant Bella Pasta
- Ⓜ13 Mus. of English Naive Art
- Ⓜ14 Bath Museum
- Ⓜ15 Mr. Bowler's Business, Bath Industrial Heritage Museum
- Ⓜ16 Museum of Costume in den ehem. Ballsällen (Assembly Rooms) Museum of East India Art
- ★17 Gravel Walk mit georgianischem Garten
- ★18 Royal Crescent und Bath Preservation Trust
- Ⓜ19 Herschel House u. Museum
- ★20 Royal Theatre, Restaurants
- ❾ Popjoy und Vault's, Pubs
- ❾ Flan O'Brien, Garrick's Head

Bath – Canterbury

„zum nie enttäuschenden Zentrum seiner Beobachtungen menschlichen Tuns und Treibens".

Viele große Geister besuchten das Heilbad. 1775 bestieg der anglophile deutsche Physiker, Philosoph und Schriftsteller **Georg Christian Lichtenberg**, „wie ein Webergesell, mit ein paar Hemden und Halsbinden in einem Schnupftuch, den Postwagen und reiste nach Bath"; er war auf der Suche nach den Originalschauplätzen in seinem Lieblingsroman „The Expedition of Humphrey Clinker", für den sich der von ihm hochgeachtete **Tobias Smollet** verantwortlich zeichnete.

24 Jahre zuvor hatte *Smollet* seine Londoner Arztpraxis aufgegeben und war in der Hoffnung auf höhere Einkünfte ins Heilbad gekommen. Geld machte er hier jedoch auch nicht, und so griff *Smollet*, der beißend verletzende, pointiert satirische Autor, wieder zur Feder und verfaßte seinen „Humphrey Clinker", auch noch nach zeitgenössischer Kritikermeinung der beste Briefroman der englischen Literatur.

1777 schickten die Eltern den erst sechsjährigen **Walter Scott** zu Verwandten nach Bath; als er dort krank wurde und Fieber bekam, wickelte ihn seine dümmliche und abergläubische Tante in das Fell eines frischgeschlachteten Kalbes ein und ließ den Kleinen auf dem kalten Fußboden schlafen. Wieder zurück bei seiner Familie im hohen Norden der Insel, hatte Walter seinen harten schottischen Akzent verloren, und alle bewunderten sein reines Englisch.

1841 kamen **William Wordsworth** und seine Schwester *Dorothy* nach Bath; Williams Tochter Nora heiratete hier gegen den Willen des Vaters.

Jane Austen war 1799 schon zum zweitenmal im Städtchen und teilte recht lapidar mit: „Wir haben hier zwei geräumige Stuben, schmutzige Steppdecken, dafür aber jeden Komfort."

Charles Dickens beschrieb Bath detailliert in seinen „Pickwick Papers" und verfaßte eine gute Parodie über die Bälle in den Assembly Rooms.

1780 kam der Seebär **Lord Nelson** nach Bath, um seine Armamputation ausheilen zu lassen. Von nun an verbrachte er noch öfter seine Ferien im Bad und wohnte dann bei seiner Schwester Susannah. Zu jener Zeit ahnte er nicht, daß die junge *Amy Lyon*, das Dienstmädchen von gegenüber, später einmal als *Lady Hamilton* seine Geliebte werden würde.

In der New King Street wohnte der junge Student **Richard Brinsley Sheridan**, dessen „School of Scandals" zu den großen Komödien der englischen Literatur gehört und der als Politiker ebenso bedeutend werden sollte wie als Autor. 1773 bat ihn die Sängerin und Schauspielerin *Elizabeth Linley Sheridan*, sie vor den Belästigungen eines aufdringlichen Verehrers zu schützen und sie nach Frankreich zu entführen, wo sie in ein Kloster eintreten wollte. *Sheridan* kam der Bitte nach, verliebte sich in Elizabeth und heiratete sie in Calais. Zurückgekehrt, forderte ihn der abgewiesene Bewerber zum Duell auf dem Landsdown Hill, das *Sheridan* nur schwer verletzt überlebte.

Stefan Zweig, der vor der Annektierung Österreichs durch die Nazis nach London geflohen war, kam 1939 mit der ebenfalls verfolgten *Charlotte Elisabeth Altmann* nach Bath. Dort bestellte *Zweig* am 1. September das Aufgebot und erfuhr, daß die reichsdeutsche Armee in Polen einmarschiert war und „feindliche Ausländer" nicht mehr getraut würden. Nachdem die Behörden erst einmal herausgefunden hatten, wer *Stefan Zweig* war, konnten die beiden dann am 6. Januar 1940 in Bath getraut werden. Als *Hitlers* Invasionspläne immer mehr Gestalt annahmen, gingen die Zweigs nach Südamerika, wo sich beide am 22. Februar 1942 das Leben nahmen.

Stadtrundgang

Bath ist eine der belebtesten und quirligsten Städte Englands, mit viel Charme und einer **unvergleichlichen Atmosphäre** in den Straßen, an der es vielen anderen Orten gebricht. Pflastermaler und Straßenmusikanten sorgen für zusätzliches Flair, interessante Geschäfte mit hübschen Ladenfronten locken Antiquitätenkäufer, die vielen Teestuben, Cafés und Pubs, die an Sommertagen Tische und Stühle herausgestellt haben, sind voll mit Besuchern. Seit 1947 kommen jedes Jahr im Mai für drei Wochen bekannte Musiker aus aller Welt zum **Bath Festival** in das Städtchen, und Hunderttausende von Gästen strömen in die Konzerte.

Man kann nicht oft genug sagen, daß Bath eine der schönsten Städte überhaupt ist und daß beim sommerlichen Flanieren durch die kleinen Gassen, vorbei an den alten, gut renovierten Häusern und mit den Klängen der Straßenmusikanten in den Ohren jede trübe Stimmung verfliegt und sich der Besucher des Lebens freut. An die Erkundung dieser sympathischen Stadt sollte man mit viel Zeit herangehen.

Allererste Attraktion ist natürlich das **Römische Bad**, in dem Hinweistafeln mit ausführlichen Erklärungen den Besucher auf geradezu vorbildliche Weise durch die vielen Räumlichkeiten leiten.

Heute noch wie schon zur Zeit der Römer fließen Tag für Tag rund eine Million Liter Wasser aus den Quellen, das eine konstante Temperatur von 46,5 °C hat. Mittelpunkt des Badekomplexes ist das eindrucksvolle große, nicht überdachte Becken, in dem dampfend und grünlich das Wasser steht und von dessen Kolonnaden man einen Blick auf den Himmel und den Turm der Abbey Church hat.

Neben dem Bad war und ist der **Pump Room** gesellschaftlicher Mittelpunkt der Stadt. Unter den wattierenden Klängen des hauseigenen Pianisten sitzt man elegant und stilecht beim Morgenkaffee wie beim nachmittäglichen Cream Tea.

Dritte Attraktion ist **Bath Abbey**, deren 1992 gereinigte und restaurierte Westfassade im schönsten Glanz auf den Abbey Church Yard vor dem Pump Room scheint. 1499 ließ Bischof *Oliver King* – wie es heißt aufgrund eines Traums – den Bau der Abteikirche beginnen, aber schon um 1540 war erst einmal Schluß; mit der Reformation von *Heinrich VIII.* und der damit verbundenen Auflösung der Klöster wurden die Arbeiten an dem Gotteshaus eingestellt. Die Stadt kaufte auch nicht – wie das die Bürger von Romsey getan hatten – die Kirche, und so verfiel die geheiligte Stelle und wurde als Steinbruch genutzt. Erst zu Anfang des 17. Jh. begannen erste Renovierungsarbeiten, die mit der Arbeit von *George Gilbert Scott* ein Jahrhundert später ihr Ende fanden. *Scott* war es auch, der das phantastische Fächergewölbe – die Hauptsehenswürdigkeit – im gesamten Hauptschiff einziehen ließ. Mehrere hundert Grabdenkmäler ehren bedeutende Persönlichkeiten,

darunter, im südlichen Querschiff, den berühmtesten Bürger der Stadt, *Beau Nash*. Außen erinnert die Westfassade an den Traum von Bischof *King* und zeigt Engel, die die Himmelsleiter auf- und absteigen, so ähnlich wie es in der Bibel bei der Geschichte von Josephs Traum heißt.

Einen Steinwurf westlich, am Sawclose, findet der schauspielbegeisterte Besucher das **Theatre Royal**, in dem im Jahre 1805 erstmals ein Stück auf die Bühne kam; vor einigen Jahren wurde der Zuschauerraum im Zuge einer Renovierung wieder in seinen originalgetreuen Zustand versetzt.

Daneben lockt das **Restaurant Popjoy**; in diesem Gebäude wohnte *Beau Nash* – laut *Johanna Schopenhauer* „eine um ein glänzendes Nichts

The Circus: Hier kann man zwar keine Löwen sehen, aber wohnen sich drehende Existenz" – ab 1720 zusammen mit seiner Geliebten *Juliana Popjoy*. Als er hier 1761 im Alter von 81 Jahren starb, verließ auch Juliana das Haus, ging in ihre Geburtsstadt zurück und lebte – so heißt es – fortan leicht verwirrt in einem hohlen Baumstamm.

Folgt man der Straße Sawclose weiter gen Norden, so gelangt man in die Verlängerung **Gay Street**. Der Architekt *John Wood* und sein Sohn entwarfen die Häuser rechts und links der Straße.

Man passiert nun linker Hand den quadratischen, grünen und mit Bäumen bestandenen **Queen Square**. Sei-

ne Ausgestaltung und der Bau der Häuser ringsum waren *John Woods* erster Auftrag, an dem er von 1729 bis 1736 arbeitete.

Folgt man der Gay Street weiter gen Norden, so gelangt man zum **Circus,** einem kreisrunden Platz, von dem drei Straßen abgehen und dessen Häuser jeweils im Halbrund gebaut sind. Der Circus ist ein Meisterstück georgianischer Architektur und der kreative Höhepunkt im Leben von *John Wood*, den angeblich das Colosseum in Rom zu der Anlage inspirierte. Kurz nach der Grundsteinlegung starb der kongeniale Architekt, sein Sohn führte nun das väterliche Erbe fort und beendete die Arbeiten. Der berühmte Afrikaforscher *David Livingstone* wohnte in Haus Nr. 13, und der Maler *Thomas*

John Wood schuf diese architektonische Meisterleistung

Gainsborough lebte 16 Jahre lang im Haus Nr. 17, wo er reiche Badegäste malte.

Am Circus geht es links ab in die Brock Street hinein, und diese führt nun auf den architektonischen Höhepunkt von Bath zu, auf den **Royal Crescent.** 1767 ließ der jüngere *Wood* mit den Arbeiten beginnen, sieben Jahre später war das Meisterwerk fertig und ist seitdem Vorbild geworden für unzählige Crescents, Places und Squares in ganz England. 30 Häuser enthält der 180 m lange steinerne Halbmond, über hundert ionische Säulen schmücken seine Front.

Der schon erwähnte frühe Englandbesucher *Friedrich Karl Grimm* sah den Crescent kurz nach der Fertigstellung: „Jedes Haus hat drei Stockwerke, und an der Vorderwand ruhen auf dem Stockgeschoß sieben um einen Balkon halb heraustehende Säulen, die die folgenden unterstützen. Die Häuser sind mit Blei gedeckt, und es versteht sich, daß sie alle genau gleiche Höhe, um die ein anderer Balkon herumläuft, haben. In dem Innern dieser Häuser, die noch zur Zeit nicht alle bewohnt sind, ist die größte Regelmäßigkeit und jeder Teil zum Gebrauch aufs Bequemste eingerichtet. Die Zimmer zur Wirtschaft, als Küche, Gewölbe, Vorratskammer, sind frisch geräumlich und helle, und die Wohnzimmer hoch, helle und in einer Folge. Die Kamine sind mit allerhand Arten von Marmor, doch meistens weiß und grauem, ausgesetzt. Die Handhaben an den Geländern der Treppen sind aus Mahagoniholz, und das Untere ist weiß

überfirnißt. Aus den Fenstern hat man die vortrefflichste Aussicht über den tiefen Grund, in dem die Altstadt liegt, auf die Gärten und Wiesen, die zur Rechten über die Stadt hinauflaufen, auf die Landstraße nach Bristol und die gegenüberliegenden Berge. Ich besinne mich nicht leicht, eine schönere Gegend, die etwas rauh, und doch nicht übertrieben wild, aussieht, jemals erblickt zu haben."

In dem prachtvollen palladianischen Flankenhaus Royal Crescent Nr. 1 hat seit 1968 der **Bath Preservation Trust** sein Domizil, und hier kann man eine originalgetreue Einrichtung vom Ende des 18. Jh. besichtigen und sich ein Bild davon machen, wie die gutbetuchten Besitzer des Crescent lebten und wohnten (März bis Okt. Di-So 11-17 Uhr).

Schräg gegenüber, auf der anderen Straßenseite, beginnt unter hohen schattenspendenden Bäumen der Gravel Walk; geht man nach einigen Metern an der ersten Abzweigung links ab, spaziert man an den Gärten und den rückwärtigen Fassaden der Häuserzeilen vom Circus entlang. Hier ist auch der sogenannte **georgianische Garten** zu finden, der öffentlich zugänglich ist und eine typische Gartenanlage aus dem Jahr 1760 darstellt.

Am Ende von Gravel Walk – im 17. und 18. Jh. ein beliebter Weg der Sänftenbesitzer – geht es links ab in Queen's Parade Place. Nach wenigen Metern ist wieder die Gay Street erreicht. Man biege hier wieder links ab und sofort in die nächste Straße, die George Street, rechts hinein. Nach wenigen Metern Fußweg spaziere man rechts in die Milsom Street. Schon seit den georgianischen Tagen ist dies die Haupteinkaufsstraße von Bath. Hier sollte man sich das **Museum der Royal Photographic Society** im Gebäude The Octogon ansehen, wo man einen faszinierenden „Gang" durch die Geschichte der Fotografie machen kann (tgl. 9.30-17.30 Uhr).

Kurz vor dem Ausstellungsgebäude, auf der linken Straßenseite, findet sich **Shires Yard**, ein ehemaliger großer Mietstall aus dem Jahr 1714, der sehr schön zu einer Passage mit vielen kleinen Geschäften, Cafés und Bistros umgebaut worden ist. Spaziert man

durch den Komplex, kommt man am anderen Ende an der Broad Street heraus, wo das **Postmuseum** die Philatelisten anzieht. An diesem Ort klebte ein Postmann am 2. Mai 1840 die erste Briefmarke auf einen Brief (Mo-Sa 11-17 Uhr, So 14-17 Uhr).

Der Broad Street folge man nach rechts und biege links in die Bridge Street ein. So steht man bald auf der **Pulteney Bridge**, einer der drei Brücken in der Welt, die rechts und links mit Geschäften bebaut sind.

Folgt man der Grand Parade ein Stückchen flußabwärts, kommt man zu den **Parade Gardens**; von der geruhsamen Gartenanlage (Eintritt) hat man einen prachtvollen Blick auf den River Avon mit seinem Wehr und der pittoresken Brücke, die 1770 nach Ent-

Nicht der Ponte Vecchio, sondern die Pulteney-Brücke

137fes Foto: hs

Bath – Canterbury

würfen von *Robert Adam* erbaut wurde. Hier in der grünen Lunge von Bath findet der Stadtrundgang sein Ende.

Etwa drei Kilometer außerhalb vom Stadtzentrum in südöstlicher Richtung erstreckt sich in einem schönen Landschaftsgarten die prachtvolle schneeweiße **Villa Prior Park** von *Ralph Allen*, der sich um die Geschicke der Stadt verdient gemacht hat; *John Wood d. Ä.* errichtete dem Förderer von Bath das herrschaftliche Anwesen; heute ist hier ein Internat untergebracht. Von Prior Park hat man einen unvergleichlich schönen Blick auf Bath.

Henry Fielding war oft in dem prachtvollen Haus zu Gast und hat *Allen* in seinem „Tom Jones" als *Squire Allworthy* ein Denkmal gesetzt.

Weitere Museen

Über die genannten Museen hinaus verfügt Bath über eine ganze Reihe weiterer interessanter Ausstellungsgebäude:

●**Victoria Art Gallery**, Bridge Street, das städtische Kunstmuseum mit einer permanenten Ausstellung von Bildern aus dem 18. Jh. bis hin zu den Werken zeitgenössischer Künstler sowie regelmäßigen Sonderausstellungen.

●**The Museum of Costume and Assembly Room**, Bennet Street, Modemuseum in den ehemaligen Ballsälen von Bath, Kleidung seit dem 16. Jh.; die *Modern Gallery* zeigt Modeentwürfe aus den fünf Städten der Modebranche – New York, Paris, Mailand, London und Tokio – seit 1945 (März bis Okt. tgl. 9.30-18 Uhr, So 10-18 Uhr).

●**The Fashion Research Centre**, 4 The Circus, Forschungsinstitut zur Geschichte der Mode und Kleidung, große Bibliothek, Kleiderentwürfe etc. (Mo-Fr 9.30-17 Uhr.)

●**Herschel House and Museum**, 19 New King Street, Haus von *William Herschel*, im 18. Jh. musikalischer Direktor von Bath, Teleskopbauer und Astronom, der zusammen mit seiner Schwester *Caroline* 1781 den Planeten Uranus entdeckte, originalgetreue Einrichtung mit *Herschels* Teleskopen (März bis Okt. tgl. 14-17 Uhr).

●**The Book Museum**, Manvers Street, Erstausgaben von *Jane Austen*, *Boswells* Johnson-Biographie und *Samuel Pepys* Tagebuch sind die Attraktionen, weitere interessante alte Bücher und Folianten (Mo-Fr 9-13, 14-17 Uhr, Sa 9.30-13 Uhr).

●**The Museum of East Asia Art**, 12 Bennet Street, neues, im April 1993 eröffnetes Ausstellungsgebäude für ostasiatische Kunst, Porzellan, Jade- und Steinschnitzereien etc., eine audio-visuelle Vorführung (auch in deutsch) stellt fernöstliche Kunst vor (April bis Sept. Mo-Sa 10-18 Uhr, So 14-18 Uhr).

●**Mr. Bowler's Business**, Bath Industrial Heritage Centre, Julian Street, die Mitglieder der Familie *Bowler* stellten über die Jahrhunderte die Ingenieure, Klempner, Gasmänner, Feinmechaniker und Glockenhänger der Stadt, waren darüber hinaus im Alkoholgeschäft tätig und produzierten Bier, Apfelmost, Orangenchampagner und Sherry (Ostern bis Oktober tgl. 10-17 Uhr).

●**The Holborne Museum and Crafts Study Centre**, Great Pulteney Street, in einem eleganten georgianischen Stadthaus ist eine Kunsthandwerk-Ausstellung untergebracht, Silber, Porzellan, Glas, Möbel, Keramik, Stoffe (Febr. bis Dez. Mo-Sa 11-17 Uhr).

●**The Museum of English Naive Art**, The Paragon, einziges Museum über *Folk Painting*, naive Malerei aus dem 18. und 19. Jh. (Ostern bis Weihnachten Mo-Sa 10.30-17 Uhr, So 14-17 Uhr).

●**The Building of Bath Museum**, The Paragon, Zeichenentwürfe und Dokumentationen über den Bau der georgianischen Häuserzeilen in Bath, alles über die Stadtarchitektur (tgl. außer Mo 11.30-17 Uhr).

●**American Museum in Bath**, Claverton Down, zur Geschichte der Vereinigten Staaten, untergebracht in dem prachtvollen Claverton

Manor, umgeben von einem großen, ruhigen Garten, in dem Haus hielt *Winston Churchill* 1897 seine erste politische Rede (März bis Nov. Di-Sa 14-17 Uhr, So 11-17 Uhr).

●**Sally Lunn's Kitchen Museum**, North Parade Passage, Küchenmuseum in einem Haus aus dem Jahre 1622, bei den römischen Bädern, hier buk *Sally Lunn* vor 200 Jahren ihre legendären Brötchen (Mo-Sa 10-17 Uhr, So 14-17 Uhr).

●**Beckford's Tower**, Lansdown, auf dem Gipfel des Lansdown Hill steht der Wohnturm des Schriftstellers und Kunstsammlers *William Beckford* mit Ausstellungsstücken über sein Leben (April bis Okt. Sa und So 14-17 Uhr).

Praktische Hinweise

Tourist Information

●**Abbey Chambers,** Church Yard, nahe am Pump Room.

Unterkunft

●**The Bath Spa Hotel,** ****, Sidney Road, Tel. 01225-444424, Fax 444006
●**The Bath Tasberg Hotel,** ***, Warminster Road, Tel. 01225-425096, Fax 463842
●**Carfax Hotel,** ***, Great Pulteney Street, Tel, 01225-462089, Fax 443257
●**Apsley House Hotel,** ***, 141 Newbridge Hill, Tel. 01225-336966, Fax 425462
●**Bed and Breakfast:** Astor House, 14 Oldfield Road, Tel. und Fax 01225-429134; Flaxley Villa, 9 Newbridge Hill, Tel. 01225-313237; Sampford, 11 Oldfield Road, Tel. 01225-310053; Georgian Guest House, 34 Henrietta Street, Tel. 01225-424103; Rosemary House, 63 Wellesway, Tel. 01225-425667; Williams Guest House, 81 Wells Road, Tel. 01255-312179
●**Jugendherberge:** Bathwick Hill, Tel. 01225-465674
●**Camping:** Newbridge Caravan Park, Brassmill Lane, Tel. 01225-428778, an der A 46 ca. 3 km nördlich von Bath gegenüber von Newbridge Park.

Pubs und Restaurants

●**Wood's,** 9 Alfred Street, ausgezeichnete Küche, um 28 £
●**Hole in the Wall,** 16 George Street, eines der besten (Nichtraucher-) Restaurants von Bath mit sehr guter Weinkarte, Gerichte zwischen 18 und 39 £
●**Clos du Roy,** 1 Seven Dials, Saw Close, ebenfalls ein hervorragendes Restaurant mit Gerichten zwischen 17 und 38 £
●**Nr. 5 Bistro,** 5 Argyle Street, einen Steinwurf nur entfernt von der Pulteney Bridge liegt dieses sehr gute Lokal, Gerichte zwischen 17 und 38 £
●**Sam Wellers,** Union Street/Ecke Upper Borough Walls, Pub, datiert aus dem 18 Jh., benannt nach einer Figur in *Charles Dickens* „Pickwick Papers", preisgekrönter Pub Grub
●**Fu Hau,** High Street, preiswertes chinesisches Restaurant
●**Coeur de Lion**, Northumberland Place, eine Passage zwischen High Street und Union Street, schöner, gemütlicher Pub mit alten Bleiglasfenstern
●**The Roundhouse**, Stall Street/Ecke Westgate Street, Pub mit angeschlossenem Restaurant, um 6 £
●**Flann O'Brien**, Westgate Street/Ecke Sawclose, schöner, großer irischer Pub mit Guinness-Ausschank sowie den Konkurrenzprodukten Beamish Stout und Murphy's, irisches Harp Lager und Bushmill Whiskey, angenehmster Pub von Bath. Wie es sich gehört, sind die Toilettenbezeichnungen in gälisch, *Fin* = Herren, *Mna* = Damen.

„Beide Geschlechter tanzen hier gleichermaßen miserabel. Es geschieht ohne jegliche Grazie und ohne eine Spur von rhythmischem Gefühl. Die Frauen schieben dabei den Kopf weit vor, und die Männer versuchen allerlei plumpe Beinbewegungen. Kurzum, es ist ein wenig erfreulicher Anblick, Engländer tanzen zu sehen."

François Armand Frédéric Duc de la Rochefoucauld, „Verschiedenes über England", 1784

●**The Garrick's Head**, Sawclose, benannt nach dem berühmten Schauspieler *David Garrick*, der hervorragend Charaktere von Shakespeare darstellte. Der Pub ist abends voll mit Besuchern vom daneben gelegenen Theatre Royal, jüngst renoviert.

●**Vault's Restaurant**, off Sawclose, am Theatre Royal, um 12 £

●**Popjoy's**, Sawclose, gutes Restaurant neben dem Theatre Royal, in dem Haus wohnte *Beau Nash* mit seiner Lebensgefährtin *Juliana Popjoy* (s.o.), 13-17 £

●**Bella Pasta**, Milsom Street, Pizzen und Pastas zwischen 5 und 8 £

●**Crystal Palace**, Abbey Street, Georgian Bar, gute Bar-Snacks, mit Biergarten

Rent-a-Bike

●**Avon Valley Ciclery**, Underneath the Arches, Arch 37, Rückseite vom Bahnhof.

Verbindung

●im **Intercity-Netz**,
●**regionale Züge** von Bristol und Exeter

Longleat
– Großbritanniens schönstes Stately Home

Bath eignet sich gut als Standquartier für Ausflüge in die Umgebung, denn mit Freude fährt man nach einem erlebnisreichen Tag wieder in das angenehme Ambiente der Stadt zurück.

Erstes Ziel ist eines der bedeutendsten *Stately Homes* von ganz Großbritannien, **eines der prachtvollsten Herrenhäuser** im gesamten Königreich – Longleat (tgl. 10-16 Uhr, Ostern bis Sept. 10-18 Uhr), nur zu vergleichen mit Wilton House, Kingston Lacy und Petworth. Der mächtige dreistöckige Prachtbau entstand ab 1567 und war der erste große architektonische Gesamtentwurf in der elisabethanischen Ära. Auftraggeber war *John Thynne*, der den riesigen Komplex zusammen mit dem Steinmetzen *Robert Smythson* plante und umsetzte. Als der Palast dann nach 13 Jahren Bauzeit fertig war, konnte sich der Auftraggeber nicht mehr so recht daran erfreuen, *Thynne* starb im gleichen Jahr.

Beeindruckt durchschreitet man die Räume, über eine ganze Flucht zieht sich die mit 50.000 Bänden bestückte **Bibliothek**, eine der wertvollsten privaten Buchsammlungen weltweit; hier liegen die ersten Folioausgaben von *Shakespeares* Werken ebenso wie der Band „History of Troy", das erste Buch, das 1475 in die englische Sprache übersetzt wurde.

Von den hohen Fenstern schweift der Blick auf den **Landschaftsgarten**, der, wie könnte es anders sein, um das Jahr 1757 von *Lancelot „Capability" Brown* angelegt wurde.

Hochherrschaftlich ging es in Longleat immer zu, doch die zweite Hälfte des vergangenen Jahrhunderts bildete ganz zweifellos das Goldene Zeitalter – Longleat war von allen Adelshäusern das herausragendste. Hier war der britische Hochadel zu Hause! Der unbekannte Autor des Buches „The Foreign Resident" schrieb 1886: „Lord and Lady Bath have little intercourse with those of their fellow creatures who move on a lower plane. They are finished and noble specimens of the English nobility, patrician to the tips of their finger-nails." („Lord und Lady

Bath pflegen keinen Verkehr mit denjenigen Mitmenschen, die sich auf einem niedrigeren Niveau bewegen. Sie sind vollendete und edle Spezies der englischen Aristokratie, herrschaftlich bis in die Spitzen ihrer Fingernägel.")

Gigantische Ausmaße hatten die **Feste**, die in Longleat gefeiert wurden. Zur Geburt ihres Sohnes im Jahr 1862 ließen die stolzen Eltern Alexander und Frances beispielsweise gleich mehrere tausend Gäste laden. Obwohl die Stallungen nicht gerade klein dimensioniert waren, wurde zusätzlich ein Pferdezelt errichtet, das 300 Rosse aufnehmen konnte. Für das freudige Ereignis komponierte ein Musiker die Hymne „Bright Star of Longleat, Hail! Hail to thy Coming", die drei stark besetzte Musikkapellen an verschiedenen Orten des ausgedehnten Parks in regelmäßigen Abständen intonierten. Das Fest kostete 1.200 £, nach heutiger Kaufkraft gut das Hundertfache, also rund 300.000 DM.

In der zweiten Hälfte des letzten Jahrhunderts war Großbritannien die reichste Nation der Welt, beutete Kolonien in der ganzen Welt aus und schwang sich mit der beginnenden Industrialisierung vollends zur unschlagbaren *Glorious Nation* empor. In dieser Zeit florierte die **Landwirtschaft auf Longleat**, bei hohen Preisen und billigen Löhnen explodierten die Gewinne. 1883 erwirtschaftete der Herrensitz 68.000 £, also 17 Mio. DM. Da konnte man schon einmal für ein paar tausend Gäste alle fünfe gerade sein lassen. Die eigene Reputation stärkte das allemal.

Ein Gärtner verdiente auf Longleat zur gleichen Zeit 12 Schilling pro Woche, das machte im Monat 2 £ 8 s, nach heutiger Kaufkraft ca. 600 DM. Dafür ackerte der Familienvater im Sommer von sechs Uhr morgens bis 17.30 Uhr und im Winter bis zum Sonnenuntergang. Es gab zwei unbezahlte Tage „Urlaub", wo er Feuerholz sammeln konnte, und zwei bezahlte, um auf der Parzelle um sein Cottage Kartoffeln zu ernten.

In dieser Zeit hatte Longleat eine **Domestikenschar** von sage und schreibe 264 Personen, die für die 118 Räume (!) und für den Haushalt des Marquess of Bath zuständig waren – und der zählte acht Personen, die Eltern Alexander und Frances und ihre sechs Kinder! Hinzu kamen die vielen Gäste, die fast Tag für Tag geladen und bewirtet wurden. Für den extremen Luxus waren von morgens bis abends 50 Hausangestellte auf den Beinen, weiterhin 30 Gärtner, 50 Farmarbeiter, 14 Kutscher und Stallburschen, 50 Waldarbeiter, 20 Wildhüter und 50 Schreiber in der Administration.

Vita Sackville-West, aufgewachsen in Knole, einem weiteren bedeutenden Landsitz Englands (vgl. S. 445), hat in dem Roman „Schloß Chevron" das Leben des Adels und das ihrer Bediensteten unnachahmlich geschildert: „Jedermann bekam genau das, was er wollte. Man brauchte nur zu verlangen, und der Wunsch wurde erfüllt wie durch Magie. Das Haus war in der Tat mit allem so versehen wie eine kleine Stadt; die Zimmermannswerkstatt, die Malerwerkstatt, die Schmiede, die Sägemühle, die Treibhäuser, das alles war dazu da, um zu beschaffen, was irgendwann gebraucht wurde. (...) In den Ställen striegelten Männer die Pferde; in den Werkstätten flogen die Späne unter des Zimmermanns Hobel; der Diamant des Glasers kreischte über das Glas; in der Schmiede dröhnte der Hammer auf dem Amboß, und die Blasebälge stöhnten gebläht; im Schlachthaus hängte der Forstgehilfe ein an seinen vier Füßen zusammengebundenes Reh auf, im Schuppen spaltete ein alter Mann Kleinholz. Sebastians Gedanken wandten sich dem Haus zu und fanden auch dort ihre Genugtuung, denn auch dort war Tätigkeit: der Stößel stampfte in der Küche; die Ente drehte sich brutzelnd am Spieß; die Wäschemädchen schlugen die Wäsche in den Kupferkesseln; der Gärtnerjunge leerte einen Korb Früchte auf die Kredenz, und im Wirtschaftsraum rührte ein Mädchen einen Kessel mit Marmelade über dem Feuer; Mrs. Wickenden zählte die Bettücher im Leinenschrank und legte zwischen jedes ein Lavendelbeutelchen; Vigeon räumte das Silbergeschirr fort und drehte den Schlüssel in der Tür der Schatzkammer herum."

Das Leben des Adels im ausgehenden 19. Jh. war von unvorstellbarem Luxus und gigantischem Reichtum geprägt; im Gegensatz dazu standen die Massen auf den Feldern, in den Bergwerken und Manufakturen vor der Verelendung.

Obwohl es zu Beginn des 20. Jh. mit den Einkünften der Herrschaft bergab ging, hatte Longleat 1902 noch immer 43 Hausangestellte, von Gärtnern, Kutschern, Forstaufsehern etc. ganz zu schweigen.

Nach dem Ersten Weltkrieg begann sich die britische Gesellschaft rapide zu verändern, und die Klassenschranken brachen auf. Die Löhne stiegen an, und der Staat, immer in notorischen Finanznöten, erfand die Erbschaftssteuer – der **Untergang der prachtvollen Landsitze** wurde damit eingeläutet. Eine gewisse *Lady Newton* lamentierte über die neue Abgabe: „Und was geschieht mit den herrschaftlichen Anwesen von England? Wie viele werden diese grausame und rücksichtslose Besteuerung überleben? Warum haben wir nicht das Recht auf unser Leben? Warum soll es ein Verbrechen sein, daß wir Häuser, die zu groß für die heutigen Anforderungen sind, erfolgreich über die Jahrhunderte gebracht haben."

1923 hatte Longleat noch knapp über 20 *Indoor Servants*. Bis zum Ausbruch des Zweiten Weltkriegs mußte immer wieder Grund und Boden verkauft werden, um den Landsitz zu finanzieren. 1939 gab es nur noch 14 Dienstboten im Haus: 1 Hausmeister, 1 Koch, 1 Butler, 3 Waschweiber, 3 Hausmädchen, 1 Küchenjunge, 2 Mechaniker, 2 Gelegenheitsarbeiter.

1946 erbte *Henry Thynne*, 6. Marquess of Bath, Longleat – und stand vor einer Katastrophe. Auf sage und schreibe 700.000 £ beliefen sich die Erbschaftssteuern, in jenen Tagen umgerechnet rund 4,5 Mio. DM; seit über 40 Jahren war nichts mehr an der Bausubstanz gemacht worden, es regnete durchs Dach, zwei Kamine drohten zusammenzustürzen, am schlimmsten aber waren die Holzwürmer, die sich an den tragenden Balken labten, darunter der unerquickliche, weithin gefürchtete und daher treffend bezeichnete *Death-Watch Beetle*. Henry dachte darüber nach, wie er das Haus im Familienbesitz halten konnte. Nur unkonventionelle Ideen würden den Landsitz retten, für dessen Erhaltung pro Jahr 30.000 £ (1947) nötig waren. Von den 6500 Hektar Land wurden 2200 verkauft, um die Steuern zu zahlen. Mit dem Geld, das übrig blieb,

ließ Henry das Gelände aufforsten, das während des Krieges abgeholzt worden war (in Zeiten knapper Geldmittel eine weitsichtige Entscheidung; heute liegt Longleat wieder wunderschön eingebettet im grünen Samt). Dann begann er zu restaurieren und zu renovieren, aus den Magazinen holte er alte, kostbare Möbel, Gobelins, Porzellan und vieles andere mehr; auch diese Sachen mußten erneuert werden. Der Garten wurde wieder instandgesetzt und bepflanzt, im Westflügel brachte man ein Café unter, und Henrys Frau schrieb ein kleines Büchlein über die Geschichte von Longleat.

Im April 1949 wurde Longleat, *The Treasure House of the West*, als erstes *Stately Home* im Familienbesitz **der Öffentlichkeit zugänglich** gemacht!

Longleat

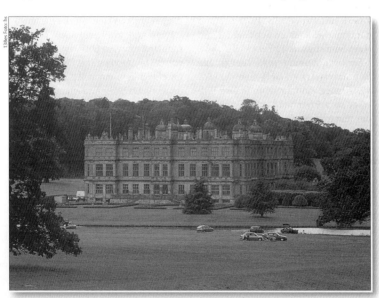

Natürlich schnappte der britische Hochadel nach Luft, selten hatte jemand die Standesetikette so nachhaltig verletzt, indem er den Pöbel in die heiligen Hallen ließ; pikiert sprachen allerhöchste Blaublüter vom *Mad Marquess*.

Familienmitglieder übernahmen Führungen durchs Haus, Henry begrüßte die Besucher von der Freitreppe aus, und der 17 Jahre alte Sohn Alexander sorgte für Ordnung auf dem Parkplatz. Der grandiose Erfolg von Henrys Idee übertraf alle seine Erwartungen. Neun Monate nach der Eröffnung, am Ende des Jahres 1949, hatte die unglaubliche Zahl von 135.000 Gästen das Haus gesehen, und ein jeder von ihnen hatte – das war das Schönste – 2 s 6 d Eintritt bezahlt. Heutzutage hat ein englisches Pfund 100 Pence. Bis 1970 bestand ein Pound (£) aus 20 Schilling (s) und jeder Schilling aus 12 Pence (d).

So billig kommt man heutzutage nicht mehr davon; fährt man die kilometerlange Auffahrt zum Hause entlang, so verzeichnen große Schilder die **Eintrittspreise**. Entweder man zahlt 10 £ pro Person und hat freien Eintritt zu allen Sehenswürdigkeiten, oder der Besucher gibt sich mit 2 £ zufrieden, wird dafür aufs Gelände gelassen und darf sich alles von außen angucken. Immerhin kann man nachzahlen: 4 £ für das Haus, was ja nun die Attraktion schlechthin ist, für das Labyrinth, eines der größten weltweit, 1,30 £. Außerdem hat Longleat die höchsten Bierpreise im gesamten Königreich; 1,80 £ für ein Pint of Bitter.

Henrys Beispiel machte Schule, und eine ganze Anzahl Erben des verarmten Hochadels folgten seiner Idee, *they jumped on the bandwagon*, wie Henry sich auszudrücken pflegte. Als man ihn fragte, warum er zu so ungewöhnlichen Maßnahmen gegriffen hat, antwortete er: „People put me down as a bit mad, but the situation is simply that I love this place so much that – although I'm basically shy – I force myself to do things to attract people to Longleat and so make money to preserve it." („Die Leute halten mich für ein bißchen verrückt, aber die Situation ist nun einmal so, daß ich mich in diesem Haus wohlfühle, und obwohl ich eigentlich ein schüchterner Mensch bin, zwinge ich mich, Dinge zu tun, um Longleat für Besucher attraktiv zu machen, damit Geld zu verdienen und das Haus so zu erhalten.")

Zwischen 1949 und 1964 öffneten sage und schreibe 600 weitere Besitzer von *Stately Homes* ihre Pforten für die Öffentlichkeit, ein völlig neuer Fremdenverkehrszweig war entstanden. Bis zum Jahre 1973 hatten 43 Mio. Besucher die britischen Landsitze bestaunt.

Jahr für Jahr mußte auf Longleat **weiter restauriert** werden; der Schaden, den besagter *Death-Watch Beetle* im Gebälk angerichtet hatte, summierte sich auf rund 80.000 £; damit so etwas nicht wieder vorkommt, sind zwei Zimmerleute das Jahr über damit beschäftigt zu erhalten und auszubessern. Zwischen 1947 und 1957 investierte Henry 300.000 Pfund in die Ausgestaltung und Renovierung des Hauses und der Möbel. In der Bibliothek mit ihren unersetzbaren Büchern hatten sich papierfressende Motten niedergelassen, das säurehaltige Papier löste sich auf. Ein Bibliothekar sorgt mit etlichen Helfern dafür, daß Seite für Seite restauriert und haltbar gemacht wird. Heute hat Longleat wieder so viele Angestellte wie Anfang des Jahrhunderts, nur sind sie nicht mehr für die Annehmlichkeiten der Familie zuständig, sondern halten das Haus auf Vordermann.

In der Mitte der 60er Jahre verlor sich jedoch das Interesse der Briten an den Adelspalästen, und **neue Attraktionen** mußten gefunden werden. Henry dachte darüber nach, wie er das zahlende Publikum einen ganzen Tag lang auf dem Gelände halten konnte. Der Dompteur *David Chipperfield* hatte dann die Idee eines Safari-Parks, in dem 50 Löwen nicht in Käfigen, sondern frei durchs Unterholz streifen sollten, bestaunt von den Insassen der Autos. Henry und David stellten also einen Antrag „To erect a fence to restrict the movement of certain animals". Dem Antrag wurde stattgegeben, und niemand fragte, was wohl die *certain animals* sein mochten. Als dann herauskam, daß es

> „Hier auf dem Landsitz hat sich eine bunt gemischte Gesellschaft eingefunden: Diplomaten, Minister, hübsche Frauen, eifersüchtige Ehemänner und parfümierte Dandies. Der Hausherr ist ein winziges Männchen mit ellenlangem Kinn. Seine Gemahlin hat viel Geld, große schmachtende Augen und ein Pferdegebiß."
>
> *Dorothea Fürstin Lieven*, „Briefe an Fürst Metternich", 1820

sich um 50 Löwen handelte, ging ein Aufschrei der Entrüstung durch die Öffentlichkeit; der *Mad Marquess* hatte wieder zugeschlagen! Die Times legte ungewöhnlich wenig geistige Flexibilität an den Tag, als es in einem Artikel über die neue Attraktion von Longleat hieß: „Cattle, sheep and deer ought to be good enough for a Wiltshireman."

Der **erste Safari-Park Europas** öffnete dennoch im April 1966 seine Pforten, der Eintritt kostete 1 £ pro Auto; lange Staus bildeten sich auf der Zufahrt zu Longleat House, und am Ende des Jahres hatten sich alle Investitionen bereits amortisiert.

Mittlerweile ist die Vision von Henry Wirklichkeit geworden, und die Besucher verbringen tatsächlich einen ganzen Tag auf dem *Longleat Estate*. Nachdem sie durch den Safari-Park gefahren sind, der nun auch von Elefanten, Giraffen, Nashörnern und Tigern bevölkert wird, lassen sie sich auf den ausgedehnten Rasenflächen nieder und picknicken, besuchen dann das Haus, staunen wieder einmal über den Luxus vergangener Tage und inspizieren neugierig die überall ausgestellten privaten Fotos, verirren sich dann im größten Heckenlabyrinth der Welt mit einer Gesamtlänge von 2,72 km und trinken ein Bier, während die Kleinen auf dem Abenteuerspielplatz toben oder in der Mini-Eisenbahn ihre Runden drehen. Zwischen 250.000 und 300.000 Besucher kommen jährlich, haben ihre Freude und helfen dem Marquess, eines der bedeutendsten *Stately Homes* Großbritanniens im Familienbesitz zu halten.

Stourhead
– Ein Garten wie ein Paradies

Wohl kein Garten in England reicht an die Prachtentfaltung und Schönheit des Landschaftsparks von Stourhead heran, der ohnehin zum Inbegriff des Englischen Gartens geworden ist. Stourhead atmet eine elegante Natürlichkeit, so daß man Mühe hat, die ordnende Hand des Gärtners im Gesamtensemble wahrzunehmen.

Urvater dieser unnachahmlich ansprechenden Umgebung war der Bankier *Henry Hoare d. Ä.*, der 1717 das Grundstück kaufte und sich darauf ab 1721 von dem Architekten *Colen Campbell* einen im damals so beliebten palladianischen Stil gehaltenen Landsitz erbauen ließ. Nach dem Tode des Vaters 1725 vollendete **Henry Hoare II.**, aufgrund seines erlesenen Geschmacks auch *Henry der Prächtige* genannt, das Haus und legte die Kunstsammlung an. Als Mittdreißiger, im besten Alter, um das Leben zu genießen, verließ *Henry the Magnificent* die Alltagsarbeit im Bankhaus, „wandte sich den Büchern zu und erlangte die Fähigkeiten, die einen Gentleman vom vulgären Manne unterscheiden." Er kannte *Ovid* und las *Virgil*, ging auf die Kavaliersreise, die Grand Tour, nach Italien, kaufte dort Kunstwerke, bewunderte die Bauten der italienischen Renaissance und übte sich im Mäzenatentum, indem er den Poeten *Alexander Pope* unterstützte.

Ab 1741 dann machte er sich an die **Ausgestaltung des** zum Schluß 36 Hektar umfassenden **Parks**, wobei ihn – wie andere Landschaftsarchitekten seiner Zeit auch – *Claude Lorrains* Bild „Aeneas in Delos" inspirierte und ihm konkretes Vorbild war. Henry folgte damit dem sage und schreibe vierbändigen Lehrgedicht „Der englische Garten" von *William Mason*, der seinen Lesern empfahl, die umgebende Natur nach den Bildern von *Lorrain* zu gestalten.

Henry ließ das Flüßchen Stour aufstauen und überflutete damit ein kleines Tal; die wichtigste Voraussetzung, ein **künstlicher See**, war damit geschaffen. Der Uferverlauf wurde bewußt „kurvig" angelegt, so daß kleine

Überraschende Ausblicke: Flora-Tempel

Buchten und Landzungen entstanden, von denen immer wieder neue Eindrücke gewonnen werden können. Geschickt arrangierte Baumgruppen und Haine leiten das suchende Auge in die richtige Richtung, verbergen, wo nötig, oder sind so licht gesetzt, daß ein Gebäude hindurchschimmert – so steigert sich die Spannung!

In jenen Tagen kam in England der **Begriff des Picturesque** auf (der nur ungenügend mit dem deutschen pittoresk zu übersetzen ist), um eine ganz bestimmte landschaftliche Szenerie adäquat zu beschreiben; dessen Elemente waren *Roughness* und *Irregularity*. So gedachte man, Natur am ehe-

sten „schaffen" zu können und sie als gestaltete Wirklichkeit so natürlich wie möglich erleben zu lassen, wenn die ordnende Hand des Gärtners hinter der scheinbar echten Fassade nicht mehr spürbar war.

Eine solche Anlage hatte aber auch einen **philosophisch-soziologischen Hintergrund**: „Denn der Landschaftsgarten steht im Spannungsfeld zwischen Arkadia und Utopia, zwischen der Sehnsucht nach dem verlorenen Paradies und dem Wunschbild einer wahrhaft humanen und liberalen Gesellschaft." Insofern ist er die Natur gewordene Form der ein Jahrhundert zuvor begonnenen Aufklärung und verkörpert in schönster Art und Weise ihre Inhalte: die Vereinigung von Kultur und Natur."

Wie ein Gemälde der Romantik:
die Gartenanlage von Stourhead

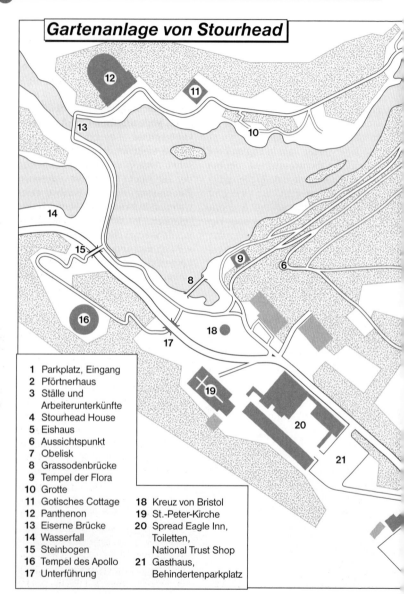

Gartenanlage von Stourhead

1 Parkplatz, Eingang
2 Pförtnerhaus
3 Ställe und
   Arbeiterunterkünfte
4 Stourhead House
5 Eishaus
6 Aussichtspunkt
7 Obelisk
8 Grassodenbrücke
9 Tempel der Flora
10 Grotte
11 Gotisches Cottage
12 Panthenon
13 Eiserne Brücke
14 Wasserfall
15 Steinbogen
16 Tempel des Apollo
17 Unterführung

18 Kreuz von Bristol
19 St.-Peter-Kirche
20 Spread Eagle Inn,
   Toiletten,
   National Trust Shop
21 Gasthaus,
   Behindertenparkplatz

Auf einem 3,5 km langen Weg umwandert man den künstlichen See und hat alle paar Schritte immer wieder aufs Neue **überraschende Aussichten**. Da schmiegt sich ein gotisches Cottage ans malerische Ufer, da spaziert der Besucher durch eine Grotte, durch die das Wasser des River Stour plätschert, und der Blick umschmeichelt die Figur der schlafenden Ariadne; ein Höhlenteil weiter verteilt der Flußgott Gerechtigkeit an die Nymphen, die seinen Strom bewohnen. Weiter passiert der staunende Besucher am Ufer des spiegelnden Sees den Tempel der Flora, dessen Figuren Marc Aurel und Alexander den Großen darstellen. Man spaziert vorbei an einem Obelisken (der Stein, der die Wolken ritzt) und an einem sich in den Himmel reckenden mittelalterlichen Marktkreuz, überquert auf einer anmutig geschwungenen Steinbrücke, eine Kopie von *Palladios* Brücke in Vicenza, das Wasser und sieht oben auf dem Hügel den Tempel des Apollo weit über die Landschaft grüßen. Der runde Säulentempel wurde einem in Baalbek ausgegrabenen Heiligtum nachempfunden; die Statuen, die einst die Nischen schmückten, schauen heute vom Stourhead House auf die Besucher herab. Dann, noch während man weit entfernt ist, schimmert es hell durch die Bäume, und sobald der Blick ungestört über die Wasserfläche eilen kann, trifft er auf das weiße, sich im Wasser spiegelnde und „ganz auf Fernwirkung berechnete Tempelgebäude mit dem sechssäuligen Portikus und der monumentalen Flachkuppel."

In diesem Pantheon stehen Herkules, Diana, die Göttin der Jagd, Flora, Göttin des Gartenbaus, und die schöne Isis, Muttersymbol und Verkörperung des fruchtbaren Niltals.

Herkules ist in Gärten eine sehr beliebte Göttergestalt, das liegt an seinem elften Abenteuer, zu dem Eurystheus ihn schickte. Gaia, die Mutter Erde, hatte einen Garten geschaffen, in dem ein Baum goldene Äpfel hervorbrachte, die von den Hesperiden, den vier anmutigen Jungfrauen, den Töchtern der Nacht, und von dem hundertköpfigen Drachen Ladon, der nie Schlaf brauchte, bewacht wurden.

Johanna Schopenhauer fehlte irgendwie die richtige Bewunderung, denn, obwohl sie den Park „lieblich" nannte und die Landschaftsarchitekten als „eigentliche Künstler der Nation" lobte, so fand sie doch, daß die Gärten, „ein paar Spielereien abgerechnet, ... einen in diesem Lande seltenen, kleinlichen Geschmack verraten."

Unternimmt man dann einen Rundgang durch Stourhead House, so wird die **Bibliothek** überraschen, eine der schönsten im ganzen Land; die Regale sind in die Wände eingelassen, durch die hohen Fenster flutet reichlich Licht herein, das von der weißen gewölbten Kassettendecke reflektiert wird, und in den Deckenbogen der Stirnseiten finden sich idyllisierende Malereien. Das Mobiliar stammt von Chippendale persönlich.

Öffnungszeiten: Garten tgl. 8-19 Uhr bzw. Sonnenuntergang; Haus April bis Okt. täglich. außer Do, Fr 12 bis 17.30 Uhr.

Elegische Landschaft, auch wenn die Sonne nicht scheint

Lacock
– Geburtsort der Fotografie

Rund 18 km westlich von Bath liegt an der A 350 Lacock, ein sehenswertes, vom Zahn der Zeit angenagtes Dörflein. Wenngleich ein solches Ambiente schon ausreichen würde, um das Örtchen aufzusuchen, so kommen die Besucher doch aus einem anderen Grund. Alle Hobbyfotografen, und das ist im Urlaub ja fast jeder, wollen den Ort sehen, an dem *Henry Fox-Talbot* (1800-1877) 35 jährig und annähernd zeitgleich mit dem Franzosen *Daguerre* die Fotografie erfunden hat. Von *Daguerre*, der den flüchtigen Augenblick auf einer Metallplatte festhielt, unterschied sich das Verfahren von *Fox-Talbot* dadurch, daß er von einem Glasnegativ ein beliebig oft zu kopierendes Positiv auf Papier herstellen konnte. Damit war die moderne Fotografie eingeführt!

Der National Trust hat in der ehemaligen Scheune des Anwesens von *Henry Fox-Talbot* eine kleine **Gallery of Photography** eingerichtet, wo man etwas über das Leben und die Arbeit dieses Mannes erfährt, die ersten Fotografien, die es überhaupt gab, sein Privatleben zeigen und wo alte Kameras ausgestellt sind.

Einen Steinwurf nur entfernt ruht **Lacock Abbey,** der einstige Stammsitz

> „Die Britinnen tanzen, als wenn sie auf Eseln ritten."
>
> Heinrich Heine, Gedanken und Einfälle

> „Ich bilde mir manchmal ein, ich röche jene Langeweile, welche Albions Söhne überall ausdünsten."
>
> *Heinrich Heine,* „Ludwig Börne", 1830

der Talbots, im grünen Wiesengrund. Schauen Sie sich die drei Erker in der Südfassade an; der mittlere mit der Tür darunter zierte das erste Foto der Menschheit.

Öffnungszeiten: Haus April bis Okt. tgl. außer Di 13-17.30 Uhr; Foto-Galerie März-Okt. tgl. 11-17.30 Uhr.

Castle Combe
– Englands Postkartendorf

Eine halbe Stunde Autofahrt von Bath nach Nordosten bringen den Besucher in Englands Puppenstuben- und Postkartendörflein Castle Comb. Die 300 Einwohner leben ausnahmslos vom Besucherstrom und vom malerischen Image und halten demzufolge ihren Weiler proper und ordentlich. Eingebettet in ein kleines Tal, rundherum bestanden mit hohen grünen Bäumen und durchzogen von einem Bach, zeigt sich das Dorf bezaubernd. Von der Burg, die martialisch im Namen mitschwingt, ist außer einigen bröckelnden Ruinen nicht mehr viel zu sehen; ohnehin ist es den Anwohnern lieber, der Gast erlebt die Wohnzimmeratmosphäre der eigenen Teestube oder kauft erlesenen Schnickschnack in Antiquity Shops.

Bath – Canterbury

Die weißen Pferde von Wiltshire

Der Riese von Cerne Abbas und der lange Mann von Wilmington, diese beiden rätselhaften Kreidefiguren wurden in diesem Buch ja schon erwähnt; nun gilt es, die fünf weißen Pferde von Wiltshire zu entdecken.

Das erste findet man bei der sympathischen Marktstadt **Marlborough**, die für ihre exzellente wie teure *Public School* bekannt ist; die Umrißzeichnung entstand erst im letzten Jahrhundert und dürfte – wie alle anderen Wiltshire-Pferde auch – auf den weißen Zossen von Uffington in der Graf-schaft Oxforshire zurückgehen, der von den Archäologen auf ein Alter von 2600 Jahren geschätzt wird.

Rund 15 Kilometer nördlich von Marlborough strahlt das **Roß von Hackpen Hill** vom grünen Hügel, das ebenfalls im letzten Jahrhundert in den Kreidestein geritzt wurde. Zwischen Calne und Avebury kann man von der A 4 das **Pferd von Cherhill** schon von weitem erkennen.

Zwischen Trowbridge und War-minster findet der Besucher das nächste Roß; diese Figur wurde 1778 angefertigt, geht aber auf ein weitaus älteres Pferd zurück, das sich einmal hier befand. Dieses wiederum hatte eine Figur, vermutlich aus der Eisenzeit, zum Vorbild.

Jung nimmt sich dagegen einige Kilometer südlich von Marlborough der **Zosse von Pewsey** aus, der von den Bewohnern des Ortes 1937 modelliert wurde.

Zum Wiehern: Dieses Pferd ist aus der neueren Zeit, aber trotzdem einen Blick wert

Stonehenge und Avebury
– Geheimnisvolle Steinkreise

Stonehenge

Stonehenge, der bekannteste Steinkreis Europas, ca. 15 km nördlich von Salisbury, wird jährlich von weit über einer Million Besuchern angefahren, und während der Hauptreisezeit im Hochsommer kann es in der Umgebung auch schon einmal zu Staus kommen.

Ausgrabungen rund um die Steinblöcke und die Altersbestimmungen der Funde nach der C-14-Methode haben ergeben, daß Stonehenge während verschiedener Perioden errichtet und erweitert wurde; man spricht daher von den Phasen I, II, III a, III b, III c und IV.

Stonehenge I entstand während des Neolithikums (Jungsteinzeit) um etwa 2800 v. Chr. und war von einer kreisrunden Erdaufschüttung umgeben. Den Zugang zu diesem Rondell flankierten zwei senkrecht aufragende Steinblöcke, vor diesen stand der **Fersenstein** (*Heel Stone*) der – befand man sich im Zentrum der Anlage – den exakten Punkt des Sonnenaufgangs zur Tag- und Nachtgleiche im März und September markierte. An der Innenseite des Erdwalls reihten sich 56 ca. 1 m tiefe Gruben aneinander, die sogenannten **Aubrey-Löcher** (nach ihrem Entdecker *John Aubrey* benannt), deren Zweck unbekannt ist. Sicher weiß man nur, daß sie nicht der Aufnahme von Pfosten oder Blöcken dienten; bei ihren Untersuchungen fanden die Archäologen menschliche Knochenreste, wahrscheinlich wurden also Bestattungen in den Gruben vorgenommen. Die vier sogenannten Stationssteine (*Station Stones*, einer liegt, einer steht noch, und zwei sind verschwunden) an der Innenseite des Walls bezeichneten wohl einmal die Himmelsrichtungen.

700 Jahre später begannen die Stämme der Glockenbecherkultur (so benannt, weil man als Grabbeigaben Tonbecher in Glockenform gefunden hat) mit der Erweiterung der Anlage

(Stonehenge II). Parallel zum Erdwall hoben die frühen Arbeiter einen Graben in der Richtung des Sonnenaufgangs aus, die sogenannte **Avenue**, die Prozessionsallee, und stellten im Zentrum des Rondells zwei kreisförmig angeordnete Reihen von senkrecht stehenden **Blausteinen** auf. Diese Felsen wurden von den frühen Baumeistern von den Preseli-Bergen in Südwest-Wales herangeschafft, die 225 km entfernt liegen. Der zentrale Doppelkreis wurde aus unbekannten Gründen nicht fertiggestellt.

Zwischen Beginn und Ende der Frühbronzezeit, also um 2000 v. Chr. bis 1550 v. Chr., datieren die Phasen III a bis III c. In hufeisenförmiger Anordnung entstanden nun in der Mitte der kreisrunden Umwallung eine Anzahl von **Trilithen** (griech. drei Steine, zwei senkrecht stehende Monolithe, denen ein dritter aufliegt). Mit rund 50 Tonnen Gewicht sind dies die größten und schwersten Blöcke, die in Stonehenge verbaut wurden; sehr wahrscheinlich stammen sie aus der 30 km nördlich gelegenen Gegend von Avebury und wurden auf Schlitten nach Stonehenge gebracht. Rund um diese hufeisenförmige Trilith-Anordnung errichteten die frühen Baumeister einen geschlossenen Kreis, der ebenfalls aus Trilithen bestand.

Um 1100 v. Chr. **verlängerte** man die **Prozessionsallee** bis zum Ufer des Avon (Stonehenge IV). Eine weitere Bautätigkeit fand danach nicht mehr statt. Stonehenge war also mindestens für 1700 Jahre, von 2800 v. Chr. bis 1100 v. Chr., in Gebrauch.

Bath – Canterbury

Stonehenge

Landstraße

Graben

Wall

Nordhügel

Avenue

Fersenstein

Schlachterstein

Stationsstein

Stationsstein

Z-Löcher

Y-Löcher

Südhügel

Achse

Aubrey-Löcher

Wall

Graben

0   20 m

Norden

Mittsommer Sonnenuntergang

Mittsommer Sonnenaufgang

Westen — Osten

Mitiwinter Sonnenuntergang

Mitwinter Sonnenaufgang

Obwohl die Archäologen recht genau über die Entstehungsgeschichte von Stonehenge Bescheid wissen, kennen sie den genauen **Zweck der Anlage** nicht und sind bis heute auf Spekulationen angewiesen. Stonehenge war sehr wahrscheinlich ein Tempel, obwohl man nicht weiß, welche Gottheit verehrt wurde und welche kultischen Rituale im Innern des Steinkreises stattfanden.

Möglicherweise diente das sakrale Areal der Sonnenanbetung, da man exakt den Sonnenaufgang und -untergang zum Mittsommer sowie Sonnenaufgang und -untergang zum Mittwinter bestimmen konnte; auch Mondauf und -untergang sowie eine Mondfinsternis konnten mit Hilfe der Anlage errechnet werden.

Weit verbreitet ist die Ansicht, daß in Stonehenge **Druiden**, keltische Priester, ihre rituellen Handlungen ausübten. *John Aubrey*, der als erster im 17. Jh. die Anlage beschrieben hat, äußerte diese Vermutung, die seitdem immer wieder durch die Köpfe der Besucher spukt. Wie jedoch schon *Julius Cäsar* überliefert hat, praktizierten Druiden ihre Kulte auf Waldlichtungen und nicht in steinernen Tempeln. Zur Zeit des Chronisten *Cäsar* war Stonehenge zudem seit über 1000 Jahren verlassen, somit nicht mehr in Gebrauch und dürfte längst eine Ruine gewesen sein.

Das hält die Esoteriker nicht ab! Jedes Jahr zur **Mittsommernacht** sperrt die Polizei das Areal weitläufig und läßt niemanden durch die Postenkette schlüpfen. Schon Tage vorher hat aus ganz Großbritannien eine Völkerwanderung von selbsternannten Druiden und Artus-Abkömmlingen eingesetzt, die ihren Zauber vor Ort ausprobieren wollen; aufgrund der Präsenz mehrerer Hundertschaften Bobbies wird daraus jedoch nichts.

Öffnungszeiten: (EH), April bis Sept. tgl. 10 – 18 Uhr, restliche Zeit 10-16 Uhr.

Neolithische Baukunst

Wie nun wurde Stonehenge gebaut? Exakte Aussagen dazu können mangels Überlieferungen nicht getroffen werden. Nach heutigem Kenntnisstand könnten unsere Vorfahren etwa folgendermaßen vorgegangen sein. Der Boden für die Gräben und die Löcher für die Gerüstpfosten oder Steinsetzungen wurde mit Hakken aus Rotwildgeweih aufgekratzt und mit den Schulterblättern von Rindern in Bastkörbe geschaufelt.

Die rund 80 Blausteine aus Wales hatten zusammengenommen etwa ein Gewicht von 100 Tonnen. In den Preseli Mountains von Südwest-Wales liegen solche Wackermänner überall herum, so daß keine Steinbrucharbeiten nötig waren. Auf Schlitten, die über runde Stämme gezogen wurden, brachte man die Steine in den Naturhafen von Milford Haven und verfrachtete sie dort auf Flöße, war doch der Transport zu Wasser wesentlich einfacher als über Land – gutes Wetter und keinen Seegang vorausgesetzt. Dann ging es entweder mit Ruderkraft oder möglicherweise schon mit Segeln die Südküste von Wales entlang.

Bath – Canterbury

Bautechnische Meisterleistung:
Trilithen in Stonehenge

Auf der Höhe des heutigen Bristol, dort, wo der Avon mündet, wurden die Steine auf Boote umgeladen, da die Flöße auf dem seichten und schmalen Strom zu unhandlich waren. Über drei miteinander vertäute Einbäume kam ein gemeinsames Deck aus Stämmen, auf das man den Stein legte. Die Boote wurden dann entweder getreidelt oder gestakst. Kurz vor Stonehenge ging es wieder mit Schlitten bis zur Baustelle.

1954 ließ man in einem Experiment vier Schuljungen einen eine Tonne schweren Betonblock auf drei Kanus den Avon gegen die Strömung vorwärtsstaken; es ging zwar langsam voran, machte aber keine sonderliche Mühe. Ebenso war es bei dem Transport über Land; 14 Knaben zogen einen Block auf Schlitten und Rollen problemlos einen leicht ansteigenden Hügelhang hoch.

Schwieriger gestaltete sich der Transport der zwischen 25 und 50 Tonnen schweren Sandsteinmonolithe, die über eine Strecke von 30 km herangeschafft werden mußten. Jeder der riesigen Findlinge lag auf einem mächtigen Schlitten, der über eine Rollenbahn gezogen wurde. Hatte der Schlitten eine solche Rolle passiert, waren sechs Männer notwendig, um einen solch runden Stamm von hinten wieder nach vorne zu bringen. In der Ebene benötigten die frühen Ingenieure 50 Personen, um einen 25 Tonnen schweren Block fortzubewegen. Am Redhorn Hill, einige Kilometer nördlich von Stonehenge, geht es jedoch steil bergauf, und dort waren über 1000 Männer erforderlich, um einen der schweren Steine hochzubekommen.

Nur über Hebelbewegungen wurden die Steine aufgerichtet. Man grub ein Loch, brachte den Wackermann auf Rollen heran, setzte einen langen Stamm unter sein Ende und hebelte ihn in die Grube. Mit weiteren Hebelbewegungen – wobei man den Hebel auf langsam erhöhten Lagen von Stämmen aufsetzte – brachte man den Stein annähernd in die Senkrechte und zog ihn zum Schluß mit Seilen in die aufrechte Position; dann wurde das Loch mit Steinen und Sand geschlossen.

Die Decksteine, also der obere Abschluß eines Trilithen, kamen wahrscheinlich über ein Gerüst nach oben. Unsere frühen Bauarbeiter legten rund um die beiden Ständersteine kreuzweise Lagen von Vierkanthölzern hoch, die mit Planken bedeckt waren, auf denen der Abschlußstein ruhte. Oben dann angekommen, wurde die Oberschwelle mittels Hebelkraft auf die beiden Ständersteine gelegt; Zapfen in den stehenden Steinen und Löcher in der Oberschwelle sorgten dafür, daß alle Monolithe zusammenhielten.

Anfahrt

● Ab Salisbury von der Busstation in der Endless Street verkehrt Mo bis Sa in der Zeit von 8.45 bis 17.20 Uhr Bus Nr. 3 von Bahnsteig B insgesamt zehnmal nach Stonehenge; So und an Feiertagen fahren drei Busse in der Zeit von 10.20 bis 14.25 Uhr.

Avebury

Avebury, der größte Steinkreis Europas, liegt 30 km nördlich von Stonehenge bzw. 10 km westlich von Marlborough und durchschneidet das gleichnamige winzige Dörflein. Rund um die schweren Monolithe grasen die Schafe, und die Farmer gehen ihrer Beschäftigung nach. Schöner können die Monumente nicht präsentiert werden, wenn sie eingebunden sind in das heutige Alltagsleben.

Die mächtigen **Sarsen Stones**, Sandsteinblöcke von bis zu 50 Tonnen Gewicht, bilden einen Steinkreis von ca. 300 m Durchmesser, in dessen Mitte zwei **kleinere Kreise** mit einem Radius von 100 m liegen. Der große Ring enthielt ursprünglich einmal 98 Steine. Umgeben ist die gesamte Anlage von einem hohen **Erdwall** und einem Graben.

Richtung Süden führt eine sogenannte **Avenue**, eine Prozessionsallee, die von Steinsetzungen gesäumt ist, auf den Overton Hill, wo noch einige Reste ein **ehemaliges Heiligtum** erkennen lassen. Welche Riten hier zelebriert wurden, wissen die Archäologen nicht. Ebenfalls südlich ragt weithin sichtbar der **Silbury Hill** auf, ein 50 m hoher, künstlich aufgeschütteter Hügel. Auch hier liegt der Zweck im

Bath – Canterbury

Dunkel der Geschichte; nach Bohrungen weiß man nun, daß der Hügel aus der gleichen Zeit datiert wie der Steinkreis. Die **Entstehungszeit** datieren die Archäologen auf den Zeitraum zwischen 2000 und 2500 v. Chr., Erbauer waren ebenfalls die schon aus Stonehenge bekannten Glockenbecherleute.

Nicht weit entfernt befindet sich das fast 100 m lange Ganggrab **West Kennet Long Barrow**, die größte Kammergrabanlage Großbritanniens. Die Archäologen fanden hier Keramik und Menschenknochen.

Zwei Kilometer nordwestlich von Avebury ragt der **Windmill Hill** auf; hier haben die Erbauer der Grabstätte in drei von Erdwällen und Gräben geschützten Ringen ab 3500 v. Chr. gelebt. Nach dem Hügel ist die frühe Phase des britischen Neolithikums als Windmill-Zeit benannt.

Nicht versäumen sollte man einen Spaziergang durch den **Weiler Avebury**; schaut man genau hin, so erkennt man den ein oder anderen Monolithen, der im Hausbau Verwendung fand. Unbedingt lohnt ein Besuch im **Alexander Keiller Museum** (EH, April bis Sept. tgl. 10-18 Uhr, Okt. bis März

Steine und Schafe: ein Teil des Avebury-Kreises außerhalb des Ortes tgl. 10-16 Uhr). Hier sind die Funde zusammengetragen, die *Alexander Keiller* in den 30er Jahren zu Tage gefördert hat.

Vom **Pub Red Lion**, der an der zentralen Straßenkreuzung liegt, hat man bei schönem Wetter vom Biergarten gute Ausblicke auf die gewaltigen, 4500 Jahre alten Monolithe.

Anfahrt

● Mit öffentlichen Verkehrsmitteln ab dem Marktstädtchen Marlborough.

Wilton House
– Schmuckkästchen mit Brücke

Kurz vor den Toren von Salisbury findet der Besucher das kleine Dorf Wilton, an dessen Ende das hochherrschaftliche Anwesen Wilton House seit 450 Jahren im Besitz derer *von Pembroke* ist.

Geschichte

William, der Stammvater des Geschlechts, hatte 1534 Anne Parr geheiratet, die Schwester von Catherine, der letzten Frau von Heinrich VIII., und war daher mit dem Herrscher verwandt. Das zahlte sich aus, und 1551 wurde William zum 1. Earl of Pembroke ernannt.

Mary, die Frau des Nachfolgers, war eine Liebhaberin der schönen Künste, und so kam es, daß Ben Jonson und William Shakespeare öfter am Ort waren. Im Jahre 1605 führte Shakespeare auf dem Grundstück von Wilton House vor dem Herrscher Jakob I. erstmalig seine Komödie „As you like it" (Wie es euch gefällt) auf. Philip Massinger, Shakespeares Co-Autor, verbrachte seine Kindheit auf dem Anwesen.

Für William, den dritten Earl, übernahm Königin Elisabeth I. die Patenschaft; 1626 wurde er Kanzler der Universität Oxford. Drei Jahre zuvor war die erste Folio-Ausgabe der Werke Shakespeares erschienen, und die Widmung darin ehrte William und seinen Bruder Philip, „the most noble men and incomparable paire of brethen William, Earl of Pembroke and Philip Earl of Montgomery".

1647 verwüstete ein Brand das gesamte Anwesen, und unverzüglich wurde der berühmte Baumeister Inigo Jones, ein Meister des Palladianismus, beauftragt, ein neues Haus zu bauen. Doch Bauherr wie Architekt starben vor Fertigstellung, und John Webb, eine Neffe Inigo Jones', stellte unter dem 5. Earl, Philip, das Anwesen 1653 fertig.

Ein unerquicklicher Bursche war der 7. Earl of Pembroke, zweimal klagte man ihn des Mordes an, dann kam er wegen Totschlags in den Tower, wo er erfreulicherweise schnell verstarb. Vie-

> „Unermüdlich versucht der Engländer seine Frau davon zu überzeugen, daß er es für seine vornehmste Pflicht hält, Langeweile zu verbreiten."
>
> *Marie-Henry Beyle (Stendhal)*, „Memoiren eines Touristen", 1821

Bath – Canterbury

le Kunstschätze des Hauses mußten verkauft werden, um seine horrenden Spielschulden zu begleichen.

Sein Bruder Thomas, ein Mann von Weitblick und den Künsten zugetan, erbte den Titel. Neben verschiedenen öffentlichen Aufgaben widmete er sich dem Ausbau seiner Kunstsammlung und legte die Bibliothek an. Er war es auch, der zwei französische Teppichweber nach Wilton holte, die die englischen Weber in dieser Kunst unterrichteten, und die berühmte, in ganz England bekannte Wilton-Teppichmanufaktur ins Leben rief; schon nach wenigen Jahren erfreute die exquisite Arbeit den König so sehr, daß sich das Unternehmen Royal Wilton Carpet Factory nennen durfte.

1737 erbaute der 9. Earl, The Architect Earl, wie er auch genannt wurde, die wunderschöne palladianische Brücke über den River Nadder, der nahe am Haus vorbeifließt. Das Brücklein erlangte eine solche Berühmtheit, daß es gleich zweimal kopiert wurde: einmal in Stowe/Buckinghamshire und dann auf dem Landsitz Prior Park von Ralph Allen bei Bath (siehe dort).

Henry, der 10. Earl of Pembroke, beschäftigte den berühmtesten Porträtmaler seiner Zeit, Sir Joshua Reynolds, und ließ von ihm seinen Haushalt „ablichten".

Der 12. Earl ging in die Politik und wurde im Alter von 35 Jahren Kriegsminister, ein Amt, das er einige Jahre später noch einmal übernehmen sollte. Mit seiner Unterstützung ging die Krankenschwester Florence Nightingale auf die Schlachtfelder der Krim

und rief den ersten Sanitätsdienst ins Leben.

Henry, der heutige 17. Earl of Pembroke, ist in England weit bekannt als exzellenter Dokumentarfilmer und als Autor verschiedener Fernsehspiele für die BBC. Bei solchen Anlässen firmiert er unter dem Namen Henry Herbert.

Sehenswertes

In der Eingangshalle von Wilton House steht auf einem Tisch eine sehr ansprechende und sympathisch anzusehende **Statue von William Shakespeare**; der Dichter hat den Ellbogen auf einen Stapel seiner Bücher gelegt, die Faust stützt das Kinn, die Beine sind übereinandergeschlagen, lässig trägt der Meister den Mantel über der Schulter und blickt gedankenversunken in die Ferne. Der Bildhauer *William Kent*, der auch die Möbel im Single und Double Cube Room entwarf, hat die Statue für den 9. *Architect Earl* gearbeitet. Der Preis 1743: die gewaltige Summe von 100 £ 18 s 4,5 d.

Zwei Räume ragen besonders aus der ohnehin schon prachtvollen Inneneinrichtung heraus. Da ist einmal der **Single Cube Room** von *Inigo Jones* mit den Ausmaßen 30 x 30 x 30 Fuß, also 9 m hoch, 9 m breit, 9 m tief, eine perfekte Proportion. Bilder von *van Dyck* und *Lely* zeigen Familienangehörige, die Deckenmalerei gibt den unglücklichen Flug von Ikarus und Daedalus wieder. Das Mobiliar wurde in den Werkstätten von *Chippendale* hergestellt.

14Ses Foto: hs

Im typischen Palladianismus:
die Brücke im Park

Höhepunkt der Prunkentfaltung ist dann der **Double Cube Room** in den Maßen 60 x 30 x 30 Fuß, also 18 m lang, 9 m breit und 9 m hoch. In früheren Tagen nutzten die Pembrokes den Raum als Eßzimmer, danach als Ballsaal. Während des Zweiten Weltkriegs war in Wilton House ein militärisches Hauptquartier untergebracht, und der Double Cube diente als Operationsraum; dort wurde die Invasion in der Normandie geplant.

Die Decke ist phantastisch bemalt, alle Bilder, die im „Doppelkubus" hängen, stammen von *van Dyck* und wurden extra für diesen Raum in Auftrag gegeben. Die Stirnseite schmückt ein Riesengemälde in den Maßen 5,10 x 3,30 m, das den 4. *Earl von Pembroke* im Kreise seiner Familie zeigt; *van Dyck* hat nie ein größeres Bild gemalt.

Weitere Gemälde in den anderen Räumen stammen von *Rubens, Tizian, Breughel, Reynolds, Lely, Tintoretto* und *Rembrandt*.

Wer sich ein kindliches Gemüt bewahrt hat, den wird sicher die **Teddybärsammlung Wareham Bears** von Wilton House erfreuen.

Öffnungszeiten: Ostern bis Okt. Mo - Sa 11 - 18 Uhr, So 12 - 18 Uhr

Bath – Canterbury

Highclere Castle
– Ein Muß für Ägyptologen

Ca. 20 km nordöstlich von Andover und auf halber Strecke entlang der A 343 nach Newbury liegt der Weiler Highclere mit dem gleichnamigen Castle. Um das Jahr 1830 hat *Sir Charles Barry*, während er in London an den Houses of Parliament baute, auch Highclere Castle für die Familie *Carnarvon* entworfen und hochziehen lassen. Parlamentsgebäude wie Burg gleichen sich ziemlich, beide sind von *Barrys* Lieblingsstil geprägt, der Neogotik. Trotzdem wäre das alles noch nicht so sonderlich interessant, hätte nicht **George Herbert**, der *5. Earl of Carnarvon* (1866-1923), zusammen mit *Howard Carter* in Ägypten das Grab des Tut-anch-Amun im Tal der Könige bei Luxor entdeckt, einen der größten und sensationellsten Funde in der Archäologie.

In Highclere sind eine ganze Reihe von Beigaben aus dem **Grab des Tut-anch-Amun** ausgestellt, die Lord *Carnarvon* für sein hohes finanzielles Engagement während der Ausgrabungen überlassen wurden.

Öffnungszeiten: 1. Juli bis 30. Sept. Mi-So 14-18 Uhr.

> „Der düstere, phlegmatische Brite verschlingt mit Heißhunger die Sonnenstrahlen, welche die beste Arznei gegen seinen Spleen sind."
>
> *Nikolai Karamzin, „Briefe eines reisenden Russen", 1790*

Guildford
– Wo Lewis Carroll begraben ist

Guildford, am Rande der Megalopolis London, ist ein schmuckes kleines Städtchen mit 50.000 Einwohnern, Verwaltungskapitale der Grafschaft Surrey und Sitz einer Universität, deren Studenten auf angenehme Weise das Straßenbild prägen.

Guildford eignet sich sehr als Standquartier, wenn man für zwei oder drei Tage die Metropole London erkunden möchte; hier sind die Unterkunftspreise um zwei Drittel billiger als in der Hauptstadt. Großbritanniens Metropole ist von Guildford aus im 30-Minuten-Takt schnell mit dem Zug zu erreichen, der in Waterloo Station einläuft.

Die atmosphärereichste Straße von Guildford ist die leicht ansteigende **High Street**, die von schönen alten Gebäuden gesäumt ist, in denen Geschäfte des gehobenen Einzelhandels auf die Kunden warten. Hier findet sich auch die Guildhall, deren mächtige Uhr weit auf die Straße hervorragt. Schon *Charles Dickens* lobte in einem seiner Romane „die ungewöhnlich attraktive High Street" – und das ist die katzenkopfgepflasterte Straße in der Tat.

Im Jahre 1861 suchte **Lewis Carroll** ein Haus für seine sechs unverheirateten Schwestern und mietete The Chestnut in der Quarry Street an. Während der Semesterferien kam er regelmäßig von Oxford – wo er als Mathematikprofessor arbeitete – zu den Schwestern und schrieb in dem Haus viele seiner Geschichten von *Ali-*

ce *in Wonderland*. Am 14. Januar 1898 starb er und wurde auf dem Mount-Friedhof von Guildford zur letzten Ruhe gebettet.

Das Heimatmuseum in der Quarry Street zeigt eine Reihe von Ausstellungsstücken zu *Lewis Carroll*, dessen richtiger Name übrigens *Charles Lutwin Dodgson* lautete.

> „Die Mode ändert sich hier fast so oft und so schnell wie das Wetter. Weder Satiren in den Zeitungen noch lächerliche Abbildungen auf Kupferstichen, die in den Bilderläden ausgestellt sind, vermögen das modische Publikum von seinen Torheiten zu kurieren."
>
> *Gebhard Friedrich Wendeborn, „Beiträge zur Kenntnis Großbritanniens", 1779*

Praktische Hinweise

Tourist Information

●**The Undercroft**, 72 High Street, Tel. 01483-444007.

Unterkunft

●**Qinn's Hotel, ***,** 78 Epsom Road, Tel. 01483-60422
●**Stream Cottage Hotel, **,** The Street, Albury, Tel. 01483-202228, Fax 202793
●**Bed and Breakfast:** Littlefield Manor, Littlefield Common, Tel. 01483-233068, Fax 233686; Beevers Farm, Chinthurst Lane, Bramley, 01483-898764; High Edser, Shere Road, Ewhurst, Tel. 01483-278214, Fax 379136

Pubs, Cafés und Restaurants

●**The Star**, Quarry Street, off High Street, alter, gemütlicher Pub in einem Fachwerkhaus
●**The Angel Hotel**, High Street, eine ehemalige Postkutschenstation mit Gasthof, Pub und gutem Restaurant, um 14 £

> „Der trockene, einsilbige Engländer besitzt einen ungeduldigen Widerwillen gegen alles und jedes, sein eigenes Leben mit einbegriffen."
>
> *Antoine de Rivarol, „Rede über die Universalität der französischen Sprache", 1784*

●**Ristorante Pizzeria**, High Street, Pizzen und Pastas um 4 £
●**The Three Pigeons**, High Street, schöner, alter Pub mit zur Straße hinauskragendem Giebel
●**Importers**, Tee- und Kaffeehaus mit leckeren Snacks, das Restaurant von Importers befindet sich in der Jeffry's Passage, eine schmale, von der High Street abgehende Passage
●**Chappler's Wine Bar**, Jeffry's Passage, mit Restaurant, um 8 £
●**Jeffry's Passage**, kleines Billigrestaurant um 4 £

Verbindung

●**Züge** im Network Southeast.

Polesden Lacy

Einige Kilometer östlich von Guildford sollte man einen Besuch des herrschaftlichen Polesden Lacy nicht auslassen. In den 20ern ging hier die Prominenz aus und ein, und die Empfänge, die *Lady Greville* gab, gehörten zu den feinsten überhaupt – kamen doch die Spitzen der Gesellschaft und der König selbst. Die *Queen Mum* verbrachte hier mit ihrem Mann ihre Flitterwochen.

Bath – Canterbury

Sheffield Park Garden

Jubiläumsweg

Himalayaweg

Kieselsteinstraße

Grasweg

Palmenallee

Krönungsweg

Südl. Gartenweg

3

Ten Foot Pond

4

Middle Lake

Kirchweg

1 🅿

2

Fischteich

Küchenstraße

Koniferenweg

3

7

Privatstraße

Flußgarten

Lichtung der
Sieben Schwestern

Woman's

0   100 m

IAWM

Im 18. Jh. war das Anwesen im Besitz des Dichters und Politikers *Richard Brinsley Sheridan* (1751-1816): „ein Ort der Gesundheit und des Glücks, wo wir zirpten wie die Vögel, sprangen wie die Rehe und fett wurden wie die Ferkel."

1947 fiel das Haus mit allen Kunstschätzen an den National Trust.

Öffnungszeiten: April bis Okt. Mi-So 13.30-17 Uhr, Nov. bis März, Sa/So 13.30-16.30 Uhr.

Sheffield Park Garden

Ungefähr 14 km nördlich von Lewes, an der A 275, darf der Gartenfreund Sheffield Park auf gar keinen Fall auslassen. Im Frühherbst, wenn die Blätter sich färben, ist Sheffield Park wunderschön anzusehen.

So, wie sich das Gartenareal heute präsentiert, geht die Anlage auf *Arthur G. Soames,* den 3. *Earl of Sheffield*, zurück, der von 1909 bis zu seinem Tod 1934 stetig um seinen Park besorgt war. Um 1775 hatte *Lancelot „Capability" Brown* bei der Ausgestaltung seine Hand im Spiel.

Leider haben die verheerenden Herbststürme der Jahre 1987 und 1990 viele der großen, alten Bäume entwurzelt.

Vier miteinander über Wasserfälle verbunden, auf unterschiedlichen Niveaus liegende **Seen** sind die Attraktion des Gartens. Von ihren Ufern aus ergeben sich immer wieder neue und

Bath – Canterbury

William Morris in Standen

„Die Luft rein und die Flüsse sauber zu halten und einige Mühe darauf zu verwenden, daß sich das Ackerland in einem Zustand befindet, der vernünftige Nutzung gestattet ..."

William Morris, 1883

Rund 10 km nördlich von Sheffield Park Garden und 3 km südlich von East Grinstead liegt abseits der A 22 das **Anwesen Standen**, in dem *William Morris*, der Designer, Maler, Drucker, Schriftsteller, Typograph, Ökologe, Sozialreformer und Kommunist, lebte und das er nach seinen Ideen und Entwürfen einrichtete. Der große Kunsthistoriker *Nikolaus Pevsner* bemerkte 1963 über *Morris*: „So sagt Morris zum Beispiel – um Ihnen eine Blütenlese zu geben –: 'Schlagt die Bäume nicht ab, wenn ihr anfangt, Siedlungen zu bauen ... Werft keinen Unrat, kein Papier weg ... Seht zu, daß der Ruß und der Kohlenstaub nicht die Häuser schmutzig macht ... Restauriert keine Gebäude, sondern erhaltet sie.' Diese letzte Forderung von Morris steht übrigens in der Tat am Anfang der modernen Denkmalpflege."

Und *Wilhelm Liebknecht*, der Morris utopischen Roman „News from Nowhere" („Kunde von Nirgendwo") ins Deutsche übersetzte, schrieb über ihn: „Und wer William Morris noch nicht kennt, der lernt ihn kennen aus seinem Nirgendwo. Da ist er wie er leibt und lebt, mit seiner romantischen Liebe zum 'präraffaelitischen Mittelalter', mit seinem romantischen Haß gegen die Maschinen und seiner etwas 'anarchistischen' Freiheit und Selbstherrlichkeit des Individuums." Wer also war dieses Universaltalent?

William Morris wurde am 24. März 1834 in eine **begüterte Familie** hineingeboren. Der Kleine ist ein aufgewecktes Kind und liest schon mit vier Jahren die Abenteuerromane von *Sir Walter Scott*. 1853 beginnt er auf Wunsch seiner Eltern, in Oxford Theologie zu studieren, bricht jedoch zwei Jahre später das ungeliebte Studium ab. Da ihm mit Erreichen der Volljährigkeit eine jährliche Leibrente von 900 £ zusteht, ist die Suche nach einem Broterwerb nicht die vordringlichste Aufgabe des jungen Mannes. Beeinflußt von dem Dichter *John Ruskin* richtet Morris sein **Augenmerk auf das Schöne**, auf das Ästhetische im Alltag und sucht nach Auswegen aus der Häßlichkeit der beginnenden Industrialisierung.

„Ich fand heraus", so sollte er später schreiben, „daß die Gründe für die Vulgaritäten der Zivilisation viel tiefer lagen, als ich gedacht hatte. Schritt für Schritt wurde ich zu der Schlußfolgerung getrieben, daß diese Häßlichkeiten der Ausdruck einer unserer Moral innewohnenden Schwäche sind, die uns durch die gegenwärtige Gesellschaftsform aufgezwungen wird, und daß es nutzlos ist zu versuchen, lediglich von außen mit diesen Häßlichkeiten zu Rande zu kommen."

So macht sich *Morris* also die Forderung seines Vorbilds *Ruskin* zu eigen, Kunst als „the expression of man's pleasure in labour" dahingehend umzusetzen, daß er mit nicht entfremdeter Arbeit die **Schönheiten des Alltags schafft**. Also erarbeitet er Dinge des täglichen Gebrauchs aus Ton, Holz, Stein, beginnt mit Glasmalereien, färbt und webt, entwirft Stoffe- und Tapeten und schreibt Gedichte und 20 Fantasy-Romane.

Jemand, der nicht gleichzeitig weben und ein Sonett verfassen kann, so hat er einmal erklärt, könne nicht für sich in Anspruch nehmen, künstlerisch begabt zu sein. Besonders seine **Gedichte** machen ihn beim Publikum bekannt, und er hat Chancen, als Hofpoet nominiert zu werden; einen Lehrstuhl für Dichtkunst, der ihm von der Universität Oxford angeboten wird, schlägt er aus.

Zusammen mit den präraffaelitischen Malern *Edward Burn-Jones* und *Dante Gabriel Rossetti* gründet *Morris* eine Firma, die sich auf das gesamte Feld der **Inneneinrichtung** spezialisiert und von der Tapete über das Mobiliar bis hin zum Teelöffel die Entwürfe und ihre Umsetzung liefert.

Ab 1876 wird *Morris* **politisch aktiv** und arbeitet zuerst für die Ziele der Liberalen; diese sind ihm jedoch nicht radikal genug, und so gründet er 1885 seine *Socialist League*, aus der ihn einige Jahre später die Anarchisten ausbooten. 1890 ruft er die *Hammersmith Socialist Society* ins Leben und hält hier Vorträge über Kunst und Politik. Nebenbei – seine Arbeit als Designer für die Firma stellt er keineswegs zurück – gibt *Morris* eine sozialistische Zeitschrift heraus.

1890 gründet er auch die **Kelmscott Press**, einen Verlag, in dem er mit einer kleinen Handpresse bis zu seinem Tod im Jahre 1896 über 50 Titel mit einer Gesamtauflage von 18.000 Exemplaren auf den Markt bringt. „Ich begann Bücher zu drucken mit der Hoffnung, etwas herzustellen, das einem bestimmten Anspruch von Schönheit genügen, gleichzeitig aber auch leicht zu lesen sein sollte. Es sollte die Augen nicht flimmern machen noch den Intellekt des Lesers durch die Ausgefallenheit der Buchstabenformen beunruhigen. Als ich von diesem Standpunkt aus mein Abenteuer plante, fand ich, daß ich hauptsächlich an die folgenden Dinge zu denken hätte: das Papier, die Buchstabenformen, den Zwischenraum zwischen Buchstaben, Worten und Zeichen und letztlich an den Stand des Schriftblocks auf der Buchseite."

Morris **entwirft eigene Schriften**, wobei ihm die Typen aus dem 15. und 16. Jh. Vorbild sind. Es entstehen die *Golden Type*, die *Troy*, benannt nach den „Histories of Troy", eine Geschichte, die Englands erster Drucker *William Caxton* auf seiner Presse hergestellt hatte, und die *Chaucer*, benannt nach dem Autor der „Canterbury Tales". Da verwundert es nicht zu hören, daß Morris' größtes Projekt eine Ausgabe der Werke von *Geoffrey Chaucer* ist, die von *Burn-Jones* illustriert wird.

1896, durch die rastlose Arbeit erschöpft und ohne sich je Ruhe gegönnt zu haben, **stirbt** *William Morris* 62jährig an – wie sein Arzt feststellte – *being William Morris.*

Unter dem Eindruck der Industrialisierung im viktorianischen Zeitalter, mit einer völlig verdreckten, stinkenden Themse, die die Parlamentsabgeordneten zwang, mit parfümierten Taschentüchern vor der Nase ins House of Parliament zu eilen, den Tausenden von Schloten, die mit ihren Rauchschwaden die Sonne verdunkelten und die Luft verpesteten, und den unglücklichen Manufaktur- und Bergwerksarbeitern, die mit ihren großen Familien in winzigen, endlosen Reihenhäusern vegetierten, schrieb *Morris* 1874 an einen Freund: „Stell Dir vor, die Menschen lebten in kleinen Landgemeinden zwischen Gärten und grünen Feldern, so daß man mit einem Spaziergang von fünf Minuten in offener Landschaft ist, stell Dir vor, sie hätten wenig Bedürfnisse, fast keine Möbel zum Beispiel, und dächten über die – schwierige – Kunst nach, sich des Lebens zu erfreuen. Stell Dir vor, sie würden wirklich versuchen herauszufinden, was sie eigentlich wollten. Dann, so denke ich, bestünde Hoffnung, daß Zivilisation tatsächlich begonnen hat."

überraschende Blicke auf Baumgruppen, Buschwerk, blühende Hecken und letztendlich auf das am höchsten Punkt liegende Sheffield House (nicht zu besichtigen).

Öffnungszeiten: (NT) April bis Nov. Di-Sa 11 Uhr bis Sonnenuntergang, So ab 14 Uhr.

Hever Castle
– Wo Anne Boleyn zu Hause war

Von East-Grinstead geht es einige Kilometer nach Nordosten zum ansehnlichen Tudor-Schlößchen Hever Castle, das auf das Engste mit dem frauenmordenden Wüstling *Heinrich VIII.* in Verbindung steht, der Unglück und Leid über die hier lebende Familie brachte.

Im Jahre 1489 wurde *Geoffrey Bullen*, Vorfahre von **Anne Boleyn**, Lord Mayor, also Bürgermeister von London, Diese Position brachte ihm Wohlstand und Ansehen, und so kaufte er das nahe bei London gelegene Schlößchen. Hier wurde *Anne* 1507 geboren.

Zwei Jahre später bestieg *Henry Tudor* als *Heinrich VIII.* den Thron von England (siehe Exkurs). Nachdem *Heinrichs* erste Frau, *Katharina von Aragon*, dem König keinen männlichen Erben gebar, ließ er die Ehe mit ihr annnullieren und heiratete die schon schwangere *Anne Boleyn*. Am 1. Juni 1533 wurde sie zur Königin ge-

krönt, am 7. September gebar sie ein Mädchen, die spätere *Elisabeth I.* – *Heinrich* tobte! Ein Jahr später hatte *Anne* eine Fehlgeburt, ein weiteres Baby starb kurz nach der Geburt, danach hatte Anne wieder eine Fehlgeburt.

Heinrich suchte mittlerweile erneut nach einer Frau und ließ *Anne* am 2. Mai 1536 unter der Anklage des Hochverrats und des Ehebruchs verhaften. Siebzehn Tage später starb sie im Londoner Tower unter dem Schwert des Henkers. An ihrem Hinrichtungstag wurde die neue Eheurkunde von *Heinrich* mit *Jane Seymour* unterzeichnet.

Zwei Jahre nach *Annes* Hinrichtung starb ihr Vater. *Heinrich* riß das Schlößchen an sich und gab es als Scheidungsdomizil – geschmacklich lag der König immer daneben – *Anna von Kleve*, seiner vierten Frau.

In den folgenden Jahrhunderten wechselte Hever Castle mehrfach den Besitzer, 1903 dann erwarb der steinreiche **William Waldorf Astor** das baufällige Anwesen. Die Dynastie derer von *Waldorf Astor* ging auf einen Metzgerjungen namens *Johann Jakob Astor* zurück, der von dem kleinen Dörfchen Walldorf bei Heidelberg 1783 nach Amerika ausgewandert war. Dort baute er rasch einen schwunghaften Pelzhandel auf, und als sich das Jahrhundert dem Ende zuneigte, gehörten ihm bereits ein Dutzend Handelsschiffe, die Pelze nach Fernost lieferten und von dort mit Waren aller Art zurückkamen. Als *Johann Jakob* 1848 starb, war er der reichste Mann Amerikas.

147es Foto: hs

Des Wüstlings Trutzburg: Hever heute

Johanns Urenkel **William** hatte eine romantische Vorliebe für Europa und war als Botschafter von 1882 bis 1885 in Italien. 1890 erklärte er öffentlich, daß Amerika ein Land sei, in dem kein Gentleman leben könne, und folgerichtig nahm er die Kleinigkeit von 100 Mio US-$ und übersiedelte nach England, wo er 1903 Hever Castle kaufte. Als er 1919 starb, hatte *William* das Schlößchen nach seinen romantischen Vorstellungen restaurieren lassen. Sein Sohn *John Jacob* übernahm den hochherrschaftlichen Besitz. *John* war verheiratet mit der Amerikanerin *Nancy Langhorne*, die als erste Frau in das Unterhaus einzog und unter dem Namen *Lady Astor* eine erbitterte Gegenspielerin von *Winston Churchill* wurde (siehe Exkurs).

Nachdem *William Waldorf Astor* das Schlößchen gekauft hatte, ging es erst einmal ans Renovieren und Modernisieren; *William* wünschte sich das Ambiente der Tudorzeit, verbunden mit allen Annehmlichkeiten des 20. Jh. Erst einmal stellte er fest, daß Hever Castle zu klein für seine Bedürfnisse war. Also ließ er hinter dem Schloß ein **Tudor Village** nachbauen, dessen Cottages

Leben und Regierungszeit von Heinrich VIII.

Zumindest zwei Episoden aus seinem Leben weiß jeder zu berichten: Daß er sechs Frauen geheiratet hat, von denen er zwei hinrichten ließ, und daß er die katholische Kirche von Rom loslöste und die Anglikanische Staatskirche begründete. Wer war und was tat *Heinrich VIII.* sonst noch?

Im Jahre 1509, im Alter von 18 Jahren, bestieg *Heinrich* kurz nach dem Tod seines Vaters den Thron. Kurz zuvor hatte er die sechs Jahre ältere **Katharina von Aragon**, die Tochter des spanischen Königs, geheiratet; wenngleich diese Eheschließung natürlich ein politischer Schachzug war, so heißt es doch, daß *Heinrich* seine Gemahlin aufrichtig liebte.

Kaum gekrönt, setzte der junge König ein deutliches Zeichen seiner Macht: Er ließ die beiden im Volk wie beim Adel ungeliebten **Finanzkommissare seines Vaters** vor Gericht stellen. Obwohl sich zeigte, daß die beiden völlig schuldlos an den hohen Ausgaben von *Heinrichs* Vorgänger waren, verurteilte das Gericht die beiden auf Druck des Königs als Hochverräter zum Tode. Diese Maßnahme fand in der Bevölkerung breite Zustimmung, man hoffte auf neue und bessere Zeiten.

So blutrünstig, wie die Historie den Herrscher zeichnet, nahmen ihn seine Zeitgenossen nicht wahr; *Heinrich* war zuallererst der Prototyp eines **Renaissance-Fürsten**, dem in bester machiavellistischer Manier die Staatsräson über alles ging! *Pasqualino*, ein venezianischer Diplomat, beschrieb ihn kurz nach seiner Thronbesteigung als den bestaussehenden Fürsten, den er je zu Gesicht bekommen habe. Er sei ein Gebildeter von exzellenten Fähigkeiten, spräche Französisch, Englisch, Latein und ein wenig Italienisch, spiele recht gut auf der Laute und dem Virginal, könne vom Blatt singen. Er sei ein guter Tennisspieler und Bogen-

schütze. Sehr fromm sei er auch, höre drei Messen an Jagdtagen und manchmal fünf, wenn er zu Hause bliebe. Äußerst friedliebend sei er, ansprechbar und gnädig.

Das sollte sich rasch ändern! Im Gegensatz zu seinem Vater, der bis ins Detail die Regierungsgeschäfte mitentschieden hatte, war *Heinrich* der alltägliche Kleinkram zuwider. Er genoß es, als Herrscher dazustehen und damit vor allem Macht zu demonstrieren. Da während der Tudor-Ära jedoch eine Vielzahl von autonomen Institutionen am Hofe agierten, verlangte dies eine zentrale **Entscheidungs- und Integrationsfigur**. Wenn der König diese Aufgabe nicht wahrnahm, so bedurfte er eines Vertrauten, der für ihn dieses Amt ausfüllte.

Eine solche Zentralfigur konnte nur der *Lord Chancellor*, der Lordkanzler, der oberste Minister des Königs sein. Während der ersten Regierungsjahre saß **Kardinal Wolsey** auf diesem wichtigen Amt. Wolsey, aus armen Verhältnissen stammend, war von brennendem Ehrgeiz und Machtbesessenheit ergriffen. Doch er galt als ungeheuer fleißiger Arbeiter und ideenreicher politischer Lenker. *Heinrich* vertraute ihm fast blind, und *Wolsey* stand loyal zu seinem Monarchen. Innerhalb weniger Jahre hatte der Lordkanzler alle einflußreichen Persönlichkeiten am Hof entmachtet, eine ganze Reihe weiterer Ämter übernommen und einen immensen Besitz zusammengerafft. *Wolsey* ließ sich Hampton Court errichten, den größten Palast der Tudor-Zeit, und residierte dort wie ein zweiter König (*Heinrich* zwang ihn später, das Anwesen an ihn abzutreten).

Ein Mann mit einem derlei exzentrischen Charakter konnte jedoch über die Jahre keine auf Kontinuität ausgerichtete Politik betreiben. Wie erwähnt, beruhte das Regierungssystem der Tudors auf einer Vielzahl von weitgehend autonom agierenden Gremien; erfolgreiche politische Entscheidungen kamen nur dann zustande, wenn es gelang, diese Einrichtungen zu einer Zusammenarbeit zu bewegen. *Wolsey* wurde jedoch ausnahmslos abgelehnt, durchgängig alle opponierten gegen den mächtigen Lordkanzler. 1529 setzte *Heinrich* ihn ab und entschloß sich, den Kardinal als Hochverräter anzuklagen. *Wolsey* starb auf dem Weg zu seinem Prozeß und entging so der Schmach, auf dem Schafott hingerichtet zu werden. Seine Ablösung hatte noch einen weiteren Grund: Es war ihm nicht gelungen, die Scheidung zwischen *Heinrich* und *Katharina von Aragon* beim Papst in Rom durchzusetzen.

Heinrich benötigte, um das Haus Tudor ungefährdet auf dem Thron halten zu können, unbedingt einen männlichen Nachkommen. Zwar war Katharina während der Ehejahre fast ununterbrochen schwanger gewesen, doch hatte sie nur ein Kind zur Welt gebracht: *Maria*, die spätere *Bloody Mary*. *Heinrich* setzte die Tochter als Thronerbin ein, hielt jedoch die **Nachfolgefrage** für nicht zufriedenstellend gelöst; der Thronanspruch weiblicher Nachkommen war nicht gesichert und konnte besonders dann sehr leicht torpediert werden, wenn deren Ehe mit einem ausländischen Fürsten eingegangen worden war.

Als *Katharina* aufgrund ihres Alters keine Kinder mehr bekommen konnte, wollte *Heinrich* die Ehe mit der kränkelnden und bigott-frommen Frau auflösen lassen. Zudem hatte sich Heinrich unsterblich in die junge Adlige **Anne Boleyn** verliebt. Mit Duldung der Königin hatte *Heinrich* schon immer Beziehungen zu anderen Frauen unterhalten, so auch mit der älteren Schwester von *Anne Boleyn*. Auch besaß er bereits einen Sohn, jedoch einen unehelichen. Den erhob er zwar zum *Duke of Richmond*, eine Thronanwartschaft war jedoch von vornherein ausgeschlossen. Die Anerkennung eines unehelichen Kindes war noch problematischer als die von weiblichen Nachkommen.

Heinrich und *Wolsey* reichten also einen **Antrag auf Annullierung der Ehe** beim Papst in Rom ein. Normalerweise machte die päpstliche Kurie – vor allem bei einer so hochrangigen Persönlichkeit – keine Schwierigkeiten. *Heinrich* galt zudem als frommer Katholik und hatte von Rom den Ehrentitel *Fidei Defensor*, Verteidiger des Glaubens, bekommen. Der König und sein Lordkanzler waren sicher, daß die Formsache nach wenigen Monaten positiv entschieden sein würde – doch beide hatten die Machtverhältnisse im Europa des 16. Jh. sträflich außer acht gelassen.

Papst Clemens VII. konnte nicht uneingeschränkt entscheiden, denn nach der Eroberung Roms durch die Truppen des Habsburger Kaisers *Karl V.* im Jahre 1527 war der Heilige Vater praktisch ein Gefangener und abhängig von *Karls* Gnaden. Und *Karl* wiederum war der Neffe von *Katharina* und dachte gar nicht daran, seine Tante einer ungewissen Zukunft auszusetzen.

Gegen Ende des Jahres 1532 war *Anne* schwanger, *Heinrich* mußte nun schleunigst handeln, zumal die Hofastronomen einen Jungen prophezeiten. Im Januar 1533 heiratete *Heinrich* Anne Boleyn, im März passierte das Gesetz, das ausländischen Institutionen Eingriffe in englische Rechtsfälle verbot, das Parlament, im Mai annullierte eine Kommission unter dem Vorsitz des Erzbischofes von Canterbury die Ehe mit *Katharina*, im Juni krönte man **Anne zur Königin**, und am 7. September 1533 wurde *Elisabeth* (die spätere *Elisabeth I.*) geboren. *Heinrich* war seinem Ziel, einen männlichen Thronfolger zu bekommen, kein Stück näher gerückt.

Der päpstliche Stuhl konnte eine solche Demütigung natürlich nicht hinnehmen, *Clemens* erklärte die neue Ehe für nichtig und *Elisabeth* als unehelich. *Heinrich* tobte und machte einem Rundumschlag: Die Abgaben an Rom wurden sofort eingestellt, dem Papst entzog er das Recht, bei Bischofswahl und -weihe zu entscheiden, die gesamte kirchliche Verwaltung kam unter königliche Order, und sich selbst ernannte er zum *Supreme Head of the Church of England*, zum **Oberhaupt der katholischen Kirche** in England. Proteste in der Bevölkerung gegen diese einschneidenden Maßnahmen gab es kaum.

Bath – Canterbury

Nachdem *Anne Boleyn* eine Totgeburt gehabt hatte und der König nicht mehr auf einen männlichen Nachfolger von ihr hoffte, ließ er **Anne den Prozeß** machen. 22 Peers sprachen sie ohne jegliche Beweise des Ehebruchs mit fünf Männern und damit des Hochverrats schuldig, und im Mai 1536 wurde *Anne* hingerichtet.

Am Tag der Exekution ehelichte *Heinrich* **Jane Seymour**, die 1537 nun den lange ersehnten Sohn *Eduard* gebar (der kränkelnde und schwache Knabe sollte nur sechs Jahre regieren). *Jane* starb bei der Geburt.

1540 heiratete *Heinrich* **Anna von Kleve**, die Schwester des amtierenden Herzogs von Kleve, ohne seine Braut je gesehen zu haben. Der Hofmaler *Hans Holbein* hatte – wie bei solchen Anlässen üblich – zuvor ein Gemälde von der Dame angefertigt. *Heinrich* war entsetzt, als er seine zukünftige Ehefrau sah. „Mein Gott, eine flandrische Stute", soll er ausgerufen haben.. Gegen Zahlung einer beträchtlichen Summe an *Anna* holte man ihre Zustimmung zur Annullierung der Ehe ein.

Kurze Zeit später gab **Catherine Howard** dem Schlächter das Ja-Wort, was sie zwei Jahre später bitter bereuen sollte, denn auch sie ließ ihr Leben als angebliche Ehebrecherin auf dem Schafott.

Ab 1543 pflegte dann **Catherine Parr**, die sechste Ehefrau des Königs, den kränkelnden *Heinrich* bis zu seinem Tod im Jahre 1547.

zusammen weit über 100 Räume haben. *William* legte Wert darauf, daß sein „Dorf" so natürlich wie möglich aussah und daß jedes Cottage ein individuelles Aussehen bekam, so daß man glauben konnte, daß dies ein über Jahre gewachsenes Gemeinwesen war. Und in der Tat, das Tudor Village ist gut gelungen, nicht ein Haus gleicht dem anderen. 800 Arbeiter bauten drei Jahre am Dorf, während 748 weitere Handwerker das Schlößchen renovierten und den Garten anlegten. Ein Rundgang durch Hever Castle offenbart dem Besucher deshalb höfisches Leben aus der Zeit von *Heinrich VIII.*

Nach der Besichtigung sollte man einen Spaziergang durch den italienischen **Garten** bis zur Loggia am See nicht auslassen, und sich am **Heckenlabyrinth** erfreuen.

Öffnungszeiten: März bis Nov. tgl. 11-17.30 Uhr.

Winston Churchill in Chartwell

Von 1924 bis zu seinem Tod 1965 lebte *Winston Churchill* zusammen mit seiner Frau *Clementine* („Clemmie") auf Chartwell beim Örtchen Westerham, ca. 10 km westlich von Sevenoaks. Hier schrieb er die meisten seiner 48 Bücher, hier malte er, entwarf seine Reden, bewirtete Besucher, vor allem aber schöpfte er hier seine Kraft, über Jahrzehnte ununterbrochen Machtpolitik zu betreiben. Chartwell ist ein wichtiger Schlüssel zum Verständnis dieses Mannes.

Zum ersten Mal sah *Churchill* das Haus 1921, als es mit 324 Hektar Land zum Verkauf stand. Weniger das Anwesen, als vielmehr die **Aussicht** faszinierten ihn sofort. Von Chartwell schweift der Blick über die sanft geschwungenen grünen Hügel der Wealds of Kent, wie diese anmutige Landschaft genannt wird. Auch *Clemmie* war begeistert – vom Ausblick wohlgemerkt, nicht vom Haus, das sie *irredeemably ugly* fand. *Churchill* hat mehrfach betont, daß er Chartwell nur wegen der Aussicht gekauft hatte. Neben dem ansprechenden Blick mögen ihn vielleicht auch die historischen Reminiszenzen eingenommen haben, denn es heißt, daß *Heinrich VIII.* hier nächtigte, wenn er auf Hever Castle um die Gunst von *Anne Boleyn* buhlte. Wichtiger aber war, daß Chartwell nur 37 km von Westminster, von den „Korridoren der Macht", entfernt lag.

Doch was nützte das alles, *Churchill,* sein Leben lang in Finanznöten, hatte kein Geld. Ende des gleichen Jahres jedoch machte er eine **Erbschaft**, die ihm ein Einkommen von 4000 £ jährlich sicherte. Chartwell stand immer noch zum Verkauf, jetzt gehörten jedoch nur noch 32 Hektar Land dazu, was den Kaufpreis stark drückte; *Churchill,* nun 48 Jahre alt, zahlte 5000 £, wenig im Vergleich zu den noch anstehenden **Renovierungskosten**. Der Architekt *Philip Tilden,* spezialisiert auf die Modernisierung alter Landsitze, baute unter ständigem Druck von

Bath – Canterbury

Churchill und *Clemmie* das Haus aus. „Keiner meiner Kunden hat mir je soviel Probleme bereitet und mit so viel Interesse am Fortgang der Arbeiten teilgenommen wie Mr. Churchill", stöhnte der Architekt noch Jahre später. Um zusätzlichen Platz zu schaffen und um möglichst viele Räume mit der Aussicht auf den Weald auszustatten kam ein großer, neuer Flügel hinzu, den der stolze Hausbesitzer – um Übertreibungen nie verlegen – sogleich *my promontory*, mein Vorgebirge, nannte.

Doch Chartwell erwies sich als ein Faß ohne Boden, von geschätzten 7000 £ konnte schon bald keine Rede mehr sein, die Summe stieg rasch auf das Doppelte, und erst als schließlich 18.000 £ aufgelaufen waren, konnte *Churchill* am 17. April 1924 an *Clemmie* schreiben: „Dies ist der erste Brief, den ich in diesem Hause in Angriff nehme, und es gehört sich so, daß ich ihn an Dich schreibe."

Churchill war von seinem Heim begeistert, nirgendwo fühlte er sich wohler. Steht man einige Meter entfernt im Garten, so steigt von einem kleinen Plateau ein ziegelroter Bau mit vielen Ecken, Kanten und Kaminen in die Höhe, dessen Farbe angenehm mit dem Grün des Rasens und dem Blau des Himmels kontrastiert. Verständlich der berühmte Satz von *Churchill:* „*A day away from Chartwell is a day wasted*", („Ein Tag ohne Chartwell ist ein vergeudeter Tag.")

Trotz der Anspannung in der Politik und seinen schriftstellerischen Tätigkeiten, mit denen er dringend benötigtes Geld in den Haushalt brachte, vergaß *Churchill* nie seine **Kinder** und verbrachte soviel Zeit wie eben nur möglich mit ihnen. *Winston* selbst hatte eine unglückliche Kindheit gehabt, so tat er alles, um Diana, Randolph, Sarah und Mary glücklich zu sehen. Beim Essen imitierte er gerne einen Gorilla, was die vier Kleinen mit freudiger Angst erfüllte, nach dem Dinner führte er oft ein spontanes Ein-Personen-Stück auf, das er sich beim Dessert ausgedacht hatte. Für die drei Älteren baute er ein Baumhaus, Mary bekam ein winziges Steinhäuschen, genannt Marycot – es steht noch immer.

Churchill liebte den **Luxus und die Bequemlichkeit**, und um beides zu haben, benötigte man Domestiken. So gab es im Haushalt acht Dienstboten, dazu drei Gärtner, einen Chauffeur, einen Pferdeburschen und einen Gutsverwalter. Die monatlich zu zahlenden Gehälter stürzten *Clemmie* mehr als einmal in tiefe Sorgentäler. Mit Geld konnte *Churchill* nicht umgehen, und er mußte Zeit seines Lebens schreiben, um die hohen Ausgaben ausgleichen zu können.

Aufgrund irgendeiner Schnapsidee kaufte er Schweine, Rinder, Enten und Gänse und versuchte sich in der Landwirtschaft als Hobbyfarmer. Natürlich wurde daraus nichts, seine **ausgeprägte Tierliebe** ließ das Schlachten eines Schweines nicht zu, und so wurden alle Tiere besonders von den Kindern und von Winston sehr geliebte und geknuddelte Spielkameraden. Als *Clemmie* einmal im Zuge ihrer Sparmaßnahmen eine Gans über die Klin-

Chartwell, vom Garten aus gesehen

ge springen ließ und auf den Tisch brachte, reichte ihr *Winston* mit feuchten Augen die Geflügelschere: „Zerteil Du sie, Du weißt ja, sie war meine Freundin!" „

Regelmäßig war **Besuch im Haus**; *Lawrence von Arabien* kam öfter mit seinem Motorrad – wie gewöhnlich in atemberaubendem Tempo – von seinem Refugium Clouds Hill angerast; dann legte er sich ein Tischtuch um den Kopf und spielte sehr zum Vergnügen der Kinder einen Beduinen. Auch *Charlie Chaplin* kam, wenn er in England war, griff sich dann einen der vielen Spazierstöcke aus der Eingangshalle und gab private Kostproben seines Talents zum Besten, wobei sich die Mitglieder der Familie *Churchill* vor Quieken den Bauch hielten.

Seine **Reden**, die er im Unterhaus oder sonstwo hielt, diktierte er, und er ging nie ohne einen solchermaßen vorbereiteten Text ins Parlament. In jungen Jahren hatte es ihm einmal mitten im Satz die Sprache verschlagen, er wußte nicht mehr weiter und brach seine Rede ab. Einen solch peinlichen

Winston Leonard Spencer Churchill – Ein Politikerleben

Winston Churchill erblickte am 30. November 1874 in der Damengarderobe von Blenheim Palace als erster Sohn von *Jenny* und *Randolph Churchill* das Licht der Welt. Der Ort war angemessen, denn im Palast von Blenheim residierten seit Jahrhunderten die Herzöge von Marlborough, zu deren Verwandtschaft *Winston* zählte.

Die Mütter der feinen Gesellschaft nährten ihre Kinder natürlich nicht selbst, dies war die Aufgabe einer Amme. So trat *Mrs. Elizabeth Anne Everest* in das Leben von *Winston* und sorgte mütterlich für ihren Ziehsohn.

Mit sieben Jahren kam *Winston* in ein Internat. Seine **Schulzeit** war eine reine Katastrophe. Er gehörte zu den schlechtesten Schülern und wehrte sich vehement gegen den stupiden Unterricht. Die Lehrer verprügelten ihn, und auch seine Altersgenossen brachten ihm wenig Sympathie entgegen.

Zweimal fiel *Winston* durch die Aufnahmeprüfung der Militärakademie Sandhurst, erst beim dritten Anlauf schaffte er die Hürde (immer noch recht knapp) und trat als **Kadett** in die Kavallerie ein, und dieses Leben sagte Winston zu.

1895 kam *Winston Churchill* zu seinem **ersten militärischen Einsatz**, ging als Beobachter zur spanischen Armee nach Kuba und berichtete als Sonderkorrespondent für den Daily Graphic. Nach England zurückgekehrt, wurde *Winston* nach Indien versetzt. Hier nahm er als **Kriegsberichterstatter** des Daily Telegraph und der indischen Zeitung Pioneer an den Kämpfen gegen die Afghanen teil und trat durch mutige Aktionen hervor. Im März 1898 erschienen seine gesammelten Artikel als Buch unter dem Titel „The Story of the Malakand Field Force"; am Ende des Jahres waren 8500 Exemplare verkauft, und *Winston* hatte innerhalb weniger Monate 382 £ verdient – das war mehr als sein Leutnants-

gehalt für vier Jahre. Der junge Kavallerist stellte erstaunt fest, daß er vom Schreiben leben konnte. Im Laufe seines Lebens sollte er noch weitere 47 Bücher schreiben.

In jenen Tagen versuchte *Herbert Kitchener*, den **Sudan** nach dem Mahdi-Aufstand wieder dem Britischen Empire einzuverleiben. *Winston* kam als Kriegsberichterstatter in das Nil-Land, und hier nahm er 1898 an der letzten großen englischen Kavallerie-Attacke teil. Über den Feldzug schrieb *Winston* das zweibändige, fast tausend Seiten dicke Werk „The River War", das in dem angesehenen Verlag Macmillan herauskam und trotz des abschreckenden Volumens sogleich ein Bestseller wurde.

Der Autor war nun bekannt genug, daß er sich seiner eigentlichen Ambition widmen konnte: *Winston* wollte natürlich in die Politik, und die Konservativen stellten ihm einen Wahlkreis zur Verfügung. Doch trotz aller Anstrengungen gewann er keinen Parlamentssitz. Der junge Karrierist ging also statt dessen als Kriegsberichterstatter der „Morning Post" nach **Südafrika**, wo die Briten gegen die Buren kämpften. So bekannt und als Journalist geschätzt war er nun, daß die Zeitung dem 25jährigen die Reisespesen sowie 250 £ monatlich zahlte – nach heutiger Kaufkraft 8000 DM.

In Südafrika geriet *Winston* in die Gefangenschaft der Buren, konnte aber fliehen und galt in Großbritannien fortan als **Held**. Sein Buch „From London to Ladysmith via Pretoria" verkaufte sich bestens und machte ihn noch bekannter. So war es nicht verwunderlich, daß der junge Held bei der kommenden Wahl einen **Parlamentssitz** erringen konnte. Anfang des Jahres 1901 wurde *Winston* im Unterhaus vereidigt. Danach „nahm Churchill seinen Sitz auf einer der hinteren Bänke ein, rückte sich den Zylinder in die Stirn, beugte sich in der Haltung des erfahrenen Parlamentariers lässig vor, steckte die Hände in die Taschen und beobachtete aufmerksam die Vorgänge in diesem Raum, der für die folgenden 63 Jahre die Arena seines politischen Wirkens sein sollte." Er war 26 Jahre alt.

Churchill machte sich sogleich an den weiteren Ausbau seiner Politikerlaufbahn, und viele empfanden seinen **starken, ungebremsten Ehrgeiz** als abstoßend. Nach Ansicht eines Zeitgenossen war er „frech, rechthaberisch, egozentrisch, interessiert sich nur für sich selbst und seine Karriere und scheut sich nicht, auf jede nur mögliche Weise voranzukommen." 1904 verließ *Churchill* die Konservativen und trat der Liberalen Partei bei. Ein Jahr später bekam er ein **erstes Regierungsamt** und avancierte zum Unterstaatssekretär für die Kolonien. Im April des Jahres 1908 avancierte *Churchill* zum **Handelsminister** und zog damit – was er lange herbeigesehnt hatte – im Alter von 33 Jahren in das Kabinett ein.

Fünf Monate später **heiratete** *Amber Pug*, der bernsteinfarbene Mops, das 10 Jahre jüngere Kätzchen *Clementine Hozier* (so nannten sich die beiden ein Leben lang).

1910 stieg *Churchill* in der Regierungshierarchie weiter auf und wurde mit 35 Jahren zum **Innenminister** ernannt. Es galt als sicher, daß er in absehbarer Zeit zum Premierminister berufen würde.

Im September 1911 – bei der britischen Kriegsflotte fehlte ein starker Mann an der Spitze – avancierte *Churchill* zum Ersten Lord der Admiralität, zum **Marineminister**. Es war seine Aufgabe, dafür zu sorgen, daß Großbritannien die Überlegenheit zur See behielt. *Churchill* erkannte die Zeichen der Zeit, modernisierte die englische Flotte, indem er beispielsweise alle Schiffe von Kohle- auf Ölfeuerung umstellen ließ. In die verkrusteten Strukturen des Offizierskorps brachte er neuen Schwung und scheute sich nicht, seine Admiräle derb anzufahren. Als er beschuldigt wurde, gegen die Traditionen der königlichen Flotte zu handeln, erwiderte er: „Und was sind diese Traditionen? Ich werde es Ihnen mit drei Worten sagen. Rum, Sodomie und die Knute. Guten Morgen, Gentlemen!"

Am 4. August 1914 trat Großbritannien in den Krieg ein. Die Front erstarrte bald im Grabenkrieg; auf *Churchills* Initiative gingen die Entwicklungen der ersten Panzer zurück, die als einzige in der Lage waren, den erstarrten Frontenkrieg aufzulösen. Doch konnte die britische Rüstungsindustrie nicht genügend Tanks zum Einsatz bringen.

Um die deutsche Westfront nachhaltig zu schwächen, entwickelte *Churchill* einen Plan für einen Zweifrontenkrieg. Das Kabinett billigte zwar *Churchills* Strategie, überließ ihm aber nicht die Durchführung. Uneinsichtige und wenig entschlossene Admiräle verpatzten die Aktion, 40.000 Briten kamen ums Leben – das Scheitern des Plans jedoch wurde *Churchill* angelastet, er mußte seinen Hut nehmen und zurücktreten. Auf eigenen Wunsch kommandierte man ihn **in die Gräben Flanderns** ab – sein Fall war tief: Vom Ersten Seelord und potentiellen Premierministerkandidaten zum kleinen Offizier! Noch vor Kriegsende jedoch schied er aus der Armee aus und nahm seinen Unterhaussitz als einfacher Abgeordneter wieder ein.

Nach Kriegsende wurden Neuwahlen ausgeschrieben, und *Churchill* siegte in seinem Wahlkreis mit überwältigender Mehrheit; man mußte ihm wieder einen einflußreichen Kabinettsposten anbieten: Sehr zum Ärger seiner Feinde avancierte er zum **Kriegs- und Luftfahrtsminister**. Ende 1920 bat *Churchill* den Premierminister um einen anderen Kabinettsposten, und der ernannte ihn zum **Kolonialminister**.

In der Parlamentswahl vom 15. November 1922 verlor *Churchill*, sehr zur Freude seiner vielen Feinde, sein Unterhausmandat. Für eine kurze Zeitspanne war er kaum politisch tätig. Er widmete sich der **Schriftstellerei** und begann eine fünfbändige Geschichte des Ersten Weltkriegs.

1924 erhielt *Churchill* das Amt des **Schatzkanzlers** und war damit wieder mit einer gewichtigen Stimme im Kabinett vertreten. Ein hochrangiger Konservativer nannte ihn einmal den „lustigsten Steuereinnehmer seit Robin Hood."

Churchill war ein brillanter Rhetoriker, besaß Humor, Schlagfertigkeit und eine **ver-**

nichtende Boshaftigkeit. Eine Parlaments-abgeordnete beschimpfte *Churchill* einmal auf einer Abendgesellschaft und schloß ihre Tirade mit den Worten: „Mr. Churchill, außerdem sind Sie ja völlig betrunken." „Und Sie, Madame", gab *Churchill* zurück, „sind sehr häßlich. Aber ich werde morgen wieder nüchtern sein." *Lady Astor*, eine der wenigen Frauen im Unterhaus, war eine seiner schärfsten Kritikerinnen. Bei einem offiziellen Abendessen fauchte sie ihn einmal an: „Winston, wenn ich Ihre Frau wäre, würde ich Ihnen Gift in die Suppe tun." *Churchill* antwortete: „Nancy, wenn ich Ihr Mann wäre, würde ich sie essen." Den amerikanischen Außenminister *John Foster Dulles* nannte *Churchill* den „einzigen Elefanten, der seinen eigenen Porzellanladen mitbringt."

Ende der 20er Jahre kam es zwischen dem Premierminister und *Churchill* zu tiefgreifenden Differenzen in der Indienfrage. *Churchill* – kein Mann des 20. Jh., sondern im Geiste der viktorianischen Ära verhaftet – bekämpfte vehement die Unabhängigkeitsbestrebungen in Indien. 1931 kam es zum Bruch mit seiner Partei, und Churchill reichte seinen Rücktritt vom Amt des Schatzkanzlers ein. Er schien **politisch am Ende**. Ein Jahr später besuchte eine englische Delegation die Sowjetunion, und *Stalin* fragte *Lady Astor* nach ihm. „Churchill ?", antwortete sie fragend, als müßte sie sich erst an den Namen erinnern, „der ist erledigt!"

Die folgenden neun Jahre bekämpfte Churchill die Politik seiner eigenen Partei, war er der einzige, der unermüdlich vor dem Größenwahn *Hitlers* warnte, wurde aber nicht ernst genommen. Mit glänzenden Analysen und ätzenden Attacken ging er gegen die *Appeasement* (Beschwichtigungs-) Politik *Chamberlains* vor.

1940 hatten die Deutschen die englische und die französische Armee vernichtend geschlagen und in Dunkirchen zusammengetrieben. *Hitler* bereitete die Invasion Großbritanniens vor, und nichts und niemand schien ihn aufhalten zu können. In dieser Situation ernannte *Georg VI.* den 66jährigen *Winston Churchill* zum **Premierminister**. In einer ersten Radioansprache hörten die Briten die berühmten vier Worte, die noch heute jedes Schulkind kennt: „Ich habe Ihnen nichts anderes zu bieten als Blut, Mühsal, Tränen und Schweiß."

Nach Kriegsende wählten die Engländer überraschend die Labour Party, und *Clement Attlee* wurde Premierminister. Noch während der Potsdamer Konferenz trat *Churchill* zurück. Den Frieden zu managen, das trauten die Briten ihm nicht zu. Doch 1951 kehrte er in die Downing Street zurück, 81jährig gab er aus Altersgründen das Amt auf, blieb aber als Abgeordneter im Unterhaus. 1953 erhielt *Churchill* den **Nobelpreis für Literatur**.

Am 24. Januar 1965 starb *Churchill* im Alter von 90 Jahren in London.

Vorfall wollte der eitle *Churchill* nicht ein zweites Mal erleben. Dennoch brauchte er seine abgetippten Redeentwürfe nie, er sprach sein ganzes Leben weiterhin frei, und mit seiner Wortgewalt entwarf er große Bilder und Visionen, er war einer der besten Rhetoriker, die je im Unterhaus gesprochen haben. Seine Reden waren berühmt, und es gab Abgeordnete, die nur ins Parlament kamen, wenn er sprach.

Während des Krieges kamen die *Churchills* kaum nach Chartwell, das Haus wurde regelrecht eingemottet. Als alles vorbei war, nahm *Winston*, jetzt nur noch einfacher Unterhausabgeordneter, seine gewohnten Tagesabläufe in Chartwell wieder auf.

Wieder einmal gab es **Geldprobleme**. Dienstboten waren kaum noch zu bezahlen, das große Haus konnte jedoch nicht ohne sie auskommen. Darüber hinaus verschlangen allein die Instandhaltung und die laufenden Kosten ein Vermögen. Die *Churchills* waren kurz davor, ihr geliebtes Heim verkaufen zu müssen. Doch da sprang eine Gruppe anonymer Bankiers ein und übernahm den gesamten Unterhalt von Chartwell. (Nach dem Tod von *Churchill* sollte das Haus dann an den National Trust fallen. Die Namen der Spender finden sich heute in eine Metallplatte an der Terrassenmauer eingraviert.)

Mit einer großen Sorge weniger machte sich *Churchill* wieder an seine Buchprojekte und an seine **Malerei** – eine weitere Profession, in der er es weit brachte.

Im Alter von 41 Jahren, mitten in einer tiefen Depression, hatte er auf Anregung von Freunden mit dem Malen angefangen und schnell festgestellt, daß er sich vor einer Staffelei physisch wie psychisch außerordentlich schnell erholen konnte. Andere Künstler gaben ihm Hinweise, leiteten ihn an oder stellten ihm für einige Zeit ihre Bilder zur Verfügung, damit er sie kopieren und dabei lernen konnte. *Churchill* verließ das Haus bald nicht mehr ohne seine Pinsel und Farben. 1947 hatte er einen großen Erfolg; unter dem Pseudonym *David Winter* schickte er drei Bilder an die Royal Academy; alle drei wurden akzeptiert. Kurz danach nahm man ihn als *Honorary Academician Extraordinary* in die Royal Academy auf, und wie alle anderen Akademie-Maler stellte er bei den jährlichen *Summer Exhibitions* einige seiner Werke aus. 1959 ehrte ihn die Royal Academy mit einer Einzelausstellung.

Über 500 **Bilder von Churchill** sind erhalten, davon befinden sich 125 in Chartwell.

Versäumen Sie also nicht, nach der Besichtigung des Hauses einen Blick in *Churchills* Atelier zu werfen.

Öffnungszeiten (NT): Haus, Atelier und Garten April bis Okt. Di-Do 12-17.30 Uhr, Sa/So 11-17.30 Uhr, März und Nov. nur das Haus Sa/So u. Mi 11-16.30 Uhr.

Bath – Canterbury

Knole und Sissinghurst
– Vitas und Harolds Zuhause

Einige Kilometer östlich von Chartwell liegt das verschlafene Landstädtchen Sevenoaks, in dem 1894 **H. G. Wells** lebte; hier beendete er seinen berühmtesten Roman, der ihn bis in unsere Tage bekannt gemacht hat und der in fast alle Sprachen der Welt übersetzt wurde: „Die Zeitmaschine".

Eigentlicher Grund eines Besuchs ist jedoch eines der größten englischen Herrenhäuser in der Umgebung – Knole, eine Stadt im Kleinen. Hier wuchs **Vita Sackville-West** auf, von der schon in Verbindung mit *Virginia Woolf* und den Häusern Charleston Farmhouse und Monk's House die Rede war.

Geschichte

Knoles frühe Geschichte liegt im Dunkeln, doch nimmt man an, daß bereits Ende des 12. Jh. ein erstes Haus auf diesem Grund stand. Gesichert immerhin ist, daß ein gewisser William Fiennes am 30. Juni 1456 das Anwesen für 266 £ 13 s 4 d an Thomas Bourchier, Erzbischof von Canterbury, verkaufte. Der baute an und um und vermachte es dann an seinen Nachfolger im Amt.

Vier weitere Erzbischöfe residierten in Knole, da fiel das Auge von Heinrich VIII. auf das Herrenhaus, und er zwang den Kirchenmann Thomas Cranmere, das Anwesen an ihn abzutreten. Auf die gleiche Art und Weise hatte sich Heinrich bereits den Palast Hampton Court seines Lordkanzlers Thomas Wolsey einverleibt. Es bedeutete nie etwas Gutes, wenn der Blick dieses Schlächters auf etwas oder auf jemanden fiel. Heinrich investierte immerhin große Summen in den weiteren Ausbau, ohne je lange in Knole verbracht zu haben.

In den folgenden Jahren wechselte der Palast in rascher Folge mehrfach den Besitzer, bis ihn schließlich 1566 Elisabeth I. ihrem Cousin Thomas Sackville zum Geschenk machte; ein Jahr später ernannte sie ihn zu Lord Buckhurst, und 1604 stieß Jakob I. den Glücklichen weiter die Adelsleiter hoch; aus Lord Buckhurst wurde der 1. Earl of Dorset. Seit jenen Tagen leben ununterbrochen die Sackvilles auf Schloß Knole, und in jeder neuen Generation wurde angebaut, modifiziert und renoviert – Knole wuchs und wurde immer größer. Es heißt, daß dem Haus – „ein mittelalterliches Dorf mit seinen viereckigen Türmchen und grauen Mauern, seinen hundert Schornsteinen, die blaue Rauchfahnen in den Himmel sandten" – eine astronomische Zählweise zugrunde liegt; danach gibt es sieben Innenhöfe, die für die sieben Tage der Woche stehen, 52 Treppen, für jede Woche des Jahres eine, und 365 Räume, einen für jeden Tag.

Seit 1946 ist das Anwesen im Besitz des National Trust, doch selbstverständlich haben die Sackvilles ihr Wohnrecht behalten.

Vita Sackville-West in Knole

Während alle großen Herrensitze, die bisher vorgestellt wurden, aus einem einzigen Gebäude bestanden, so hat es bei Knole den Anschein, daß es sich um eine ganze Reihe von verschiedenen, miteinander verbundenen Häusern handelt; so umfangreich ist das bebaute Areal, daß es fast so aussieht, als hätte man ein kleines Dorf vor sich.

Vita Sackville-West läßt in ihrem Roman „Schloß Chevron" (= Knole) den Protagonisten Sebastian vom Dach auf das Anwesen schauen: „Weite Flächen rotbrauner Dächer umgaben ihn, in Stein gehauene heraldische Ungeheuer hockten an jeder Giebelecke. Über dem großen Hofplatz wehte die Fahne rot und blau und schlaff von einem Turm herab. Unten im Garten, auf einem leuchtend grünen Rasenplatz, konnte er die verstreuten Gestalten der Gäste seiner Mutter sehen; einige saßen unter den Bäumen, einige streiften umher; er konnte ihr Lachen und den Aufschlag der Krockethämmer hören. Rund um den Garten breitete sich der Park aus; ein Rudel Rehe stand, mit den kurzen Schwänzen schlagend, im Schatten der Buche. Alles das konnte er von der freien Höhe des Daches aus sehen" – und das alles kann man heute auch noch sehen!

In solch einem Haus also wurde am 9. März 1892 *Vita* geboren und wuchs hier als Einzelkind und als rechter

Knole

Wildfang auf. „Immer schmutzig und zerzaust", tobte sie über Wiesen und Felder, schmierte anderen Kindern Klebstoff in die Nasenlöcher oder prügelte sie mit Brennesseln – mit anderen Worten, eine verzogene Göre. Allerdings muß man der Kleinen zugute halten, daß ihre neurotische Mutter nicht müde wurde, der Tochter zu erzählen, wie häßlich sie sei und ihr Anblick daher unerträglich. Wie ihr Leben gezeigt hat, war Vitas psychische Konstitution kräftig genug, so daß keine traumatischen Narben zurückblieben.

1913 heiratete sie den Diplomaten *Harold Georg Nicolson,* und es begann eine ungewöhnliche Ehe, denn beide hatten eine Reihe von gleichgeschlechtlichen Beziehungen. Ihr Sohn *Nigel Nicolson* hat über die ungewöhnliche Partnerschaft seiner Eltern den Band „Portrait of a Marriage" publiziert; hier ist ein geheimes Tagebuch von Vita wiedergegeben, das ihre Beziehung zu *Violet Trefusis* offenlegt. Die weiteren Kapitel stammen von *Nigel,* in denen er die Ehe seiner Eltern beschreibt; sein Buch ist, wie er zu Recht sagt, „a document unique in the vast literature of love". Es ist ein sehr lesenswerter Band! Auch die Briefe seiner Eltern hat *Nigel* herausgegeben.

1929, nach *Vitas* Liebschaft mit *Virginia Woolf,* begann sie mit den Arbeiten an ihrem Roman „The Edwardians" (1930, dt. „Schloß Chevron"), der ein Jahr später in der Hogarth Press von *Leonard Woolf* erschien und der in Knole spielt. „Vitas Buch ist ein derartiger Bestseller, daß Leonard und ich im Geld schwimmen, wir verkaufen jeden Tag ungefähr 800 Exemplare", konnte *Virginia* schon nach wenigen Wochen ihrem Neffen und späteren Biographen *Quentin Bell* berichten. Auch in den USA war der Titel ungewöhnlich erfolgreich und wurde zum *Literary Guild Book of the Month* gekürt, Übersetzungen in andere Sprachen folgten, und irgendjemand erarbeitete gar eine Bühnenadaption. *Vita* selbst sah völlig zu Recht den Band nicht als eine besondere schriftstellerische Leistung an, aber es ist eine gut erzählte Geschichte über die in ihren letzten Zügen liegende, verkommene edwardianische Gesellschaft im ausgehenden 19. Jh. Der prätentiöse *Leonard Woolf* schrieb in seiner Autobiographie über *Vita,* daß sie „eine aufrichtige, einfache, sentimentale, romantische, naive und fähige Schriftstellerin" sei, und weiter heißt es wenig schmeichelhaft: „Als sie diese Fähigkeiten in den Roman über die große Gesellschaft legte, schrieb sie mit Schloß Chevron einen Zeitroman und einen Bestseller. (...) Romane ernsthafter Schriftsteller werden zuweilen auch Bestseller, aber die meisten der erfolgreichen Bücher werden heute von zweitrangigen Schriftstellern geschrieben, deren psychologisches Gebräu ein wenig Naivität, Sentimentalität, die Veranlagung zum Geschichtenerzählen und eine rätselhafte Zuneigung zu den Tagträumen der einfachen Leute enthält. Vita gehörte beinah zu diesen Autoren, es fehlte ihr lediglich genug der dritten und vierten Zutat des Gebräus."

Unnötige Worte für eine gut komponierte Geschichte, die *Vita* in einer Zeit schrieb, als es ihr in ihrem Leben am besten ging. Sie war Ende 30, hatte ihr Verhältnis mit *Mary,* der Frau des Dichters *Roy Campbell,* beendet und gerade eine Liebschaft mit der BBC-Direktorin *Hilda Metheson* begonnen. *Harold,* dem der Zeitungsmagnat *Lord Beaverbrock* eine 3000-Pfund-Stelle offerierte, war nach langem Drängen endlich bereit, den langweiligen diplomatischen Dienst an den Nagel zu hängen und sich endlich ganz dem Schreiben zu widmen, und es war in e diesen Tagen, daß sich die beiden entschlossen, Sissinghurst Castle zu kaufen (s.u.).

Das zweite Buch, das von Knole und *Vita* erzählt, ist „Orlando" von *Virginia Woolf,* das ein Jahr vor "Schloß Chevron" auf den Markt kam. Als Vorlage diente ihr das von *Vita* 1922 gründlich recherchierte Werk „Knole and the Sackvilles", in dem *Vita* die Geschichte des Anwesens und ihrer Familie erzählt. *Vita* fühlte sich zu Knole stark hingezogen und beteuerte oft, daß sie nichts so sehr auf der Welt liebe wie Knole (Ehemann *Harold* ausgenommen, wie sie anschließend immer hinzufügte).

Virginia, die „Orlando" ihrer Liebesbeziehung mit *Vita* gewidmet hat, begann 1927 mit der Arbeit, nachdem sie ihren schwierigen und arbeitsintensiven Titel „To the Lighthouse" (1927, dt. „Die Fahrt zum Leuchtturm") fertiggestellt hatte. Sie wollte sich mit diesem Titel auch eine geistig-kreative Schaffenspause gönnen, und so notierte sie in ihrem Tagebuch: „Denn ich spüre wirklich das Bedürfnis nach einer Eskapade nach diesen ernsthaften, poetischen, experimentellen Büchern, deren Form immer so genau durchdacht ist. Ich glaube, es wird großen Spaß machen, es zu schreiben; und es wird meinem Kopf eine Ruhepause verschaffen, bevor ich das sehr ernsthafte mystische, poetische Werk in Angriff nehme, das als nächstes für mich ansteht (nämlich 'The Waves')." Und ein Jahr später heißt es: „Ich habe dieses Buch schneller als irgendein anderes geschrieben: & es ist ein einziger Witz; & doch heiter & schnell lesbar, glaube ich; Ferien eines Schriftstellers." Zwei Tage später schreibt sie in einem Brief an *Vita:* „Ich habe alle diese Monate in Dir gelebt – wenn ich herauskomme, wie bist Du wirklich? Existierst Du? Habe ich Dich erfunden?"

„Orlando. A Biography" kam in der Hogarth Press in einer Auflage von 5080 Exemplaren heraus, schon wenige Tage später mußten weitere 3000 Bücher nachgedruckt werden, gleichzeitig gingen in den USA 6350 Exemplare in die Buchhandlungen. Der Titel wurde ein großer finanzieller Erfolg für *Virginia.* Das Originalmanuskript schenkte sie *Vita;* es kann heute in der Great Hall von Knole besichtigt werden.

Als Frau durfte *Vita* ihr heißgeliebtes Knole nicht erben, nach der Hochzeit zog sie deshalb mit *Harold* nach London. Doch nichts ist der Engländer ohne ein Haus auf dem Land, und bei Spaziergängen in der Umgebung von Sevenoaks entdeckten sie **Long Barn**

Bath – Canterbury

(lange Scheune), ein altes Bauernhaus aus der zweiten Hälfte des 14. Jh. Wie es hieß, soll *William Caxton*, der erste Drukker Englands, hier um 1422 geboren worden sein. Die beiden erweiterten das alte Gemäuer, indem sie eine Scheune umbauten, und verbrachten nun die Wochenenden und Ferien hier. In Long Barn begann 1918 auch die lange Liebesbeziehung mit *Violet Trefusis,* die die moralgeschwängerte nachviktorianische Gesellschaft völlig aus dem Häuschen brachte. 1925 übersiedelten *Harold* und *Vita* ganz nach Long Barn; als das umliegende Gelände als Bauland ausgeschrieben wurde, war es jedoch vorbei mit der Ruhe, und die beiden mußten auf die Suche nach einem neuen Refugium gehen.

Sissinghurst

1930 kauften *Harold* und *Vita* das heruntergekommene **Sissinghurst Castle** rund 30 km südlich von Knole und Long Barn. Der Begriff Castle ist mißverständlich, denn Wehranlagen sind keine mehr vorhanden. Lediglich ein freistehender elisabethanischer Turm, ein langgestrecktes, niedriges Gebäude (*Main Cottage*), ein kleines Häuschen (*Priest House*) und das sogenannte *South Cottage* bilden das Gebäudeensemble von Sissinghurst. Die Bibliothek ist zu besichtigen, und im Turm kann man durch ein Türgitter einen Blick in *Vitas* Arbeitszimmer werfen. Es ist so, als wäre *Vita* gerade mal nach draußen gegangen, alles ist so erhalten wie in ihren Tagen. Daß man

das Zimmer nicht betreten darf, hat natürlich seinen Grund – Vita wollte es nicht und schrieb kurz vor ihrem Tod über diesen Raum: „Oh stranger wander everywhere / Within the garden that I made / But come not here, oh come not here / Where I am shy but unafraid."

Die Gebäude lagen fast in Ruinen, als *Harold* und *Vita* Sissinghurst übernahmen. Es gab keinen Strom und kein fließend Wasser, kein Hausteil war bewohnbar. In den ersten zwei Jahren kampierte die ganze Familie während der Renovierungswochenenden im untersten Zimmer des Turms. Im nördlichen Teil vom Main House, den ehemaligen Stallungen, richteten sie die lange Bibliothek ein, ein Raum, der auch als gemeinsames Wohnzimmer genutzt wurde. Küche und Eßzimmer sowie die Räume für die beiden Söhne *Nigel* und *Ben* kamen ins Priest House. Im Turm richtete sich *Vita* ihr Arbeitszimmer ein, während *Harold* im South Cottage seine Bücher und Artikel schrieb. Im Main House schließlich, dort wo *Nigel* heute noch immer lebt, befanden sich die Schlafzimmer und die Bäder. Wollte man von einem Zimmer zum nächsten, so mußte ein jeder aus der Familie immer durch den Garten gehen. Da der kleine Park also praktisch die Fortsetzung der Räumlichkeiten war, ist es nicht verwunderlich zu hören, daß *Harold* und *Vita* „sich einen Garten von privatem, geradezu intimem Charakter wünschten."

Sissinghurst ist der **schönste Garten** in ganz England und daher zu Recht

Sissinghurst

auch der am meisten besuchte. Während *Harold* für die Gestaltung der Anlage zuständig war, suchte *Vita* Pflanzen und Büsche aus, um sie in Harolds Konzept einzupassen. In einem speziellen Gartentagebuch hat sie jeden einzelnen Schritt festgehalten und daraus Anregungen für ihre wöchentliche Gartenkolumne im „Observer" gezogen. **Vitas Gartenphilosophie** war einfach und wirkungsvoll: „Eine strikte Formalität in der Gestaltung, verbunden mit einem Maximum an Informalität in der Bepflanzung."

Schaut man von der Turmterrasse nach Norden in den „Weißen Garten" hinein, dann „sieht man die Beete im Juni bis August voller weißer Rosen, Königslilien, Löwenmäulchen, Pfingstrosen, Ziest, Buddleja, Callas, Fingerhüten Ehrenpreis – ein blendend weißer Juligarten, kühl und frisch im Kontrast des Weiß der Blüten zum Grün der Hecken."

Hören wir *Vita* über die grundsätzliche Anlage von Sissinghurst erzählen: „Wir stimmten vollkommen darin überein, was das Grundprinzip des Gartens sein sollte: eine Kombination aus langen, axialen Wegen, von Nord nach Süd und von Ost nach West verlaufend, gewöhnlich mit einer Statue oder einem Bogengang oder einem

Bath – Canterbury

Sissinghurst

"Erechtheum"

Pfarrhaus

Bibliotheks-
flügel

Weißer
Garten

Taubenschlag

Turm-
rasen

Obstgarten

Turm

Eibengang

Haupthaus

Mittelalter-
licher
Brunnen

Landhaus

Rosengarten

Land-
garten

Frühlingsgarten und Limonenweg

Graben

**Aussichts-
punkt**

✚ **Griechischer
Altar**

Graben

Grabenweg

Azaleenwall

Nußbaumgarten

**Kräuter-
garten**

IAWM

Paar Wächterpappeln als Endpunkten, und der intimen Überraschung kleiner, sich von den Wegen her öffnender geometrischer Gärten, wie wenn die Zimmer eines riesigen Hauses von seinen zentralen Korridoren abgehen." Und als Pflanzen wünschte sie sich „ein Durcheinander von Rosen und Geißblatt, Feigen und Wein, es war ein romantischer Ort, und er mußte, innerhalb der Nüchternheit von Harolds strenger Linienführung, auch romantisch behandelt werden. (...) Meine Vorliebe für Üppigkeit im Garten gehört untrennbar zu meiner Gartenphilosophie. Ich liebe Großzügigkeit, wo immer ich ihr begegne, ob in Gärten oder sonstwo. Ich verabscheue alles Knausrige und Schäbige. Auch der kleine Garten kann in seiner Beschränkung verschwenderisch wirken."

Vita Sackville-West starb 70jährig am 2. Juni 1962, sieben Wochen nach einer Krebsoperation im ersten Stock von Priest House, an ihrer Seite ihre letzte Freundin *Edie Lamont*. Nach dem Tod seiner Mutter schrieb *Nigel* über seinen Vater *Harold*: „Er war nie wieder der gleiche. Er ging mit ihr." *Harold* überlebte *Vita* um sechs Jahre, geistig verwirrt starb er im Alter von 81 Jahren am 1. Mai 1968.

Bath – Canterbury

Öffnungszeiten

●**Knole**, April bis Okt. Mi, Fr-So 11-17 Uhr, Do 14-17 Uhr.
●**Sissinghurst**, April bis Okt. Di-Fr 13-18.30 Uhr, Sa/So 10-17.30 Uhr. Aufgrund des starken Besucherstromes hat der National Trust Zeit-Tickets eingeführt; dadurch können sich längere Wartezeiten ergeben, bevor man in den Garten eingelassen wird.

Leeds Castle
– Eine Burg wie im Traum

Einige Minuten Fahrt von Seven Oaks gen Osten, und man gelangt ins Städtchen Maidstone, in dessen Umgebung Schloß Leeds zu finden ist, zu dem *Lord Conways* völlig zu Recht bemerkte: „Leeds an einem Herbstabend, wenn der Farn sich golden verfärbt hat und zwischen den Bäumen ein schwacher blauer Dunst schwebt. Von Wasser umgeben, ist Leeds dann das lieblichste Schloß, das es auf der Welt gibt."

Doch selbst an ganz normalen Tagen macht die Burg, so wie sie da im Wasser liegt, umschwommen von schwarzen Schwänen und schnatternden Enten, einen ausgezeichneten Eindruck.

Schon zu angelsächsischen Zeiten soll diese Region im Besitz der jeweiligen Königshäuser gewesen sein. Nach der normannischen Invasion ging die Gegend an einen gewissen *Robert de Crèvecoeur* über, der mit dem Bau eines Donjon begann. Rund 150 Jahre später gelangte dieser Bergfried in den Besitz von **Eduard I.**, der weitere Aus-

---

„Ich sehe hier viel mehr Stutzer als in Paris. Ihre Kopfbedeckung ähnelt einem Zuckerhute; ihr Haar hängt, dick gesalbt, bis auf die Schultern herab; das Maul ist meist aufgesperrt und ihr Gang sehr unanständig."

Nikolai Karamzin, „Briefe eines reisenden Russen", 1790

---

bauten vornehmen ließ und gerne mit seiner geliebten *Eleonore von Kastilien* vor Ort weilte. Als die Königin 1290 starb, war *Eduards* Schmerz unermeßlich. „Meine Harfe trauert in wehklagendem Ton; zu ihren Lebzeiten liebte ich sie innig, und ich kann auch im Tod nicht aufhören, sie zu lieben." Nach der Beerdigungsprozession ließ der trauernde Gemahl am Wegesrand überall dort ein Eleonorenkreuz errichten, wo die Sargträger gerastet hatten, das letzte Kreuz, das Charing Cross, gab dem bekannten Londoner Bahnhof seinen Namen. Hier ist auch eine Nachbildung des Eleonorenkreuzes zu sehen.

Schloß Leeds blieb auch in den folgenden Jahrhunderten im Besitz der Krone. **Heinrich VIII.** ließ den ganzen Komplex wieder einmal umfangreich erneuern, baute an und besuchte Leeds oft und gerne mit seiner *Katharina von Aragon*. *Heinrich* war es auch, der Leeds in die Hände seines getreuen Höflings *Sir Anthony St. Leger* gab, so daß es ab nun für die nächsten Jahrhunderte nicht mehr königliche Residenz war.

Zu Anfang unseres Jahrhunderts interessierte sich der amerikanische Zeitungsmagnat **Randolph Hearst** für Leeds Castle. „Will Schloß in England kaufen", kabelte der Exzentriker an seinen Agenten vor Ort, „ausfindig machen, was zur Zeit im Angebot ist." Der Bericht, der nach der Besichtigung durch den Makler an *Hearst* abging, war nicht sonderlich günstig. „Ganz einmalig als Antiquität, erfordert aber große Ausgaben, um es be-

In neuem Glanz: Schloß Leeds heute

wohnbar zu machen; nirgends ein Bad, einzige Beleuchtung Lampen; Bedienstetenräume unten im Kerker." *Hearst* nahm Abstand.

Es war dann die angloamerikanische **Lady Baille**, die 1926 die Burg kaufte und all ihr Sinnen und Trachten daransetzte, Leeds in eines der schönsten Häuser Englands umzuwandeln. Ihr ist nicht nur die umfangreiche Restaurierung und Modernisierung zu verdanken, sie brachte das Anwesen auch in eine Stiftung ein, die nun für den Erhalt des Schlosses sorgt. Regelmäßig finden Konferenzen und Tagungen auf Leeds Castle statt, und für die Besucher der Region ist die Burg natürlich zu einer großen Touristenattraktion geworden.

Zu Leeds Castle gehören noch ein Golfplatz, ein Restaurant mit Souvenirshop, eine Vogelvoliere, ein Weingarten, ein Heckenlabyrinth und etwas seltenes, ein Hundehalsbandmuseum.

Öffnungszeiten: März bis Okt. tgl. 11-18 Uhr, Nov. bis Febr. Sa/So 12-17 Uhr.

Bath – Canterbury

Mord im Dom

Thomas Becket (1118-1170) war der Sohn eines wohlhabenden normannischen Tuchhändlers und wuchs in London und Paris auf. In Auxerre und Bologna studierte er Theologie und kanonisches Recht. 1155 wurde er **Lordkanzler** von *Heinrich II. Kurzmantel* (reg. 1154-1189); bis heute sind sich die Historiker dahingehend einig, daß *Bekket* die beherrschende Figur bei Hofe war und mit großer Umsicht, Intelligenz und hervorragendem diplomatischem Geschick die Interessen Englands wahrte. Im Laufe der Jahre verband gar eine persönliche Freundschaft den Herrscher und seinen Lordkanzler.

Als *Thomas Becket* 1162 zum **Erzbischof von Canterbury** geweiht wurde, nahm er die Kirchengeschäfte mit gleicher Inbrunst wahr und verweigerte sich *Heinrichs* „Constitutions of Clarendon", in denen die Macht der Kirche unter die Oberhoheit des Staates und des Souveräns gestellt werden sollte. *Heinrich* ließ *Beckets* Besitztümer konfiszieren, und der Erzbischof **floh nach Frankreich**.

Zwei Jahre später stellte er sich unter den Schutz des Papstes, der ihn erneut in sein Amt einsetzte. 1170 erfolgte eine **Versöhnung** zwischen *Heinrich* und *Becket*, die jedoch nicht lange anhielt. *Becket* war weiterhin bereit, die Interessen der Kirche unter allen Umständen zu wahren, und so kam es bald zu **neuen Zusammenstößen** zwischen ihm und dem Monarchen. Der rief eines Tages, umgeben von seinen Höflingen und Rittern, zornentbrannt aus: „Who will rid me of this low-born priest?"

Die Historiker sind sich einig, daß *Heinrich* die Frage rein rhetorisch stellte und nicht ernsthaft die Absicht hatte, **dem hohen Kirchenmann ans Leben** zu gehen. Doch vier Schurken aus seiner Ritterschar, *Richard Brito*, *Hugh de Moreville*, *Reginald FitzUrse* und *William de Tracy*, wollten sich beim König einschmeicheln und machten sich nach Canterbury auf. Der Vespergottesdienst war in vollem Gange, als die vier am Dienstag, den 29. Dezember 1170, in die Kathedrale einbrachen und im Halbdunkel des Gotteshauses nach dem Erzbischof brüllten, zwischendurch Verwünschungen und gröbste gotteslästerliche Flüche ausstoßend. Im nordwestlichen Querschiff trat *Thomas Becket* den Unruhestiftern entgegen, hieß sie schweigen und verwies sie seiner Kirche. Als die vier keine Anstalten machten zu gehen, streckte *Becket Reginald Fitz Urse* mit einem kräftigen Faustschlag zu Boden, *William de Tracy* schrie: „Strike, strike!" und verletzte den Kirchenvater mit seinem Schwert am Kopfe; dann führte *Richard Brito* den tödlichen Hieb.

Schon drei Jahre später wurde der Märtyrer von Papst *Alexander III.* **heiliggesprochen**. 1174 leistete *Heinrich* öffentlich Abbitte und wurde an *Beckets* Schrein von den Mönchen der Kathedrale ausgepeitscht.

Von 1170 bis 1220 stand der Schrein mit den Gebeinen des Heiligen in der Krypta, dann war die Chorverlängerung fertig, und *Beckets* Gebeine wurden in die **Dreifaltigkeitskapelle** gebracht. Dort ließ *Heinrich VIII.*, ein weiterer König, der sich an dem Kirchenvater verging, während der Reformation 1538 den Schrein zerstören.

Heute bezeichnet ein Stein mit der Inschrift „Thomas" die Stelle, an der *Becket* tödlich verletzt zu Boden sank.

152es Foto: bs

Canterbury
– Die Stadt des Erzbischofs

Zu dieser Zeit geschah's an einem Tag,
Als ich im Heroldsrock zu Southwark lag,
Bereit zu ziehn mit andachtsvollem Sinn
Auf Pilgerfahrt nach Canterbury hin,
Daß abends langten in dem Gasthof dann
Zusammen neunundzwanzig Leute an.
Verschiednen Volks,
durch Zufall nur gesellt;
Auf Pilgerfahrt war aller Sinn gestellt,
Nach Canterbury reiten wollten alle.

Geoffrey Chaucer, „Canterbury Tales"

Auf dem Weg nach Canterbury sollte man einen Besuch im kleinen, 10 km vor der Stadt gelegenen Örtchen **Chilham** nicht auslassen. Rund um einen Marktplatz gruppieren sich einige alte, liebliche Fachwerkgemäuer, Cottages stehen am Rand eines Dorfsträßchens, und ein Eingang führt auf Chilham Castle zu. An sommerlich warmen Tagen sitzt man recht gemütlich vor dem White Horse Pub und schaut auf das angenehme Ambiente des Marktplatzes.

Canterbury gehört mit zu den schönsten Städten im Süden Englands, in der die **Studenten der Universität Kent** neben den vielen Besuchern das Straßenbild prägen.

Geschichte

Auf den Fundamenten einer eisenzeitlichen Siedlung begannen die **Römer** kurz nach ihrer Eroberung Britanniens mit dem Bau der Stadt *Durovernum Canticorum*, die im 5. Jh. von den Angelsachsen in Cantwaraburg umgetauft wurde. Um die Wende vom 5. zum 6. Jh. kam der **Missionar Augustinus** ins Land, ließ laut den Kirchenannalen mit dem Bau eines Gotteshauses beginnen und wurde der erste Erzbischof von Canterbury.

Nach der normannischen Invasion 1066 machte sich Bischof *Lafranc* daran, die Kathedrale zu planen. Nach der Ermordung des Erzbischofs *Thomas Becket* am 29. Dezember 1170 durch einen Trupp Höflinge von *Heinrich II. Kurzmantel* avancierte Canterbury zum **Wallfahrtsort**, der so beliebt wurde, daß 200 Jahre später der königliche Zollaufseher *Geoffrey Chaucer* seine „Canterbury Tales" mit großem Erfolg veröffentlichte. In Versen wird von einigen Pilgern berichtet, die sich die Reise dadurch verkürzen, daß ein jeder von ihnen eine Geschichte zu erzählen hat.

Aufgrund der frühen christlichen Bedeutung der Stadt wurde nach der Trennung von Rom der **Erzbischof von Canterbury** zum höchsten Geistlichen der anglikanischen Staatskirche.

Im 16. und 17. Jh. strömten die in Frankreich verfolgten **Hugenotten** in das Sicherheit bietende England, wo sich auch eine ganze Reihe von ihnen als Weber in Canterbury niederließ und mit ihrem Handwerk der Stadt einen wirtschaftlichen Aufschwung verlieh.

Die Kathedrale

Beherrschend im Stadtbild der angenehmen Metropole ist die Kathedrale mit ihrem Vierungsturm und den beiden Westfronttürmen, die der normannische Bischof *Lafranc* zwischen

I   Nordwest-Turm
II   Südwest-Turm, Haupteingang
III   Langhaus
IV   Vierung, Bell Harry Tower
V   Nordwestliches Querschiff,
      Martyrium
VI   Südwestliches Querschiff
VII   Michaelskapelle
VIII Marienkapelle
IX   Chor
X   Südöstliches Querschiff
XI   Nördöstliches Querschiff
XII   Andreaskapelle
XIII Amselkapelle
XIV   Dreifaltigkkeitskapelle
XV   Corona
XVI   Wasserturm
XVII Kapitelhaus
XVIII Kreuzgang

1   Chorschranke
2   Stufen zur Krypta
3   Altar
4   Becket-Fenster
5   Grab und Votivkapelle von
      Heinrich IV.
6   Grabmal des Schwarzen Prinzen
7   Thronsessel des Erzbischofs

1070 und 1077 auf den Fundamenten einer angelsächsischen Kirche errichten ließ.

Nach der Ermordung *Beckets* verlängerte der Baumeister *William the Englishman* den Chor, um dem Schrein des Heiligen einen angemessenen Platz einzuräumen. Um die Wende vom 14. zum 15. Jh. wurde das Kirchenschiff im gotischen Perpendicular-Stil umgestaltet, rund 50 Jahre später kamen die Querschiffe und danach der 80 m hohe Vierungsturm hinzu.

Betritt man die Kathedrale, so endet der Blick in das Langhaus am **steinernen Lettner**, der Chorschranke, in deren Nischen sechs Statuen frühe englische Herrscher darstellen. Unter der Vierung hat man einen phantastischen Blick in den **Bell Harry Tower** mit dem prachtvollen Fächergewölbe. Im nordwestlichen Querschiff, dem sogenannten **Martyrium**, fand *Becket* den Tod.

An das Martyrium schließt sich die **Marienkapelle** an, die ebenso wie die Vierung mit einem schönen Fächerge-

Bath – Canterbury

Die Kathedrale

wölbe geschmückt ist. Über die Pilger-stufen gelangt man vorbei am Altar in die **Dreifaltigkeitskapelle**, wo die Wallfahrer am Schrein von *Becket* be-teten. Am Nordgang der Kapelle zeigt ein Glasfenster *Thomas Becket*, der – angetan mit einem grünen Meßge-wand und mit erhobenem rechtem Zeigefinger – recht mürrisch in die Runde blickt.

Nahebei findet sich die letzte **Ruhe-stätte von Heinrich IV.**, der hier zu-sammen mit seiner Frau *Johanna von Navarra* bestattet ist; es ist das einzige Herrscherpaar, das in Canterbury Ca-thedral zur Ruhe gebettet wurde. Vor-bei an der Corona stößt man auf das **Grabmal des Schwarzen Prinzen** (1330-1376), Sohn von *Eduard III.* und Vater *Richards II.* Die liegende Bronze-figur zeigt den Prinzen in voller Kampfmontur. Auf seine schwarze Rü-stung geht der Beiname zurück, der erstmals im 16. Jh. aufkam. Der Schwarze Prinz kämpfte seit seinem 16. Lebensjahr für Vater *Eduard* im Hundertjährigen Krieg; König wurde er nicht mehr, da er ein Jahr vor sei-nem Vater starb und die Krone an sei-nen Sohn *Richard* fiel.

Ein Stückchen weiter passiert man die **Anselmkapelle**, benannt nach Bi-schof *Anselm,* der als Nachfolger des Kirchenmannes *Lafranc* die Arbeiten am Bau der Kathedrale fortsetzen ließ. Dann geht es vorbei am **Thronsessel des Erzbischofs** in den Chor, dessen Gestühl von dem Architekten *George Gilbert Scott* entworfen wurde. Vom südwestlichen Querschiff führen Stu-fen hinunter zur Krypta.

Weiteres Sehenswertes

An die Domfreiheit schließt sich die **King's School** an, die älteste Schule Englands, die angeblich bereits von Mönchen im Jahre 598 ins Leben ge-rufen wurde.

Der 1564 in Canterbury geborene **Christopher Marlowe** – „der bedeu-tendste Dramatiker vor Shakespeare" – gehörte zu ihren Schülern. *Marlowe* war es, der als erster den Faust für die Bühne bearbeitete und die Blankverse in die englische Literatur einführte. Von *Shakespeare* und seinen Zeitge-nossen ob seiner literarischen Qualitä-ten bewundert, war *Marlowe* selbst kein angenehmer Geselle. In den letz-ten Jahren seines kurzen Lebens ermit-telten die Autoritäten mehrfach wegen Totschlags, Landfriedensbruchs, Got-teslästerung, Atheismus und Homose-xualität gegen ihn. Im Alter von 29 Jah-ren wurde er bei einer Wirtshausschlä-gerei erstochen.

Der in Neuseeland geborene **Ro-mancier Sir Hugh Walpole** (1884-1941) dachte immer mit Schrecken an seine Schultage hier zurück, wo die anderen Schüler dem zarten Knaben das kindliche Leben schwermachten.

Ein weiterer Literat, der die Tage in King's School in schlechter Erinnerung behielt, war der Gesellschaftsroman-schreiber **Somerset Maugham** (1874-1965); *Maugham*, der stotterte, wurde ebenfalls viel und häufig von den Mit-schülern verspottet und verprügelt. Die leidvollen Erfahrungen hat er in seinem Roman „Of Human Bondage" (1915, dt. „Der Menschen Hörigkeit")

literarisch verarbeitet. Trotz der unerquicklichen Jahre stiftete *Maugham* der Schule Gelder für ein Bibliotheksgebäude, Tennisplätze, ein chemisches und physikalisches Labor sowie ein Bootshaus. Nach seinem Tod wurde die Asche des Autors auf dem Gelände der Schule verstreut.

Im Nordwesten der Stadt ließ das Westgate ehemals die Pilger in die von einer Stadtmauer gesäumte Metropole ein. Ende des 14. Jh. errichtete es der kongeniale Baumeister *Henry Yevele*, der anschließend der Kathedrale ein neues Langhaus erbaute. Mit einem Fallgitter und einer Zugbrücke, mit den mächtigen Türmen und den Pechnasen besaß es alle Qualitäten, einem Angriff standzuhalten. Neben dem Tor ragt die Guildhall auf.

Auf der St. Peter's Street, die später in die High Street übergeht, geht es nun durch das schön anzusehende Zentrum von Canterbury. Dort, wo der schmale River Stour überquert wird, findet man die **Weaver's Houses**, alte Fachwerkhäuser, in denen die aus Frankreich geflüchteten Hugenotten an ihren Webstühlen Tuch herstellten. Hier erkennt man auch einen **Ducking Stool**, auf dem man in früheren Tagen zänkische Weiber in den Fluß tauchte. Gegenüber von den Weberhäusern steht die Pilgerherberge **The Canterbury Pilgrim's Hospital of St. Thomas**, die Mitte des 12. Jh. erbaut wurde.

Biegt man hier rechts in die Stour Street ab, so gelangt man zum **Canterbury Heritage Museum**, das in einem weiteren ehemaligen Pilgerhospiz untergebracht ist. In den ansprechend gestalteten Ausstellungsräumen erfährt der Besucher viel über die Geschichte der Stadt (Mo-Sa 10.30-16 Uhr, So 14-16 Uhr).

Flaniert man dann weiter die High Street hinunter, so passiert man das alte, 1573 errichtete Fachwerkgemäuer **Queen Elizabeth's Guest Chamber**, dessen Name an einen Besuch der Monarchin erinnert. Hier kann man rechts in die St. Margaret's Street einbiegen und Informationen im **Tourist Office** bekommen oder aber im **Pilgrim's Way Centre – The Canterbury Tales –** erfahren, wie sich in mittelalterlichen Tagen eine Wallfahrt zum Schrein des Heiligen *Thomas Becket* ausnahm (tgl. 9.30-17 Uhr). Hier werden die Geschichten wieder lebendig, die *Geoffrey Chaucer* (um 1343-1400) in seinen „Canterbury Tales" in Verse schmiedete, in denen er exemplarisch für die unterschiedlichen Gesellschaftsschichten jeweils eine typische Person vorstellt und uns so ein lebendiges Bild jener Tage zeichnet. So heißt es denn am Schluß des Buches auch: „Erfüllt sind mein Gebot und mein Geheiß; / Erzählt hat jeder Stand, soweit ich weiß." Durch diese lebendige Darstellung wird das Bild vom frömmelnden, ganz auf das Jenseits ausgerichteten, jeglichen Freuden entsagenden mittelalterlichen Menschen gründlich revidiert. Ja nicht einmal die vorgestellten geistlichen Personen entsprechen einem solchen Naturell. Jede Figur steht in der Blüte ihrer Zeit, strotzt vor Kraft und bekommt von *Chaucer* die eine oder andere Anzüglichkeit in den Mund gelegt, die den frühen Übersetzern moralische Probleme bereiteten.

Zurück in der High Street, geht es gleich links in die Butchery Lane hinein; dort haben die Archäologen ein **römisches Stadthaus** ausgegraben, die Funde und der schöne Mosaikfußboden können in einem kleinen Museum besichtigt werden (April bis Sept. Mo-Sa 10-13 Uhr, 14-17 Uhr, Okt. bis März Mo-Sa 14-16 Uhr).

Nur einen Steinwurf entfernt befindet sich die Gasse **Buttermarket**, beidseitig bestanden mit ihren alten Fachwerkhäusern, deren Giebel über den Köpfen so weit hervorragen, daß sie sich fast berühren. Am Ende tritt man dann durch das prachtvolle **Christ Church Gate**, über dessen Torbogen ein Bronzerelief des deutschen Bildhauers *Prof. Klaus Ringwald* angebracht ist, auf die Domfreiheit.

Praktische Hinweise

Tourist Information

● 34 St. Margret's Street, Tel. 01227-766567

Unterkunft

● **Ebury Hotel, ******, New Dover Road, Tel. 01227-768433, Fax 784482
● **House of Agnes Hotel, ***,** 71 St. Dunstan's Street, Tel. 01227-464771, Fax 471616
● **Cathedral Gate Hotel, ***,** 36 Burgate, Tel. 01227-464381, Fax 462800
● **The Old Coach House, ***,** Dover Road, Tel. 01227-831218, Fax 831932
● **Bed and Breakfast:** Abberley House, 115 Whitstable Road, Tel. und Fax 01227-450265; Clare-Ellen Guest House, 9 Victoria Road, Tel. 01227-760205, Fax 784482; The Corner House, 113 Whitstable Road, Tel. 01227-761352, Fax 761065; Magnolia House, 36 St.

Dunstan's Terrace, Tel. und Fax 01227-765121; Oreiel Lodge, 3 Queens Avenue, Tel. und Fax 01227-462845
● **Jugendherberge:** 54 New Dover Road, Tel. 01227-462911
● **Camping:** St. Martin's Caravan Camp, Bekesbourne Lane, Tel. 01227-463216, von Canterbury entlang der Littlebourne Road, das ist die A 257 nach Sandwich, hinter dem St. Martin's Hospital rechts ab.

Pubs und Restaurants

● **The Jolly Sailor**, North Gate/Ecke Broad Street, Pub mit preisgekrönten Lunch-Snacks und Biergarten
● **Ristorante Tuoe Mio**, The Borough, 9 £
● **Queen Elizabeth Restaurant**, High Street, im alten Fachwerkhaus Queen Elizabeth Guest Chamber, um 7 £
● **Three Compasses**, St. Peter's Street, gemütliche alte Taverne mit Biergarten
● **Black Griffin**, St. Peter's Street, Pub am mächtigen Westgate aus dem Jahr 1888
● **Marlowe's Restaurant & Cocktail Bar**, St. Peter's Street, um 7 £
● **The Bell and Crown**, Palace Street, gemütlicher alter Pub aus dem Jahr 1862
● **The Pilgrim's Bar, Beau Crêperie**, Palace Street, Restaurant und Crêperie, um 6 £
● **Alberry's,** St. Margaret's Street, Weinbar und Bistro, freundliches Lokal mit guten Gerichten um 11 £
● **Cleary's**, St. Margaret's Street, gemütlicher irischer Pub mit Guinness vom Faß und Bar Meals zur Mittagszeit
● **Café Rouge**, St. Peter's Street, Restaurant mit einem guten Preis-Leistungsverhältnis, Gerichte zwischen 4 und 11 £

Verbindung

● **Züge** im Network Southeast
● **Busse** des National Express

> „Die Engländer haben aus der Langeweile eine Mode gemacht."
>
> *Michail Lermontow, „Bela", 1839*

Bath – Canterbury

Sandwich
– Früher reich und bedeutend

Die ehemalige reiche Handels- und Hafenmetropole Sandwich – **Gründungsstadt der Cinque Ports** (siehe Exkurs) – präsentiert sich dem heutigen Besucher als verschlafenes kleines, nichtsdestotrotz sympathisches Städtchen. Der Hafen ist schon seit Jahrhunderten versandet. Am Quay genannten Abschnitt gingen in früheren Tagen die Segler ab, die die Soldaten nach Frankreich in den Hundertjährigen Krieg (1338-1453) brachten, hier wurden aber auch Luxusgüter, wie Öl, Wein, Leder, Tuche, Wolle und Honig, umgeschlagen. Heute liegen hier an einem Flußarm des River Stour Segelyachten vor Anker.

Wie auch schon in Canterbury, haben sich im 16. Jh. in Sandwich eine ganze Reihe von aus Frankreich geflohenen **hugenottischen Webern** niedergelassen und wesentlich am prosperierenden Aufschwung des Örtchens teilgehabt.

Weitgehend erhalten sind die mittelalterlichen Befestigungsanlagen, darunter auch das **Barbican Gate**, eines der Stadttore am Quay. In der Strand Street, der Durchgangsstraße des Örtchens, findet sich das alte, von 1400 datierende Fachwerkhaus **The King's Lodging** mit seinen vorkragenden Giebeln. *Heinrich VIII.* logierte hier 1532 und 1539, und *Elisabeth I.* war 1572 am Ort.

Einen Blick lohnt die **Guildhall** am Cattle Market, die in der Regierungszeit *Elisabeths* erbaut wurde; hier ist auch die Tourist Information untergebracht. Wer genau hinsieht, wird das Wappen der Cinque Ports erkennen: drei Löwen und drei Schiffshecks.

Golf-Fans werden zu schätzen wissen, daß in der ausgedehnten Dünenlandschaft einige hervorragende **Golfplätze** liegen; überdies ist Sandwich im Zwei-Jahres-Rhythmus Ausrichter der Britischen Golfmeisterschaft (zusammen mit dem schottischen St. Andrews).

Die Marktschänke in der Marktstraße

Praktische Hinweise

Tourist Information

- **Guildhall**, Cattle Market, Tel. 01304-613565

Unterkunft

- **Bell Hotel**, ****, The Quay, Tel. 01304-613388, Fax 615308
- **The Blazing Donkey Country Hotel**, ***, Hay Hill, Ham, Tel. 01304-617362
- **Camping:** Sandwich Leisure Park, Woodnessborough Road, Tel. 01304-612681

Pubs und Restaurants

- **Magnum's Wine Bar**, The Quay, im Bell Hotel, reichhaltiges Weinangebot, mit kleinen Snacks um 6 £
- **Fisherman's Wharf**, The Quay, Seafood Restaurant, um 12 £
- **Tandoori Restaurant The Butchery**, Indian Village, indisch, „Good Food Award" im Jahre 1993 gewonnen, um 8 £
- **Fleur de Lys,** Delf Street, Pub mit angeschlossenem Restaurant
- **Market Inn,** Cattle Market, alte Marktpinte
- **Teahouse,** Cattle Market, Tee, Kaffee und Kuchen in einem Gebäude aus dem 16. Jh.
- **The Haven,** King Street, kleines Restaurant, um 7 £
- **The Greyhound,** New Street, gemütlicher Pub mit Biergarten
- **Sandwich Continental,** Market Street, Boulangerie und Brasserie, Pizzen, um 5 £
- **The Crespin,** The Quay, alter Pub mit niedriger schwarzer Eichenbalkendecke
- **Admiral Owen,** gegenüber von The Crespin, ebenfalls alter, gemütlicher Pub
- **Sandwich Arms,** New Street, Free House mit Biergarten

Verbindung

- **lokale Busse** von Dover und Canterbury.

Deal/Walmer

Die beiden Badeörtchen Deal und Walmer sind schon seit langem miteinander verschmolzen, und seit 1930 gehört Walmer ganz offiziell zu Deal. Sieht man von dem breiten **Kieselstrand**, an dem, so heißt es, *Julius Cäsar* mit seinen Truppen gelandet ist, und den beiden Befestigungsanlagen ab, so haben die Örtchen nichts Besonderes zu bieten. Erfreulich ist jedoch, daß wenigstens in diesem Seebädchen so gut wie **keine Rummelplatzatmosphäre** zu finden ist.

Nachgerade häßlich präsentiert sich in Deal ein eher depressiv machender **Betonpier**, der auf dünnen Stelzen ins Meer stakst. Ein Schild vermeldet, daß *Prinz Philip*, der Gatte der Königin, 1957 das Vergnügen auf sich nehmen mußte, die wahrscheinlich aus Kostengründen wenig gelungene Landungsbrücke einzuweihen. Die vielen Angler, die von hier aus ihre Leinen ins Wasser lassen, werden sich weiter keine Gedanken über den Pier machen, sie sind froh, daß er da ist.

Dort, wo der Strand nicht den Badegästen dient, haben die Fischer ihre Boote auf die Kiesel gezogen und werkeln hier auch vor sich hin.

Vor Deal und Walmer erstrecken sich die bei den Seeleuten berüchtigten **Treibsandbänke**, auf denen über die Jahrhunderte Abertausende von Schiffen gestrandet sind und viele Matrosen den nassen Tod gefunden haben. Solche dramatischen Örtlichkeiten waren bei *Theodor Fontane* sehr beliebt und inspirierten ihn sogleich zu

Cinque Ports – die mächtigen Hafenstädte

Eduard der Bekenner (reg. 1042-1066), wie der Name schon sagt, ein äußerst frommer Monarch, förderte den **Zusammenschluß der Städte** Sandwich, Dover, Hastings, Romney und Rye, zu denen später noch Hythe und Winchelsea hinzukamen. Diese Hafenorte mußten für den König 57 vollständig ausgerüstete Schiffe zur Verfügung halten. Britannien hatte also schon in frühester Zeit zwei Flotten: eine zur Verteidigung und eine zum Angriff.

Diese Urform der heutigen Royal Navy genoß dafür natürlich **beachtliche Privilegien**, sowohl in rechtlicher wie auch in steuerlicher Hinsicht. Auch hatten die Einwohner der Städte politische Rechte und konnten Abgeordnete in das Parlament entsenden. Die Orte selbst erfreuten sich großer Beliebtheit bei den Herrschern, was zu weiteren großzügigen Geschenken Anlaß gab. Regiert wurden die Städte von einem **Lord Warden**, der dem König unterstellt war, offiziell auf Walmer Castle residierte und auch der Constable der Burg von Dover war.

Ihren größten Einfluß hatten die Cinque-Ports-Städte während des Hundertjährigen Kriegs (1338-1453). In den Tagen der Tudor- und Stuart-Herrscher dann ging es mit der Bedeutung rapide abwärts, und offiziell wurde der **Status 1835 abgeschafft**. Man wäre jedoch nicht in Großbritannien, wenn auch das Amt des *Lord Warden* damit untergegangen wäre; dem ist natürlich nicht so, der derzeitige *Lord Warden* ist die Queen Mum.

Walmer Castle, Amtssitz des obersten Wächters der Cinque Ports reimenden Sentenzen: „Die See ist still, die Ebb ist nah,/Mastspitzen ragen hier und da,/Und wo sie ragen in die Luft,/Da sind es Kreuze über der Gruft;/Ein Kirchhof ist's, halb Meer, halb Land,/Das sind die Bänke von Goodwin Sands".

Deal Castle und **Walmer Castle** sind zwei schöne Befestigungsanlagen, deren Grundrisse auf der Tudor-Rose basieren: In der Mitte erhebt sich ein mächtiger Bergfried, der von sechs halbkreisförmigen Bastionen umschlossen ist. Den Rundungen lag der Gedanke zugrunde, daß hier Kanonenkugeln beim Auftreffen „abrutschen" und so weniger Schaden anrichten würden. *Heinrich VIII.* ließ im Rahmen seines weitgespannten Küstensicherungsprogramms diese beiden Artilleriefestungen erbauen. Im Fall der Fälle hätten sich beide Stellungen gegenseitig verteidigen können, sie liegen in Sicht- und Schußweite. Doch ist es nie zu einem Angriff gekommen.

Walmer Castle war der offizielle Amtssitz des **Lord Warden of the Cinque Ports**, ein Amt, das auch einmal *Winston Churchill* innehatte. Der Herzog von Wellington, ebenfalls *Lord Warden*, war einer der wenigen, der tatsächlich in der Burg auch wohnte.

Hier ist er 1852 auch gestorben. Schön ist der **Garten**, der in dem ehemaligen Graben angelegt wurde. (Öffnungszeiten: Walmer und Deal Castle, EH, April bis Sept. tgl. 10-18 Uhr, Okt. bis März Di-So 10-16 Uhr.)

Praktische Hinweise

Tourist Information

●**Town Hall**, High Street, Tel. 01304-369576

Unterkunft

●**Royal Hotel, ***,** Beach Street, Deal, Tel. und Fax 01304-375555
●**Bed and Breakfast:** Ilex Cottage, Temple Way, Worth, Deal, Tel. 01304-617026;

Pubs und Restaurants

●**King's Head**, Beach Street, Pub aus dem Jahre 1564, nette, gemütliche, alte Kneipe, davor, auf einem kleinen Platz, kann man sommertags draußen sitzen und auf das Meer, den Strand und den Pier schauen, gute Bar Meals
●**The New Inn**, High Street, Pub in der Fußgängerzone von Deal
●**Fast-Food-Inder**, Middle Street, Indisches zum Mitnehmen
●**Ship Inn**, Middle Street, Free House, sehr gemütliche Pub-Atmosphäre
●**The Three Compasses**, Beach Street, Free House, von hier schöner Blick auf die See
●**Star and Garter**, Beach Street, auch von hier Blicke auf Meer und Kieselstrand
●Café und Billigrestaurant **Lobster Pot**, Beach Street

Verbindung

●**Busse** von Dover

Anhang

158es Foto: hs

160es Foto:hs

Literaturhinweise

● *Bankes, Viola,* **The Story of Kingston Lacy,** London 1990

● *Baumer, Franz,* **König Artus und sein Zauberreich,** München 1993

● *Bell, Quentin,* **Virginia Woolf – Eine Biographie,** Frankfurt/Main 1977

● *Bell, Quentin (et al.),* **Charleston – Past and Present,** London 1993

● *Bohrer, Karl-Heinz,* **Ein bißchen Lust am Untergang – Englische Ansichten,** Frankfurt/Main 1982

● *Burnett, David,* **Longleat – The Story of an English Country House,** Stanbridge 1988

● *Buttlar, Adrian,* **Der Landschaftsgarten,** Köln 1989

● *Chaucer, Geoffrey,* **Canterbury Tales,** Darmstadt 1986

● *Doyle, Arthur Conan,* **Der Hund von Baskerville,** Zürich 1989

● *Drabble, Margaret (ed.),* **The Oxford Companion to English Literature,** Oxford 1992

● *DuMaurier, Daphne,* **Gasthaus Jamaica,** München 1981

● *Eagle, Dorothy/Stephen, Meic (eds),* **The Oxford Illustrated Literary Guide to Great Britain and Ireland,** Oxford 1992

● *Fabian, Bernhard (Hrsg.),* **Die englische Literatur, Band 1: Epochen, Formen; Band 2: Autoren,** München 1991

● *Garnet, Angelica,* **Freundliche Täuschungen – Eine Kindheit in Bloomsbury,** Berlin 1990

● *Glendinning, Victoria,* **The Life of Vita Sackville-West,** London 1983

● *Hildesheimer, Wolfgang,* **Zeiten in Cornwall,** Frankfurt/Main 1971

● *James, Henry,* **In England um glücklich zu sein,** München 1989

● *Kirsch, Hans-Christian,* **William Morris – Ein Mann gegen die Zeit,** Köln 1983

● *Kowa, Günter,* **Architektur der englischen Gotik,** Köln 1990

● *Lawrence, Thomas Edward,* **Die sieben Säulen der Weisheit,** München 1978

● *Manchester, William,* **Churchill – Der Traum vom Ruhm 1874-1932, Band 1,** Gütersloh 1989

● *Manchester, William,* **Churchill – Allein gegen Hitler 1932-1940, Band 2,**

Gütersloh 1990 (Band 3 ist noch nicht erschienen)

●*Mattingly, Garret,* **Die Armada,** München 1988

●*Morris, William,* **Wie wir leben und wie wir leben könnten,** Köln 1992

●*Nicolson, Nigel,* **Portrait of a Marriage,** London 1973

●*Pepys, Samuel,* **Tagebuch,** Stuttgart 1980

●*Sackville-West, Vita,* **Schloß Chevron,** Frankfurt/Main 1985

●*Schabert, Ina (Hrsg.),* **Shakespeare-Handbuch,** Stuttgart 1978

●*Schlüter, Henning (Hrsg.),* **Ladies, Lords und Liederjane,** Berlin 1991

●*Shakespeare, William,* **Sämtliche Werke in vier Bänden,** Berlin 1989

●*Standop, Ewald/Mertner, Edgar,* **Englische Literaturgeschichte,** Heidelberg 1983

●*Stewart, Desmond,* **Lawrence von Arabien,** Düsseldorf 1979

●*Strassel, Jürgen,* **Englische Gärten des 20. Jh.,** Köln 1991

●*Suerbaum, Ulrich,* **Das elisabethanische Zeitalter,** Stuttgart 1989

●*Tabachnick, Stephen/Matheson, Christopher,* **T. E. Lawrence – Wahrheit und Legende,** München 1988

●*Voß, Karl,* **England & Wales – Reiseführer für Literaturfreunde,** Frankfurt/Main 1989

●*Williamson, Henry*, **Tarka the Otter,** London 1962

●*Woolf, Virginia,* **Orlando,** Frankfurt 1990

●*Ziegesar, Detlef von,* **Großbritannien ohne Krone?,** Darmstadt 1993

Anhang

Anhang

Anhang

HILFE!

Dieses Reisehandbuch ist gespickt mit unzähligen Adressen, Preisen, Tips und Infos. Nur vor Ort kann überprüft werden, was noch stimmt, was sich verändert hat, ob Preise gestiegen oder gefallen sind, ob ein Hotel, ein Restaurant immer noch empfehlenswert ist oder nicht mehr, ob ein Ziel noch oder jetzt erreichbar ist, ob es eine lohnende Alternative gibt usw.

Unsere Autoren sind zwar stetig unterwegs und versuchen, alle zwei Jahre eine komplette Aktualisierung zu erstellen, aber auf die Mithilfe von Reisenden können sie nicht verzichten.

Darum: Schreiben Sie uns, was sich geändert hat, was besser sein könnte, was gestrichen bzw. ergänzt werden soll. Nur so bleibt dieses Buch immer aktuell und zuverlässig. Gut verwertbare Informationen belohnt der Verlag mit einem Sprechführer Ihrer Wahl aus der über 100 Bände umfassenden Reihe „Kauderwelsch" (siehe unten). Wenn sich die Infos direkt auf das Buch beziehen, würde die Seitenangabe uns die Arbeit sehr erleichtern.

Bitte schreiben Sie an:

REISE KNOW-HOW Verlag Peter Rump GmbH, Hauptstr. 198, D-33647 Bielefeld, oder per e-mail an: info@reise-know-how.de

Danke!

Kauderwelsch-Sprechführer –
sprechen und verstehen rund um den Globus

Afrikaans ● Ägyptisch-Arabisch ● Albanisch ● Allemand ● American Slang ●Amharisch
Aussie-Slang ● Bairisch ● Bengali ● Brasilianisch ● British Slang ● Bulgarisch
Burmesisch ● Canadian Slang ● Chinesisch (Mandarin) ● Dänisch ● Duits ● Englisch
Esperanto ● Estnisch ● Finnisch ● Franko-Kanadisch ● Französisch
Französisch Slang ● Französisch für Afrika ● Galicisch ● Georgisch ● German
Griechisch ● Guarani ● Hausa ● Hebräisch ● Hieroglyphisch ● Hindi ● Hocharabisch
Indonesisch ● Irisch-Gälisch ● Isländisch ● Italienisch ● Italienisch für Opernfans
Italo-Slang ● Japanisch ● Jemenitisch-Arabisch ● Jiddisch ● Kantonesisch
Kasachisch ● Katalanisch ● Khmer ● Kisuaheli ● Kiwi-Slang ● Kölsch ● Koreanisch
Kroatisch ● Kurdisch ● Laotisch ● Lettisch ● Lëtzebuergesch ● Lingala ● Litauisch
Madagassisch ● Malaiisch ● Maltesisch ● Mandinka ● Marokkanisch-Arabisch
Mongolisch ● More American Slang ● Nepali ● Niederländisch ● Norwegisch
Palästinensisch/Syrisch-Arabisch ● Paschto ● Patois ● Persisch (Farsi)
Pidgin-English ● Polnisch ● Portugiesisch ● Quechua ● Rumänisch ● Russisch
Sächsisch ● Schwedisch ● Schwizertüütsch ● Scots ● Serbisch ● Sizilianisch
Slowakisch ● Slowenisch ● Spanisch ● Spanisch Slang ● Spanisch für Lateinamerika
Spanisch für Argentinien ● Spanisch für Chile ● Spanisch für Costa Rica
Spanisch für Cuba ● Spanisch für Ecuador ● Spanisch für Guatemala
Spanisch für Honduras ● Spanisch für Mexiko ● Spanisch für Nicaragua

Anhang

Programm-übersicht

REISE KNOW-HOW Bücher werden von Autoren geschrieben, die Freude am Reisen haben und viel persönliche Erfahrung einbringen. Sie helfen dem Leser, die eigene Reise bewußt zu gestalten und zu genießen. Wichtig ist uns, daß der Inhalt nicht nur im reisepraktischen Teil „Hand und Fuß" hat, sondern daß er in angemessener Weise auf Land und Leute eingeht. Die Reihe REISE KNOW-HOW soll dazu beitragen, Menschen anderer Kulturkreise näherzukommen, ihre Eigenarten und ihre Probleme besser zu verstehen. Wir achten darauf, daß jeder einzelne Band gemeinsam gesetzten Qualitätsmerkmalen entspricht. Um in einer Welt rascher Veränderungen laufend aktualisieren zu können, drucken wir bewußt kleine Auflagen.

RAD & BIKE:

REISE KNOW-HOW RAD & BIKE sind Radführer von lohnenswerten Reiseländern bzw. Radreise-Stories von außergewöhnlichen Radtouren durch außereuropäische Länder und Kontinente. Die Autoren sind entweder bekannte Biketouren-Profis oder „Newcomer", die mit ihrem Bike in kaum bekannte Länder und Regionen vorstießen. Wer immer eine Fern-Biketour plant – oder nur davon träumt – kommt an unseren RAD & BIKE-Bänden nicht vorbei!

Anhang

Umrechnungsfaktoren

°C	°F
50--	- 122
45--	- 113
40--	- 104
35--	- 95
30--	- 86
25--	- 75
20--	- 68
15--	- 59
10--	- 50
5--	- 41
0--	- 32

Temperaturen

°Fahrenheit → °C	x 1,8 + 32
°C → °F	- 32 x 0,556

Längenmaße
Flächenmaße

Inches → Zentimeter	x 2,54
Zentimeter → Inches	x 0,39
Feet → Meter	x 0,3
Meter → Feet	x 3,28
Yards → Meter	x 0,91
Meter → Yards	x 1,09
Miles → Kilometer	x 1,61
Kilometer → Miles	x 0,62
Acres → Hektar	x 0,4
Hektar → Acres	x 2,47

Gewichte

Ounces → Gramm	x 28,35
Gramm → Ounces	x 0,035
Pounds → Kilogramm	x 0,45
Kilogramm → Pounds	x 2,21
British Tons → Tonnen	x 1,016
Tonnen → British Tons	x 0,985

Hohlmaße

Imperial Gallons → Liter	x 4,55
Liter → Imperial Gallons	x 0,22

Reifendruck

Pounds/Inch^2 → Bar	x 0,07
Bar → Pounds/Inch^2	x 14,2

cm / Inches

Register

Anhang

Der Autor

Hans-Günter Semsek (1952) studierte Soziologie und Philosophie, einige Zeit auch in London. Danach arbeitete er mehrere Jahre als wissenschaftlicher Angestellter an der Universität Bielefeld, war lange Zeit Lektor in einem Verlag und ist heute als freier Journalist und Autor tätig.

1967 kam er zum erstenmal nach London und besuchte in den folgenden Jahren alle Regionen der Britischen Insel. Nach vielen Reisen in außereuropäische Länder wandte er sich in der letzten Zeit wieder stärker England, Wales und Schottland zu. Werner Halmert hat Zeitschriftenartikel, Bücher und Radiobeiträge über Ägypten, London, Irland, Schottland und Süd-England publiziert, darunter die Reisehandbücher "Irland" und "London", die ebenfalls in der Reihe Reise-Know-How erschienen sind.

Fährverbindungen

Die wichtigsten Strecken und Reedereien (soweit möglich mit Telefonnummern in Deutschland) zwischen Großbritannien und dem Kontinent.

1/2/3	Scandinav. Seaways 040/3890371
4/5	North Sea Ferries 0031/1812-55555*
6/9/11	Stena (Sealink) Line 0211/9055150
7/9/12	P&O European Ferries 0211/387060
8	Sally Ferries 069/250197
9/10	Hoverspeed 0211/3613021
	*in Deutschland nur über Reisebüro

Südliches Kent, East Sussex

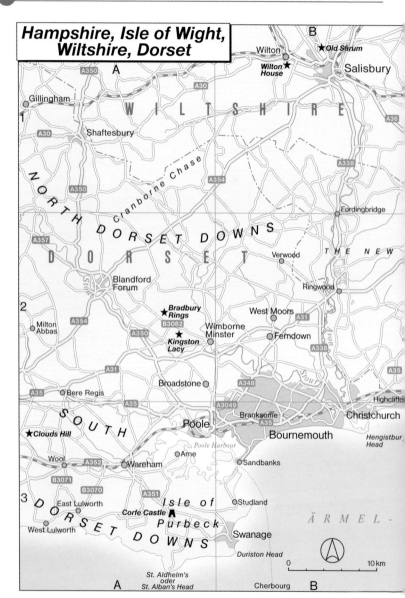

Hampshire, Isle of Wight, Wiltshire, Dorset

B

Wilton

★ Old Sarum

A350

A

Salisbury

Wilton House ★

A30

Gillingham

W   I   L   T   S   H   I   R   E

A36

1

A30

Shaftesbury

A338

Cranborne Chase

A354

Fordingbridge

N   O   R   T   H   D   O   R   S   E   T   D   O   W   N   S

T H E   N E W

A357

D   O   R   S   E   T

Verwood

Blandford Forum

Ringwood

Milton Abbas

A354

★ Bradbury Rings

West Moors

A31

2

B3082

A350

★ Kingston Lacy

Wimborne Minster

Ferndown

A338

A31

A35

Broadstone

A348

Highcliffe

A35

Bere Regis

A35

Branksome

Christchurch

A3049

A35

S   O   U   T   H

Poole

Bournemouth

Hengistbur Head

★ Clouds Hill

Poole Harbour

Wool

A352

Arne

Sandbanks

Wareham

B3071

B3070

A351

Isle   of

Studland

Ä   R   M   E   L -

3

D   O   R   S   E   T   D   O   W   N   S

East Lulworth

Corfe Castle ▲

Purbeck

West Lulworth

Swanage

Duriston Head

0   10 km

St. Aldhelm's oder St. Alban's Head

Cherbourg

A   B

Dorset, östliches Devon

Parrett

Milverton
Norton Fitzwarren
Taunton

Wellington

SOMERSET

Black Down Hills

Ilminster

Chard

Cullompton

DEVON

Axe

Honiton

Axminster

Marshwoo

Ottery St. Mary

Axe

Lyme Regis

Seaton

Sidmouth

Beer Head

LYME BAY

A la Ronde

Budleigh Salterton

Exmouth

0   10 km

Ä   R   M   E   L   K

A

B

Südwestliches Cornwall

Farbkarten-Atlas

Nördliches Devon, westliches Somerset

Östliches Somerset, Avon

Kent

Kartenverzeichnis

Legende zu den Stadtplänen

❶	Tourist-Information	✉	Post
❷	Pub	➕	Krankenhaus
❶	Restaurant	Ⓑ	Busbahnhof
★	Sehenswürdigkeit	🅿	Parkplatz
Ⓜ	Museum	✈	Flughafen
⛪	Kirche		